国家"985工程"(二期)哲学社会科学创新基地重大成果
第三届中国出版政府奖图书奖　第三届三个一百原创图书出版工程奖

学术版

中国佛教通史

第三卷

赖永海　主编

江苏人民出版社

图书在版编目(CIP)数据

中国佛教通史.第三卷/赖永海主编.
—南京:江苏人民出版社,2010.9(2021.10 重印)
ISBN 978-7-214-06479-0

Ⅰ.①中⋯　Ⅱ.①赖⋯　Ⅲ.①佛教史－中国
Ⅳ.①B949.2

中国版本图书馆 CIP 数据核字(2010)第 155836 号

书　　　名	中国佛教通史(第三卷)
主　　　编	赖永海
策 划 编 辑	府建明
责 任 编 辑	王　田　朱晓莹
装 帧 设 计	吴赵铎　许文菲
责 任 监 制	王　娟
出 版 发 行	江苏人民出版社
地　　　址	南京市湖南路 1 号 A 楼,邮编:210009
照　　　排	江苏凤凰制版有限公司
印　　　刷	江苏凤凰新华印务集团有限公司
开　　　本	652 毫米×960 毫米　1/16
总 印 张	549.25　插页 62
总 字 数	7100 千字
版　　　次	2010 年 11 月第 1 版
印　　　次	2021 年 10 月第 2 次印刷
标 准 书 号	ISBN 978-7-214-06479-0
定　　　价	2280.00 元(全 15 卷)

(江苏人民出版社图书凡印装错误可向承印厂调换)

本卷撰稿人

圣 凯

哲学博士。现为清华大学哲学系教授、博士生导师、国家社科基金重大项目"汉传佛教僧众社会生活史"首席专家、中国佛教文化研究所副所长、《佛学研究》主编。研究领域为南北朝佛教学派、儒佛道三教关系、中国佛教社会史、近现代佛教、佛教与西方哲学比较研究等。主要著作有《中国汉传佛教礼仪》《中国佛教忏法研究》《摄论学派研究》《中国佛教信仰与生活史》《南北朝地论学派思想史》，以及 *A History of Chinese Buddhist Faith and Life* 等。

撰写内容：第一、二、三、四、五、六章。

目 录

第一章 涅槃学派 1

第一节 《涅槃经》的传译与修治 1

一、小本《涅槃经》的翻译 2

二、北本《涅槃经》的翻译 3

三、智猛本《泥洹经》的翻译 8

四、南本《涅槃经》的修治 10

五、《大般涅槃经后分》的传译 13

六、《涅槃经》诸本异同 16

第二节 涅槃学派的传承 18

一、鸠摩罗什、慧远与《泥洹经》 19

二、河西僧团与北本《涅槃经》 20

三、道生的生平与著作 23

  1. 道生的生平 23

  2. 道生的著作 30

四、道生一系的涅槃师 33

  1. 道猷、法慈、觉世、慧整 34

  2. 宝林、法宝 35

  3. 僧璩、僧瑾 36

  4. 谢灵运、刘虬、法京、智远 37

  5. 法瑗、僧宗 39

五、慧观一系的涅槃师　41
　　　　1．慧观、昙无成、僧弼、僧镜　41
　　　　2．法瑗、僧维、慧骥、法纲、慧琳、王弘　44
　　　　3．慧严、法智　46
　　　　4．慧观、道誉、智秀、惠超　47
　　六、东阿慧静一系的涅槃师　48
　　七、庐山一系的涅槃师　52
　　　　1．慧远、昙顺、道汪、法庄　52
　　　　2．慧静、慧约　53
　　八、僧妙、昙延一系　54
　　九、法总、玄会一系　62
　　十、学系不明的涅槃师　64
　　十一、涅槃学派的时代与地域特征　68

第三节　《涅槃经》的思想　69
　　一、《涅槃经》的戒律观　69
　　　　1．小乘戒与菩萨戒　69
　　　　2．禁止蓄不净物与断肉　72
　　　　3．护持正法与持戒　73
　　二、《涅槃经》的佛身观　75
　　三、《涅槃经》的涅槃观　77
　　　　1．涅槃一词的意义　77
　　　　2．常乐我净的涅槃　78
　　　　3．伊字三点的涅槃　81
　　四、《涅槃经》的佛性观　82
　　　　1．"前分"的佛性观　82
　　　　2．"后分"的佛性观　83

第四节　涅槃学派的思想　88
　　一、涅槃学派的判教思想　88
　　　　1．道生的"四法轮"判教　89
　　　　2．慧观的"顿渐五时"判教　89
　　　　3．刘虬的"七阶"判教论　92
　　二、涅槃学派的二谛思想　93
　　三、涅槃学派的佛性思想　96
　　　　1．体法穷理的佛性论　97

        2. 神明为正因的佛性论 100
    四、涅槃学派的涅槃思想 102
        1. 理、常的涅槃论 102
        2. 体用的涅槃论 104
  第五节 涅槃学派与其他学派的交涉与影响 106
    一、成实学派的《涅槃经》研究 106
        1. 寿春系的《涅槃经》研究 107
        2. 彭城系的《涅槃经》研究 110
    二、三论学派的《涅槃经》研究 111
    三、地论学派的《涅槃经》研究 115
    四、摄论学派的《涅槃经》研究 118

第二章 智论学派 119
  第一节 《大智度论》的翻译 119
    一、《大智度论》的翻译 119
    二、"三分除二"与梵汉翻译 121
    三、"原本"与"略本" 122
  第二节 智论学派的传承 123
    一、僧诠一系 125
    二、静蔼-道安一系 130
    三、慧藏-法彦、智隐一系 134
    四、学系不明的智论师 135
    五、《大智度论》的注疏 137
  第三节 《大智度论》与智论师 138
    一、《大智度论》的诸法实相思想 139
    二、《大智度论》的净土思想 143
    三、昙鸾的"广略相即"与《大智度论》的二身说 145
  第四节 智论学派与其他学派的交涉与影响 148
    一、智论学派与地论学派 148
        1. 地论北道系 148
        2. 地论南道系 150
    二、智论学派与摄论学派 151
    三、智论学派与天台宗 152

第三章 成实学派 156

第一节 成实学派的传承 156
一、《成实论》的翻译 156
二、寿春系与江南成实学派 159
　　1. 僧导与寿春系 159
　　2. 齐梁时代的成实学派 163
　　3. 梁代三大法师 167
　　4. 陈代的成实学派 181
二、彭城系与北方成实学派 189
　　1. 僧嵩与彭城系 189
　　2. 北齐成实学派与地论学派 193
三、成实学派的延续与衰落 194

第二节 《成实论》的思想 200
一、五聚与四谛 201
二、三心与灭谛 203
三、二谛与中道 208

第三节 成实学派的思想 210
一、成实学派的判教思想 210
二、成实学派的二谛思想 216
三、成实学派的佛性思想 223

第四节 成实学派和其他学派的交涉与影响 226
一、成实学派与诸学派的交涉 226
二、成实学派对隋唐宗派的影响 227

第四章 毗昙学派 231

第一节 毗昙学派的传承 231
一、毗昙论书的传译 232
二、道安、慧远与毗昙学派 239
三、慧集与南朝毗昙学派 241
　　1. 慧集等毗昙师 241
　　2. 涅槃师对《毗昙》的研习 242
　　3. 南方成实师对《毗昙》的研习 243
　　4. 南朝其他毗昙师 243
四、慧嵩与北朝毗昙学派 244

1. 慧嵩与北朝毗昙学派 245

2. 志念及其弟子——地论学派、毗昙学派、摄论学派的交涉 246

五、道岳与俱舍学派 253

第二节 毗昙学派与六朝思想 255

一、法体恒有与玄学崇有 256

二、毗昙学与神不灭的论证 259

第三节 毗昙学派与早期的大小乘观 261

一、毗昙学派与大小乘 261

二、有部禅法与大乘佛教 263

第五章 地论学派 267

第一节 《十地经论》的翻译 267

一、佛陀禅师与勒那摩提 267

二、菩提流支与瑜伽行派 272

三、《十地经论》与合译、别译 279

1. 隋唐经录、僧传诸说 279

2. 别译本的存在 282

3. 《法华论》二译本比较 285

4. 现存《十地经论》的翻译问题 288

5. 菩提流支主译说的成立 289

第二节 地论学派的传承 294

一、慧光与南道系 294

1. 慧光的生平 294

2. 法上、慧远一系 302

3. 道凭、灵裕一系 311

4. 昙遵、昙迁一系 322

5. 昙衍、灵幹一系 323

6. 慧光的其他弟子 324

7. 南道系与《大集经》 326

二、道宠、道场与北道系 329

1. 道宠的生平 330

2. 道宠与道场 333

三、南北二道与谱系建构 336

1. 净影慧远与地论学派 337

5

        2. 智𫖮与地论师　338

        3. 吉藏与地论师　341

        4. 道宣与地论师　343

        5. 洛下之说与相州之说　344

    第二节　《十地经论》的思想　346

      一、《十地经论》的十地思想　347

      二、《十地经论》的六相思想　351

      三、《十地经论》的心识思想　354

    第三节　地论学派的思想　356

      一、地论学派的判教思想　356

        1. 菩提流支的判教思想　356

        2. 慧光的判教思想　366

        3. 地论学派南道系后期的判教思想　372

        4. 净影慧远的判教思想　384

      二、浅深与等质　397

      三、地论学派的佛性思想　399

      四、地论学派的心识思想　402

      五、地论学派的六相圆融思想　408

    第四节　地论学派与西魏、北周佛教　414

      一、五门与一百二十法门　418

      二、现存《菩萨藏修道众经抄》卷十二　427

  第六章　摄论学派　431

    第一节　摄论学派的传承　431

      一、真谛及其第一代弟子群　431

      二、摄论学派的北传　436

        1. 昙迁一系的传承　436

        2. 道尼一系的传承　441

        3. 靖嵩一系的传承　442

        4. 道奘、灵润与隋末唐初《摄论》学者　444

      三、摄论学派现存文献　447

        1. 道基《摄论章》　447

        2. 灵润的著作　450

        3. 智凝与《摄论章》卷第一(S.2048)　451

4. 敦煌写本中的其他文献 *455*

第二节 真谛译《摄大乘论释》的思想 *459*

一、《摄论释》的心识思想 *459*

1. 阿陀那识为末那识 *459*
2. 种子假有与相续 *462*
3. 无相唯识与有相唯识 *463*

二、真谛译《摄论释》的三性思想 *468*

1. 四种依他 *468*
2. 虚妄分别与依他性、分别性 *470*
3. 二分依他与真妄和合 *473*
4. 分别性——能分别与所分别 *477*
5. 真实性 *480*
6. 方便唯识与真实唯识 *483*

三、真谛译《摄论释》的阿摩罗识思想 *486*

1. 境识俱泯之实性 *486*
2. 究竟果位之净识 *490*
3. 自性清净心 *491*

第三节 摄论学派的思想 *493*

一、摄论学派的判教思想 *493*

二、摄论学派的心识思想 *500*

三、摄论学派的三性思想 *504*

1. 三性与体用 *504*
2. 三性与一体、异体 *506*

四、摄论学派的阿摩罗识思想 *514*

五、摄论学派的佛性思想 *526*

1. 第一义空与正因佛性 *526*
2. 三种佛性与十胜相 *529*
3. 真性与本有 *531*
4. 亦本亦始与三种佛性 *533*

第四节 摄论学派和其他学派的交涉与影响 *536*

一、摄论学派与天台宗 *536*

二、摄论学派与三宗论 *543*

三、摄论学派与华严宗 *550*

四、摄论学派与唯识宗　566
　　五、摄论学派与净土宗　568

人名索引　575

第一章 涅槃学派

在佛教典籍中，以释尊涅槃及涅槃前行事为背景的经典非常多，形成庞大的经典类集，即是后来所谓的"涅槃部"，可以分为小乘与大乘两个系统。后汉以来，涅槃部经典相继传入汉地，尤其是大乘系统的《大般涅槃经》最受注目，讲习、注疏者无数，形成涅槃学派，成为南北朝佛教非常重要的思想流派。

涅槃学派是传承、研习《大般涅槃经》而形成的一个学系，其研习、弘传《大般涅槃经》的学者称为"涅槃师"，从北凉至隋末唐初，这一学派一直兴盛不衰。

第一节 《涅槃经》的传译与修治

《涅槃经》类传入中国，曾经以六卷本《大般泥洹经》以及《大般涅槃经》行于世；昙无谶译出三十七卷《大般涅槃经》（简称"北本"）后，南朝佛教界进行修治，成为四十卷《大般涅槃经》（简称"南本"）；而且有《涅槃经》"后分"的传译。可见，《涅槃经》的形成与翻译是一个逐渐完善的过程。

一、小本《涅槃经》的翻译

小本《涅槃经》即是法显译《大般泥洹经》六卷(以下简称《法显本》),《出三藏记集》卷八《六卷泥洹经记》云:

> 摩竭提国巴连弗邑阿育王塔天王精舍优婆塞伽罗先,见晋土道人释法显远游此土,为求法故,深感其人,即为写此《大般泥洹经》如来秘藏。愿令此经流布晋土,一切众生,悉成平等如来法身。义熙十三年十月一日于谢司空石所立道场寺出此《方等大般泥洹经》,至十四年正月一日校定尽讫。禅师佛大跋陀乎执胡本,宝云传译。于时座有二百五十人。①

六卷本的《大般泥洹经》乃中印度摩揭陀国巴连弗邑(亦译作波吒厘子城,即华氏城)阿育王塔天王精舍的优婆塞伽罗先,为法显舍身求法的精神所感动,即为写此如来秘藏。法显携此经归中土,于晋都建康(今江苏南京)道场寺,与禅师佛陀跋陀罗,于东晋安帝义熙十三年(417)十月一日至义熙十四年(418)正月一日,用三个月的时间,译出该经并校定尽讫。有学者依上引文字认为法显并没有直接参与该经的翻译,真正的译者应为佛陀跋陀罗和宝云。②

但是,《出三藏记集》卷二题为法显与天竺禅师佛陀跋陀罗"共译出"③;《高僧传·法显传》、《出三藏记集·法显传》记载法显生平,有"显既出《大泥洹经》,流布教化,咸使见闻"④;而且,慧睿《喻疑论》说:

> 今《大般泥洹经》,法显道人远寻真本,于天竺得之,持至扬都,

---

① 《出三藏记集》卷八,《大正藏》第55卷,第60页中。
② [日]镰田茂雄:《中国佛教通史》,关世谦译,第68—69页,高雄,佛光出版社,1988。
③ 《出三藏记集》卷二,《大正藏》第55卷,第12页上。
④ 《高僧传》卷三《法显传》,《大正藏》第50卷,第338页中;《出三藏记集》卷一五,《大正藏》第55卷,第112页中。

大集京师义学之僧百有余人,禅师执本,参而译之,详而出之。①

据此,则法显携归的六卷本《大般泥洹经》,主要的翻译者无疑是佛陀跋陀罗(即文中所说的"禅师"),法显则是译事的召集、策划者。所以,法显不仅把六卷本《大般泥洹经》从印度带来,而且对该经的翻译与流布教化具有很大的贡献。综上,将《大般泥洹经》视为佛陀跋陀罗与法显共译,不仅有历史依据,亦有文献依据;或者又因法显求法、取经的贡献极大,很多佛教文献视法显为译者。

另外,诸经录亦记载二卷本《方等泥洹经》为佛陀跋陀罗共法显译。②但是,《出三藏记集》已经将此本列为缺本③;法显自记《高僧法显传》中记载,法显于巴连弗邑取得"一卷《方等泥洹经》,可五千偈"④;《六卷泥洹经后记》称《大般泥洹经》为《方等大般泥洹经》。所以,六卷本《大般泥洹经》当即是法显在天竺取得的五千偈《方等泥洹经》。

后来,智昇《开元释教录》将当时失译《大般涅槃经》三卷列为失佚二卷本《方等泥洹经》:

<blockquote>《大般涅槃经》三卷,或二卷,是《长阿含》初分《游行经》异译,群录并云:显出《方等泥洹》者非即前《大泥洹经》,加方等字,此小乘涅槃。文似显译,故以此替之。⑤</blockquote>

但是,梵语 nirvāṇa,法显多译为"泥洹",而称《大般涅槃经》,应该不是法显所译,应为失译。若法显真的曾译出《方等泥洹经》,亦已失佚。

二、北本《涅槃经》的翻译

《大般涅槃经》四十卷,昙无谶(385—433)译,后人称为"北本"。北

---

① 《出三藏记集》卷五,《大正藏》第 55 卷,第 41 页下。
② 《众经目录》卷三,《大正藏》第 55 卷,第 130 页中;《众经目录》卷二,《大正藏》第 55 卷,第 157 页下。
③ 《出三藏记集》卷二,《大正藏》第 55 卷,第 11 页下。
④ 《高僧法显传》,《大正藏》第 51 卷,第 864 页中。
⑤ 《开元释教录》卷三,《大正藏》第 55 卷,第 507 页中。

本《涅槃经》译者昙无谶的生平及传译经过的资料,主要有道朗《大涅槃经序》①、未详作者《大涅槃经记》②、僧祐《出三藏记集》卷十四《昙无谶传》③、慧皎《高僧传》卷二《昙无谶传》④等。

昙无谶,或称昙摩谶、昙摩忏,生于中印度,六岁父亲去世,随母亲编织毛毯维持生活。十岁左右,随达摩耶舍出家,学习小乘及五明等。他讲论精妙,无人可及,后遇白头禅师,授予树皮《涅槃经》,于是改学大乘。昙无谶擅长咒术,西域人尊称为"大咒师",受到国王的尊崇。后来,国王逐渐疏远昙无谶,于是其携带《大涅槃经》前分十二卷、《菩萨戒经》、《菩萨戒本》逃到龟兹。龟兹流行小乘,不信《大涅槃经》,于是前往敦煌,停留数年,这是依《大涅槃经序》、《大涅槃经记》所说。《出三藏记集》、《高僧传》记载昙无谶离开龟兹,然后到姑臧。《魏书·沮渠蒙逊传》说:

> 罽宾沙门曰昙无谶,东入鄯善,自云:能使鬼治病,令妇人多子。与鄯善王妹曼头陀林私通,发觉,亡奔凉州。⑤

据此,昙无谶东行至鄯善(今新疆一带),而后逃至凉州。⑥

综上所述,昙无谶来华的路线:天竺→罽宾→龟兹→鄯善→敦煌→凉州姑臧。罽宾和龟兹是小乘流行之地,所以他无法住下来。昙无谶至鄯善后与女人私通,事发逃至敦煌,并翻译经典,译出《菩萨戒本》。

昙无谶来华后,投靠北凉沮渠蒙逊(368—433,401—433在位)。依《魏书·沮渠蒙逊传》记载,沮渠蒙逊是临松卢水(今甘肃省张掖市)人,世代为部落首领,于北魏天兴四年(401)割据张掖,自称"凉州牧"、"张掖公"。永兴(409—413)中,他击败了南凉,攻入姑臧(今甘肃武威市),并

---

① 《出三藏记集》卷八,《大正藏》第55卷,第59页中—60页上。
② 《出三藏记集》卷八,《大正藏》第55卷,第60页上。
③ 《出三藏记集》卷一四,《大正藏》第55卷,第102页下—103页中。
④ 《高僧传》卷二《昙无谶传》,《大正藏》第50卷,第335页下—337页中。
⑤ 《魏书》卷九九《沮渠蒙逊传》,第2208页。
⑥ 汤用彤认为这种说法不是事实。见《汉魏两晋南北朝佛教史》,第280页,北京,中华书局,1983。

定都于此,自称河西王,改号玄始;后灭西凉,取酒泉、敦煌,控制了整个凉州地区。①《宋书·氐胡传》称沮渠蒙逊平酒泉、敦煌的时间为宋永初元年至三年(420—422)②,《资治通鉴》则将沮渠蒙逊平定敦煌的时间记作永初二年(421)。③ 道朗《大般涅槃经序》说:

> 先至敦煌,停止数载,大沮渠河西王者,至德潜著,建隆王业。虽形处万机,每思弘大道,为法城堑,会开定西夏,斯经与谶自远而至。④

沮渠蒙逊平定敦煌时,遇昙无谶,于是邀请谶到凉州,从而真正开始了昙无谶在华的翻译事业。但是,《古今译经图记》、《佛祖统纪》、《佛祖历代通载》将昙无谶到姑藏的年代定为玄始元年(412)。⑤ 于是,昙无谶至凉州的时间便有两种说法,学者各有采用⑥,我们取公元421年的说法。

昙无谶至凉州后,开始翻译《大涅槃经》(以下简称《北本》)。《出三藏记集·昙无谶传》记载,昙无谶带《涅槃经》"前分"十二卷到龟兹,至凉州译出"前分"后,以品数未足,于是还国寻求,在于阗获得,续成《涅槃经》三十六卷;后来,听到外国沙门昙无发说"此经品未尽",欲再次西行寻取,惜未遂先亡。但是,《高僧传》的记载,则有不少相异于《出三藏记集》:

(1) 昙无谶带《大涅槃经》"前分"十卷到罽宾,玄始三年(414)于凉州译出。

(2) 昙无谶以品数未足,西行访寻,在于阗获得"中分",归至凉州

---

① 《魏书》卷九九《沮渠蒙逊传》,第2203—2204页。
② 《宋书》卷九八《氐胡传》,第2414页。
③ 《资治通鉴》第8册,第3739页,北京,中华书局,2007。
④ 《出三藏记集》卷八,《大正藏》第55卷,第59页下。
⑤ 《古今译经图纪》卷三,《大正藏》第55卷,第360页中;《佛祖统纪》卷三六,《大正藏》第49卷,第342页下;《佛祖历代通载》卷七,《大正藏》第49卷,第533页中。
⑥ 汤用彤采用公元421年的说法,见《汉魏两晋南北朝佛教史》,第280页;[日]镰田茂雄采取公元412年的说法,见《中国佛教通史》第三卷,第31—33页,高雄,佛光出版社,1986。

译出。

(3) 后来,昙无谶又派使者至于阗,寻得《大涅槃经》"后分"。

(4) 至玄始十年(421),《大涅槃经》初、中、后三部分都翻译完成,共三十三卷。①

(5) 昙无谶指出,《大涅槃经》梵本有三万五千偈,现只译出万余偈。

(6) 北凉义和三年(433)三月,昙无谶西行寻《涅槃经》其余部分,未遂先亡。

僧祐与慧皎记载的差异之处在于:前分卷数、传译次数,这种差异值得关注。《大涅槃经》"前分"十二卷或十卷,这是依现存《北本》而言。②昙无谶与法显同一时代,而且皆从中印度带回《涅槃经》,所以二者为同本异译;法显译六卷本《大般泥洹经》,相当于四十卷《北本》的"前分"五品十卷,即至《一切大众所问品》为止。这样,"前分"十卷的说法,较符合现存《北本》的情况,最初五品十卷为一大段落,至第九品《婴儿行品》加前五品共二十卷,为完整的部类,最后四品二十卷为另一部类。但是,慧皎所谓"前分"十二卷,则是至《北本·圣行品》的一半;从内容上说,第六《现病品》以下至《圣行品》的前半部分,为"五行"的完整内容。所以,"十二卷"并非误记,而是现存四十卷《北本》异本分卷不同而导致。关于传译次数的差异,昙无谶亲自前往于阗寻得《大般涅槃经》是肯定的,而差异在于是否派遣使者。

昙无谶的翻译事业受到当时凉州僧团的帮助,沙门慧嵩和道朗都是河西的杰出人物,对他很推重,帮助翻译而由慧嵩笔受。当时,智猛法师曾去印度取得《涅槃经》梵本,回国在凉州译出二十卷。后人常常将他的梵本、译本和昙无谶的混为一谈;实际智猛回中国是在昙无谶译经几年之后,他们之间实际上无甚关系。这种混淆的始作俑者是未详作者《大

---

① 慧皎《高僧传》记载,昙无谶译出《涅槃经》三十三卷。但是,"三"可能是"六"的误写,三十六卷是南朝涅槃学者的通行认识。
② [日]布施浩岳:《涅槃宗之研究·前篇》,第103—104页,东京,国书刊行会,1973年复刻本。

涅槃经记》，僧祐已经对此序表示怀疑："此序与朗法师序及谶法师传，小小不同，未详孰正，故复两出。"①《大涅槃经记》的内容如下：

（1）《大涅槃经》"初分"十卷五品的梵本，由智猛从天竺携至高昌。

（2）昙无谶游方于敦煌，沮渠蒙逊迎接昙无谶至凉州，遣使至高昌取胡本，命谶译出。

（3）《大涅槃经》其余部分早已经在敦煌。

（4）昙无谶译出初分五品后，知经本不完备，于是寻访余部。有胡僧将梵本送来，共二万五千偈，但逢国家战乱，未能全部译出。

（5）现有汉译《涅槃经》十三品四十卷，已经囊括了整部经的要义。

灌顶《大般涅槃经玄义》则在"经缘起"的部分中，在《大涅槃经记》的基础上，明确指出：

> 昔道猛亡身天竺，唯赍五品还，谓《寿命》、《金刚身》、《名字功德》、《如来性》、《大众问》等品，到西凉州。值沮渠蒙逊割据陇，后自号玄始，其号三年请昙无罗谶共猛译五品得二十卷。逊恨文义不圆，再遣使外国，更得八品，谓《病行》、《圣行》、《梵行》、《婴儿行》、《德王》、《师子吼》、《迦叶》、《陈如》等品，又翻二十卷合成四十轴，传于北方。玄始五年（416），乃得究讫。②

灌顶的记载，对《大涅槃经》各品译成先后进行了具体的解释，如翻译时间为玄始三年（414）至五年（416），明确品名与品数。但是，依现存四十卷《北本》，初五品只有十卷，而灌顶记载为二十卷，令人费解。

《大涅槃经记》将昙无谶与智猛联系起来，但是《出三藏记集·智猛传》、《高僧传·智猛传》都称智猛于后秦弘始六年（404）发心西行至天竺，于宋元嘉元年（424）启程回国，于凉州译出《泥洹经》二十卷。此时，昙无谶已经至凉州开始译经。所以，两种记载在时间上有矛盾之处。

---

① 《出三藏记集》卷八，《大正藏》第 55 卷，第 60 页中。
② 《大般涅槃经玄义》卷下，《大正藏》第 38 卷，第 14 页上一中。

根据现有的史料,《北本》译出的基本过程应该是:(1) 昙无谶从中印度携《大涅槃经》"初分"十卷至凉州,并且译出;(2) 昙无谶亲自或遣使至于阗寻得《涅槃经》的其他部分,并且在 421 年左右完成翻译;(3) 433 年,昙无谶寻《涅槃经》"后分"未果而去世。

三、智猛本《泥洹经》的翻译

智猛翻译《涅槃经》(以下简称《智猛本》)的事实,最早的相关记载有智猛《二十卷泥洹经记》①、未详作者《大涅槃经记》、《出三藏记集·智猛传》、《高僧传·智猛传》等。

智猛于后秦弘始六年(404),与同志沙门十五人从长安出发,西行出阳关,经历鄯善、龟兹、于阗诸国,备察各地风俗民情。又越葱岭,达罽宾国,历访迦维罗卫国、摩揭陀国、华氏城的佛迹。后来,智猛于华氏城参访大智婆罗门罗阅宗,得《泥洹经》,又寻访获《摩诃僧祇律》及余经之梵本。宋元嘉元年(424),自天竺返回,回到凉州,于凉州译出《大般泥洹经》二十卷。依《大涅槃经记》、灌顶《大般涅槃经玄义》等记载,智猛将梵本带至高昌,昙无谶译出,此说不足取信。元嘉十四年(437)智猛入蜀,十六年(439)七月于钟山定林寺作《外国传》四卷,记述游历事迹。元嘉末年寂于成都。所译《泥洹经》及所作《外国传》等,今皆不传。

智猛的译经,唯有《大般泥洹经》一部。《出三藏记集》记载:

《般泥洹经》二十卷,缺。

《摩诃僧祇律》一部,胡本未译出。

右二部,定出一部,凡二十卷。宋文帝时,沙门释智猛游西域还,以元嘉中于西凉州译出《泥洹经》一部,至十四年,赍还京都。②

智猛于元嘉(424—458)中在西凉州译出《泥洹经》二十卷,而且在元嘉十

---

① 《出三藏记集》卷八,《大正藏》第 55 卷,第 60 页中。
② 《出三藏记集》卷二,《大正藏》第 55 卷,第 12 页下。

四年(437)将之传至建康。但是,在僧祐(445—518)的时代,智猛所译二十卷《泥洹经》已经是缺本,而且僧祐并没有记述它的内容。

从传译时间上看,法显、昙无谶、智猛皆从中印度获得《涅槃经》梵本,但是卷数各有不同,分别为六卷、十卷、二十卷。对此,后来的历代经录有所推断,如法经撰《众经目录》说:

《大般泥洹经》六卷,是《大般涅槃经》前分十卷,尽《大众问品》,晋义熙年沙门法显译。

《般涅槃经》二十卷,宋元嘉年沙门智猛于凉州译。

右二经,是《大般涅槃经》别品殊译。①

《法显本》与《智猛本》都是四十卷《大般涅槃经》某些品的别译。费长房《历代三宝记》引用竺道慧(479—502)《宋齐录》说:"与法显同"②,这说明《法显本》与《智猛本》是同本异译。

昙无谶从中印度携带《涅槃经》梵本为十卷,但是后来自己又亲自或遣使寻得其余三十卷,可见《涅槃经》是逐渐增广而成。而智猛至中印度的时间,比法显、昙无谶都晚几年,这时《涅槃经》已经有所增广,故为二十卷。所以,《智猛本》在内容上肯定比《法显本》长。依现存《大正藏》的页数,《法显本》为47页,《北本》前分十卷为53页,二者相差不多;而且,《北本》前分十卷的各卷页数,平均大约有6页,多则8页,少则5页。同时,当时北凉的译经,法众译《大方等陀罗尼经》每卷约5页,道泰译《入大乘论》和《大丈夫论》每卷约6页,浮陀跋摩译《阿毗昙婆沙论》每卷约7页。所以,每卷5—8页是当时译经的通行情况,可见《智猛本》并不是《北本》前分十卷的简单异译。

依慧皎《高僧传·昙无谶传》的记载,昙无谶从中印度携带初分十卷,后来亲自到于阗访寻"中分",后来又遣使寻得"后分",共四十卷。所

---

① 《众经目录》卷一,《大正藏》第55卷,第120页上。
② 《历代三宝记》卷九,《大正藏》第49卷,第85页上。

以，从卷数上看，《智猛本》或即是《北本》的首二十卷；若从经典内容上看，《北本》首十卷是《法显本》的异译，自成体系，其次十卷包括《现病品》、《圣行品》、《梵行品》和《婴儿行品》等四品，主要是对"五行"的讨论，品末说："佛言：善男子！不独汝得如是五行，今此会中九十三万人亦同于汝，得是五行。"①所以，《智猛本》比《法显本》多出的部分内容，即是《北本》次十卷四品。② 正是由于《智猛本》与《北本》首二十卷内容相同，而且在《智猛本》译出之前，《北本》已经流行于南北，才造成《智猛本》的散佚。

四、南本《涅槃经》的修治

昙无谶译出四十卷《大般涅槃经》后，于宋元嘉年间（424—453）传至南朝，经慧严（363—443）、慧观、谢灵运（395—433）等人加以修治，成为三十六卷，后世通称为《南本》。

但是，《北本》传至宋土的时间，僧传中未提及，《出三藏记集·道生传》提供了线索。道生因研究《法显本》，卓然提出"阐提有佛性"，于是被逐出建康僧团。元嘉七年（430），道生再度入庐山隐居，《出三藏记集·道生传》说：

> 俄而《大涅槃经》至于京都，果称阐提皆有佛性，与前所说若合符契。生既获斯经，寻即建讲。③

可见，元嘉七年（430）即是《北本》传至宋土的时间，隋硕法师《三论游意义》说："晋末初宋元嘉七年，《涅槃》至扬州"④，可以作为佐证。

元嘉七年前后的建康佛教界，热心专研法显译《大般泥洹经》，于是涌现出一批精通涅槃学的学者。《北本》的传入，无疑掀起一股研究的热

---

① 《大涅槃经》卷二〇，《大正藏》第12卷，第486页上。
② [日]布施浩岳：《涅槃宗の研究·前篇》，第71—72页；屈大成：《大乘〈大般涅槃经〉研究》，第37—38页，台北，文津出版社，1994。
③ 《出三藏记集》卷一五，《大正藏》第55卷，第111页上。
④ 《三论游意义》，《大正藏》第45卷，第122页中。

潮。而且，道生亦研究此经，著义疏五十余纸。虽然道生《大般涅槃经义疏》收入以《南本》为所依原典的《大般涅槃经集解》，但是不能断定道生即是依《南本》而讲注。《高僧传·慧严传》说：

> 《大涅槃经》初至宋土，文言致善，而品数疏简，初学难以措怀。严乃共慧观、谢灵运等，依《泥洹本》加之品目，文有过质，颇亦治改，始有数本流行。①

《南本》的修治者，是以东安寺慧严为主，得到道场寺慧观、大文豪谢灵运的帮助。他们修治的理由是品数过于疏简，初学者难以贯通领悟。所以，慧严等人的修治包括两方面：(1) 对于质朴难懂的文字进行润色改写；(2) 依《法显本》，对《北本》的品目进行增补、调整，于是成为二十五品、三十六卷。

至于《南本》修治的时间，僧传中无明确记载，仅《佛祖历代通载》卷八"丙子条"说："观与惠严谢灵运等，详定《大涅槃经》，颇增损其辞。"②"丙子"即是元嘉十三年(436)。此外，《高僧传·慧严传》说：

> 严乃梦见一人形状极伟，厉声谓严曰：涅槃尊经何以轻加斟酌。严觉已惕然，乃更集僧，欲收前本。时识者咸云：此盖欲诫厉后人耳。若必不应者，何容即时方梦。严以为然。③

经典字句的改动，必然会涉及亵渎经典的神圣性，神人责备其实是心理的反映。这个故事亦表明，慧严等人虽然精通字句，但是品目的增补比较容易，字句的修改到底非易事，所以《南本》的修治不是短时间就能完成。

《北本》于元嘉七年(430)传至建康，而元嘉八年(431)春，谢灵运因

---

①③《高僧传》卷七《慧严传》，《大正藏》第50卷，第368页上。
②《佛祖历代通载》卷八，《大正藏》第49卷，第536页下。

为会稽太守孟𫖮的诬告而上京辩护。① 宋文帝将谢灵运留在建康,冬天谢灵运才出任临川内史。在这一年中,谢灵运撰修《四部目录》和参与修治《南本》。《隋书·经籍志》说:

> 宋元嘉八年,秘书监谢灵运造《四部目录》,大凡六万四千八十二卷。②

据《旧唐书·经籍志》载,实应为四千五百八十二卷。③ 这种大规模的书目编排并非短期内可以一蹴而就,所以用了近一年的时间才完成。谢灵运在元嘉八年(431)冬天,才开始赴临川上任,最后于元嘉十年(433)因谋叛被弃市于广州。元康《肇论疏》卷一,对谢灵运修治《大般涅槃经》的文笔赞誉有加:

> 谢灵运文章秀发,超迈古今,如《涅槃》元来质朴本言:手把脚蹈,得到彼岸;谢公改云:运手动足,截流而度。④

所以,《南本》的修治是从元嘉八年(431)开始。但是,《南本》的完成与公开发表,则应在谢灵运死后,这是出于慎重与减少当时的纠纷,《佛祖历代通载》说元嘉十三年(436),是妥当的。《南本》的修治经过近六年的时间,对文字加以润饰美化,对品目加以细致化,增加其可读性。

最后,《大般涅槃经》的藏译本有二种:一名《大乘大涅槃经》,由胜友、智藏、天月从梵本译出,相当于此经从初至《大众所问》的前分五品,或即是法显所译的六卷《泥洹经》。另一名《大般涅槃经》,由王宝顺、善慧、海军从汉译本重译出,相当于此经全部四十卷和《大涅槃经》后分二卷。

---

① 谢灵运与孟𫖮的关系,见《宋书》卷六七《谢灵运传》,第 1775—1776 页。另见李雁的《谢灵运研究》,第 64—66 页,北京,人民文学出版社,2005。
② 《隋书》卷三二《经籍志》,第 906 页。
③ 《旧唐书》卷四七《经籍志下》,第 2081 页。
④ 《肇论疏》卷上,《大正藏》第 45 卷,第 162 页下。

五、《大般涅槃经后分》的传译

昙无谶在译出《北本》后,知道《北本》并不完整,而且有《大般涅槃经后分》(以下简称《后分》)的存在,于是西行寻求,但未遂先亡。慧观在修治《南本》时,亦欲重新寻访"后分",于是奏请宋太祖资助高昌沙门道普带领书吏十余人西行,道普一行至长广郡(山东省崂山)时,船只破损,道普的双脚亦受到伤害,于是因病而逝,临终前感叹:"《涅槃》后分与宋地无缘矣。"①

从内容上说,《北本》仍然未述及佛陀入灭的事件,《北本》最后《憍陈如品》叙述须跋陀罗往见佛陀,得阿罗汉果;《后分》第一品是《憍陈如品余》,继续叙述须陀跋罗请佛住世不果,先佛而入灭。可知,《后分》是《北本》的延续。

智昇《开元释教录》卷十一记载:

> 《大般涅槃经》后译荼毗分二卷,亦云阇维分,亦云后分。
>
> 大唐南海波凌国沙门若那跋陀罗共唐国沙门会宁于彼国共译,出《大周录》单本。
>
> 右一经,是前《大般涅槃经》之余,《憍陈如品之末》,兼说灭度已后焚烧等事。义净三藏《求法传》云:益府成都沙门会宁,麟德年中,往游天竺,到南海诃凌国,遂与彼国三藏沙门若那跋陀罗,唐云智贤,于阿笈摩经抄出如来涅槃焚烧之事,非《大乘涅槃经》也,遗使寄来,方之天竺今。寻此经与《长阿含》初分《游行经》少分相似,而不全同。经中复言法身常存,常乐我净佛菩萨境界,非二乘所知,与《大涅槃》义理相涉。经初复题《憍陈如品末》,文势相接,且编于此,后诸博识详而定之。②

---

① 《高僧传》卷二,《大正藏》第50卷,第337页上。
② 《开元释教录》卷一一,《大正藏》第55卷,第591页上。

依此可知,《后分》是唐代律师会宁与南海波凌国(或诃凌,今爪哇)沙门若那跋陀罗一起译出。义净在《大唐西域求法高僧传》中指出,会宁二人是从《阿含经》中将佛陀涅槃的部分译出,并不是《大乘涅槃经》;而且,义净指出《大乘涅槃经》在印度共二万五千颂,若译出将达六十余卷。① 但是,智昇强调《后分》在思想上与《大般涅槃经》相通,而且在品目、文势上相接,所以应该可以确认为"后分"。

关于《大般涅槃经》的梵本总数,未详作者《大涅槃经记》主张"胡本都二万五千偈",义净亦强调是"二万五千颂",而慧皎《高僧传·昙无谶传》作"三万五千偈"。从现存藏译及梵文断片来看,"二万五千偈"是一致的数目,由梵本译出的藏译本经后也说:"经文二万五千颂,其中至一切大众所问品竟,有三千九百偈颂。"②由此可知,"三万五千"是误写,此经原本为二万五千偈,又其中前分《大众所问品》(相当于译本前五品)约四千偈,一直到后世印度尚存有其本。无论如何,《大涅槃经》若全部译出,将不止四十卷,是历史的事实。现存《后分》只有二卷,确实与梵本总数有差距。

从内容来说,《北本》经文最后说:

> 无量恒河沙等众生发缘觉心,无量恒河沙等众生发声闻心,人女、天女二万亿人现转女身得男子身,<u>须跋陀罗得阿罗汉果</u>。③

须跋陀罗已经得阿罗汉果,但是《后分》开头却说:

> 尔时,须跋陀罗从佛闻说大般涅槃甚深妙法,而得法眼,见法清净,爱护正法,已舍邪见,于佛法中深信坚固,<u>即从如来欲求出家</u>。
>
> 佛言:善哉!善哉!须跋陀罗,善来比丘!悦可圣心,善入佛道。于

---

① 《大唐西域求法高僧传》,《大正藏》第51卷,第4页上。
② [日]下田正弘:《涅槃経の研究——大乗経典の研究方法試論》,第156—157页,东京,春秋社,2000。
③ 《大般涅槃经》卷四〇,《大正藏》第12卷,第603页下。

是，须跋陀罗欢喜踊跃，忻庆无量，即时须发自落而作沙门，法性智水，灌注心原，无复缚著，漏尽意解，得罗汉果。①

《后分》说须跋陀罗愿求出家，佛陀许可出家后，欢喜踊跃，须发自然脱落，然后证得阿罗汉果。这样，《北本》与《后分》的连接，总是略嫌矛盾重复。

从思想上说，智昇指出《后分》具有涅槃四德、法身常存的思想。如《后分·遗教品》说："此大涅槃乃是十方三世一切诸佛金刚宝藏，常乐我净周圆无缺"、"虽佛灭后，法身常存，是以深心供养，其福正等"②，随处可见大乘佛教的思想。但是，义净的观点亦不无道理。所以，或许存在一种可能：在义净当时，即7世纪后期，在南海地区流行的一种《阿笈摩》，其中关于佛涅槃诸事一部分，已经掺进了相当多的大乘的思想内容，以至于与大乘相接近或一样，因此会宁等会把它看作是大乘《大般涅槃经》的一部分，而义净却认为它仍属于《阿笈摩》。由此看来，《大般涅槃经》本身就是品目分别流行，流行的时间、地区，甚至前后的内容上也不同，上述现象亦是正常的。③

义净《大唐西域求法高僧传》记载，会宁与若那跋陀罗约在麟德年间（664—665）译出《后分》，由运期送经典到长安，再返回诃陵国，与会宁相见，然后会宁方适印度。

《大周刊定众经目录》卷二说：

> 大唐麟德年中，南天竺僧若那跋陀共唐国僧会宁，于日南波陵国译。仪凤年初，交州都督梁难敌附经入京。至三年，大慈恩寺主僧灵会于东宫三司受启所陈闻，请乞施行。三司牒报，逐利益行用。长安西太原寺僧慧立作序，至天册万岁元年十月二十四日奉敕编行。④

---

① 《大般涅槃经后分》卷上，《大正藏》第12卷，第900页上。
② 同上书，第900页下、901页下。
③ 王邦维：《略论大乘〈大般涅槃经〉的传译》，《中华佛学学报》第6期，第123页，1993。
④ 《大周刊定众经目录》卷二，《大正藏》第55卷，第385页中。

《开元释教录》卷九的记载,与此相同①;《宋高僧传》卷二增加了运期送经入京。②仪凤初年(676),交州都督梁难敌带《后分》赴京;仪凤三年(678),大慈恩寺僧灵会上奏请求流通经典,长安西太原寺慧立作序;天册万岁元年(695),皇帝下旨流通。《大周刊定众经目录》记载的时间,比义净的记载晚将近十年。

所以,《大唐西域求法高僧传》和《大周刊定众经目录》有关《后分》的记载,各有不同,但是孰是孰非,难以定夺。

六、《涅槃经》诸本异同

《涅槃经》虽现存四本,但是《后分》的内容与其他三本缺乏相应的联系,所以举《法显本》、《北本》、《南本》三本进行比较,从文献学的角度揭示《涅槃经》在中国的演变。

《北本》共十三品四十卷;《法显本》共十八品六卷;慧严等根据《法显本》,对《北本》进行修治、整理,于是成《南本》二十五品三十六卷。先依品名的关系,对三本进行对照③:

《北本》	《法显本》	《南本》
	(1) 序品	(1) 序品
	(2) 大身菩萨品	
(1) 寿命品	(3) 长者纯陀品	(2) 纯陀品
	(4) 哀叹品	(3) 哀叹品
	(5) 长寿品	(4) 长寿品
(2) 金刚身品	(6) 金刚身品	(5) 金刚身品
(3) 名字功德品	(7) 受持品	(6) 名字功德品
	(8) 四法品	(7) 四相品

---

① 《开元释教录》卷九,《大正藏》第55卷,第563页下。
② 《宋高僧传》卷二,《大正藏》第50卷,第717页中。
③ 参照[日]布施海浩岳的《涅槃宗の研究·前篇》,第83—84页;屈大成的《大乘〈大般涅槃经〉研究》,第51页。

	(9) 四依品	(8) 四依品
	(10) 分别邪正品	(9) 邪正品
	(11) 四谛品	(10) 四谛品
(4) 如来性品	(12) 四倒品	(11) 四倒品
	(13) 如来性品	(12) 如来性品
	(14) 文字品	(13) 文字品
	(15) 鸟喻品	(14) 鸟喻品
	(16) 月喻品	(15) 月喻品
	(17) 问菩萨品	(16) 菩萨品
(5) 一切大众所问品	(18) 随喜品	(17) 一切大众所问品
(6) 现病品		(18) 现病品
(7) 圣行品		(19) 圣行品
(8) 梵行品		(20) 梵行品
(9) 婴儿行品		(21) 婴儿行品
(10) 光明遍照高贵德王菩萨品		(22) 光明遍照高贵德王菩萨品
(11) 师子吼菩萨品		(23) 师子吼菩萨品
(12) 迦叶菩萨品		(24) 迦叶菩萨品
(13) 憍陈如品		(25) 憍陈如品

依慧皎的传说,《北本》经过"前分"、"中分"、"后分"三次传译。从整体结构上看,《北本》确实可以分为这三部分,与《法显本》、《南本》之间存在着联系。

(1)《寿命品》至《一切大众所问品》共五品十卷(卷一至卷十),这是《北本》的"前分"。在《大正藏》中,《北本》"前分"共62页,《法显本》则有47页,虽然数量、品数上有差别,但是内容上比较一致。译自梵文的藏译本《大乘大涅槃经》,亦相当于"前分";《南本》则至《现病品》,才是完整的一部分。所以,《北本》"前分"的内容有所增添,但是在思想上并没有多大变化。关于《法显本》与《北本》的关系,有学者提出相反的观点,认为六卷本的内容,相当于后三十卷,而且是依四十卷本缩略而成。①

(2)《现病品》至《婴儿行品》共十卷(卷十一至二十),这主要是有关"五行"的内容。

(3)《光明遍照高贵德王菩萨品》(六卷)、《师子吼菩萨品》(六卷)、《迦叶菩萨品》(六卷)、《憍陈如品》(二卷),共二十卷,分别以对话者为品目,其内容分别以十德、佛性、佛灭后争论、降伏外道为主旨,这些都是独立的章节。

对于《北本》与《南本》的差异,灌顶《大般涅槃经玄义》指出:"但去质存华。如啼泣面目肿,改为恋慕增悲恸;如呜啧我口,改为如爱子法。故其文璀璨,皆此例焉。"②慧严等人不依梵文而修治,直接依汉语的表达方式,从而使《南本》文字浅白通畅,分品细致,因此《南本》在中国比《北本》更流行。

第二节 涅槃学派的传承

涅槃学派的传承,自从道生研究六卷《泥洹经》而首倡"阐提有佛性",此后顿悟、渐悟等思想此起彼伏,成为南北朝、隋唐时期非常盛行的学派。而且,南北朝的佛教学者学无常师,通常精通各种经论,虽然有些涅槃师专以《涅槃经》为研习的中心,但是亦兼通《成实论》、《十地经论》、《摄大乘论》等。因此,涅槃学派是一种以《涅槃经》为中心的交叉传承,时间限度在公元五世纪中期至八世纪中期,共三百年的历史。涅槃师的丰富思想,成为南北朝佛教思想史的重要内容,是隋唐佛教宗派成立的前奏。同时,随着隋唐宗派的成立,八大宗派各以自宗经论为中心,但皆未将《涅槃经》作为所依经论,从而使《涅槃经》的讲习趋于衰落。

---

① [日]河村孝照:《大乘涅槃经における大般泥洹经と大般涅槃经との比较研究》,《东洋学研究》第4号,第55—81页,1970。
② 《大般涅槃经玄义》卷下,《大正藏》第38卷,第14页中。

涅槃学派的传承以道生为第一人,这是从"阐提有佛性"的核心思想来说。但是,从法显译出六卷《大般泥洹经》(以下简称《泥洹经》,涉及通称则用《涅槃经》)开始,在以建康为中心的南方佛学界,道生、慧叡、慧严、慧观等人,迅速从鸠摩罗什所传的般若学转向涅槃学。所以,涅槃学派的形成,与鸠摩罗什教团具有密切的联系。昙无谶于玄始十年(421)译出四十卷《大般涅槃经》后,研习者转向此经,促进涅槃学派在北魏与刘宋时期的兴盛,一直至隋末唐初,绵延不绝。

一、鸠摩罗什、慧远与《泥洹经》

义熙十三年(417),法显与佛陀跋陀罗译出《大般泥洹经》,鸠摩罗什已经去世。[①] 鸠摩罗什出生于龟兹,龟兹是否流传《涅槃经》,不能得知。但有一点是确定无疑的,鸠摩罗什知道《涅槃经》的存在,因为在《大智度论》等论书中,已经广泛引用《涅槃经》。而且,鸠摩罗什对《涅槃经》的思想或许大致了解,因为僧叡在《释疑》[②]中,论述《般若经》、《法华经》、《泥洹经》三经的思想,然后说:

> 此三经者,如什公所言:是大化三门,无极真体,皆有神验,无所疑也。什公时,虽未有《大般泥洹》文,已有《法身经》明佛法身,即是泥洹。与今所出,若合符契。此公若得闻此佛有真我,一切众生皆有佛性,便当应如白日朗其胸衿,甘露润其四体,无所疑也。[③]

"如什公所言"表明了鸠摩罗什曾经概括《泥洹经》的思想。鸠摩罗什未

---

① 有关鸠摩罗什的没年,历来有弘始七年(405)、弘始八年(406)、弘始十一年(409)、弘始十五年(413)等种种说法,最新的考证结果是日本学者斋藤达也提出弘始十三年(411)。见《鸠摩罗什の没年问题の再检讨》,《国际佛教学大学院大学研究纪要》第3号,第125—153页,2000。
② 有关《释疑》的作者,涉及到"僧叡"与"慧叡"的问题。最新的研究成果表明,此二人非同一人,《释疑》应为僧叡的作品。见涂艳秋《鸠摩罗什门下由"空"到"有"的转变——以僧叡为代表》,《汉学研究》第18卷第2期,第113—142页,2000;徐文明:《僧叡慧叡非一人辩》,《正观杂志》第25期,第167—180页,2003。
③ 《出三藏记集》卷五,《大正藏》第55卷,第42页上。

有机缘见到《泥洹经》,所以引起僧睿的感慨。

鸠摩罗什门下,僧叡、慧叡、道生、慧严、慧观等则无不受到《泥洹经》的影响。鸠摩罗什教团从般若性空的"空宗"转向常住佛性的"有宗",而这种转向的契机即是《泥洹经》的译出。

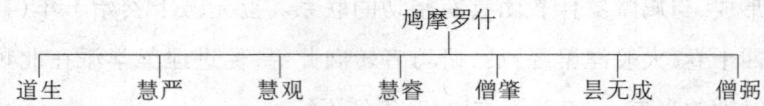

道生　慧严　慧观　慧睿　僧肇　昙无成　僧弼

另外一方面,涅槃学在中国的兴起,与慧远的庐山教团亦有密切的关系。虽然,慧远亦无缘见到《泥洹经》,但是慧叡、慧观、慧严等在师事鸠摩罗什之前,本来亦是慧远的弟子,后来的涅槃师昙顺、道汪、(余杭)慧静等也皆出自他的门下。慧远以般若、空的立场理解"泥洹",从而影响了弟子辈的涅槃思想。而且,佛陀跋陀罗离开长安后,受慧远邀请住在庐山,后来译出《泥洹经》。

所以,涅槃学的兴起,与鸠摩罗什、庐山慧远两大教团皆有密切的联系。正是两大教团精英学者的学术转向,才真正促进了涅槃学派的发展。

二、河西僧团与北本《涅槃经》

玄始十年(421),昙无谶译出四十卷北本《大般涅槃经》。在昙无谶的门下,有一批义学沙门,如道朗、慧嵩、道进等,随昙无谶学习《涅槃经》以及禅法、戒律等。而且,这一僧团受到北凉沮渠蒙逊家族的支持,在北凉盛极一时。

道进　慧嵩　道朗　道泰　→北魏佛教

道朗、慧嵩、道进三人都没有专门的传记,依《高僧传·昙无谶传》、《大涅槃经序》的记载,可以简单了解他们的生平。道朗、慧嵩在接触昙

无谶之前,在当时的河西已经有很大的影响。《高僧传·昙无谶传》说:

> 时沙门慧嵩、道朗,独步河西,值其宣出经藏,深相推重,转易梵文,嵩公笔受。道俗数百人,疑难纵横,谶临机释滞,清辩若流,兼富於文藻,辞制华密。嵩朗等更请广出诸经。①

《出三藏记集·昙无谶传》有相同的记载。道朗、慧嵩可能是受到沮渠蒙逊的邀请,加入了昙无谶的译经事业。在翻译《涅槃经》时,昙无谶"手执梵文,口宣秦言"②,主要由慧嵩笔受。道朗可能在义理上比较有造诣,所以作《涅槃经序》;而且,撰《涅槃经义疏》,吉藏说道朗"亲承三藏,作《涅槃义疏》"③,可见道朗是依昙无谶讲《涅槃经》的讲义而撰疏。

在吉藏、灌顶的著作中,还提及道朗对《涅槃经》的"五门"科判。《大般涅槃经疏》卷一:

> 梁武但制中前中后,开善唯序正,光宅足流通,灵味问有缘起答有余势,河西五门,婆薮七分,兴皇八门。④

《涅槃经游意》说:"此经之意复何穷?如河西五门,波薮七分,兴皇八章,迦叶三十解问,如来次第解释则三十解意。"⑤可见,道朗的"五门"科判在隋末唐初非常流行。依道朗撰《涅槃经序》,大约可以看出,"五门"是释名、明宗、辩体、论用、教判。⑥

另外,《魏书·释老志》记载,智嵩为译时笔受,然后以新出的经论传授于凉州,著《涅槃义记》。⑦ 此"智嵩"即是慧嵩,道挺《毗婆沙序》亦称"智嵩"。综上,《涅槃经》之学盛行于凉州。

---

① 《高僧传》卷二《昙无谶传》,《大正藏》第50卷,第336页上。
② 道朗:《大涅槃经序》,《出三藏记集》卷八,《大正藏》第55卷,第59页下。
③ 《大乘玄论》卷三,《大正藏》第45卷,第35页下。
④ 《大般涅槃经疏》卷一,《大正藏》第38卷,第42页中。
⑤ 《涅槃经游意》,《大正藏》第38卷,第230页中。
⑥ [日]布施浩岳:《涅槃宗之研究·后编》,第8页,东京,国书刊行会,1942。
⑦ 《魏书》卷一一四《释老志》,《魏书》三,第3032页。

在隋代,道朗《涅槃义疏》仍然盛行于世,吉藏、智𫖮、灌顶等人都引用其说。吉藏《法华玄论》说:"道朗著《涅槃疏》,世盛行之。其所解《法华》,理非谬说,明常之旨,还符睿公。"①道朗著《法华经疏》,判《法华经》为五门:(1)从"如是我闻"竟《序品》,序《法华》必转之相;(2)从《方便品》至《法师品》,明《法华》体无二之法;(3)从《宝塔品》竟《寿量品》,明《法华》常住法身之果;(4)从《分别功德品》至《嘱累品》,明修行《法华》所生功德;(5)从《药王本事品》讫经,明流通《法华》之方轨。② 而且,道朗《法华疏》在思想上,解释《宝塔品》是阐明法身常住之理永存不没,《寿量品》是说明如来的寿量等同虚空。③ 吉藏还记载,道朗撰《中论序》,"破四缘为略,破六因为广。"④但是,道朗的著作皆散佚不存,只见于吉藏、智𫖮等著作中多处援引。

道朗、慧嵩在昙无谶被沮渠蒙逊杀害后,又曾帮助浮陀跋摩翻译《阿毗昙毗婆沙论》。

另外,依《出三藏记集》卷九中所存《贤愚经记》的记载,凉州沙门昙学、威德等八人在于阗大寺参加"般遮于瑟"大会,然后依各自所听而集为一部,带回到凉州。当时,"沙门释慧朗,河西宗匠,道业渊博,总持方等",认为此经多明譬喻以及善恶因果,所以命名为《贤愚经》。元嘉二十二年(445),金陵天安寺僧人弘宗译出。⑤ 依汤用彤的研究,慧朗即是道朗。⑥

同时,河西僧团重视禅法与戒律,道进在昙无谶门下求受菩萨戒。然后,道朗又感瑞梦,从道进受戒。

河西是佛教自西域来华的重要通道,《魏书·释老志》说:

---

① 《法华玄论》卷二,《大正藏》第34卷,第377页上。
② 《法华义疏》卷一,《大正藏》第34卷,第452页下。
③ 《法华游意》,《大正藏》第34卷,第640页下。
④ 《中论疏》卷一,《大正藏》第42卷,第1页上;同疏卷三末,《大正藏》第42卷,第52页上。
⑤ 《出三藏记集》卷九,《大正藏》第55卷,第67页下—68页上。
⑥ 汤用彤:《汉魏两晋南北朝佛教史》(上册),第282页。

> 凉州自张轨后,世信佛教。敦煌地接西域,道俗交得。其旧式村坞相属,多有塔寺。太延中,凉州平,徙其国人于京邑。沙门佛事,皆俱乐,象教弥增矣。①

北凉兵乱以后,北魏太武帝在太延五年(439)灭凉,徙沮渠宗族及吏民三万户于平城,同时亦有大量的沙门随同进入平城。因此,北凉佛教移至平城,促进了北魏佛教的兴盛,北凉涅槃学亦开始在北方传播,于是出现了北方的涅槃学派。而且,随着北凉的战乱,涅槃学转传至南方,南朝重视佛教义学的风气,无疑为南方涅槃学的发展提供了很好的环境。

河西僧团的涅槃学研究,自从北凉之后,在汉地的南北各有发展,直至吉藏、灌顶时代,一直绵延不绝。所以,涅槃学派的发展史,应该以河西僧团为滥觞。虽然,道生在江南依六卷《泥洹经》孤明先发,提倡"阐提有佛性",但他在当时受到摈斥,《涅槃经》传至宋土后,南方的涅槃学派才真正获得发展。

三、道生的生平与著作

5世纪时,随着鸠摩罗什、佛陀跋陀罗、昙无谶等译经大师译出《法华经》、《般若经》、《华严经》、《涅槃经》等大乘经典,吸收大乘经典的思想,建立中国佛教独具特色的思想体系,成为当时佛教界的一大趋势。道生开创了南方的涅槃学派,无疑为中国佛教思想的发展作出了重大的贡献。

1. 道生的生平

道生的传记资料,见于《高僧传》卷七《道生传》、《广弘明集》卷二十三《龙光寺竺道生法师诔》、《出三藏记集》卷十五《道生法师传》、《宋书》卷九十七等。道生(355—434),俗姓魏,原籍钜鹿(河北省巨鹿县),祖上寓居彭城(江苏省徐州市)。父亲为广戚令,道生幼小时,便表现出非凡

---

① 《魏书》卷一一四《释老志》,《魏书》三,第3032页。

的气度。后来,遇到沙门竺法汰①,于是皈依竺法汰,出家接受佛学教育。

竺法汰(320—387),是道安的同学,兴宁三年(365),随道安避难至襄阳,最后到达建康。简文帝(371—372在位)时,竺法汰住瓦官寺,讲《放光般若经》,简文帝亲自临幸,王公大臣悉来听讲。瓦官寺原来仅有堂塔,竺法汰于是拓宽房宇,依地势而修建重门。竺法汰殁于太元十二年(387),在南京居住长达二十三年。所以,道生在竺法汰门下出家,应该在这二十三年间。汤用彤、镰田茂雄都认为,竺法汰讲《放光般若经》时,"三吴负帙至者千数",当时为371—372年,或许即道生出家的时间。②

道生在竺法汰门下,表现出非凡的能力,研习经论,便能与当时的名僧、学士辩论。受具足戒,应该是二十岁左右。《出三藏记集·道生传》说:"年至具戒,器鉴日跻,讲演之声,遍于区夏。王公贵胜,并闻风造席;庶几之士,皆千里命驾。生风雅从容,善于接诱。其性烈而温,其气清而穆。故豫在言对,莫不披心焉。"③在"清谈"盛行的时代,道生的辩才与风度,无疑赢得众多玄学名士的拥护。不久,住龙光寺专注于学业。

《龙光寺竺道生法师诔》说:"中年游学,广搜异闻,自杨徂秦,登庐蹑霍。罗什大乘之趣,提婆小道之要,咸畅斯旨,究举其奥。"④这是道生的游学历程:扬州→庐山→霍山→长安,其学问来自僧伽提婆的阿毗昙学、鸠摩罗什的大乘般若学。道生游学扬州,后来入庐山隐居七年。《出三藏记集》谓,隆安年间(397—401),道生入庐山;《高僧传》删除了"隆安中",未明记年月。《名僧传抄》记载《名僧传》卷十的目录中,有"宋寻阳

---

① "竺法汰",《宋书》卷九七《夷蛮传》为"法大",《龙光寺竺道生法师诔》为"法汰",高丽本《出三藏记集》为"法太"。
② 《高僧传》卷五《竺法汰传》,《大正藏》第50卷,第354页下—355页上。汤用彤:《汉魏两晋南北朝佛教史》(下册),第438页;[日]镰田茂雄:《中国佛教通史》(第四卷),第278页,佛光出版社译,高雄,佛光出版社,1993。
③ 《出三藏记集》卷一五,《大正藏》第55卷,第110页下。
④ 《广弘明集》卷二三,《大正藏》第52卷,第265页下。

庐山西寺道生";而且在《说处》,出现"庐山西寺竺道生事"、"慧远庐山习有宗事"。①

僧伽提婆是东晋时代翻译有部论典的名家,擅长《阿毗昙心论》。僧伽提婆于前秦建元年间(365—384)来到长安,后来应慧远的邀请,至庐山。东晋太元十六年(391),在庐山译出《阿毗昙心论》,隆安元年(397)游建业,受到晋室王公及风流名士的崇信。

依僧伽提婆离开庐山的时间,道生应该在太元末数年至庐山,得见僧伽提婆,与慧远一起学习有部。僧伽提婆于隆安元年至建业,道生则住至"隆安中",前后共七年。同时,道生也接触了慧远的般若与净土思想。道生离开庐山后,曾隐居于霍山。此"霍山"在当时的庐江潜县,即今安徽省霍山县。

在玄学盛行的时代,南方佛教界重视义理思辨。《高僧传·道生传》说:"常以入道之要,慧解为本。故钻仰群经,斟酌杂论,万里随法,不惮疲苦。"②后秦弘始三年(401),鸠摩罗什应姚兴之请,至长安弘扬龙树学说。道生与始兴寺慧睿、东安寺慧严、道场寺慧观等人联袂前往长安,投入鸠摩罗什的门下,学习般若学。

当时的长安,群英荟萃,道生颖悟拔俗,蔚为一时美谈。尚书王俭述说道生在长安的状况:"昔竺道生入长安,姚兴于逍遥园见之,使难道融义,往复百翻,言无不切。众皆睹其风神,服其英秀。"③道生与道融反复辩论,道生的博学才识得到众人的佩服。鸠摩罗什门下弟子有"四圣"、"十哲"等称号,道生皆位列其中。

道生在长安求学多年,弘始九年(407)夏末,离开长安。途经庐山,拜访慧远,将僧肇《般若无知论》示刘遗民,这是义熙四年(408)。义熙五年(409),道生回到建康,住在青园寺。

---

① 《名僧传抄》,《卍新纂续藏经》第77册,第347页中、360页中。
② 《高僧传》卷七《竺道生传》,《大正藏》第50卷,第366页下。
③ 《续高僧传》卷五,《大正藏》第50卷,第462页上。

青园寺位于江苏南京市郊覆舟山麓,为东晋恭思皇后褚氏所创,道生尝住此讲顿悟成佛之义。刘宋景平元年(423),佛殿震动,传有龙升天,遂改名龙光寺。宝林、法宝、慧生等相继来住,成为弘扬顿悟学说的重镇;梁陈之际,僧绰在此讲说《成实论》,是成实学派的活动中心。同时,在南京还有另一青园寺。刘宋元嘉三年(426),王景深母亲范氏将王坦之的故祠堂地,布施给比丘尼业首,创立寺舍,亦名为青园寺。① 但是,泰始三年(467),宝婴尼于东面建造禅房、灵塔,于是成为东青园寺,原来的青园寺后来反而被称为西青园寺。②

刘宋兴起后,宋文帝对道生极其敬重,王弘、范泰、颜延之等人皆来问道。景平元年(423)十一月,道生、慧严在龙光寺,请罽宾律师佛陀(大)什法师手执胡文,于阗沙门智胜为译,于景平二年(424)十二月译出《五分律》,"此律照明,盖生之功也"③。与《五分律》同时译出的,还有《弥沙塞比丘戒本》、《弥沙塞羯磨》。

道生深通佛法精髓,感叹当时学者多滞碍于文字,而疏忽于义理。《高僧传·竺道生传》说:"夫象以尽意,得意则象忘;言以诠理,入理则言息。自经典东流,译人重阻,多守滞文,鲜见圆义。若忘筌取鱼始,可与言道矣。"④道生会通龙树的中观思想与僧伽提婆的有部思想,贯通玄学与佛学,所以在中国佛教思想史上,成为具有原创性的佛教思想家。在注释《维摩诘经》时,道生便说:"无我本无生死中我,非不有佛性我也"⑤,这说明道生在鸠摩罗什门下时,就已经把大乘般若学与大乘涅槃学在理论上结合起来,以实相理体为成佛之因,在般若学的实相论基础之上来构建其涅槃佛性学说,为后来整个中国佛教思想的发展构建了基本的理论框架。所以,他后来接触《泥恒经》时,才能孤明独发,提出"阐提

---

① 《比丘尼传》卷二《业首尼传》,《大正藏》第50卷,第940页中。
② 《比丘尼传》卷三《法全尼传》,《大正藏》第50卷,第943页中。
③ 《出三藏记集》卷一五,《大正藏》第55卷,第111页中。
④ 《高僧传》卷七《竺道生传》,《大正藏》第50卷,第366页下。
⑤ 《注维摩诘经》卷三,《大正藏》第38卷,第354页中。

有性"。

　　法显等于义熙十三年(417)十月译出《泥洹经》,这时道生归建业已经八年。《大般泥洹经》说:"一切众生皆有佛性在于身中,无量烦恼悉除灭已,佛便明显,除一阐提。"①但是,道生"剖析经理,洞入幽微,乃说阿阐提人皆得成佛。于时《大本》未传,孤明先发,独见忤众。"②道生提倡"阐提有佛性",成为当时的"新说",从而与当时的"守文之徒"等产生矛盾。

　　《大般泥洹经》翻译时,在建业佛教界引起很大的反响。依《出经后记》记载,当时"坐有二百五十人"。③ 依慧睿《喻疑论》,当时有义学沙门百余人,而且该经的宗旨即是:"泥洹不灭,佛有真我。一切众生,皆有佛性。皆有佛性,学得成佛。佛有真我,故圣镜特宗,而为众圣中王。"④可见,佛教界认识到,佛性是该经的主要思想。参与人数众多,势必会有不同的意见。《大般泥洹经》译出后,由于理解的不同,便出现窜改经文、怀疑此经为伪经的现象⑤,可见当时确实纷争众多。

　　依唐代道暹《涅槃经玄义文句》的记载,当时纷争的中心人物是道生与智胜。智胜在僧传中没有传记,只知他来自于阗,帮助佛陀什翻译《五分律》。《涅槃经玄义文句》说:

> 后有传学之人,东晋大德沙门道生法师,即什公学徒上首。时属晋末宋初,传化江左,讲诸经论,未见《涅槃》大部,悬说众生悉有佛性。时有智胜法师,讲显公所译六卷《泥洹经》,说一阐提定不成佛。宋朝大德盛宗此义,闻生所说咸有佛性,众共瞋嫌。智与生公数论此义,智屡被屈,进状奏闻,彻于宋主,表云:后生小僧,全无学

---

① 《佛说大般泥洹经》卷四,《大正藏》第12卷,第881页中。
② 《高僧传》卷七《竺道生传》,《大正藏》第50卷,第366页下。
③ 《出三藏记集》卷八,《大正藏》第55卷,第60页中。
④ 《出三藏记集》卷五,《大正藏》第55卷,第41页下。
⑤ 《出三藏记集》卷六:"此《大般泥洹经》既出之后,而有嫌其文不便者,而更便改。"《大正藏》第55卷,第42页上。

识,辄事胸臆,乖越经宗;若流传,误后学者,今以表奏请摈入山。宋主依奏,谪居苏州唐丘寺时。有五十硕学名僧,从生入山谘受。①

可见,当时以智胜为首的佛教界,主张"一阐提定不成佛",并且得到宋文帝的支持,将道生摈至苏州虎丘。而道生主张"阐提有佛性",从而导致东晋、刘宋时代佛教界的纷争。

所以,这是"旧义"与"新说"的矛盾。慧睿《喻疑论》说:

> 泥洹永存,为应照之本;大化不泯,真本存焉。而复致疑,安於渐照而排跋真诲,任其偏执而自幽不救。其可如乎!此正是《法华》开佛知见,开佛知见,今始可悟。金以莹明,显发可知。而复非之,大化之由,而有此心,经言阐提,真不虚也。②

慧睿以《法华经》作为依据,提倡《泥洹经》的思想即是"开佛知见"。而且,强调那些"旧义"者反对"阐提有佛性",才是真正的"阐提"。

道生之所以受到当时佛教界的"摈弃",除了因为"阐提有佛性"的主张外,其于《二谛论》、《佛性当有论》、《法身无色论》、《佛无净土论》、《应有缘论》等著述中所阐发的一些独创的思想亦遭到僧界大众的反对。加之道生性格刚烈,锋芒毕露,为时所忌。③ 思想与现实上的矛盾,导致了道生离开建业。《高僧传·道生传》记载,当时道生在大众前发誓:"若我所说,反於经义者,请於现身即表厉疾;若与实相不相违背者,愿舍寿之时,据师子座。"④可见,当时的纷争非常激烈。

至于道生"被摈"的时间,范泰《致生、观二法师书》是在元嘉三年至五年左右,这时道生仍然住在青园寺。而且,《出三藏记集·道生传》:

---

① 《涅槃经玄义文句》卷下,《卍新纂续藏经》第36册,第40页上。
② 《出三藏记集》卷五,《大正藏》第55卷,第41页下。
③ 《广弘明集》卷二三说:"物忌光颖,人疵贞越,怨结同服,好折群游"。《大正藏》第52卷,第266页上。
④ 《高僧传》卷七《竺道生传》,《大正藏》第50卷,第366页下。

"生以元嘉七年投迹庐岳……俄尔,《大涅槃经》至于京都"①,隋硕法师《三论游意义》说:"宋元嘉七年,《涅槃》至扬州"②,这时道生已经隐居庐山。所以道生的"被摈"事件,是在元嘉五年至六年间(即428—429)。后来传说,道生离开建业后,青园寺发生雷震,龙升于天,于是改称为"龙光寺"。依《宋书·五行志》记载,元嘉五年,建业雷震特别厉害,曾经破坏太庙。③

道生至虎丘寺后,讲说《泥洹经》,学徒数百人,于是便有"生公说法,顽石点头"的佳话。道生之所以选择虎丘寺,或许与法纲有一定的关系。在《广弘明集》卷十八《慧骥演僧维问》中,法纲说:"学不渐宗,曾无彷佛"④,可见他是主张"渐悟"的。而且,竺法纲与慧林(即慧琳)往来密切,二人有《竺法纲释慧林问往反十一首》⑤。慧琳为法纲、道生皆撰诔文,法纲殁于元嘉十一年(434)十一月,道生殁于同年十月,二人都隐居于虎丘,殁于庐山。

元嘉七年(430),道生再度入庐山隐居。不久,《大涅槃经》传至扬州,谢灵运、慧严、慧观修治,成为南本《大涅槃经》。《高僧传·竺道生传》说:"果称阐提悉有佛性,与前所说,合若符契",于是建业佛教敬佩道生的卓识,崇拜有加。依隋硕法师《三论游意义》的记载:"尔时,里山慧观师,令唤生法师讲此经也"⑥,这是慧观将《大涅槃经》送至庐山,令道生讲此经。道暹《涅槃经玄义文句》记载,建业佛教界赞叹道生的学识,奏请迎回建业讲《涅槃经》,于是著义疏五十余纸,称为《关中疏》;而后,道生卒于讲座,故被称为"忍死菩萨"⑦。但是,《高僧传·竺道生传》、《出三藏记集·道生传》皆未提及道生回建业之事。

---

① 《出三藏记集》卷一五,《大正藏》第55卷,第111页上。
② 《三论游意义》,《大正藏》第45卷,第122页中。
③ 《宋书》卷三三《五行志四》,第968页。
④ 《广弘明集》卷一八,《大正藏》第52卷,第226页中。
⑤ 《出三藏记集》卷一三,《大正藏》第55卷,第84页中。
⑥ 《三论游意义》,《大正藏》第45卷,第122页中。
⑦ 《涅槃经玄义文句》卷下,《卍新纂续藏经》第36册,第40页上—中。

元嘉九年(432)三月,道生于庐山东林寺撰《法华经疏》。① 当时,道生的常住寺院是庐山西林寺,因为《名僧传抄》称为"宋寻阳庐山西寺道生"。

元嘉十一年(434)十月庚子(《高僧传》作十一月,误),道生升法座讲经,神采奕奕,辩才无碍,数番论议,穷尽诸法的玄理,听讲者法喜充满。讲经将完毕时,手中的麈尾掉落在地,但是姿势端正,在法座上安然而逝,从而实现临终"据师子座"的誓言。建业佛教界深感惭愧,从而更加信服道生的学说。

道生的嫡传弟子有竺道攸(即道猷)、僧瑾、慧琳等,祖述其说者,不计其数,从而形成南北朝佛教思想界的一大潮流。

道生先后师事竺法汰、僧伽提婆、鸠摩罗什,接触慧远、僧肇等人,汲取性空般若学、有部毗昙、龙树中观、法华、净土、十住等思想。所以,他的思想融贯了般若、法华、涅槃三系,从而成为中国佛教重要的思想来源。

2. 道生的著作

道生的著作非常丰富,僧祐《出三藏记集·道生传》、慧皎《高僧传·竺道生传》、陆澄《法论目录序》皆有记载。但是,现存仅《法华经疏》二卷、《维摩经义疏》(僧肇《注维摩经》中有引用)、《泥洹经疏》(《涅槃经集解》中有引用),其余皆散佚不存,隋唐佛教著述中引用其言者,皆以"生公"、"生法师"为称。

(1)《法华经义疏》或《妙法莲华经疏》二卷,僧祐《出三藏记集·道生传》载。

(2)《维摩经义疏》,撰于义熙六年(410)之后,僧肇《注维摩经》、唐代道液《维摩经关中疏》皆引用。

(3)《泥洹经义疏》,此为六卷《泥洹经》的注疏,僧祐《出三藏记集·

---

① 《妙法莲华经疏》卷上:"以元嘉九年春之三月,于庐山东林精舍,又治定之,加采访众本,具成一卷。"《卍新纂续藏经》第27册,第1页中。

道生传》有载。但是,道暹称道生著《大般涅槃经关中疏》,共五十余纸。《大般涅槃经集解》卷一引用道生的"序",卷四至卷五十五引用他的注疏,他注解的《大般涅槃经》主要是《纯陀品》、《哀叹品》、《长寿品》、《金刚身品》、《四相品》、《四依品》、《四谛品》、《如来性品》、《文字品》、《月喻品》、《圣行品》、《德王品》、《师子吼品》。而且,《圣行品》、《德王品》、《师子吼品》为《大般涅槃经》所特有,所以道生著《大般涅槃经疏》,是确实存在的。

(4)《小品经义疏》,《出三藏记集·道生传》载。

(5)《顿悟义》,《出三藏记集·道生传》载;《顿悟成佛义》,《高僧传·竺道生传》载。

(6)《沙门竺道生执顿悟》,陆澄《法论目录序》载。不知此三文,是否为同一文?

(7)《善不受报义》,《出三藏记集·道生传》、《高僧传·竺道生传》均载。陆澄《法论目录序》另有《述竺道生善不受报义》,释僧璩答释镜难。

(8)《二谛论》,《高僧传·竺道生传》载。《涅槃经集解》卷三十二有引用。①

(9)《佛性当有论》,《高僧传·竺道生传》载。

(10)《法身无色论》,《高僧传·竺道生传》载。

(11)《应有缘论》,《高僧传·竺道生传》载。

(12)《佛无净土论》,《高僧传·竺道生传》载。吉藏《胜鬘宝窟》卷上末说:"竺道生著《法身无净土论》,明法身无净土,此皆用无色义也。"②另外,吉藏《法华玄论》又说:"生公著《七珍论》,此是《法身无净土论》。"③《七珍论》是否指《顿悟成佛义》、《善不受报义》、《二谛论》、《佛性当有论》、《法身无色论》、《佛无净土论》、《应有缘论》七篇文章?依吉藏论述

---

① 《大般涅槃经集解》卷三二,《大正藏》第37卷,第487页上—489页下。
② 《胜鬘宝窟》卷上末,《大正藏》第37卷,第15页下。
③ 《法华玄论》卷九,《大正藏》第34卷,第442页上。

的语气,《七珍论》应该是指七篇文章,即是上述七篇,由后人集成。

(13)《涅槃三十六问》,陆澄《法论目录序》载。后世引用,皆称《涅槃三十六问答》。

(14)《释八住初心欲取泥洹义》,陆澄《法论目录序》载。

(15)《辩佛性义》,记载王稚远(即王谧)与竺道生有关佛性的问答。

(16)《范重问道生往反三首》,范重即是范伯伦,收在陆澄《法论目录序》第九帙《慧藏集》中,另外,还有范伯伦《问竺道生诸道人佛义》、《众僧述范问》、《傅季友答范伯伦书》。这是范伯伦向众僧问佛法大义,以及与道生之间的往返问答等。傅季友(傅亮)在元嘉三年(426)被诛杀,可见此四篇作于此前。

(17)《竺道生答王问一首》,陆澄《法论目录序》载。这是道生答王弘(字休元)有关顿悟义的文章,现存于《广弘明集》卷十八《竺道生答王卫军书》。[1]

(18)刘遗民《与竺道生书》。此书已失存,内容不明。道生曾携僧肇《般若无知论》,自长安送到庐山刘遗民处,可知二人甚为友好。

(19)《十四科义》,这是后人集道生的著作。《智证大师请来目录》说:"《十四科义》一本,生公"[2],《东域传灯目录》说:"《十四科义》一卷,竺道生"[3],《圆珍入唐求法目录》亦有"《十四科义》一本"[4],或许即此书。唐道液《净名经关中释抄》卷上,提说道生"制《十四科》、《法华》、《涅槃》疏及注此经"[5]。宋代智圆《涅槃玄义发源机要》卷一则说:"以六卷《泥洹》先至京都,生剖析经理,洞入幽微,乃说阐提皆得成佛,遂撰《十四

---

[1]《广弘明集》卷一八,《大正藏》第52卷,第228页上。
[2]《智证大师请来目录》,《大正藏》第55卷,第1106页中。
[3]《东域传灯目录》,《大正藏》第55卷,第1162页上。
[4]《圆珍入唐求法目录》,《大正藏》第55卷,第1100页下。
[5]《净名经关中释抄》卷上,《大正藏》第85卷,第510页下。

科》,其第十众生有佛性义云。"①依智圆的说法,道生在阅读六卷《泥洹经》后,便撰《十四科》。

澄观《大方广佛华严经随疏演义钞》引用了《十四科》的"净土义"、"善不受报义"、"实相义"②,延寿《宗镜录》引用《十四科》的"法身义"、"净土义"③。可见,《十四科义》应该是指除《法华经义疏》、《维摩经义疏》、《泥洹经义疏》、《大般涅槃经疏》、《小品经义疏》以外的其他十四篇文章。而且,《十四科义》至少在唐代便已集成。

四、道生一系的涅槃师

南朝佛教在宋、齐、梁三代兴盛一时。刘宋元嘉之世,承继东晋末期佛教的法绪,随着姚秦的灭亡、庐山慧远的示寂,佛教中心逐渐向建康移动,如佛陀跋陀罗转住道场寺。六卷《大般泥洹经》的译出,引起南朝佛教对《涅槃经》的研究兴趣;慧严、慧观对《南本》的修治,判教理论的提出与完善,顿悟、渐悟、佛性等理论的争辩,使涅槃学派在南朝传承不绝。建康佛教是在长安佛教与庐山佛教的基础上,融合了般若与涅槃的思想传统,受到玄学的影响,从而蓬勃发展。在南齐竟陵王时期,成实学派逐渐呈上升趋势,《广弘明集·智称行状》说:"《法华》、《维摩》之家,往往间出;《涅槃》、《成实》之唱,处处聚徒。"④于是,兼习《涅槃经》、《成实论》成为当时的风尚。

刘宋时代的涅槃学派,以道生为渊源,《续高僧传》记载僧旻之言说:"宋世贵道生,顿悟以通经"⑤,所以涅槃师多出于道生系统;由于顿悟、渐悟的争论,慧观门下亦俊杰辈出;同时,亦来有自北方的涅槃师,以东阿

---

① 《涅槃玄义发源机要》卷一,《大正藏》第38卷,第19页上。
② 《大方广佛华严经随疏演义钞》卷二六、四一、五一,《大正藏》第36卷,第197页上、318页下、400页上。
③ 《宗镜录》卷一六、二一,《大正藏》第48卷,第502页下、533页中。
④ 《广弘明集》卷二三,《大正藏》第52卷,第269页。
⑤ 《续高僧传》卷五,《大正藏》第50卷,第462页中。

慧静为源流;其他,便是系统不明的涅槃师。

道生的学说,在当时虽然轰动一时,能够真正理解者却甚少。但是,他的弟子和祖述其说者绵延不绝,成为涅槃学派的重要一系。

1. 道猷、法慈、觉世、慧整

道猷,《高僧传·道猷传》①的叙述与《出三藏记集》卷九《胜鬘经序》②中道攸的生平基本相同,所以道猷即是道攸。道猷为吴地人,在道生座下出家后,随道生入庐山。元嘉十一年(434),道生殁后,悲伤至极,于是隐居于临川郡。元嘉十三年(436)八月十四日,求那跋陀罗与宝云合译出《胜鬘经》,道猷阅经后,对道生的学说与《胜鬘经》一致,感叹说:"先师昔义暗与经同,但岁不待人,经集义后,良可悲哉。"于是,注解《胜鬘经》五卷,宣扬道生的遗训,这是《胜鬘经》最早的注释。但是,道猷《胜鬘经注》文字繁杂,所以未流行于世。宋文帝问慧观:"谁能继承道生的顿悟义?"慧观回答说:"生公弟子道猷",于是下诏命道猷进京,在宫内齐集义学僧侣,讲述顿悟学说。当时有责难其说者,道猷因为深思熟虑,对道生的思想领悟颇深,于是反驳渐悟者,受到宋文帝的赞叹。孝武帝登位后,大明四年(460),敕为新安寺法主,并为都邑。孝武帝赞叹说:"生公孤情绝照,猷公直辔独上",可见道猷在当时的影响力。元徽年间(473—476)卒,世寿七十一岁。

《高僧传·道猷传》记载道猷有弟子"豫州沙门道慈",擅长《维摩经》、《法华经》,祖述道猷的义学,删其《胜鬘经注》为两卷。《胜鬘经序》的作者,高丽本记为"慈法师",宋、元、明三本为"法慈法师"。此"法慈"与"豫州沙门道慈"是否为同一人?③ 道猷隐居在临川,即今江西抚州,豫州即今河南寿县。但是,在东晋时代另有"豫州沙门道慈",《出三藏记

---

① 《高僧传》卷七《道猷传》,《大正藏》第50卷,第374页下。
② 《出三藏记集》卷九,《大正藏》第55卷,第67页中—下。
③ 镰田茂雄以为同一人,见《中国佛教通史》(第四卷),第306页,佛光出版社译,高雄,佛光出版社,1993;布施浩岳认为法慈与道慈为二人,见《涅槃宗の研究·后篇》,第31页,东京,国书刊行会,1973年复刻。

集》卷九收录道慈法师作《中阿含经序》记载：

晋隆安元年丁酉之岁十一月十日,于扬州丹阳郡建康县界,在其精舍更出此《中阿铃》,请罽宾沙门僧伽罗叉令讲胡本,请僧伽提和转胡为晋,豫州沙门道慈笔受,吴国李宝唐化共书。至来二年戊戌之岁六月二十五日,草本始讫。①

道慈于隆安元年(397)至二年(398),任《中阿含经》翻译的笔受。而且,太元十六年(391),僧伽提婆与慧远翻译《阿毗昙心论》时,道慈亦任笔受。可见,道猷的弟子"豫州沙门道慈"不是东晋时代的道慈。而《胜鬘经序》的作者法慈即是《高僧传·道猷传》中的道慈。或许法慈为豫州人,于是其名与东晋"豫州沙门道慈"相混淆。

《高僧传·道猷传》末尾附有长乐寺觉世、多宝寺慧整,是当时著名的顿悟论者。《名僧传抄》中收录了觉世的传记,觉世是京兆人,十二岁出家,擅长《泥洹经》、《大品经》,建立二谛义,以不空假名为宗,与慧整齐名。泰始年间(465—471),住在长乐寺,世寿五十九。② 慧整精通《中论》、《百论》、《十二门论》,可见觉世、慧整都属于鸠摩罗什、僧肇、道生的学系。

2. 宝林、法宝

依《高僧传》卷七,宝林及其弟子法宝,还有后来者慧生,皆住在龙光寺,弘扬道生的思想。宝林刚开始在长安受学于道生,后来祖述道生的各种理论,当时人称"游玄生"。宝林著《涅槃记》,注释《异宗论》、《檄魔文》等。但是《弘明集》卷十四收录了宝林所作《破魔露文》,而同卷收录《檄魔文》是智静所作。法宝是宝林的弟子,住在龙光寺,精通内学、外学,著《金刚后心论》。③ 从《金刚后心论》的题目可知,这是论述金刚后心豁然大悟的顿悟思想,与吉藏《二谛义》引用道生的"大顿悟义"所说"果

---

① 《出三藏记集》卷九,《大正藏》第55卷,第64页上。
② 《名僧传抄》,《卍新纂续藏经》第77册,第354页中。
③ 《高僧传》卷七,《大正藏》第50卷,第367页上。

报是变谢之场,生死是大梦之境,从生死至金刚心皆是梦,金刚后心豁然大悟,无复所见也"①一致。龙光寺自从道生之后,一直是弘扬顿悟学说的中心,至梁代更为兴盛。

3. 僧璩、僧瑾

僧璩,吴郡人,俗姓来(或谓姓朱),在僧业门下出家,博通众经,尤擅《十诵律》。孝武帝(453—464在位)时,奉敕入京师任僧正维那,住中兴寺;持律严谨,道俗钦服,皇室成员从他受五戒,袁粲、张敷等十分尊崇他。后来,移住庄严寺,大明(457—464)末年示寂,世寿五十八岁,著有《僧尼要事》两卷。②《出三藏记集》卷二记载:

> 《十诵羯磨》一卷,或云《略要羯磨法》,《十诵律》出。右一部,凡一卷,宋景和(465)中,律师释僧璩于京都撰出。③

但是,道宣《大唐内典录》记载:

> 《十诵僧尼要事羯磨》二卷,右废帝世大明七年(463),律师释僧璩,于杨都中兴寺依律撰出。亦云《略要羯磨法》,见僧祐《三藏记》。④

僧祐与道宣的记载有矛盾之处,时间、卷数各有不同;但是,道宣又强调《十诵僧尼要事羯磨》即是《略要羯磨法》,难以定夺。陆澄《法论目录》第十帙有"《述竺道生善不受报义》,释僧璩释镜难璩答"⑤,面对僧镜的论难,僧璩以道生的"善不受报义"给予答辩。僧镜是慧观系的涅槃学者,僧璩则应是道生一系的顿悟论者。

僧瑾,少年擅长《老》、《庄》、《诗》、《礼》等,后来在昙因座下出家,学

---

① 《二谛义》卷下,《大正藏》第45卷,第111页中。
② 《高僧传》卷一一《僧璩传》,《大正藏》第50卷,第401页上一中。
③ 《出三藏记集》卷二,《大正藏》第55卷,第13页上。
④ 《大唐内典录》卷四,《大正藏》第55卷,第261页上。
⑤ 《出三藏记集》卷一三,《大正藏》第55卷,第84页下。

习三藏经论。至龙光寺,依道生受业。初住治城寺,孝武帝敕为湘东王师,为王授五戒,代昙岳为僧正。湘东王即位后即是宋明帝,泰始元年(465),敕僧瑾为天下僧主。僧瑾建造灵根寺、灵基寺,弘扬禅慧。宋明帝晚年,颇多忌讳,僧瑾屡回劝导。元徽年间(473—477)卒,世寿七十九岁。[①] 僧传中虽未明记僧瑾弘扬道生的学说,但是他为道生的弟子,所以亦可能为顿悟论者。

4. 谢灵运、刘虬、法京、智远

道生的学说在东晋末年至刘宋初年,由于理解的困难和渐悟一系的压迫,所以在佛教界真正提倡者不多。但是,谢灵运、刘虬高举顿悟的旗帜,在文人中非常有影响力。谢灵运(385—433)与道生的交往,缺乏明确的文献记载。但是,道生住在青园寺近二十年左右,而谢灵运在这二十年中或仕或隐,经常来往于建康,元嘉三年(426)至元嘉五年在京任秘书监、侍中,或许与道生有往来。谢灵运著《辩宗论》、《答纲琳二法师》与《答王卫军问》,申述并捍卫道生的顿悟说,可知他受到法勖、僧维、慧骦、竺法纲、慧琳与王弘等人多番质疑,亦可见他对"顿悟"的信受与坚持。谢灵运《辩宗论》中述及"新论道士"[②],即是指道生。王弘与谢灵运多次辩论后,将问答送示道生,道生《答王卫军书》说:"究寻谢永嘉论,都无间然,有同似若妙善,不能不以为欣"[③],肯定了谢灵运对顿悟的理解。关于这场争论的主要内容,陆澄《法论目录》保存下列的目录[④]:

《辩宗论》,谢灵运

《法勖问》,往反六首

《僧维问》,往反六首

《慧骦述僧维问》,往反六首

[①]《高僧传》卷七《僧瑾传》,《大正藏》第50卷,第373页下—374页上。
[②]《广弘明集》卷一八,《大正藏》第52卷,第225页上。
[③] 同上书,第228页上。
[④]《出三藏记集》卷一三,《大正藏》第55卷,第84页中。

《骠杂(亦作"新")问》,往反六首

　　《竺法纲释慧林(亦作"琳")问》,往反十一首

　　《王休元问》,往反十四首

　　《竺道生答王问》,一首

　　《渐悟论》,释慧观

　　《明渐论》,释昙无成

并且小注"沙门竺道生执顿悟,谢康乐灵运辩宗述顿悟,沙门释慧观执渐悟",可见谢灵运对道生顿悟说的弘扬。这场辩论的时间是在永初三年(422)七月至景平元年(423),远在《北本》传至建康以前。① 当时,谢灵运任永嘉太守,王弘为江州刺史,道生在建康,法纲、慧琳在虎丘,所以这场争辩广及永嘉、虎丘、扬都、江州等地,通过书信与游玩山水的方式,成就了中国佛教思想史上有名的事件。

　　谢灵运在中国文学上的成就举足轻重,但是在佛学上的影响远不及刘虬。刘虬(437—495),《南齐书》卷五十四、《南史》卷五十有其传记。刘虬在泰始年间(465—471),任晋平王骠骑记室、当阳令,后来罢官还家,被鹿皮,居茅室,长斋礼诵,精研佛理。萧子良《与荆州隐士刘虬书》说:"述善不受报、顿悟成佛义,当时莫能屈。注《法华》等经,讲《涅槃》、大小品等。"②南齐时代,他屡征不就,是佛教著名的隐士。刘虬提倡顿渐五时判教,在南北朝产生了重要的影响。

　　刘虬的儿子刘之遴,《梁书》卷四十有传。《广弘明集》卷二十四收录了他所作的《吊震法师亡书》、《与震兄李敬胤书》、《吊僧正京法师亡书》,卷二十八收录《与印阇梨书》,可见他亦是虔诚的佛教徒。刘之遴师事法京达五十余年,可见刘虬与法京应该是故交。刘之遴对法京十分赞叹:

　　　　若乃五时九部流通解说,匹之前辈,联类往贤,虽什、肇、融、恒、

---

① 汤用彤:《汉魏两晋南北朝佛教史》(下册),第439页。
② 《广弘明集》卷一九,《大正藏》第52卷,第233页上。

林、安、生、远,岂能相尚。顿悟虽出自生公,弘宣后代微言不绝,实赖夫子。①

刘之遴认为法京才是道生的真正继承者,宣扬顿悟义。但是,法京的传记被道宣归入《习禅篇》,法京是太原人,后寓居江陵。七岁出家,十三岁与同学智渊升高座,说法无碍。扩建荆州长沙寺,当时誉称天下第一。后来任后梁僧正,统领教团。② 传中未提法京弘扬顿悟义,或许是偏重他弘扬禅法而言。

道生的顿悟说受到南朝禅者的重视,法京的弟子有智远、慧㬭,皆是精通经教与禅法的学者。智远(495—571)住荆州长沙寺,至建业,在龙光寺僧绰门下学习经教。梁建安侯萧正立造普明寺,邀请智远住持。后来在慧湛禅师座下学习禅法,住开善寺,陈太建三年(571)卒,世寿七十七岁。③《续高僧传·智远传》中记载,新安寺沙门慧㬭与智远同学,对智远的去世非常悲痛。学者皆将新安寺慧㬭与安州方等寺慧㬭混淆,又因为安州慧㬭是楞伽师法冲之师,从而建立了道生顿悟说与南宗禅的关系。④ 但是,安州慧㬭(547—633)比新安寺慧㬭小五十二岁,根本不是同时代的人。

5. 法瑗、僧宗

法瑗(409—489),俗姓辛,陇西人。长兄为北魏大尚书,次兄出家为芮芮(今山西省芮城县)的国师。在梁州沙门竺慧开座下出家,受到慧开的教导,游学于燕、赵、邺、洛等地。当时正逢五胡十六国之乱,社会动荡不安。元嘉十五年(438)归梁州,再赴成都,顺道东行建业,师事道场寺慧观,专心学习大乘及《毗昙》、《成实论》。后来,入庐山修习禅定。刺史

---

① 《广弘明集》卷二四,《大正藏》第 52 卷,第 276 页上。
② 《续高僧传》卷一六《法京传》,《大正藏》第 50 卷,第 556 页中。
③ 《续高僧传》卷一六《智远传》,《大正藏》第 50 卷,第 556 页上。
④ 汤用彤:《汉魏两晋南北朝佛教史》(下册),第 484 页;[日]镰田茂雄:《中国佛教通史》第四卷,第 310 页。

瘐登邀请出山说法,这时"文帝访觅述生公顿悟义者,乃敕下都,使顿悟之旨重申宋代",何尚之听法瑗说法后,感叹说:"常谓生公殁后,微言永绝,今日复闻象外之谈,可谓天未丧斯文也",可见法瑗对道生顿悟义的领悟。宋文帝任命他为南平穆王铄五戒师。晚年隐居方山,注释《胜鬘经》、《微密持经》,后世流传有《胜鬘经注》三卷。① 法瑗对《孝经》、《丧服》非常有造诣,受到当时皇室及王公大臣的推崇。后来出山,住天保寺,任湘宫寺法主。晚年应南齐文惠太子的召请,住扬州灵根寺。《名僧传抄》中有"法瑗夏于灵根讲《华严经》事"②,齐永明七年(489)卒,世寿八十一岁。③

从法瑗的生平可以看出,法瑗早年游学于北方,后来至建康而师事慧观。法瑗入道场寺的时间在元嘉二十年前后,慧观是渐悟论的代表人物,法瑗可能是在建康或庐山学习道生的顿悟义。因为,道生曾两次入庐山隐居,而且圆寂于庐山,庐山是涅槃学派的重镇之一。但是,宋文帝邀请道猷、法瑗弘扬道生的学说,都与慧观有直接的联系。可见,慧观虽然在思想上与道生有所不同,但是对道生的学说仍然十分推崇;或许,晚年他的思想发生了一些变化。

另一方面,渐悟、顿悟论争始于道生、慧观时代;但是,道生去世后,唯有宝林、法宝留在龙光寺弘扬其说;道猷应宋文帝之诏,开演顿悟义,受到时人的论难。在孝武帝时代,顿悟义得到复兴。可见,道生的顿悟义是独特异出的天才思想,纯粹的顿悟思想在当时是比较难以被接受的,反而是顿渐兼容成为南朝佛教思想的主流,顿渐思想是南朝判教的根本特点。顿渐兼容综合了道生的顿悟与慧观的渐悟,从而成为南朝佛教的教理组织形式。

---

① 《大唐内典录》卷四,《大正藏》第 55 卷,第 263 页下。
② 《名僧传抄》,《卍新纂续藏经》第 77 册,第 361 页上。
③ 《高僧传》卷八《法瑗传》,《大正藏》第 50 卷,第 376 页下—377 页上。

五、慧观一系的涅槃师

在道生的时代,著名的涅槃学者便是慧严、慧观,他们是渐悟论的代表人物,在宋文帝的支持下,修治《南本》,弘扬《涅槃经》的思想,尤其是慧观的五时判教,在中国佛教判教史上具有非常重大的影响。

1. 慧观、昙无成、僧弼、僧镜

慧观①,俗姓崔,清河人。十岁即以博学驰名,弱年出家,游学各地。后来师事庐山慧远,听说鸠摩罗什入关,于是前往长安,当时人赞叹说:"通情则生融上首,精难则观肇第一"。撰《法华宗要序》②,受到鸠摩罗什的表扬与鼓励。

佛陀跋陀罗到达长安后,慧观又前往学习禅法。佛陀跋陀罗被摈,慧观随他南下庐山。后来,佛陀跋陀罗、慧观一起住道场寺,参与翻译了法显携归的梵本经律《大般泥洹经》六卷、《摩诃僧祇律》四十卷、《僧祇比丘戒本》一卷、《僧祇比丘尼戒本》一卷、《杂藏经》一卷、《华严经》六十卷。所以,慧观在思想与禅法方面,深受佛陀跋陀罗的影响。

慧观在荆州受到刺史司马休之的敬重,为他建立高悝寺。义熙十一年(415)三月,宋武帝讨伐司马休之而平定江陵,于是慧观与宋武帝相会,二人结下深缘。永初二年(421),刘义隆(即后来的宋文帝)为荆州刺史,在江陵与慧观知交,慧观后来受到宋文帝的重视,始于此时。后来,慧观前往建康,驻锡道场寺,从而开始了长达二十多年的弘法生涯。

慧观在宋文帝的支持下,推动与开展了刘宋时代的译经活动。求那跋摩(367—431)在慧观的邀请下,于元嘉八年(431)正月抵达建康,住祇洹寺,译出《菩萨善戒经》十卷等,翻译、校订了《杂阿毗昙心论》十三卷。僧伽跋摩于元嘉十年到达建康,慧观专程迎僧伽跋摩到道场寺接受供

---

① 《高僧传》卷七《慧观传》,《大正藏》第50卷,第333页下。
② 收入《出三藏记集》卷八,《大正藏》第55卷,第57页上一中。

养,二人共建三层塔;而且,依焦镜《后出杂心序》,元嘉十一年(434)九月,于建康长干寺,僧加跋摩出论,宝云译语、慧观笔受,经过一年重新译出《杂阿毗昙心论》。① 昙摩密多(356—442)于元嘉年间,在道场寺译出《观普贤菩萨行法经》一卷,与慧观或许有关连。② 求那跋陀罗(394—468)泛海至广州,宋文帝派慧观、慧严在新亭郊接待。求那跋陀罗在道场寺译出《央掘魔罗经》四卷、《楞伽经》四卷,慧观任笔受,"往复咨析,妙得本旨"③。慧观《胜鬘经序》说:

> 外国沙门求那跋陀罗手执正本,口宣梵音,山居苦节,通悟息心。释宝云译为宋语,德行诸僧慧严等一百余人,考音详义,以定厥文。大宋元嘉十三年,岁次玄枵八月十四日,初转梵轮,讫于月终。④

慧观、慧严于元嘉十三年(436)八月,与求那跋陀罗一起译出《胜鬘经》。求那跋陀罗译出《楞伽经》、《胜鬘经》对中国佛教界具有举足轻重的影响力,慧观思想的转变,或许与求那跋陀罗的影响有很大的关系。

而且,慧观通晓老庄,尤其精通《十诵律》,根据律中的轻重遮遣,著《杂问律事》,流行于世,当时人称"卑罗鄙语,慧观才录"⑤。同时,慧观在文学上亦很有造诣,与琅琊的王僧达⑥、庐江的何尚之时有交往。

《高僧传》对慧观的殁年记载不清,但是《历代三宝记》卷十记载:"《楞伽阿跋多罗宝经》四卷,元嘉二十年,于道场寺译,慧观笔受,见道慧、僧祐、法上等录。"⑦可见,元嘉二十年(443)译出《楞伽经》时,慧观仍然担任笔受。《高僧传·宝云传》说:

---

① 《出三藏记集》卷一〇,《大正藏》第55卷,第74页中—下。
② 《大周刊定众经目录》卷三,《大正藏》第55卷,第386页中。
③ 《高僧传》卷七《求那跋摩传》,《大正藏》第50卷,第344页中。
④ 《出三藏记集》卷九,《大正藏》第55卷,第67页中。
⑤ 《高僧传》卷二《卑摩罗叉传》,《大正藏》第50卷,第333页下。
⑥ 《宋书》卷七五《王僧达传》:"义庆闻如此,令周旋沙门慧观造而观之。僧达陈书满席,与论文义,慧观酬答不暇,深相称美。"见第1951页。
⑦ 《历代三宝记》卷一〇,《大正藏》第49卷,第91页上。

顷之道场慧观临亡,请云还都,总理寺任。云不得已而还,居道场岁许,复更还六合。以元嘉二十六年终于山寺。①

慧观于元嘉二十至二十六年间入寂,世寿七十一。现存著作有《法华宗要序》、《修行地不净观序》、《胜鬘经序》,其余如《辩宗论》、《论顿悟渐悟义》、《十喻序赞》等则未传于世。但是,陆澄《法论目录》收有慧观著《渐悟论》、"沙门释慧观执渐悟"②,或许《渐悟论》即是《辩宗论》。

渐悟论的思想是当时建康佛教界的一般通行观念,这是当时毗昙学盛行的结果。在渐悟、顿悟对峙的年代,渐悟论者继承了长安佛教的思想潮流,东晋末期至刘宋初期(元嘉年间),二派皆盛极一时。

昙无成③亦是鸠摩罗什的弟子,扶风(陕西咸阳)人,俗姓马,十三岁出家,至长安从学于鸠摩罗什,受到后秦姚兴的殷厚供养。后来因为长安的战乱,于是南下,住于淮南的中寺,讲说《涅槃经》及《大品般若经》。曾经与颜延之、何尚之一起讨论实相义,著有《实相论》、《明渐论》、《申无生论》等。于元嘉年间(424—453)示寂,世寿六十四岁。

僧弼(365—442)④,吴(江苏苏州)人,年少时与龙光寺昙干一起游学于长安,随鸠摩罗什学习经论,受到鸠摩罗什的赞赏而获允参与译经。后来,南下居楚州、郢州地区十余年,盛弘教化于江南地方。河西王沮渠蒙逊闻其德望而礼重之。僧弼曾经写信给宝林,赞叹佛陀跋陀罗:"斗场禅师甚有大心,便是天竺王何风流人也。"⑤晚年东出杨都,住于彭城寺。深受刘宋文帝器重,多次延请他讲说义学。元嘉十九年(442)示寂,世寿七十八岁。吉藏《中观论疏》曾引用僧弼的著作《丈六即真论》⑥:"如月在

---

① 《高僧传》卷三《宝云传》,《大正藏》第 50 卷,第 340 页上。
② 《出三藏记集》卷一三,《大正藏》第 55 卷,第 84 页中。
③ 《高僧传》卷七《昙无成传》,《大正藏》第 50 卷,第 370 页上—中。
④ 《高僧传》卷七《僧弼传》,《大正藏》第 50 卷,第 369 页上—中。
⑤ 《高僧传》卷二《佛陀跋陀罗》,《大正藏》第 50 卷,第 335 页下。
⑥ 《出三藏记集》卷一三所收陆澄《法论目录》记载,僧肇著《丈六即真论》(《大正藏》第 55 卷,第 83 页下)。

高天影现百水,水清则像现,水浊即像隐,缘见有生灭,佛实无去来。"①陆澄《法论目录》收有僧弼《问释慧严法身二义》②,可见僧弼关注佛身问题。宋文帝引述道生的顿悟义,僧弼则问难反驳③,可见僧弼属于渐悟论系统。

僧镜④,本为陇西(甘肃省陇西县)人,后来移住江南。崇尚孝道,侍候母亲。其母去世后,出家为僧,住在吴县华山。后来,入关中、陇西一带,求师游学,数年后,回到建康。徐湛之请为门师,极为尊崇。僧镜弘法于三吴地区,先后住苏州台寺、上虞徐山等地。谢灵运与他交往,当时谢灵运所敬重的昙隆亦住在徐山。僧镜奉宋孝武帝的敕命,住在下定林寺。曾经与僧璩就顿悟、渐悟进行辩论,为渐悟论者。宋元徽中(473—477)卒,世寿六十七。僧镜著有《法华经》、《维摩诘经》、《泥洹经》等义疏及《毗昙玄论》等。《出三藏记集》卷十收有"焦镜法师"著《后出杂心序》,《释文纪》卷十六记为僧镜,并且解释僧镜俗姓焦,故称焦镜。《后出杂心序》说:"镜以不才,谬豫听末,虽思不及玄,而时有浅解。"⑤这表明焦镜曾参与《杂阿毗昙心论》的翻译,而且曾有注解,即是《毗昙玄论》。可见,僧镜是慧观的学生辈人物。另外,元康《肇论疏》曾引用僧镜《实相六家论》,概括当时佛教界对空有的六种观点。⑥

2. 法勖、僧维、慧骥、法纲、慧琳、王弘

谢灵运《辩宗论》、《答纲琳二法师》、《答王卫军问》,记载了当时顿渐之争的问答,申述并捍卫了"顿悟"主张,法勖、僧维、慧骥、法纲、慧琳、王弘等人则呈现了渐悟论的观点。

---

① 《中观论疏》卷一末,《大正藏》第42卷,第17页下。
② 《出三藏记集》卷一三,《大正藏》第55卷,第83页下。
③ 《高僧传》卷七《竺道生传》,《大正藏》第50卷,第367页上。
④ 《高僧传》卷七《僧镜传》,《大正藏》第50卷,第373页中—下。
⑤ 《出三藏记集》卷一〇,《大正藏》第55卷,第74页下。
⑥ 《肇论疏》卷上,《大正藏》第45卷,第163页上。

在这六人中,法㬭、僧维、慧骥的生平未知。依慧琳《武丘法纲法师诔》①,法纲为河南武丘人,俗姓殷,年少时出家于建康,游学于河南、湖北各地,曾隐居虎丘,殁于庐山,于元嘉十一年(434)十一月示寂。僧伽提婆讲《阿毗昙》,法纲评价说:"大略全是,小未精核耳。"②可见法纲对毗昙学非常有造诣。

慧琳,秦郡秦县(江苏省六合县)人,俗姓刘,是道渊的弟子,与谢灵运(385—433)、颜延之(384—456)为同时代人。《续高僧传·道渊传》记载,道渊在建康东安寺出家,少年持律,学习经教,后来于东安寺开讲,学徒众多。宋文帝尊崇道渊,敕住彭城寺。③ 慧琳少年出家,住建业冶城寺,博通佛教各家经典,兼及儒家和《庄子》、《老子》等,性格诙谐乐观,而且傲慢自矜。有一次,慧琳在傅亮家闲坐,适值道渊前来拜访傅亮,慧琳见道渊前来,竟不为致礼,惹得道渊大怒,形于颜色。傅亮见状,也责备慧琳,罚打他二十棍杖。这件事,反映了慧琳傲诞矜夸的性格。《宋书》卷九十七说:

> 慧琳者,秦郡秦县人,姓刘氏。少出家,住冶城寺,有才章,兼外内之学,为庐陵王义真所知。④

冶城寺在建康的西北,当时高僧汇聚,慧琳、慧静、僧瑾、慧通、智顺、智秀、僧若、道乘等人皆住此寺。

慧琳的才学受到朝廷权贵的赏识。他曾与名士谢弘微交游,又受到宋武帝刘裕的次子庐陵王刘义真的知重。刘义真有夺取帝位的野心,曾说:得志之日,将以谢灵运、颜延之为宰相,慧琳为西豫州都督。宋少帝景平二年(424),庐陵王刘义真得罪被废,颜延之、谢灵运都被贬黜,慧琳也受牵连,在京容身不得,一度离开了建业。但不久又回到京城,约于宋

---

① 《广弘明集》卷二三,《大正藏》第52卷,第265页中—下。
② 《高僧传》卷一《僧伽提婆传》,《大正藏》第50卷,第329页上。
③ 《高僧传》卷七《道渊传》,《大正藏》第50卷,第369页上。
④ 《宋书》卷九七《夷蛮传》,第2388页。

文帝元嘉十年(433)前后,著《白黑论》(又名《均善论》),以白学先生与黑衣道士问答的形式,论述佛教与儒学的异同。慧琳的论文在士大夫中引起了强烈的反响。衡阳太守何承天赞成慧琳的观点,著《达性论》,阐述儒家义旨,批驳佛教的"众生"说和生死轮回理论;宗炳和颜延之则分别著《难白黑论》和《折达性论》,与慧琳、何承天展开激烈的辩难。这场论战之后,慧琳受到宋文帝的信用;文帝之后,又为宋孝武帝"雅重",逐渐参与权要,朝廷大事都与他商议,当时号为"黑衣宰相"。

慧琳的著作、书信等现存有:

(1)《均善论》(或名《白黑论》),收于《宋书》卷九十七《夷蛮传》;

(2)《武丘法纲法师诔》,收于《广弘明集》卷二十三;

(3)《龙光寺竺道生法师诔》,同上;

(4)《释慧琳问》(谢灵运《辩宗论》附),收于《广弘明集》卷十八;

(5)《论语琳公说》(存题名),收于《玉函山房辑佚书》"经编论语类"①。

散佚的著作,见于《高僧传·慧琳传》的有《孝经注》、《庄子·逍遥篇注》,见于陆澄《法论目录》的有《(何彦德〈断家养论〉附)释慧琳难》、《婚农无伤论》、《顾长康〈证极明化论〉附问论》。②

王弘(379—432),字休元,琅邪临沂(今山东临沂)人,是王珣的儿子。元嘉九年(432)进位太保,卒年五十四,谥文昭。他在书法艺术上非常有成就,后人多有模仿。王弘曾与范泰、颜延之一起问道于道生,在谢灵运《辩宗论》后,亦有解答的书信。

3. 慧严、法智

慧严、慧观二人的生平有相似之处,而且二人共同弘扬《涅槃经》,对刘宋时代的佛教贡献甚大。慧严(363—443)③,俗姓范,豫州(安徽寿县)

---

① 转引自[日]鹈饲光昌的《刘宋の慧琳について》,《佛教大学文学部论集》第82号,第87页,1998。
② 《出三藏记集》卷一二,《大正藏》第55卷,第85页上。
③ 《高僧传》卷七《慧严传》,《大正藏》第50卷,第367页中—368页中。

人。十二岁为诸生,博晓诗书。十六岁出家,深究佛理。闻鸠摩罗什至关中,于是前往随罗什受学。鸠摩罗什示寂后,他回到建康东安寺,甚得宋高祖器重。宋文帝即位后,经常向他请示佛法。当时,颜延之著《离识观》及《论检》,宋文帝让慧严辨其异同,慧严后来著《无生灭论》及《老子略注》。同时,慧严参与当时的建康译场,与慧观、谢灵运一起修治了《南本涅槃经》。元嘉二十年(443)卒,世寿八十一。宋文帝下诏:"严法师器识渊远,学道之匠,奄尔迁神,痛悼于怀,可给钱五万、布五十匹。"可见慧严在当时建康佛教界的影响力。

慧严的弟子法智,擅长《成实论》和《大小品经》。《大般涅槃经集解》中引用了法智《涅槃经疏》,或许法智继承了慧严的涅槃学,著有《涅槃经疏》。

4. 慧观、道营、智秀、惠超

慧观的传承,在南朝一直延续到梁代,智秀、惠超皆传其法脉。

智秀(440—502)[①],京兆人,俗姓裘,寓居建康。投蒋山灵耀寺出家,受具戒后,遍访诸师。《高僧传·道营传》说:"释道营,未详何人,始住灵曜寺习禅,晚依观、询二律师谘受毗尼,偏善《僧祇》一部,诵《法华》、《金光明》,蔬素守节,庄严道慧、治城智秀皆师其戒范。"[②]可见,道营即是智秀的师父。而"观、询二律师"即是慧观、慧询。《高僧传·慧询传》记载[③],慧询(375—458),赵郡(河北赵县)人,俗姓赵。幼年出家,游学长安,从鸠摩罗什受学。精研经论,尤精通《十诵律》、《摩诃僧祇律》,并述作章疏。永初(420—422)年间,至广陵大开律席。元嘉(424—453)年中,住京师道场寺,后来受慧观的邀请,移住长乐寺。大明二年示寂,世寿八十四。

智秀通达大小乘经论,兼明《毗昙》、《成实论》,最擅长《涅槃经》、《净

---

① 《高僧传》卷八《智秀传》,《大正藏》第 50 卷,第 380 页下—381 页上。
② 《高僧传》卷一一《道营传》,《大正藏》第 50 卷,第 401 页下。
③ 《高僧传》卷一一《慧询传》,《大正藏》第 50 卷,第 401 页上。

名经》《般若经》。南齐竟陵王招请他讲经,后来回建康,住灵根寺。天监初年(502),卒于冶城寺,世寿六十三。智秀著有《涅槃经义疏》,收录入《大般涅槃经集解》,传中赞叹说:"为人神彩细密,思入玄微,其文句幽隐,并见披释。"智秀有弟子惠超。

惠超(475—526)[①],太原(山西)人,俗姓王。永嘉之乱,寓居襄阳。七岁依檀溪寺慧景出家,次年,从僧崇禅师学习禅定。十二岁时,又随同寺的僧人学习《老子》《庄子》《易经》。竟陵王请智秀讲经时,惠超前往受学。后来,随智秀入京,住灵根寺,在智秀座下乞受具足戒,通达戒律的思想要义。天监初年(502),智秀去世后,依智藏问学,于是通达大小乘经、律、论,名震建康。后来又依慧集学习戒律,在戒律上深有造诣。梁武帝敕任为"寿光殿学士",又敕令与僧伽婆罗共译《阿育王经》,惠超任笔受。后屡应请出京弘化,学者称咏不绝。普通七年(526)入寂,世寿五十二。

渐悟一系亦是出自鸠摩罗什所传的龙树思想,而且受到当时的《毗昙》《成实论》的影响。如与道生辩论的智胜,来自阗,由此亦可见当时阿毗达磨佛教的影响力。

六、东阿慧静一系的涅槃师

道生、慧观两系盛传于南方,当时北方的涅槃师主要有东阿慧静,后来影响波及南方,有法瑶、昙斌承其法,在齐梁时代蔚成一系。

慧静[②],东阿(山东)人,俗姓王。生卒年不详。少时游学伊、洛之间,晚年则游历徐州、兖州。慧静容貌甚黑而识悟清远,与洛下沙门道经齐名当世。道经的耳朵甚长,时人每称:"洛下大长耳,东阿黑如墨。"每有问题请示于慧静,他必定酬答圆满。资性虚通,澄审而有思力,每登讲

---

① 《续高僧传》卷六《惠超传》,《大正藏》第50卷,第475页上一中。
② 《高僧传》卷七《慧静传》,《大正藏》第50卷,第369页中。

席,必学徒云集。慧静喜诵《法华》、《小品般若》等经。著有《涅槃略记》、《大品旨归》、《达命论》、诸法师诔等书及《维摩经注》、《思益经注》。陆澄《法论目录》收录"释慧静"的著作有《命源论》、《佛性集》①,《命源论》肯定是东阿慧静的著作,《佛性集》或许是天柱山慧静的文集。东阿慧静的著作多流传北土,不见于江南。刘宋元嘉(424—453)年间示寂,世寿六十余。吉藏《中观论疏》引:"昔山中学士名慧静法师,云惑去论主去,此去无所去,而遂舍偏著中。"②

慧亮是东阿慧静的弟子,少年便享有清誉,时人称慧静为"大师",慧亮为"小师"。在临淄讲《法华经》、《大小品》、《十地经》等,学徒云集。后来,过江后住何园寺。泰始初年,诸高僧大集于庄严寺,慧亮、昙斌为法主。宋元徽(473—477)年间卒,世寿六十三。著《玄通论》,流行于世。③

法瑶,高丽本作"珍",误。④ 河东人,俗姓杨。生于东晋安帝之世。少而好学,寻问万里。刘宋景平(423—424)年间,南游兖州、豫州。贯通群经,傍及异部。后听东阿慧静讲经,受众邀请复述,慧静感叹说:"吾不及也。"智顗《法华文句》说:"昔河西凭、江东瑶,取此意,节目经文。"⑤智顗在另一处提到"小山瑶"⑥,湛然修治灌顶著《大般涅槃经疏》说:"上代直唱消文释意,分章段起小山瑶、关内凭等,因兹成则。"⑦吉藏《百论疏》说:"宋代道凭法师,释此论之元首也,瑶公等并採用为疏。"⑧《高僧传·超进传》附:"释道凭者,亦是当世法匠,而执性刚忤,论者少之。"⑨《高僧传·僧远传》说:"时有沙门道凭,高才秀德,声盖海岱。"⑩僧远在北地受

---

① 《出三藏记集》卷一三,《大正藏》第50卷,第84页下、83页上。
② 《中观论疏》卷二,《大正藏》第42卷,第27页中。
③ 《高僧传》卷七《慧亮传》,《大正藏》第50卷,第373页中。
④ 《高僧传》卷七《法瑶传》,《大正藏》第50卷,374页中一下。
⑤⑥ 《妙法莲华经文句》卷一下,《大正藏》第34卷,第1页下。
⑦ 《大般涅槃经疏》卷一,《大正藏》第38卷,第42页上。
⑧ 《百论疏》卷上之中,《大正藏》第42卷,第242页下。
⑨ 《高僧传》卷七,《大正藏》第50卷,第374页中。
⑩ 《高僧传》卷八,《大正藏》第50卷,第377页下。

学于道凭,而且僧远与法瑶后又共住于新安寺。所以,法瑶或许受业于道凭,故常祖述其说。法瑶于元嘉年间(424—453)过江,应沈演之请,住吴兴武康小山寺,长达十九年。若非祈请法事,未尝出门。每年开讲一次,四方学者负笈盈衢,刘宋著名涅槃师昙斌即于此期间从师研习《泥洹》、《胜鬘》等经。《宋书·王僧达传》说:"吴郭西台寺多富沙门,僧达求须不称意,乃遣顾旷率门义劫寺内沙门竺法瑶,得数百万。"①王僧达于元嘉三十年(453)至孝建三年(456)为吴郡太守,法瑶曾于此期间居于吴地。大明六年(462)入京,居止于新安寺。同时住在新安寺的有僧远、慧亮等。当时,宋文帝招道猷申述顿悟义,同时又请法瑶弘阐渐悟,使顿渐各有所扬。临讲席之时,銮舆降跸,百官陪筵。元徽年间(473—476)示寂,世寿七十六。著有《涅槃》、《法华》、《大品般若》、《胜鬘》等义疏,现存《大般涅槃经集解》录有法瑶《涅槃经疏》。

昙斌②,姓苏,南阳人,十岁师事道祎出家。元嘉二年(425)③,住江陵新寺,学习经论、禅法。前往吴地闲居寺,在僧业(367—441)座下学习《十诵律》。后来,回到建康,随多宝寺静林受学《大涅槃经》,《高僧传·道亮传》提及静林擅长《大涅槃经》④;又受业于吴兴小山法瑶,学习《泥洹经》、《胜鬘经》;随南林寺法业学习《华严经》、《杂阿毗昙心论》。《高僧传·慧观传》附说:"又有法业,本长安人,善《大小品》及《杂心》,蔬食节己,故晋陵公主为起南林寺,后遂居焉。"⑤法业帮助佛陀跋陀罗翻译《华严经》,任笔受。孝建(454—456)初,在新安寺讲《小品经》、《十地经》,并且论述顿悟、渐悟的思想。当时,对顿渐的争论仍然非常激烈,"时心竞之徒苦相雠校,斌既辞惬理诣,终莫能屈"。陈郡袁粲、建平王景素对他都非常敬重。元徽年间(473—476)示寂,世寿六十七。另外,成实师法宠

---

① 《宋书》卷七五《王僧达传》,第 1954 页。
② 《高僧传》卷七《昙斌传》,《大正藏》第 50 卷,第 373 页上—中。
③ 《名僧传抄》,《卍新纂续藏经》第 77 册,第 354 页中。
④ 《高僧传》卷七《道亮传》,《大正藏》第 50 卷,第 372 页中。
⑤ 《高僧传》卷七,《大正藏》第 50 卷,第 368 页中—下。

亦曾在昙斌座下学习众经。

僧宗(438—496)①,雍州冯翊(陕西大荔)人,俗姓严。九岁从灵根寺法瑗出家,复从昙斌、昙济受学《涅槃经》、《胜鬘经》、《维摩诘经》等。善于讲说,辩才无碍,名声遍及北魏。北魏孝文帝遥闻其名,于是写信请其开讲,但是齐太祖不许其外出。僧宗讲《涅槃经》等达一百遍,后造太昌寺自居。建武三年(496)卒,年五十九。陆澄《法论目录》录其著作题名《始元论》、《佛性论上下》②,《大般涅槃经集解》收有其《涅槃经疏》,慧朗、敬遗、法莲常述僧宗的说法,僧宗有弟子慧超等。

法安(454—498)③,俗姓毕,东平(山东省东平县)人。七岁师事白马寺慧光出家,聪明出群。当时,张永(410—475)问昙斌:"京下复有卓越年少不?"昙斌推荐道慧、法安、僧拔、慧熙,张永于是让道慧覆讲《涅槃经》,法安论述佛性义,张永赞叹为"义少",于是名声传遍四方。随王僧虔(426—485)赴湘州,往南海番禺(广东省广州市),与攸公辩论《涅槃经》。永明年间(483—493),返回建康,住在中寺,讲《涅槃经》、《维摩诘经》、《十地经》、《成实论》,相继不绝。文宣王、张融、何胤、刘绘、刘瓛等人,皆对法安十分敬重,共为法友。永泰元年(498),卒于中寺,世寿四十五。著有《净名疏》、《十地义疏》、《僧传》五卷等。《大般涅槃经集解》收有法安的注解,可见他曾著《涅槃经义疏》。

慧超(?—526)④,俗姓廉,赵郡阳平人。八岁出家,师事临淄建安寺慧通。后游方于诸讲席,博通内外群经,研习经论深义。未久,游化江南,住在南涧寺,僧宗对他十分器重,传授《涅槃经》给他。慧超参访众师,尤其以《无量寿经》闻名于天下。慧超善于草隶、占相方术,为齐世朝

---

① 《高僧传》卷八《僧宗传》,《大正藏》第50卷,第379页下—380页上。
② 《出三藏记集》卷一三,《大正藏》第50卷,第83页上。
③ 《高僧传》卷八《法安传》,《大正藏》第50卷,第380页上。
④ 《续高僧传》卷六《慧超传》,《大正藏》第50卷,第468页上—中。

贵所重。梁武帝于即位前一年,在建康南新林决战,大败齐兵之际,慧超的声名即为梁武帝所知。天监元年(502),慧超被任命为大僧正,其后他一直担任此职,掌管全国佛教徒,一直到普通六年(525)自行解职让与光宅法云为止,总共二十四年之久。梁武帝又聘请慧超为"家僧",使政权与教权进一步结合,慧超也享有王侯一般的待遇。慧超参与梁武帝受菩萨戒的事宜,帮助梁武帝实现以菩萨戒为中心的政教改革。梁武帝邀请慧超于惠轮殿讲《净名经》,并亲临听讲。同时,慧超作为僧正,承担审查伪经,摈治异端沙门等工作。《出三藏记集》卷五记载,天监九年(510),梁武帝敕僧正慧超召集能讲大法师、宿德法云等二十人,共同审查妙光所著伪经《萨婆若陀眷属庄严经》,结果判为异端。普通七年(526),卒于南涧寺,世寿不详。

东阿慧静虽然唯在北土弘法,但是他的后辈慧亮、法瑶、僧宗皆在建康等地弘扬《涅槃经》,《大般涅槃经集解》收录了法瑶、僧宗、法安等人的注释,可见这一系的影响力。

七、庐山一系的涅槃师

庐山慧远邀请僧伽提婆译出《阿毗昙心论》与《三法度经》,热心于毗昙学的研习。所以,庐山一系深受毗昙学的影响,而道生后来隐居庐山,道生的顿悟说对庐山一系自然产生影响。

1. 慧远、昙顺、道汪、法庄

昙顺(346—425),黄龙人,少年即师事鸠摩罗什,后来又以慧远为师。生平蔬食而具德性,南蛮校尉刘遵在江陵造立竹林寺请住。①

僧慧(408—486),是皇甫谧的族人,少年出家,依昙顺为师,专心研究经论。二十五岁时,能讲《涅槃经》、《法华经》、《十住经》、《净名经》、《杂心论》;同时,善《老子》、《庄子》,与宗炳、刘虬等友善,受到宗炳的赞

---

① 《高僧传》卷六,《大正藏》第50卷,第363页上。

誉。齐代初年,僧慧为荆州僧主,匡正僧团戒律。当时人称"秃头官家",与玄畅并称"黑衣二杰"。齐永明四年(425)卒,世寿七十九。弟子有慧敞,代僧慧为僧主;僧岫在学问上亦有造诣。①

道汪(？—465),河北长乐人,俗姓潘。十三岁,在庐山慧远座下出家,"研综经律,雅善《涅槃》"。闻玄高禅慧高深,于是前往访求。因为战乱,转住成都,征士费文渊为他建立祇洹寺,教化盛行于巴蜀。宋孝武帝征诏,固辞不往。后来,应刘思考邀请,建立寺院。王景茂请为武担寺僧主,宋明帝泰始元年(465)卒于武担寺。② 道汪对《涅槃经》的研究,或许受到道生的影响。

法庄(385—460),淮南人。十岁出家,为庐山慧远弟子。后游学关中,从慧睿学习。元嘉初年,住道场寺,诵《大涅槃经》、《法华经》、《净名经》。大明初年(460)卒于道场寺,世寿六十七岁。③ 法庄与慧观同住道场寺,其思想则难界定。

2. 慧静、慧约

慧静(412—469)④,俗姓邵,吴兴余杭人。游学于庐山,后来回建康继续学习。慧静精通内典、外典,尤精于《涅槃经》。慧静住在冶城寺,颜延之、何尚之敬慕他的道德学问,颜延之赞叹说:"荆山之玉,唯静是焉。"颜峻任东扬州刺史,慧静随他同行,住天柱山寺。大明年间(457—464),迁居剡县(浙江省嵊县)的法华台,又住东仰山弘法修行。依《续高僧传·慧约传》,慧约师事"南林寺沙门慧静",知慧静曾居南林寺。《高僧传·慧静传》记载慧静于泰始(466—471)年间,五十八岁圆寂。依《续高僧传·慧约传》记载,慧约于泰始四年(468)于慧静座下出家,一年后,慧静逝亡,可知慧静的卒年为泰始五年(469)。著有《文翰集》十卷,陆澄

---

① 《高僧传》卷八《僧慧传》,《大正藏》第50卷,第378页中—下。
② 《高僧传》卷七《道汪传》,《大正藏》第50卷,第371页下—372页上。
③ 《高僧传》卷一二《法庄传》,《大正藏》第50卷,第407页中。
④ 《高僧传》卷七《慧静传》,《大正藏》第50卷,第372页上。

《法论目录》收有"释慧静"《佛性集》①,或许即是天柱慧静的著作。

慧约(452—535)②,《续高僧传》卷六有本传,另清代严可均校辑《全上古三代秦汉三国六朝文》收有王筠《国师草堂寺智者约法师碑》。东阳乌伤(四川)人,俗姓娄,字德素。慧约的一生诸多神异,有诸多异梦、征应等神话故事。十二岁即遍礼塔庙,潜究经典。刘宋泰始四年(468),慧约十七岁,于上虞东山寺出家,师事慧静。后又随慧静住剡县梵居寺,一年后慧静示寂,为尽心丧之礼,乃栖止山岩,松术为食。齐竟陵王萧子良赞叹有加,誉为"释门领袖"。后应齐中书郎周颙之请,住持钟山草堂寺,为齐世贵胜所崇。齐太宰文简公褚渊、太尉文宪公王俭,视慧约为"菩萨"而从其受戒,褚渊邀请慧约讲《净名经》、《胜鬘经》,王俭请讲《法华经》、《大品经》等。所居之处,灵异屡见。约在天监十一年至十八年(512—519),梁武帝编撰完成《在家出家受菩萨戒法》,详细记载受菩萨戒的理论依据、仪式规范、戒条、戒场布置等项目。③ 于此期间,梁武帝聘请慧约为"智者国师"。天监十八年(519)四月八日,梁武帝请慧约担任菩萨戒法师,正式成为"菩萨戒弟子皇帝"。大同元年(535)九月,慧约劝众"勤修念慧,勿起乱想"。言毕合掌入寂,世寿八十四。敕葬于独龙山志公塔之左。

八、僧妙、昙延一系

僧妙④,河东蒲坂人。持戒精严,修习苦行,通览诸典籍,性格谦虚。后来,住蒲乡常念寺(即后来的仁寿寺),聚徒说法,得到周太祖的敬信。大统年间(535—551),西域献上佛舍利,敕于寺中供养,多诸奇瑞。僧妙以讲解《涅槃经》为恒业,"叙略纲致,久学者深会其源;分剖文句,皆临机

---

① 《出三藏记集》卷一三,《大正藏》第50卷,第83页上。
② 《续高僧传》卷六《慧约传》,《大正藏》第50卷,第468页中—470页上。
③ [日]诹访义纯:《中国南朝佛教史の研究》,第85—102页,京都,法藏馆,1997。
④ 《续高僧传》卷八《僧妙传》,《大正藏》第50卷,第486页上—中。

约截,遍遍皆异。"可见,僧妙对《涅槃经》的领悟非常深刻。但是,僧妙常说"今所说者传受先师","先师"是谁?无从知晓。昙延继承了他的法脉,这一系成为北朝最重要的涅槃学传承。

昙延(516—588)①,俗姓王,是蒲州桑泉(山西临晋)人。自幼受到儒家教学的影响,十六岁,在蒲乡常念寺听僧妙讲《涅槃经》,于是舍俗出家。在青年求学时代,便出言不凡,常说:"佛性妙理为《涅槃》宗极,足为心神之游玩也。"受具足戒后,听《华严经》、《大智度论》、《十地经》、《地持论》、《佛性论》、《究竟一乘宝性论》等。当时的佛教中心是在邺都,布施浩岳推测昙延在地论学派的系统里学习,地论师如法上(495—580)讲《十地》、《地持》、《楞伽》、《涅槃》等,而且各撰注疏,并著有《佛性论》二卷;又如僧范(476—555)将注疏转变成论,对《涅槃经》亦非常有造诣。②昙延想修习禅定,于是开始自己的著述生涯。《续高僧传·昙延传》说:

> 超略前导,统津准的。自顾影而言曰:与尔沉沦日久,飘泊何归?今可挟道潜形,精思出要。遂隐于南部太行山百梯寺,即所谓中朝山是也。

昙延在经论的理解上,已经超越了前人;但是,他仍然想探索经典的奥义,于是隐居于太行山的百梯山,修习禅思。百梯山,又称方山、盐道山、檀道山,在虞乡西南七里。清代《山西通志》引用《水经注》说:"路出北巘,势多悬绝,来去者咸援萝藤䇲,寻葛降深。于东则连木乃陟,百梯方降,岩侧縻锁之迹,乃今存焉,故亦曰百梯山也。"③

当时,在百梯山有薛居士,"学总玄儒,多所该览",可见当时百梯山是隐修之地。薛氏是当时河东汾阴名族,昙延入寂后的吊文即是出自薛道衡之手。当时,薛居士以"方圆动静"为题,昙延则以"方如方等城,圆

---

① 《续高僧传》卷八《昙延传》,《大正藏》第50卷,第488页上—489页下。
② [日]布施浩岳:《涅槃宗の研究》(后篇),第434—435页,东京,国书刊行会,1973年复刻本。
③ 王轩等纂修:《山西通志》卷三一《山川考一》,第2671页,北京,中华书局,1990。

如智慧日,动则识波浪,静类涅槃室"回答,这是分别以《华严经》、《楞伽经》、《涅槃经》的思想作答,体现了北朝佛教思想的核心。莫高窟五代第108窟甬道顶部绘有此故事,画面榜题明确提到:"此是百梯山昙延法师隐处。"

昙延继承僧妙的《涅槃经》研究,吸收当时北齐的佛学成果,在百梯山著成《涅槃经疏》十五卷。《续高僧传·僧妙传》的末后说:"有学士昙延承著《宗本》,更广其致",《宗本》或许是《涅槃经疏》的序论。《昙延传》详细记载了昙延的著述经过,昙延在著《涅槃经疏》时,梦中曾与乘白马的白服人议论,于是判定"此必马鸣大士,授我义端,执鬃知其宗旨",其后撰疏说偈:"归命如来藏,不可思议法。"《涅槃经疏》著成后,又在仁寿寺舍利塔前烧香发誓,又感得《涅槃经疏》卷轴发光,塔中舍利放光,于是佛教界皆知此注疏。这种瑞相与感应的记载,无非表现了昙延《涅槃经疏》的神圣。周太祖宇文泰知道后,便敕昙延讲述他的《涅槃经疏》,当时佛教界评价极高:"所著文疏,详之于世。时诸英达佥议,用比远公所制:远乃文句恢当,世实罕加;而标举宏纲,通镜长骛,则延过之久矣。"这是将昙延与净影慧远所著的《涅槃经疏》相比,前者显出重视纲领、论议的特点。依《僧妙传》所说的《宗本》和《昙延传》所说"标举宏纲",或许昙延的《涅槃经疏》具有论典的特点,即受到北朝变疏为论学风的影响。

宇文泰对西魏、北周佛教有非常大的贡献,他拥护佛法,吸收北齐佛教与南朝佛教,整合、汇集当时的佛教思想,撰成《一百二十法门》和《菩萨藏众经要》。宇文泰对昙延非常钦敬,亲自供养、奉请昙延讲经,并邀请昙延入朝,共商治国大事。但昙延性好恬静,不干时政。周太祖因为太行山百梯寺离京都太远,拜访咨询路途艰险,随后便在中朝山西岭,选择一块风景优美的地方,建造了一处寺院,赐名"云居寺",寺院的开支由国库承担。云居寺在隋代仁寿年间(601—604)改名为"栖岩寺"。莫高窟初唐第323窟南壁东侧,以全景式连环画描绘了昙延的生平故事,共四组画面,其中上层两组画面,表现的就是这一故事。

昙延的高僧形象,具有一定的灵异宣传力,隋唐时期便已经在全国流传,所以敦煌才会出现昙延的史迹画。昙延虽然在北方,但是对南朝佛学,应该有许多接触的机会,因为当时的北周与陈朝频繁来往。依道宣的记载,昙延当时与周弘正(496—574)交往颇多,而周弘正对佛学非常有造诣,《陈书·周弘正传》说:"弘正特善玄言,兼明释典,虽硕学名僧,莫不清质疑滞。"①周弘正与宝琼、智聚素有交往,梁元帝著《金楼子》,曾经说:"余于诸僧重招提琰法师,隐士重华阳陶贞白,士大夫重汝南周弘正,其于义理,清转无穷,亦一时之名士也。"②周弘正的著作有《周易讲疏》十六卷、《论语疏》十一卷、《庄子疏》八卷、《老子疏》五卷、《孝经疏》两卷、《周弘正集》二十卷,可见周弘正对玄学有非常高的造诣。依《陈书·周弘正传》的记载,永定元年(557)陈霸先受禅代梁,周弘正为太子詹事。天嘉元年(560),陈文帝陈蒨继位,授以侍中、国子祭酒,派他西行与北周修好。天嘉三年(562),安成王陈顼(陈蒨的母弟)由周使杜杲护送南归,周弘正为接迎使,授金紫光禄大夫,加金章紫绶,领慈训太仆。在北周与陈朝的往来中,杜杲是重要的使者。依《周书·杜杲传》,在陈文帝时代,杜杲护护陈顼;在陈宣帝时代,杜杲两次到金陵,最后一次是建德初年(572)。③ 所以,昙延与周弘正的见面时间,应该是天嘉元年至三年(560—562),而不是《昙延传》所说的"建德中",因为周弘正在建德年间(572—578)已届晚年,不可能出使到北周。另外,《昙延传》记载"蒲州刺史中山公宇文氏"推荐昙延与周弘正对论,宇文护在魏文帝时代,封为中山公;而天嘉元年至周武成二年,宇文护一直为晋国公。所以,《昙延传》的时间以及人物与正史的记载皆有出入。

昙延以高超的辩才引义开关,摧枯拉朽,使周弘正顶礼膜拜,心悦诚服。于是,在昙延座下皈依受戒,而且抄录昙延的著作《义门》,临摹其画

---

① 《陈书》卷二四《周弘正传》,第309页。
② 同上书,第308页。
③ 《周书》卷三九《杜杲传》,第701—704页。

像,回到金陵后,供养尊称"昙延菩萨"。而昙延被授为昭玄大统。周武帝从天和四年(569)开始,曾经连续举办八次三教论争,终于在建德三年(574)颁发禁断佛道二教的毁佛诏令。于是,昙延便再次隐居于太行山。大象二年(580),武帝殁,周宣帝即位,颁赐复佛的诏敕,建造陟岵寺,设置菩萨僧。昙延不屑为菩萨僧而隐栖山林。

昙延的第三次人生高潮是隋文帝时代。昙延听到隋文帝当政,便剃发、穿法服,以出家人的形象出现在隋文帝面前。文帝"久思此意,所恨不周",又久仰昙延大名,急需高僧辅佐。于是,昙延受到隋文帝的尊崇,于开皇二年(582)被敕任为隋朝第一任昭玄统①,并以"帝师"的身份提出了一系列迅速复兴佛教的措施,全面主持佛教意识形态发展,主要内容有:(1) 奏请度僧;(2) 周废伽蓝,并请兴复;(3) 建立经像;(4) 翻译佛经;(5) 为文帝授菩萨戒;(6) 亢旱祈雨,等等。由于需要昙延主持实施佛教教化,推行佛教意识形态,杨坚尊昙延为"师"、为"父","用敦弟子之仪"。由于与文帝的密切关系,昙延在朝野上下享有很高的威望。隋迁都之初,文帝就敕地广恩坊,"立延法师众"。开皇四年(584),昙延建造延兴寺,而且改中朝山的云居寺为栖岩寺。开皇八年(588)八月十三日,昙延终于所住。昙延死后,文帝"敕王公以下,并往临吊。并罢朝三日,赠物五百段,设千僧斋"。昙延的著作有《涅槃经疏》十五卷、《宝性论疏》、《胜鬘经疏》、《仁王经疏》等。但是,前面所提到的《宗本》、《义门》是什么,则难以知晓。其弟子有童真、洪义、通幽、觉朗、道逊、玄琬、法常等,蔚然一系。

童真(543—613)②,河东蒲阪人,俗姓李。师事昙延,受具足戒后,"归宗律句,晚涉经论,通明大小,尤善《涅槃》",可见童真对《涅槃经》有很深的造诣。童真随昙延住在延兴寺,讲经说法。开皇十二年(592),奉

---
① 《历代三宝记》卷一二,《大正藏》第49卷,第103页上。
② 《续高僧传》卷一二《童真传》,《大正藏》第50卷,第517页下—518页上。

敕住大兴善寺,参与译经。开皇十六年(596)诏为涅槃众主。大业初年,造大禅定道场,敕为道场主。仁寿元年(601),敕送舍利于终南山仙游寺。童真"以《涅槃》本务,常事弘奖,言令之设,多附斯文",继承了昙延的弘法事业。大业九年(613)示寂,世寿七十一。

通幽(548—605)①,河东蒲阪人,俗姓赵。弱冠出家,师事昙延。周武灭佛时,避难于金陵。通幽严持戒律,修习禅定,"戒定两藏,总萃胸襟"。延兴寺初建时,通幽亲自监工。大业元年(605)卒于延兴寺,世寿五十七。

觉朗②,亦是河东人,住大兴善寺,精通《四分律》和《涅槃经》。仁寿四年(604),敕送舍利于绛州觉成寺。大业末年(617),敕为大禅定寺道场主,后来卒于此寺。

慧海(550—606)③,山西虞乡人,俗姓张。少年时代涉猎儒学,十四岁时,在昙延座下出家。十八岁讲《涅槃经》,尤其对于《涅槃经》中的五行、十德、二净、三点,非常有造诣。受具足戒后,"屏迹山林,专崇禅业",隐居在伏犊山。北周灭佛时,避难于陈地,"采听《摄论》,研究至趣"。当时,《摄大乘论》北上的弘传者是昙迁,慧海或许即在昙迁门下听闻《摄论》。隋城安公主于长安为慧海建造静法寺,兼弘戒、定、慧三学,学徒如云。道宣记载慧海的特点,"末爱重定行,不好讲说,缄默自修,唯道是务;而无恃声望,不言加饰",可见慧海注重于涅槃学派的实践,即专心于定行,于是显现诸奇瑞感应。慧海曾造塔于定州恒岳寺、熊州十善寺。大业二年(606),卒于静法寺,世寿五十七。

慧诞④,从学于昙延,精研《涅槃经》及《摄大乘论》,住长安延兴寺,开席讲说。仁寿(601—604)年间奉敕于杭州天竺寺建塔,住灵隐山。后返延兴寺,讲授义学。贞观(627—649)初年示寂,世寿七十余。《大般涅槃

---

① 《续高僧传》卷二一《通幽传》,《大正藏》第 50 卷,第 610 页下—611 页上。
② 《续高僧传》卷二一《觉朗传》,《大正藏》第 50 卷,第 612 页上—中。
③ 《续高僧传》卷一一《慧海传》,《大正藏》第 50 卷,第 409 页下—510 页上。
④ 《续高僧传》卷二六《慧诞传》,《大正藏》第 50 卷,第 671 页中。

经集解》中亦有"慧诞"的注解,坂本幸男认为此即是延兴寺的慧诞。① 但是,《大般涅槃经集解》是梁代的作品,故与《续高僧传》中的"慧诞"年代不相符合。

道逊②(556—630③),山西虞乡人,俗姓张,与慧海同乡。博通群籍,尤精于《涅槃经》及《摄大乘论》。与其弟道谦皆为昙延之弟子,后随昙延到处弘法,在三晋地方非常有影响力。住于蒲州仁寿寺,接化学人。本性仁让,器度宏大。贞观四年(630)④冬,众请讲说《涅槃经》,道逊感悟死期将至,固辞。同年十二月示寂,世寿七十五。道逊有弟子海顺、静琳等。

道洪(574—649?)⑤,河东(山西)人,俗姓尹。开皇六年(586),十三岁在昙延座下出家,博通内外典籍,尤其致力于《涅槃经》的研究,而且继承昙延的讲席,经常覆述《涅槃经》。所以,道洪是昙延晚年的学生。从净愿学习《十地经论》,旁通诸经论。后奉隋炀帝之诏,入大禅定道场。唐贞观年间(627—649),为律藏寺上座,且住大总持寺。贞观十四年(640),应宝昌寺的邀请,讲说《涅槃经》。玄奘始译经之时,即参与译场,担任"证义"之职。后受召入住大慈恩寺。贞观末年(649)示寂,世寿七十六。⑥ 道洪的一生总共讲《涅槃经》八十七遍,可见是继承了昙延的遗风。

玄琬(562—636)⑦,祖籍弘农华州(今陕西华县),后移居雍州新丰

---

① 详细的文献论证,见[日]坂本幸男:《华严教学之研究》(第一部),释慧岳译,第165—176页,台北,中华佛教文献编撰社,1971。
② 《续高僧传》卷一四《道逊传》,《大正藏》第50卷,第532页下—533页下。
③ 《续高僧传·道逊传》作"贞观中年卒",道宣《大唐内典录》卷十、《集神州三宝感通录》卷下均作"贞观四年卒"。陈垣依贞观四年(630),见《释氏疑年录》,第74—75页,北京,中华书局,1964。
④ 《法苑珠林》卷三三作"贞观二年",《大正藏》第53卷,第468页中。
⑤ 《续高僧传》卷一五《道洪传》,《大正藏》第50卷,第547页上一中。
⑥ 《续高僧传·道洪传》作"年七十九",而依开皇六年十三岁出家,则贞观末年当七十六岁。
⑦ 《续高僧传》卷二二《玄琬传》,《大正藏》第50卷,第616页上—617页下。

(今陕西临潼东北新丰镇),俗姓杨。十五岁出家,礼昙延为师。受具足戒后,从洪遵学《四分律》三年。后又回来随昙延专门研究《涅槃》,深得奥旨,"涅槃真体,捃掇新异,妙写幽微"。继又从昙迁习《摄论》、《法华》、《大集》、《楞伽》、《胜鬘》、《地论》、《中》、《百》论等。昙延在世时,发愿塑造丈六释迦像,像未造完便圆寂;玄琬继承其师遗志,于仁寿二年(602),在延兴寺依模而塑像。复造经四藏,备尽庄严。唐贞观初年,奉诏为皇后、太子、诸王等授菩萨戒。当时,朝廷特为师建普光寺。后来,于苑内德业寺,为皇后书写藏经;在延兴寺造藏经。玄琬又鉴于北周灭法以来,传度法本文理相乖背,于是聚集义学沙门仇勘校正。此外,玄琬曾上书太子,劝行行慈、减杀、顺气、奉斋等四事。帝闻其说,特于贞观九年(635)下诏,三月至岁暮之际禁断杀生。贞观十年(636),示寂于延兴寺,世寿七十五。帝敕赐葬具,为唐朝沙门敕葬的嚆矢。著有《佛教后代国王赏罚三宝法》、《安养苍生论》、《三德论》等。但是,道宣《大唐内典录》卷五载玄琬著作有九部十二卷,其中除《三德论》相同外,其余八种为《入道方便门》二卷、《镜喻论》一卷、《无碍缘起》一卷、《十种读经仪》一卷、《无尽藏仪》一卷、《发戒缘起》二卷、《法界图》一卷、《礼佛仪式》二卷。[①]

　　法常[②](567—645),是昙延晚年的弟子。南阳白水(位于河南)人,俗姓张。少年游学儒家,厌其喧杂,于是立愿出家,奉戒自守。十九岁在昙延座下披剃,学不逾年,即能宣讲《涅槃经》,受到昙延的专心教导。二十二岁时,随昙迁初闻《摄大乘论》,尔后的五年时间,即深研其理,并博考《华严经》、《成实论》、《毗昙》、《地论》等的异同。尝应齐王杨暕的邀请,为众开讲。隋大业初年,奉敕住于长安大禅定寺。贞观年间(627—649),参与译场之译经,担任"证义"之职。太宗造普光寺,召他居住,并下敕令为太子授菩萨戒。贞观九年(635),奉敕为皇后授菩萨戒,兼任空

[①]《大唐内典录》卷五,《大正藏》第55卷,第281页上一中。
[②]《续高僧传》卷一五《法常传》,《大正藏》第50卷,第540页下—541页中。

观寺的上座,常讲《华严》、《成实》、《毗昙》、《摄论》、《十地》等经论,学者数千,四方风从。新罗王子金慈藏亦弃王位,远来受菩萨戒。贞观十九年(645)示寂,世寿七十九。著有《摄大乘论义疏》八卷、《观无量寿经疏》一卷,及《涅槃经》、《维摩经》、《胜鬘经》等疏十余种行世。道宣概括法常的思想转折点:"初常涉诣义门,妙崇行解,故众所推,美归于《摄论》。而志之所尚慕《涅槃》,恒欲披讲,未之欣悟。遂依众请,专弘此论。"所以,法常在年轻时代弘讲《涅槃经》,而后来则专弘《摄论》,这是昙延的弟子群在隋朝的一大转向。

普明①,蒲州安邑(位于山西)人,俗姓卫。十三岁出家,事外兄道逊法师,并为延兴寺童真的弟子,可见他是昙延的第二代弟子。曾周游讲习,住无定所,但精进修学,精通经论。十八岁即能讲说《胜鬘经》、《大乘起信论》。受具足戒后,便专研《涅槃经》、《四分律》、《摄大乘论》。大业六年(610),奉召入大禅定道场,居住十八年,声望、地位颇高。武德元年(618),住于蒲州仁寿寺弘道,讲说《涅槃经》八十余次,《摄论》、《胜鬘经》等则难以记数。普明每日诵戒本一遍、《金刚般若经》二十遍,六时礼忏,回向净土。并造刻檀像数十龛。八十六岁时示寂,弟子有义淹等。

依道宣的记载,可以看出北朝涅槃学派是以昙延为核心,而且以延兴寺为弘法中心;其次,重视严持戒律和禅定的修行,充分表现了北方涅槃学派重视实践的特点;再次,昙延对《涅槃经》的注释有一种概括性的特点,或许即是变疏为论的特点,这与南朝重视文句的解释不同;最后,昙延的弟子群皆非常重视《摄大乘论》的学习。②

九、法总、玄会一系

北朝另外的一些涅槃师有法常、僧安等,主要是法总一系,法总后来

---

① 《续高僧传》卷二〇《普明传》,《大正藏》第50卷,第598页下。
② [日]柏木弘雄:《涅槃师昙延の周边》,《印度学佛教学研究》第22卷第2号,第75页,1972。

成为隋代的"涅槃众主"。

法常①,是北齐时代的高僧。在彰邺地区非常有名,讲说《涅槃经》,并且传授禅法。齐主尊崇为国师,后隐山林。

僧安②,持戒精严,修禅讲经。北齐文宣王时代,住在王屋山,聚徒讲《涅槃经》。

法总③,并州太原人,俗姓段。少年时代,便以诵《涅槃经》为业。通熟《涅槃经》后,"志在文言,未遑听涉,十余年中,初不替废"。后来,听《涅槃经》的玄义,便能开讲。开皇(581—600)年中敕为"涅槃众主",居于海觉寺,时常敷讲《涅槃经》。仁寿初年(601),送舍利于隋州智门寺;仁寿四年(604),送舍利于辽州下生寺。大业年间(605—618),卒于海觉寺,世寿七十岁。弟子有行等、玄会,皆以《涅槃经》闻名。

圆通④,少年出家,住在邺都大庄严寺,研习讽诵《涅槃经》。北齐武平四年(573),在讲《涅槃经》时,遇一客僧,亦非常精通《涅槃经》。圆通"以经中深要及先德积迷未曾解者"讨教于客僧,客僧于是"亦同其所引,更为章句,判释冷然,雅有其致"。可见,客僧对《涅槃经》的造诣超过圆通。

慧最⑤,瀛州人。于邺城听习《涅槃经》,听后即讲,同席诸学者皆赞叹。北周灭佛时,避难于南方。隋代时,住光明寺。仁寿年间(601—604),奉敕送舍利于荆州大兴国寺;后又送舍利于吉州发蒙寺。

僧顺⑥,贝州(河北清河)人。研习《涅槃经》,通晓经义。开皇年间(581—600),住长安玄法寺,奉敕送舍利于宋州。后卒于津梁寺,世寿八十余。

---

① 《续高僧传》卷一六《法常传》,《大正藏》第50卷,第556页中。
② 《续高僧传》卷二五《僧安传》,《大正藏》第50卷,第657页上。
③ 《续高僧传》卷一〇《法总传》,《大正藏》第50卷,第505页下—506页上。
④ 《续高僧传》卷二五《圆通传》,《大正藏》第50卷,第647页下—649页上。
⑤ 《续高僧传》卷一〇《慧最传》,《大正藏》第50卷,第507页中—下。
⑥ 《续高僧传》卷二六《僧顺传》,《大正藏》第50卷,第670页中—下。

慧海(541—609)①,清河武城人,俗姓张。幼年出家,师事邺都广国寺冏法师,受学《涅槃经》、《楞伽经》等,能代师覆讲。后又从青州大业寺道猷学习大乘论等。北周大象二年(580)南渡,居江都安乐寺,修葺伽蓝,修净土观法。时有齐州僧道诠赍来无量寿佛的画像,于是礼忏苦修,发愿往生。隋大业五年(609)示寂,世寿六十九。慧海一生讲《涅槃经》三十遍,讲《法华经》五十遍。弟子有慧昉等。

玄会(582—640)②,京兆樊川(陕西长安)人,俗姓席,字怀默。十二岁投海觉寺出家,为法总的弟子。每列其讲席,专学《涅槃经》,法总推举为覆述。道宣记载玄会的学风:

> 所以盘节拘致,由来拥虑者,皆剖决通释,泠然可见。时大赏之,以为涅槃之后胤也。因尔改前旧章,更新户牖;穿凿之功,难与仇抗,造《涅槃义章》四卷。义源文本,时文释抄,部各四卷。自延远辍斥之后,作者祖述前言,惟会一人,独称孤拔。

玄会对涅槃学的贡献在于,对以前的思想进行创新,著《涅槃义章》四卷。当时佛教界只是祖述昙延、慧远的注解,惟有玄会能够有所创新。武德初年,昙献造慈悲寺,玄会为寺主,接引后学,受到法总、辩相、道岳等人的称赞。玄会的一生,讲《涅槃经》四十遍。贞观八年(634),奉敕迁弘福寺,辄废讲事,专修净业,造阿弥陀佛像。贞观十四(640)年五月,示寂于慈悲寺,世寿五十九。

十、学系不明的涅槃师

僧含③,籍贯、生卒年均不详。幼而好学,笃志经史、天文、算术。长大后,精通佛理,究明《毗昙》,尤其善解《大涅槃经》,常常讲说不辍。元

---

① 《续高僧传》卷一二《慧海传》,《大正藏》第50卷,第515页下—516页上。
② 《续高僧传》卷一五《玄会传》,《大正藏》第50卷,第542页下—543页上。
③ 《高僧传》卷七《僧含传》,《大正藏》第50卷,第370页中—下。

嘉七年(430),新兴太守陶仲祖敬佩他的风范,建立灵味寺,请师居之。后西游历阳,弘赞正法,江左道俗响附如林。当时,任城彭丞著《无三世论》,僧含于是作《神不灭论》对抗,又著《圣智圆鉴论》、《无生论》、《法身论》、《业报论》及《法华宗论》等,皆传于世。其后不久,南游九江,大阐经法。琅琊颜竣任南中郎记室参军,镇守浔阳,与僧含十分友善。后预知时至而终,依《续高僧传·畺良耶舍传》,僧含请畺良耶舍译出《药王药上观经》和《无量寿观经》,僧含任笔受。①

超进②,本姓颛顼氏,长安人,幼小志向佛学,学习大小乘诸经论。因为超进在刘宋元徽(473—477)年间,九十四岁圆寂。所以,超进"年在未立而振誉关中",可能是受到鸠摩罗什的影响。凤翔六年(418),赫连勃勃乘东晋退兵,攻取长安,作为南都,在灞上(今陕西蓝田)称帝。这时,超进东下,避难于建康,于姑苏弘扬佛法。平昌孟𫖮迎接至会稽,住锡于山阴灵嘉寺,受到当地僧尼及信徒的尊重。宋明帝于泰始年间(465—471)征召超进到京城讲《大法鼓经》,不久他又回到会稽。《高僧传·超进传》说:

> 以大涅槃是穷理之教,每留思跚蹰,累加讲说。凡结斋会者,无不必请;若值他许,则为移日。后年衰脚疾,不堪外赴,并送食于房,以希冥益。进为性笃好经典,看寻苦至,及年老失明,犹使弟子唱《涅槃经》,旬中一遍,其耽好若此。

可以看出,超进不仅钻研究究《涅槃经》的思想,宣讲经义;而且,诵《涅槃经》作为日常的行持。所以,他是以《涅槃经》作为思想与实践核心的涅槃师。

慧定,《高僧传·道温传》附传,慧定"善《涅槃》及《毗昙》,亦数当元

---

① 《高僧传》卷三《畺良耶舍传》,《大正藏》第50卷,第343页下。
② 《高僧传》卷七《超进传》,《大正藏》第50卷,第374页中。

匠",住于中兴寺,应该与道温(397—465)同时。①

慧豫(433—489)②,黄龙人。住在建康灵根寺,遍访众师,精进苦行。诵《大涅槃经》、《法华经》、《十地经》,修习禅法,精通五门禅。齐永明七年(489)卒,世寿五十七。

僧禹,《高僧传·梵敏传》③中有附记,上党人,擅长《涅槃经》,为张畅所重。《名僧传抄》题有"宋彭城晋山寺僧禹"④,可知僧禹住彭城晋山寺。

法令(438—506)⑤,俗姓董,少年出家,住在定林上寺。通达诸经论,善《涅槃经》、《大小品》,尤其精通《法华经》、《阿毗昙心论》,辩才无碍,言约旨远,驰名于京都。法令爱好修禅,足不下山三十三年。天监五年(506)卒,世寿六十九。

僧迁(435—513)⑥,吴郡人,俗姓严。师事钟山灵曜道则法师。参访诸讲肆,辩才无碍。招提寺慧琰讲《成实论·禅品》时,僧迁曾经问难于他,慧琰即改变自己的旧义,更新文词章句。梁武帝奉为家僧,演述梁武帝自制的《胜鬘经义疏》,皇储与尚书令何敬容邀请道俗四众议论。后任荆州大僧正。讲《涅槃经》、《大品经》等各数十遍,而且著述义疏,流传于后世。天监十二年(513),卒于大宝精舍,世寿七十九。

道琳(447—519)⑦,会稽山阴人,善《涅槃经》、《法华经》,常诵《净名经》。受到吴国张绪的礼遇,后来住富阳县泉林寺。梁代初年,住齐熙寺,天监十八年(519)卒,世寿七十三。

慧皎(497—554)⑧,会稽上虞(今浙江省上虞县西)人,俗姓不详。博通内外学,对于经律尤有研究。住会稽嘉祥寺(在今浙江省绍兴市)。每

---

① 《高僧传》卷七,《大正藏》第50卷,第373页上。
② 《高僧传》卷一二《慧豫传》,《大正藏》第50卷,第408页上—中。
③ 《高僧传》卷七,《大正藏》第50卷,第372页中。
④ 《名僧传抄》,《卍新纂续藏经》第77册,第346页下。
⑤ 《续高僧传》卷五《法令传》,《大正藏》第50卷,第465页中—下。
⑥ 《续高僧传》卷七《僧迁传》,《大正藏》第50卷,第475页下—476页上。
⑦ 《高僧传》卷一二《道琳传》,《大正藏》第50卷,第409页上。
⑧ 《续高僧传》卷六《慧皎传》,《大正藏》第50卷,第471页中。

当春夏则讲说弘法,秋冬则专心著述。他还曾住过宏普寺(在会稽),有丰富的藏书,藏书家梁元帝萧绎任江州刺史时(540—547),曾到他那里来"搜聚篇翰"。慧皎著有《涅槃经义疏》十卷、《梵网经疏》。他最大的贡献是综合了前人有关高僧的传记,创造性地加以分类和编辑,成为《高僧传》十四卷,卷帙精审,义例明确,条理清晰,文采斐然,为佛教史籍中的名著。

道宣对慧皎的记载非常简单,现行本《高僧传》末,有僧果的题记:

> 法师学通内外善讲经律,著《涅槃疏》十卷、《梵网戒》等义疏,并为世轨。又著此《高僧传》十三卷。梁末承圣二年太岁癸酉避侯景难,来至湓城,少时讲说。甲戌年二月舍化,时年五十有八。江州僧正慧恭经始葬庐山禅阁寺墓,龙光寺僧果同避难在山,遇见时事,聊记之云尔。①

题记是后人所附入,详细记载了慧皎的晚年生活。慧皎在梁末承圣二年(553)避侯景难,迁地湓城(今江西省九江市),不废讲说。次年(554)二月逝世,世寿五十八。江州僧正慧恭为之经营,葬于庐山禅阁寺墓。

慧皎的《涅槃经义疏》已佚,而慧皎的涅槃思想依《高僧传》卷八末的论曰可知:

> 始自鹿苑,以四谛为言初;终至鹄林,以三点为圆极。其间散说流文,数过八亿。象驮负而弗穷,龙宫溢而未尽。将令乘蹄以得兔,藉指以知月,知月则废指,得兔则忘蹄。经云:依义莫依语,此之谓也。而滞教者,谓至道极于篇章,存形者谓法身定于丈六。故须穷达幽旨,妙得言外,四辩庄严,为人广说,示教利喜,其在法师乎。②

---

① 《高僧传》卷一四,《大正藏》第50卷,第423页上。
② 《高僧传》卷八,《大正藏》第50卷,第383页上。

慧皎以《阿含经》的四谛为一代时教之初,以《涅槃经》的三点圆极为一代时教之末,可知仍然继承了涅槃学派的"五时判教"。

宝相①,雍州长安人,俗姓马。十九岁出家,住长安罗汉寺,专门听习《摄大乘论》。修习禅定,专读《涅槃经》一千八十遍。

道积②,四川人,住益州福成寺,诵《涅槃经》为业;洪远、僧恩,亦读诵《涅槃经》。

十一、涅槃学派的时代与地域特征

刘宋初期的涅槃学派,是以建康道场寺、龙光寺为中心。刘宋后期以新安寺最著名,法瑶、昙斌、道猷大约同时住此寺;其次,是中兴寺、庄严寺、灵味寺、冶城寺等,中兴寺有僧璩、慧定,僧璩亦住庄严寺,僧含止灵味寺,慧静住冶城寺,静林住多宝讲寺。而其他各地的涅槃师,如昙济在寿春,僧庄在荆州,超进在会籍,道汪在成都。北方由于北魏太武帝灭佛,而且姚秦和北凉灭亡,佛教外护王朝的失灭,导致北地佛教徒纷纷避难南方;此外,慧皎《高僧传》北朝早期的僧传亦有不足,故难见《涅槃经》的弘扬。

齐梁时代的涅槃学派,在玄学的思想环境下传播,而且受到竟陵王、梁武帝的外护,蓬勃发展。尤其是宝亮与法云、智藏、僧旻三大法师对《涅槃经》的弘扬,对后世影响巨大。《大般涅槃经集解》的编撰,是南朝涅槃学的集中体现。而且,宋、齐、梁三代的涅槃学派,夹杂着成实学派一起发展,其思想中心已经远远超越了顿渐的论争,囊括了二谛、佛性、心识等佛教思想主题。

北朝的涅槃学派,继承了北凉昙无谶的思想传统,夹杂着地论学派,以昙延、净影慧远、法总为代表,通过"涅槃众主"的地位与影响,对隋唐

---

① 《续高僧传》卷二八《宝相传》,《大正藏》第50卷,第690页中—下。
② 《续高僧传》卷二八《道积传》,《大正藏》第50卷,第687页下—688页上。

佛教非常具有影响力。

隋末唐初的涅槃学派,一方面继承梁末陈初的余势,在金陵、襄阳、江陵、江都、苏州、彭城各地继续发展,出现了慧隆、慧哲、慧璿、智聚、惠祥、昙瑎、慧弼、慧顗、慧乘等诸师,夹杂着三论学派、天台宗一起发展。特别是慧乘,北上长安,受到净影慧远的赞叹。隋代的涅槃学派主要是渊自北朝,有三大系——昙延、净影慧远、法总,隋代的三位"涅槃众主"皆源于他们,另一方面这三大系皆夹杂着摄论学派、地论学派。

第三节 《涅槃经》的思想

中国佛教常用"扶律谈常"对《涅槃经》进行判教,依此可知《涅槃经》的主要思想包括四方面:(1)护持正法的戒律观,(2)如来常住不变的佛身观,(3)常乐我净的涅槃观,(4)一切众生悉有佛性的佛性观。

一、《涅槃经》的戒律观

《涅槃经》时代,僧团面临着种种危机,戒律问题是当时的争论焦点。《涅槃经》没有独立的戒律系统,但是强调戒律持守的重要性,尤其是禁止受蓄不净物及吃肉的恶行,而且把护持正法纳入戒律的范围。

1. 小乘戒与菩萨戒

《涅槃经》大力抨击那些破戒者,将"毁犯去来现在诸佛所制禁戒"称为"破戒死",主张破戒者不应得到供养[①];而且,劝说在家弟子不当礼拜、供养或布施破戒者。经中提出"世间戒者,不名清净",因为一般世间的道德行为经常变动,不能广度众生,不能帮助成道。[②] 所以,菩萨不能受持"世间戒",亦不能受持外道戒,如鸡戒、狗戒、牛戒等。

《涅槃经》一方面包容小乘戒,另一方面则以弘扬菩萨戒为己任。如

---

① 《大般涅槃经》卷一二,《大正藏》第12卷,第435页中。
② 《大般涅槃经》卷一七,《大正藏》第12卷,第467页上。

《涅槃经》说：

> 波罗提木叉者，名为知足，成就威仪，无所受畜。亦名净命，堕者名四恶趣。又复堕者，堕于地狱乃至阿鼻，论其迟速，过于暴雨。闻者惊怖，坚持禁戒，不犯威仪，修习知足，不受一切不净之物。又复堕者，长养地狱、畜生、饿鬼，以是诸义，故名曰堕。波罗提木叉者，离身口意不善邪业，律者入戒威仪，深经善义，遮受一切不净之物及不净因缘，亦遮四重、十三僧残、二不定法、三十舍堕、九十一堕、四悔过法、众多学法、七灭诤等。①

《涅槃经》承袭了小乘律藏的戒条，对这些戒律的遵从，是僧团清净的根本。

《涅槃经》对小乘戒、菩萨戒采取逐渐深入的方式，即优婆塞戒、沙弥戒、比丘戒、菩萨戒，这是一种"渐渐深"。②

> 戒复有二：一、声闻戒，二、菩萨戒。从初发心，乃至得成阿耨多罗三藐三菩提，是名菩萨戒；若观白骨，乃至证得阿罗汉果，是名声闻戒。若有受持声闻戒者，当知是人不见佛性及以如来；若有受持菩萨戒者，当知是人得阿耨多罗三藐三菩提，能见佛性、如来、涅槃。③

戒有声闻戒和菩萨戒，持菩萨戒者可以见佛性、如来、涅槃，能证得无上佛果；但是，持声闻戒者，只能证阿罗汉果，无法证得无上佛果，经文以此突出大乘菩萨戒的重要性。

《涅槃经》中，菩萨修行是以"五行"——圣行、梵行、天行、婴儿行、病行为中心，持戒是"圣行"的主要内容。（1）《涅槃经》强调菩萨应当出家，守持四重禁等戒条。经中说："居家迫迮犹如牢狱，一切烦恼由之而生；

---

① 《大般涅槃经》卷四，《大正藏》第12卷，第386页下。
② 《大般涅槃经》卷三二，《大正藏》第12卷，第559页上。
③ 《大般涅槃经》卷二八，《大正藏》第12卷，第529页上—中。

出家宽旷犹如虚空,一切善法因之增长。"①身处俗家易于滋生烦恼,而出家修道则有利于修习善法;出家后则应持四重禁、僧残、偷兰遮、舍堕、波夜提、突吉罗等。(2) 菩萨要具足"五根诸戒":菩萨行为清净,不犯最根本的四重禁戒,即"菩萨根本业清净戒";不犯四重禁戒以外的戒条,即"前后眷属余清净戒";菩萨觉悟清净,远离恶念,即"非诸恶觉觉清净戒";常念佛教正法,即"护持正念念清净戒";菩萨将所证得的正觉,普施一切众生,即"回向阿耨多罗三藐三菩提戒"②。(3) 守持"世教戒"和"正法戒","世教戒"是"白四羯磨然后乃得"②,即是小乘的具足;"正法戒"是"菩萨若受正法戒者,终不为恶"③,菩萨受持真正的真理,永远不会做恶事。(4) 守持性重戒与息世讥嫌戒,"性重戒"即是不杀、不盗、不淫、不妄语等四种小乘禁戒,是本性极重的罪业;"息世讥嫌戒"是"遮戒"中所禁止的罪业,因为容易招来诽谤或兼发其他罪恶,主要有饮食、受蓄财物、接受供养、行住威仪、生活行为、待人态度等方面的规定。④ (5) 发愿持戒,共有十二誓愿⑤:

① 不毁犯三世诸佛所制的禁戒,不与女子有不正常的关系;

② 不以破戒之身接受施主的衣服;

③ 不以破戒之身接受施主的饮食;

④ 不以破戒之身接受施主的床铺卧具;

⑤ 不以破戒之身接受施主的医药;

⑥ 不以破戒之身接受施主的房舍屋宅;

⑦ 不以破戒之身接受刹利、婆罗门、居士的恭敬礼拜;

⑧ 不以染心视他好色;

⑨ 不以染心听好音声;

---

① 《大般涅槃经》卷一一,《大正藏》第 12 卷,第 432 页上。
② ②③ 《大般涅槃经》卷一一,《大正藏》第 12 卷,第 432 页下。
④ 详细见《大般涅槃经》卷一一,《大正藏》第 12 卷,第 432 页下—433 页上;屈大成《大乘〈大般涅槃经〉研究》,第 100—101 页,台北,文津出版社,1994。
⑤ 《大般涅槃经》卷一一,《大正藏》第 12 卷,第 433 页上—中。

⑩ 不以染心贪嗅诸香；

⑪ 不以染心贪著美味；

⑫ 不以染心贪著诸触。

通过身、口、意三业的发愿,于是菩萨能更好地持戒。(6)持戒功德的回向,菩萨将受持禁戒的功德,全部施予一切众生,愿众生具足九种戒:清净戒、善戒、不缺戒、不析戒、大乘戒、不退戒、随顺戒、毕竟戒、波罗蜜戒。①

所以,《涅槃经》既重视小乘戒条,又重视菩萨的慈悲、救度精神,这是以菩萨的精神与思想去受持小乘戒。

2. 禁止蓄不净物与断肉

原始佛教的僧团生活相对简单,随着佛教的传播,僧团财富的积累,僧团的生活逐渐出现腐化现象。在《涅槃经》时代,比丘受蓄不净物,可能非常严重,于是《涅槃经》特别强调禁止受蓄不净物。

《涅槃经》经常提"八种不净物",但是内容不固定;《金刚身品》、《四相品》、《四依品》、《邪正品》、《圣行品》、《德王品》等都有提到。② "八种不净物"大约如下:

(1) 奴婢、僮仆等；

(2) 金钱、钱财；

(3) 七宝等诸宝物；

(4) 象马牛羊等车乘；

(5) 米、麦、豆等食物；

(6) 盂器等食具；

(7) 耕田、屋宅等产业；

(8) 床具、卧具等。

---

①《大般涅槃经》卷一一,《大正藏》第12卷,第433页中。
② 详细见[日]望月良晃的《大乘涅槃经の研究——教团史の考察》,第84—85页,东京,春秋社,1988。

"八种不净物"主要改变了僧团的简单生活,从而使僧人生活舒适,容易生起好逸恶劳、骄奢之心;而且,积蓄财物、食物后,僧人不去乞食,于是信众无法种福和接受教化。《涅槃经》面对当时的佛教危机,强调原始佛教时代的生活规范,希望佛弟子坚持清苦的生活。

依律制,比丘托钵乞食,于是对肉食的规定只有"三净肉",不见、不闻、不疑,便可以吃了。在律藏中,《五分律》规定不准吃人、象、马、狮子、虎、豹、熊、狗、蛇等九种肉类,《摩诃僧祇律》规定不准吃人、龙、象、马、狗、鸟、鹫鸟、猪、猕猴、狮子等十种肉类。① 但是,在《如来性品》中,世尊禁断"三净肉"、"十种不净"、"九种清净"等,强调这些都是"随事渐制"、"因事渐次",提出"食肉者断大慈种",食肉者的身体秽恶,一切众生闻其肉气悉生恐怖。② 所以,《圣行品》说:"不食肉,不饮酒,五辛能熏,悉不食之"③,最后《憍陈如品》说五事:"一者梵行,二者断肉,三者断酒,四者断辛,五者乐在寂静"④,通过饮食方面的要求,从而达到持戒清净。

3. 护持正法与持戒

护持正法是佛灭后佛教徒最大的责任和义务,《金刚身品》中强调佛陀因护持正法而得金刚不坏身,于是劝说比丘、比丘尼、优婆塞、优婆夷勤加护持正法。经中说:

> 善男子!是故护法优婆塞等,应执刀杖拥护如是持法比丘。若有受持五戒之者,不得名为大乘人也;不受五戒,为护正法,乃名大乘。护正法者,应当执持刀剑器仗,侍说法者。⑤

从传统的律制来说,优婆塞等执持刀剑护持正法,为了护持正法而不怕

---

① 《五分律》卷二二,《大正藏》第 22 卷,第 148 页中—下;《摩诃僧祇律》卷三十二,《大正藏》第 22 卷,第 487 页上。
② 《大般涅槃经》卷四,《大正藏》第 22 卷,第 386 页上—中。
③ 《大般涅槃经》卷一一,《大正藏》第 22 卷,第 432 页下。
④ 《大般涅槃经》卷四〇,《大正藏》第 22 卷,第 602 页上。
⑤ 《大般涅槃经》卷三,《大正藏》第 22 卷,第 384 页上。

破戒,所以"菩萨摩诃萨为护法故,虽有所犯,不名破戒。"①

《涅槃经》于是提出有名的"乘急戒缓"的问题:

> 善男子!于乘缓者,乃名为缓;于戒缓者,不名为缓。菩萨摩诃萨于此大乘,心不懈慢,是名本戒;为护正法,以大乘水而自澡浴,是故菩萨虽现破戒,不名为缓。②

"乘急"就是能够护持正法,虽然于戒有亏,但是仍然有望得到解脱。

《涅槃经》虽然多处强调为护持正法而不怕破戒,但这是针对护法居士而言;对出家僧团,则提出严持戒律即是护持正法,将持戒的目的回归到佛陀当初制戒的宗旨——正法久住。而且,从大乘佛教的思想来说,护持正法必须弘扬佛法、普度众生,所以经中说:

> 受持边戒,为自利戒,为自调戒,不能普为安乐众生,非为护持无上正法,为生天上受五欲乐,不名修戒。③

护持正法的持戒,便不是为了自己的功德或生天。另一方面,护持正法者即是持戒者,如能够具足正见,具足威仪,于诸檀越心无谄曲,不为利养亲近国王、大臣、长者;而且,还能宣说大乘经典,摧伏破戒诸恶人等,经中称这是"持戒护法之师"。④

所以,《涅槃经》注重持戒,但是护持正法无疑处于最重要的地位。同时,《涅槃经》"后分"亦出现性空无相的戒律思想。经说:"不见戒,不见戒相,不见持者,不见果报,不观毁犯。善男子,若能如是,是则名为修习戒也。"⑤这是对戒条、戒相、持戒者、持戒的功德皆能不执著分别,即是般若性空的思想。

---

① 《大般涅槃经》卷六,《大正藏》第22卷,第400页下。
② 《大般涅槃经》卷六,《大正藏》第22卷,第400页下。
③ 《大般涅槃经》卷三一,《大正藏》第12卷,第552页中。
④ 《大般涅槃经》卷三,《大正藏》第12卷,第384页中。
⑤ 《大般涅槃经》卷二九,《大正藏》第12卷,第538页上。

当然,《涅槃经》的本意或许是糅合大小乘的实践精神于一体,但是前后编集时间或人物不同,经常会有不一致的现象。

二、《涅槃经》的佛身观

释尊成道后,经过四十年说法,最后于拘尸那揭罗城外的娑罗双树下入灭。《涅槃经》的缘起是佛陀宣布欲入涅槃,众弟子等悲痛不已,恳请佛陀住世,佛陀教诫他们一切世间法,有生必有死,其性无常,生已不住,所以诸佛终究是要入涅槃的。但是,佛般涅槃是否是"灰身灭智"? 这在小乘佛教、大乘佛教各有不同的观点。大乘佛教的佛身观是以化身、报身、法身为核心而展开的。《涅槃经》则以常、乐、我、净进一步阐述佛身与涅槃。

对于世人来说,佛陀八十岁入灭,这是世间的现象存在;另一方面,对佛陀的怀念则是永恒的。针对这种现象与理想的矛盾,《涅槃经》说:"佛身二种:一者常,二者无常。无常者,为欲度脱一切众生方便示现,是名眼见。常者,如来世尊解脱之身。"[①]佛陀在世间示现为无常的色身,这是众生眼见的;佛陀的解脱真实之身则是常住不变。所以,如来涅槃的意义在于:

> 如来亦尔,于二十五有悉能示现种种色身,为化众生拔生死故,是故如来名无边身。虽复示现种种诸身,亦名常住,无有变易。[②]

于双树间现涅槃的佛陀,是为了救度众生而方便示现,佛身是常住、无有变易的。

对于佛身常住,大乘佛教是以"法身常存"表达,这在《涅槃经》中亦有涉及。经中以油尽时灯火熄灭,但是灯炉犹存作为比喻,强调"烦恼虽灭,法身常存"。[③] 所以,《涅槃经》主张如来常住身如金刚一样不坏。《金

[①]《大般涅槃经》卷二八,《大正藏》第12卷,第530页中。
[②]《大般涅槃经》卷九,《大正藏》第12卷,第421页上。
[③]《大般涅槃经》卷四,《大正藏》第12卷,第390页上。

刚身品》说:"如来身者是常住身、不可坏身,金刚之身",迦叶尊者反问说他不见世尊所说如来的常住金刚身,看到的只是世尊的"无常破坏,尘土杂食等身"。世尊于是再次告诉迦叶说:"如来之身无量亿劫坚牢难坏,非人天身、非恐怖身、非杂食身、如来之身非身,是身不生不灭,不习不修,无量无边,无有足迹,无知无形,毕竟清净。"①

《寿命品》中是以常命、常色、常力、常安乐、常无碍辩才等"常住五身"来表显如来的常住性。② 经中叶迦对于如来既然寿命无量,却又不能久住世间而要入涅槃,深为迷惑不解。佛陀告诉迦叶:"如来身界不可坏故。所以者何?以无身聚,唯有法性,法性之性,理不可坏。"③因为如来身是法性,是常法、不变易法,所以如来常住,寿命无量,世尊为了度众生才示现涅槃相。所以,佛身不是烦恼身、杂食身、后边身,而是无烦恼身、金刚身、法身、常身、无边身。④

《涅槃经》同样重视佛身具有绝对的自主能力,即是"常乐我净"的"我":

> 如来世尊永断色缚乃至识缚,是故名为常、乐、我、净。复次色者,即是因缘;若因缘者,则名无我。若无我者,名为苦空。如来之身,非是因缘;非因缘故,则名有我。若有我者,即常乐净。⑤

佛身脱离了五蕴的系缚,所以名为常、乐、我、净。作为现象的"色"是因缘和合而成,不能自我,故为"无我"、"苦"、"空"。而如来身作为最高的存在,非因缘和合而成,是独立自主的存在,所以是"我",依此则为"常"、"乐"、"净"。

《涅槃经》以"八自在"阐明佛身的"我":"如来法身,无边无碍,不生

---

① 《大般涅槃经》卷三,《大正藏》第12卷,第383页上。
② 《大般涅槃经》卷二,《大正藏》第12卷,第372页上。
③ 《大般涅槃经》卷五,《大正藏》第12卷,第396页中。
④ 《大般涅槃经》卷二,《大正藏》第12卷,第372页上—中。
⑤ 《大般涅槃经》卷三〇,《大正藏》第12卷,第544页中。

不灭,得八自在,是名为我"。① 这是依如来的神通、智慧、教化等自在,阐明佛身的功德。同时,佛身脱离三界,到达涅槃安乐的境地,如经说:

> 云何为佛? 佛者名觉。……既觉了已,令诸烦恼无所能为,是故名佛;以是觉故,不生、不老、不病、不死,是故名佛。②

这是依觉悟的智慧,解脱烦恼的虚幻困扰,于是便不会有生、老、病、死的痛苦。经中又说:"如来清净,无有垢秽,如来之身,非胎所污,如分陀利本性清净"③,这是说明佛身的清净。

所以,《涅槃经》是依无常身、常身来阐明佛身的示现与真实,而且阐明大乘佛教法身常存的思想。同时,依常、乐、我、净论述佛身的功德。

三、《涅槃经》的涅槃观

对于佛陀涅槃的问题,原始佛教、部派佛教一直纷争不已。般若空观思想出现后,强调"涅槃与世间,无有少分别",以诸法当体的空寂性破除了涅槃的有见或无见。《涅槃经》就是在世间与涅槃无二无别的基础上,重视涅槃"妙有"的永恒性。所以,《涅槃经》对涅槃思想的阐明,包含了原始佛教以来的种种观念,显得比较复杂。

1. 涅槃一词的意义

涅槃思想在古印度的吠陀和奥义书时代便已经产生,指思想的价值、目的和人生的最后归宿、宇宙的实在等。所以,《涅槃经》的涅槃思想,必须有别于古印度、小乘乃至初期大乘,才能显示出其特定意义。

佛教的涅槃与外道的区别,即是"涅槃"与"大涅槃"的差别。涅槃的一般意义,即是"安乐",如人饥饿得食、疾病得愈、穷人获宝等,但是《涅槃经》批判这种安乐的涅槃容易"生贪著";即使是修习四禅所获得的安

---

① 《大般涅槃经》卷三二,《大正藏》第 12 卷,第 556 页下。
② 《大般涅槃经》卷一八,《大正藏》第 12 卷,第 469 页下。
③ 《大般涅槃经》卷五,《大正藏》第 12 卷,第 392 页中。

乐,也不能称为"大涅槃"。① 因为,身体欲望的满足与心理的快乐,或者心灵的宁静,这些都是古印度传统的涅槃思想。而且,《涅槃经》以"常乐我净乃得名为大涅槃"②,所以二乘的涅槃自然难称为究竟。

对于涅槃一词的意义,《涅槃经》说:

> 善男子! 涅者言不,槃者言织,不织之义,名为涅槃。槃又言覆,不覆之义,乃名涅槃。槃言去来,不去不来,乃名涅槃。槃者言取,不取之义,乃名涅槃。槃言不定,定无不定,乃名涅槃。槃言新故,无新故义,乃名涅槃。槃言障碍,无障碍义,乃名涅槃。善男子! 有优罗迦迦毗罗弟子等言:槃者名相,无相之义,乃名涅槃。善男子! 槃者言有,无有之义,乃名涅槃。槃名和合,无和合义,乃名涅槃。槃者言苦,无苦之义,乃名涅槃。③

因为涅(ni)是否定词,所以由"槃"的不同意义,构成了涅槃的十一种意义。其中,优罗迦迦毗罗弟子之言以外,十义都是《涅槃经》所言,尤其是不来不去、定无不定、无和合义等,是《涅槃经》的重要涅槃思想。经文强调,"诸圣无去无来无住,如来已断去来住相"④,因为法身是常住不变,自然不去不来;同时,"涅槃不从因生,体非是果,是故为常"⑤,涅槃不从因生,自然非和合义。

2. 常乐我净的涅槃

从《涅槃经》的涅槃思想来说,常乐我净的"妙有"是中心思想,但是《涅槃经》又继承了《般若经》的否定方式,以"空"的表现方式来阐发涅槃。经中说:

> 涅槃之体,非生非出,非实非虚,非作业生,非是有漏有为之法,

---

① 《大般涅槃经》卷二三,《大正藏》第12卷,第502页上—中。
② 同上书,第502页中。
③ 《大般涅槃经》卷二五,《大正藏》第12卷,第514页下。
④ 《大般涅槃经》卷三〇,《大正藏》第12卷,第546页上。
⑤ 《大般涅槃经》卷二四,《大正藏》第12卷,第505页上。

> 非闻非见,非堕非死,非别异相,亦非同相;非往非还,非去来今,非一非多,非长非短,非圆非方,非尖非斜,非有相非无相,非名非色,非因非果,非我我所,以是义故,涅槃是常,恒不变易。①

《涅槃经》用如此丰富的否定,显示涅槃的常住不变易,是依"真空"而显示"妙有"。

《涅槃经》的涅槃观重视常乐我净,即是"涅槃四德",这是对原始佛教所强调的无常、苦、空、无我、不净等根本教义提出批判式的新诠释:

> 善男子!谓四倒者,于非苦中生于苦想,名曰颠倒。非苦者名为如来,生苦想者,谓于如来无常变异。若说如来是无常者,名大罪苦,若言如来舍此身入于涅槃,如薪尽火灭,是名非苦而生苦想,是名颠倒。②

传统佛教认为众生有"四颠倒",即无常常想、苦生乐想、无我我想、不净净想,这四种执见是烦恼的根源,也是解脱道的绊脚石。但是,如来常住是乐而非苦,如果把如来舍身入涅槃视为无常变异法,就是苦想,也就是于"非苦"而生"苦"想,这则成为《涅槃经》所说的"颠倒见"。同样,于"我中生无我想"、"于净中起不净想",都是颠倒。

这样,传统佛教的无我、无常、苦、不净应如何理解:

> 无我者名为生死,我者名为如来;无常者声闻缘觉,常者如来法身;苦者一切外道,乐者即是涅槃;不净者即有为法,净者诸佛菩萨所有正法。③

"我"是常住不变的如来,"常"是如来法身,"乐"是大涅槃,"净"是诸佛正法。而且,《涅槃经》又从教学方便上说:"是时众生多生常想,为破众生

---

① 《大般涅槃经》卷二一,《大正藏》第12卷,第492页上—中。
② 《大般涅槃经》卷七,《大正藏》第12卷,第407页上。
③ 《大般涅槃经》卷二,《大正藏》第12卷,第377页下。

如是常心,说一切法悉是无常,惟说如来常住不变。……为破众生世间乐故,演说常、乐。我、净亦尔,如来为破世我、世净,故说如来真实我,净。"①如来的常、乐、我、净,是顺应教化上的需要,为了破斥众生所执著的世间常、世间乐、世间我、世间净的见解。

《涅槃经·光明遍照高贵德王菩萨品》则详细解释了"大乐"、"大我"、"大净"的意义②,独缺"大常",或许是疏漏所致。③ 如来的"大我"是因为如来有"八自在":

(1) 如来能示现无量微尘身,充满十方无量世界;

(2) 如来能以一微尘身,自在地示现身满三千大千世界;

(3) 如来能无碍地来往恒河沙数诸佛世界;

(4) 如来能令无量众生所作成办,也能身处一地而使他土一切众生得见;

(5) 如来具根自在,故能以一根摄六境,而不加执著六境;

(6) 如来以无执著故得一切法,但又无得想;

(7) 如来演说自在,其演说的一偈内容,历无量劫意义亦不尽;

(8) 如来如虚空遍满一切处,以自在力令众生得见。

这"八自在"是通过智慧、神通、教化等方面的自在,显现如来的功德属性。

"大涅槃"蕴含的"大乐"有四种:

(1) 断世间凡夫苦乐后之乐:涅槃之性超越世间苦乐,故名大乐;

(2) 大寂静之乐:涅槃之性远离一切世间纷乱愦闹,故名大乐;

(3) 一切知之乐:证入大涅槃的诸佛知一切法,无所不知,故有大乐;

(4) 身不坏之乐:如来之身,非烦恼之身,金刚不坏,故名大乐。

涅槃的"大乐"是超越苦乐的境界,而且寂静、智慧(一切知)、不坏身等亦

---

① 《大般涅槃经》卷三〇,《大正藏》第12卷,第545页上。
② 《大般涅槃经》卷二三,《大正藏》第12卷,第502页下—503页下。
③ 释恒清:《佛性思想》,第17页,台北,东大图书股份有限公司,1997。

是"大乐"的功德属性。

"大净"有四种：

（1）断除二十五有的大涅槃名为大净；

（2）诸佛证入大涅槃之后，诸业清净；

（3）如来身常而且清净；

（4）如来心清净无漏。

《涅槃经》对涅槃四德的阐述，主要是对小乘佛教的无常、苦、空、不净等教义提出反省性的诠释。经中批判"修习无常、苦、空、无我等想"为"无有实义"①，其原因在于：凡夫于无常计常、苦者计乐、无我计我、不净计净，属于谬见；但是，过分执著无常等见，易误入断灭虚无之见，同样亦是谬见。这样，"常乐我净"便有"世间"和"出世间"的差别。出世间的"常"是就如来法身常住而言，没有常相，所以不是世间"常"，这才是常的实义。同理，乐、我、净也是如此。

3. 伊字三点的涅槃

《涅槃经》以"常乐我净"创新性地诠释与批判了小乘佛教的无常等观念，同时又以伊字三点融摄与吸收了小乘佛教、般若空观的涅槃思想。小乘佛教重视"解脱"的观念，而《般若经》等大乘佛教强调"般若"，《涅槃经》则以解脱、般若与法身构成涅槃三德，即是伊字三点。《涅槃经》说：

> 我今当令一切众生及以我子四部之众，悉皆安住秘密藏中，我亦复当安住是中，入于涅槃。何等名为秘密之藏？犹如伊字三点，若并则不成伊，纵亦不成；如摩醯首罗面上三目，乃得成伊，三点若别，亦不得成。我亦如是，解脱之法亦非涅槃，如来之身亦非涅槃，摩诃般若亦非涅槃，三法各异亦非涅槃，我今安住如是三法，为众生故名入涅槃，如世伊字。②

---

① 《大般涅槃经》卷二，《大正藏》第 12 卷，第 377 页中。
② 同上书，第 376 页下。

"伊"字是梵语元音之一,字体是∴形式。解脱、般若、法身三法中的任何一法皆不是涅槃,但都同具重要性,必须紧密相连,不可或缺。

同时,《涅槃经》"后分"明确说:"如来即是解脱,解脱即是如来,如来即是涅槃,涅槃即是解脱,于是义中不能分别。"①这种"相即"意义的涅槃三德,与"伊字三点"略有不同。而且,从《涅槃经》的形成史来说,"伊字三点"只说明了三德兼具始成涅槃,而"相即"则阐明了三德任举一德即三德。② 从涅槃三德的真实义来说,一德即具三德。此三德之成非可分离,法身、般若、解脱原本一体,以其所显之相言,而有三德,究其实质则仍为一。

四、《涅槃经》的佛性观

《涅槃经》对中国佛教影响最大的思想是"一切众生悉有佛性",道生依六卷《泥洹经》提出"阐提有佛性"理论时,便引起中国佛教界的重视与争论。

1. "前分"的佛性观

"一切众生悉有佛性"在《涅槃经》"前分"中经常出现,一切有情众生皆有成佛的可能性,经过修行之后都可以成佛。《涅槃经·如来性品》说:"我者即是如来藏义,一切众生悉有佛性,即是我义。如是我义,从本已来常为无量烦恼所覆,是故众生不能得见。"③如来藏、佛性、我,这是大乘佛教如来藏思想的基本意义。佛性是无始以来就具有的,只不过因为被无穷的烦恼所覆盖而众生不能得见。

但是,"前分"中也一再强调,断善根的"一阐提"是无法断烦恼而获得解脱。"一阐提"的特征与恶行,在于破戒、犯五重罪、不信佛法、诽谤佛法、不作善事等。《涅槃经·如来性品》说:"一切众生皆有佛性,以是

---

① 《大般涅槃经》卷三六,《大正藏》第 12 卷,第 576 页上。
② 张曼涛:《涅槃思想研究》,第 185 页,台北,佛光出版社,1998。
③ 《大般涅槃经》卷七,《大正藏》第 12 卷,第 407 页中。

性故,断无量亿诸烦恼结,即得成于阿耨多罗三藐三菩提,除一阐提。"①这种矛盾的表达,确实令人难以理解:既然"一切众生皆有佛性",但又将一阐提排除在成佛者之外,认为一阐提"终不能发菩提之心……无善心故"②。于是,《涅槃经》对矛盾进行解释:"彼一阐提虽有佛性,而为无量罪垢所缠,不能得出,如蚕处茧;以是业缘,不能生于菩提妙因,流转生死无有穷已。"③由此可见,一阐提仍然具有佛性,但是因为罪障深重而难以解脱。所以,从普遍意义上说,断善根的一阐提"具有佛性",但并不是必将"得以成佛",这成为后来中国佛教对"本有"与"当有"的争论所在。但是,"一阐提有佛性"在《涅槃经》"前分"中仅出现这一次,"前分"中大量表述坚持否定一阐提成佛。而且,《大般泥洹经》异译经文为:"一阐提于如来性所以永绝"④,这是值得注意的。

进一步而言,"成佛"是通过持戒修行的条件圆满而得见佛性,"具有佛性"是一种可能性的表达。在逻辑上,"具有佛性"是成佛的必要条件,但不是成佛的充分条件。所以,《涅槃经·如来性品》说:"一切众生虽有佛性,要因持戒然后乃见,因见佛性,得成阿耨多罗三藐三菩提"、"虽有佛性,以未修习诸善方便,是故未见,以未见故,不能得成阿耨多罗三藐三菩提"⑤,这表明"佛性"是无烦恼的解脱者才能真实证见的境界或道理。所以,《涅槃经》以贫女藏宝、力士额珠、雪山一味药等如来藏系统的经典譬喻,来说明佛性的隐密所在与实存价值。这样,通过强调持戒修行等实践的重要性,连接了"佛性"与"成佛"之间的关系。

2. "后分"的佛性观

《涅槃经》"后分"在"前分"的基础上,发展出非常丰富的佛性思想,主要有如下几种:

---

① 同上书,第404页下。
② 《大般涅槃经》卷九,《大正藏》第12卷,第418页上。
③ 同上书,第419页中。
④ 《大般泥洹经》卷六,《大正藏》第12卷,第893页上。
⑤ 《大般涅槃经》卷七,《大正藏》第12卷,第405页上、中。

(1) 生因、了因、正因、缘因，这是以因性来阐明佛性，主要在《师子吼菩萨品》。经中说：

> 能生法者是名生因，灯能了物故名了因；烦恼诸结是名生因，众生父母是名了因；如谷子等是名生因，地水粪等是名了因。复有生因，谓六波罗蜜阿耨多罗三藐三菩提；复有了因；谓佛性阿耨多罗三藐三菩提；复有了因；谓六波罗蜜佛性；复有生因，谓首楞严三昧阿耨多罗三藐三菩提；复有了因，谓八正道阿耨多罗三藐三菩提；复有生因，所谓信心六波罗蜜。①

"生因"是指具有生法的作用，如谷种能生谷物，烦恼诸结能生生死；但是，"了因"的意义则不太明晰，依"灯能了物"则知是照了、显发的作用。阿耨多罗三藐三菩提，是佛果，是中道第一义空而为无量无边功德所成就的。所以修六波罗蜜、首楞严三昧，对于阿耨多罗三藐三菩提，是生因；佛性与八正道，是常住的，对阿耨多罗三藐三菩提，是了因而不是生因。正因佛性是常住的，不是生因所生的，所以修六波罗蜜（观智在内），显了佛性，只能说是了因。信心对于六波罗蜜，当然是生因了。依此可见，《师子吼菩萨品》的智果——阿耨多罗三藐三菩提，不但是了因所了，也是生因所生。

《师子吼菩萨品》又说有"正因"和"缘因"二种因："善男子，因有二种，一者正因，二者缘因。正因者，如乳生酪。缘因者，如暖酵等，从乳生故，故言乳中有酥。"②酪是由乳所生，乳名为正因，如此则"正因"与"生因"意义类似，而乳之能生酪，有赖温度和酵母等为助缘，但是除了乳须有助缘之外，最重要的是乳中必有"酥性"，否则再多的缘因，也无法使乳变成酪。这样，"缘因"与"了因"的意义亦相似，如经中说："世尊！以有

---

① 《大般涅槃经》卷二八，《大正藏》第12卷，第530页上。
② 同上书，第530页中。

性故,故须缘因。何以故? 欲明见故,缘因即是了因。"①"缘因"和"了因"都有明见或照了的作用。

所以,经文接着说:

> 如佛所说有二因者,正因、缘因。众生佛性为是何生? 善男子,众生佛性亦有二种因:一者正因,二者缘因。正因者,谓诸众生;缘因者,谓六波罗蜜。②

众生是正因佛性,是就众生存在的事实而言,而且众生都有厌苦求乐的渴求。六波罗蜜为缘因,是就修持六波罗蜜可为助缘以显了正因佛性而言。经中又说:"二因,正因缘因。正因者,名为佛性。缘因者,发菩提心。以二因缘,得阿耨多罗三藐三菩提。"③众生能得无上正果,首先要有佛性,这是"正因";其次,要有"发菩提心"的助缘,才能圆满。

所以,生因、正因、了因、缘因,意义不大明确,有时又彼此含混不清。后来,天台智顗对正因佛性、了因佛性、缘因佛性加以组织,成立意义明确的佛性观。

(2) 第一义空的佛性义。这是以空性论佛性义,淡化佛性的神我色彩。《师子吼菩萨品》说:

> 佛性者名第一义空,第一义空名为智慧。所言空者,不见空与不空。智者见空与不空,常与无常,苦之与乐,我与无我。空者,一切生死;不空者,谓大涅槃;乃至无我者,即是生死;我者,谓大涅槃。见一切空,不见不空,不名中道;乃至见一切无我,不见我者,不名中道;中道者,名为佛性。以是义故,佛性恒常,无有变易。无明覆故,令诸众生不能得见。声闻缘觉见一切空,不见不空,乃至见一切无我,不见于我。以是义故,不得第一义空。不得第一义空,故不行中

---

① 同上书,第531页上。
② 《大般涅槃经》卷二八,《大正藏》第12卷,第530页下。
③ 同上书,第533页中。

道,无中道故不见佛性。①

中道第一义空的佛性智慧可以见到空与不空、常与无常、苦与乐、我与无我的各端,而不会偏倒于任何一边。在此,所谓"中道第一义空"的空并不是落于"空或不空"任何一边的"偏空",而是同时具足"空"与"不空"的胜义空。佛性第一义空见到空的一切生死,同时也见到不空的大涅槃,前者可免于执有,后者可免于执空,如此才是中道,也才是佛性。总之,若以空义论佛性,则佛性是中道第一义空,它是具见空与不空的空。

所以,尽管《涅槃经》中亦出现以遣执荡相的空义来论佛性的情况,但是仍然坚持了真常唯心的立场:

> 云何为空? 第一义空故。云何非空? 以其常故。云何非空非非空? 能为善法作种子故。善男子! 若有人能思维解了大涅槃经如是之意,当知是人则见佛性。②

第一义空是"非空非不空",这是一种两面分解式,也可进一步看作是相具、相即的理论,"大涅槃"意味着空的"无常、苦、空、无我"的一切生死法,与不空的"常、乐、我、净"的涅槃法身互具、互即。

所以,中道第一义空所显示的佛性意义,是就涅槃法身说,是以佛果为佛性。这也是从果位溯推至因位而得出的、具有客观意义的"法佛性",众生亦可具此佛之体段,但是虽具而未显,此即将佛果转为因地而曰"正因佛性"。③

(3) 十二因缘的佛性义。佛陀观照缘起法而觉悟,《涅槃经》中对十二因缘的佛性义有两方面的论述:① 缘起无为说,"十二因缘常,佛性亦尔"、"佛性者名十二因缘,何以故? 以因缘故,如来常住"④,名为佛性的

---

① 《大般涅槃经》卷二七,《大正藏》第12卷,第523页中。
② 《大般涅槃经》卷二七,《大正藏》第12卷,第526页上一中。
③ 牟宗三:《佛性与般若》,第102页,台北,台湾学生书局,1997。
④ 《大般涅槃经》卷二八、三二,《大正藏》第12卷,第533页中、557页上。

十二因缘,常住不变,这与未来必定当得的不同。② 十二因缘观智说,《涅槃经》提出:"无常无断即是观照十二因缘智,如是观智是名佛性。"① 但是,二乘人观十二因缘,证入人空甚至法空,由于"无明覆故",不能得见佛性常住。经中说:

> 善男子!观十二因缘智,凡有四种:一者下,二者中,三者上,四者上上。下智观者不见佛性,以不见故,得声闻道。中智观者,不见佛性,以不见故,得缘觉道。上智观者,见不了了,不了了故,住十住地。上上智者见了了故,得阿耨多罗三藐三菩提道。以是义故,十二因缘名为佛性。②

不同根机者修习十二因缘观时,便获深浅不同的果位。上上根智者,能够穷尽十二因缘的甚深道理,从而获得无上道。因为,"见法即是见佛",见十二因缘即是见法,即是见佛,透过十二因缘观智,得见中道第一义空的正因佛性。

对于十二因缘的佛性义,《涅槃经》是以十二因缘观智为主。如《师子吼菩萨品》说:"善男子!是观十二因缘智慧,即是阿耨多罗三藐三菩提种子。以是义故,十二因缘名为佛性。善男子!譬如胡瓜,名为热病,何以故?能为热病作因缘故,十二因缘亦复如是。"③这就说明了十二因缘本身并不是佛性,而十二因缘观智是无上道的因缘种子,依之得以成佛。譬如胡瓜名为热病,乃因为它是引发热病的因缘,而非其本身即是热病。

这样,第一义空与十二因缘的佛性义,便能结合起来,因为十二因缘的甚深义即是第一义空。依"见法即是见佛"的《阿含经》传统,十二因缘空——中道为佛性,是源本于《阿含经》,经龙树学演进而来。④ 所以,《涅

---

① 《大般涅槃经》卷二七,《大正藏》第 12 卷,第 523 页下。
② 《大般涅槃经》卷二七,《大正藏》第 12 卷,第 524 页中。
③ 同上书,第 524 页上。
④ 印顺:《如来藏之研究》,第 261—262 页,台北,正闻出版社,1992。

槃经》的佛性观便出现多重因果：

> 善男子！佛性者，有因、有因因、有果、有果果。有因者，即十二因缘；因因者，即是智慧。有果者，即是阿耨多罗三藐三菩提。果果者，即是无上大般涅槃……善男子！是因非果如佛性，是果非因如大涅槃，是因是果如十二因缘所生法，非因非果名为佛性，非因果故常恒不变。①

十二因缘是佛性的"因"；观十二因缘的智慧为"因因"；由观智而证得阿耨多罗三藐三菩提，观智为"果"；依无上菩提的觉悟，而证得涅槃寂静，相对观智而言，涅槃是果中之果，故称"果果"。进一步依因果而说明佛性，则有四个类型：(1)"是因非果"，位在因位而尚未显现出来的佛性；(2)"是果非因"，结束因位而转成果位的大涅槃；(3)"是因是果"，是十二因缘所生的诸法；(4)"非因非果"，没有生灭且恒常不变的法身佛性。

第四节 涅槃学派的思想

涅槃学派在昙无谶、鸠摩罗什之后，经过慧观、道生的提倡弘扬，蔚为大观。后继者在《大般涅槃经》思想的基础上，兼习《成实论》、《毗昙》、《般若经》、《法华经》等，对南北朝佛教的重要问题，如判教、二谛、佛性、涅槃、佛身等，皆作出自己的诠释。

一、涅槃学派的判教思想

在天台智顗的"南三北七"的概括中，南方三家以及北方的一家，皆属于涅槃学派的判教。其中，最有代表性的是慧观的"二教五时"判教、道生的"四法轮"判教，以及刘虬的"五时七阶"判教。

---

① 《大般涅槃经》卷二七，《大正藏》第12卷，第524页上。

1. 道生的"四法轮"判教

道生对佛陀一代时教进行判摄,在《妙法莲华经疏》中阐述了四种法轮:(1)善净法轮,"始说一善,乃至四空,令去三途之秽",即指《阿含经》,其教法是修五戒十善法,断四恶趣业,证人天果报;(2)方便法轮,"以无漏道品,得二涅槃",即指《般若经》,其教法是修四谛、十二因缘法,证二乘果;(3)真实法轮,"破三之伪,成一之美",即指《法华经》,其教法是修中道实相法,证一乘果;(4)无余法轮,"会归之谈,乃说常住妙旨",即指《涅槃经》,其教法是修常住妙法,证涅槃果。①

道生的"四法轮"判教未涉及到"人天教"问题与《华严经》,或许道生后来在庐山,尚未将《华严经》纳入视野。从时间上看,道生的"四法轮"判教的提出比慧观早,更具有开创性的意义。

2. 慧观的"顿渐五时"判教

在慧观与道生的辩论中,道生的"四法轮"判教对慧观刺激很大。吉藏《三论玄义》记载了慧观《大般涅槃经序》中的判教:

> 言五时者,昔《涅槃》初度江左,宋道场寺沙门慧观仍制经序。略判佛教,凡有二科:一者顿教,即《华严》之流,但为菩萨具足显理;二者始从鹿苑,终竟鹄林,自浅至深,谓之渐教。于渐教内开为五时:一者三乘别教,为声闻人说于四谛,为辟支佛演说十二因缘,为大乘人明于六度,行因各别,得果不同,谓三乘别教;二者《般若》,通化三机,谓三乘通教;三者《净名》、《思益》,赞扬菩萨,抑挫声闻,谓抑扬教;四者《法华》,会彼三乘,同归一极,谓同归教;五者《涅槃》,名常住教。自五时已后,虽复改易,属在其间。②

慧观受到《涅槃经》中五味喻、半满等说的启发,将佛陀一代时教分为顿渐二教,渐教中依根器不同而演说深浅不同的教理,即是五时:(1)三乘

---

① 《妙法莲华经疏》卷上,《卍新纂续藏经》第27册,第1页中。
② 《三论玄义》,《大正藏》第45卷,第5页中。

别教,为声闻、辟支佛、菩萨分别演说不同的教理;(2) 三乘通教,《般若经》演说荡滞明空,通贯于三乘;(3) 抑扬教,即是《维摩经》、《思益经》中赞叹菩萨道而贬斥声闻之学;(4) 同归教,即是《法华经》会彼三乘同归一佛乘,但是《法华经》尚未说到法身常住、众生皆可成佛的道理;(5) 常住教,即《涅槃经》演说佛性常住之理。

鸠摩罗什来华之前,传译中土的经典是以《阿含经》与《般若经》为主,《阿含经》明四谛人天果报,《般若经》论述人法二空。鸠摩罗什来华之后,译出《法华经》、《维摩经》、《思益经》等,高扬菩萨道与佛乘,贬斥声闻乘,于是增加了南北朝佛教的歧异。而且,慧观师事佛陀跋陀罗,后者译出《华严经》,所以慧观判《华严经》为顿教,不但是对《华严经》的重视,更含有他对其师功业的继承。慧观后期的思想发生一些改变,推荐道猷、法瑗入宫申述顿法。

慧观在完成《大般涅槃经序》后,一些经典陆续译出,如《方等大集经》、《金光明经》、《优婆塞戒经》、《菩萨地持经》等,于是促使慧观修订自己的"五时教"。吉藏《大品经游意》说:

> 十二部配当《阿含》,修多罗配《禅经》,何者? 定能发智,以修多罗配当《禅经》也。方等配《波若》、《思益》等,波若配《法华》,醍醐配《涅槃》也。慧观师所以十二配《阿含》者,《阿含》约事分别,四谛理配为十二,分别法性也。第二,无相教,名修多罗者,所说二谛体生行人,空理万法之本,故受法本名也。第三,名方等者,就教得名,此改小乘,无狭劣之通,故名方等也。第四,名波若者,能令众生,同佛寿量,平等大慧,如《多宝佛品》中论也。第五,名《大涅槃》者,永除生死,如醍醐体性清凉,故名涅槃。①

《大品经游意》所引慧观的五时教,与《大般涅槃经序》有明显的出入,主要是《般若经》与《禅经》。在《大般涅槃经序》中,《般若经》为第二时、三

---

① 《大品经游意》,《大正藏》第33卷,第61页下。

乘通教;在《大品经游意》中,则为第三时、抑扬教。因为《般若经》虽然没有贬斥声闻、赞扬菩萨,但也是方等大乘经,所以列为第三时。但慧观对《法华经》和《涅槃经》的顺序,则没有清楚的说明,对后来成实学派的判教影响较大,如吉藏《大乘玄论》说:"成论师五味相生配五时教……一乘之中,般若最胜,故《法华经》名般若波罗蜜;《涅槃经》时明常住佛果,故言出大涅槃。"①依此可知,慧观不是把《涅槃经·圣行品》中的十二部、修多罗、方等、波若波罗蜜、大涅槃看作经典的次序,而是看作教义的次序,所以有诠释的空间。② 另外,慧观对《禅经》的重视,与其师承密切相关。佛陀跋陀罗在长安受到长安僧团的默摈之后,被慧远迎请至庐山,于庐山译出《修行方便禅经》;慧观又请佛陀跋陀罗在道场寺大弘禅业,当时道场寺被称为"道场窟"。所以,慧观自然推重《禅经》,而列入其判教系统之中。所以,慧观的五时判教出现另一体系:十二部配《阿含经》、修多罗配《禅经》、方等配《般若经》、般若波罗蜜配《法华经》、大涅槃配《涅槃经》,教义由浅入深,故为五时。

慧观判教思想的第三次转变在于,求那跋陀罗于元嘉十三年(436)译出《胜鬘经》,于元嘉二十年(443)译出《楞伽阿跋多罗宝经》四卷,昙无谶所译《金光明经》传至南方,原有的顿渐五时判教组织无法收摄这类经典,于是慧观提出"不定教"。智𫖮《法华玄义》卷十中记载了慧观含"不定教"的判教:(1)顿教是《华严经》;(2)渐教五时,有相教为《阿含经》,无相教为《般若经》,抑扬教为《维摩经》、《思益经》,同归教为《法华经》,常住教为《涅槃经》;(3)不定教,即是《胜鬘经》、《金光明经》。③ 这次已经将《禅经》剥离判教系统,可能意识到这是禅定实践法门,不属于教义深浅问题。

慧观的顿渐五时判教对后世中国佛教的判教思想具有决定性的影

---

① 《大乘玄论》卷五,《大正藏》第45卷,第63页中。
② 余日昌:《六朝判教论的发展与演变》,第100页,台北,文津出版社,2003年。
③ 《妙法莲华经玄义》卷一〇上,《大正藏》第33卷,第801页上一中。

响,主要表现在:(1)判《华严经》为顿教,促进华严学研究在汉地的兴起;(2)在中国判教史上,唯一将《禅经》收摄进来;(3)南北朝的判教理论无非依"言音"、"时机"或"别宗",北方地论学派多重视"别宗",慧观开创了以"时机"判教的先河,一直影响到南北朝、隋唐的判教理论;(4)"五时判教"对教义的深浅判摄,对后来佛典目录的编制具有启迪的意义。

3. 刘虬的"七阶"判教论

自从慧观建立五时判教论后,随着佛教的发展,出现了各种判教理论,在南朝影响最大的是刘虬的"七阶"判教论。刘虬在《无量义经序》中说:

> 根异教殊,其阶成七。先为波利等说五戒,所谓人天善根,一也;次为拘邻等转四谛,所谓授声闻乘,二也;次为中根演十二因缘,所谓授缘觉乘,三也;次为上根举六波罗蜜,所谓授以大乘,四也;众教宜融,群疑须导,次说《无量义经》,既称得道差品,复云未显真实,使发求实之冥机,用开一极之由序,五也;故《法华》接唱,显一除三,顺彼求实之心,去此施权之名,六也;虽权开而实现,犹掩常住之正义,在双树而临崖,乃畅我净之玄音七也。①

刘虬的七阶判教是在五时判教基础上,增加《提谓波利经》和《无量义经》。《提谓波利经》是佛陀在成道后、至鹿野苑之前,为商人提谓、波利等五百人宣说五戒、十善等人天因果报应之说;为五比丘宣说四谛之理,即是第二阶声闻乘;第三阶是为中等根机者宣说缘觉乘;第四阶以后是大乘经典,即是《般若经》、《无量义经》、《法华经》、《涅槃经》。

刘虬不收摄《华严经》,而以《提谓波利经》为第一阶;其次,在诸大乘经与《法华经》之间补进《无量义经》,这是其判教系统的独特之处。所以,他是以《无量义经》为中心来分判经典的从属关系。但是,依《法华经论》,《无量义经》为《法华经》的十七种异名之一,如何成为二部内容不同

---

① 《出三藏记集》卷九,《大正藏》第55卷,第68页上。

的经典?《无量义经》是以佛陀涅槃前为背景,而解释当时僧侣对经义诠释的纷争,但是《涅槃经》中乃至其他翻经大德皆未曾提及,而由一位行踪不明的天竺僧侣传出? 于是,对经典真伪的怀疑,导致后世在传述刘虬的判教理论时,剔除了《无量义经》,如《三论游意义》说:

> 白衣刘虬云,用七时:一、树王成道为瞽聋说三归等,为世俗教也;二、为说三乘别教,则是三教并四时也;五、《大品》、《维摩》、《思益》、《楞伽》、《法鼓》等是也;六者,《法华》也;七者,《涅槃》也。①

在上引七阶判教中,未发现《无量义经》。

在慧观的五时判教与刘虬的七阶判教之后,各类五时判教在南朝佛教接踵而来,构成了丰富的判教思想。

二、涅槃学派的二谛思想

中国佛教对二谛的讨论,首推鸠摩罗什,尔后僧肇、道生皆作出重要的贡献。道生曾撰《二谛论》,今不传,其后梁昭明太子曾撰《解二谛义》,当时僧俗咨问,提出异议有二十三家,昭明太子一一作了答复。《大般涅槃经集解》中保存了道生、僧亮、宝亮等人对二谛的解释。

道生对二谛的解释,是与他的"理佛说"一致的。道生吸收中国固有的"理"的观念,用以阐释成佛的根据、途径、理想等佛教的根本问题,他认为"理"是宇宙和人生的根本,也是众生成佛的根本。"理"是一种真理,又是万物的本性、本体,也是众生的佛性(本性)。"理"具有普遍性的性格,而这性格又取决于"理"的唯一性特征。正因为"理"是"妙一"、"常一",是无二的,才是遍在的。② 依此唯一性的"理",道生说:"理无二实,而有二名。如其相有,不应设二;如其相无,二斯妄矣。"③"二名"即是真

---

① 《三论游意义》,《大正藏》第 45 卷,第 121 页下。
② 方立天:《中国佛教哲学要义》(下卷),第 785—787 页,北京,中国人民大学出版社,2002。
③ 《大般涅槃经集解》卷三二,《大正藏》第 37 卷,第 487 页上。

俗二谛，"理"是唯一无二的实相，依之建构有真俗二谛之名；如果说理是有相，其相应是唯一的实相；如果说理是无相，则真俗二谛之名是虚妄的。于是，道生强调唯有一实谛：

> 惑者皆以所惑为实，名世谛也。虽云世谛，实不遂异，故是第一义耳。第一义谛，终不变为世谛也。世谛即第一义者，唯有第一义，无世谛也。理如所谈，唯一无二，方便随俗，说为二耳。①

道生是以众生妄情烦恼所安立的事相为世谛，第一义谛即是智慧所显发的实相理。所以，他说："热炎以不实为实，是则世谛；解其不实，是第一义谛"、"世之所著为世谛，知其实故为第一义"、"有多惑，故为世谛；无多解，故为第一义也"②。从第一谛理的普遍性、唯一性来说，真理是"唯一无二"，但是依解惑不同，方便随顺世俗而说有二谛。

僧亮在道生的二谛思想基础上，明确提出"约教二谛"，阐发二谛相即义。《大乘四论玄义》说："宗国北多宝寺广州大亮法师云：二谛者，盖是言教之通诠，相待之假称，非穷宗之实因也。"③而且，吉藏《大乘玄论·二谛义》直接引用了"言教之通诠，相待之假称"④，可见吉藏的约教二谛是对僧亮的继承。《大般涅槃经集解》中僧亮说：

> 若名义俱异，有无一时者，则二不双合，恒是一谛也。若是一谛说有二义者，则应一是虚妄，故云将非虚妄说耶。欲明二皆是妄也，何者？两实则不可相即，既相即，以明两无也。法无明相，言语道断，岂可以二谛之名，示众生耶。善乃方便者，假真俗二称，诱道愚近耳，非谓理有二也。⑤

---

① 《大般涅槃经集解》卷三二，《大正藏》第37卷，第487页上—中。
② 同上书，第487页下—488页上。
③ 《大乘四论玄义》卷五，《卍新纂续藏经》第46册，第573页下。
④ 《大乘玄论》卷一，《大正藏》第45卷，第15页上。
⑤ 《大般涅槃经集解》卷三二，《大正藏》第37卷，第487页上—中。

僧亮指出，世谛、第一义谛皆是诱导众生的言说方便，二者皆为虚妄，因此二者才能相即。二谛是在能诠的言教上的差别，不外乎说法化导的方法形式，故为"约教二谛"。

僧宗则对道生"第一义谛，终不变为世谛"提出反驳，阐明真俗二谛相即：

> 若真中有俗，则俗来同真；若俗中有真，则真来同俗。若以真同俗，则唯一世谛；以俗同真，则唯一真谛，不应有二谛之说也。若俗不容真，真不容俗者，是则天然楚越也。若真中必无俗者，而如来说色即空，此则虚妄说也。既言即也，岂有楚越之过。即理是同，岂有妄说之失耶。所以言即者，非以空作色，以色作空也，以第一义谛从本来不可得。今明世谛不可得，不可得者，岂可分别，故言即也。①

因为道生担心：如果真谛中有俗谛，则俗谛等同于真谛，这样只有真谛；如果俗谛中有真谛，则真谛等同于俗谛，这样亦只有俗谛了，二谛便无法建立。僧宗强调真俗相即是立足于第一义谛不可得空性的基础上，二谛皆不可得、无分别，故为相即。

同时，宝亮在僧亮、僧宗的基础上，依有、无明确论述了"约教二谛"、"二谛相即"：

> 世谛以虚妄故有，即体不异空也。若无有而可异于空者，岂有空之可异于有耶。故有无而即一体，便二谛之名立也。若有有可无，便是世谛之中有第一义也。无既无所，无亦无无可异有也。若有无可异有，便是第一义中有世谛也。两既不相有，故知有无可有，无无可无。若有有可有，有无可无，此便相有。得知诸法从本已来，空无毫末之相，但于病者为有，于解者常无，文殊致问，为彰此理也。②

---

① 《大般涅槃经集解》卷三二，《大正藏》第37卷，第487页上—中。
② 同上书，第487页上。

世谛以虚妄的假有,其体不异空。有无皆不可得,而为一体,建立二谛之名。诸法本性空寂,凡夫执著为有,而智者则悟入空性。

所以,涅槃学派自从道生以来,以"理"为唯一、恒常的真理,逐渐形成了约教二谛的二谛相即义,对后世三论学派的二谛给予了很大的影响。

三、涅槃学派的佛性思想

佛性论是中国佛学思想的主流,道生孤明先发地提出"阐提有性",在晋宋之际引发了佛性有无的争论。随着"众生悉有佛性"成为主流,佛性的本有、始有则成为争议的主题,构成了丰富的南北朝佛性思想。

道生的著述如《顿悟成佛义》、《辩佛性义》、《佛性当有论》等,皆涉及到佛性的深义。总览南北朝时代的佛性论诸说,吉藏《大乘玄论》卷三举出正因佛性十一家,其《涅槃游意》说佛性"本有"、"始有"共三家,元晓的《涅槃宗要》记载六种对佛性体性不同的解说,均正《大乘四论玄义》卷七则说正因佛性有本三家、末十家之别,列表如下[①]:

《大乘玄论》十一家	《大乘四论玄义》本三、末十	《涅槃宗要》六师
众生为正因佛性:道朗、僧旻、招提白琰	末7	第二师
六法为正因佛性(通):僧柔	末8	
心为正因佛性(别):智藏		
冥传不朽:法安	末5	
避苦求乐:法云	末6	
真神:梁武帝、宝亮	末4	第四师
阿梨耶自性清净心:地论师	末9	
当果:道生	本1(道生)、末1(爱法师)	第一师
得佛之理:法瑶、灵根寺慧令	本3(末2)	

---

① 汤用彤:《汉魏两晋南北朝佛教史》(下册),第486—488页。

续　表

《大乘玄论》十一家	《大乘四论玄义》本三、末十	《涅槃宗要》六师
真谛(真如):宝亮	末 3	
第一义空(第九无垢识):摄论师	末 10	第六师
	本 2:昙无谶、道朗以本有中道真如为佛性	

总结南北朝的正因佛性说,涅槃学派主要集中于以理为正因佛性,如道生、法瑶、慧令、宝亮等;其次,受到中国本有思想、"神明"及毗昙学的影响,出现以"心识"为正因佛性的看法,即智藏、法安、法云等;最后,则是以"假实"为正因,即道朗、僧旻、招提寺白琰、僧柔等。所以,以"心识"、"假实"为正因佛性,确实是毗昙学派、成实学派与涅槃学派融合后的思想。道生一系的涅槃学派则以"理"为正因佛性,这是在众生身心之外,从众生所体悟的理体上去寻求成佛的依据。因此,有以"当"成佛"果"或"得佛之理"为成佛正因者,有主张众生所悟的"真谛"为正因佛性者。

1. 体法穷理的佛性论

道生在中国佛教史上率先阐扬佛性论,他的佛性内涵主要有三方面[①]:

(1) 法为佛性,体法为佛。在《法华经疏》中,道生说:"如来者,万法虽异,一如是同,圣体之来,来化群生,故曰如来。"[②]一如即是真如,真如在宇宙本体则曰实相,在万事万物曰万法,万法虽然各各殊异不同,但是一如的实相则是相同。所以,道生在《大般涅槃经集解》中说:

> 体法为佛,法即佛矣,佛者即是佛性,何以故? 一切诸佛以此为性。夫体法者,冥合自然,一切诸佛,莫不皆然,所以法为佛性也。[③]

[①] 参考赖永海的《中国佛性论》,第70—75页,北京,中国青年出版社,1999。
[②] 《妙法莲华经疏》卷上,《卍新纂续藏经》第27册,第3页中。
[③] 《大般涅槃经集解》卷五四,《大正藏》第37卷,第549页上一中。

佛是体悟一切事物真实本相,冥合无生无灭的自然状态。所以,法是佛性,道生在《注维摩诘经》中说:"以体法为佛,不可离法有佛也。若不离法有佛是法也,然则佛亦法矣"①,佛在诸法之中,不离诸法而有;成佛是要达到自我与万物等同忘却,万有与空无齐一无别的境界。《大般涅槃经集解》所载道生学说中,与"体法为佛"相同的说法,有"得本自然"②、"得本称性"③、"返迷归极,归极得本"④等。道生以"得本"、"称性"、"归极"、"体法"等同,指不生不灭的自然之性、非有非无之理体、超相绝言的实相,此说近于般若的实相,同时又用"本"、"极"等玄学化语言加以诠释。

(2) 理为佛性,穷理为佛。道生说:"理者是佛,乖则凡夫"⑤;"从理故成佛果,理为佛因也"⑥。理是佛教的真理,是一种非有非无、即有即无的中道理体。众生与佛本来是不一不异的,但是凡夫迷理,佛则穷理,所以他强调"佛以穷理为主"⑦、"穷理尽性"⑧。佛从理成,"理"自然是成佛之因,即是佛性。"体法为佛"主要是从法、法性、实相等角度去谈佛性,"穷理为佛"则是从觉性、悟性方面去解释佛性。

道生的佛性论是以"主"、"客"相结合的角度而界定,佛性既是宇宙万物的实相本体,又是众生证悟实相本体的内在动力。所以,道生融通了法、法性、理、佛性等概念,说:"法者,理实之名也"⑨;"法与法性理一而名异,故言同"⑩。法性是法的本体,诸法是法性之外化,二者名异实同,

---

① 《注维摩诘经》卷八,《大正藏》第38卷,第398页中。
② 《大般涅槃经集解》卷五四,《大正藏》第37卷,第548页中。
③ 《大般涅槃经集解》卷五一,《大正藏》第37卷,第532页中。
④ 《大般涅槃经集解》卷一,《大正藏》第37卷,第377页中。
⑤ 《大般涅槃经集解》卷二一,《大正藏》第37卷,第464页上。
⑥ 《大般涅槃经集解》卷五四,《大正藏》第37卷,第547页下。
⑦ 《注维摩诘经》卷三,《大正藏》第38卷,第353页下。
⑧ 《注维摩诘经》卷五,《大正藏》第38卷,第375页上。
⑨ 《大般涅槃经集解》卷五四,《大正藏》第37卷,第549页上。
⑩ 《注维摩诘经》卷二,《大正藏》第38卷,第346页下。

真如法性在宇宙本体曰实相,在如来法身曰佛。

所以,道生的佛性说是以般若实相义为基础,以真理自然解释佛性,依此阐明"众生有佛性"。道生在中国传统的天人合一思维方式和魏晋玄学的体用观念影响下,把佛教般若实相本体论和涅槃佛性心性论结合起来,强调实相本体就是佛身,众生体证返归实相就是佛;而实相本体也存在于众生的心性(本性)之中,此即佛性,是众生冥符实相、成就佛果的内在根据。①

(3)当果本有。道生曾撰《佛性当有论》,但此"当有"是指一切众生悉有佛性,终必成佛之意。道生说:"不从因有,又非更造也"、"得本自然,无起灭矣"②、"即生死为中道者,明本有也"、"十二因缘为中道,明众生是本有也"③,因为理性恒常遍在,故一切众生悉有佛性,众生既然有此正因佛性,最终必定成佛得涅槃。所以,一切有性论者应该都是佛性本有论者。④ 道生在《法华经疏》中,亦明确提出佛性本有:"良由众生本有佛知见分,但垢障不现耳。佛为开除,则得成之。"⑤所以,道生的佛性为当果本有,这是有明确依据的。

吉藏《大乘玄论》中记载第八家以当果为正因佛性,而且加以破斥:

> 当果为正因佛性,此是古旧诸师多用此义,此是始有义。若是始有,即是作法,作法无常,非佛性也。⑥

吉藏强调:① 当果为始有义,② 当果是作法非佛性。同时,吉藏指出,光宅法云是以避苦求乐为正因佛性,而且说彼师"指当果为如来藏,以有当果如来藏故"⑦。另外,《法华义记》记载:"光宅法师解言:知见只是一众

---

① 方立天:《中国佛教哲学要义》(下卷),第288页。
② 《大般涅槃经集解》卷五四,《大正藏》第37卷,第548页中。
③ 同上书,第546页中。
④ 赖永海:《中国佛性论》,第102页,北京,中国青年出版社,1999。
⑤ 《妙法莲华经疏》卷上,《卍新纂续藏经》第27册,第5页上。
⑥ 《大乘玄论》卷三,《大正藏》第45卷,第36页下。
⑦ 同上书,第36页下。

生当来佛果。众生从本有此当果,但从昔日以来,五浊既强,障碍又重,不堪闻大乘,不为其说有当果"①,依此可知法云确实具有当果佛性的观点。均正《大乘四论玄义》记载,正因佛性说末十家的第一家是白马寺爱法师执生公义,当果为正因②;元晓《涅槃宗要》列出佛性本六师,第一师以当果为佛性体,即白马寺爱法师述生公义。③ 所以,道生提倡当果为正因佛性,而后世理解当果为始有,于是强调道生为佛性始有者。

实际上,始有说的本意正是约果立言,望果说始有。佛是从妙因生,众生本杂染不净,自非妙因,因此众生之于佛性,自为始有;其次,众生本有佛性,既有佛性,必得佛果,但在凡位时,原未得果,望得果,说为始有。所以,以因释佛性,众生悉具佛性,可说佛性本有;约果说佛性,众生本在凡位,未至果位,约至果说,立佛性始有也顺理成章。

2. 神明为正因的佛性论

佛教传入中国后,因果轮回与报应问题带来人死后"灵魂"有无的辩论,从而在两晋南朝时期引发"形神关系"的全面讨论。于是,"神明"与心、气关系的讨论,在慧远、宗炳等人的阐述中,获得有力的推进。随着梁朝"神灭不灭"的辩论,神明与佛性的结合,成为当时佛学思潮的重要特征。

神明为正因的佛性论,是融合了"理"与"心"为正因佛性,然后运用玄学的神明、体用等观念加以阐释。如《大乘四论玄义》载:

> 第三灵味小亮法师云:真俗共成众生真如性理正因体。何者?不有心而已,有心则有真如性上生故,平正真如正因为体。苦无常为俗谛,即空为真谛。此之真俗,于平正真如上用故,真如出二谛外。若外物者,虽即真如,而非心识,故生已断灭也。④

宝亮以真如为正因佛性。从众生悉有佛性来说,众生自然有心,心与佛

---

① 《法华义记》卷三,《大正藏》第33卷,第603页中—下。
②④ 《大乘四论玄义》卷七,《卍新纂续藏经》第46册,第601页中。
③ 《涅槃经宗要》,《大正藏》第38卷,第249页上。

性的关系如何？这是南朝佛教必须思考的重要问题。

于是，宝亮等涅槃师吸收玄学的才性论观念"神明"，僧宗、宝亮、僧旻、梁武帝都提到以神明为正因佛性。"神明"是众生相续不断的缘虑之心，它相续为一，终将自体转变成佛。"神明"概念被引入佛性讨论的领域，对其后涅槃学派影响至巨。虽然"神明"不是一般所说恒常不变的灵魂或神我，但主张众生"神明"相续不断，承认它在生死轮回中假名为我的观点，却为神不灭之说开启了新的思考方向。然则"神明佛性说"并不能被简单地说成是佛性思想与神不灭说的混杂，毋庸说它是结合才性论思潮与佛性学说的新产物；正是透过这一新的佛性思维，神不灭论的方向于焉转变。

最著名的"神明佛性说"出自梁武帝，他的《立神明成佛义记》说：

> 夫涉行本乎立信，信立由乎正解。解正则外邪莫扰，信立则内识无疑。然信解所依，其宗有在。何者源神明以不断为精，精神必归妙果。①

因为"神明"常存，故以"精"形容之。不断灭的"精神"是人得以成佛的根据，依此"精神"，有朝一日终将证得妙果的境地；另一方面，"精神"之所以"必归妙果"，是因为它是人得以认识、信仰佛理的根据，故梁武帝说"神明"是"信解所依"。沈绩注解说："以其不断，故终归妙极；凭心此地，则触理皆明。明于众理，何行不成？信解之宗，此之谓也。""神明"不但是人得以成佛的根据，也是能够把握真理的认识心；并且由于心具有"触理皆明"的认识功能，能够建立佛法信解，故能作为成佛根据，使其自身达到涅槃妙果的境界。

所以，梁武帝论此"神明"，主要着眼于它为明识之"心"的特色。均正《大乘四论玄义》说：

---

① 《弘明集》卷九，《大正藏》第52卷，第54页中。

> 第四梁武萧天子义,心有不失之性,真神为正因体,已在身内,则异于木石等非心性物。此意因中已有真神性故,能得真佛果。①

因为拥有"神明"者便是有心性、有情的存在,而非如木石一般为"非心性物"、"非情物"。这样,成佛的关键在于是否有心性、情。所以,"神明"的灵魂意味非常稀薄,虽然"不断为精"的说法勉强具有一般所谓"灵魂"的意思,但是总体上说,"神明"与"灵魂"并无必然关系。

另一方面,梁武帝强调"心"具有"无明"与"明"两种面相,这染净两面合称为"无明神体"。而且说:"而无明体上有生有灭,生灭是其异用,无明心义不改"②,"心"即是"无明神明",它是一切生灭变化的根本。"心"与一切生灭变化现象之间乃是体用的关系,生灭现象自有兴废的殊别异用,但是"无明神明"作为这些现象的"体"是恒常不变的。

所以,梁武帝将"无明"与"神明"视为同一个"心"的不同面相,并且以体用关系将"心"与现实世界的生灭变化结合起来。利用这种方法,梁武帝不只建立了自己的佛性论,亦解释了现实世界的存在与生死轮回的根源,从而使"神明佛性"具有形神理论所应有的功能,成为一套特殊的思想系统。

四、涅槃学派的涅槃思想

《涅槃经》在南北朝的传播过程中,在中国传统思想的影响下,对涅槃思想的诠释往往是以中国本有的概念为中介,如无为、理、体用等,众说纷纭,形成了涅槃说空前繁荣的局面。

1. 理、常的涅槃论

道生融合般若学与涅槃学,以"理"为核心,阐发了涅槃学派的涅槃思想。

---

① 《大乘四论玄义》卷七,《卍新纂续藏经》第 46 册,第 601 页中。
② 《弘明集》卷九,《大正藏》第 52 卷,第 54 页中。

(1) 涅槃为"理"、"常",道生说:

> 夫真理自然,悟亦冥符;真则无差,悟岂容易。不易之体,为湛然常照……既云大矣,所以为常,常必灭累,复曰般泥洹也。般泥洹者,正名云灭,取其义训,自复多方。今此经明常,使伏其迷,其迷永伏,然后得悟。悟则众迷斯灭,以之归名,其唯常说乎。①

真理恒常不变,只要能彻见真理,就能明了差别万象的无差别性,其境界自然不会任意转变。涅槃即是智慧与真理的冥合,能消除对现象的固执和迷惑,从而获得开悟。

《涅槃经》中以常、乐、我、净四德阐明涅槃,道生亦以"常"等阐释涅槃:

> 既闻涅槃如世伊字,始悟昔说无常之旨,止于三界,而远表于常也。

> 如说修行,譬之安徐入水也,要在修习我常四法,而实不废方便之义也。修常然后乃解无常,其理始是得来在我。②

"常"指涅槃之体断除我执、生死,恒常不变,没有生灭。道生提出,只有悟入涅槃之体,才能真正理解"无常"的意义,修"常"才能显发"无常"。所以,修行主要是在修习"常"、"乐"、"我"、"净"四德,但却不抛弃方便法门或者现象界的事物。所以诸佛出世,仍旧宣扬"真常"之理。

佛性是众生的本性,众生若返本得性,也就是涅槃。所以,道生以"理"解释"涅槃":

> 常无常乃至净不净者,实相言理,故与法不同也。人自乖之,倒于四耳;四中无倒,理之本矣。善不善者,乖理故不善,反之则成善也。若有若无,若见若不见者,理隐似无,又若无可见也。若涅槃解脱及断者,乖理成缚,得理则涅槃解脱及断也。若知不知者,理中无

---
① 《大般涅槃经集解》卷一,《大正藏》第37卷,第377页中。
② 《大般涅槃经集解》卷六、七,《大正藏》第37卷,第402页上、407页上。

有不知也；若证不证者,理隐似若难明,而昼然可证知也；若修不修者,修必得用也,是名实相。非是涅槃等者,此七义理同。而义趣不一,不一皆异前后,会之为足也。①

道生提出,理、实相、涅槃等皆是意义相同的观念,他以"理"诠释实相、涅槃、佛性等,这是一种佛教中国化的努力。众生违背"理"而有生死束缚,返归体悟"理",则证入涅槃。

(2) 观理得性即是涅槃。"理"、"常"是证入涅槃后的绝对真理、境界,而"悟"则是证入涅槃的智慧。道生对开悟的解释是"观理得性","其迷永伏,然后得悟,悟则众迷斯灭",去迷得悟,反本归真,即是"涅槃"。道生说：

> 既观理得性,便应缚尽泥洹。若必以泥洹为贵而欲取之,即复为泥洹所缚。若不断烦恼,即是入泥洹者,是则不见泥洹异于烦恼,则无缚矣。②

"理"是真实无二的真理,"性"是常存不变的法性,众生穷究和体证"理",即返归法性,这也就意味着断除了一切烦恼和痛苦,进入了涅槃解脱的境界。所以,道生强调"当理"、"穷理"、"悟理",即对真理的深切悟证,主张依顿悟而证入涅槃。

(3) 生死涅槃不二。既然"不见泥洹异于烦恼,则无缚",视涅槃与烦恼互不相异,不断烦恼而入涅槃,才是真正入于涅槃境界,这样即是生死涅槃不二。道生说："夫大乘之悟,本不近舍生死,远更求之也"；"以本欲舍生死求悟,悟则在生死外矣。无复不舍,即悟之义。"③众生不能舍离生死另求解脱,生死即涅槃也。

2. 体用的涅槃论

涅槃学派在阐释涅槃思想时,亦受到体用思想的影响。《大般涅槃

---

① 《大般涅槃经集解》卷五一,《大正藏》第37卷,第532页下—533页上。
② 《注维摩诘经》卷二,《大正藏》第38卷,第345页中。
③ 《注维摩诘经》卷七,《大正藏》第38卷,第392页上、中。

经集解》的案语,总结了涅槃学派对涅槃体的阐述:

> 旧所详习,有二种解释:一谓圆极果体,真实妙有,非如假名,但以有用而无体也;一谓涅槃无体,假众德以成,岂得不空耶。①

对于涅槃的体,涅槃师的观点分为有体说、无体说两种。涅槃有体说强调,涅槃是圆满的境界果体,真实妙有,不是像假名法那样有用而无体;涅槃无体说指,涅槃本身是没有体的,只是依法身、般若、解脱等功德而假立,若有涅槃体则成为不空法。

在《大般涅槃经集解》中,僧亮叙曰:"无学地法,皆是其体,佛略说三,以标神道,一曰般若,二曰法身,三曰解脱也。"涅槃的体大而虚空,无学地的所有功德皆是其体,略为般若、法身、解脱三德。法瑶则详细解释了涅槃三德与涅槃体的关系:

> 法瑶叙曰:涅槃至号,其义赡博,岂唯般若等三。以极其致,但略举其要,然则此三,名殊而实同,非体异者也。如其体别,则同因成假名之法,虚而不实,岂得称常。②

般若等涅槃三德名字不同,而其体是相同的,皆是常恒不变的。

智秀明确提出涅槃有体:"体者,圆极妙有之本也;德者,般若法身解脱之流也。谈德虽众,论体唯一。何者? 即圆极有可轨之义,曰法身;有静照之功,曰般若;有无累之德,曰解脱。是则即解脱之体可轨,亦可轨之体能照,更无别体,而有德也。"③涅槃的体是圆极妙有,德用则是般若等三德,构成一体三用。从此可见,体用思想在阐释涅槃体时的运用。

涅槃无体说,则是从断烦恼显涅槃而言,道生、僧宗、宝亮等人皆是此说的提倡者。道生说:

> 涅槃之体者,涅槃自表无涅槃,同于虚空也。断烦恼处者,以断

---

①②③《大般涅槃经集解》卷一,《大正藏》第37卷,第380页下。

>处名灭,乃所以无灭也。即是常者,无灭之灭,则是常乐,不令同虚
>空矣。寂灭之乐者,既云是乐,恐滥故须明也。①

涅槃之体是"无"涅槃实体的存在,是通过断除烦恼而显现;但是,烦恼本性空寂,灭即是无灭,所以是恒常、大乐,又不同于虚空一无所有。

僧宗、宝亮继承道生的观点:

>僧宗曰:涅槃之体,直是断烦恼者。政言解脱众累以众累之无,
>以为涅槃也。

>宝亮曰:明涅槃之体也,亦如虚空,无有住处。佛果妙体,真如
>无相,岂得有处所可寻。然法性无性相,如虚空之无异,而所以异
>者,异在于至虚。②

僧宗强调断烦恼即是涅槃,而宝亮则指出涅槃是成就佛果的境界,如诸法实相,无有诸相。涅槃虽然如虚空无相,但是却有"至大"的意义,因此又有不同之处。

涅槃的有体、无体,只是表现方式的差异,因为皆具足般若等三德。诸德是涅槃的相与用,德用是指一时一体的作用,其中有玄学体用思想的影子。

第五节 涅槃学派与其他学派的交涉与影响

一、成实学派的《涅槃经》研究

成实学派自鸠摩罗什之后,僧导的"寿春系"、僧嵩的"彭城系"分别演化,南北朝时期成实师亦兼通《涅槃经》。《南齐安乐寺律师智称法师行状》说:

---

① 《大般涅槃经集解》卷五一,《大正藏》第37卷,第533页上—中。
② 同上书,第533页中。

自方等来仪,变胡为汉,鸿才钜学,连轴比肩。《法华》《维摩》之家,往往间出;《涅槃》《成实》之唱,处处聚徒。①

《涅槃经》《成实论》并弘是南北朝非常重要的现象,《成实论》对诸法名相的分析,有助于理解《涅槃经》的义理。②

1. 寿春系的《涅槃经》研究

僧导在寿春弘扬《成实论》,所以称为"寿春系"。僧导的弟子昙济、僧钟,精通《涅槃经》。昙济(411—475)③,住在寿春八公山东山寺,常读《成实论》和《涅槃经》,著《七宗论》。僧钟(430—489)④,善讲《成实》《三论》《涅槃》《十地》等。《高僧传·僧钟传》说:"时与钟齐名比德者,昙纤、昙迁、僧表、僧最、敏达、僧宝等,并各善经论,悉为文宣所敬,迭兴讲席矣。"这些或许皆是《涅槃经》的弘赞者,其中《大般涅槃经集解》屡屡引用昙纤的说法。僧庄,《高僧传》中提及"时荆州上明有释僧庄者,亦善《涅槃》及数论。宋孝武初被敕下都,称疾不赴"⑤。

齐梁时代的成实学派,在竟陵文宣王、梁武帝的推动下,蓬勃发展,许多有名的成实师亦是著名的涅槃师。南齐的成实学派以僧柔、慧次为代表人物。包括梁代三大法师智藏、僧旻、法云在内的诸多高僧,如僧宝、僧智、法珍、僧向、僧猛、法宝、慧调等,皆出其门下。⑥

道猛的弟子道明又有弟子宝亮(444—509)⑦,住在中兴寺、灵味寺,一生讲《大般涅槃经》八十四遍。天监八年(509)初,宝亮撰《涅槃经义疏》,梁武帝为其作序,现存《涅槃经集解》收录了他的注疏。宝亮有弟子

---

① 《广弘明集》卷二三,《大正藏》第52卷,第269页中。
② 成实师的详细传记,已经在"成实学派"部分叙述了,今只论述他们与《涅槃经》的关系。
③ 《名僧传抄》,《大藏新纂卍续藏经》第77册,第354页下。
④ 《高僧传》卷八《僧钟传》,《大正藏》第50卷,第375页下。
⑤ 《高僧传》卷七,《大正藏》第50卷,第370页下。
⑥ 《高僧传》卷八《慧次传》,《大正藏》第50卷,第379页中—下。
⑦ 同上书,第381页中—382页上。

法云、僧成、僧宝、僧迁、净行尼等。

僧迁(465—523)①,襄阳人,俗姓乐。幼年出家,游学四方,晚年住扬都灵根寺。从灵味寺宝亮学习经论,深得奥旨。受到梁武帝礼遇,奉为家僧。吴平侯萧炳亦对他十分礼遇。秉性耿直,很少接待宾客。普通四年(523)示寂,世寿五十九。《广弘明集》卷二十一收录了他与昭明太子有关二谛义的讨论。

净行尼(444—509),十七岁跟从法施尼出家,住竹园寺,学习《成实论》、《毗昙》、《涅槃经》、《华严经》等。② 慧晖尼(442—514),青州人,少年时代诵《大般涅槃经》、《法华经》,十八岁出家,住东安寺,从昙斌、昙济、僧柔、慧次听《成实论》及《涅槃》诸经。③

智顺(447—507)④,"陶练众经,而独步于《涅槃》、《成实》"。

光宅寺法云(467—529),梁代三大法师之一,法云《法华义记》曾两次引用《大涅槃义记》,或许是他自己的著作。⑤ 因为,《大般涅槃经集解》亦有一处引用了法云的说法。

僧旻(467—527)⑥,当时尚书令王俭邀请僧宗讲《涅槃经》,僧旻问难,环环相扣,王俭比喻为"竺道生入长安"难道融,而且所用语言都能引经据典,可见僧旻对《涅槃经》亦应非常熟悉。僧旻的弟子慧韶(488—541)⑦,在四川弘扬《涅槃经》,倡导读诵《涅槃经》。慧韶的弟子宝象(512—561)⑧,撰有《涅槃经疏》等。

僧旻的另一弟子招提寺慧琰,曾著《成实论玄义》十七卷,盛行于世。据《广弘明集》卷二十一,他曾就"二谛义"、"法身义"与昭明太子反复问

---

① 《续高僧传》卷五《僧迁传》,《大正藏》第 50 卷,第 461 页下。
② 《比丘尼传》卷四《净行尼传》,《大正藏》第 50 卷,第 947 页上。
③ 同上书,第 947 页下。
④ 《高僧传》卷八《智顺传》,《大正藏》第 50 卷,第 381 页中。
⑤ 《法华义记》卷一、四,《大正藏》第 33 卷,第 574 页上、619 页中。
⑥ 《续高僧传》卷五《僧旻传》,《大正藏》第 50 卷,第 461 页下—463 页下。
⑦ 《续高僧传》卷六《慧韶传》,《大正藏》第 50 卷,第 470 页下—471 页中。
⑧ 《续高僧传》卷八《宝象传》,《大正藏》第 50 卷,第 486 页下—487 页上。

答。吉藏《维摩义疏》说:"招提慧琰用四时教"①,吉藏《大品经游意》说:

> 招提涅槃师述庄严义云:大义有十种:一、境,二、人,三、体,四、用,五、因,六、果,七、导,八、利益,九、断结,十、灭罪也。②

吉藏称招提寺慧琰为"涅槃师",可见他为著名的涅槃学者。

智藏(458—522)③,在开善寺受昭明太子邀请讲《大涅槃经》,《晋安王与广信候书述听讲事》记载当时王公大臣前往听讲《涅槃经》的感受:

> 仰承比往开善听讲《涅槃》,纵赏山中游心人外,青松白雾处处可悦,奇峰怪石极目忘归。加以法水晨流天华夜落,往而忘反,有会昔言。王牵物从务无由独往,仰此高踪寸心如结。④

可见智藏讲《涅槃经》非常精妙,《大般涅槃经集解》亦引用了智藏的《涅槃经义疏》。

智藏的弟子僧绰在梁陈时代影响非常大,僧绰一系皆兼通《涅槃经》、《成实论》。警韶(508—583)⑤,就学于庄严寺僧旻,继从龙光寺僧绰受业,讲《涅槃经》三十遍。慧暅(515—589)⑥,讲《涅槃经》、《大品般若经》二十余遍。慧隆(?—601)是慧恒的弟子,讲《涅槃经》十余遍。

陈代的成实学派另一系统南涧仙师系,亦有成实师通达《涅槃经》。宝琼(504—584)⑦,于建康讲说《成实论》、《维摩经》、《涅槃经》等,一生讲《涅槃经》三十遍,撰有《涅槃经疏》十七卷。慧頵(564—630)⑧,俗姓李,先世避难于夏汭(即今湖北汉口),十岁出家,师事其舅光严寺明智法师。"智即建初之入室",明智或许是建初寺宝琼的弟子。陈朝灭后,慧頵住

---

① 《维摩经义疏》卷一,《大正藏》第38卷,第908页下。
② 《大品经游意》,《大正藏》第33卷,第63页中。
③ 《续高僧传》卷五《智藏传》,《大正藏》第50卷,第465页下—467页中。
④ 《广弘明集》卷二一,《大正藏》第52卷,第252页上。
⑤ 《续高僧传》卷七《警韶传》,《大正藏》第50卷,第479页下—480页中。
⑥ 《续高僧传》卷九《慧暅传》,《大正藏》第50卷,第494页上—下。
⑦ 《续高僧传》卷七《宝琼传》,《大正藏》第50卷,第478页下—479页下。
⑧ 《续高僧传》卷一四《慧頵传》,《大正藏》第50卷,第535页上—下。

苏州通玄寺,大开讲席。受到成实师道愿、法济的邀请,至金陵弘法。晚年回到苏州,讲《法华经》、《涅槃经》,而且付嘱于弟子智奘。贞观四年(630)卒于通玄寺,世寿六十七。

陈代成实学派的第三个系统是智嚼一系,其座下亦有弘扬《涅槃经》者。智脱(541—607)①,在智强座下学习《涅槃经》,讲《涅槃经》三十多遍。智聚(538—609)②,讲说《涅槃经》二十遍。智周(556—622)③,讲《涅槃经》等。慧乘(555—630)④,在智强座下出家,讲《涅槃经》经等。

2. 彭城系的《涅槃经》研究

彭城系是以彭城为中心,以僧嵩为先导者。僧嵩出自鸠摩罗什门下,原信《大品》,而且破斥《涅槃经》之说。然至晚年,又放弃以前的思想,信奉《涅槃经》之说。⑤ 僧嵩的弟子僧渊,僧渊的弟子昙度、道登等皆通《涅槃经》。

昙度(？—489)⑥,精通《涅槃经》、《法华经》、《维摩经》、《大品经》。昙度的弟子僧印、道盛,皆对《涅槃经》非常有造诣。

道登(412—496)⑦,从徐州僧药研习《涅槃》、《法华》和《胜鬘》,后从僧渊学究《成实论》。

僧印(435—499)⑧,安徽寿县人,俗姓朱。少年时代,便沉稳多思。在昙度座下,学习《三论》;又随庐山慧龙受学《法华经》,对《法华经》的宗旨有独特的体会。后来,栖止于建康中兴寺,研究《涅槃经》及其他经典。刘宋大明年间(457—464),征君何点(437—504)招请天下僧人,请僧印开堂说法,听者达七百余人。此外,僧印又常应竟陵文宣王、东海徐孝嗣

---

① 《续高僧传》卷九《智脱传》,《大正藏》第 50 卷,第 498 页下—499 页下。
② 《续高僧传》卷一〇《智聚传》,《大正藏》第 50 卷,第 502 页下—503 页上。
③ 《续高僧传》卷一九《智周传》,《大正藏》第 50 卷,第 580 页上—下。
④ 《续高僧传》卷二四《慧乘传》,《大正藏》第 50 卷,第 633 页中—634 页下。
⑤ 《中观论疏》卷一末,《大正藏》第 42 卷,第 17 页下。
⑥ 《高僧传》卷八《昙度传》,《大正藏》第 50 卷,第 375 页中。
⑦ 《续高僧传》卷六《道登传》,《大正藏》第 50 卷,第 471 页下—472 页上。
⑧ 《高僧传》卷八《僧印传》,《大正藏》第 50 卷,第 380 页中。

之请而讲说。僧印戒行清严,禀性和穆,含恕安忍,喜愠不彰。他虽然博通诸经论,但是以《法华经》著称,一生讲说多达二百五十二遍。南齐永元元年(499)示寂,世寿六十六。

道盛①,沛国人,俗姓朱。幼年出家,擅长《涅槃经》、《维摩诘经》,精达《周易》。住湘州,宋明帝敕住彭城寺。谢超宗对他十分尊崇。道盛著述《交论》及《生死本无源论》等。后来,住天保寺,齐高帝敕代昙度为僧主。丹阳尹沈文季信仰道教,排斥佛教,建议沙汰僧尼。道盛于是上书齐武帝,阻止此事,即是《天保寺释道盛启齐武帝论捡试僧事》。② 沈文季则于天保寺设辩论会,让道盛与陆修静论议。道盛于永明年间(483—493)卒,世寿六十余。

二、三论学派的《涅槃经》研究

三论学派继承鸠摩罗什所传的中观思想,在六朝社会的变迁中接受了中国思想的影响,融合般若中观与涅槃佛性思想,从而在江南形成一大学派。在三论学派内部,尤其是兴皇法朗门下,出现兼讲《涅槃经》的倾向。③

三论学派自从僧朗、僧诠以来,弘扬《中论》、《百论》、《十二门论》等论,讲经亦是以《大品般若经》为主。吉藏《涅槃经游意》说:

> 摄山大师唯讲《三论》及《摩诃般若》,不开《涅槃》、《法华》。诸学士请讲《涅槃经》,大师云:诸人今解般若,那复令农讲。复重请,乃为道本有今无偈,而遂不讲文。至兴皇以来,始大弘斯典。④

---

① 《高僧传》卷八《道盛传》,《大正藏》第 50 卷,第 375 页下—376 页上。
② 《弘明集》卷一二,《大正藏》第 52 卷,第 76 页中—下。
③ [日]平井俊荣:《三论学派における涅槃研究の濫觞》,《印度学佛教学研究》19 卷第 2 号,第 33—41 页,1971;同氏:《中国般若思想史研究——吉藏と三论学派》,第 309—322 页,东京,春秋社,1976。
④ 《涅槃经游意》,《大正藏》第 38 卷,第 230 页上—中。

吉藏《大品经义疏》亦有相似的记载:"止观师六年在山中,不讲余经,唯讲《大品》。临无常年,诸学士请讲《涅槃》,师云:诸人解《般若》,那复欲讲《涅槃》耶,但读《三论》与《般若》自足,不需复讲余经。诸学士既苦请,师遂为商略《涅槃》大意,释本有今无偈而已。"①三论学派在僧朗、僧诠时代,保持纯粹的三论立场,所以只请得《涅槃经》的大意,解释"本有今无"偈而已。

法朗(507—581)②,与慧勇、慧布、慧辩共称为僧诠门下四哲。法朗于陈武帝永定二年(558)十一月奉敕住扬都兴皇寺,僧诠于557年10月至558年11月之间示寂。③ 僧诠示寂后,"四公放言,各擅威容"。依《涅槃经游意》所说"至兴皇以来,始大弘斯典",可见法朗是在兴皇寺开始弘扬《涅槃经》。梁陈时代的建康盛行《涅槃经》,吉藏《涅槃经疏》卷十佚文云:

> 山中师既不讲此经,兴皇何得讲之?明,兴皇师房中处处口咨,决《涅槃》大意略尽,而余法师不知此咨问,故兴皇云:我无同学也。又梁武为此经难解,遣使外国,觅《涅槃论》,请得真谛三藏还。仍值乱不得翻译,晚兴皇师请三藏法师,翻得《本有今无四偈论》,谓为精要。以示山中师,了不肯。何故尔?此岂能得出于正意耶?④

僧诠虽然不讲《涅槃经》,但是法朗仍然向僧诠咨问,于是习得《涅槃经》的大意。《历代三宝记》记载,真谛于梁武帝太清四年(550)译出《本有今无论》一卷⑤;彦琮《众经目录》说:"《大涅槃经本有今无偈论》一卷,陈世真谛于广州译。"⑥真谛于梁大同十二年(546)八月十五日到达南海,太清二年(548)梁武帝于建业宝云殿接见他。翌年,梁武帝崩,梁末发生战乱,真谛回广州,故于广州译出《本有今无论》。

---

① 《大品义疏》卷一,《卍新纂续藏经》第24册,第196页上。
② 《续高僧传》卷七《法朗传》,《大正藏》第50卷,第477页中—478页上。
③ [日]米森俊辅:《止观寺僧诠の研究》,第51—57页,《佛教学研究》第60、61号,2006年。
④ 《中论疏记》卷三末,《大正藏》第65卷,第98页上—中。
⑤ 《历代三宝记》卷一一,《大正藏》第49卷,第99页上。
⑥ 《众经目录》卷一,《大正藏》第55卷,第153页中。

吉藏《涅槃经游意》多处引用法朗的《涅槃经疏》,可见法朗对《涅槃经》非常有研究。僧诠是江南优秀的佛教学者,受梁武帝信任,自然对《涅槃经》亦有非常深的造诣。所以,法朗向僧诠咨问《涅槃经》,并于永定二年(558)移住兴皇寺,开启了三论学派弘扬《涅槃经》的传统。

僧诠的门下,慧勇(515—583)讲《涅槃经》二十遍①;慧璿(570—649)师事慧布,"听《四论》、《大品》、《涅槃》等"②,可知慧布亦是《涅槃经》的弘赞者。

三论学派的《涅槃经》研究,自法朗、慧勇、慧布之后,蓬勃发展。兹列表如下:

僧　名	生地	住寺	师承	所　学
慧哲(539—597)③	襄阳	襄州龙泉寺	法朗	三论、涅槃
法安④	枝江	荆州等界寺	法朗	中论、涅槃
智锴(533—610)⑤	豫章	庐山大林寺	法朗	三论、涅槃、禅、法华
真观(538—611)⑥	钱塘	杭州天竺寺	法朗	三论、涅槃、法华
吉藏(549—623)⑦	金陵	长安延兴寺	法朗	四论、大品、法华、涅槃
慧觉(554—606)⑧	丹阳	江都白塔寺	法朗	四论、涅槃、大品、华严
慧暠(547—633)⑨	安陆	安州方等寺	明法师	大品、中论、涅槃⑩
慧稜(576—640)⑪	西隆	襄州紫金寺	明法师、慧暠	三论、大品、涅槃

---

① 《续高僧传》卷七《慧勇传》,《大正藏》第50卷,第478页中。
② 《续高僧传》卷一五《慧璿传》,《大正藏》第50卷,第539页上。
③ 《续高僧传》卷九《慧哲传》,《大正藏》第50卷,第493页下—494页上。
④ 同上书,第493页下。
⑤ 《续高僧传》卷一七《智锴传》,《大正藏》第50卷,第570页中。
⑥ 《续高僧传》卷三〇《真观传》,《大正藏》第50卷,第701页下—703页下。
⑦ 《续高僧传》卷一一《吉藏传》,《大正藏》第50卷,第513页下—515页上。
⑧ 《续高僧传》卷一二《慧觉传》,《大正藏》第50卷,第516页上—下。
⑨ 同上书,第522页中—523页上。
⑩ 《续高僧传·慧稜传》记载,慧暠年老体力不支时,令慧稜"代讲《涅槃》",可见慧暠亦亲自讲说《涅槃经》。
⑪ 《续高僧传》卷一四《慧稜传》,《大正藏》第50卷,第536页下—537页中。

续　表

僧　　名	生地	住寺	师承	所　　学
慧璿(570—649)①	襄州	襄州光福寺	明法师、慧布、慧哲	三论、涅槃
法敏(579—645)②	丹阳	越州静林寺	明法师、实法师	三论、涅槃、法华、涅槃
慧持(575—642)③	豫章	越州弘道寺	实法师	三论、大品、涅槃、华严
法冲④	成纪	兖州法集寺	慧暠	涅槃、大品、三论、楞伽
慧弼(537—599)⑤	常州	长城报德寺 常州安国寺	慧哲	四论、涅槃、法华

　　法朗、慧勇、慧布是僧诠的门下。明法师受法朗遗嘱，率门人入茅山，其门下多出禅者、三论师，三论学派中研习《涅槃经》者，亦多出自其门下。

　　另外，亦有学系不明的三论师，兼学《三论》与《涅槃经》。惠祥(549—618)⑥，俗姓周，十五岁出家，乞食苦行，坐禅诵经，精进修习。爱慕《三论》，于是游学于讲席。诵《涅槃经》而治疗疾病，受具足戒后，住在宁国寺，经常讲说《四分律》与《涅槃经》，多诸感应。大业末年(618)卒，世寿七十。智琚(？—619)⑦，武德二年(619)将《华严经》、《大品经》、《涅槃经》、《大智度论》的四部义疏嘱托给弟子明衍，可见他著有《涅槃经义疏》。

　　所以，三论学派对《涅槃经》的研究，是法朗、慧勇等突破僧诠的告诫开展的；而如果从当时佛教界来说，涅槃学非常流行。吉藏等三论师则依自学派的观点，对当时的涅槃学派提出批评，希望维持纯粹的三论传

---

① 《续高僧传》卷一五《慧璿传》，《大正藏》第50卷，第539页上—中。
② 《续高僧传》卷一五《法敏传》，《大正藏》第50卷，第538页中—539页上。
③ 《续高僧传》卷一四《慧持传》，《大正藏》第50卷，第537页下—538页上。
④ 《续高僧传》卷二五《法冲传》，《大正藏》第50卷，第666页上—下。
⑤ 《续高僧传》卷九《慧弼传》，《大正藏》第50卷，第494页下—495页中。
⑥ 《续高僧传》卷二五《惠祥传》，《大正藏》第50卷，第597页下—598页上。
⑦ 《续高僧传》卷一三《智琚传》，《大正藏》第50卷，第521页上—中。

统。所以,吉藏《涅槃经游意》、《大乘玄论》等对当时的佛性学说一一批破。

三、地论学派的《涅槃经》研究

地论学派以弘扬《十地经论》为中心,但是兼弘《华严经》、《涅槃经》。地论师对《涅槃经》的研究,促进了《涅槃经》在北朝的展开。

昙无最①,生卒年不详。武安(河南省)人,俗姓董。少年出家,常诵经论,研究律典,又博览玄儒,为时人所推重。初于邯郸崇尊寺讲戒律,徒众千余人。后奉敕驻锡洛阳融觉寺,讲《涅槃》、《华严》诸经。天竺沙门菩提流支极其敬重昙无最,称赞他为"东土菩萨",并将他所著的《大乘义章》译成梵文,传至西土。正光元年(520),与道士姜斌对论佛道年次之先后、老子《开天经》之真伪等事,而论破姜斌,为北方佛道二教对论之滥觞。后不知所终。

僧范(476—555)②,二十九岁时,闻讲《涅槃经》,"开悟神府,理思兼通"。于是,投邺城僧始座下出家,初学《涅槃经》,"顿尽其致"。可见,僧始是北魏时代弘讲《涅槃经》的大师。

道凭(488—559)③,是慧光弟子中的代表者,出家后学习《涅槃经》。七年后,欲讲《涅槃经》,但是自思"文一释异,情理难资,恐兼虚课,谤法诚重"。可见道凭重视《涅槃经》的实践层面。

法上(495—580)④,应众邀请,讲《涅槃经》,并著《涅槃经疏》。

慧顺(487—558?)⑤,"初听《涅槃》,略无遗义"。

灵询(482—550?)⑥,学《成实论》与《涅槃经》。

---

① 《续高僧传》卷二三《昙无最传》,《大正藏》第50卷,第624页中—625页上。
② 《续高僧传》卷八《僧范传》,《大正藏》第50卷,第552页下—553页中。
③ 《续高僧传》卷八《道凭传》,《大正藏》第50卷,第484页中—下。
④ 《续高僧传》卷八《法上传》,《大正藏》第50卷,第485页上—486页上。
⑤ 《续高僧传》卷八《慧顺传》,《大正藏》第50卷,第484页中。
⑥ 《续高僧传》卷八《灵询传》,《大正藏》第50卷,第484页下。

道慎(515—579?)①,随法上学习《涅槃经》。

慧光门下弟子群是在接触慧光之前学习《涅槃经》,可见北魏时代《涅槃经》非常盛行。而且,从法上开始,尤其是净影慧远的弟子,更倾向于研习《涅槃经》。净影慧远(523—592),是地论学派南道系的集大成人物,汤用彤则以慧远为"地论而兼涅槃之学者"②。慧远对《涅槃经》极其重视,《续高僧传·慧远传》说:

> 本住清化,祖习《涅槃》。寺众百余,领徒者三十,并大唐之称首也。……又自说云:初作《涅槃疏》讫,未敢依讲,发愿乞相……觉后思曰:此相有流末世之境也。乃广开敷之。③

慧远在高齐时所住的高都清华寺即是具有涅槃义学传统的寺院。他在作《涅槃经疏》时,态度非常慎重。

而且,慧远的弟子④多半是以研习《涅槃经》为主,慧远亦可以称为"涅槃师"⑤。现将他的弟子所学或精通的经论,列表如下:

僧　名	所学或精通的经论
宝儒	十地、大涅槃
灵璨	十地、涅槃
慧畅	涅槃
净业	涅槃
善胄	涅槃
辩相	以十地、涅槃为主
慧迁	十地、涅槃、地持
智徽	涅槃
玄鉴	涅槃

---

① 《续高僧传》卷八《道慎传》,《大正藏》第50卷,第486页上。
② 汤用彤:《魏晋南北朝佛教史》(下册),第660页,北京,中华书局,1983。
③ 《续高僧传》卷八《慧远传》,《大正藏》第50卷,第492页上。
④ 慧远的弟子群传记,参见本书地论学派部分。
⑤ 蓝吉富:《隋代佛教史述论》,第201—206页,台北,台湾商务印书馆,1993。

续　表

僧　名	所学或精通的经论
行等	涅槃
宝安	涅槃
明璨	初谙成实与涅槃,后从学于慧远,学诸经论
僧昕	十地、涅槃
道嵩	最崇涅槃
智嶷	十地、涅槃
道颜	涅槃、十地
灵璨	十地、涅槃
慧畅	涅槃

　　慧远的十八名弟子,皆研习、弘扬《涅槃经》,而仅有八人习《十地经论》。所以,慧远生前之最为当世所重,当是《涅槃经》义学,而游其门者,多精通此经。慧远虽然属于地论学派系统之人物,但是他却最重《涅槃经》,对后世的影响也以此经义理的传授为最巨。① 尤其是善胄(550—620)②,出家时便研习《涅槃经》,后来依止慧远,住净影寺,于慧远圆寂后,受敕为该寺"涅槃众主"。净影慧远撰《涅槃经疏》,善胄加以修改,得到慧远的认可。传记中提到,慧远将《涅槃经》分为五分,最后为"阇维分";善胄改为七分,第七分为"结化归宗分"。但是,后世相传善胄因改疏而感风疾,可见慧远《大涅槃经义记》的影响力。

　　隋大业至唐贞观年间,净影慧远的弟子多住净影寺和大兴善寺,而且并弘《涅槃经》、《地论》、《摄论》,表现了隋唐时代学派佛教的夹杂性,当时亦是学派佛教的衰落时期。灵润③示寂于贞观末年,是比较明显的例子。灵润十三岁学习《涅槃经》,深通妙旨。后来,常讲《涅槃经》七十

---

① 蓝吉富:《隋代佛教史述论》,第204—205页。
② 《续高僧传》卷一二《善胄传》,《大正藏》第50卷,第519页上—下。
③ 《续高僧传》卷一五《灵润传》,《大正藏》第50卷,第545页中—547页上。

余遍,而且造经义疏,道宣说:"《涅槃》正义,惟此一人。"由此可见涅槃学派在唐初的衰败。

四、摄论学派的《涅槃经》研究

摄论学派在真谛之后,由昙迁、靖嵩、道尼三人北上传播,以彭城、长安为中心,开宗弘法,于是蔚成一系。从思想上说,《涅槃经》与摄论学派思想具有很深的渊源。真谛译《佛性论》中,探讨了涅槃思想;《本有今无偈论》则是世亲解释《涅槃经》中的本有今无偈颂之作。道宣对隋代诸学派的状况分析说:"当时诸部,虽复具扬,而《涅槃》、《摄论》最为繁富。"[1]因为,隋朝初年,地论学派中习《摄论》者增多,于是首先呈现出衰颓的情形,而涅槃学派、摄论学派仍然兴旺盛行。

智敫(?—601)[2],于太建十一年(579)遇跋摩利三藏的弟子慧哿,慧哿是由北周灭佛而避难于陈地。智敫于是请求讲说《涅槃论》,只得"序分"、"种性分"前十三章的玄义。慧哿后来回到豫章鹤岭山,智敫与玑法师一起前往,于是又说第三分。慧哿因病无法传授,太建十四年(582),遇栖玄寺晓禅师,赐送昙林解《涅槃疏释经后分》,但是"文兼论意而不整足"。智敫后来讲十三章玄义,近二十遍。开皇十二年(592),因战乱而文疏尽毁。

昙迁的弟子群,大部分皆由昙迁、净影慧远的门下转学《摄论》,原为涅槃师。

道尼的门下,道杰、神照皆通《涅槃经》。

靖嵩的门下,法护常讲《涅槃经》,道因亦通《涅槃经》。

明略(572—638)[3],是道岳的弟弟,"特善《涅槃》",在京洛地区非常有名。

---

[1]《续高僧传》卷一五,《大正藏》第50卷,第549页中。
[2]《续高僧传》卷一《智敫传》,《大正藏》第50卷,第431页下。
[3]《续高僧传》卷一三,《大正藏》第50卷,第528页中—下。

第二章　智论学派

《大智度论》经鸠摩罗什译出后,研究风气甚盛,与三论学派(《中论》、《百论》、《十二门论》)相合,则成为四论学派。当时中国佛教受到道教、儒家的影响,尤其因为玄学思潮的盛行,出现"格义佛教",而《大智度论》的流行无疑相当程度地影响了中国大乘佛教的发展方向。同时,中国佛教界师资相承,依《大智度论》而展开学派思想,虽然现存只有慧影《大智度疏》,但是梳理僧传资料,仍然可以发现《大智度论》对中国佛教的深刻影响。

第一节　《大智度论》的翻译

《大智度论》(以下简称《智论》)是《摩诃般若波罗蜜经》的释论,又称为《摩诃般若释论》、《大慧度经集要》、《大智度经论》,无现存梵本,仅有汉文译本,为鸠摩罗什所译。关于《智论》的翻译经过以及原本、略本问题,还有《智论》的作者是否为龙树,长期以来一直争论不休。

一、《大智度论》的翻译

《智论》是《摩诃般若波罗蜜经》的释论,鸠摩罗什先译经,后译论,而

又同时修订完成。僧睿《大品经序》说:

> 弘始五年,岁在癸卯,四月二十三日,于京城之北逍遥园中出此经。法师手执胡本,口宣秦言。两释异音,交辩文旨;秦王躬览旧经,验其得失,谘其通途,坦其宗致。……与诸宿旧义业沙门释慧恭……道悰等五百余人,详其义旨,审其文中,然后书之。以其年十二月十五日出尽;校正检括,明年四月二十三日乃讫。文虽粗定,以《释论》检之犹多不尽,是以随出其论随而正之。《释论》既讫,尔乃文定。①

弘始五年(403)四月,鸠摩罗什于逍遥园开始翻译《大般若经》,当时姚兴以竺法护译《光赞般若经》和无罗叉译《放光般若经》比对其得失,慧恭等五百人参与翻译。于十二月十五日翻译完毕,弘始六年(404)四月完成校对。弘始四年(402)夏天,开始翻译《大智度论》,并以《大智度论》中引用的《大品般若经》对译本进行校订。《大品般若经》译文的确定,与《大智度论》翻译完成是同时的。

对《大智度论》的翻译,《大智度论记》说:

> 究摩罗耆婆法师以秦弘始三年,岁在辛丑,十二月二十日至长安。四年夏,于逍遥园中西门阁上,为姚天王出《释论》,七年十二月二十七日乃讫。其中兼出经本、禅经、戒律、百论、禅法要解,向五十万言,并此《释论》一百五十万言。论初品三十四卷,解释一品。是全论其本二品已下,法师略之取其要,足以开释文意而已,不复备其广释,得此百卷。若尽出之,将十倍于此。②

《大智度论》与《大般若经》的翻译是交错进行的,所以僧睿《大智释论序》说:"经本既定,乃出此释论。"③《大智度论记》作者是以会编经论的时间为最后翻译时间,实际上先译出经,后译出论,《大智度论》的经与论先后

---

① 《出三藏记集》卷八,《大正藏》第55卷,第53页中。
② 《出三藏记集》卷一〇,《大正藏》第55卷,第75页中。
③ 同上书,第75页上。

译出,论讫而后经定。经论会编为一,也就不妨说经与论同时译出了。①

二、"三分除二"与梵汉翻译

鸠摩罗什翻译《大智度论》时,不是依照原典直接翻译,而是大胆地删除部分原典,并且加入自己的见解与解释。僧睿《大智释论序》说:

> 论之略本有十万偈,偈有三十二字,并三百二十万言。胡夏既乖,又有烦简之异,三分除二,得此百卷。于大智三十万言,玄章婉旨,朗然可见,归途直达,无复惑趣之疑。以文求之,无间然矣。……胡文委曲,皆如初品。法师以秦人好简,故裁而略之;若备译其文,将近千有余卷。②

现存《大智度论》一百卷,实际上是经论会编,《大品般若经》三十卷,《释论》七十卷。但是,"三分除二"、"十倍"、"千有余卷"等有关《大智度论》的理解,仍是后世学者争论的焦点。

对于"三分除二",印顺的理解为:

> 初品译为三十四卷,若经文一卷不计,则论文为三十三卷,二品以下,是"三分除二"的略译。换言之:论文七十卷,扣去初品三十三卷,则二品以下的论文实为三十七卷,这三十七卷,是"三分除二"的略译。③

印顺推断,《大般若经》的经本有二万二千偈,译成经文,有三十卷。以此类推,论本"十万偈",约可译成百三十六卷,这是尚未"略译"之原形。除去初品论文三十三卷,应该还有一百零三卷,但如今二品以下略译为三十七卷,那正是三分之中略去一点九分。

但是,从梵文译为汉语来说,字数的变化非常明显。如道安《阿毗昙

---

① 印顺:《〈大智度论〉之作者及其翻译》,《永光集》,第 7 页,台北,正闻出版社,2004。
② 《出三藏记集》卷一〇,《大正藏》第 55 卷,第 75 页上一中。
③ 印顺:《〈大智度论〉之作者及其翻译》,《永光集》,第 11 页。

序》说:"胡本十五千七十二首卢,四十八万二千三百四言,秦语十九万五千二百五十言"①,《鞞婆沙序》说:"胡本一万一千七百五十二首卢,长五字也,凡三十七万六千六十四言也;秦语为十六万五千九百七十五字。"②在经论中,不论长行或偈颂,以满三十二字(音节)为一节(一偈),称一首卢。依此可知,梵语的三音节大约为汉语的一音节。如《放光经记》说:

> 写得正品梵书胡本九十章,六十万余言。……众贤者皆集议晋书正写,时执胡本者于阗沙门无叉罗,优婆塞竺叔兰口传,祝太玄周玄明共笔受,正书九十章,凡二十万七千六百二十一言。③

"六十万余言"的梵文,译为汉语,成为"二十万七千六百二十一言",这即是"三分除二"的表现。

因此,"三分除二"与"略本"的"略"没有关系,这是从梵文翻译为汉语的结果,是减少的比率。④ 依此可知,"胡夏既乖,又有烦简之异",是指梵文与汉语的不同。所以,《大智度论》的"略本"梵文有十万偈,一偈三十二音节,"并三百二十万言";此梵文"略本"翻译为汉语,"三分除二"后,只剩下大约百万言,一卷约一万字,就是现存的一百卷。

三、"原本"与"略本"

现存《大智度论》,对《大品般若经》"初品"的解释有完整的翻译,有三十四卷。第二品以下,鸠摩罗什因为"秦人好简",于是抄略要点而使其文意通顺,成为"略本"一百卷。所以,僧睿强调如果全部译出,"将近千有余卷",是百卷的"十倍";如此则"原本"有百万偈的梵语,达至三千二百万音节。

但是,由于对"三分除二"的误解,历代学者出现各种不同的说法。

---

① 《出三藏记集》卷一〇,《大正藏》第55卷,第72页中。
② 同上书,第73页下。
③ 同上书,第47页下。
④ 释大田:《大智度论の翻译——"原本"、"略本"と"三分除二"の意味に关して》,《印度学佛教学研究》第52卷第2号,第202页,2004。

慧远《大智度论抄序》说:"童寿以此论深广难卒精究,因方言易省,故约本以为百卷。计所遗落,殆过叁倍。"①慧远指出,鸠摩罗什删略用方言所写的部分而成百卷,其删略部分应当是现存的三倍以上。也存在另一种可能,即"叁"是错字。

日本学者加藤纯章则把僧叡的"于《大智》三十万言,玄章婉旨"解说为"系就初品三四卷而言",对"三分除二"则采取慧远的意见,以为罗什携来的略本为略译本的三倍以上,而略译本所依的略本,另有大本原本,或有千卷之多。但这完全是臆测之辞,毫无文证可言。此外他将这种千卷原本,称之为"虚幻",并对其存在表示怀疑。②

Lamotte 则强调,原本共有十万偈,若全部译出,将有一千卷;译本仅一百卷,约三十二万中国字。③ Lamotte 是把三十卷经的三十万言,理解成三十二万汉字。

印顺指出,《摩诃般若波罗蜜经》三十卷,解经的《释论》——《大智度论》七十卷,经论会编则为百卷。泛称会编本为《大智度论》百卷,可说是引起卷数、字数谬说的根源;另外,一般释论都是先广后略。所以,印顺强调《大智度论》二品以下,确是"三分除二"略译;"广本"则约有百三十六卷,绝无千有余卷之可能。④

但是,依早期的材料,僧睿"将近千有余卷"、《大智度论记》"十倍"的记载,二者相符,而且"三分除二"为梵译汉的减少比率,与译本的广、略无关,则僧睿、《大智度记》的记载无矛盾之处,当可采信。

第二节　智论学派的传承

《大智度论》又称为《大智度经论》、《摩诃般若释论》、《大智释论》、

---

① 《出三藏记集》卷一〇,《大正藏》第 55 卷,第 76 页上—中。
② [日]加藤纯章《大智度论的世界》,宏音译,第 7—8 页,《谛观》第 52 期,1988。
③ [法]Lamotte《〈大智度论〉之作者及其翻译》,郭忠生译,第 169 页,《谛观》第 62 期,1990。
④ 印顺:《〈大智度论〉之作者及其翻译》,《永光集》,第 11—12 页。

《释论》、《智度论》、《智论》、《大论》等,因此在隋唐佛教著作中,研习《大智度论》的学者经常被称为"智度论师"、"北土智度论师"、"关东智度论师"、"北释论师",如吉藏《大乘玄论》说:

> 问:诸佛菩萨体不二,能应者未详不二,是何等法?答:成论师真谛谓为不二法门,智度论师谓实相般若,地论师用阿梨耶识,摄论师真谛三藏即阿摩罗识。①

吉藏概括当时的佛学思潮,提出有成论师、智度论师、地论师、摄论师,可见在当时的北方确实出现专研《大智度论》的学者。②

同时,在当时的佛学界,地论学派、成实学派、摄论学派、天台宗、三宗论等,都有兼习《大智度论》者。于是,《大智度论》为中国佛教界树立大乘意识,开宗立派,提供了丰富的思想资源。③

在北朝隋唐时期,以长安、邺城(河北省临漳县)为中心,当时的北方佛教存在以讲说、研究《大智度论》为中心的智论师,或又同时研习三论,因此可以称为"四论学派"。检索僧传,发现昙鸾(476—542)④为最早的四论师。《续高僧传·昙鸾传》说:"心神欢悦,便即出家。内外经籍,具陶文理,而于四论、佛性,弥所穷研。"⑤昙鸾登山访录遗迹,因感动而出家。他对于龙树一系的《大智度论》、《中观论》、《十二门论》、《百论》等四部论及

---

① 《大乘玄论》卷五,《大正藏》第45卷,第66页下。
② [日]平井俊荣认为吉藏诸著作中,"北土论师"、"北土人"、"北人"、"北地人"亦是智论师。见《中国般若思想史研究——吉藏と三论学派》,第220—221页,东京,春秋社,1976年。但是,我们以为吉藏所谓"北土"、"北地"是指当时北方的学者,可能是智论师或地论师之流,不是一定指智论师。
③ 大野荣人对智论学派已经进行详细考察,见《〈大智度论〉の中国の展开》,《人间文化:爱知学院大学人间文化研究所纪要》第16号,第1—44页,2001。
④ 关于昙鸾入灭的年代,在唐朝已有异说。迦才《净土论》卷下的《昙鸾传》载"魏末高齐之初犹在",《续高僧传》卷二十《道绰传》及文谂、少康《往生西方净土瑞应删传》都称他为"齐时昙鸾法师"。此外,据近人罗振玉所藏拓本北齐天保五年二月《敬造太子像铭》中的愿主题"比丘僧昙鸾"的名字看来,昙鸾入灭似应在北齐天保五年(554)以后,但这也还不能作定论。今依《续高僧传》卷六《昙鸾传》记载:"魏兴和四年,因疾卒于平遥山寺,春秋六十有七"。《大正藏》第50卷,第470页下。
⑤ 《续高僧传》卷六《昙鸾传》,《大正藏》第50卷,第470页上。

佛性义特别有心得。而《安乐集》卷下列出净土的相承次第是菩提流支、慧宠、道场、昙鸾,可见昙鸾的四论研习是承袭道场的学风。① 自此以后,四论的讲习在此地渐次兴盛。

在南朝佛教,梁武帝对《大智度论》的推崇,促进了《大智度论》在南方的兴起。而且,《大智度论》、《中观论》、《十二门论》、《百论》均阐扬龙树中观思想,皆出自鸠摩罗什翻译,于是历来弘扬三论者,皆兼弘《大智度论》,形成四论学派。但是,在梁陈之间,帝王喜好的不同,促使四论学派转向了三论学派。道宣总结梁陈时代佛教学风的转变说:

> 先是梁武宗崇《大论》,兼玩《成实》,学人声望从风归靡。陈武好异前朝,广流《大品》,尤敦三论。②

陈武帝时期流行《大品般若经》,推崇三论;加之吉藏批判"智度论师"的思想,教内外因缘的变化,共同推动了四论学派的转型。

一、僧诠一系

因为僧传中有关僧诠的资料特别少,所以很难得知僧诠是否研习《大智度论》。但是,僧诠门下的法朗、慧勇、慧布、慧哲等都研究《大智度论》,在江南一带弘扬此论,促进此论在江南的流行。

僧诠一系的师资传承如下:

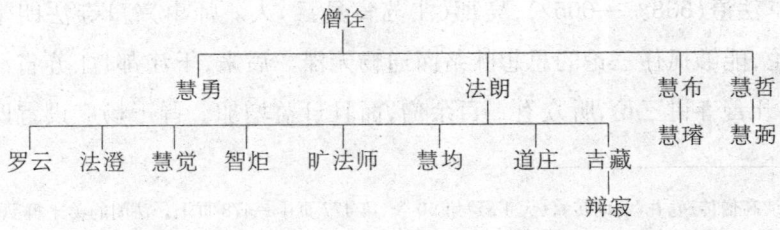

---

① 《安乐集》卷下,《大正藏》第47卷,第14页中。
② 《续高僧传》卷一,《大正藏》第50卷,第431页上。

法朗(507—581),俗姓周,徐州沛郡(江苏省沛县)人。二十一岁,梁大通二年(528),在青州(山东省青州县)出家。游学杨都,在大明寺宝誌座下学习禅法,又听此寺彖律师讲律,从南涧寺仙师受学《成实论》,从竹涧寺靖公学习《毗昙》,声誉逐渐远播京师建业。后来,至摄山止观寺,从僧诠听受四论(《智度》、《中》、《百》、《十二门》)及《华严》、《大品般若》等经,此后专弘龙树宗风,与慧勇、慧布、慧辩共称为僧诠门下四哲。陈武帝永定二年(558)奉敕住钟山兴皇寺。其后二十余年,讲四论及《华严》、《大品》等各二十余遍,听者经常有上千人。太建三年(581)示寂,世寿七十五岁。门下弟子众多,知名者有吉藏、罗云、法安、慧哲、法澄、道庄、智炬、慧觉、慧均、明法师、小明法师、旷法师、智锴、真观等人。①

　　慧勇(515—583),原为成实师,从龙光寺僧绰、建元寺法宠,学习《成实论》。太平二年(557)梁亡,慧勇住摄山止观寺,从僧诠受业。讲《大智度论》、《中论》、《百论》、《十二门论》等各三十五遍。②

　　罗云(542—616),俗姓邢,荆州府松滋县人。兄弟五人都剃度出家,长兄道颙,罗云为幼弟。罗云在上东明寺出家,随杨都兴皇寺法朗③学习《大智度论》、《中论》、《百论》、《十二门论》等四论,深入理解四论的思想。法朗示寂后,又受学于福缘寺亘法师。想到家乡未能流传三论,应迻禅寺陟禅师的邀请,归乡弘法,创建还乡寺。后来,住在龙泉寺达五十余年,罗云宣讲四经、《中论》、《百论》、《十二门论》等各数十遍,化导四方。大业十二年(616)示寂,世寿七十五岁,弟子有慧成、道胜等十人。④

　　法澄(538?—605?),吴郡(江苏省吴县)人。师事兴皇寺法朗学习三论,能够抓住三论的思想脉络而通畅无滞。后来,于江都(江苏省江都县)开善寺讲三论,听众有二百余僧,而且日益增加。晋王杨广设置四道

---

① 《续高僧传》卷九《法朗传》,《大正藏》第50卷,第477页中—478页上。法朗的弟子群弘化地等,见汤用彤的《汉魏两晋南北朝佛教史》(下册),第548—549页,北京,中华书局,1983。
② 《续高僧传》卷七《慧勇传》,《大正藏》第50卷,第478页下—下。
③ 《续高僧传·罗云传》中,误作"道朗"。
④ 《续高僧传》卷九《罗云传》,《大正藏》第50卷,第493页上—下。

场时,受征召前往讲说。仁寿三年(603),隋文帝召住于日严寺,开讲《大智度论》,长安四众弟子都前来问学。炀帝时示寂于洛阳慧日道场,世寿七十余岁。①

慧觉(554—606),俗姓孙,太原晋阳(山西省太原市)人。八岁出家,在兴皇寺法朗座下学习,研究四论。后来,栖止于摄山栖霞寺,受学于慧布。于是,在江左一带广弘《大智度论》,"旧文新意,两以通之",可能是依三论思想解释《大智度论》。在陈代,慧觉受到王公贵族的尊崇。又受隋炀帝的邀请,入住慧日道场。后来,受法济的邀请,在永福道场讲《大智度论》。在白塔寺宣讲《大品般若经》、《涅槃经》、《华严经》及四论等二十余部。大业二年(606)示寂,世寿五十三岁,弟子有智果②等。③

智炬(535—606)④,俗姓吴,吴郡(江苏省吴县)人。善草书、隶书,偏爱文章。从学于兴皇寺法朗,致力于四论及《大品般若经》的钻研。在浙东弘法,教化的学徒颇多。后来,在建业建初寺讲三论,听众常有百人之多。于是,声誉日高,受蒋州刺史、武山公郭演等的归依。受隋炀帝的召请,住慧日道场。开皇十九年(599),住长安日严寺,著《中论疏》,继承了青目、昙影、洪偃的思想与优点。依道宣的记载,"时有同师沙门吉藏者,学本兴皇,威名相架,文藻横逸,矩实过之",道宣认为智炬胜吉藏一筹,这涉及到道宣的对高僧的界定问题。大业二年示寂(606),世寿七十二岁,弟子有慧感、慧赜等。⑤

旷法师,历来研究者皆无法确定其名字。检索僧传,发现《续高僧传·道岳传》提到隐士西门义,出家后号明旷,"旷年十七遂得出家,操行贞固,志怀明约,善《大论》及《僧祇》,深镜空有,学徒百数。禅观著绩,物

---

① 《续高僧传》卷九《法澄传》,《大正藏》第50卷,第499页下。
② 智果的传记,见《续高僧传》卷三十《智果传》,《大正藏》第50卷,第704页中。
③ 《续高僧传》卷一二《慧觉传》,《大正藏》第50卷,第516页上—下。
④ 智炬,《六学僧传》及高丽本均作"智矩"。
⑤ 《续高僧传》卷一一《智炬传》,《大正藏》第50卷,第509页中—下。

务所高,即洛阳净土明旷法师是也"。① 明旷精通《大智度论》与《僧祇律》,住在洛阳净土寺。《续高僧传·义褒传》说:

> 往缙云山婺州永安寺旷法师所。旷在陈朝,兴皇盛集,时当法选,亟动神几。法主既崩,遍流视听,长干禅众栖霞布公,并具式瞻,亲沾余令。所以四经三论,江表高推。②

道宣《集古今佛道论衡》卷丁记载,显庆二年(657),义褒在洛阳净土寺讲《大品般若经》、三论。③ 综合考虑以上三种资料,存在两种可能:(1) 义褒的师父旷法师,从兴皇法朗学习后,住在缙云山婺州永安寺。义褒曾在永安寺,受学于旷法师,此"旷法师"与洛阳净土寺明旷法师不是同一人。(2) 旷法师与明旷为同一人。明旷是洛阳人,在洛阳净土寺学习《大智度论》与《僧祇律》。后来,南下金陵兴皇寺,从法朗学习三论,最后住在缙云山婺州永安寺。义褒在永安寺随他受学三论后,于显庆二年(657)开讲《大品般若经》与三论。

慧均,《续高僧传》中没有立传。慧均著《大乘四论玄义》十二卷,《续藏经》中有七卷,另有三卷存于京都大学图书馆,现存共十卷。《大乘四论玄义》旨在阐释《中》、《百》、《十二门》三论及《大智度论》的要义,依二十门而加以辨析。依《大乘四论玄义》的记载,可知慧均初学《毗昙》、《成实论》、《摄大乘论》,后来入兴皇法朗门下,专学三论。陈太建六年(574)五月,记录法朗讲说的内容,成为《大乘四论玄义》卷一"初章中假义"。晚年,过长安,记载了长安佛教的状况。④

道庄(525—605),先在彭城寺宝琼座下,禀受《成实论》。后来,从兴皇寺法朗研习《中论》、《百论》、《十二门论》、《大智度论》等四论。入住东

---

① 《续高僧传》卷一三《道岳传》,《大正藏》第50卷,第527页上—中。
② 《续高僧传》卷一五《义褒传》,《大正藏》第50卷,第547页中—下。
③ 《集古今佛道论衡》卷丁,《大正藏》第50卷,第391页上。
④ [日]大野荣人:《〈大智度论〉的中国的展开》,《人间文化:爱知学院大学人间文化研究所纪要》第16号,第24页,2001年。

都慧日道场,后入长安日严寺,讲说《法华经》,著《法华经疏》三卷。著有《集数》十卷。①

吉藏(549—623),俗姓安,西域安息人,祖上避仇移居南海,住在交广(今越南、广西)一带,后迁居金陵而生下吉藏。幼年时,父亲带他去见真谛,真谛为他取名吉藏。父亲后来亦出家,名道谅。吉藏七岁时(一说十三岁)即从法朗出家,学习经论。十四岁时从法朗受学《百论》,十九岁时开始为众复述,受到大众的称誉。隋代时,住在会稽(浙江省绍兴县)嘉祥寺,著《中观论疏》、《百论疏》、《十二门论疏》等注释书。晋王杨广总管扬州时,在扬州设置四个道场②(慧日、法云二佛寺,玉清、金洞二道观),吉藏被延入慧日道场。开皇十九年(599),杨广自扬州回长安,邀吉藏同行。到长安后,被安置于日严寺,著述不辍,如《大乘玄论》、《法华玄论》、《法华义疏》等。武德初年(618),唐朝设置十大德管理佛教事务,吉藏被选为十人之一。这时,他住实际寺和定水寺,后来齐王李元吉(唐太宗之弟)请他住延兴寺。武德六年(623)五月示寂,世寿七十五岁。吉藏的著作非常多,讲《大智度论》数十遍,而且著有《大智度论玄疏》。③

辩寂,徐州人,年轻时游学诸讲肆。在北齐的邺都,专门学习《大智度论》与《阿毗昙心论》。北周武帝禁佛时,南下江阴(江苏省江阴县),受学三论。开皇年间,入长安,又研习三论,"复寻昔龙树之风",可能指辩寂在吉藏门下学习。④

慧璿(571—649),俗姓董,少年出家,住在襄州(湖北省襄阳县)。北周武帝禁佛时,逃往南陈,入茅山听法朗的弟子明法师讲三论,又往栖霞寺听慧布讲四论、《大品般若经》、《涅槃经》,晚年于安州(湖北省安陆市)

---

① 《续高僧传》卷九《道庄传》,《大正藏》第 50 卷,第 500 页上。
② 隋炀帝为晋王时,于长安蕃邸又建四寺,即嘉祥寺、日严寺、实际寺、会昌寺,亦称"四道场"。但是,长安"四道场"皆为佛寺,与扬州"四道场"有别。
③ 《续高僧传》卷一一《吉藏传》,《大正藏》第 50 卷,第 513 页下—515 页上。
④ 《续高僧传》卷二六《辩寂传》,《大正藏》第 50 卷,第 675 页上—中。

从圆法师学习《释论》(即《大智度论》)。后来,回到家乡襄州,住在光福寺,学徒汇聚。唐初,住龙泉寺,常讲三论、《大品般若经》,兼讲《老子》、《庄子》。贞观二十三年(649)示寂,世寿七十九岁。①

慧嵩(537—599),精通《毗昙》、《成实论》。后来,在慧哲门下学习四论,学有所成。慧哲在临终前,将慧嵩召回长安,接任法席。②

《大智度论》、《中论》、《十二门论》、《百论》等,皆系鸠摩罗什所译,皆为龙树中观思想的重要论典。但是,僧诠一系强调四论的要旨不同,对四者的重视程度亦各有差别。吉藏在《三论玄义》中,就"通论"与"别论"论述了四论的不同。《中论》通破大小二乘的迷见,通申大小二乘的教义,所以称为"通论";《大智度论》仅别破大乘或小乘的迷见,别申大乘或小乘的思想,故称"别论"。而且,从论释的作用来看,三论具释一藏,称为"通论";《大智度论》仅仅解释《大品般若经》,所以称为"别论"。③ 所以,僧诠一系将《大智度论》视为"别论",而且重视"通论",正弘三论而兼弘《大智度论》,对《大智度论》的重视程度远不及"北土智度论师"。

二、静蔼-道安一系

在四论学派中,师资相承的学系,还有静蔼一系。静蔼(534—578),荥阳人,俗姓郑。十七岁,与友游寺,观地狱图变,决志出家,于是投金陵(江苏省南京市)瓦官寺和禅师剃发。受具足戒后,至长安,从景法师听闻《大智度论》。于是,登嵩山,钻研经论,精通《大智度论》、《中论》、《百论》、《十二门论》,对四论"最为投心所崇"。复从印度的梵僧亲学十载,隐居终南山中,"达穷通之数,体因缘之理",学僧前来依止,静蔼讲说四论,蔚成学林。北周建德三年(574),周武帝听信道士张宾之言,欲废佛法,静蔼上表投诉,帝不纳谏,遂携门人入终南山深处,依岩附险,造寺二

---

① 《续高僧传》卷一五《慧璿传》,《大正藏》第50卷,第539页上。
② 《续高僧传》卷九《慧嵩传》,《大正藏》第50卷,第494页下—495页中。
③ 《三论玄义》,《大正藏》第45卷,第10页中。

十七所。宣政元年(578),趺坐石上,自割其肉而死,世寿四十五,著有《三宝集》。① 静蔼有弟子道判、智藏、僧照、普安、道安等人,僧照、普安二人虽然礼静蔼为师,但未见其研习《大智度论》的记载。

静蔼一系以研习《大智度论》为主的师资学系,如下:

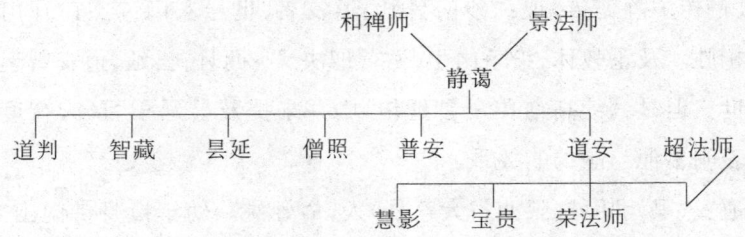

道判(532—615),曹州(山东)人,俗姓郭。初习儒学,十九岁出家。受具足戒后,誓志西行求法,北齐乾明元年(560),道判与二十一人结伴,从北齐的邺都出发,至北周境内,遭到官兵的扣压。后于北周保定二年(562),至长安,受到北周武帝的礼遇,住在大乘寺。两年后,又乞求西行,周武帝敕给国书,至高昌国后,被遣回长安,住在乾宗寺。遇到静蔼,于是跟随他学习佛法。周武帝禁佛时,道判与静蔼隐居在太白山,共有二十六人,一起昼夜研究《大智度论》、《中论》、《百论》等四论,前后有十五年。北周宣帝(578—579在位)时,受敕为一百二十位菩萨僧之一,住于陟岵寺。开皇七年(587),隋文帝为他在终南山敕建龙池寺,受四事供养。大业十一(615)年示寂,世寿八十四岁。②

智藏(541—625),俗姓魏,华州郑县(陕西省华县)人。十三岁出家,师事静蔼,研习《大智度论》,住在长安陟岵寺,可见智藏亦为一百二十位菩萨僧之一。隋文帝开皇二年(582),建大兴善寺,一百二十位菩萨僧移住大兴善寺。开皇三年(583),隐居在终南山丰谷的东皋,后来住地奉诏名为丰德寺。每年的一月、五月、九月,智藏"盛开道化,以《智论》为言

---

① 《续高僧传》卷二三《静蔼传》,《大正藏》第50卷,第625页下—628页上。
② 《续高僧传》卷一二《道判传》,《大正藏》第50卷,第516页下—517页中。

先",于是长安四众弟子,齐集前来听闻法要。武德八年(625),卒于丰德寺,世寿八十五岁。①

昙延(516—588),是著名的北方涅槃师,北周武帝禁佛时,隐居于太行山,亦曾为大陟岵寺的菩萨僧。静蔼隐居于终南山时,昙延前来求教。《续高僧传·静蔼传》说:"沙门昙延、道安者,世号玄门二杰,当时顶盖,名德相胜。及论教体,纷争由生,谘蔼取决。"②而且,昙延、道安曾乞请静蔼住世。但是,《续高僧传·昙延传》中并未提及昙延学习《大智度论》,只是表明了他与静蔼的关系。

道安,冯翊胡城(陕西省大荔县)人,俗姓姚。幼年投身佛门出家,隐居于太白山,钻研经论,旁学诸子百家以及史学等。受具足戒后,专究《涅槃经》、《大智度论》,"崇尚《涅槃》,以为遗诀之教;博通《智论》,用资弘道之基",道安或许随静蔼学习《大智度论》。于是,常住大陟岵寺,弘扬《涅槃经》、《大智度论》,长安士人都前来闻法。《历代三宝记》卷十二称为"周世智度论师释道安"③,可见他是专弘《大智度论》的学者。道安亦是北周"一百二十菩萨僧"之一,但是违命不从。道安擅长文章,达官贵人、知名道士都前来请论,周武帝敕住中兴寺。道安是北周禁佛时有名的辩论僧人,著《二教论》,细评二教之优劣,并破斥道教。④ 弟子慧影记录他的《大智度论》讲义,成为《大智度论疏》二十四卷,《历代三宝记》卷十二记为"释道安《智度论解》二十四卷,并道安自制序"⑤,可见道安曾为《大智度论疏》作序。道安有弟子慧影、宝贵、无碍、荣法师等。

慧影,《续高僧传·道安传》后有简单的附传,提到慧影"传灯《大论》,继踵法轮"⑥,与宝贵二人为隋代知名僧人。慧影侍奉道安,随道安

---

① 《续高僧传》卷一九《智藏传》,《大正藏》第50卷,第586页下—587页上。
② 《续高僧传》卷二三《静蔼传》,《大正藏》第50卷,第626页中。
③ 《历代三宝记》卷一二,《大正藏》第49卷,第106页下。
④ 《续高僧传》卷二三《道安传》,《大正藏》第50卷,第628页上—631页上。
⑤ 《历代三宝记》卷一二,《大正藏》第49卷,第106页中。
⑥ 《续高僧传》卷二三《道安传》,《大正藏》第50卷,第630页中。

住陟岵寺、大中兴寺,记录道安讲说《大智度论》,成为《大智度论疏》二十四卷,《续藏经》中现存卷一、卷六、卷十四、卷十五、卷十七、卷二十一、卷二十四等七卷。依现存《大智度论疏》的作者题名"蜀地潼州迁善寺沙门释慧影抄撰",可见慧影曾住在四川潼州迁善寺;依《历代三宝记》的记载,慧影后来住在长安舍卫寺,为二十五众主。① 慧影还著有《伤学论》一卷、《存废论》一卷、《厌修论》一卷,卒于开皇末年(600)。

荣法师,《续高僧传·法旷》提及法旷"后听弘善寺荣师《大论》,荣即周世道安之弟子也"②,荣法师是道安的弟子,专研、讲学《大智度论》。法旷(？—633),俗姓骆,雍州咸阳(陕西省咸阳县)人。专学儒家,后听弘善寺荣法师讲《大智度论》,转学佛教。十六岁时,讲解《大智度论》,"道穆京华",可见他在当时长安的影响。法旷诵《无量寿经》,持戒修定,誓往生西方净土。贞观七年(633),在终南山自刎而死。③

无碍(552—645)④,俗姓陈,父亲陈旷是梁元帝的征蓄学士。承圣元年(552),无碍生于成都。十岁至长安,依道安出家。天和三年(568),受具足戒。建德三年(574),北周武帝禁佛,于是便隐遁不现。隋代开皇年间(581—600),无碍复出,住秦州(甘肃天水市)永宁寺,后听超法师讲《大智度论》。又至长安学习《十地经论》《阿毗昙论》,于大兴善寺讲《大智度论》,对文句仍然疑滞不通,于是回去秦州。大业二年(606),被召入洛阳,在四方馆教授经论。大业十三年(617),住长安庄严寺。武德八年(625),回到秦州永宁寺,修无相观。贞观十九年(645)卒,春秋九十四岁。

静蔼及其第一代弟子皆曾活动于北周武帝时期,所以都与大陟岵寺有关,大部分都是"一百二十菩萨僧"。静蔼、道判研习四论,是典型的四

---

① 《历代三宝记》卷一二,《大正藏》第49卷,第106页下。
② 《续高僧传》卷二七《法旷传》,《大正藏》第50卷,第683页中。
③ 同上书,第683页中—下。
④ 《续高僧传》卷二〇《无碍传》,《大正藏》第50卷,第599页上—中。

论师;道安、慧影师徒编撰《大智度论疏》二十四卷,成为现存唯一的注疏。静蔼一系具有"北土智度论师"的典型特点,专弘《大智度论》,这与南方僧诠一系有明显的差别。

三、慧藏-法彦、智隐一系

慧藏(522—605),俗姓郝,赵国平棘(河北省赵县)人。十一岁出家,未受具戒便讲《涅槃经》;受具足戒后,精持戒律,后来研习《大智度论》、《十地经论》、《华严经》、《般若经》等。三十岁后,隐居于鹊山,专研《华严经》,撰《华严经义疏》。北齐武成帝(562—565在位)诏请于太极殿讲说《华严经》,荣冠当时。开皇七年(587),住大兴善寺,开讲《般若经》、《大智度论》,当时沙门智隐、僧朗、法彦等,在他的座下听闻法要,深得《大智度论》的本义。后又讲《金刚般若论》,受到学徒的崇敬。大业元年(605),卒于空观寺,世寿八十四岁。①

慧藏一系的师资传承如下:

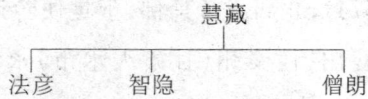

法彦(?—607),俗姓张,洛州(河北省永平县)人,遍读三藏,"偏以《大论》驰美",尤其精通《大智度论》,在北齐、北周、隋三代讲说《大智度论》,都名扬天下,受到地论师渊法师(或即静渊)、摄论师法侃的推崇。《续高僧传·法护传》提到,法护在法彦门下听讲《成实论》,可见法彦对《成实论》亦非常有造诣。② 开皇十六年(596),敕任为"大论众主",住真寂寺。仁寿年间,送舍利于汝州、沂州善应寺。大业三年(607),卒于真寂寺,世寿六十余岁。③

---

① 《续高僧传》卷九《慧藏传》,《大正藏》第50卷,第498页上—中。
② 《续高僧传》卷一三《法护传》,《大正藏》第50卷,第530页下。
③ 《续高僧传》卷一〇《法彦传》,《大正藏》第50卷,第505页中—下。

智隐,俗姓李,贝州(河北省清河县)人,为慧藏的弟子。开皇七年(587),随慧藏入长安,住大兴善寺,通达《大智度论》、《阿毗昙心论》与《金刚般若论》。开皇十六年(596),敕补为"大论众主"。《续高僧传·智隐传》说:"以解兼伦,例须有绍隆,下敕补充讲论众主,于经藏寺还扬前部。"法彦已经被任命为"大论众主",又敕补智隐、宝袭为"大论众主"。在"五众"中,并没有"讲论众主"。智隐住在经藏寺,弘扬《大智度论》。仁寿年间,送舍利于益州法聚寺、莘州等地,晚年卒于长安。①

僧朗(?—616),恒州(山西省大同市)人。少年出家,学习《大智度论》、《杂心论》。随慧藏入长安,住空观寺,讲《大智度论》。送舍利于广州,回到长安后,住在禅定寺,以讲习为业,大业末年(616)终于禅定寺,世寿七十余岁。②

慧藏一系在隋代非常有影响力,法彦、智隐成为"大论众主",而且都是当时敕送舍利到各州的名僧。

四、学系不明的智论师

在僧传中,还记载了一些学系不明的智论师,如灵藏、慧善、明舜、昙良、智琚、神迥、道宗等。

灵藏(519—586),俗姓王,雍州(陕西省长安)人。随颖律师出家,精通《僧祇律》,而且对《大智度论》能够"讲解无遗",可见他对此论钻研之深。灵藏与隋文帝为布衣之交,住大兴善寺,由灵藏任意度化出家的人达数万之多。③

慧善(506—566),自幼出家,擅长法胜《阿毗昙心论》,住在杨都栖玄寺。梁朝灭亡时(549),逃往江陵(湖北省江陵县)。承圣年间(552—555),住在长安崇华寺,慧善引用《大智度论》证成《毗昙论》的思想,著成

---

① 《续高僧传》卷二六《智隐传》,《大正藏》第50卷,第668页上—中。
② 《续高僧传》卷一〇《僧朗传》,《大正藏》第50卷,第507页下—508页上。
③ 《续高僧传》卷二一《灵藏传》,《大正藏》第50卷,第610页中—下。

《散花论》。天和元年(566),卒于长安,世寿六十岁。①

明舜(547—606),俗姓张,青州(山东省青州县)人。幼年学习佛教,"偏以《智论》著名",明舜读诵《大智度论》,精通此论的思想,闻名于当时。北周禁佛时,逃往建业,住在安乐寺,弘扬《大智度论》。后来,被晋王杨广召入住日严寺,讲解《大智度论》的玄义。仁寿四年(604),送舍利于蕲州福田寺。大业二年(606),示寂于日严寺,世寿六十岁,弟子有慧相等。②

昙良,俗姓栗,潞州(山西省长治县)人。十六岁出家,专研各种经论,以《大智度论》传名于天下。隋代时,入长安,住在真寂寺,送舍利于亳州开寂寺。后来,回到日严寺,唐代初年卒,世寿八十余岁。③

智琚(? —619),俗姓李,新安寿昌(浙江省寿昌县)人。十九岁出家,听坦师讲《大智度论》,又随雅公学习《般若论》,从誉公学习三论。武德二年(619),智琚将《华严经》、《大品经》、《涅槃经》、《大智度论》的四部义疏嘱托给弟子明衍,可见他著有《大智度论义疏》,最后卒于常州建安寺。④

神迥(566—630),俗姓田,凭翊临晋(陕西省朝邑县)人。幼年出家,研读经论。二十岁未满,便能博通各种经论,而且以《大智度论》著名。神迥当时被人们尊称为"大论主释迦迥,法界多罗一时领",可见他影响力之大。大业十年(614),住禅定寺。后来,应召入住鸿胪寺,弘讲《大智度论》,教化三韩(新罗、高句丽、百济)之外国留学生及诸方之士。贞观三年(629)入蜀,从事对道俗的宣化。贞观四年(630)示寂于法聚寺,世寿六十五岁。神迥撰写各种序,注解经论等,如《法华文句序》,著作共四十余卷。⑤

---

① 《续高僧传》卷八《慧善传》,《大正藏》第 50 卷,第 486 页中—下。
② 《续高僧传》卷一一《明舜传》,《大正藏》第 50 卷,第 510 页下—511 页上。
③ 《续高僧传》卷二六《昙良传》,《大正藏》第 50 卷,第 676 页上—中。
④ 《续高僧传》卷一二《智琚传》,《大正藏》第 50 卷,第 521 页上—中。
⑤ 《续高僧传》卷一三,《大正藏》第 50 卷,第 526 页上—中。

道宗(533—638),俗姓卫,凭翊(陕西省大荔县)人。少年出家,专门研习《大智度论》。隋代时,住在同州大兴国寺,讲《大智度论》。贞观十二年(638)卒,世寿八十五岁。①

这些学系不明的智论师,大部分是北方智论师,可见《大智度论》在北方的盛行。

五、《大智度论》的注疏

《大智度论》译出后,从南北朝至隋末唐初,在北方,以长安、邺都为中心,研究、讲说不断。同时,亦有智论师进行略抄或注疏,略举如下:

僧肇《大智度论抄》八卷(《东域传灯目录》卷下)

慧远《大智度论抄》二十卷,现存《大智度论抄序》(《出三藏记集》卷十)

慧思《释论玄》一卷(《续高僧传》卷十七)

道安说、慧影撰《大智度论疏》二十四卷,现存七卷(《卍新纂续藏经》第46册)

智颛《大智度论疏》二十卷(《诸宗章疏录》卷二)

灵裕《智度论抄》五卷(《续高僧传》卷九)

智琚《大智度论义疏》(《续高僧传》卷十二)

吉藏《大智度论玄疏》(《续高僧传》卷十一)

法懔《大智度论抄》(《续高僧传》卷十六)

僧侃《大智度论疏》十四卷或五卷(《东域传灯目录》卷下、《奈良朝现存一切经疏目录》)

昙影《大智度论疏》十五卷(《诸宗章疏录》卷二)

灵见《大智度论抄》十卷(《东域传灯目录》卷下)

衍法师述《大智度论疏》五卷(《新编诸宗教藏总录》卷三)

---

① 《续高僧传》卷一四,《大正藏》第50卷,第534页中一下。

休撰《大智度论章门》六卷(《东域传灯目录》卷下、《奈良朝现存一切经疏目录》)

在以上的十四种注疏中,现存唯有慧影《大智度论疏》七卷,弥足珍贵。

第三节 《大智度论》与智论师

龙树菩萨被尊为"八宗共祖",兼具通俗弘化、因机设教的"经师"与立论严谨、条理分明的"论师"的特性,融贯大小乘,于深观的基础上,阐扬广大菩萨行。龙树的论著中,举其代表,第一期为《中论》,第二期是《大智度论》,第三期是《十住毗婆沙论》。[①]《中论》是以释尊的缘起思想批判当时有部的教学及外道,《七十空性论》等则是《中论》的附属"支分论":(1)《七十空性论》用七十首诗颂说明"空性"的道理,(2)《六十如理论》用六十首诗颂阐明"缘起",(3)《回诤论》是龙树答复印度传统的正理学派或有部等论敌的批判性著作,(4)《广破论》是龙树针对正理学派的理论展开辩破。另外,如《大智度论》、《十住毗婆沙论》、《菩提资粮论》、《宝行王正论》则是"广大行",这些论书不但讲述缘起性空,而且说到菩萨道中应修习的利人度世事业,更从家庭、政治、社会具体生活等方面来说明缘起性空之理论。

《大智度论》被誉为"佛教百科全书",除广释《般若波罗蜜经》之外,还引用大量的经、律、论,在文献上、修行实践上,皆具有很高的参考价值。如引用大量的《阿含经》,《十诵律》及《根本说一切有部律》等声闻律典,《法句经》、《义品》等法义偈颂类经典,本生、譬喻、因缘等传说故事类经典,说一切有部的六足一身论[②]、《大毗婆沙论》、犊子部阿毗昙等部派

[①] [日]池本重臣:《龙树の净土思想——特に难易二道の解释について》,《大原先生古稀纪念——净土教思想研究》,第3页,京都,永田文昌堂,1967。
[②] 六足论:(1)《集异门足论》,(2)《法蕴足论》,(3)《施设足论》,(4)《识身足论》,(5)《品类足论》,(6)《界身足论》。一身论:《发智论》。

思想,《维摩经》、《十地经》、《法华经》等大乘经典,《中论》、提婆《四百论》及罗睺罗所作的《赞般若波罗蜜偈》[1]等论书,当时"大乘学者"的说法[2],还有韦陀(吠陀)、僧佉(数论)等外道典籍。

《大智度论》是经论的合编一百卷,其中含《大品般若经》经文二十七卷[3],释论七十三卷;前三十四卷详释初品,第二品以下略释。《大品般若经》共九十品,略分为四部分:(1)《序品第一》至《舌相品第六》,(2)《三假品第七》至《累教品第六十六》,(3)《无尽品第六十七》至《如化品第八十七》,(4)《常啼品第八十八》至《嘱累品第九十》。其中,《三假品第七》至《累教品第六十六》,及《常啼品第八十八》、《法尚品第八十九》的内容,大体与《小品般若经》相合。但是,《小品般若经》重于"般若道",《大品般若经》则包含了"般若道"与"方便道",所以《大智度论》选择卷数适中的《大品般若经》作注释,不但阐扬了"绝诸戏论的般若道",也兼顾了"严土熟生的方便道",可说非常善巧。

智论师对《大智度论》(简称《智论》)的重视,主要集中于禅观、净土信仰、佛身观、性空思想、大小乘思想等。中国佛教大乘意识的树立,北朝佛教思想的展开,都离不开《智论》所提供的思想资源。

一、《大智度论》的诸法实相思想

《大智度论》的内容,是在举出对法相的各种不同解释的基础上,将诸法归结为无相、实相。在《大智度论》中,"诸法实相"一词共出现545次,可见诸法实相思想是《大智度论》的中心思想。追求、探索和体悟宇

---

[1]《大智度论》卷一八,《大正藏》第25卷,第190页中—191页上。
[2]《大智度论》卷二七,《大正藏》第25卷,第261页中—262页上,讨论"何时断尽烦恼?何时断尽习气";卷七八,《大正藏》第25卷,第609页下—610页中,讨论"菩萨初发心,是否即胜过漏进阿罗汉"等。
[3] 印顺:《永光集》,第14页,新竹,正闻出版社,2004。《出三藏记集》卷二云:"新《大品经》二十四卷"(《大正藏》第55卷,第10页下)。隋《众经目录》卷一作30卷(《大正藏》第55卷,第118页中),"宋藏本"等也是30卷,唯"高丽藏本"作27卷。

宙人生的真实是佛教实践与解脱的基础,实相既有存在论的意义,又是实践论、解脱论的表达。实相是从缘起的现象上作出的价值判断,与对现象的纯客观的事实判断不同。①

诸法实相在佛教经论中,尤其是在《大智度论》中,具有三方面的意义②:

"诸法实相"即是"诸法之实相",实相是一切事物的真实的、常住不变的体性、本性、本相、状态。诸法实相是一切法的真实体相,即是毕竟空性。《大智度论》卷六十九说:

> 诸法实相智慧故,知众生摄心乱心。须菩提问:何等是诸法实相?答曰:所谓毕竟空。是毕竟空,毕竟空性亦不可得,何况摄心乱心。问曰:诸法实相毕竟空中无分别心心数法,佛云何知其心?答曰:此中佛自说诸法实相性亦不可得,以是智慧知众生摄心乱心。何以故?若空性可得应有难,空性不可得,云何作难。③

诸法实相、毕竟空依存在论的解释,即是存在者依因缘而有,没有自体、实体。但是,诸法实相是与般若波罗蜜紧密相连的,所以说"诸法实相智慧"。般若波罗蜜是般若(智),所以有认识事物的作用,但在这样的智中没有一切对象,这表示此智所知的事物就是此智本身;表示菩萨的主体远离一切对象化的作用,直接认识主体本身。此智是对真正自我的自觉,所以"知众生摄心乱心"。

在一般的对象性认识当中,以能知为中心,认为有所知的诸对象存在;能知的自己位处世界的中心以认识万物。般若远离一切对象化,所以所知的一切万物与能知的智不二,认识事物同时就是认识自己,两者不可切离,合而为一,称为"诸法实相智慧"或"诸法实相知"。所以,《大

---

① 方立天:《中国佛教哲学要义》(下卷),第666页,北京,中国人民大学出版社,2002。
② 方立天依《法华经》阐明三方面的意义,见《中国佛教哲学要义》(下卷),第666—667页。
③《大智度论》卷六九,《大正藏》第25卷,第544页中。

智度论》说:"以诸法实相知他摄心乱心,皆是实相"、"染心者,一切法入法性中皆清净,是故说染心实相,是中无染心"①,在般若远离对象化的作用中,如实认识一切法,故一切法清净;同时,如实认识自己,故"无染心","实相"即是"如实相"。

所以,"诸法实相"对于修道主体具有两种含义:(1)"诸法实相"是修道主体实现成道的原理当体,即是"染心者,一切法入法性中皆清净,是故说染心实相",这是作为"法性"的实相;(2)"诸法实相"是修道主体成道后所见的世界,为般若所见。如《大智度论》所说:"凡夫人取相分别,于三世中忆想妄见谓知心念;以尽门观即是毕竟空,毕竟空故无所著,是时得道知诸法实相,于一切法不妄想分别,则如实知他心"②,断除一切妄想分别,故知诸法实相,知究竟终极的意义。

诸法实相的梵文原语是 dharmatā,即是"法性"、"实际"、"如"。如《大智度论》卷六十三说:"诸法实相常(清)净……是清净有种种名字,或名如、法性、实际,或名般若波罗蜜,或名道,或名无生、无灭、空、无相、无作、无知、无得,或名毕竟空等。"③诸法实相包含的意义十分广泛,既含有"境"的含义,又有修道的主体意义。

从《二万五千颂般若》的梵语对照来说,鸠摩罗什是将 dharmatā(法相相)、dharmatāyā(法相)、yathā-bhūtatā(如实相)译为"诸法实相"。④诸法实相是一切法真实不虚的体相,故与如、法性、实际是同义的。《大智度论》卷四十九说:

> 诸法如有二种:一者各各相,二者实相。各各相者,如地坚相、水湿相、火热相、风动相,如是等分别诸法各自有相。实相者,于各

---

①②《大智度论》卷六九,《大正藏》第 25 卷,第 544 页下。
③《大智度论》卷六三,《大正藏》第 25 卷,第 507 页上。
④ [日]武田浩学:《诸法实相と如实相——"诸法すなわち实相"の源流》,《印度学佛教学研究》第 55 卷第 1 号,第 92—94 页,2006 年。

各相中分别求实不可得、不可破,无诸过失,如自相空中说。①

一切法皆有现象意义的自体性,"各各相"即是"自相";而"实相"即是一切法的共相,亦即是"空"。龙树在《大智度论》中提出一切法皆有体、法、力、因、缘、果、性、限碍、开通方便,而最后能够知道一切法各各有体、法、具足,是世间"下如";知道九法终归变异灭尽为"中如";了知是法非有非无、非生非灭,灭诸观法,究竟清净,为"上如"。②"下如"与"中如"是如其为轨持义的法之所是与所应有而不增不减,是现象意义的如相;如其本自空无实性,而不增不减,是"究竟等"的如相,此如相即实相。③ 所以,"诸法实相"是就空如实相说。

龙树依空如实相进一步言"法性"、"实际":

> 法性者,如前说各各法空。空有差品,是为如。同为一空,是为法性。是法性亦有二种:一者,用无著心分别诸法,各自有性故;二者,名无量法,所谓诸法实相。如《持心经》说:法性无量,声闻人虽得法性,以智慧有量故不能无量说。如人虽到大海以器小故,不能取无量水,是为法性。实际者,以法性为实证故为际。如阿罗汉名为住于实际。④

法性是相应空如实相而言,即是空如性、寂灭性、涅槃性;诸法"空无自性"即是其性,是名法性。实际亦名"无生际",就极证而言,证法性而入法性、住法性;以法性之实而为入处、住处,即是实际。

龙树在《大智度论》卷五十中又将如概括为"世间如"和"出世间如","世间如"即是"下如"、"中如",即是"各各相";"出世间如"即是"上如"、"实相"。《大品般若经·集散品》说:"菩萨摩诃萨欲行般若波罗蜜,法

---

① 《大智度论》卷三二,《大正藏》第 25 卷,第 297 页中。
② 同上书,第 298 页下。
③ 牟宗三:《佛性与般若》上册,第 61 页,台北,台湾学生书局,1997。
④ 《大智度论》卷三二,《大正藏》第 25 卷,第 297 页下。

性、法相、法位、实际中不应住。"[1]就世间各各相而言,"法相"就是轨持义的法之各别相,此法相亦即是各自有性的法性;但是,诸法空无自性,即以"空"为性,而空性不增不减,即是诸法之如相,此即是以出世间如说诸法之相。进一步而言,以诸法之如相说诸法之位。所以,以空说的性、如、相、位、实际,皆不应住,无执而住即是以不住住,即是般若活智之住。菩萨以不住住,住于如相中,住于法性、法相、法位、实际中,即是住于实相一相,所谓无相、寂灭相中,同时亦即是住于般若波罗蜜中。菩萨如是住般若波罗蜜中,即能于一切法不可得中而具足一切法,此为"不受不著"而具,即是"不具具"。

二、《大智度论》的净土思想

净土是大乘佛教的重要理念,体现了佛教"空义"的社会关怀。六波罗蜜、十善道等教义,是要落实到实际的社会实践,"缘起性空"的原则,亦适用于社会氛围的净化,因此般若空慧与净土思想有密切关系。般若经典所彰显的净土观,是以"菩萨行"为基础的净土观。因为菩萨的功德要具体落实于社会,所以净土是立足于人间而不断地开发。菩萨"自行六波罗蜜,亦教他人令行,共清净因缘",因缘和合而成就净土。另一方面,《大智度论》提倡往生有佛的世界,由对《阿弥陀经》的解释引出西方净土的往生思想。龙树在《大智度论》中阐发了念佛三昧、般舟三昧等往生法门。

《大智度论》的净土观念,是继承般若经典而来。所以,"佛土"与"净土"是不同的观念,"佛土"不一定是净土(清净之国土),如释迦佛出现于娑婆世界。《大智度论》说:"更有清净世界,如阿弥陀国阿弥陀佛;亦有严净、不严净世界,如释迦文佛国。诸佛大悲,彻于骨髓,不以世界好丑,

---

[1]《摩诃般若波罗蜜经》卷三,《大正藏》第8卷,第235页中—下;《大智度论》卷四二,《大正藏》第25卷,第367页上。

随应度者而教化之。"①"净土"的"净"具有二义,如作动词,是将此土净化;作形容词,则为清净之国土。净土之建设是菩萨行的核心要义,《大智度论》说:"净佛世界者,有二种:一者、菩萨自净其身;二者、净众生心,令行清净道。以彼我因缘清净故,随所愿得清净世界。"②为了净佛国土,菩萨必须相应于菩提心、大悲心、无所得慧而圆满佛道。(1)就悲愿说:菩萨集诸善根功德圆成佛道,此含摄自行之道行(以六波罗蜜为主)与教化之施设;在不舍众生的悲愿下,菩萨自悟圣道亦教人悟道,"净佛国土"之行由菩萨与众生共同成就。(2)共业所感说:众生若没有善业因缘,又如何能感得清净国土之依报。因此说:"自身净亦净他人。何以故?非但一人生国土中者,皆共作因缘",又说:"内法净故,外法亦净。"③最后,净佛国土之行,必须具足无所得般若慧,"教化众生,净佛世界等,皆在六波罗蜜中,随义相摄"④。所以,毕竟清净亦是实相、空性的异名,"是菩萨知一切法性空故,能行一切种种道度众生。具足一切道,净佛国土,教化众生"⑤。

《大智度论》中,提及阿弥陀净土的思想。龙树的弥陀净土思想是依据《阿弥陀经》而来,如论说:"诵《阿弥陀经》及《摩诃般若波罗蜜》。"⑥但是,《阿弥陀经》所指是什么经?依龙树所著的《十住毗婆沙论·易行品》之"弥陀章"偈颂所说,是根据梵本的《平等觉经》所作的,由此推定龙树看到的应是《大阿弥陀经》。在《大智度论》的净土信仰中,"念佛"、"见佛"并非特别指阿弥陀佛,但是随着阿弥陀佛信仰的流行,则专门以阿弥陀佛为例子,阐明念佛、见佛等境界。如论说:"佛说阿弥陀佛世界种种

---

① 《大智度论》卷三二,《大正藏》第25卷,第302页下。
② 《大智度论》卷五〇,《大正藏》第25卷,第418页中。
③ 《大智度论》卷九二,《大正藏》第25卷,第708页下—709页上。
④ 《大智度论》卷四六,《大正藏》第25卷,第394页下。
⑤ 《大智度论》卷九〇,《大正藏》第25卷,第698页中。
⑥ 《大智度论》卷九,《大正藏》第25卷,第137页上。

严净,阿难言:唯愿欲见,佛时即令一众会皆见无量寿佛世界严净。"①所以,《大智度论》常提及西方净土,如"阿弥陀佛先世时,作法藏比丘,佛将导遍至十方亦清净国,令选择净妙之国,以自庄严其国"②。

三、昙鸾的"广略相即"与《大智度论》的二身说

昙鸾为最早的四论师,但是后来信仰阿弥陀佛净土,著《往生论注》,详细阐明极乐净土的有相庄严。在《往生论注》中,昙鸾继承、弘扬了《大智度论》的实相观、佛身思想等,巧妙地融合有相庄严与实相无相,显示了四论师的思想特色。

世亲《往生论》将阿弥陀佛四十八愿归纳为国土庄严十七种、佛功德庄严八种、菩萨功德庄严四种,共二十九种,昙鸾称这二十九种为"广","入一法句为略"③。而"一法句"即是二十九种中的第一句"庄严清净功德成就",简称为"清净"句。从内容上说,"广"是指弥陀净土中的万象,从国土到居士,从自然环境到社会生活,诸般安乐美妙情景;"略"是指弥陀净土的本体,即"清净"。"广"、"略"的概念来自《大智度论》:"略者,知诸法一切空、无相、无作、无生、无灭等;广者,诸法种种别相分别。"④"广"指诸法的别相,即特殊性、个性,"略"指诸法的空性等,为普遍性、共性。

同时,昙鸾提出了"广略相入"的原理,论述了"广"和"略"的互相依存、互相渗透。《往生论注》说:

> 何故示现广略相入?诸佛菩萨有二种法身:一者,法性法身;二者,方便法身。由法性法身生方便法身,由方便法身出法性法身。

---

① 《大智度论》卷八,《大正藏》第 25 卷,第 115 页下。
② 《大智度论》卷三八,《大正藏》第 25 卷,第 343 页上。
③ 《往生论注》卷下,《大正藏》第 40 卷,第 841 页中。
④ 《大智度论》卷八二,《大正藏》第 25 卷,第 639 页上。

此二法身,异而不可分,一而不可同。是故广略相入,统以法名。①

昙鸾提出了"法性法身"和"方便法身"的二身说。对于二身的理解,研究者异说纷纭。(1)"法性法身"是体现佛法的本身;"方便法身"是"化身"、"应身",为方便教化众生而随缘所现之身。②(2)"法性法身"是依般若慧证得法性理的理智冥合,这是无分别智的作用;"方便法身"是阿弥陀佛依四十八愿成就净土庄严,而生起利他的方便,即是依无分别后得智而成就庄严功德。③(3)"法性法身"是法身,是理智不二的理、真如之理;"方便法身"是报身,是悲智不二的悲。④

昙鸾以弥陀净土二十九种庄严为广,以清净为略,认为广略相入,二者互相渗透、包容、依存。他先从法性法身(略)与方便法身(广)的关系,论述"略"可以方便法身中求得;用般若学观点,证明"略"即实相,它无相无不相,可以在净土一切相中求得。然后,说明"略"即清净,而清净体现在净土的器世间和众生世间之中。⑤

昙鸾的二身说受到《大智度论》的影响。《大智度论》对佛身的种类,一向主张二身说,但是有不同的定义与内涵,如法性身与父母生身⑥、神通变化身与父母生身⑦、佛身与法身⑧、真身与化身⑨、法性生身与随世间身⑩、生身与法性生身⑪、法性生身佛与随众生优劣现化佛⑫、法身与生

---

① 《往生论注》卷下,《大正藏》第 40 卷,第 841 页中。
② 陈扬炯:《中国净土宗通史》,第 140 页,南京,江苏古籍出版社,2000。
③ [日]藤堂恭俊:《昙鸾》,《净土佛教の思想》第四卷,第 160—161 页,东京,讲谈社,1995。
④ [日]曾根宣雄:《〈往生论注〉所说の二身论と〈大智度论〉第二十九卷所说の二身论について》,《印度学佛教学研究》第 54 卷第 1 号,第 52 页,2005。
⑤ 陈扬炯:《中国净土宗通史》,第 144 页。
⑥ 《大智度论》卷九,《大正藏》第 25 卷,第 122 页上。
⑦ 《大智度论》卷一〇,《大正藏》第 25 卷,第 131 页下。
⑧ 《大智度论》卷二九,《大正藏》第 25 卷,第 274 页下。
⑨ 《大智度论》卷三〇,《大正藏》第 25 卷,第 278 页中。
⑩ 《大智度论》卷三三,《大正藏》第 25 卷,第 303 页中。
⑪ 《大智度论》卷三四,《大正藏》第 25 卷,第 310 页中。
⑫ 同上书,第 313 页中。

身①、法性身与化佛②、法身与色身③等。这些不同的名称,阐明佛陀说法的内容、佛陀的形相与能力、佛陀因闻法众生根机不同而施设种种差别相。"生身"虽然有不同的称呼,但是含义是相同的;"法身"使用了法性生身、法性生身佛、真身、根本真佛、真身、法身佛、真佛、法性生佛等概念,有不同的含义。

《大智度论》对法身的解释,不离一切法毕竟空的诸法实相思想;而且,依二谛对二身说进行解释。如论中说:"佛有二种身:一者、法身,二者、色身。法身是真佛,色身为世谛故有佛。法身相上种种因缘说诸法实相,是诸法实相亦无来无去。"⑩依第一义谛则立法身,即是诸法实相;依世谛则立色身,所以才有种种因缘。《大智度论》对法身、色身的建立,通过种种差别而加以阐释:

> 问曰:十方诸佛及三世诸法,皆无相相,今何以故说三十二相,一相尚不实,何况三十二?答曰:佛法有二种:一者世谛,二者第一义谛。世谛故,说三十二相;第一义谛故,说无相。有二种道:一者令众生修福道,二者慧道。福道故,说三十二相;慧道故,说无相。为生身故,说三十二相;为法身故,说无相。佛身以三十二相、八十随形好而自庄严法身,以十力、四无所畏、四无碍智、十八不共法诸功德庄严众生。有二种因缘:一者福德因缘,二者智慧因缘。欲引导福德因缘众生,故用三十二相身;欲以智慧因缘引导众生,故用法身。有二种众生:一者知诸法假名,二者著名字。为著名众生故说无相,为知诸法假名众生故说三十二相。④

总结这两段文字,列表如下:

---

① 《大智度论》卷八八,《大正藏》第 25 卷,第 683 页上。
② 《大智度论》卷九三,《大正藏》第 25 卷,第 712 页中。
③⑩ 《大智度论》卷九九,《大正藏》第 25 卷,第 747 页上。
④ 《大智度论》卷二九,《大正藏》第 25 卷,第 274 页上。

色身	世谛	三十二相	福道	生身	庄严法身	福德因缘	知诸法假名众生
法身	第一义谛	无相	慧道	法身	庄严众生	智慧因缘	著名众生

二身的建立是基于自利利他的要求。从度化众生的需求来看,众生的根机分为执著名字与知晓诸法假名,所以必须以般若性空的智慧开导执著名字的众生,即是"智慧因缘";为知诸法假名的众生则必须说三十二相,让众生生起希有与渴求,即是"福德因缘"。三十二相、八十随形好表现了佛的"有相性",其作用是"庄严法身";十力、四无所畏等体现了佛的"无相性",其作用在于"庄严众生"。从自利而言,佛陀具足二身,即是福道、慧道,从而达成自利利他不二、圆满。而且,依二谛建立二身,法身即是第一义谛,具足十力、四无所畏、四无碍智、十八不共法等,这即是理智冥合或理智不二。因为根本智证真如,是无分别、无言说的,故为第一义谛。三十二相表现佛的真理,庄严佛的法身,故为世谛。

昙鸾《往生论注》的"法性法身"、"方便法身"继承了《大智度论》的二身说,"法性法身"是理智冥合的证得法性理的般若智慧,即是《大智度论》第二十九卷中所说的"法身"、"第一义谛"、"智慧因缘";"方便法身"是庄严功德的成就相,是佛陀利他的方便智,即是"生身"、"色身"、"世谛"、"福德因缘"、"三十二相、八十随形好"。

第四节 智论学派与其他学派的交涉与影响

一、智论学派与地论学派

依慧影《大智度论疏》的记载,《大智度论》研究的兴起,当居其功者首推道场(即道长)。

1. 地论北道系

依慧影《大智度论疏》卷二十四、《续高僧传·志念传》、《续高僧传·明瞻传》的记载,可略窥道场生平。道场出家后,曾入慧光门下学习,后来又在菩提流支座下听讲,触怒菩提流支,从而独自在嵩山专门研习《大智度论》。十年后,受到一位比丘尼的邀请,讲说《大智度论》。于是,住在邺都的大集寺,弘扬此论,听众云集。道安评价说:"《智度》之兴,正在此人。"①《续高僧传·法上传》说:"故时人语曰:京师极望,道场、法上。"②可见,道场在当时邺都的影响力非同一般。道场的弟子有诞礼、僧休、法继、志念、明瞻等,充分显示了他在智论学派史上的重要地位。

道场的学系师资传承如下:

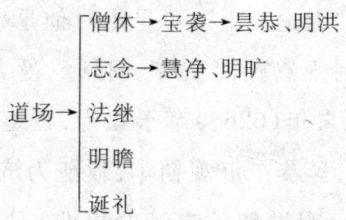

僧休精通《大智度论》③,"聪达明解,神理超逸,齐末驰声,广于东土"。"周武禁佛"后,应诏为菩萨僧,与洪遵、慧远等同居陟岵寺④;隋代时是在大兴善寺"监掌翻事"的十大德沙门之一⑤;属于隋代"五大德"之一⑥;而且在灵干的梦里,与净影慧远同生兜率天。⑦

志念(535—608)⑧,师事道场学习《大智度论》数年,又从道宠法师学习《十地经论》。后来,投具有"毗昙孔子"之称的慧嵩座下,学习《毗昙》,于是声誉隆昌。归故乡冀州,十年间弘扬《大智度论》、《杂心论》。

明瞻(559—628),依道场学习《大智度论》。隋初住相州(河北省临漳县)法藏寺,开皇三年(583),敕命住大兴善寺,从事翻译。贞观二年

---

① 《大智度论疏》卷二四,《卍新纂续藏经》第46册,第912页下。
② 《续高僧传》卷八《法上传》,《大正藏》第50卷,第485页上。
③ 《续高僧传》卷一五,《大正藏》第50卷,第549页上。
④ 《续高僧传》卷一二《宝袭传》,《大正藏》第50卷,第520页上。
⑤ 《续高僧传》卷二《阇那崛多传》,《大正藏》第50卷,第434页上。
⑥ 《续高僧传》卷一八《昙迁传》,《大正藏》第50卷,第572页上。
⑦ 《续高僧传》卷一二《灵干传》,《大正藏》第50卷,第518页下。
⑧ 《续高僧传》卷一一《志念传》,《大正藏》第50卷,第508页中—509页中。

(628),七十岁殁。①

慧净(578—645),姓房,真定(河北正定县)人。十四岁出家,研习《大智度论》及其余经部。未久,从志念学习《杂阿毗昙心论》、《大毗婆沙论》等。贞观十年(636),于长安纪国寺开讲席,讲《大智度论》、《法华经》等,王公士大夫云集。

宝袭(547?—626?),在邺都游学听经时,"以《智度》为宗",专研《大智度论》。隋开皇七年(587),随师僧休入长安,住大兴善寺。开皇十六年(596),敕补为"大论众主",可见当时他是《大智度论》研究第一人。仁寿年间,送舍利于嵩州嵩岳寺、荆州泛爱寺。隋文帝造大禅定寺后,应召入住,武德末年(626?)卒于该寺,世寿八十。弟子昙恭、明洪皆擅长《大智度论》,昙恭在贞观初年,敕征为济法上座,纲维僧团事务,住弘福寺、普光寺;明洪继承宝袭的事业,召入普光寺,归心弥勒信仰。②

明旷(?—632),《续高僧传·道岳传》有略传。俗姓孟,洛阳人,兄弟六人有三人出家,明旷为长兄。明旷十七岁出家,游学邺都,住洛阳净土寺,精通《大智度论》、《摩诃僧祇律》等。

道场-志念一系的智论学派,与地论学派北道系一脉相承。道宠的弟子后来都转向道场,所以这一系的智度论师亦兼及《十地经论》、《毗昙》等。另外,宝袭曾任隋代的"大论众主",可见这一系在北朝至唐初的影响力。

2. 地论南道系

在北朝至隋末唐初,地论学派是北方的一大潮流。许多地论师都是僧官,在政治、社会上具有很高的地位,无疑提高了本学派的影响力。慧光继承勒那摩提的思想,开创了地论学派南道系,一直传承至唐初。南

---

① 《续高僧传》卷二四《明瞻传》,《大正藏》第50卷,第632页下—633页中。
② 《续高僧传》卷一二《宝袭传》,《大正藏》第50卷,第520页上—中。

道系以邺都为中心,繁盛于北方。而邺都亦是道场一系的中心,所以不少南道地论师都兼习《大智度论》,如灵裕、洪遵、智梵等。

灵裕(518—605),曾著《大智度论抄》五卷,散佚不存。

洪遵(530—608),在道晖门下学习《四分律》,登堂入室。而且,后来又研习《大智度论》、《毗昙》,修习禅定,长达十年之久。①

智梵(539—613),俗姓封,是渤海条人。十二岁时,在河间郡灵简禅师座下剃度出家。后来,游学于邺都,学习《大智度论》、《十地经论》。开皇十六年(596),敕往天水(今甘肃天水市)、扶风(今陕西省扶风县)弘法。仁寿末年,建塔于鄀州宝香寺。大业五年(609),住禅定寺;大业九年(613),示寂于寺房,世寿七十五岁。②

彦琮(557—610),俗姓李,赵郡(河北省赵县)人。少年时在信都僧边法师座下学习,十岁出家,诵《法华经》。十四岁入晋阳(山西省太原县),学习《十地经论》、《仁王经》。同时,应人邀请讲《大智度论》。二十一岁时,至长安,讲《金光明经》、《胜鬘经》、《般若经》。曾著《众经目录》。隋大业六年(610)卒,世寿五十四岁。

二、智论学派与摄论学派

真谛译出《摄大乘论》而开启摄论学派,其门下即有人兼习《大智度论》。因昙迁等在北方传播《摄大乘论》,所以北方摄论师亦有兼习《大智度论》者,如昙遂、宝积、道宗等。

慧旷(534—613)③,早年为智顗的师父,后来随真谛学《摄大乘论》等,曾在栖霞寺讲《大智度论》。④

昙遂,雍州(陕西省长安县)人。出家后,先习《大智度论》,后来研究

---

① 《续高僧传》卷二一《洪遵传》,《大正藏》第 50 卷,第 611 页上—612 页上。
② 《续高僧传》卷一一《智梵传》,《大正藏》第 50 卷,第 511 页上—中。
③ 慧旷的详细传记,参考圣凯的《摄论学派研究》,北京,宗教文化出版社,2006。
④ 《续高僧传》卷一〇《慧旷传》,《大正藏》第 50 卷,第 503 页中—下。

唯识,精通《摄大乘论》。仁寿年间,送舍利至晋州法吼寺。至唐初,八十余岁卒。①

宝积,出家后,遇北齐灭亡,隐居泰山。开皇十四年(594),敕住长安胜光寺,讲《大智度论》、《摄大乘论》。仁寿初年(601),敕送舍利于华岳思觉寺。后还长安,卒于长安。②

道宗(563—623),曾经在青州道藏寺道奘门下学习《大智度论》、《十地经论》、《地持论》、《成实论》、《毗昙论》等。后来,在慧日道场讲《成实论》,在胜光寺讲《摄大乘论》。③

摄论师对《大智度论》的学习,多在他们接触《摄大乘论》之前,即其曾为智论师。

三、智论学派与天台宗

天台宗的创建,与《大智度论》关系深厚。天台宗的中心理论是诸法实相论,这是南岳慧思的创造,一切诸法当体即是实相,万有差别的事相皆是显示法性真如的本相。这种思想源自《大智度论》。同时,《大智度论》的禅观等思想,无疑为天台的止观并重思想提供了基础。《大智度论》译出后,僧睿请鸠摩罗什讲授禅观。④ 湛然《止观义例》说:"所用义旨以《法华》为宗骨,以《智论》为指南,以《大经》为扶疏,以《大品》为观法"⑤。从慧文、慧思至智𫖮,都从《大智度论》中汲取思想的营养,对天台教学体系的丰富与完善来说,《大智度论》是重要的依据。

慧文,僧传中无传,《摩诃止观》简单记载了慧文在北齐时代弘扬大

---

① 《续高僧传》卷二六《昙遂传》,《大正藏》第 50 卷,第 672 页中—下。
② 《续高僧传》卷二六《宝积传》,《大正藏》第 50 卷,第 699 页中。
③ 《续高僧传》卷一一《道宗传》,《大正藏》第 50 卷,第 512 页上。
④ 《续高僧传》卷二〇:"明翻《大论》,有涉禅门,因以情求,广其行务。"《大正藏》第 50 卷,第 596 页上。
⑤ 《止观义例》卷上,《大正藏》第 46 卷,第 452 页下。

乘,"文师用心一依《释论》,论是龙树所说,《付法藏》中第十三师"①。宋代志盘的《佛祖统纪》卷六载,慧文于阅读《大智度论》卷二十七②中所引之《大品般若经》文时,在依文修观中,豁然悟得"一心三智"的妙旨。③ 又读《中论》"众因缘生法,我说即是无,亦为是假名,亦是中道义"④一偈,而顿悟大乘空有不二的中道义。

在《续高僧传·慧思传》中,并没有记载慧思研习、讲说《大智度论》的经历,但是《佛祖统纪》卷六有所涉及。慧思(515—577),俗姓李,豫州武津(河南省上蔡县)人。十五岁出家,二十岁时阅读《妙胜定经》,开始修习禅观。受具足戒后,严守戒律,平时不常和人来往,每天读诵《法华》等经,数年之间便满千遍。曾投慧文门下,从受禅法,白天随众僧事,夜间专心修禅,悟得"法华三昧"。慧思的禅观思想最初是承袭慧文,依《大智度论》、《中论》的"一心三观"而来,然后再经其融摄,援入《法华》真义,入于般若,透过切实苦行的实践,亲证了"法华三昧",而悟入"一心具万行"的中道实相理。所以,从慧思开始,天台教学逐渐从《大智度论》、《法华经》并重,转向以《法华经》为中心,从而确定了天台教学的圆顿思想。慧思在三十四岁(548)时,曾在河南兖州(河南省滑县)、淮南郢州(湖北省武昌县)、光州(河南省潢川县)的观邑寺、南定州(江西省临川县)等地开讲《大智度论》等,频繁受到恶比丘的迫害。这有可能是因为北土智论学派系统偏重义理,而慧思强调《大智度论》的思想在于实践修道,二者观点不同而使慧思遭到嫉妒。⑤ 四十岁(554)时,慧思在光州大苏山讲法,学徒云集,智𫖮等前来就学。陈光大二年(568),带领徒众四十余人前往湖南,入住南岳。曾至建业栖玄寺,双开定慧法门。太建九年(577),他特从

---

① 《摩诃止观》卷一上,《大正藏》第46卷,第1页中。
② 《大智度论》卷二七,《大正藏》第25卷,第260页中。
③ 《佛祖统纪》卷六,《大正藏》第49卷,第178页下。
④ 《中论》卷四,《大正藏》第30卷,第33页中。
⑤ 见大野荣人的《〈大智度论〉的中国的展开》,《人间文化:爱知学院大学人间文化研究所纪要》第16号,第19页,2001。另外一方面,可能与地论学派有关联。

山顶下来,住半山道场,大集徒众,劝勉勤修法华、般舟三昧,语极苦切,于是年六月卒于南岳。慧思的著作有《诸法无诤三昧法门》二卷、《立誓愿文》、《随自意三昧》、《法华安乐行义》、《释论玄》各一卷、《大乘止观法门》二卷等。其中,《释论玄》可能是有关《大智度论》的玄义解释。

智顗(538—597),创立了中国的天台宗,真正确立《法华经》的圆顿思想。但是,智顗受学于慧思,在他的前期思想中,仍然受到《大智度论》的很大影响。他住瓦官寺的八年中,讲《大智度论》与《次第禅门》,而《次第禅门》则更多参考了《大智度论》。陈至德三年(585)三月,智顗再到金陵,住灵曜寺,陈少主请于太极殿讲《大智度论》题。在他的众多著述中,有《大智度论疏》二十四卷,已散佚。①

法懔,俗姓严,枝江(湖北省枝江县)人。十五岁时,出家于荆州玉泉寺。《续高僧传·法懔传》说:"时枝江惠璀禅师,南岳思公之神足也。闻而造之,杜口不答。璀便雨泪启请,通夕翘立,固请确然。乃经多日,方为披说。"法懔或许为慧思的弟子。法懔以坐禅为本,闲暇时便诵经,诵《法华经》、《维摩经》及《大论钞》等。②

自从鸠摩罗什翻译《大智度论》以来,中国佛教对《大智度论》进行研究、讲说等创造性的诠释活动,于是出现智论学派的传承与发展。

第一,智论学派的活动时期是在南北朝至唐初,即495—645年,有将近一百五十年的历史。其兴盛的区域,依盛衰的顺序,主要有长安、邺都、建康、洛阳、扬州、嵩山、晋阳、青州、江都、南岳、庐山、终南山等,主要集中在北方。

第二,四论学派确实存在。南朝的三论学者,尤其是法朗及其弟子,兼习《大智度论》,促进四论学派在南朝的兴盛。北朝的昙鸾、静蔼、道安等学者,在北方弘扬四论。但是,从总体来说,北方的智论师大多不弘三

---

① 《隋天台智者大师别传》,《大正藏》第50卷,第192页下、194页中。
② 《续高僧传》卷一六《法懔传》,《大正藏》第50卷,第556页下—557页上。

论,专弘《大智度论》,尤其在北朝,出现一批专研《大智度论》的学者,隋唐学者称之为"北土智度论师"。

第三,北周禁佛对智论学派的影响。北周武帝在建德三年(574)下诏禁佛,激起北方佛教界希望确立大乘佛教的强烈愿望,促进了《大智度论》的兴盛。而且,许多智论师成为"一百二十菩萨僧",集中住在陟岵寺,隋时移住大兴善寺。如静蔼、道判、智藏、道安、慧影、灵裕、彦琮、宝袭等,都是智论师中的佼佼者。此外,在隋代的"五众"制度中,设有"大论众主",如法彦、宝袭、智隐等,从而在制度上为《大智度论》的兴盛提供了保障。

第四,智论学派对佛教中国化的影响。中国佛教的初期,大小乘并弘,《大智度论》强调般若空与菩萨行,庞杂的思想与辞典的作用,无疑为中国佛教的发展提供了方向性的作用。而且,经过北朝、隋朝的发展,最后以国家形式确立了"大论众主",可以看出《大智度论》对隋唐佛教的深远影响。尤其是三宗论、天台宗,都继承了智论学派的许多思想,同时又进行了批判与诠释,从而开宗立派。

第三章 成实学派

成实学派是以弘扬《成实论》为中心而形成的一派,在隋唐佛教著作中,经常称作"成宗"、"成论宗"、"假名宗"、"成论师"、"成实论师"、"成论大乘师"等。

第一节 成实学派的传承

自鸠摩罗什译出《成实论》至唐初的二百七十年间,《成实论》的研究非常盛行,而且僧导、僧嵩在南北两地分别弘扬,形成寿春系、彭城系两大派系。在北朝末年以及南朝的齐梁时代,成实学派非常兴盛,更成为当时南方佛学的主流之一。

一、《成实论》的翻译

《成实论》是印度论师诃梨跋摩所撰,是成实学派最根本的典籍。《出三藏记集》卷十一《成实论记》云:

> 大秦弘始十三年(411),岁次豕韦,九月八日,尚书令姚显请出此论,至来年九月十五日讫。外国法师拘摩罗耆婆,手执胡本,口自

传译,昙晷笔受。

另外,《略成实论记》云:"《成实论》十六卷,罗什法师于长安出之,昙晷笔受,昙影正写"。① 但是,《成实论记》疑点颇多。② 鸠摩罗什的卒年,依僧肇《鸠摩罗什法师诔》,为弘始十五年(413)四月十三日③;慧皎《高僧传》则记载为弘始十一年(409)八月二十日。④ 这样,慧皎的记载则与《成实论记》存在着矛盾;同时,《鸠摩罗什法师诔》的真实性亦存在可疑之处,梁代的僧传编纂者——慧皎、僧祐、宝唱以及隋代费长房、吉藏,都未提及此诔文。费长房《历代三宝记》卷八,则作弘始八年(406)译,笔受者为昙略,并注记:"见《二秦录》。"⑤可见《成实论》的翻译时间,历来记载不一。

依《高僧传·昙影传》的记载:

> 及什至长安,影往从之……兴敕住逍遥园,助什译经,初出《成实论》。凡诤论问答,皆次第往反。影恨其支离,乃结为五番。竟以呈什,什曰:大善,深得吾意。什后出《妙法华经》,影既旧所命宗。⑥

鸠摩罗什在逍遥园译出《成实论》,这是翻译地点;从时间上说,在译出《妙法莲华经》之前,即是弘始八年(406)以前。

开元寺智藏(458—522)《成实论大义记》卷一记载:

> 《中观疏记》云:案《大义记》初卷,序论缘起云:昙无德部此土不

---

① 《出三藏记集》卷一一,《大正藏》第55卷,第78页上。
② 镰田茂雄引清代万斯同《伪后秦将相大臣年代》,弘始十三年的姚显是卫大将军,不是尚书令;弘始十三年及十四年的尚书令是姚弼。见《中国佛教通史》(第二卷),关世谦译,第229页,高雄,佛光出版社,1986。
③ 《广弘明集》卷一三,《大正藏》第52卷,第264页中。
④ 《高僧传》卷二《鸠摩罗什传》,《大正藏》第50卷,第333页上。慧皎在传记中,举出罗什的殁年,或有弘始七年(405)、弘始八年(406)、弘始十一年,认为七与十一或是书写的字误。近代研究者对罗什的生卒年,汤用彤、许抗生主张为344—413年,塚本善隆、吕澂持350—409年的说法。
⑤ 《历代三宝记》卷八,《大正藏》第49卷,第78页下。
⑥ 《高僧传》卷六《昙影传》,《大正藏》第50卷,第364页上。

传,《成实》一论,制作之士名诃梨跋摩,梁语师子铠。又云:秦主姚兴弘始十三年,尚书令姚显请昙波法师于长安始译此论,听众三百,亦影笔受。其初译国语,未暇治正,而沙门道嵩便赍宣流。及改定,前传已广。是故此论遂两本俱行,其身受心法名念处者,前本也;名为忆处者,后本也。今检论本,或有二十卷,或有十六卷。①

《成实论》的翻译过程:(1)鸠摩罗什在逍遥园初译,语言支离不精确;(2)昙影以论中问答争论回环往复,结构支离,于是综括论文,区分为《发》、《苦谛》、《集谛》、《灭谛》、《道谛》五聚,甚得译主罗什的赞许,这就成了现行论本的结构,《略成实论记》说:"影欲使文玄,后自转为五幡,余悉依旧本"②,即是指改编的过程;(3)改定修治《成实论》,所以《成实论》历来的流传本有二十卷或十六卷的差别。现存藏经中的《成实论·四谛品》中,使用"念处"一语,可见为前本,即"未治本"。

这样,《成实论》是在弘始八年(406)以前译出,大约与《百论》同时,即弘始六年(404)左右译出,因为《成实论》中对"灭谛聚"的解释,继承了《百论》的组织结构。③《成实论》的思想包含小乘有部的学说与大乘"空"的思想,具有从小乘向大乘过渡的特点。从罗什的教学来说,基于龙树的般若学,必须对《成实论》有所修订。《高僧传·僧睿传》说:

> 后出《成实论》,令睿讲之。什谓睿曰:此争论中,有七变处文破毗昙,而在言小隐,若能不问而解,可谓英才。至睿启发幽微,果不谘什,而契然悬会。什叹曰:吾传译经论,得与子相值,真无所恨矣!④

---

① 《三论玄义检幽集》卷三,《大正藏》第70卷,第418页上。
② 《出三藏记集》卷一一,《大正藏》第55卷,第78页上。
③ [日]伊藤隆寿:《成实论の翻译とその背景》,《驹泽大学大学院佛教学研究会年报》第4号,第46页,1970。
④ 《高僧传》卷六《僧睿传》,《大正藏》第50卷,第364页中。

僧睿能够发现《成实论》批破毗昙的论点,受到罗什的赞扬。依《三论玄义》的记载,罗什殁后,僧睿记载其遗言而成《成实论序》,僧睿为讲论之始。① 至于《成实论记》所说的弘始十三年或十四年,或许是修治改定的时间,即完成"改定本"的时间。

开善寺智藏文中所提及"道嵩"即是僧嵩,《魏书·释老志》记载,僧嵩住徐州白塔寺,受《成实论》于鸠摩罗什。② 僧嵩以彭城为中心,在北方宣扬未修治的《成实论》。而"改定本"可能意在消除有部的思想,强调《成实论》的大乘意趣,僧导以寿春为中心传播"改定本",成为"寿春系"的渊源。

下面,将鸠摩罗什以下成实学派的传承,列表如下:

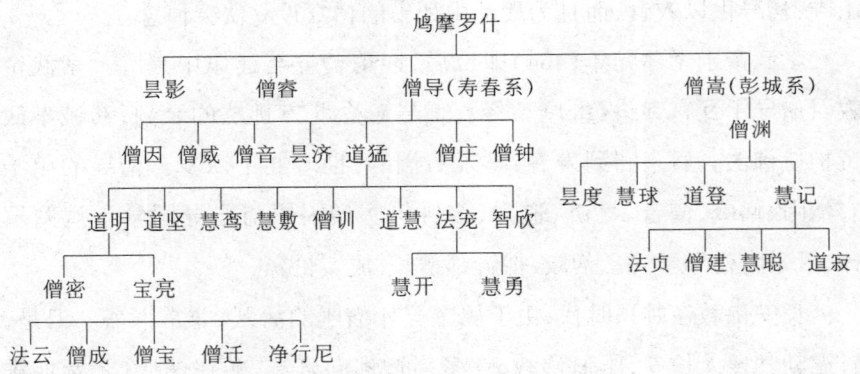

二、寿春系与江南成实学派

1. 僧导与寿春系

《成实论》在南朝的传习者主要是僧导及其弟子,即是"寿春系"。僧导③是京兆(今陕西西安)人,十岁出家,学习《观世音经》、《法华经》,十八岁时精通多部经论。僧睿对他十分欣赏。受具戒后,见识更加高深,通

---

① 《三论玄义》,《大正藏》第45卷,第3页下。
② 《魏书》卷一一四《释老志》,第3039页。
③ 《高僧传》卷七《僧导传》,《大正藏》第50卷,第371页上—下。

达禅、律、经论。后秦姚兴敬重僧导，入寺邀请，同乘车马回宫。鸠摩罗什来长安译经，僧导在译场担任参议与评审的工作。僧导尤其精通《成实论》与《中论》等典籍，著有《成实义疏》、《空有二谛论》以及《中论》、《百论》、《十二门论》的注疏。

义熙十二年（416），姚兴殁，刘裕乘机征讨长安。义熙十三年（417）八月，刘裕平定长安，归还建康，将儿子刘义真留在长安担当镇守关中的任务，同时将刘义真托付给僧导。后来，大夏的赫连勃勃发兵攻击长安，刘义真军大败而逃，僧导率弟子数百人阻击追兵，让刘义真得以逃脱。刘裕感念僧导救子之恩，在寿春（今安徽寿县）建立东山寺，恭请僧导讲说经论，受业者千余人。北魏太武帝灭佛时，北方的大批僧侣逃难至东山寺，僧导供以衣食，而且为战乱中死去的僧众设立法会悼念。

孝武帝于孝建元年（454）即位后，迎请僧导至建康中兴寺。孝武帝敕召僧导于瓦官寺讲《维摩诘经》，僧导感念北方佛法的衰颓，劝诫孝武帝护持佛法。后来回到寿春，卒于石涧寺，世寿九十六岁。僧导的弟子有僧因、僧威、僧音、昙济、道猛、僧钟等。僧因原与僧导同学于鸠摩罗什，后来随僧导学习。僧威、僧音都擅长《成实论》。

长安佛教在姚兴时代，由于鸠摩罗什僧团的活跃，非常兴盛。但是，赫连勃勃侵入长安，压迫佛教，许多高僧逃向寿春，转往建康，无疑促进了南朝佛教的发展。当时，僧导凭借与刘宋王朝的特殊关系，为逃难的僧侣提供食住，为北方佛教的南传起着重要作用。

昙济，河东人，十三岁出家，为僧导的弟子。他住在寿春八公山东山寺，常读《成实论》和《涅槃经》。刘宋大明二年（458）渡江，住中兴寺，著有《七宗论》，概括东晋时代佛教学者对般若性空的理解。[①]

道猛（411—475），西凉州人，少年时游学于燕赵各地，后来在寿春随僧导学习《成实论》，"《成实》一部，最为独步"。元嘉二十六年（449）东游

[①]《名僧传抄》，《大藏新纂卍续藏经》第 77 册，第 354 页下。

京师,住于东安寺,大开讲席。泰始之初(465)宋明帝创立兴皇寺,敕道猛于寺开讲《成实论》。开讲之日,宋明帝亲自行幸,公卿、学者列席听讲,盛况空前。元徽三年(475),卒于东安寺,世寿六十五岁。他的弟子有道坚、慧鸾、慧敷、僧训、道明、道慧、法宠、智欣等。①

道慧(451—481),浙江余姚人,寓居建康。十一岁出家,为僧远的弟子,住在灵曜寺。十四岁时,读《庐山慧远集》,心生敬慕,前往庐山西寺,游历三年。后回京城,受业于道猛、昙斌。道猛讲《成实论》时,道士张融问难,道慧奉道猛之命予以答复。当时道慧十七岁,张融轻视年少的道慧,道慧却应对如流,挫败张融。后移住庄严寺,齐建元三年(481)卒,世寿三十一岁,陈郡谢超宗为造碑文。②

法宠(451—524),南阳冠军(位于河南)人,俗姓冯。十八岁出家,初住光兴寺,后住兴皇寺。分别从道猛、昙济学《成实论》,得二人赞赏。从长乐寺僧周学《杂心论》、《阿毗昙心论》等,从庄严寺昙斌学众经,深得齐文宣王之礼遇。三十八岁,听从正胜寺法愿的预言,归光兴寺礼忏。四十岁时,跟从东夏慧基,往复论辩。从西归,历住道林寺、建康天保寺。天监七年(508),敕住宣武寺,梁武帝礼敬之,称其为"上座法师",而不直呼其名。普通五年(524)示寂,世寿七十四岁,有弟子慧开、慧勇。③

慧开(469—507),吴郡海盐人,俗姓袁。在宣武寺出家,为法宠的弟子,学习《阿毗昙》、《成实论》。南齐建武年间(494—498),住道林寺,游学智藏、僧旻讲席。后移住彭城,大开讲席,为学徒所推重,陈郡谢惠、彭城刘业皆甚器重之。天监六年(507)卒,世寿三十九岁。④

智欣(446—506),丹阳建康人,俗姓潘。七八岁时,入栖静寺,闻十二因缘,便有离俗之志,于是从静栖寺僧审禅师出家。受具足戒后,从东

---

① 《高僧传》卷七《道猛传》,《大正藏》第50卷,第374页上—中。
② 《高僧传》卷八《道慧传》,《大正藏》第50卷,第375页中—下。
③ 《续高僧传》卷五《法宠传》,《大正藏》第50卷,第461页上—下。
④ 《续高僧传》卷六《慧开传》,《大正藏》第50卷,第473页上。

安寺道猛学习《成实论》。后开讲经论,四众推服,听众有八百余人。天监五年(506),六十一岁,殁于钟山宋熙寺。①

僧钟(430—489),鲁郡人,俗姓孙。十六岁出家,在寿春得到僧导的赏识。他善讲《成实》、《三论》、《涅槃》、《十地》等。后南游京邑,止于中兴寺。永明初年(483),齐武帝敕令僧钟与北魏使者李道固酬对。齐文宣帝对他甚为尊重。永明七年(489)卒,世寿六十岁。

僧庄,《高僧传》中只提及"时荆州上明有释僧庄者,亦善《涅槃》及数论。宋孝武初被敕下都,称疾不赴"②。但是,日僧安澄《中论疏记》卷一本说:

> 述义引《高僧传》第五(案:应为"七")卷云:释僧道,京兆人,十岁出家,博学转多,气干雄勇,神机秀发。乃著《三论》、《成实论》义疏及《空有二谛》等也。出有人说云:此庄法师义故,《高僧传》第五(案:即"七")云:荆州上明有释僧庄者,亦善《涅槃》及数论等宗,是也。但此师述僧道义耳。③

僧庄继承僧导的思想,著《中论文句》,擅长《涅槃经》、《毗昙》、《成实论》等,可见是僧导门下弟子。④

僧导出自鸠摩罗什门下,但是其主要影响在于江南,而且以寿春为中心,所以称为"寿春系"。此外,道亮与弟子智林,是《成实论》的名家,其说与"寿春系"相近,可能是属于这一系的。⑤ 道亮(400—468),原住京师北多宝寺,元嘉末年(453)被贬谪南越,前往广州,故后世称"广州大亮",随行的有弟子智林等十二人。他在南方六年,教化被于岭外。至大明年间(457—464)回到京师,依旧盛开讲席。著有《成实论义疏》八卷。⑥

---

① 《续高僧传》卷五《智欣传》,《大正藏》第 50 卷,第 460 页下。
② 《高僧传》卷七,《大正藏》第 50 卷,第 370 页下。
③ 《中论疏记》卷一末,《大正藏》第 65 卷,第 20 页上。
④ [日]平井俊荣:《中国般若思想史研究——吉藏と三论学派》,第 168 页,东京,春秋社,1976。
⑤ 吕澂:《中国佛学源流略讲》,第 124 页,北京,中华书局,1979。
⑥ 《高僧传》卷七《道亮传》,《大正藏》第 50 卷,第 372 页中。

智林(409—487),高昌人,是道亮的弟子。他主张"二谛义"有三宗不同。这时汝南周颙作《三宗论》和他的主张相符,他高兴地写信给周颙,叙述自己理解"三宗"的缘由,并且对周颙深致佩服。后来,回高昌弘法。他著有《二谛论》、《毗昙杂心记》,并注解《十二门论》、《中论》等。①

另外,慧隆(419—490),少年时贫穷,学无常师,豁然自悟,二十三岁时出家。此后的十多年一直专心于佛法的研究,精通经论。刘宋泰始年间(465—471),住在何园寺。慧隆擅长清谈,折服无数的问难者。宋明帝请他在湘宫寺讲《成实论》,听法问道者八百余人。凡是《成实论》的"旧义"有不通之处,慧隆都加以阐发,补充前人解释不及之处,立"实法断结义"。周颙对他极其赞赏。永明八年(490)卒,世寿六十二岁。②

东晋至刘宋时代,印度经论持续传入,鸠摩罗什门下活跃于南北,中国佛教的大乘意识逐渐建立。罗什当初译传《成实论》,因为其论义明人、法二空,接近《般若》,有导向大乘的作用;而且,辨明法相,具有佛教概论的特点,对一般佛教徒具有入门书的作用。这两种作用,促使《成实论》在南北朝兴起。同时,刘宋皇室与寿春系的关系密切,刘裕为僧导建立东山寺,宋明帝为道猛创立兴皇寺,寿春系受到刘宋皇室的大力支持,无疑促进寿春系在江南的兴盛。

2. 齐梁时代的成实学派

南齐继承刘宋的佛教保护政策,建立齐兴寺,以象征新王朝的诞生。《高僧传·玄畅传》说:"以齐建元元年四月二十三日,建刹立寺,名曰齐兴。正是齐太祖受锡命之辰,天时人事万里悬合。"③南齐的佛教研究,因竟陵文宣王萧子良为中心的外护而繁荣昌盛,南齐的成实学派以僧柔、慧次为代表人物。永明七年(489)十月,文宣王邀集京都名僧硕学五百余人,在普弘寺请定林寺的僧柔、慧次讲《成实论》。④ 然后,又请僧祐、智

---

① 《高僧传》卷八《智林传》,《大正藏》第50卷,第376页上—中。
② 《高僧传》卷八《慧隆传》,《大正藏》第50卷,第379页下。
③ 《高僧传》卷八,《大正藏》第50卷,第377页中。
④ 《出三藏记集》卷一一,《大正藏》第55卷,第78页上。

称讲《十诵律》。开讲《十诵律》后，特意又请僧柔、慧次抄出《成实论》，"繁简存要"、"辞约理举，易以研寻"，在永明八年(490)正月二十三日抄写完成，成为《成实论抄》(即《略成实论》)九卷。而且，下令书写《成实论抄》百部流通，并由周颙撰写序文。周颙说："至如《成实论》者，总三乘之秘数，穷心色之微阐，标因位果，解惑相驰，凡圣心枢，罔不毕见乎其中。"①可见，《成实论》在南朝的流行，与《成实论》被视为大乘论及《般若》系统的论书有关系。僧祐《文宣王法集录序》中说：

> 弘誓之士随时斟酌，马鸣抽其幽宗，龙树振其绝绪，提婆析其名数，诃梨总其条理，并翼赞妙典，俘剪外学。②

僧祐强调，论典的作用在于解释经典，破斥邪说外道。无论是"三论"，还是《成实论》，并没有高低、大小等区别，地位是平等的。《成实论》的特点是"总其条理"，即依四谛汇总各种思想。

僧柔(431—494)，九岁出家，为弘称的弟子。弘称是洛阳临渭人，精通各种经论，声誉广播。弘称的师传不详，但是依其生地，是北方人，僧柔如果跟随他学习《成实论》，可能是"彭城系"。僧柔在弘称的门下，勤修戒、定、慧三学，研习大小乘经论，明了义理。二十岁后，便登讲席。后东游会稽，住灵鹫寺讲学。自齐太祖萧道成创业至世祖萧颐继位之间，僧柔曾受请至京师，在定林上寺主讲经论，文慧王、文宣王皆皈依他。僧柔愿生西方净土。延兴元年(494)卒，僧祐为他立碑，刘勰撰写碑铭。③僧柔有弟子僧绪、僧祐、僧绍、僧拔、慧熙、法开等。僧拔、慧熙是当时建业有名的青年俊杰，可惜早逝。僧拔撰有《七玄论》，一直流行至道宣时期。④

---

① 《出三藏记集》卷一一，《大正藏》第55卷，第78页中。
② 《出三藏记集》卷一二，《大正藏》第55卷，第85页中。
③ 刘勰的碑文，在《出三藏记集·法集杂记铭》中有目录——《僧柔法师碑铭》，见《出三藏记集》卷一三，《大正藏》第55卷，第94页下。
④ 《高僧传》卷八《僧柔传》，《大正藏》第50卷，第378页下—379页上。

法开(459—523),余杭人,少年时,出家于北仓寺,为昙贞的弟子。法开出身贫寒,但是勤奋学习,于是有所成就。游方至禅冈寺,从僧柔、慧次学习《成实论》,通达论义,辩才无碍,名声显赫,受到吏部尚书王峻等人的礼敬。后来,回到余杭西寺,大开讲筵。智藏到禹穴讲《成实论》,法开前往问难。普通四年(523)卒,世寿六十五岁。①

慧次(434—490),出家后为志钦的弟子。后来,遇徐州法迁,志钦将慧次托付给法迁。于是,随法迁到京口,住在竹林寺。十五岁时,随法迁回到彭城;十八岁时,已经通达经论,名贯徐州,经常讲解《成论》以及《中论》、《百论》、《十二门论》等。宋武帝大明年间(457—464),住在谢寺②,智藏、僧旻、法云等前来请教。齐初时,文慧王、文宣王以师礼敬重他,并且四事供养,"齐竟陵王作镇禹穴……时有释智秀、昙纤、慧次等,并名重当锋,同集王坐"③,可见慧次是文宣王的座上宾。永明八年(490),慧次讲《百论》,至"破尘品"时,忽然坐化。慧次有弟子智藏、僧旻、法云、僧宝、僧智、法珍、僧向、僧猛、法宝、慧调等。④

南朝的成实学派还有来自山东青州的渊源,青州的成实学派与"寿春系"或许有一定的联系。如道猛的弟子道明,曾在青州弘扬《成实论》,有弟子僧密(433—505)、宝亮(444—509)等。如法申(430—503)⑤,寓居青州,自幼出家,广学各种经论,爱好思考,精通《成实论》。刘宋泰始初年(465),渡江南下住安乐寺,讲学多年。建元年间(479—482),本欲回乡奔丧,但是因为南北战争无法回去。永明年间(483—493),竟陵王萧

---

① 《续高僧传》卷六《法开传》,《大正藏》第50卷,第474页上。
② "谢寺"位于江苏省南京(建康),东晋永和四年(348),谢尚捐宅(城中竹格渡)建寺,名为庄严寺,或称塔寺。刘宋元嘉九年(432),文帝临幸该寺设斋供养。大明三年(459)改名为谢镇西寺,又号谢寺。有慧次、僧宝、僧智、智宗等人来住,陈太建元年(569)遭火焚毁,五年敕改为兴严寺。至南宋绍兴年间(1131—1162),移建于真武庙的北面。明永乐二十一年(1423)真常重兴之,并恢复庄严寺旧名。
③ 《续高僧传》卷六,《大正藏》第50卷,第468页下。
④ 《高僧传》卷八《慧次传》,《大正藏》第50卷,第379页中—下。
⑤ 《续高僧传》卷五《法申传》,《大正藏》第50卷,第460页上。

子良邀请他讲授,但是法申坚辞不就。同时,又有道达、慧命,都以努力勤学闻名于世。慧命,扬州人,住在安乐寺,尤其精通《成实论》。僧密(433—505)①,乐安人。十六岁时,离开其剃度师,跟随道明学习《成实论》。泰始初年(465),住庄严寺,受大众推崇,徒众无数,无经不讲,专以《成实论》为宗。后因谗言,构罪于竟陵王,被摈于淮南。天监四年(505),卒于江北,世寿七十三岁。

宝亮(444—509)②,本姓徐,祖上避战乱,住东莱弦县。宝亮十二岁出家,随道明学习《成实论》。受具足戒后,受到道明的鼓励,二十一岁,至建康,居住在中兴寺。中兴寺是刘宋的皇家寺院,昙济曾住此寺。当时的右卫将军袁粲曾写信给道明,赞叹宝亮天资聪明,可见袁粲与道明素有交往。宝亮与法申一样,因战乱无法回到北方,接受文宣王的邀请,移住灵味寺,讲经弘法,一生讲《大般涅槃经》八十四遍、《成实论》十四遍、《胜鬘经》四十二遍、《维摩诘经》二十遍、《大小品般若》十遍,还有《法华经》、《十地经论》、《优婆塞戒经》、《无量寿经》、《首楞严经》、《遗教经》、《弥勒下生经》等近十遍,门下僧俗弟子三千余人。天监八年(509)初,宝亮撰《涅槃经义疏》,梁武帝为其作序,现存《涅槃经集解》收录了他的注疏。十月四日卒于灵味寺,世寿六十六岁。隋唐佛教著作中称宝亮为"小亮",以方便与广州道亮(即"大亮")区别开来。宝亮有弟子法云、僧成、僧宝、僧迁、净行尼等。

净行尼(444—509),住竹园寺,学习《成实论》、《毗昙》、《涅槃经》、《华严经》等。她很有辩才,极受僧宗、宝亮的赞赏。后登座讲说,听众数百人,为齐宣文、梁武帝所器重。③ 慧晖尼(442—514),住东安寺,从昙斌、昙济、僧柔、慧次听《成实论》及《涅槃》诸经。京邑的尼众都从她受业,受到王公大臣的尊重。④

----

① 《续高僧传》卷六《僧密传》,《大正藏》第50卷,第472页上。
② 《高僧传》卷八《宝亮传》,《大正藏》第50卷,第381页中—382页上。
③ 《比丘尼传》卷四《净行尼传》,《大正藏》第50卷,第947页上。
④ 同上书,第947页下。

智顺(447—507),十五岁出家,礼钟山延贤寺智度为师,聪明过人。受具足戒后,精通各种经论,特别擅长《涅槃经》、《成实论》。讲法时,徒众常有数百人。南齐文宣王特别敬重他,住在冶城寺;后来游方至禹穴,住在云门精舍。著有《法事赞》以及《受戒》、《弘法》等记,流行于世。天监六年(507)卒,世寿六十一岁。

可见,僧柔、慧次系的成实学派都传自彭城,可能是"彭城系"的支流。但是,自从僧导在刘宋时代弘扬《成实论》,"寿春系"一直在南朝流传不绝。因此,齐梁时代的成实学派,或为"寿春系"的支派,或为"彭城系"的遗风,互相激荡,《成实论》的新本、旧本之不同,引起成实师之间的争论。

僧柔、慧次以下的成实学派传承,图示如下:

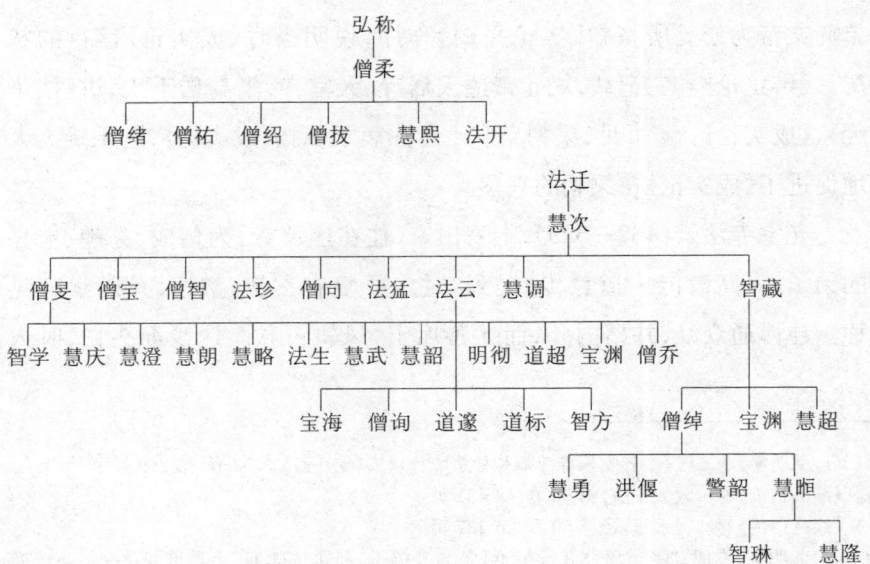

3. 梁代三大法师

《成实论》经过南齐文宣王的提倡,加之僧柔、慧次不遗余力地弘扬,成为齐、梁时代的"显学",盛行于世。《广弘明集·南齐安乐寺律师智称法师行状》说:"自方等来仪,变胡为汉,鸿才钜学,连轴比肩。《法华》、

《维摩》之家，往往间出；《涅槃》、《成实》之唱，处处聚徒。"①南朝的学风素来偏重义理学解，轻视戒律学禅。由于梁武帝(464—549)的崇佛倾向和智藏、僧旻、法云三大法师的弘扬，梁朝成为成实学派最兴盛的时代。

梁武帝对《成实论》十分重视。《续高僧传·法泰传》中说："先是梁武帝崇《大论》，兼玩《成实》，学人声望，从风归靡。"②《续高僧传·慧荣传》说："梁高祖大通年，辞亲出听，时建初、彭城盛弘《成实》。"③而且，天监三年(504)四月十一日，梁武帝在《舍事李老道法诏》中引用了《成实论》。④ 至简文帝时代，《成实论》的研究亦得到他的大力支持。《广弘明集》卷二十收录梁皇太子纲(即简文帝)《庄严旻法师成实论义疏序》：

> 思媚我皇起予正法，宣弘此论，大盛乎京师。负笈争趋，怀铅来远，无劳冠军之势，自倾卫容。固有华阴之德，人归成市。⑤

梁简文帝为僧旻所撰《成实论义疏》作序，说明当时《成实论》盛行的状况。《辩正论》卷三记载，梁元帝造天居寺、天宫寺，集高僧千人，讲《法华经》、《成实论》。⑥ 可见，梁朝皇室十分热衷于弘扬《成实论》，这无疑大大地促进了《成实论》在梁朝的兴盛。

光宅寺法云(467—529)，七岁出家，住在庄严寺，为僧成、玄趣、宝亮的弟子。《高僧传·道慧传》提到"时庄严复有玄趣、僧达，并以学解见称。趣博通众经，并精内外，而尤善席上，风轨可欣。达少而头白，时人

---

① 《广弘明集》卷二三《南齐安乐寺律师智称法师行状》，《大正藏》第52卷，第269页中。
② 《续高僧传》卷一，《大正藏》第50卷，第431页上。
③ 《续高僧传》卷八，《大正藏》第50卷，第487页下。
④ 《广弘明集》卷四："老子周公孔子等，虽是如来弟子，而化迹既邪，止是世间之善。不能革凡成圣。其公卿百官侯王宗族，宜反伪就真，舍邪入正。故经教《成实论》云：若事外道心重，佛法心轻，即是邪见。若心一等，是无记性。"《大正藏》第52卷，第112页上—中。同文见《集古今佛道论衡》卷甲《梁高祖先事黄老后归信佛下敕舍奉老子事》，《大正藏》第52卷，第370页中。
⑤ 《广弘明集》卷二〇，《大正藏》第52卷，第244页下。
⑥ 《辩正论》卷三，《大正藏》第52卷，第503页中。《续高僧传》卷十："中宗孝元，体悟幽键，更崇深信，《法华》、《成实》，常自敷扬。"《大正藏》第50卷，第548页下。

号曰白头达,亦博解众典尤精往复,而性刚忤物,被摈长沙"①。十三岁更受业于僧宗及僧达。法云的老师都是当时有名的义僧,而法云在少年时代便崭露头角。南齐永明年间(483—493),在道林寺听僧柔讲法,与僧柔不断进行思想的讨论,大众都赞叹不已。这时,僧旻亦在僧柔门下学习,法云与僧旻齐名。同时,法云随僧印(435—499)学习《法华经》,吉藏《法华玄论》说:

> 光宅《法华》当时独步,但光宅受经于中兴寺印法师。印本寿春人,俗姓朱氏,少游彭城,从昙度受论。次从匡山惠龙,受学《法华》。而印讲斯经,自少至老,凡得二百五十遍。春秋六十六,永明元年卒。光宅云法师息慈之岁,随印在锺山下定林寺,听《法华经》。②

吉藏的叙述补充僧传的不足,有关僧印的记载与《高僧传·僧印传》相合。③ 可见,法云对《法华经》的造诣,来自僧印的教授。法云游诸讲席,吸收各家思想的精华,而且不断地覆述经典的义理。

三十岁时,建武四年(497)夏,法云于妙音寺开讲《法华经》、《净名经》,学徒云集,听法的四众弟子盈堂,讲经之妙,独步当时,时人称为"作幻法师"。周颙、王融、刘绘、徐孝嗣等王公大臣,都前来与法云结交。永元元年(499),因战乱而隐栖在毗陵郡(江苏省武进县)。梁武帝对他极其敬重,天监二年(503),招请入朝,令他出入诸殿。当时的名僧撰述《成实论义疏》,法云亦撰经论义疏,总共四十科、四十二卷。梁武帝命法云讲授《成实论义疏》三遍,广请当时的义学名僧前来听讲。天监七年(508),讲述梁武帝的《注解大品经》,武帝下诏礼为家僧,资给丰富的供养,并敕为光宅寺主。法云创立僧制,成为当时教团的典范。

---

① 《高僧传》卷八,《大正藏》第 50 卷,第 375 页下。
② 《法华玄论》卷一,《大正藏》第 34 卷,第 363 页下。
③ 《高僧传》卷八《僧印传》,《大正藏》第 50 卷,第 380 页中。

依沈约《光宅寺刹下铭并序》的记载①,光宅寺是梁武帝即位前居住的"龙光故宅",于天监元年至六年改造为寺院。②梁武帝于天监元年四月八日即位时,告于天下曰:"咸以君德驭四海,元功子万姓,故能大庇氓黎,光宅区宇"。③梁武帝为了使"创业故宅"永垂不朽,于是改建为"光宅寺",一方面彰显政治上将"光宅区宇",另一方面则可以广泛汇聚四众弟子,"弘此广因,被之无外",发扬无尽的宗教作用。

法云又成为昭明太子所选十僧的上首,并广交王侯子弟,因此有"游侠"之称。法云最大的贡献是代梁武帝邀集六十四位王侯、大臣、学者,著论围剿范缜的《神灭论》。天监十一年(512),法云协助僧伽婆罗译《阿育王经》十卷。天监末年,扶南国遣使朝贡,献佛经三部,梁武帝令法云翻译。同时,梁武帝为了亲率僧俗受菩萨戒,于是"抄诸方等经,撰受菩萨戒法",从广博的佛教经藏里编出一部《在家出家受菩萨戒法》。草堂寺慧约法师被选为"智者国师",在天监十八年(519)四月八日的授菩萨戒法会上为梁武帝授戒,成为帝王师,接受皇帝遵以师礼的礼遇。法云坚持不愿从慧约受菩萨戒④,最后在梁武帝累次"劝奖说喻"下,不得已有条件地答应重受菩萨戒。法云的条件是:先发愿得到佛菩萨的感应瑞相。换句话说,法云要直接从佛菩萨得戒,而慧约也仅是"证人"或"教师"而已。梁武帝不但答应这项条件,而且公开支持法云的"菩提愿"大会。终于,在华林园光华殿千僧大会中,在倾城围观以及各种祥瑞感应之下,法云重受菩萨戒。普通六年(525),法云继慧超之后为"大僧正",正式主管全国佛教教团。大通三年(529)三月二十七日卒,世寿六十一岁。梁武帝隆重举行丧事,葬于定林寺侧。

法云对梁武帝的重大贡献,是襄助梁武帝举办"断酒肉"法会,严禁

---

① 《广弘明集》卷一六,《大正藏》第52卷,第212页下。
② [日]诹访义纯:《中国南朝佛教史の研究》,第28页,京都,法藏馆,1997。
③ 《梁书》卷二《武帝纪》,第33页。
④ 梁武帝选慧约为"智者国师"的原因,见颜尚文:《梁武帝》,第191—199页,台北,东大图书股份有限公司,1999。

僧尼饮食一切酒肉。另外,法云精研《法华经》,尝讲此经感"天花飞降"以及灯明佛时已讲此经等神异事情,尤其《法华经义记》成为中国法华思想史上非常重要的注疏。① 吉藏对法云的《法华经》造诣极其赞赏,说:"由来释相即义者有三大法师,光宅无别释,此师《法华》盛行,《成论》永绝也。"② 但是,法云对《成实论》的弘扬缺乏热情。法云的弟子有宝海、僧询、道邃、道标、智方等。僧询(483—517),为僧辩律师弟子,从法云咨禀经论。道邃、道标并从法云受业。智方,四川资中人,早年与宝海交游,后同往杨都法云座下听讲。宝海(492—571),四川阆中人,依法云听习《成实论》于金陵。③ 法云的弟子辈大多弘扬《法华经》,虽然智方、宝海都学习《成实论》,但是从僧传来看,并没有继承法云的《成实论》思想。

僧旻(467—527),吴郡富春(浙江富阳县)人,俗姓孙。七岁出家,初住虎丘山西寺,从僧回受五经,后随僧回住建业白马寺。十六岁时,僧回圆寂,乃移居庄严寺,师事昙景。僧旻与法云同年,少年时代即为同学,后来成为同事,是关系密切的法侣。僧旻安贫好学,与法云、法开禀学于僧柔、慧次、僧达、宝亮座前。于是,精通《毗昙》、《成实论》以及各种大小乘经律,受到文宣王的敬重。尚书令王俭邀请僧宗讲《涅槃经》,僧旻问难,环环相扣,王俭比喻为"竺道生入长安"难道融,而且所用语言都能引经据典,可见僧旻对佛教典籍非常熟悉。文宣王请僧柔、慧次在普弘寺讲《成实论》,僧旻于末席论议,词旨清新,听者倾属。慧次在彭城法迁门下学习《成实论》,精研论文,其中有十五番是难点,通过与僧旻的讨论,疑难冰销。所以,慧次赞叹僧旻是"后生可畏"。

僧旻二十六岁时,永明十年(492),开始在兴福寺讲《成实论》,当时法会盛况空前,《续高僧传·僧旻传》记载:"其会如市,山栖邑寺莫不掩扉毕,衣冠士子四衢辐凑,坐皆重膝,不谓为迮。言虽竟日,无起疲倦,皆

---

① 《续高僧传》卷五《法云传》,《大正藏》第 50 卷,第 463 页下—465 页上。
② 《二谛章》卷下,《大正藏》第 45 卷,第 105 页上。
③ 《续高僧传》卷九《宝海传》,《大正藏》第 50 卷,第 492 页中—下。

仰之如日月矣。希风慕德者不远,万里相造。"①南朝的讲经由于受到玄学清谈的影响,大多是高谈阔论,缺乏佛教的弘法精神。僧旻强调必须依经文的原意推演,"文玄则玄,文儒则儒",他认为自己与道生、僧柔不同,道生是"开顿悟以通经",僧柔是"影《毗昙》以讲论"。僧旻虽然受到诸多王公大臣的敬礼,但是不事攀缘,能够清净独处。永元元年(499),推荐为华林园夏讲的法主,坚辞不就,轰动京师。南齐末年,为了躲避战乱,于是隐居在徐部。

梁天监五年(506),僧旻回到京师,受到隆重的欢迎,梁武帝派僧正慧超亲自前往僧旻的住处,邀请他与法宠、法云、汝南周舍②等,一起至华林园,讲论道义。天监六年(507),梁武帝与名僧二十人注解《大品般若经》,梁武帝撰写《注解大品经序》。③ 梁武帝请京师五大法师于五寺讲解此注,僧旻为其中之一。于是,梁武帝请僧旻为"家僧",供给日常生活的四事。又敕于慧轮殿讲《胜鬘经》,梁武帝亲自前往临听。天监七年(508),梁武帝敕命僧旻率领有才学的僧俗之士:僧智、僧晃、《文心雕龙》的作者刘勰等三十人,在宝唱的辅助下,从十一月开始至八年(509)四月为止,在上定林寺抄一切经论,以类相丛,编纂成《众经要抄》八十卷,目录八卷。④《众经要抄》是第一部就现行的一切经论加以分类、整理、编纂的类书。

僧旻的声名远播,吴郡太守张充、吴兴太守谢览等各地官臣都前来延请,"中途守宰,莫不郊迎",被赞为"素王"。天监末年(519),受敕住于庄严寺,建八座法轮,讲经弘法,听众充盈,大堂未能容纳。后来,于简静寺讲《十地经》。普通初年,因身体欠佳,移住虎丘,不见来客。普通五年

---

① 《续高僧传》卷五《僧旻传》,《大正藏》第 50 卷,第 462 页中。
② 周舍是三论学者周颙的儿子,见《梁书》卷二五《周舍传》,第 375—377 页。
③ 对于注解《大品般若经》的时间,因为史书记载不一。内藤龙雄认为撰年是天监六年,见《梁の武帝と般若经》,《印度学佛教学研究》第 22 卷第 1 号,第 314 页,1973 年;汤用彤认为作于天监十一年(512),见《汉魏两晋南北朝佛教史》,第 530 页;诹访义纯则分别注录于天监六年、七年、十一年,见诹访义纯《中国南朝佛教史の研究》,第 28—29 页。
④ 相关记载见《历代三宝记》卷一一,《大正藏》第 49 卷,第 99 页上;《续高僧传》卷一《宝唱传》,《大正藏》第 50 卷,第 426 页下。

(524),奉敕移住开善寺,中途痼疾加剧,遂止住庄严寺。大通元年(527)二月一日示寂,世寿六十一岁。帝深哀惜,敕葬钟山开善寺之墓所。阮孝绪撰墓志,梁简文帝撰《庄严寺僧旻法师碑》①,何胤撰写另一碑文。

僧旻在梁武帝时代,与法云等同为"家僧",对梁朝的佛教事业作出巨大贡献。僧旻重兴道安以后久废之"讲前诵经"制度,并修缮庄严寺及虎丘山西寺,且常行布施与放生。僧旻所著的《论疏杂集》,有《四声指归》、《诗谱决疑》等百余卷。其中,《成实论义疏》十卷,湘宫寺智蒨记录,简文帝作序。② 另外,有《二谛义》、《法身义》二篇,收于《广弘明集》卷二十一。僧旻的弟子有智学、慧庆、慧澄、慧朗、慧略、法生、慧武、慧韶、明彻、道超、宝渊、僧乔、僧整、慧济、慧琰等。

慧澄(476—527),番禺高要人,十四岁出家,随师父道达住随喜寺。严持斋戒,勤学礼诵。天监年间,至庄严寺,在僧旻门下勤奋学习,对于《毗昙》、《成实论》以及各种经律,都深入探讨义理。受到桂阳王萧象的礼敬,邀请他一起到南岳,弘法于潇湘大地。普通四年(523),回到家乡番禺,住随喜寺,学法者如林。大通元年(527)卒,世寿五十二岁。慧朗、慧略、法生、慧武都随僧旻学习,虽然通达大小乘经律,但都以擅长《成实论》闻名。慧朗的学问非常广博,善于传述;慧略为人聪明,讲经有条不紊;法生到处寻访奇闻怪事;慧武讲法时喜欢简约。可见,僧旻以下的成实师各有自己的特长。

慧韶(488—541③),十二岁出家,受具足戒后游学京师,在庄严寺僧旻门下听《成实论》,才听完两遍,便能记住注解。后又听智藏讲学,大为

---

① 见《释文纪》卷一四、《汉魏六朝百三家集》卷八。
② 《广弘明集》卷二〇《庄严旻法师成实义疏序》,《大正藏》第52卷,第244页上一下。
③ 慧韶的生卒时代,依《续高僧传·慧韶传》,天监七年(508)七月三日卒,世寿五十四岁,即455—508年。但是,整个传记的叙述与455—508年相矛盾:第一,慧韶曾在智藏门下学习,智藏迁化后,又随僧绰学习,而智藏于普通三年(522)迁化;第二,慧韶随武陵王萧纪入蜀弘法,萧纪入蜀的时间为大同三年(537)。所以,慧韶不可能在天监七年卒,最有可能是"大同七年",即541年。见诹访义纯的《中国南朝佛教史的研究》,第226页。

服膺。不久智藏迁化,龙光寺的僧绰继踵传业,慧韶又从他受教。慧韶对《成实论》有很深的理解,主张"灭谛为本有"、"粗细而折心"。大同三年(537)九月,武陵王萧纪出任益州刺史。萧纪受到梁武帝的影响,崇信佛教,归依神咒沙门尚圆①,同时重视佛教义理。萧纪欲振兴蜀地佛教,于是邀请慧韶一起奔赴蜀地。慧韶在各大寺院开讲,闻法者众多。后来,住在龙渊寺②,大开法席,将建康佛教的风气传播于蜀地。龙渊寺的讲坛具有竞讲性质,当时成都常设三、四个讲席,请有造诣者主讲,由听众评判,结果是慧韶的"听徒济济",博得听众的好评。慧韶还培养出许多后进学者,使龙渊寺成为当时的佛教中心。蜀地佛教在慧韶的带动下,不但讲经、讲论,而且盛行读诵《涅槃经》、《大品般若经》,这两部经正是当时梁武帝大力提倡的经典。在武陵王的支持下,由慧韶主持,宝彖、保该、智空等协助,在龙渊寺进行经典的撰集工作。大同七年(541)七月三日,卒于龙渊寺摩诃堂。③

宝彖(512—561),安汉人,十六岁接触佛教,二十四岁出家,即受具足戒。先学习律典,精通戒律的持犯;然后,听讲《成实论》,"研心所指,科科别致"。可见,在慧韶之前,已经有人在成都弘扬此论。后来,又在慧韶门下学习。武陵王的门师在摩诃堂请讲《请观世音菩萨消伏毒害陀罗尼咒经》,记录讲经的笔记成为疏本,流行于世。学有所成后,归回涪川(今贵州省德江县)弘扬佛法,"改邪归正,十室而九"。宝彖撰《大集经疏》、《涅槃经疏》、《法华经疏》等。北周保定元年(561),卒于潼州龙兴寺,世寿五十岁。④

梁朝的成实学派不仅兴盛于建康,随着梁朝皇室一族任益州刺史①,建康佛教逐渐传播于蜀地,于是益州等蜀地亦盛行成实学派。法

---

① 《续高僧传》卷二五《尚圆传》,《大正藏》第 50 卷,第 658 页上。
② 龙渊寺是庐山慧远的弟弟慧持(337—412)所住寺院(《高僧传》卷六《慧持传》,《大正藏》第 50 卷,第 362 页上),是当时成都名刹。《蜀中广记》卷一记载,后来改名为圣寿寺。
③ 《续高僧传》卷六《慧韶传》,《大正藏》第 50 卷,第 470 页下—471 页中。
④ 《续高僧传》卷八《宝彖传》,《大正藏》第 50 卷,第 486 页下—487 页上。

云的弟子都曾在蜀地弘法,智方住在龙渊寺,宝海住在谢镇寺。僧旻的弟子,如慧韶、宝渊都是从建康到成都弘法。宝渊(466—526),于成都出家,居罗天宫寺,欲学《成实论》而不得良师。南齐建武元年(494)住龙光寺,从僧旻听讲《成实论》数年,对"五聚"颇能体会。宝渊喜欢赌博、唱酒,僧旻经常劝导,他不听反而生起怨恨之心,于是到智藏的门下重新听讲《成实论》。后来,自建讲筵,广写义疏,回到成都罗天宫寺,屡开讲席。后因恃名傲慢而犯官,普通七年(526)以刀自杀,世寿六十一岁。②

僧乔(467—502),出家住龙光寺,闻僧旻说"前修立义,有诸异同",这可能是指《成实论》改定本与原本的差别,属于梁代《成实论》研究的重要问题。永明十年(492),僧旻在兴福寺讲《成实论》。僧乔随僧旻学习,既受熏陶,深为赞叹。隆昌年间(494)与同寺僧整、宝渊、慧济、慧韶等请僧旻移住龙光寺。此后一心咨求,三四年间,通达一切经论。学有所成,不攀缘世俗,闭门独处,深入体悟《成实论》。天监初年(502)卒,世寿六十六岁。

道超(467—502),吴县人,是当时世家大族陆氏的后代,吴丞相陆凯六世孙,属陆氏的显支。陆氏在刘宋时代成为奉佛家族,如陆澄于泰始年间奉宋明帝之命编撰《法论》;天监六年,梁武帝令臣下答范缜《神灭论》,参与其事者计64人,陆氏一门便有太子中庶陆杲、太子中舍陆

---

① 梁代益州刺史任免表如下:

	姓　　名	在任年代(公元)	在任时间
1	元起	502—504	2
2	西昌侯萧渊藻	504—510	6
3	始兴王萧憺	510—514	4
4	鄱阳王萧恢	514—518	4
5	西昌侯萧渊藻	518—520	2
6	晋安王萧纲(第二代简文帝)	520—521	1
7	临汝侯萧渊猷	521—?526	5
8	鄱阳王萧范	526—537	11
9	武陵王萧纪	537—553	16

② 《续高僧传》卷六《宝渊传》,《大正藏》第50卷,第474页下。

煦、散骑侍郎陆任、太子中舍陆倕、五经博士陆琁等5人在列,可见陆氏家族中佛学人才之盛。① 道超生活在这样的家族中,从小受到佛教的熏陶。道超与同县的慧安是莫逆之交,一起至建康游学。曾经听法珍讲《成实论》,至灭谛时,法珍主张"三心灭无先后"。道超不能认同法珍的观点,于是离开法珍,转向僧旻求学。当时僧旻住在灵基寺,道超在僧旻门下废寝忘食地努力学习,深入了解《成实论》的要义。于是,讲说剖析论义,表述清楚,破斥问难者。天监初年(502)卒,世寿三十六岁;慧安住在湘宫寺,三十二岁卒,都是英年早逝。②

智藏(458—522),吴郡(江苏吴县)人,是世家大族顾氏的后代。吴郡顾氏作为江东儒学大族的杰出代表,同时受到玄学的强烈影响,一向以玄儒双修作为家族的家风。十六岁时,代宋明帝出家。泰始六年(470),奉敕住兴皇寺,师事上定林寺僧远、僧祐,以及天安寺弘宗。又从僧柔、慧次二师受学,博涉经论,通晓理义,僧柔、慧次赞叹不已,自认为智藏的成就在二人之上。南齐竟陵王讲《维摩诘经》时,招集二十余位名僧,智藏为其中最小者。于是,前往会稽一带游学,前来学法者渐多。后来,智藏认为自己缺乏对戒律的研究,重新回到建康,学习《十诵律》以及其他诸部戒律。僧祐(445—518)是当时有名的《十诵律》大师,文宣王请僧祐讲律时,听众常七、八百人。当时,还有智称(430—501)亦精通《十诵律》,曾撰《十诵义记》八卷。可见,《十诵律》在齐梁时代十分盛行。永元二年(500),智藏重游禹穴,居住在法华山,领众修行。

智藏二十九岁时,因受占相者的劝导,受持读诵《金刚经》,从而带动"江左道俗,竞诵此经,多有征应"。这是将《金刚经》视为解厄延寿、去凶化吉之法门。

---

① 吴正岚:《六朝江东士族的家学门风》,第154页,南京,南京大学出版社,2003。
② 《续高僧传》卷六《道超传》,《大正藏》第50卷,第472页中—下。

天监十四年(515)，梁武帝为纪念宝志，建造"开善寺"①。梁武帝礼请智藏为开善寺的寺主。同时，智藏是昭明太子的受戒师父，且在开善寺受太子邀请讲《大涅槃经》，使该寺成为朝贤的讲经处所。《广弘明集》所收《梁昭明开善寺法会诗》记载法会的盛况，《晋安王与广信候书述听讲事》记载王公大臣前往听讲《涅槃经》的感受，可见智藏在当时的影响。天监十八年(519)，举行"舍身大忏"的法会，招集僧俗大众，讲《金刚般若经》，布施所有财物。梁武帝敕于彭城寺讲《成实论》，听众有千余人，皆是当时佛教与社会的精英分子。又敕于慧轮殿讲《般若经》，三十位大德僧侣受梁武帝别敕前往听讲，这些大德还私下记录笔记，供往后讲授之用。

智藏虽然在佛学上素有造诣，但是生性耿直，对梁武帝的一些做法不断提出修正或否定。智藏出身吴郡顾氏，属于上层士族门第中人，其本身的社会地位并不逊于出身侨姓素族的萧姓帝室。所以，智藏秉持士族的地位与东晋以来"沙门不敬王者"的精神，故意坐上皇帝宝座，抗议"御座之法，唯天子所升"的规定。同时，梁朝有些规避税役或趋炎附势之徒遁入寺院为僧侣，引起僧团秽恶芜乱等问题。于是，普通元年(520)②，梁武帝想自兼"白衣僧正"来管理僧团，先征求高僧大德的意见，当时其他人不敢抗旨，都署名表示同意。但是，智藏不但拒绝签名，而且抗议道："佛法大海，非俗人所知。"梁武帝不顾智藏的反对，颁布诏敕。梁武帝又于华光殿举行一次辩论会议，众僧集会。梁武帝引经据典，以佛陀曾将"正法"付嘱给国王为据，主张国王可以治理破戒、毁正法的僧。智藏则认为"佛理深远，教有出没，意谓亦治不治"，智藏以调达(即提婆达多)谋害佛陀，佛陀不治其罪为

---

① 张敦颐编：《六朝事迹编类》卷下《蒋山太平兴国禅寺》："梁武帝天监十三年，以钱二十万易定林寺前冈独龙阜以葬志公。永定公主以汤沐之资，造浮图五级于其上。十四年，即塔前建开善寺。"见《四库全书》本。
② 《续高僧传·智藏传》记载是"梁大同中"(535—546)，但是此时智藏已殁，不可能参加"白衣僧正事件"的辩论。而且，智藏说："此实可畏，但吾年老，纵复苟旨附会，终不长生，然死本所不惜。"可见，离普通三年(522)不远。《佛祖历代通载》卷九记载是普通元年(520)，应该比较可信。《佛祖历代通载》卷九，《大正藏》第49卷，第546页下。

例,认为调达是"示迹"、"显教",有甚深的思想义理。同时,僧众五方混杂,未能轻易辩明,僧团的复杂性不是帝王身兼"僧正"可以依法领导、管理的,所以佛教的戒律、义理有其独立性,不容帝王的政治性干预。梁武帝为智藏所屈服,于是下诏停止实行帝王兼"僧王"的政策。

正是因为智藏对梁武帝政教结合的做法不能认同,所以梁武帝受菩萨戒时,僧正慧超推荐法深、慧约、智藏三人,梁武帝以慧约为"智者国师"。但是,在梁武帝敕命之下,智藏率领二十位大德编撰《义林》八十卷。《历代三宝记》卷十一说:

> 《义林》八十卷。右一部八十卷,普通年,敕开善寺沙门释智藏等二十大德撰。但诸经论有义例处,悉录相从,以类聚之,譬同世林,无事不植。每大法会,帝必亲览,以观讲论。宾主往还,理致途趣,如指掌也。①

《续高僧传·智藏传》未记载此事,《续高僧传·宝唱传》则说:"又敕开善智藏,缵众经理义,号曰义林,八十卷。"②所以,《义林》应该撰于普通元年至三年(520—522)。《义林》已佚失,其主要内容可能是将佛教经论中各种主要的义理分门别类,再按照义理出现的时代先后,一条一条归纳编纂而成,类似于北朝的"义章"。梁武帝每次在大法会上,必定带在身旁随时查阅,便于佛法义理讲述、论辩之进行。

智藏不但在义理上具有很高的造诣,而且在宗教实践上常行忏悔。普通三年(522)卒于开善寺,新安太守萧机制文,湘东王绎制铭,太子中庶子陈郡殷钧为立墓志③,可见智藏在梁朝皇室的影响。智藏曾开讲之经论为数甚多,如大小品《般若》、《涅槃》、《法华》、《十地》、《金光明》、《成实》、《百论》、《阿毗昙心》等,并各著义疏行世。《大乘玄论》记载:

---

① 《历代三宝记》卷一一,《大正藏》第49卷,第100页上。
② 《续高僧传》卷一《宝唱传》,《大正藏》第50卷,第426页下。
③ 依《宝刻丛编》卷一五的记载:"《梁开善寺知藏法师碑》,世号《三萧碑》,在蒋山。按此碑,绍兴初为金人所焚,梁新安太守萧机撰序,湘东王绎撰铭,尚书殿中郎萧挹书法。"

梁武帝敕开善寺藏法师令作义疏，法师讲务无闲，诸学士共议。出安城寺开公、安乐寺远子，令代法师作疏。此二人善能领语，精解外典，听二遍，成就十四卷，为一部。上简法师，法师自手执疏读一遍，印可言之。①

依吉藏的说法，智藏《成实论义疏》十四卷，是安城寺开公、安乐寺远子听智藏讲《成实论》的笔记整理而成，得到智藏的印可。日僧安澄《中论疏记》曾引用智藏《成实论大义记》，从引用情况来看，只有十三卷。或许，二者即为同一书。综合《成实论大义记》的组织结构②，列表如下：

卷	各科名义	主题及内容梗概
初卷	序论缘起	总序
	三三藏义	大乘三藏及三种三藏
	四四谛义	苦、集、灭、道
第五卷	二圣行义	空行与无我行
	四果义	声闻乘四果——初果、二果、三果、阿罗汉果
第七卷	假名实法义	二种存在——三假与七种实法
		三假——因假、相续假、相待假
		七法（真实存在）——五尘、心、无作
第八卷	二谛义	谛与俗谛
		三假——因成假、相续假、相待假
第九卷	十八界义	六根
第十卷	五阴义	五蕴
第十一卷	三相义	刹那灭论＝无常论——生、住、灭
	三世义	过去、现在、未来
	四缘义	因缘、次第缘、缘缘、增上缘
	十二因缘义	十二支缘起义

---

① 《大乘玄论》卷二，《大正藏》第45卷，第26页上。
② 船山彻：《梁の开善寺智藏〈成实论大义记〉と南朝教理学》，麦谷邦夫编：《江南道教の研究》研究成果报告书（2），第131页，京都，京都大学人文科学研究所，2007。

续　表

卷	各科名义	主题及内容梗概
第十二卷	三业义	行为论——身体的行为、语言的行为、心理的行为
	十四种色义	物质论——四大、五根、五尘
	转业义	行为与时间的关系——行为及烦恼的持续生成
第十三卷	十烦恼义(或十使义)	烦恼的种类与断灭法
	见思义	声闻乘圣者的修行论——见道与修道

"安城寺开公"可能是彭城寺慧开,因为慧开曾经随智藏学习《成实论》,而且又是"寿春系"法宠的弟子。① 另有余杭西寺法开,是僧柔、慧次的弟子,与智藏是同学关系,智藏在禹穴讲《成实论》,法开曾经问难于他。② 安乐寺是"寿春系"的重要寺院,僧宗(438—496)受学于昙济、昙斌,同时安乐寺有慧令、法仙、法最等"并善数论"③;法申(430—503)精通《成实论》,刘宋泰始初年(465),渡江南下住安乐寺,讲学多年;慧命,扬州人,住在安乐寺,尤其精通《成实论》。④ 所以,"安乐寺远法师"可能传自"寿春系"。

智藏的弟子有慧超、宝渊、僧绰等,而以龙光寺僧绰最负盛名。僧绰没有本传,《续高僧传·慧韶传》说:"寻尔藏公迁化,有龙光寺绰公继踵传业"⑤,吉藏的著作中亦经常出现"龙光传开善"、"龙光述开善",说明僧绰继承并且传播智藏之说。

另外,梁天监年间,袁昙允撰《成实论类抄》二十卷,与齐文宣王《成实论抄》非常相似。⑥

成实学派的"寿春系"与"彭城系",从南齐文宣王开始,一起在南方

---

① 《续高僧传》卷六《慧开传》,《大正藏》第50卷,第473页上。
② 《续高僧传》卷六《法开传》,《大正藏》第50卷,第474页上。
③ 《高僧传》卷八,《大正藏》第50卷,第380页上。
④ 《续高僧传》卷五《法申传》,《大正藏》第50卷,第460页上。
⑤ 《续高僧传》卷六,《大正藏》第50卷,第470页下。
⑥ 《历代三宝记》卷一一,《大正藏》第49卷,第100页上。

传播,因此二系的不同论义,逐渐被人们所认识。文宣王命僧柔、慧次将二十卷论文删略为九卷,成为《成实论》略本,在齐代非常兴盛。梁武帝时,由于三大法师的努力弘扬,成实学派盛极一时,出现所谓"新旧本"的差别,智藏《成实论大义记》提到有二十卷与十六卷的不同论本。在陈代,则出现"新成实"、"旧成实"的争论。

4. 陈代的成实学派

陈代的成实学派是以梁代三大法师的弟子为中心,其中尤其以智藏的弟子僧绰与慧嚼影响最大。僧绰的弟子有慧韶、慧勇、洪偃、慧暅等。

慧韶(488—541),先后在僧旻、智藏、僧绰门下受学,后来前往蜀地弘扬《成实论》。

慧勇(515—583),又称法勇。谯国龙亢(安徽怀远龙亢集)人,俗姓桓。其兄亦出家,法号慧聪。师幼从杨都灵曜寺道则①出家,复从静众寺峰律师受具足戒,学习《十诵律》。后来,就龙光寺僧绰、建元寺法宠,研习《成实论》。法宠是道猛的弟子,是"寿春系"的嫡传。三十岁时,慧勇开始讲《成实论》,共十几遍。太平二年(557)梁朝灭后,慧勇前往摄山止观寺,从僧诠学习三论。陈代天嘉五年(564),受文帝之请,于太极殿讲说,称誉一时,住大禅众寺达十八年,所造之讲堂称为"般若堂"。宣讲《华严经》、《涅槃经》、《方等经》、《大集经》、《大品般若经》各二十遍,讲《大智度论》、《中论》、《百论》、《十二门论》等各三十五遍。于至德元年(583)示寂,世寿六十九。② 慧勇从成实学派转向三论,这也是陈隋时代成实学派的重要特点。

警韶(508—583),童年入道出家,奉事其叔僧广为师,僧广持戒精严,是当时的佛教领袖。受具足戒后,就学于庄严寺僧旻,继从龙光寺僧绰受业。二十三岁时,开讲《大品般若经》。还在建元、晋陵等寺,讲说经

---

① 《续高僧传·慧勇传》为"灵曜寺则法师",《续高僧传》卷六《僧迁传》提到僧迁"师事钟山灵曜道则法师"(《大正藏》第 50 卷,第 475 页下),则法师即是道则。
② 《续高僧传》卷七《慧勇传》,《大正藏》第 50 卷,第 478 页上一下。

论,听法者无数。后往豫章,遇见外国三藏真谛法师,为真谛所赏识,帮助真谛翻译《新金光明经》、《唯识论》、《涅槃中百句长解脱十四音》等。入陈以后,他被请回建康。天嘉四年(563),慧藻、道伦等二百余人,请警韶于白马寺长讲,于是在白马寺弘化十余年。六十以后便令慧藻代讲,自往瓦官寺坐禅静修。后又受请于王府略说《维摩诘经》,于龙光寺中广敷《成实论》。至德元年(583),示寂于开善寺,世寿七十六岁。讲《成实论》五十余遍,《涅槃经》三十遍,《大品般若经》四十遍,《新金光明经》三十余遍,《维摩诘经》、《仁王般若经》等数遍。①

洪偃(504—564),会稽谢氏的后代。洪偃小时候受过良好的诗书教育。游学建康,学习《成实论》、《毗昙》。后来,师事龙光寺僧绰,在两三年间,学问精进深奥,并且开讲宣扬《成实论》。《续高僧传·洪偃传》提到:"宿望弘量,因循旧章,偃属思云霄,曾无接对。见忤前达,不能降情,自是来学有隔,听者疏焉。遂闭志闲房,高尚其道。"②这说明在僧绰时代,《成实论》存在"新成实"、"旧成实"的区别,二者的差别可能较大,以至于洪偃无法再讲《成实论》。梁武帝在重云殿开讲时,洪偃因为年轻坐在下位,但其高论受到梁武帝的赞赏。为了躲避战乱,洪偃隐居在若耶(浙江省山阴县)云门精舍。陈天嘉元年(560),至建康,于宣武寺开讲。洪偃平时爱好诗文,曾经作《登吴昇平亭》、《游钟山之开善定林息心宴坐引笔赋诗》、《游故苑》等诗。天嘉三年(562)③,北齐使者崔子武来朝,陈宣帝派洪偃应对。洪偃著《成实论疏》十卷,"剖发精理,构思深剧"。天嘉四年(564)九月圆寂,世寿六十一岁。后人搜集其诗文,共有二十余卷,《隋书·经籍志》收录"陈沙门《释洪偃集》八卷"④。

---

① 《续高僧传》卷七《警韶传》,《大正藏》第 50 卷,第 479 页下—480 页中。
② 《续高僧传》卷七《洪偃传》,《大正藏》第 50 卷,第 476 页中。
③ 《北齐书·武成帝纪》记载:太宁二年(562)六月,诏兼散骑常侍崔子武使于陈。《北齐书》卷七《武成帝纪》,第 92 页。《佛祖统纪》则记载为太建四年(572),误也。《佛祖统纪》卷三十七,《大正藏》第 39 卷,第 353 页上。
④ 《隋书》卷三五《经籍志四》,第 1080 页。

慧暅(515—589)①,汝南周氏的后代。受到家学门风的影响,学习儒家六经,然后又归心黄老之学。游学建康,依竹林寺诩法师出家。受具足戒后,从静众寺峰律师学习《十诵律》,听龙光寺僧绰讲《成实论》,但是慧暅对毗昙学更感兴趣。后来,又回龙光寺,随慧舒②研习《成实论》。梁陈之际,避乱于徐州。永定三年(559),在建康白马寺讲《成实论》、《涅槃经》,学徒不远千里前来听法。天嘉二年(561),应宝持等二百七十人的邀请,在湘宫寺开讲;太建四年(572),陈宣帝敕命于东安寺开讲;至德元年(583),被任命为京邑大僧都,四年后升为大僧正。开皇九年(589)七月十日,圆寂于中寺,世寿七十五岁。慧暅讲《成实论玄义》六十三遍,《成实论》十五遍,《涅槃经》、《大品般若经》二十余遍。慧暅的弟子有慧隆、智琳,皆是有名的成实师。

慧隆(?—601),丹阳何氏人。十一岁出家,师从宣武寺僧都沙门慧舒。十三岁,至法云寺,听礶法师讲《成实论》。法云寺是天监末年(519),法云在秣陵县同下里所造的寺,法云为梁代三大法师之一,他的寺院势必以弘扬《成实论》与《法华经》为中心。慧隆听过一遍后,便能熟悉论义。梁末战乱时期,至彭城寺学习。陈代时期,慧隆在慧暅的门下学习,慧暅命他复讲。仁寿元年(601)十一月迁化。慧隆讲《成实论》三十遍,《涅槃经》、《大品般若经》各十余遍。③

智琳(544—613),高平防舆人,俗姓闾丘,居于南徐。幼年时,随名士卞诠学习《礼》、《易》、《老》、《庄》。后随仁孝寺法敦出家,受持读诵《维摩诘经》、《法华经》。法敦圆寂后,依止东安寺大僧正慧暅法师学《成实论》及律法。陈代太建十年(578),返旧里南徐,大转法轮。次年,敕任曲阿僧正。至德二年(584),敕任徐州僧都。师开坛传戒,度僧达千余人。

---

① 《续高僧传》卷九《慧暅传》,《大正藏》第50卷,第494页上—下。
② 《续高僧传·慧暅传》只提到"舒法师",但是汤用彤认为《续高僧传·慧暅传》所提及"慧舒"即是"舒法师"。见《魏晋南北朝佛教史》(下册),第521页。因为慧暅曾随慧舒学习《成实论》,后来慧舒示寂后,慧隆即前来问安。
③ 《续高僧传》卷一二《慧隆传》,《大正藏》第50卷,第515页中—下。

大业九年(613),示寂于仁孝寺,世寿七十。①

陈代的成实学派,第二个系统是南涧仙师系。南涧仙师不知何许人,但宝琼(白琼)、法朗曾随他学习《成实论》。

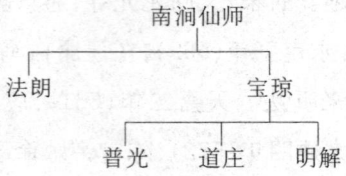

法朗(507—581)是南朝有名的三论学派僧,从南涧仙师学习《成实论》,又从僧诠学习三论,与慧勇、慧布、慧辩并称诠公四哲。

宝琼(504—584),东莞(山东沂水)人,俗姓徐,后避难居于毗陵曲阿(江苏丹阳),其家族的门风崇尚儒学。少年出家,师事沙门法通,被视为道器。十五岁后,禀受光宅寺法云的成实宗义,其后转往南涧仙师处,精研《成实论》、《毗昙》之学。仙师见其笔记,大为赞赏,嘱咐其他弟子传写。受具足戒后,便能覆述;五年后,便为法主,与仙师弘化于杭州、衡州等地,曾蒙梁武帝诏入寿光殿论谈。后来,请辞归乡,在建安寺讲说,白龙曾临其讲席,有识之士惊异于此,称他为"白琼"。宝琼与周弘正相投,周弘正邀请他再度至建康,讲说《成实论》、《维摩经》、《涅槃经》等。陈永定三年(559),于重云殿讲《大品般若经》;陈文帝时,宝琼被举为京邑大僧正,大力改革旧弊,令僧尼自行检肃;名声遂传于四方,海东诸国亦遣使求他的图像,以致遥敬。陈至德二年(584)入寂,世寿八十一。宝琼擅于讲说,讲《成实论》九十一遍、《涅槃经》三十遍、《大品般若经》五遍;撰《成实玄义》二十卷、《成实文疏》十六卷、《涅槃经疏》十七卷、《大品般若经疏》十三卷、《大乘义》十卷、《法华经》、《维摩诘经》等文疏各若干卷。弟子有兄孙普光、道庄、明解等。②

---

① 《续高僧传》卷一〇《智琳传》,《大正藏》第50卷,第503页下—504页上。
② 《续高僧传》卷七《宝琼传》,《大正藏》第50卷,第478页下—479页下。

道庄(525—605),建业(南京)人。少年时代学习经、史、玄学等。在彭城寺宝琼座下,禀受《成实论》。但是,陈代佛教界对《成实论》是小乘已经形成共识,不少人学习《成实论》后,都归入三论。后来,道庄从兴皇寺法朗研习《中论》、《百论》、《十二门论》、《大智度论》等四论。入住东都慧日道场,后入长安日严寺,讲说《法华经》,著《法华经疏》三卷,"直叙纲致,不存文句"。隋炀帝亲临其讲座,并赐以施物。著有《集数》十卷,示寂于大业元年(605),世寿八十一岁。①

同时,陈朝另外一位僧正建初寺宝琼,亦是有名的《成实论》学者,号为"乌琼",受陈朝皇室的尊崇,祯明元年(587)入寂。②

陈代成实学派的第三个系统是智嚼系,《续高僧传·智脱传》说:"时丹阳庄严寺嚼法师,《成论》之美,名实腾涌,远近朝宗,独步江表"③,可见他住丹阳庄严寺,"新实一家,鹰扬万代"④,为"新成实"的创始者,在江南造成很大的影响。智嚼的弟子有智脱、智琰、慧乘、智聚、法琰、智周等。

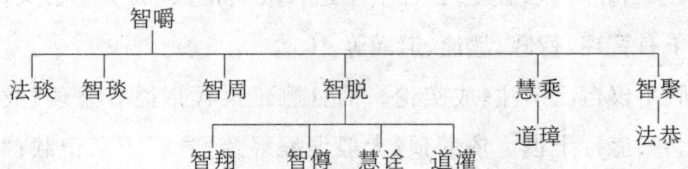

智脱(541—607),江都(江苏扬州)人,俗姓蔡,祖籍济阳(河南)考城。七岁出家,为邺下颖法师的弟子,专研《华严经》、《十地经论》。从江都"强师"学习《成实论》、《毗昙》。"强师"即是智强,《续高僧传·慧乘传》记载,慧乘的叔祖智强,少年出家,陈朝时任广陵大僧正,善《成实论》及《大涅槃经》。⑤ 智脱获得智强的赞赏,登座覆讲。然后,智脱又从庄严

---
① 《续高僧传》卷九《道庄传》,《大正藏》第50卷,第500页上。
② 《续高僧传》卷九,《大正藏》第50卷,第493页下。
③ 同上书,第498页下。
④ 《续高僧传》卷一〇,《大正藏》第50卷,第502页下。
⑤ 《续高僧传》卷二四,《大正藏》第50卷,第633页中。

寺智嚼研习《成实论》，智嚼将门徒弟子托付给智脱，于是智脱在庄严寺弘扬"新成实"。智脱在庄严寺教育弟子，弟子一百多人，成器者有九十多人。陈至德年间（583—586），陈后主迎请入宫内讲经。鄱阳王伯山、仆射王克、中书王固等礼敬智脱，《陈书·王固传》记载："固清虚寡欲，居丧以孝闻。又崇信佛法，及丁所生母忧，遂终身蔬食，夜则坐禅，昼诵佛经，兼习《成实论》义，而于玄言非所长"①，可见王固是从智脱学习《成实论》。隋文帝在岐阳宫建斋讲法，延请智脱登座说法。隋炀帝建慧日道场时，智脱入慧日道场，"标勇无前，出言《成论》"，为当时论士所推崇。后来，随隋炀帝入长安，住日严寺。智脱感慨江南有关《成实论》的注解都是"义章"类，缺乏对论文的详细注释，于是在日严寺内，著《成实论疏》四十卷。隋炀帝下诏，令智脱讲《维摩诘经》，与吉藏往复辩论，举座钦然。后又撰《二乘名教》四卷、《净名疏》十卷。大业元年（605），随隋炀帝移驾洛阳。大业三年（607）卒，世寿六十七。智脱讲《大品般若经》、《涅槃经》、《净名经》、《思益经》各三十多遍，《成实论》、《成实论玄义》各五十遍。弟子有智翔、智傅、慧诠、道灌等。②

智脱不仅自己撰注《成实论》，而且删正梁代招提寺慧琰《成实论玄义》十七卷，盛行于世。依灌顶《大般涅槃经疏》卷三十二记载："如庄严云：佛果无有续，待因成三假。后招提琰是彼学士，即改云：佛果无因成，不妨有续待。"③安澄《中论疏记》卷二末说：

    言招提琰公等者。述义云：招提寺琰法师，双用二义，善于《成实论》义也。有人解云：即是招提寺慧琰法师也。琰呼余冉反。别记云：此师本是优婆塞，为学问僧等干食。又来至汉地，书二边见，度人在也。④

---

① 《陈书》卷二一《王固传》，第282页。
② 《续高僧传》卷九《智脱传》，《大正藏》第50卷，第498页下—499页下。
③ 《大般涅槃经疏》卷三二，《大正藏》第38卷，第220页中。
④ 《中论疏记》卷二末，《大正藏》第65卷，第49页中。

可见,"招提琰"即是招提寺慧琰,是庄严寺僧旻的弟子。《陈书·周弘正传》记载,梁元帝著《金楼子》中说:"余于僧中重招提琰法师,隐士重华阳陶贞白,士大夫重汝南周弘正,其于义理,清转无穷,亦一时之名士也。"①《佛祖统纪》记载,招提慧琰因诵《般若经》而得长寿。② 通过智脱等人的弘扬,江南成实学派的思想在隋唐时代得到传播。

智琰(564—634),吴郡朱氏的后代,字明璨。八岁出家,师事玄璩法师。十二岁时,通诵《法华经》,被誉为"神童"。十六岁,听报恩寺持法师讲《成实论》。二十岁时,在建业泰皇寺延法师座下受具足戒,又随大庄严寺智嚼"重研新实"。陈至德三年(585),陈后主建仁王法会,高僧云集,智琰请教耆宿大德,深得陈后主赞赏。陈灭后,隐居于武丘,受到隋代尚书令楚国公杨素、左仆射邳国公苏威的崇敬。后受隋文帝邀请,在长安行化十载。武德七年(624),受苏州总管武阳公李世嘉迎请,回到苏州。智琰在讲经之余,常行法华、金光明、普贤等忏法,又诵《法华经》三千余遍。智琰信仰西方净土,造阿弥陀佛像,行三种净业,修习十六观,在般若台内与僧俗弟子共同发愿求生净土。贞观八年(634),卒于虎丘山的东寺,世寿七十一。③

智聚(538—609),姓朱,住在苏州虎丘东山寺,投虎丘胤法师出家。同时,随吴郡顾希凭、会稽谢峻岳学习儒家、墨家等思想,于是通达世间出世间法。弱冠之年,便能讲法。后来,至庄严寺智嚼处,学习"新实",受到汝南周弘正的赞赏。至德二年(584),奉敕于太极殿讲《金光明经》,陈后主与众大臣亲临法席。至德三年(585),回到苏州东山精舍。开皇十一年(591),隋文帝下《劳问智聚法师敕》④,表达钦嘉之情。从此,智聚深受隋代皇室朝臣的尊崇。大业五年(609)示寂于东山寺,世寿七十二。

---

① 《陈书》卷二四《周弘正传》,第 308 页。但是,查《四库全书》本《金楼子》的原著,并无此文。《金楼子》卷二《聚书篇六》说:"又得招提琰法师众义疏及众经序。"
② 《佛祖统纪》卷三七,《大正藏》第 49 页,第 352 页上。
③ 《续高僧传》卷一四《智琰传》,《大正藏》第 50 卷,第 531 页下—532 页中。
④ 《续高僧传·智聚传》收录了敕文,《释文纪》卷三八亦收录。

讲说《大品般若经》、《涅槃经》、《法华经》等各二十遍。① 智聚有弟子法恭（即道恭），亦是有名的《成实》学者。

法琰（？—636），俗姓严，江表金陵人。住在愿力寺，听庄严寺智嚼讲《成实论》，深得论义要旨，众人赞赏。隋代时，被召入日严寺；武德年间，住在玄法寺。贞观十年（636）卒，世寿九十多。②

智周（556—622），姓赵，祖籍徐州下邳，移居娄县曲阜。少年时，师事法流水寺僧滔法师。僧滔是"吴国冠冕，释门梁栋"，陆瑜亦曾向他学习《成实论》。③ 受具足戒后，在大庄严寺智嚼门下，学习"新实"。梁朝灭亡时，回到法流水寺弘扬"新实"。武德五年（622）示寂，世寿六十七。智周讲《成论小招提玄章》、《涅槃经》、《大品般若经》等，弟子有法度、慧满等。④

慧乘（555—630）⑤，徐州彭城人，俗姓刘。十二岁，从叔祖智强出家，智强曾任广陵大僧正，智脱亦在智强门下学习。十六岁，于杨都庄严寺听智嚼讲《成实论》。受具足戒后，出席陈武帝举办的仁王斋，慧乘竖"佛果出二谛外"义，辩才无碍，陈武帝赐予天柱纳袈裟。后受隋晋王杨广的邀请，入住江都慧日道场，弘扬《成实论》。大业六年（610），入东都四方馆，任大讲主。于东都盛弘佛法。唐代武德初年，住胜光寺。武德八年（625），高祖行释奠之礼，规定道、儒、佛之顺位，师遂与道士李仲卿、潘诞奏等展开佛、道论战。于贞观四年（630）示寂，世寿七十六。慧乘讲《涅槃经》、《般若经》、《金光明经》、《地持论》、《成实论》等，各数十遍。

慧弼（537—599）⑥，俗姓蒋，常州义兴人。永定二年（558）出家，师事惠殿寺领法师，学习《成实论》。当时，"宝梁明上盛弘新实，天宫晃公又

---

① 《续高僧传》卷一〇《智聚传》，《大正藏》第50卷，第502页下—503页上。
② 《续高僧传》卷三〇《法琰传》，《大正藏》第50卷，第704页下。
③ 《陈书》卷三四《陆瑜传》，第463页。
④ 《续高僧传》卷一九《智周传》，《大正藏》第50卷，第580页上—下。
⑤ 《续高僧传》卷二四《慧乘传》，《大正藏》第50卷，第633页中—634页下。
⑥ 《续高僧传》卷九《慧弼传》，《大正藏》第50卷，第494页下—495页中。

敷《心论》",可知他也是"新成实"的学者。天嘉元年(560),游学于诸讲席,听慧哲讲《中论》、《百论》、《十二门论》、《大智度论》,于是舍《成实》、《毗昙》,专弘大乘中观思想。太建十年(578),敕住于长城报德寺,讲《涅槃经》、《法华经》,听众如云,归依者众多。慧哲去世前,将经书、义疏等付嘱于慧㢸,慧㢸讲说经论各满十遍。后来,归还常州故里,住安国寺。开皇十九年(599)卒,世寿六十三。

梁陈时代的成实学派,在建业声势浩大,以龙光寺、庄严寺、建初寺、彭城寺为中心弘扬其学说,如《续高僧传·慧荣传》说:"梁高祖大通年,辞亲出听。时建初、彭城,盛弘《成实》。"①另外,梁末陈初时代,一些学者由于躲避战乱,在会稽、吴郡弘扬《成实论》。

二、彭城系与北方成实学派

1. 僧嵩与彭城系

《成实论》在北方的传播,是以彭城为中心,以僧嵩为先导者。彭城居黄淮间南北交通要冲。东晋末年,刘裕北征长安,姚秦溃败,鸠摩罗什弟子道融、僧嵩等于彭城弘法,于是徐州佛学兴盛。献文帝天安元年(466),军锋南指,刘宋徐州刺史薛安都举城归附,彭城入魏。同时,凉州僧人因法秀谋反而被疑、疏远,徐州高僧的声名则闻于代京,引起朝野的关注。因此成实学派在北魏时代的兴盛,与当时的政治形势具有密切的关系。

僧嵩受学于鸠摩罗什,后住徐州白塔寺。僧嵩虽然是《成实论》大师,但是出自鸠摩罗什门下,原信《大品》,而且破斥《涅槃经》之说。然至晚年,又放弃以前的思想,信奉《涅槃经》之说。② 僧嵩传僧渊,于是枝繁叶茂,成为"彭城系"。

僧渊(414—481),颖川人,俗姓赵。在徐州白塔寺,从僧嵩学习《成

---

① 《续高僧传》卷八《慧荣传》,《大正藏》第50卷,第487页下。
② 《中观论疏》卷一末,《大正藏》第42卷,第17页下。

实论》、《毗昙》。未及三年,便已学成,超越其他人十年之功。北魏太和五年(481)卒,世寿六十岁。其弟子知名者,有昙度、慧记(或为纪)、道登、慧球。①

昙度(？—489),江陵人,俗姓蔡。出家后,持戒精严,悟性过人。游学京师建康,精通《涅槃经》、《法华经》、《维摩经》、《大品经》。《高僧传》卷七记载:

> 复有沙门昙度,续为僧主,度本琅琊人,善三藏及《春秋》、《庄》、《老》、《易》。宋世祖太宗并加钦赏。及少帝乖礼,度亦行藏得所,举动无忤,止于新安寺。②

昙度不但精通佛学,而且对老庄思想深有研究,受到孝武帝刘骏的赞赏,受命为僧主,住在新安寺。

昙度受到宋明帝刘彧的器重,《宋书·始安王休仁传》提及,当时的宰相、皇弟刘休仁委托昙度请求宋明帝开恩免其死罪③,这说明昙度的道行、才智非同寻常,而且参与政治。据《宋书·后废帝纪》,元徽五年(477)"七月七日,昱乘露车,从二百许人,无复卤簿羽仪,往青园尼寺,晚至新安寺就昙度道人饮酒。醉,夕扶还于仁寿殿东阿毡幄中卧。"当晚,刘昱被执政大臣萧道成指使侍卫杀死。其后,齐高帝萧道成敕道盛代替昙度为僧主。可见,昙度被黜,是由于他与刘氏皇室关系过于密切。

北魏太和二年(478),昙度至徐州,从僧渊法师受《成实论》。北魏孝文帝遣使迎请,与道登、慧球等一起北上平城。孝文帝礼敬有加,于是便在平城弘法,学徒千余人。太和十三年(489)卒于魏国,撰《成实论大义疏》八卷,在北方广为流传。④

---

① 《高僧传》卷八《僧渊传》,《大正藏》第50卷,第375页上—中。
② 《高僧传》卷七,《大正藏》第50卷,第374页上。
③ 《宋书》卷七二《始安王刘休仁传》,第1877页。
④ 《高僧传》卷八《昙度传》,《大正藏》第50卷,第375页中。

另外,在《高僧传·慧球传》中,曾提到"与同学慧度俱适京师,谘访经典。后又之彭城,从僧渊受《成实论》"。《魏书·释老志》列举名僧,慧度为其中之一。《南齐书·祥瑞志》记载:

> (永明二年)十一月,虏国民齐祥归入灵丘关,闻殷然有声,仰视之,见山侧有紫气如云,众鸟回翔其间。祥往气所,获玺方寸四方,兽钮,文曰"坤维圣帝永昌"。送与虏太后师道人惠度,欲献虏王。惠度睹其文,窃谓"当今衣冠正朔,在于齐国"。遂附道人惠藏送京师,因羽林监崔士亮献之。①

依此可知,慧度为文明冯太后之师,而且具有深厚的南朝情结,以南朝为正统。《续高僧传·道登传》提到道登的同学"法度",曾在僧渊门下学习《成实论》,后亦到洛阳。慧度、法度、昙度,都曾在僧渊门下学习《成实论》,都受到孝文帝敬重,三人或许为同一人②,值得推究。

慧球(431—504),扶风郡人,俗姓马。十六岁出家,为荆州竹林寺道馨的弟子,后入湘州麓山寺修禅。后到彭城从僧渊受《成实论》。三十二岁时回到荆州,开讲经论,学侣成群,"荆楚之间,终古称最。使西夏义僧,得与京邑抗衡者,球之力也"。中兴元年(501),敕为"荆土僧主"。天监三年(504)卒,世寿七十四岁。③

道登(412—496),东莞人,俗姓芮。先从徐州僧药研习《涅槃》、《法华》和《胜鬘》,后从僧渊学究《成实论》。五十岁时和同学法度到洛阳,得到孝文帝及魏国信徒的礼敬。④ 道登与孝文帝关系十分密切,《魏书·灵征志》和《释老志》都记载二人同见一鬼。⑤ 建武二年(495),孝文帝向南

---

① 《南齐书》卷一八《祥瑞志》,第363—364页。
② 伊藤隆寿推断"昙度"、"慧度"为同一人,见《北魏及び梁代における佛教研究と成实》,《驹泽大学大学院佛教学研究会年报》第6号,第12页,1972年。汤用彤以"昙度"即是"法度",见《汉魏两晋南北朝佛教史》(下册),第598页。
③ 《高僧传》卷八《慧球传》,《大正藏》第50卷,第381页上。
④ 《续高僧传》卷六《道登传》,《大正藏》第50卷,第471页下—472页上。
⑤ 《魏书》卷一一二上《灵征志上》,第2916页。

征伐,攻击寿春时,派遣道登进入城内,施与众僧绢五百匹。① 太和二年(496),终于报德寺,世寿八十五岁。孝文帝为表示哀悼,施帛一千匹,设一切僧斋,行法事七天,并且下诏须穿着白色服丧。

慧纪(亦作"慧记"),兼通《成实论》、《毗昙》,尝讲经于平城郊外之鹿苑,鹿苑即在云冈石窟。依《帝为慧纪法师亡施帛设斋诏》,慧纪殁时,孝文帝"敕徐州施帛三百匹,并设五百人斋,以崇追益"。② 同时,《续高僧传·法贞传》中提到法贞的师父道记,汤用彤指出"道记"即是慧纪。③ 道记的弟子,有法贞、僧建、慧聪、道寂。

法贞(461—521),渤海东光人,为道记的弟子,住洛阳广德寺,十一岁诵《法华经》。长大后,精通《成实论》。法贞、僧建皆名扬洛阳,僧建"文句无前",法贞"入微独步"。法贞以所得供养,造佛像千躯,分布各地供养。北魏清河王元怿、汝南王元悦,对法贞敬重有加,顶礼归依。《续高僧传·法贞传》说:

> 会魏德衰陵,女人居上;毁论日兴,猜忌逾积;嫉德过常,难免今世。贞谓建曰:大梁正朝礼义之国,又有菩萨应行风教,宣流道法,相与去乎。今年过六十,朝闻夕死吾无恨矣。建曰:时不可失,亦先有此怀。④

延昌四年(515),灵太后亲临朝政。由于佛教匪徒的叛乱,朝廷对佛教加以限制。南朝正是梁武帝当政,素有"菩萨皇帝"之称的梁武帝,对推行佛教不遗余力。所以,法贞、僧建对梁朝佛教心生仰慕,法贞于普通二年(521)在往南方的路上被追兵杀死。

僧建是清河人,在道记的门下穷研数论,深入理解《成实论》的"五聚"。僧建平日讲学,听者都超过千人。后来到达南朝,住在江阴何园寺。当时

---

① 《南齐书》卷四五《列传》第二十六,第794页。
② 《广弘明集》卷二四,《大正藏》第52卷,第273页上。
③ 汤用彤:《汉魏两晋南北朝佛教史》(下册),第610页。
④ 《续高僧传》卷六《法贞传》,《大正藏》第50卷,第474页中。

梁武帝集合学僧,于乐受殿论议法义。可见,僧建将北方的《成实》学传往南方。慧聪"立心闲豫,解行远闻",道寂"博习多通,雅传师业",二人皆终于北魏。

《成实论》在北魏的传播,与北魏孝文帝的推崇有关系。孝文帝博览经史,尤善《老子》、《庄子》,平素尤喜玩味《成实论》,他自己说"朕每玩《成实论》,可以释人梁情"①。太和十九年(495)四月,行幸徐州白塔寺,看望僧嵩。慧纪、道登亦为孝文帝所敬重,道登为孝文帝讲《成实论》,孝文帝在诏中以"朕师道登法师"相称呼。僧嵩一系以徐州彭城为中心,在北方宣扬未修治的《成实论》,成为成实学派的"彭城系"。而且,徐州僧团的北上,改变了北朝原有凉州佛教的思想与信仰。

2. 北齐成实学派与地论学派

宣武帝时代,在菩提流支、勒那摩提等人的提倡下,地论学派逐渐成为北方佛学的主流。同时,随着中国佛教对大乘、小乘不断的抉择,在北方的判教中,《成实论》成为"假名宗",《成实论》的小乘性格逐渐成为北朝佛教的共识。

但是,《成实论》对北朝佛教仍然具有一定的吸引力。魏末北齐重要的成实师,有渤海明彦,慧休在明彦的座下听讲《成实论》。《续高僧传·志念传》提及"彦,《成实》元绪",可见明彦对《成实论》的造诣。当时明彦有弟子三百余人,如汲郡洪该、赵郡法懿、漳滨怀正、襄国道深、魏郡慧休、河间圆粲、俊仪善住、汝南慧凝、高城道照、洛寿明儒、海岱圆常、上谷慧藏等人。另外,邺城道纪亦以《成实论》闻名,讲论三十年。②

随着地论学派的兴起,在地论学派内部亦出现学习《成实论》者。如灵询(482—550),少年出家,学《成实论》和《涅槃经》都很有成就。曾于《成实论》中辑要两卷,加以注释,盛行于世。后来,随慧光学习大乘,擅

---

① 《魏书》卷一一四《释老志》,第3040页。
② 《续高僧传》卷三〇《道纪传》,《大正藏》第50卷,第701页上。

《维摩诘经》，著有疏记。开始为国都，魏末为并州僧统，齐初卒于晋阳。①道凭(488—559)曾学习《成实论》。灵裕(518—605)在邺都时期，就嵩(即慧嵩)、林二师学习《成实论》，著《成实论抄》。慧休(548—646②)受学于灵裕，后往渤海从明彦听《成实论》，从志念学习《毗昙论》，著有《成实论》义章及疏。

慧休的弟子道杰(573—627)不但精通《成实论》的思想，而且依《成实论》修习"安般念处"，非常有成就。③ 神素(572—643)与道杰同学，讲《成实》将近二十遍。④

三、成实学派的延续与衰落

隋朝建立后，晋王杨广设立慧日道场，招集天下名僧，"时慧日创立，搜扬一化，并号龙象，咸问义门"，于是慧日道场成为当时南方的佛教中心。在慧日道场中，智脱、慧乘、道庄、敬脱、法论等都是有名的成实学者。

敬脱(555—617)，少年出家，以孝行清直著名，曾经肩挑扁担，一头担母，一头担经书与笔。遍研大小乘教义，而独明《成实》，他所制的章疏为后学所宗仰。擅长音韵，兼通字体，被誉为"僧杰"。入住慧日道场，受到隋炀帝杨广的赞赏。后来，"常弘《成实》，无替时序"。大业十三年(617)卒于东都洛阳鸿胪寺。世寿六十三。⑤

法论(528—605)，南郡孟氏，最初住荆州天皇寺，博通内外诸学，外涉玄儒，而内弘佛教。法论深研《成实论》，其师承不明。杨广邀请住慧日道场，后又住日严寺。著有《别集》八卷。大业元年(605)示寂，世寿七

---

① 《续高僧传》卷八《灵询传》，《大正藏》第 50 卷，第 484 页下。
② 道宣修纂《续高僧传》的截止时间为贞观十九年(645)，当时慧休尚在世。依宝山灵泉寺《慈润寺故大论师慧休法师纪德文碑》，其卒年为贞观二十年(646)三月五日，世寿九十九岁。河南古代建筑研究所：《宝山灵泉寺》，第 338 页，郑州，河南人民出版社，1991 年。
③ 《续高僧传》卷一三《道杰传》，《大正藏》第 50 卷，第 529 页上—下。
④ 《续高僧传》卷一三《神素传》，《大正藏》第 50 卷，第 530 页上—中。
⑤ 《续高僧传》卷一二《敬脱传》，《大正藏》第 50 卷，第 518 页下—519 页上。

十八。①

开皇九年(589),晋王杨广攻灭南陈后,在长安建造日严寺,大量遴选召请江南高僧北上,此举对隋代佛教"融会南北"起了重要的作用。而且,日严寺绝大部分是江南的高僧,少量来自北方,所以以保持江南佛教义学传统为特色。在日严寺的成实师有智脱、法论、慧頵、昙瑎、善权等。道庄虽然亦在日严寺,但已经归入三论学派。另外,灵裕、道正、大兴善寺的昙观、明璨、仁觉寺的宝岩等,都是隋代重要的成实师。

慧頵(564—637),清河张氏,其先祖晋永嘉时南渡至建业。幼习儒道,后归释氏,善诵《法华经》。陈太建中(569—582),敕度入同泰寺。后住在江都华林寺,在明解法师座下听讲《成实论》。开皇末年,晋王召入长安,住日严寺,归宗龙树,弘扬大乘,研习《中论》、《百论》、《般若》、《唯识》等,与智首、道岳等名德相友善。武德年间,日严寺被废后,率门人道宣等移住崇义寺。贞观十一年(637),卒于崇义寺,世寿七十四。②

昙瑎(536—618),江都人,少年出家,学习《成实论》、《涅槃经》与《大品般若经》,以慧解驰名,在江左、江右游学多年。晋王杨广造日严寺,延请昙瑎入住。内史令萧琮合门礼敬,奉为家僧。仁寿末年,敕送舍利于熙州环谷山山谷寺。后住弘善寺,武德初年(618)示寂,世寿八十三。③

善权(553—605),杨都人,住在宝田寺。研学《成实论》,颇有造诣。尤善唱导,能悟发时极,随言连贯。杨广召请入住日严寺。献后去世后,召日严寺大德五十余人内宫行道。善权梵呗礼导,闻者皆赞叹不已。大业初年(605),示寂于日严寺,世寿五十三。门人法纲,继承善权的唱导法。④

昙观,生卒年不详,莒州人,七岁出家,受具足戒后,偏宗《成实论》。昙观注重禅定,于是隐居岩穴,修习"十六特胜"的小乘禅定。开皇初年(581),隋文帝召请其入住大兴善寺,供养丰厚,但清净自守。仁寿中,敕

---

① 《续高僧传》卷九《法论传》,《大正藏》第 50 卷,第 500 页上。
② 《续高僧传》卷一四《慧頵传》,《大正藏》第 50 卷,第 533 页下—534 页中。
③ 《续高僧传》卷二六《昙瑎传》,《大正藏》第 50 卷,第 670 页上—中。
④ 《续高僧传》卷三〇《善权传》,《大正藏》第 50 卷,第 704 页上—中。

送舍利于定林寺。①

明璨,姓韦,莒州沂水人,十岁出家。二十受具足戒。通《成实论》与《涅槃经》,周武帝"禁佛"时,隐避山林。周宣帝创开陟岵寺,慧远率众僧侣前往,明璨归投于慧远门下。隋代时,敕召住大兴善寺。仁寿初年,送舍利于南京栖霞寺,后住大禅定寺。唐朝初年卒,具足时间不详。②

宝岩,生卒年不详。幽州人。涉猎《十地经论》、《毗昙》、《成实论》,学识渊博,但不乐讲说。后住京下宝岩寺,仁寿年间,送舍利于弘业寺。③

道正,生卒年不详,沧州渤海人。出家后,居无常处,修习禅定,栖息山林。道正的禅法是"令其住心,缘向所授"。他弘扬《成实论》,闻名于幽冀一带。道正著《六行凡圣修法》,略为一卷,广为二十卷。开皇七年(587),道正将此书献给隋文帝,其意在于反对江南佛教义学的玄学之风,回归重视实践修行,即"抱一知宗,守道行禅"。后来,受到当时长安佛教界的反对,不知所终。④

在隋唐时期的摄论学派中,亦有学习《成实论》者。如道宗(563—623),随道奘学习《大智度论》、《十地经论》、《地持论》、《成实论》、《毗昙》等,立四种黎耶。⑤ 晚年,住慧日道场,常讲《成实论》,培养后学。⑥ 道岳(568—636),曾从志念、智通二师,学习《成实论》、《阿毗昙心论》。⑦ 法常(567—645),博考《华严经》、《成实论》、《毗昙》、《十地经论》的异同。⑧ 神照,至邺下听慧休讲《摄大乘论》,后常讲《涅槃》、《华严》、《成实》、《杂心》

---

① 《续高僧传》卷二六《昙观传》,《大正藏》第 50 卷,第 672 页下。
② 《续高僧传》卷二六《明璨传》,《大正藏》第 50 卷,第 669 页上。
③ 《续高僧传》卷二六《宝岩传》,《大正藏》第 50 卷,第 674 页中。
④ 《续高僧传》卷一六《道正传》,《大正藏》第 50 卷,第 558 页下—559 页上。
⑤ 四种黎耶,即解性黎耶、闻熏黎耶、果报黎耶、染污黎耶。见圣凯:《摄论学派研究》,第 354—356 页,北京,宗教文化出版社,2006。
⑥ 《续高僧传》卷一一《道宗传》,《大正藏》第 50 卷,第 512 页上。
⑦ 《续高僧传》卷一三《道岳传》,《大正藏》第 50 卷,第 527 页中。
⑧ 《续高僧传》卷一五《法常传》,《大正藏》第 50 卷,第 540 页下。

诸经论。①

保恭(542—621),青州崔氏的后代。十一岁时,投炅法师出家。后来,往开善寺彻法师(或许是僧旻的弟子明彻)听讲《成实论》。受具足戒后,在慧晓禅师门下学习禅定,禅观有成。但是,在学习修禅过程中,对于《成实论》与禅观逐渐产生疑惑。当时,高昌慧嵩在弘扬《十地经论》、《地持论》,前往受学,疑团顿消,于是依《地持论》而修行,而偏讲《法华》。陈至德初年(583),慧布从北方邺城回到建业的摄山(即栖霞山),邀请保恭前往弘扬禅法。同时,保恭又在慧布门下学习《三论》,大振栖霞寺的道风僧纪。开皇十五年(595),写信给天台智𫖮,延请前往栖霞寺讲《法华经》。② 隋仁寿末年(604),被敕为禅定寺道场主。隋齐王杨𬭎奉礼为师。唐朝初年,与慧因、慧超等隐居于蓝田悟真寺。③ 武德二年(619),大禅定寺改称为大庄严寺,被选为十大德,检校僧尼。武德四年(621),卒于大庄严寺。世寿八十岁。④

慧因(539—627),吴郡海盐于氏人,十二岁出家,事开善寺慧熙为师。后来,随建初寺宝琼(即"乌琼")学习《成实论》,登堂入室。至钟山慧晓、智瓘二位禅师处,学习禅定调心法门。又随长干寺智辩学习《三论》,后来智辩归隐山林,便令慧因带领徒众,受业弟子有五百余人。陈仆射除陵、尚书毛喜等人,都归依敬礼。隋仁寿三年(603),任禅定寺的知事上座,教授禅学,维护僧纲,而且常常弘讲《三论》,撰述注疏。唐代初年,被举为十大德之一,成为菩萨戒师。贞观元年(627),于京师大庄严寺示寂,世寿八十九。著有《性有名门学》。有弟子法仁。⑤

僧定(?—624),初以《成实》学知名,后改学禅定。住禅定寺,大业

---
① 《续高僧传》卷一三《神照传》,《大正藏》第 50 卷,第 528 页下—528 页上。
② 《国清百录》卷四《蒋山栖霞寺保恭请疏》,《大正藏》第 46 卷,第 821 页中—下。
③ 《续高僧传》卷二八,《大正藏》第 50 卷,第 687 页中。
④ 《续高僧传》卷一一《保恭传》,《大正藏》第 50 卷,第 512 页下—513 页上。
⑤ 《续高僧传》卷一三《慧因传》,《大正藏》第 50 卷,第 522 页上—中。

末年,隐居终南山大和寺。①

　　法恭(568—640),吴郡顾氏的后代。在虎丘东山寺智聚座下出家,智聚是"新成实"智嚼的弟子。受具足戒后,随余杭宠公学习《成实论》,随屺公学习《毗昙》。后来,继承宠公的法席,弘法于吴地。又隐居于虎丘山,受州将刘权的邀请,住回向寺。贞观十一年(637),受敕赴洛阳。贞观十四年(640),卒于长安大庄严寺,世寿七十三岁。②

　　道庆(566—626),十一岁出家,事吴郡建善寺藏阇梨为师。十七岁时出都,在彭城寺听讲《成实论》,辩才无碍。此时,在彭城寺弘扬《成实论》的,有慧暅、慧隆等,道庆或许依他们而学。陈末隋初,住无锡凤光寺,后来住弘业寺讲《毗昙》。武德九年(626),卒于弘业寺,世寿六十一岁。③

　　玄续,四川成都人,他对《涅槃》和《成实》的造诣很深,为一方学者所崇仰。④

　　另外,唐初成实学派的发展,与律宗有紧密的联系。在唐初律宗有关戒体的争论中法砺依《成实论》,提出"非色非心"为戒体。《续高僧传·法砺传》并没有提及法砺研究《成实论》的经历,但是他撰《四分律疏》十卷,"宗依《成实论》"⑤。

　　圆光(532—630),俗姓朴,二十五岁乘船至金陵,初闻庄严寺僧旻之弟子讲经,大有感悟,因得陈主之敕许,剃发受具足戒。游历讲肆,通晓《涅槃》、《成实》之理,遍览经律论等三藏诸典。后投江苏虎丘山,专修禅观,深副夙心。未久,从信士之请,出山讲《般若经》及《成实论》。开皇九

---

① 《续高僧传》卷一九《僧定传》,《大正藏》第 50 卷,第 579 页中—下。
② 《续高僧传》卷一四《法恭传》,《大正藏》第 50 卷,第 535 页下—536 页中。
③ 《续高僧传》卷一二《道庆传》,《大正藏》第 50 卷,第 521 页中。有一种说法,道庆随彭城寺宝琼,讲《成实论》大义。但是,宝琼这时已经去世,所以这种推测无法成立。
④ 《续高僧传》卷一三《玄续传》,《大正藏》第 50 卷,第 530 页下—531 页上。
⑤ 《宋高僧传》卷一五,《大正藏》第 50 卷,第 804 页下。

年(589)游长安,穷究《摄大乘论》,声誉甚高。后来,回去新罗。①

慧旻(573—649),九岁出家,诵《法华经》;十五岁,听法于回向寺,随来自新罗的圆光学习《成实论》。十七岁时回乡,于海盐光兴寺讲《法华经》。受具足戒后,从竹园寺志律师禀承《十诵律》。后来,曾到天台山学习。住在通玄寺十七年,不出寺门。后又入海虞山隐居二十多年。讲菩萨戒、《成实论》多遍,著《十诵私记》十三卷、《僧尼行事》二卷、《尼众羯磨》两卷、《道俗菩萨戒义疏》四卷。贞观末年(649),卒于海虞山,世寿七十七岁。②

玄奘在去印度之前,曾随道深学习《成实论》,"体悟《成实》,学称包富"③。玄奘在留学印度期间,又于钵伐多国从正量部学此论。但是,从此以后,僧传中很少提及成实师,可见已经逐渐衰亡了!

从晋末、刘宋时代开始,直至隋末唐初,成实学派一直盛行于汉地。而且,成实师不仅精通《成实论》,还兼习《涅槃经》、三论等其他经论,或者修习禅定。汤用彤曾将刘宋至唐初的《成实论》注疏汇集④,如下:

(1) 宋·僧导《成实论义疏》

(2) 宋·道亮《成实论义疏》八卷

(3) 北魏·昙度《成实论大义疏》八卷

(4) 梁·智藏《成实论大义记》

(5) 梁·智藏《成实论义疏》十四卷

(6) 梁·法云《成实论义疏》四十二卷

(7) 梁·慧琰《成实论玄义》十七卷

(8) 梁·僧旻《成实论义疏》十卷

(9) 梁·袁昙允《成实论类抄》二十卷

---

① 《续高僧传》卷一三《圆光传》,《大正藏》第50卷,第523页下—524页上。
② 《续高僧传》卷二二《慧旻传》,《大正藏》第50卷,第619页下—620页上。
③ 《续高僧传》卷四,《大正藏》第50卷,第447页上。
④ 汤用彤:《汉魏两晋南北朝佛教史》下册,第522—523页,北京,中华书局,1982。

(10) 陈·宝琼《成实论玄义》二十卷

(11) 陈·宝琼《成实论疏》十六卷

(12) 陈·洪偃《成实论疏》数十卷

(13) 北齐·灵询《成实纲要》二卷

(14) 隋·灵裕《成实论抄》五卷

(15) 隋·智脱《成实论疏》四十卷

(16) 隋·慧影《成实义章》二十卷

(17) 隋·明彦《成实论疏》十卷

(18) 作者不详《成实论义林》

(19) 宗法师《成实论玄记》

(20) 元晓《成实论疏》十六卷

(21) 聪法师《成实论章》

(22) 宗法师《成实论义章》

(23) 宗法师《成实论疏》

(24) 嵩法师《成实论疏》

以上注疏皆散佚不存,于是诸多成实师的思想难窥一斑。但是,从僧传的记载可以看出,成实学派由于僧导、僧嵩秉承不同的《成实论》译本,出现"寿春系"与"彭城系"的南北不同传承。在南齐文宣王、梁武帝的推动下,成实学派在齐梁时代达到鼎盛时期,于是出现《成实论抄》略本的流传。随着智嚼"新成实"的流行,与三论的对抗日益激烈;至吉藏著《三论玄义》,对成实学派进行批判。唐初唯识学兴起,于是成实学派逐渐消亡,将近二百四十年的传承便中断不传。

第二节 《成实论》的思想

《成实论》共二百零二品,昙影概括全论而区分为发、苦谛、集谛、灭谛、道谛五聚,甚得译主鸠摩罗什的赞许,这就成了现行论本的结构。

一、五聚与四谛

《成实论》的五聚,"发聚"是引论,其次以苦集灭道四谛为次第。"发聚"前有序颂,"发聚"的三十五品,都依序颂而来。赞礼三宝功德,论僧宝时,立十八学人、九无学人——二十七贤圣。辩决当时异论,列举十论——十项论题,为当时佛教界的论争重心。如《成实论》卷二说:

> 于三藏中,多诸异论,但人多喜起诤论者,所谓:二世有、二世无,一切有、一切无,中阴有、中阴无,四谛次第得、一时得,(罗汉)有退、无退,使与心相应、心不相应,心性本净、性本不净,已受报业或有、或无,佛在僧数、不在僧数,有人、无人。①

毗婆沙师迦旃延尼子评骘百家,引起激烈的论争,各方留下精密的论辩记录,如《成实论》、《俱舍论》、《顺正理论》。

在这些论争中,《成实论》的立场是:

(1) 二世无——过去未来是非有的。

(2) 一切有与一切无是方便说,第一义谛是非有非无的。

(3) 没有中阴。

(4) 一时见谛(顿见)。

(5) 阿罗汉不退。

(6) 心性不是本来清净的。

(7) 使(随眠)与心相应。

(8) 过去是无,所以不用讨论已受报业的是有是无。

(9) 佛不在僧中。

(10) 无我。

吉藏《中论序疏》提到,鸠摩罗什翻译《成实论》后,命僧睿讲此论,

---

① 《成实论》卷二,《大正藏》第32卷,第253页下。

僧睿当时便提出："此争论中,有七处破阿毗昙,在言小隐。"①所谓"七处破阿毗昙",即是指"发聚"中叙破十论的诸品。但是,《成实论》仍然深受说一切有部或经部的影响,故不属于大众部及分别论者。如此论所说心性非本净、使心相应,皆合于说一切有部。而且,《成实论》中不立种种无为,立假名有与实法有,暖、顶、忍、世第一法等,都可以说明这一点。

《成实论》是以四谛为大纲来说明义理,四谛者,"五受阴是苦,诸业烦恼是苦因,苦尽是苦灭,八圣道是苦灭道"②。"苦谛聚"是从第三十六品到第九十四品,包括色论二十四品、识论十七品、想论一品、受论六品、行论十一品,共五十九品。《成实论》对"色阴"的解释:

> 色阴者,谓四大,及四大所因成法,亦因四大所成法。……因色、香、味、触成四大,因此四大成眼等五根,此等相触故有声。②

佛法的一般论义,强调四大为能造,五根、五尘为所造。但是,《成实论》强调四尘成四大,四大是和合假名有的;五根与声从四大生,当然也是假有。这样,约初门二谛而作假实的分别,色、香、味、触是实有,四大、五根、声——十法是假有。假有与实有合论,共有十四色法。

同时,《成实论》认为"受、想、行等皆心差别名"、"故知但心无别心数"③,心与心所,只是一心的随位而流,所以心与受、想等心所皆为实有。本论在识蕴中,曾作五大论题的论辩。(1)有心数还是无心数,(2)有相应还是无相应,(3)一心还是多心,(4)心识是暂住、还是刹那不住,(5)心识可以俱生、还是不能俱生。在这些论辩中,本论的主张是:离心没有别体的心所,心不会与心所同时相应,多心、心识是刹那不住的,心识是不会同时俱生的。

---

① 吉藏:《中论序疏》,《大正藏》第42卷,第1页上。
②②《成实论》卷三,《大正藏》第32卷,第261页上。
③《成实论》卷五,《大正藏》第32卷,第274页下、275页上。

对于不相应行法,《成实论》看作是假有的,甚至是不必要的(如凡夫法)。但是,同时设立无作——无表业是实有的,因为在无心位、无色界,无作业都是有的,所以是非色非心的不相应行。

"集谛聚"是从第九十五品到第一百四十品,包括业论二十六品、烦恼论二十品,共四十六品,本论认为业及烦恼是招致后身的因缘,是为集谛法;业是正集,烦恼生业是缘集。"灭谛聚"是从第一百四十一品到一百五十四品,总共有十四品,分别解说以闻、思因缘智(人空观)、空智(法空观)和灭尽定(或无余涅槃,灭定是缘灭,涅槃为相续断时的业尽)来灭假名心、法心、空心。本论以灭为第一义谛,由见灭谛即见圣谛而得道。"道谛聚"是从第一百五十五品到最末第二百零二品,包括定论二十六品、定具论八品、智论十四品,共四十八品。《成实论》以八正道为道谛法,以其能通至灭谛故称为道,远离邪外故称为正。从闻正法,引生智慧,信解五阴无常、无我等称为正见。

二、三心与灭谛

《成实论》的"三心",是指"假名心"、"法心"、"空心"。什么是"假名心"呢?《成实论》没有具体的解释。净影慧远《大乘义章》说:"因和合中,取立定性,是迷假心。"①所以,"假名心"是凡夫的心灵品质,凡夫不了解现象事物的缘生性,反而把它误认为恒存不变,是"我"或"我所拥有",这种心灵状态即是"假名心"。"假名心"的认识过程,是用"五阴"——色(物质)、识(了别作用)、想(主观地执取心内影像的作用)、受(感受)、行(内心之造作)的顺序,以感官接收外界物质(色)的刺激作为认识的起点,再加上"识→想→受→行"的内在活动程序。"假名心"所执取的对象即是"假名","假名"就是依于一般凡夫的理智所认识到的现象事物,即是假藉他物而成,并被施与名称的事物。

---

① 《大乘义章》卷三,《大正藏》第44卷,第513页下。

《成实论》将一切存在分为两大类："实法"与"假名法","实法"是指构成假名法的基本元素,这些基本元素相对于"假名",具有不可分析性而称为"实法"。"假名"与"实法"的区别,主要在于"假名"是由各种不同的元素和合而成;"实法"则不待他物构成,其本身不可分析,能作为假名法的构成因。另外,"假名"有时只是一种相对概念的施设,如"父亲"这个概念必依"儿子"而有;而"实法"与"实法"之间则没有这样的相对关系。

　　《成实论》对"假名"的分析,着重从"因成假"、"相待假"、"相续假"三方面进行。"因成假"是指因缘和合之物是假非实,论说:"因所成法皆是假名,无实有也。如偈中说:轮等和合故名为车,五阴和合故名为人。"①车由轮、轴等构成,人是由色等五阴和合而成,所以车、人皆为施设的假名而不具备实在性。而且,在假名的破析中,亦存在由粗至细、由浅入深,论说:"若法有实,则非因成,因假名法,更成假名,如因树成林。"②因为树由四大和合而成,本身已经是假名,由多树成林,林则更不能称为实法。即使四大也是假名法,色、香、味、触等四尘才是实法。林因树破,树因四大破,四大因四尘破,这是渐观的次第。"相待假"是从概念的相对性上加以分析,论说:"假名有相待故成,如此彼轻重、长短、大小、师徒、父子及贵贱等,实法无所待成。"③假名是依对立面而存在,若无长则无短,一人相对其儿子称为父亲,相对于其父则为儿子,等等。"相续假"是阐明生死等一切有为法皆为前后相续不断而存在,刹那生灭,并无实体,故为假名法。如"因诸行相续故说有生死"④,生死是因为业力的存在而五阴相续,由此众生六道轮回不止而假名称为生死。

　　灭除假名的执著,必须从观照"实法"下手。《大乘义章》说:"法和

---

① 《成实论》卷三,《大正藏》第32卷,第261页下。
② 《成实论》卷四,《大正藏》第32卷,第265页下。
③ 《成实论》卷一一,《大正藏》第32卷,第328页下。
④ 《成实论》卷三,《大正藏》第32卷,第260页上。

合中,取立定性,是迷实心。"①"迷实心"就是"法心","法心"这种智性能力所能认识的对象即是"实法",因为"法心"能析除假名,照见构成假名的实法,并对这些实法产生"真实存在"的认识。这种对五阴等"实法"的"实存"认识,构成了"法心"的主要内涵。《成实论》认为,"法心"这种心灵状态只不过是初步降伏众生对自我的执持而已,因为"法心"将存在的基本元素视为"真实",这种"真实"的感受很容易使刚刚浇熄不久的自我执著又死灰复燃。《成实论》说:"随有五阴,则有我心;当知无五阴,故我心则灭;是故诸阴皆空。"②因此,必须进一步超越"法心",破除在世谛中对这些元素的实存认识,而进阶至"空心",得见"第一义谛"。

什么是"空心"?《成实论》说:"若缘泥洹,是名空心。"③涅槃(泥洹)是指五阴灭尽的无相境界,"空心"则是能认识涅槃的心智能力。《成实论》认为,涅槃作为佛教修行者所企求的终极目的,当然不能视为虚无;但是,涅槃的实质内涵,是五阴与一切身心贪爱永尽灭离的寂静状态,所以不能被设想为形上意义的"终极实在"。《成实论》说:

> 问曰:今无泥洹耶? 答曰:非无泥洹,但无实法;若无泥洹,则常处生死,永无脱期。如有瓶坏树断,但非实有别法。④

在第一义谛中,涅槃既不是虚无,也不是实在。"空心"的修行经历还是不能达到最究极的境界,因为"灭法心"时所获得的"空心"只不过是对涅槃的初步体验,尚未达到永断一切身心贪爱的层次。修行者必须凭藉"灭空心"通达空无我智,断尽烦恼,才能算是证入最高境界了。

总结《成实论》的三心,"假名心"是执假为实,即有人我;"法心"执五阴为实,有法我但是无人我;"空心"是以涅槃为所缘,无法我,而且涅槃

---

① 《大乘义章》卷三,《大正藏》第44卷,第513页下。
② 《成实论》卷一二,《大正藏》第32卷,第333页中。
③ 同上书,第333页下。
④ 《成实论》卷一六,《大正藏》第32卷,第369页上。

为非无非实有。"三心"思想的终极旨趣,在于为修行者提供循序渐进的修行步骤,即灭"假名心"、灭"法心"、灭"空心"。

依《成实论》,修行的首要工夫在于超克对假名事物之妄执,论中说:"假名心或以多闻因缘智灭,或以思维因缘智灭"①,又说:"无漏心能破假名,是故随心能破假名,从此以来,名为无漏。问曰:齐何处心能破假名?答曰:随能具足见五阴生灭相,尔时得无常想,无常想能令行者具无我想。"②通过观见"五阴生灭相"而成就"多闻因缘智"与"思维因缘智",这样才能"灭假名心"。这不是藉由听闻与思维佛教教义所获得的字面上的知见,而是与"定心"相应,透过禅修所练就的摄心状态来思维观察因缘法则,由此所获得的对因缘法的亲切领悟。因此,《成实论》说:"行者于定心中见五阴生灭,如诸经中说:汝等比丘修习禅定,当得如实现前知见。"③总之,"灭假名心"的方式,就是以深湛的观察力来思维一切现象都是从众缘和合所生,由此善能分别"假名"与"实法"的不同,进而观见构成"假名"的"五阴"实法,而能不被假名现象所系缚羁绊,"假名心"就被灭除。

"灭假名心"之后,如何"灭法心"呢?《成实论》说:"有实五阴心,名为法心;善修空智见五阴空,法心则灭。"④"灭假名心"时,修行观见五阴"生灭相";而"灭法心"阶段,修行者则必须以"空智"进一步观见五阴的"无相"。如论说:"如《法印经》中说:行者见色等无常、败坏、虚诳、厌离之相,是亦名空,但未是清净。是人于后见五阴灭,是观乃净,故知见诸阴灭"④;"行者应灭一切相,证于无相……行者要见色等诸阴尽,见灭尽故,名入无相,故知色等非第一义"⑤。因此,"法心"的灭除,并不是因为见到五阴无常败坏之相,依于无常而说五阴空、法心灭;而是连五阴之

---

① 《成实论》卷一一,《大正藏》第32卷,第327页上。
② 《成实论》卷一五,《大正藏》第32卷,第361页下。
③ 《成实论》卷一六,《大正藏》第32卷,第366页下。
④④ 《成实论》卷一二,《大正藏》第32卷,第332页下。
⑤ 同上书,第333页中。

相亦不生起，了知五阴在第一义谛中的无实，这才是"灭法心"的认识状态。

"灭空心"是一种"空空"的思想，显示了《成实论》"空"的思想已经到达相当成熟的程度。《成实论》说："二处灭：一入无心定中灭，二入无余泥洹断相续时灭。"①"无心定"是指"灭尽定"，是佛教中最高深的禅定境界，在此定境中，一切心识活动完全止息。修行者藉灭尽定具足无我，断尽一切烦恼，证阿罗汉果，使业烦恼永不复起。无余涅槃是阿罗汉圣者于命终时所证入，永脱轮回。

但是，"三心"的"灭"是毕竟灭除，还是暂时降伏而方便说"灭"？《大乘义章》指出："假、实两心，《成实》法中，闻慧伏灭，暖等已去，见理永灭。"②依净影慧远的理解，在"法心"阶段，"假名心"仅是因"多闻因缘智"与"思维因缘智"而暂被降伏，并未根除；在见道前的暖、顶、忍、世第一法等"四加行位"中，因修行者修习"空智"，证见寂静微妙的涅槃，此时"法心"毕竟永灭，修行者不再对"五阴"等法产生"真实存在"的认识，也不再因心的攀附五阴相而促发"假名心"的死灰复燃，"假名心"随着"法心"借由见涅槃而毕竟灭除。《大乘义章》又说："若论空心，《成实》法中，灭定暂灭，无余涅槃毕竟永灭。"②修行者在灭尽定有出入，在出灭尽定时即有心识的活动，所以在命终入无余涅槃时，才能究竟灭除"空心"。

"三心"的灭除，是《成实论》的修行进程。灭"假名心"后，即从"外凡夫"晋升为"内凡夫"；灭"法心"的刹那即成"空心"，以"空心"见道，成为"须陀洹向"的无相行者。修行者在见道后断除身见、戒取、疑等三种烦恼，即证须陀洹果。如果能进一步以"灭尽定"、"灭空心"，断除一切烦恼，则证入阿罗汉果，达到究竟解脱的境界。

---

① 同上书，第333页下。
②②《大乘义章》卷三，《大正藏》第44卷，第513页下。

三、二谛与中道

《成实论》在阐述空观的同时,自然涉及二谛思想。在《成实论》中,论主将二谛分为两层:第一层根据凡圣认知的不同分为第一义谛与世谛,即是事理二谛;第二层在世谛的范围内,根据法是否具有不可分等特性分为真谛和俗谛,即是假实二谛。最后,则是从中道角度,讲非断非常、非有非空、不执两边。

"真谛"和"俗谛"、"第一义谛"和"世谛"等术语皆出现在《成实论》中,由于渐见四谛的修行,次第获得真智,不同的认识主体存在不同的境界层次,所以在表达过程中有些混乱。《成实论》说:

> 佛说二谛:真谛、俗谛,真谛谓色等法及泥洹,俗谛谓但假名无有自体。如色等因缘成瓶,五阴因缘成人。①

俗谛是因缘和合而成的假名法,如依土、匠人等条件相互作用而形成的瓶,由色、受、想、行、识等五阴构成的众生。俗谛所指的对象是真实存在的,是执假为实的有观。但是,五阴等则是"实法",如论说:"问曰:若五阴以世谛故有,何故说色等法是真谛耶?答曰:为众生故说,有人于五阴中生真实想,为是故说五阴以第一义故空。"②五阴"实法"成为真谛,所以真谛并不是空,仍然是实有的,于是俗谛与真谛则成为假实二谛。但是,另一方面,真谛则是指称泥洹、灭谛,如《成实论》说:"要当以真谛得道,而解四谛中说"、"以一谛得道,所谓为灭"③,则真谛与第一义谛同义。

假实二谛的上一重二谛是事理二谛或空有二谛。在事理二谛的关系中,世谛所包含的假名法和实法在第一义谛中都是空的。《成实

---

① 《成实论》卷一一,《大正藏》第 32 卷,第 327 页上。
②④《成实论》卷一二,《大正藏》第 32 卷,第 333 页上。
③ 《成实论》卷一五,《大正藏》第 32 卷,第 363 页上。

论》说：

> 经中说第一义空，此义以第一义谛故空，非世谛故空。第一义者，所谓色空无所有，乃至识空无所有。是故若人观色等法空，是名见第一义空。④

色等五阴亦为缘生法，不具有永恒的自性，所以消解了"实法"的实体性而归于空。

而且，在四谛之中，苦、集、道谛都是世谛，唯有灭谛才是第一义谛。《成实论》说："问曰：若不以四谛得道，当以何法得道？答曰：以一谛得道，所谓为灭。"①"灭"是什么？"灭谛者……谓假名心、法心、空心。灭此三心，故名灭谛。"②苦、集、道等三谛观察五阴的无常、无我，这是趋向灭谛而获得解脱的途径，是属于因位的有为法，故为世谛。而灭谛灭除三心，是究竟的解脱，所以是第一义谛。

《成实论》是从修道实践的渐次过程来阐述二谛，论说：

> 若说二谛则佛法清净，以第一义故智者不胜，以世谛故愚者不争。又若说二谛则不堕断常，不堕邪见及苦边、乐边，业果报等是皆可成……行者先知诸法是假名有，是真实有，然后能证灭谛。③

所以，二谛的次第不能混淆，二者泾渭分明，由世谛逐渐进入第一义谛。如无我、有我，若在第一义谛中说有我即是身见，因为诸行空无所有是第一义谛；若在世谛中说无我，则会破坏因果罪福等，即是邪见。有无、苦乐、断常等只有依二谛才能安然成立，互不妨碍。而且，只有依二谛，才是真正遵循了中道的正观。论说："佛法中以方便故说一切有一切无，非第一义。所以者何？若决定有即堕常边，若决定无则堕断边，离此二边

---

① 《成实论》卷一五，《大正藏》第32卷，第363页上。
② 《成实论》卷二，《大正藏》第32卷，第251页中。
③ 《成实论》卷一一，《大正藏》第32卷，第327页中。

名圣中道。"①因为二谛的实践,才能成立有无,于是远离断常等邪见。

《成实论》严格区分世谛与第一义谛的界限,而且以析法空、坏灭空为空观的主要内容,后来中国的大乘佛教学者批评其为不能即有观空、即空观有,认为其仍然是小乘的析空观。

第三节 成实学派的思想

成实学派在南朝齐、梁时代盛极一时,成实师对当时的佛教思潮,如判教、佛性、二谛等,各有见解。

一、成实学派的判教思想

南朝的判教思想是以"五时教"为中心而不断繁衍,成实学派兼依《涅槃经》与《成实论》,所以成实师的判教亦是依"顿渐五时教"来判释诸大小乘经典。成实师的著作经隋唐之际的战乱而散佚,依吉藏或智𫖮的引述可知梗概。

成实师依《涅槃经》的五味喻来判释,或分四时,或分五时,但是体系架构差别不大。吉藏《大乘玄论》卷五说:

> 成论师或言四时,或言五时。引《涅槃经》云:从牛出乳,从乳出酪,从酪出生酥,从生酥出熟酥,从熟酥出醍醐;又从佛出十二部经,从十二部经出修多罗,从修多罗出方等经,从方等经出波若波罗蜜,从般若波罗蜜出大涅槃。成论师五味相生,配五时教。四谛教有相差别故出十二部经,修多罗名法本,波若是诸法根本故,《波若》名修多罗;《维摩经》广明菩萨不思议法门故,《维摩经》名方等经;一乘之中,般若最胜,故《法华经》名般若波罗蜜;《涅槃经》时明常住佛果。

---

① 《成实论》卷二,《大正藏》第32卷,第256页中。

故言出大涅槃。①

《涅槃经》的原意并不清楚②,但是成实师进行创造性的诠释:从苦、集、灭、道等四谛教义中演出十二部经的法教;修多罗是诸法根本的意思,而《般若经》正是诸法最根本的教法,故以《般若经》配修多罗,为第二时教;《维摩诘经》阐明菩萨的不可思议的法门,故以方等教相配;《法华经》明一佛乘之理,为诸般若教义中最殊胜的,故以《法华经》配般若波罗蜜;最后,《涅槃经》阐述佛性常住之理,所以说出大涅槃。这种判教方法未知是哪位论师所言,大概为成实师的共同看法。

另外,吉藏《大品经游意》明确提出:

> 成论师云:佛教不出三,一者顿教,如《华严》大乘等也;二者偏方不定教,如《胜鬘》、《金光明》、《遗教》、《佛藏经》等也;三者渐教,如《四阿含》及《涅槃》是也。就渐教中,有二教:一者诸法师作四教,《阿含》为初,《波若》、《维摩》、《思益》、《法鼓》、《楞伽》等为第二,《法华》为第三,《涅槃》为第四也。所以《波若》、《思益》合为第二者,《大品经》诸天子云:见第二法轮,《思益》云:见第二法轮也。作五教师不同,两义本是慧观师所说也。一家云:《阿含》为初,《禅经》为第二,《波若》、《维摩》、《法鼓》等为第三,《法华》为第四,《涅槃》为第五也;一家云:《阿含》为初经,《维摩》、《思益》、《法鼓》为第二,《法华》为第三,《波若》为第四,涅槃为第五。所以波若为第四者,《释论》云:须菩提闻法华,举手低头,皆成佛道,是故今问退不退,故知《法华》故后也。广州大亮法师云五时:《阿含》为初,离三藏为第二,如《优婆塞经》也;《波若》、《维摩》、《思益》、《法鼓》为第三,《法华》为第四,《涅槃》为第五也。慧观法师云:《阿含》为初,《波若》为第二,《维摩》、《思益》等为第三,《法华》为第四,《涅槃》为第五也。二经同云:

---

① 《大乘玄论》卷五,《大正藏》第45卷,第63页中。
② 《大般涅槃经》卷一四,《大正藏》第12卷,第449页上。

见第二法轮者,一是为小中,第二是大中,第二也,开善寺所述也。①

成实师判教的基本思想是顿教、渐教、不定教三种,在渐教中则有五时、四时等不同,判教的基本结构是相同的。其二,五时的名目有所不同,除了有一家列《法华经》为第三时、《般若经》为第四时、《涅槃经》为第五时外,其余皆以《法华经》、《涅槃经》为第四、第五时,这是以《法华经》为未了义、《涅槃经》为了义。其三,皆认同佛陀成道后十二年内说小乘教义,后始说大乘教义。所以,成实师之间的判教思想的不同,主要在于渐教中的第二时、第三时经典不同。

智𫖮《法华玄义》卷十上在叙述"南三北七"的判教理论时,"南三"涉及到成实师的各种观点:

> 南北地通用三种教相:一、顿,二、渐,三、不定。《华严》为化菩萨,如日照高山,名为顿教;三藏为化小乘,先教半字,故名有相教;十二年后为大乘人,说五时《般若》乃至常住,名无相教;此等俱为渐教也。别有一经非顿渐摄,而明佛性常住,《胜鬘》、《光明》等是也,此名偏方不定教。此之三意,通途共用也。一者虎丘山岌师,述顿与不定不殊前旧,渐更为十二年前,明三藏见有得道,名有相教;十二年后齐至《法华》,明见空得道,名无相教;最后双林明一切众生佛性、阐提作佛,明常住教也。二者宗爱法师,顿与不定同前,就渐更判四时教,即庄严旻师所用三时不异前,更于无相后、常住之前,指《法华》会三归一,万善悉向菩提,名同归教也。三者定林柔、次二师,及道场观法师,明顿与不定同前,更判渐为五时教,即开善、光宅所用也,四时不异前,更约无相之后、同归之前,指《净名》、《思益》诸方等经,为褒贬抑扬教。②

诸师以《华严经》为顿教,以《胜鬘经》、《金光明经》为不定教,这是较为

---

① 《大品经游意》,《大正藏》第33卷,第66页中—下。
② 《妙法莲华经玄义》卷一〇上,《大正藏》第33卷,第801页上—中。

一致的看法;但是,对渐教的经典则看法不一。虎丘山岌法师将渐教分为三时,宗爱法师、庄严寺僧旻判为四时,定林寺僧柔、谢寺慧次、道场寺慧观、开善寺智藏、光宅寺法云皆主张五时,但五时教的内容、次序不同。

吉藏、智顗概括了当时成实师的判教理论,俄藏 φ180《佛经论释》中则保存了庄严寺僧旻对判教的详细观点:

> 三庄严寺法师,明经教大小,同凡有四句:一初小后大,即初说小乘,后说涅槃也;二初大后小,初说《华严》,后说双卷《泥洹》等也;三初后大,即初说《华严》,后说《涅槃》也;四初小后小,即初说相教,后说双卷也。所以有此句者,正逐物根性不同,此意如前释也。虽有四句,即不依后三,经教止就前一句。是次第教。中凡有四时:一者有相教,即是十二年中说法也;二者无相教,即十二年后说五时《般若》、《净名》、《思益》之流;三是一乘教,即法华教也。四常住教,即《涅槃经》也。所以知四时者,凡引两义:一、逐三宝,二、逐三理①。逐三宝者,第一时,佛寿八十,法是有相,僧是出家声闻;第二时,佛寿七百僧祇,法是五时般若,僧通菩萨,即备取三乘;第三时,佛寿复复倍上数,经唯一乘,僧唯菩萨;第四时,教明一体三宝,佛僧悉是常住。推此而言,唯应有四时三宝。佛宝既止四种,法不合独有五时。二依三理者,但经所明理,凡有三种:一者明境,二者辩因,三者论果。若三种极处,境是无相,因是一乘,果是常住也。若有相教明,境是有相,因是小乘,果是无常。所以明三理,皆未极也。第二《般若》明,境是无相,此是境极,因即三乘不同,果犹劫数。此第二时,三理之中,一极而两未极也。第三是一乘教明,境是无相,因即同归,果未常住。此即两极而一未极也。第四常住教明,境是无相,因即一乘,果是常住。此即所明三理悉是究竟。推理为言,只应有四

---

① 原为"里",改为"理",下同。

时经教也。①

僧旻的"四时教判",是在初小后大的"次第教"中,建立有相教、无相教、一乘教、常住教;并从三宝、三理(境、因、果)两方面表现四教的浅深。"四时教判"是在"五时教判"之后成立,并且对后者进行批判。

智藏、法云、僧旻为梁代三大法师,但是三人的判教思想各有不同。智𫖮《维摩经玄疏》卷六说:

> 若开善、光宅判教有三种:一、顿,二、渐,三、偏方不定。渐教分为五时,此经是第三时,折挫声闻,褒扬菩萨之教,犹未会三归一、辨佛性常住。若是庄严四时明义,此经犹属般若无相得道,亦未明会三归一、佛性常住。②

智藏、法云依五时判教,僧旻则主张"四时教判",各有差别。

法藏(643—712)在《华严经探玄记》中叙述了法云的另一判教思想:

> 梁朝光宅寺云法师立四乘教,谓如《法华》中,临门三车即为三乘,四衢道中所授大白牛车即为第四乘,以临门牛车亦同羊鹿俱不得故。若不尔者,长者宅内引诸子时,云此三车只在门外,诸子出宅即应得车,如何出已至本所指车所住处而不得,故后更索耶。故知是权,同羊鹿也。以是大乘中权教方便说故,具释如彼《法华疏》中。③

梁代以后至唐初,皆未见法云建立四乘教的说法,因而这可能是法藏研究法云《法华义疏》的心得。

总结以上资料,成实师的判教理论如下表所示④:

---

① 《俄藏敦煌文献》第 4 册,第 197 页下—198 页上,上海,上海古籍出版社,1993。
② 《维摩经玄疏》卷六,《大正藏》第 38 卷,第 561 页下。
③ 《华严经探玄记》卷一,《大正藏》第 35 卷,第 111 页中。
④ 蓝日昌:《六朝判教论的发展与演变》,第 128—129 页,台北,文津出版社,2003。

成实师	判　教
宋慧观、定林寺僧柔、谢寺慧次、开善寺智藏、光宅寺法云	顿教——华严经 渐教——(1) 有相教,(2) 无相教,(3) 抑扬教——净名经、思益经,(4) 同归教——法华经,(5) 常住教——涅槃经 不定教——胜鬘经、金光明经
光宅寺法云	四乘教:(1) 权教三乘——声闻乘教、缘觉乘教、菩萨乘教,(2) 实教一乘为一乘教
虎丘山岌法师	顿教——华严经 渐教——(1) 有相教——十二年内说法 　　　(2) 无相教——十二年后至法华经 　　　(3) 常住教——涅槃经 不定教——胜鬘经、金光明经
宗爱法师、庄严寺僧旻、招提寺慧琰	顿教——华严经 渐教——(1) 有相教——十二年内说法 　　　(2) 无相教——十二年后说《般若》、《净名》、《思益》 　　　(3) 同归教——法华经 　　　(4) 常住教——涅槃经 不定教——胜鬘经、金光明经
广州大亮法师	五时判教:(1) 初时——阿含经等 　　　　(2) 二时——优婆塞经 　　　　(3) 三时——波若、维摩、思益、法鼓经等 　　　　(4) 四时——法华经 　　　　(5) 五时——涅槃经

总之,成实学派的判教是以南朝的五时判教为中心,以顿教、渐教、不定教为基本结构;对顿教、不定教的观点基本相同,渐教中则有四时、五时等不同;而且,每一时中所属经典,成实师之间亦有差别。在齐、梁时代,判教成为当时佛教的争论中心之一,梁武帝曾著文指出:

> 般若波罗蜜是诸佛母,三世如来皆由是生,无相大法非可戏论,岂得限以次第局以五时。根性不同,宜闻非一,亦复不但止有五时。往年令庄严僧旻法师与诸学士共相研核,检其根性应所宜闻,凡有三百八十人,是则时教甚为众多。一人出世,多人得利益,岂容止为

一根性人次第五时转大法轮。①

梁武帝曾令僧旻等人从经论中收集出根性不同者,至少三百八十人。佛陀应机说法,不可能为同一根性依次五时转法轮。所以,五时判教虽然提供了基本框架,但是当时赞成与反对者皆不乏其人。

至于《成实论》在五时判教中的地位,成实师都将《成实论》视为通教一类,而与《般若经》相成,为综合五部的通论之作②,即是由小乘通往大乘的代表著作。

另一方面,成实学派的判教亦体现出成实师的学问倾向,集中在《法华经》、《涅槃经》、《般若经》、《华严经》等。但是,真谛来华后,带来新体系的经论,冲击着旧的经学体系,从而在六朝末年造成新的判教争论。于是,净影慧远、嘉祥吉藏、天台智𫖮三大师批判五时判教的缺点,同时提出各自的判教观。

二、成实学派的二谛思想

成实学派在宋、齐、梁三代盛极一时,而且与三论等其他学者往返争辩,其中的主题之一即是二谛。宋齐时代,周颙作《三宗论》(已佚),批判成实师之说;依梁昭明太子萧统《解二谛义令旨并答问》,萧统就二谛问题与佛门大德二十二家往返论议,议论者有南涧寺慧超、丹阳尹晋安王萧纲、招提寺慧琰、栖玄寺昙宗、司徒从事中郎王规、灵根寺僧迁、罗平侯萧正立、衡山侯萧恭、中兴寺僧怀、始兴王萧映、吴平王世子萧励、宋熙寺慧令、始兴王第五男萧晔、兴皇寺法宣、程卿侯萧祗、光宅寺法云、灵根寺慧令、湘宫寺慧兴、庄严寺僧旻、宣武寺法宠、建业寺僧愍、光宅寺敬脱,可见盛况空前。

成实师对二谛的解释,由于文献散佚,历来不明之处甚多。日本平安后期僧人珍海《名教抄》说:

---

① 《广弘明集》卷一九,《大正藏》第 52 卷,第 238 页下—239 页上。
② 吕澂:《中国佛学源流略讲》,第 131 页,北京,中华书局,1979。

《义集》又云:开善《大义》第八卷二谛义云:释二谛有十重:一、序意,二、释名,三、出体性有无,四、相即,五、摄法,六、真理无阶级,七、会众离,八、夷神绝果,九、寂照昨世俗,十、遍融通。①

智藏《成实论大义记》第八卷《二谛义》,详细地解释了二谛的各种思想。但是,现存只有这十重目录以及一些零散的说法。吉藏《二谛义》亦提到智藏的十重二谛义:"所以为十重者,正为对开善法师二谛义,彼明二谛义有十重,对彼十重,故明十重。"②可见智藏十重二谛义的影响力。

《成实论》依灭假名、法、空等三心,通过建立因成假、相续假和相待假,从而阐明了二谛思想。吉藏《三论玄义》总结成实学派的思想,归纳为:"教虽五时,不出二谛。三假为俗,四忘为真。会彼四忘,故有三乘贤圣。"③俗谛(世谛)的内容是"三假",即因成假、相续假、相待假;而"四忘"则是真谛(第一义谛)的内容。成实师强调,五阴以及由之组成的"我",甚至内心对于涅槃的执著等一切事物的存在,都是就俗谛而说的。在"三假"中,因成假是最根本的,吉藏《大乘玄论》说:

> 声闻用因成,缘觉用相续,菩萨用相待。而《成论》三藏为宗,多明因成以入道。所以然者?凡有二义:一者、因成是世谛体,续待为用;若体已空,用即自遣。二者、因成多重数,观行自浅至深。初捉五根,以空众生;次捉四大、四微以折法,所以多捉因成。若是续、待二假,即无此重,故不用。④

成实师多用"因成假",有两种原因:(1) 因成假是最根本的体,而相续假、相待假只是因成假衍生出来的用;(2) 因成假多用"数","数"是指修行的方法、步骤等,如观察众生(我)乃由五根组成,没有独立的真实存在体,

---

① 《名教抄》卷一,《大正藏》第70卷,第693页中。
② 《二谛义》卷上,《大正藏》第45卷,第78页中。
③ 《三论玄义》,《大正藏》第45卷,第5页中。
④ 《大乘玄论》卷一,《大正藏》第45卷,第18页中。

因而体悟"众生空"（我空）；然后又进一步观察五根乃由地、水、火、风等四大或色、香、味、触等四微组成，并非独立的真实存在，因而体证五蕴皆空。所以，吉藏批判这种"空"是"折法明空"。

"四忘"是指空掉四句，四句即是：(1) 一切实有，这是肯定语句；(2) 一切并非实有，这是否定语句；(3) 一切既是实有又是非实有，这是肯定语句与否定语句的结合；(4) 一切既非实有又非非实有，这是(1) 之否定与(2) 之否定的结合。这四句代表了语句的所有可能的形式，任何事物皆只能以这四句当中的某一句来描述。所以，"四忘为真"是指一切皆空，不能用四句的任何一句来描述，以致无法用任何语言文字来表达的境界。

智藏《成实论大义记》明确阐述了俗谛的内容即是三假，而且涉及三假的体用关系：

> 《大义记》第八卷《二谛义》中，因成假、相续假、相待假，此谓三假。解云：于三假中，相待一假即是体假，余二种假即是用假。又五阴之内，分析推求而知无人。故声闻人观因成假；缘觉之人鄙于声闻从师修学，惮于菩萨久劫修行，以独入山见于水流，观于木凋，悟解无常，故观相续；待于生死而有涅槃，生死涅槃无有自性，自性无故，其体是空，所以菩萨观相待假。①

智藏主张相待假是"体假"，而因成假、相续假是"用假"，这与吉藏的记载有所不同。但是，声闻观因成假，缘觉观相续假，菩萨观相待假，则与吉藏的记载相同。

智藏亦强调真谛是"绝名"，《成实论大义记》说：

> 《大义记》第八卷《二谛义》云：俗是假名，无定名，而非绝名；真谛是假名，而绝名者。俗法依名而缘，犹得俗用；真谛若依名而缘，

---

① 《中论疏记》卷一末，《大正藏》第 65 卷，第 16 页下。

> 乖真弥远,故须一切妄,岂非绝名乎。

俗谛的建立,是随假名而立,所以不能断绝名言,名言仍然具有作用;而真谛本身离言绝相,依名言而立真谛,但是不能依名言而缘真谛。

另外,法云《法华义记》亦提及二谛思想,依"三假"分析《法华经》的概念:

> 然三界众生皆为生、老、病、死无常所逼迁,故言朽故也。三界众生,四大为墙壁,但此四大之身,皆念念生灭,故言颓落也。命如柱根,但此命为善根所招,是故念念无常,故言腐败也。识如梁栋,有心识者,呼为众生,是故众生以心识为主。然此心识取缘,亦刹那生灭,故言倾危也。①

三界众生由四大构成,即是"因成假";由四大、五蕴组合而成的身体念念生灭,即是"相续假"。同时,有情生命的主体是心识,心识亦是刹那生灭,这样"相续假"便与心识联系起来。

《法华义记》又说:

> 问者又言:今取善习因所成众生以为能禀,为当止取善习因有增长义耶?所成众生亦有增长义。解释又言:众生是假名,假名无别体,以法为体。今习因善是实法,此法成众生,但习因善有增长,众生是假名不当增长,不增长但有名用而已也。②

所以,《法华义记》对世俗谛的分析是以心识为基础,其内容即是"因成假"和"相续假"。

但是,《法华义记》对第一义谛的解释则是基于法空,如《法华义记》说:"故一者,第一是照假实二空之解";"此行然解假名实法空为体,今假

---

① 《法华经义记》卷四,《大正藏》第 33 卷,第 615 页中—下。
② 《法华经义记》卷六,《大正藏》第 33 卷,第 647 页中—下。

实二空为解"①,法空即是四绝的第一义谛。《法华义记》说:

> 所亲近处者,即是二谛境也;能亲近者,是能观之智也。明所亲近中有二:第一明真谛,第二但以因缘故有下明俗谛也。就此明真谛之中,自有三:第一观一切法空如实相一句,正明真谛理;第二从不颠倒以下六句,明心行处灭;第三一切言语道断下十一句,明言语道断也。但以因缘故有下二句,是第二明俗谛也。②

《法华义记》是把"人空"、"法空"视为二谛的内容,但是在俗谛中缺乏相待假的内容,即因成假、相续假为"人空",而"法空"、"四绝"为真谛。但是,二谛之间具有不可逆性,缺乏相即圆融的关系。

智藏、法云等成实师都主张从境(境界)和理(道理)两方面来确立二谛的意义。吉藏《二谛义》说:

> 他明二谛是天然之境,有此二理。而二谛名境,复名理者,会二谛生二智,名之为境;而道理有二谛故,名之为理。道理有此二理,道理有此二境。③

成实师认为,二谛都是在同一境界上所见到的道理,只是所见不同而已。所以,二谛是境界或道理上的分别。在二理、二境中,二境是最重要的,因为有了二境才可能有二谛之理。

对于成实师的二境说,吉藏《二谛义》详细地介绍说:

> 他明二谛是境,彼有四种法宝:言教法宝、境界法宝、无为果法宝、善业法宝,二谛即境界法宝。有佛无佛常有此境,迷之即有六道纷然,悟之即有三乘十地,故二谛是迷悟之境。④

四种法宝,就是佛所说的四种教义。二谛是境界法宝,因为不管有佛或

---

① 《法华经义记》卷七,《大正藏》第33卷,第663页上、662页下。
② 《法华经义记》卷七,《大正藏》第33卷,第663页下。
③ 《二谛义》卷中,《大正藏》第45卷,第93页下。
④ 《二谛义》卷上,《大正藏》第45卷,第86页中。

无佛,迷与悟,亦即凡与圣的两种境界都客观地存在着。有了这种理解,成实师才进一步建立起二谛一体或异体的理论,以及建立起"折法明空"等理论。

二谛是一体还是异体,是否相即?吉藏说:"二谛体亦为难解,爰古至今,凡有十四家解释。"①二谛的体性问题是南北朝隋唐佛教的争论中心之一。吉藏又说:"然此三师释,摄一切人,何者?开善与庄严明一体,龙光明异体,释虽众多,不出一异,故此三人摄一切人也。"②二谛的体性主要在于一体、异体,开善寺智藏和庄严寺僧旻主张二谛一体,龙光寺僧绰则主张二谛异体说。

对于智藏的二谛一体说,《二谛义》卷下谓:"开善解云:假无自体,生而非有,故俗即真。真无体可假,故真即俗。俗即真,离无无有。真即俗,离有无无。故不二而二,中道即二谛。二而不二,二谛即中道。"③智藏认为万物是假名无自体,虽然存在而非真实有,所以俗谛即是真谛;真谛无体,是空而仍然有假名的存在,所以真谛即是俗谛。这样,真谛、俗谛彼此不能相离,同以不二中道为体,将二谛归于中道而建立三种中道。《大乘玄论》卷二引智藏《成实论疏》云:

> 二谛中道,云何谈物耶?以诸法起者,未契法性也。既未契故有,有则此有是妄有,以其空故是俗也。虚体即无相,无相即真也。真谛非有非无而无也,以其非妄有故,俗虽非有非无而有,以其假有故也。与物举体,即真,故非有。举体即俗,故非无。则非有非无,真俗一中道也。真谛无相,故非有非无,真谛中道也。俗谛是因假,即因非即果,故非有。非不作果,故非无。此非有非无,俗谛中道也。④

三种中道是:(1) 俗谛中道,即是有,是非有非无的有;(2) 真谛中道,即

---

① 《二谛义》卷下,《大正藏》第45卷,第107页下。
② 同上书,第105页中。
③ 同上书,第105页上。
④ 《大乘玄论》卷二,《大正藏》第45卷,第26页上。

是无,是非有非无的无;(3)真俗一中道,这是真俗毕竟一体而合明的中道。但是,后来吉藏强调,智藏的"中道"仍然归属于二谛的真谛——"无"或"无相"当中,并没有真正的第三谛。

僧旻与智藏皆主张二谛一体,但是智藏强调"即是"的相即;而僧旻强调"不异"的相即,二谛互为其体,体一而用二。①《二谛义》卷下载:

> 庄严云:缘假无可以异空,故俗即真。四忘无可以异有,故真即俗。虽俗即真,终不可以名相为无名相。虽真即俗,终不可以无名相为名相。故二谛不异,为相即也。②

僧旻主张,就假名不异空来说,俗谛即真谛。就假名空(四忘)不异有来说,真谛即俗谛。同时真俗二谛,前者无相,后者有相,二谛体一而显现的用是有区别的。

僧绰是智藏的弟子,但他不赞成智藏的说法,主张二谛异体说。《二谛义》卷下云:

> 次龙光解二谛相即义,此师是开善大学士,彼云:空色不相离,为空即色,色即空。如《净名经》云:我此土常净。此明净土即在秽土处,故言此土净。非是净秽混成一土。何者?净土是净根,秽土是秽根。净土净业感,秽土秽业感。即有净根秽根,净业秽业;故不得一,但不相离为即也。③

僧绰从解释《维摩诘经》"我此土常净"入手,强调同一净土,所见不同,佛所见为净土,众生所见为秽土。这是由于业感不同,能感的业有染有净,只是所感的果同在一处不相离而已,并非净土秽土混成一土,所以这是"不离"的相即。《二谛义》说:"龙光亦尔,本开善学士,广难开善二谛一体义。二谛若一体,烧俗即烧真。俗生灭真即灭生。既有可烧不可烧

---

① 方立天:《中国佛教哲学要义》(下卷),第1164页,北京,中国人民大学出版社,2002。
② 《二谛义》卷下,《大正藏》第45卷,第105页上。
③ 同上书,第105页上—中。

异,生灭无生灭、常无常异,故二谛不可一体,故彼明异义也。"①真俗二谛并不同体,在相上,世谛就有生灭、无常等相,真谛则是无生灭、常,因此不能说二者一体,只能说二者互不相离。

隋唐佛教界总结成实学派的二谛思想,称智藏的二谛一体说为"按瓜二谛",称僧绰的二谛异体说为"鼠喽栗二谛"。"按瓜"是把瓜果喻为俗谛,瓜果按入水(喻智慧)中时,即消失而成空无。但是,无论有或无,都是依瓜果是否按入水而说,二者实为一体。"鼠喽栗"是指老鼠吃掉了栗子当中的核仁,只剩下外壳;如智慧断除了实有的执著。而有实仁的栗子和没有实仁的栗子壳完全不相同,前者是有,后者为空,二者不可同体。吉藏《中观论疏》引用周颙的《三宗论》说:

> 不空假名者……不空于假色也。以空无性实,故名为空,即真谛;不空于假,故名世谛。晚人名此为鼠喽栗义……空假名者,一切诸法众缘所成,是故有体,名为世谛;折缘求之都不可得,名为真谛。晚人名之为安(按)苽二谛。②

吉藏以"不空假名"解释僧绰的二谛异体说,指假名之空只是没有真实的本性而已,并非要把它们的存在完全地否定掉;智藏的二谛一体,即是"空假名",指把俗谛中的一切假名都空掉而成真谛之空无。

成实师的二谛思想,诠释了真谛、俗谛的有无关系,尤其是智藏提出"中道为二谛体",已经对中国佛教的真理观进行了较高层次的探讨。后来,经过吉藏的继承与批判,成实师的二谛思想最终融摄入吉藏的四重二谛。

三、成实学派的佛性思想

佛性思想是南北朝佛教思潮的中心之一,成实师兼习《成实论》、《涅槃经》,积极参与佛性的本有、始有、当常等讨论。《成实论》说:

---

① 同上书,第106页下。
②《中观论疏》卷二末,《大正藏》第42卷,第29页中。

> 心性非是本净,客尘故不净,但佛为众生谓心常在,故说客尘所染则心不净。又佛为懈怠众生,若闻心本不净,便谓性不可改,则不发净心,故说本净。①

《成实论》本身属于经量部,不主张心性本净说,而认为佛典中之本净说,是佛为鼓励懈怠众生的方便说。

但是,成实师僧柔、僧旻、智藏、法云等人的佛性思想,在当时皆非常具有影响力,后来吉藏《大乘玄论》卷三举出正因佛性十一家,其《涅槃游意》说佛性"本有"、"始有"共三家,均正《大乘四论玄义》卷七则说正因佛性有本三家、末十家,都提到成实师的佛性思想。

均正记载南北朝的佛性思想,提出河西道朗法师、壹法师以及庄严寺僧旻皆立四种佛性:(1) 正因,(2) 缘因,(3) 果性,(4) 果果性。而智藏手书《佛性义》,广论因果,共有四个方面:(1) 因,(2) 因因,(3) 果,(4) 果果。而且,又各有四名,因有正因、缘因、了因、境界因等,即是指观智;因因是指观智心,这是了因之体,具有双重因,故为因因;果有三菩提果、涅槃果、第一义空果、智慧果等;果果,即是大涅槃等。同时,智藏又概括四名,即是正因、缘因、智果、断果等。②《大乘三论略章》记载,智藏、僧旻各有五种佛性之说,(1) 正因,(2) 缘因,(3) 了因,(4) 果,(5) 果果。③ 或许,这是他们随时立说不同而已。

庄严寺僧旻主张"众生为正因体",即是以五蕴和合的众生为正因,六波罗蜜为缘,因为众生是"御心之主,能成大觉",虽然现在生生流转,终必会"心获湛然"。僧柔、智藏皆以"假实"为正因佛性,《大乘四论玄义》说:

> 第八定林柔法师义,开善知藏师所用。通而为语,假实皆是正因。故《大经·迦叶品》云:不即六法,不离六法。别则心识为正因

---

① 《成实论》卷三,《大正藏》第32卷,第258页中。
② 《大乘四论玄义》卷七,《卍新纂续藏经》第46册,第606页上—中。
③ 《大乘三论略章》,《卍新纂续藏经》第54册,第843页上。

体。故《大经·师子吼品》云：凡有心者，皆得三菩提。故法师云：穷恶阐提，亦有反本之理。如草木无情，一化便罪，无有终得之理。众生心识相续不断，终成大圣。今形彼无识，故言众生有佛性也。故《迦叶品》亦云：非佛性者，墙壁瓦石无情，则简草木等。此意有心识灵知，能感得三菩提果，果则具二谛也。①

《大乘玄论》将上述看法分为二家，第三家以六法为正因佛性，第四家以心为正因佛性。所以，智藏是通别并举，因为佛性"不即六法，不离六法"，六法是指色、受、想、行、识、我。而众生佛性非色不离色，非心不离心，色心识相续不断，终可成佛。以心为正因佛性，这是指有心识的众生终必成佛。光宅寺法云是以"心有避苦求乐性"为正因佛性，因为心识有本能的避苦求乐的驱策功用，"此心皆有生死之性，为众生之善本"，众生终能成佛，离苦得乐。②

同时，成实师对佛性的本有、始有亦有评论，《大乘四论玄义》说：

> 但解本有（原脱一"有"）两家。一云：本有于当。谓众生本来必有当成佛之理，非今始有成佛之义，《成实论》师宗也。③

智藏、僧旻主张"本有于当"，这是指本无佛性，但就众生当来能成佛之理言，则可言本有；成佛在当来，所以兼具本始二说。

灌顶《大般涅槃经玄义》记载二人的佛性思想："开善庄严云：正因佛性，一法无二理，但约本有、始有两时。"种谢觉起，名为始有，"始有之理，本已有之。"④佛性既本有又始有，约体为一，约用为二，就觉起称始有，就理具言本有。吉藏《涅槃经游意》说：

> 开善具有二义：一者、本有，二者、始有。更无二体，但将两义成定之耳……若定木石之流无成之理，此众生必应作佛，则本有义。

---

① ②《大乘四论玄义》卷七，《卍新纂续藏经》第46册，第601页下。
③《大乘四论玄义》卷八，《卍新纂续藏经》第46册，第611页中。
④《大般涅槃经玄义》卷下，《大正藏》第38卷，第10页中。

若于佛则今利是因中,因中未有果,则始有义也。①

智藏之所以认为佛性本有,是因为众生和草木石头不同,必定作佛的缘故;说佛性始有,是因为因中的众生毕竟不同于果中的佛陀,佛陀的各种德性——"利",都无法在众生身上找到。

第四节 成实学派和其他学派的交涉与影响

成实学派自从鸠摩罗什译出《成实论》之后,在南北朝迅速传播,从而与其他学派互相交涉,而且对隋唐佛教宗派的建立产生了重要的影响。

一、成实学派与诸学派的交涉

在北朝时代,地论学派内部出现学习《成实论》的现象,道凭、灵裕均对《成实论》有非常深的造诣;而北道系的诸论师,如慧休在渤海明彦座下学习《成实论》,慧休的弟子道杰、神素活跃于隋唐佛教界。

地论师净影慧远的著作《大乘义章》是一本具有百科全书性质的纲要书,卷帙浩繁,征引繁博,而且行文前后呼应非常紧密,在陈述的形式上,道宣说"始近终远",即先解释每一科的本义,然后再剖析与其他科义的关系。《大乘义章》的组织结构,受到《成实论》的影响。② 列表比较如下:

四谛	《大乘义章》	《成实论》
总论	教聚(3门) 义法聚(26门)	发聚(35品)
集谛(因)	染法聚(60门);烦恼义(30门) 诸业义(16门)	集谛聚(46品)

---

① 《涅槃经游意》,《大正藏》第38卷,第237页下。
② [日]冈本一平:《〈大乘义章〉の思想形式について》,《印度学佛教学研究》第53卷第2号,第656—659页,2005。

续 表

四谛	《大乘义章》	《成实论》
苦谛(果)	苦报义(14门)	苦谛聚(59品)
道谛(因)	净法聚(133门):因法(115门)	道谛聚(48品)
灭谛(果)	果法(18门)	灭谛聚(14品)
	杂法聚(缺)	

从结构上看,《成实论》以"四谛"(苦、集、灭、道)为中心组织佛教学说,以"五聚"来构架全书,形成了结构严谨、层次分明的特点。而《大乘义章》亦以四谛为中心,"烦恼义"和"诸业义"是集谛,"苦报义"是苦谛,因法是道谛,果法是灭谛;"教聚"和"义法聚"则是总论,相当于《成实论》的"发聚"。

成实学派在南朝,则与涅槃学派混成一体,兼习《涅槃经》、《成实论》是当时的一大风尚。如"彭城系"有名的成实师中,道登善《涅槃经》、《法华经》,昙度精通《涅槃经》、《维摩经》、《法华经》、《大品经》;而"寿春系"的成实师,更是有名的涅槃师,如僧庄、法宠、慧次、宝亮、法云、僧旻、智藏、宝琼、警韶、慧晖等。道宣评价南朝佛教界说:"时有三大法师云旻藏者,方驾当途,复称僧杰,挹酌《成论》,齐骛先驱。"①可见法云、僧旻、智藏三大法师在当时的影响力。

二、成实学派对隋唐宗派的影响

成实学派是南北朝佛教的重要思潮,对隋唐佛教宗派的形成具有重大的影响,尤其是吉藏通过对成实学派进行严厉的批判,建立起三宗论的宗派意识。同时,对《成实论》大小乘的争议,亦为中国佛教树立大乘佛教意识提供了思想的资源。

吉藏在《三论玄义》中,破斥外道、毗昙、成实、大执等四宗。对于《成

---

① 《高僧传》卷八,《大正藏》第50卷,第548页中。

实论》，吉藏说：

> 《毗昙》明有，成实辨空，空有俱摄，斯二为小……毗昙已得无我，而执法有性；跋摩具辨二空，而照犹未尽。①

《成实论》阐明人空、法空等二空，但是观照仍然未能究竟，所以仍是小乘。

《三论玄义》以十项目论证《成实论》是小乘：

> 今以十义证，则明是小乘，非大乘矣。一、旧序证，二、依论征，三、无大文，四、有条例，五、迷本宗，六、分大小，七、格优降，八、无相即，九、伤解行，十、检世人。②

一、旧序证，这是依据僧睿《成实论序》的记载而证明，即序中提及"小乘学者"等；二、依论征，论中说"欲正论三藏内实义"，即是小乘的意思；三、无大文，《成实论》中未引用大乘的经论；但是，"无大文"的批判明显有误，如《成实论》说："又《四百观》中说，小人身苦，君子心忧。"③这就是引用了提婆（170—270 顷）《四百论》④；四、有条例，大乘经论言及小乘，而小乘的经论则未言及大乘；五、迷本宗，《成实论》说人法二空，将此理解为《大品般若经》所说的空义，而未说明《阿含经》中所说二空；六、分大小，大小乘的空义差别，有析空与体空、界内与界内外、但空与不但空、住空与不可得空等四方面；七、格优降，由空义的不同可知优劣的差别；八、无相即，《成实论》未说空有相即，从而与大乘的空思想有异；九、伤解行，《成实论》执著但空观，而缺乏布施行，有伤大乘的理论与实践；十、检世人，检证世间人的意见。

---

① 《三论玄义》，《大正藏》第 45 卷，第 1 页上。
② 同上书，第 3 页下。
③ 《成实论》卷八，《大正藏》第 32 卷，第 298 页中。
④ ［日］荒井裕明：《三宗论と〈成实论〉に関する一考察》，平井俊荣博士古稀纪念论集《三论教学と佛教诸思想》，第 70 页，东京，春秋社，2000。

吉藏对《成实论》的批判,涉及南北朝成实师的思想。如三宗论与成实学派对二谛思想的不同阐明,吉藏说成实师的二谛是"鼠喽栗二谛",谓犹如老鼠食栗,食尽栗肉而残余空壳,以喻空为真谛,假有为俗谛。吉藏尖锐地指出,成实师所讲的真谛实际上是俗谛:"诸法有拆法空,并是世谛。何者? 今就性空非性空以判二谛。性空为第一义谛,非性空为世谛,汝拆法空,非性空故,是世谛。汝谓是第一义故,堕在失处。"①在吉藏看来,成实师的二谛说内容只有世谛,并无真谛。其次,三宗论与成实学派二谛思想的重点差别在于,前者为约教二谛,后者为约理二谛。而吉藏对约理二谛的批判,主要原因在于空有不相即。如在《大乘玄论》的"四重二谛"中,吉藏说:"对成论师空有二谛,汝空有二谛是我俗谛,非空非有方是真谛,故有第二重二谛也。"②这是将成实师的二谛思想纳入四重二谛,加以继承与批判。三论学者对成实师的二谛相即说持否定的立场,他们抓住成实师学说的义理架构,尤其是以理境的实然层面确立二谛的基础理论,从存有论、生成论、真理论的角度,批判成实师的主张,并提出了三论系的二谛相即观。③

而且,成实师对二谛思想的讨论,尤其是二谛摄法尽不尽问题,引出"三谛"的思想,为后来天台宗智𫖮提出三谛圆融奠定了很好的基础。智藏主张二谛摄法尽,《大乘玄论》说:"开善解二谛摄尽,故云法无不总,义无不该者;真俗之理,舒之即无法不是,卷之即二谛尔已"④,智𫖮《摩诃止观》说:"开善所执佛果不出二谛外,即此义也"⑤,所以佛果亦在二谛的范围之内。而僧旻认为,二谛摄法不尽,《大乘玄论》说:

> 庄严云:二谛摄法不尽。所以然者? 若是惑因感虚果,此即是

---

① 《二谛义》卷上,《大正藏》第45卷,第85页上。
② 《大乘玄论》卷一,《大正藏》第45卷,第15页下。
③ 方立天:《中国佛教哲学要义》,第1165—1166页,北京,中国人民大学出版社,2002。
④ 《大乘玄论》卷一,《大正藏》第45卷,第22页上。
⑤ 《摩诃止观》卷六下,《大正藏》第46卷,第80页下。

世谛；虚果故可空，即是真谛。而常住佛果，体非虚假，故非世谛；不复可空，故非真谛。引《仁王般若》云：超出二谛外。①

因为佛果非真非俗，所以超出二谛之外，应该设立"第三谛"。根据现有的文献，僧旻是最早提出"三谛"的中国僧人。

虽然智𫖮、吉藏对僧旻的第三谛提出批评，但是经过南北朝长期的讨论，三谛学说成为呼之即出的思潮。《法华玄义》说：

> 庄严旻据佛果出二谛外，为中论师所覆。如此佛智照何理，破何惑？若无别理可照，不应出外；若出外而无别照者，藉何得出？进不成三，退不成二。②

僧旻依能照的观智而提出"第三谛"，如果佛果不在二谛范围内，那么依二谛说法的佛以其智慧还能说明什么道理，破除什么烦恼？如果没有其他的道理可以作为"所照之境"，那么不应该在二谛之外还有别的东西；如果在二谛之外还有"所照之境"，而无相应的"能照之智"，则不存在这些"所照之境"。所以，智𫖮批判僧旻的第三谛，既不能归在"二谛"，也不能归在"三谛"。

三论师与成实师对二谛、佛性等思想的论争，无疑刺激了南北朝佛教界对这些问题的探讨，而智𫖮、吉藏等隋唐佛教大师们则在吸收与批判成实学派思想的基础上，进行理论的创新，从而创建了佛教宗派。

---

① 《大乘玄论》卷一，《大正藏》第45卷，第22页上。
② 《妙法莲华经玄义》卷二下，《大正藏》第33卷，第702页中。

第四章 毗昙学派

毗昙学派,在佛教史上曾被称为"毗昙师"、"萨婆多宗"、"数论"、"数家"。这是在南北朝时代,研习《阿毗昙心论》、《杂阿毗昙心论》等说一切有部诸论所形成的学派。因为"阿毗昙"(梵 abhidharma)意译为"对法",主要是佛教对现象界的分析观察与对超经验界的证悟,以慧数或法数作为核心,所以南北朝、隋代称为"数论"或"数家";至唐代,则称为"萨婆多宗"。

第一节 毗昙学派的传承

在《高僧传》、《续高僧传》中,有时"数论"是兼指《毗昙》与《成实论》,"数"就是指《毗昙》。"毗昙师"是研习《阿毗昙》的学者,在吉藏、智𫖮、灌顶的著作中经常提及,如吉藏《大乘玄论》卷二:"又地、摄、成、数等师,恐落求相善比丘宗彼闻之惊怖,而听大乘无所得宗"[1],智𫖮《摩诃止观》:"数人云欲界为贪,上界名爱。成论人难此语,上界有味禅贪,下界有欲爱,爱贪俱通,何意偏判"[2]。陈代真谛译出《俱舍论》后,一些毗昙师转学

---

[1]《大乘玄论》卷二,《大正藏》第 45 卷,第 30 页上。
[2]《摩诃止观》卷六上,《大正藏》第 46 卷,第 70 页上。

此论,对唐玄奘译《俱舍论》的弘扬起到很大的促进作用。

一、毗昙论书的传译

印度佛教在佛陀灭后,至部派时期,逐渐分化为大众部和上座部。在上座部中,再分化为二部:(1)分别说部,自称为上座部,再分出化地、法藏、饮光、铜鍱;(2)分别说部脱出以后的上座部,再分出说一切有部、犊子部等。有部的古典毗昙原有六种,即《识身》、《界身》、《品类》、《集异门》、《法蕴》、《施设》六论。后来,迦多衍尼子造《发智论》,对有部各种学说作了总结性的组织,开始树立了这一部派的规模,成为"一身六足"。但是,随着学说的传播,论师对法义的解释逐渐出现分歧,于是产生了以迦湿弥罗地区为中心的迦湿弥罗师,以及迦湿弥罗以外地区的外国师、犍陀罗师、西方师等派系。迦湿弥罗系得到迦腻色迦王的有力支持,为了树立自己的学说,排斥异己,发起了《大毗婆沙论》的结集,对于《发智论》的各种不同解释,逐一加以刊定,从而有"毗婆沙师"的称号。但是,迦湿弥罗以外的有部师,则兼采譬喻师的思想,出现法胜的《阿毗昙心论》;后来法救兼采《婆沙》之说,加以补订,撰成《杂阿毗昙心论》,含有调和两方之说的用意。

说一切有部论书传入汉地,后汉安世高时期便已经开始。《出三藏记集》卷二记载,安世高译有《阿毗昙五法行经》、《阿毗昙七法行经》、《阿毗昙九十八结经》[①],后二经在僧祐时代便已缺,《阿毗昙五法行经》为唐玄奘译《阿毗达磨品类论》第一"辩五事品"的异译。

至前秦末年(四世纪末),僧伽提婆、僧伽跋澄等相继自说一切有部的重镇罽宾东来,传入阿毗昙诸论,于是讲学研习的风气日盛,蔚然成为一学派。

僧伽提婆"尤善《阿毗昙心》,洞其纤旨;常诵《三法度》,昼夜嗟味,以

[①]《出三藏记集》卷二,《大正藏》第55卷,第6页上—中。

为道之府也"①,于符秦建元年间(365—384)来长安,建元十九年(383),僧伽提婆应法和的邀请,在长安诵出论典,由竺佛念译为华文,即《阿毗昙八犍度论》三十卷。道安《阿毗昙八犍度论序》说:

> 其身毒来诸沙门,莫不祖述此经,宪章鞞婆沙,咏歌有八味者也。然乃在大荒之外,葱岭之表,虽欲从之,未由见也。以建元十九年,罽宾沙门僧迦禘婆,诵此经甚利,来诣长安,比丘释法和请令出之,佛念译传,慧力、僧茂笔受,和理其指归。自四月二十日出,至十月二十三日乃讫。②

《八犍度论》的翻译,是罽宾有部毗昙学传入中国的开始。因为符秦被灭,僧伽提婆与法和前往洛阳,研讲经论。僧伽提婆随着汉语水平的提高,才意识到前译多有违失本旨,于是同法和一起重新校勘了《八犍度论》的译本。

不久,僧伽提婆渡江南游。依未详作者《八犍度阿毗昙根犍度后别记》:

> 斯经序曰:其人忘因缘一品,故缺文焉。近有罽宾沙门昙摩卑,谙之来经,密川僧伽谛婆译出此品,八犍度文具也。而卑云:八犍度是体耳,别有六足可百万言。卑诵二足,今无译可出,慨恨良深。泰元十五年正月十九日于扬州正官佛图记。

宋、元、明三本以"泰元"为"秦建元",但是僧伽提婆于太元十六年(391)入庐山,应为"泰元"(即太元)。依此可知,僧伽提婆与法和的译本缺《因缘品》,后来昙摩卑诵出,由僧伽提婆补译完成。另外,当时的长安佛教界已经知晓阿毗昙的"一身六足"论书组织。

慧远听说僧伽提婆南来,就迎请至山中,译出《阿毗昙心论》四卷。

---

① 《出三藏记集》卷一三,《大正藏》第55卷,第93页下。
② 《出三藏记集》卷一〇,《大正藏》第55卷,第72页上—中。

依未详作者《阿毗昙心序》的记载,鸠摩罗跋提于建元十八年(382)来到长安,道安于是请他初译。但是,他不懂汉语,译文拙劣,早已佚失。晋太元十六年(391),慧远请僧伽提婆在浔阳南山精舍再译,道慈为笔受。第二年(392)秋,慧远重新与僧伽提婆校正,以为定本。① 隆安元年(397),僧伽提婆到达建康,王珣建立精舍,大力弘扬毗昙学,遂开南朝毗昙学的端绪,慧远亦深受其启发。

同时,在长安,有人译出《发智论》的释论——《鞞婆沙论》,这是《大毗婆沙论》的异译,是遵循《发智论》的思想路数,分别解说《发智论》,会通、抉择、深究,而达到完备与严密。现存《大正藏》中的《鞞婆沙论》,作"尸陀盘尼撰,苻秦僧伽跋澄译"。但是,这部论的译者,历代经录的记载一直有争议。《出三藏记集·僧伽跋澄传》说:"外国宗习阿毗昙毗婆沙,而跋澄讽诵,乃四事礼供,请译梵文。……以伪建元十九年译出,自孟夏至仲秋方出"②,道安《鞞婆沙序》说:

> 会建元十九年,罽宾沙门僧伽跋澄,讽诵此经四十二处,是尸陀盘尼所撰者也。来至长安,赵郎饥虚在往,求令出焉。其国沙门昙无难提笔受为梵文,弗图罗刹译传,敏智笔受为此秦言,赵郎正义。起尽自四月出,至八月二十九日乃讫。③

《僧伽跋澄传》与道安的序是一致的,《鞞婆沙论》为建元十九年(383),僧伽跋澄所译。

后来,僧伽提婆去洛阳,重新改译了《鞞婆沙论》。《出三藏记集·僧伽提婆传》说:

> 安公先所出《阿毗昙》、《广说》、《三法度》等诸经,凡百余万言。译人造次,未善详审;义旨趣味,往往忿谬。……提婆乃与冀州沙门

---

① 《出三藏记集》卷一〇,《大正藏》第55卷,第72页中。
② 《出三藏记集》卷一三,《大正藏》第55卷,第99页上—中。
③ 《出三藏记集》卷一〇,《大正藏》第55卷,第73页下。

法和,俱适洛阳。四五年间,研讲前经,居华岁积,转明汉语。方知先所出经,多所乖失。法和叹恨未定,重请译改,乃更出《阿毗昙》及《广说》。先说众经,渐改定焉。①

传中所说"阿毗昙"即是《八犍度论》,"广说"即是《鞞婆沙论》,《鞞婆沙论》是僧伽跋澄在长安所译,经僧伽提婆在洛阳译改,成为定本,改定时间约为公元389或390年。②

但是,僧祐在《出三藏记集·新集经论录》中的记载则显得混乱,僧伽跋澄所译,有"《杂阿毗昙毗婆沙》十四卷,伪秦十九年四月出,至八月二十九日出讫,或云《杂阿毗昙心》";僧伽提婆所译,有"《鞞婆沙阿毗昙》十四卷,一名广说,同在洛阳译出"③。僧祐又在《出三藏记集·新集异出经录》中提到,"僧伽提婆出《阿毗昙鞞婆沙》十四卷、《阿毗昙心》四卷,僧伽跋摩出《阿毗昙毗婆沙》十四卷、《阿毗昙心》十六卷……僧伽跋摩出《杂阿毗昙心》十四卷"④,可知僧祐混淆了僧伽跋澄与僧伽跋摩,后者曾译《杂阿毗昙心》十四卷,而《阿毗昙鞞婆沙》则记录于僧伽提婆的名下。

僧祐记载的混乱,带来后世经录的异说纷纭。隋法经《众经目录》说:"《毗婆沙阿毗昙论》十四卷,一名广说,前秦建元年僧伽提婆于洛阳译"⑤;智昇《开元释教录》卷三"僧伽跋澄译经"条下:

《鞞婆沙论》十四卷,或无论字,亦云《鞞婆沙阿毗昙》,亦云广说;或十五卷,或十九卷。建元十九年四月出,至八月末讫,难提录为梵文,佛图罗刹译传,敏智笔受,见《僧祐录》。⑥

---
① 《出三藏记集》卷一三,《大正藏》第55卷,第99页下。
② 印顺:《说一切有部为主的论书与论师之研究》,第206页,台北,正闻出版社,1992。
③ 《出三藏记集》卷二,《大正藏》第55卷,第10页中、下。
④ 《出三藏记集》卷三,《大正藏》第55卷,第15页上。
⑤ 《众经目录》卷五,《大正藏》第55卷,第142页中。
⑥ 《开元释教录》卷三,《大正藏》第55卷,第510页下。

智昇明确以现存《鞞婆沙论》为僧伽跋澄所译,而且在僧伽提婆译经条内没有此论的记录。① 道宣《大唐内典录·前后二秦传译佛经录》中,并录僧伽跋澄的"阿毗昙毗婆沙十四卷,建元十九年出,或十一卷",僧伽提婆的"《毗婆沙阿毗昙》一十四卷,建元末于洛阳出,见僧叡《二秦录》",道宣明确提出僧伽跋澄初译,僧伽提婆重译②,但在《历代翻本单重人代存亡录》中,仅录僧伽提婆译本。③

《鞞婆沙论》十四卷,是《大毗婆沙论》的部分异译。道安《鞞婆沙序》说:"经本甚多,其人忘失,唯四十事。……其后二处,是忘失之遗者,令第而次之"④,由于译者的忘失而不全。另外,现存《鞞婆沙论》在归敬颂后标出"鞞婆沙说阿毗昙八揵度"⑤,可见《鞞婆沙论》是广说解释《阿毗昙八揵度论》。

弘始十六年(414),昙摩耶舍、昙摩掘多在长安译出《舍利弗阿毗昙论》,共二十二(或作三十)卷,分为四分,三十三品,传说为舍利弗所造。

僧伽跋澄在建元二十年(384),译出《尊婆须蜜菩萨所集论》十卷。作者世友,古人称为"经部异师",是《大毗婆沙论》以前的譬喻尊者法救的后学,近于后起的经量部。

《大毗婆沙论》的第二次翻译,是在北凉;浮陀跋摩、道泰翻译《阿毗昙毗婆沙论》,现存六十卷。现存的六十卷本,其内容仅存(1)杂揵度、(2)使揵度、(3)智揵度三篇,相当于唐译本论第一至一百零一卷的杂、结、智三蕴部分。译文较简明畅达,而正确性不如唐译,文义次序也有前后出入之处,但大体是一致的。

依道挺《毗婆沙经序》⑥,梵文原本十万颂,系由沙门道泰从西域赍来

---

① 《开元释教录》卷三,《大正藏》第55卷,第505页上。
② 《大唐内典录》卷三,《大正藏》第55卷,第250页中—下。
③ 《大唐内典录》卷七,《大正藏》第55卷,第301页上。
④ 《出三藏记集》卷一〇,《大正藏》第55卷,第73页下。
⑤ 《鞞婆沙论》卷一,《大正藏》第28卷,第416页上。
⑥ 《出三藏记集》卷一〇,《大正藏》第55卷,第74页上。

凉地。这时天竺沙门浮陀跋摩也来到凉城,凉主便请他二人于乙丑年(425)四月中旬在凉城闲豫宫寺开始传译,并请沙门智嵩、道朗等三百余人考文详义,参与其事,至丁卯年(427)七月上旬译毕,成一百卷。嗣因凉城兵乱散佚,又经写出六十卷,传到宋地流布。但是,《出三藏记集》卷二记载:

> 《阿毗昙毗婆沙》六十卷,丁丑岁四月出,至己卯岁七月讫。右一部,凡六十卷。晋安帝时,凉州沙门释道泰共西域沙门浮陀跋摩,于凉州城内苑闲豫宫寺译出。初出一百卷,寻值凉王大沮渠国乱亡,散失经文四十卷,所余六十卷传至京师。

《阿毗昙毗婆沙论》的译出时间,依此则为丁丑岁(即437)四月开始传译,至己卯岁(即439)七月译讫。前后的记载,刚好相差十二年。但是,二者皆提到北魏灭北凉,时间是公元439年九月。所以,437—439年为该论的译出时间的可能性较大。

《阿毗昙心论》的问世,在说一切有部阿毗达磨论师中,引发了巨大而深远的影响,于是以《心论》为本论,而给予解说、修正、补充——注释书纷纷出现。《杂阿毗昙心论》的夹注说:

> 广说,梵云毗婆沙。以毗婆沙中义,庄严处中之说。诸师释法胜阿毗昙心义,广略不同,法胜所释,最为略也。优婆扇多有八千偈释,又有一师万二千偈释,此二论名为广也。和修槃头以六千偈释法,宏远玄旷,无所执著于三藏者,为无依虚空论也。①

《阿毗昙心论》的注解,至少有:(1)法胜释,就是《阿毗昙心论》四卷本;(2)优波扇多释;(3)某师释,这二部是广本;(4)和修槃头释;(5)达磨多罗——法救释,就是《杂阿毗昙心论》。这些注释在南北朝时期陆续传入汉地,刺激了毗昙学的发展。

---

① 《杂阿毗昙心论》卷一,《大正藏》第28卷,第869页下。

法救《杂阿毗昙心论》的传译，经录记载各有出入。(1)《出三藏记集》卷二记载，僧伽跋澄译有《杂阿毗昙毗婆沙》十四卷，"或云《杂阿毗昙心》"；僧伽提婆译有《阿毗昙心论》十六卷。如前所述，僧伽跋澄的《杂阿毗昙毗婆沙》其实是《鞞婆沙阿毗昙论》，与《杂心论》无关。僧伽提婆曾译出《八犍度论》、改译《鞞婆沙论》，在浔阳庐山译出《阿毗昙心论》。或许是混淆了僧伽跋澄与僧伽跋摩，导致出现僧伽跋澄亦译有《杂心论》的记录。(2)法显从印度回来，义熙七年(411)到建康，曾译出《杂阿毗昙心》十三卷(或十二卷)，僧祐记为缺本。① (3)依未详作者《杂阿毗昙心序》记载，宋元嘉三年(426)，徐州刺史太原王仲德请伊叶波罗在彭城翻译；只译到"择品"，就停译了；到元嘉八年(431)，由求那跋摩补译完成，名《杂阿毗昙心》十三卷，此译本亦已佚失。② (4)焦镜法师有《后出杂心序》，"焦镜"即是慧观的弟子僧镜③，他曾参与《杂阿毗昙心论》的翻译，而且曾有注解，即是《毗昙玄论》。据焦镜记载，宋元嘉十一年(434)，僧伽跋摩在建康长干寺译《杂阿毗昙心(论)》十四卷，由宝云译语、慧观笔受，经过一年才译完。现为十一卷，十一品，也就是现存的唯一译本。

《阿毗昙心论》的优婆扇多释，那连提黎耶舍于北齐河清二年(563)在邺城天平寺共法智译，题为《法胜阿毗昙心论》或作《阿毗昙心论经》，七卷或六卷。④

陈天嘉五年(564)正月，真谛在广州译出《俱舍论》，同时作详细讲解，弟子记录成为《义疏》，到闰十月译成讲毕，共论文二十二卷、论偈一卷，《义疏》五十三卷。天嘉七年(566)二月，又应请重译并再讲；光大元年(567)十二月完毕，前后皆慧恺笔受，这就是现行的《阿毗达磨俱舍释论》二十二卷。

---

① 《出三藏记集》卷二，《大正藏》第55卷，第12页上。
② 《出三藏记集》卷一〇，《大正藏》第55卷，第74页中。
③ 《高僧传》卷七《僧镜传》，《大正藏》第50卷，第373页中—下。
④ 《历代三宝记》卷九，《大正藏》第49卷，第87页下。

从毗昙论典的翻译来看,380—434 的五十余年间,中国佛教界对于毗昙学的传译可说盛极一时。僧伽提婆、僧伽跋摩先后译出《阿毗昙心论》、《杂心论》,其中《杂心论》会通了《毗婆沙论》中不同的说法,对有部内部的各种异说有所调和,并且还是《俱舍论》的前身。所以,有部毗昙学大兴,兼习或专习的学者相继出现,于是有"毗昙师"的称号。

二、道安、慧远与毗昙学派

毗昙学在长安的流行,是般若学盛行的时代,"六家七宗"等格义学说漫延在整个佛教界。但是,亦有佛教学者对这种现象表示反对,如道安等。在"格义"这种不求甚解的风气下,要想正本清源,以佛教本身的名相来诠释佛法,就必须反求钻研于佛家名相自身。所以,注重法义分析的毗昙论典,受到道安的重视。于是,道安主持、参与了当时毗昙论典的翻译,并且著写序文,或者撰抄要义,他的毗昙类序、抄有如下几种[①]:

《婆须蜜集序》,存;

《阿毗昙序》,存;

《鞞婆沙序》,存;

《阿毗昙心序》,佚;

《三法度序》,佚;

《阿毗昙抄》,佚;

《阿毗昙抄序》,佚。

道安晚年译经,多为一切有部之学;当时,正始玄风盛行,道安意识到"格义"佛教的危害性,从而强调毗昙的作用与地位。《十法句义经序》说:

自佛即幽,阿难所传,分为三藏,纂乎前绪,部别诸经。小乘则

---

① 方广锠:《道安评传》,第 274 页,北京,昆仑出版社,2004。

为《阿含》,四行中《阿含》者……是故般若启卷,必数了诸法,卒数以成经,斯乃众经之喉衿,为道之枢极也,可不务乎?可不务乎?①

道安提到由于阿毗昙论藏对法数名相的整理及解释,是三藏中搜罗最详备的,因此赤泽(即迦毗罗卫国之意译)深善义学的佛教徒,莫不以修习阿毗昙为先。尤其是研读《般若经》,必定要悉了法数,再超越法数表层之意义,达到中观四句不落二边、荡相遣执的最终目的。道安视通晓毗昙学为佛典修习的基本条件,谓修习毗昙犹如掌握入道之枢纽。由此可看到道安对毗昙的重视,几乎到了认为不习毗昙,无以读经的地步。

另外,道安曾读《放光般若经》而觉译语滞碍不顺,屡屡停卷苦思,恨不见支竺诸公而亲询之。于是,引发了道安、慧远对译本质量的关注和对释经的毗昙论典的重视。

慧远受到道安重视毗昙学的教示,对于后至中土传译毗昙论典的译经僧、义学僧,皆予以礼遇。后来,僧伽提婆曾于庐山译出《阿毗昙心论》及《三法度论》两部论典,受到慧远的重视,亲为之序。其中,《阿毗昙心论》是《大毗婆沙论》的菁要,代表有部的观点;而《三法度论》所释解脱之道,代表的是犊子部的观点。《名僧传抄》录有"慧远庐山习有宗事"一条②,即是说慧远曾习僧伽提婆毗昙学之事,而毗昙学由于慧远的弘扬,始自北方转盛于江南。当时,庐山僧团便开始研习《毗昙》,慧持(337—412)曾在山中讲《阿毗昙论》。

慧远通过对有部毗昙的研习,以毗昙作为取代"格义"最好的工具。同时,基于诠释业报理论的需求,慧远吸收毗昙论典施设受报主体的思想,以弥补《般若经》系统中不谈受报主体之不足;"补特伽罗"等假名施设的受报主体,为三世业报不虚提供了直接而积极的思想依据,而且亦是建立"神不灭"之"神"的概念的基础。

---

① 《出三藏记集》卷一〇,《大正藏》第55卷,第70页上。
② 《名僧传抄》,《卍新纂续藏经》第77册,第360页中。

三、慧集与南朝毗昙学派

毗昙学派在僧伽提婆、慧远之后,在刘宋时代盛极一时。齐梁时代,随着《成实论》的流行,毗昙学派以慧集为中心,由盛而衰,专习者渐少。

1. 慧集等毗昙师

南朝的毗昙师大都以研习《杂心论》为中心,专习者有僧伽跋摩、慧基、慧集等一脉相承。

慧基(412—496)[①],俗姓吕,钱塘(浙江)人,俗姓吕。初随侍杨都祇洹寺慧义,十五岁出家,精苦励行,钻研群经。后来,师事西域僧伽跋摩。二十岁受具足戒后,游历诸方,参访众师,深究精通《小品》、《法华》、《思益》、《维摩》、《胜鬘》诸经。慧义亡后,回钱塘显明寺,后又住会稽法华寺,又遍游三吴,宣讲经教,学徒云集。刘宋元徽元年(473),于会邑龟山建宝林精舍,名驰海内,深受周颙、南齐文宣王等人的推崇。奉敕任僧正,此为东土僧正之始。齐建武三年示寂,世寿八十五。著有《法华义疏》三卷、《问训义序三十三科》、《遗教经注》等书,今俱不存。慧基的传记中未见有弘扬《毗昙》的记载,其弟子德行、慧旭、道恢、慧谅、慧永、慧深、昙斐等人,亦未弘《毗昙》。

慧集(455—515)[②],吴兴于潜人,俗姓钱。十八岁时,于会稽乐林山出家,跟随慧基学习,勤奋努力。后来,住建康招提寺,遍历众师。当时,南地讲习毗昙都以《杂心》为主,他特搜寻《八犍度论》及《大毗婆沙》来与《杂心》互相参校,解释疑难,所以"《毗昙》一部,擅步当时",可见慧集对毗昙学的造诣非常高。开讲《毗昙》时,学者云集,僧旻、法云等皆来受学。天监十四年(515)卒,世寿六十。著《毗昙大义疏》十余万言,盛行于世。慧集是南方毗昙学成就最大的学者。

---

① 《高僧传》卷八《慧基传》,《大正藏》第50卷,第379页上—中。
② 同上书,第382页中—下。

《高僧传·僧盛传》附说:"建元寺僧护、僧韶……韶、护以《毗昙》著名"①,建元寺亦是成实师云集的地方。僧韶(447—504)②,《续高僧传》卷五有传,俗姓王,幼年出家,勤奋好学,闻名于地方,而且"专以《毗昙》擅业"。元徽初年(473),来建康住建元寺,清净自守。齐朝建立后,文惠王、竟陵王以及清河崔慧,皆前来承受教诲。僧韶大力讲说,听众常有数百,"《毗昙》一部,化流海内"。天监三年(504)卒于建元寺,世寿五十八。僧护的生平不明,《高僧传》卷十三收有剡中石城山隐岳寺开凿大佛(即今新昌大佛寺)的僧护,但是二者并无必然联系。

《续高僧传·昙迁传》记载,陈代有高丽沙门智晃,住建康道场寺,"善萨婆多部",闻名于当时。③ 但是,此智晃是否与天宫寺僧晃为同一人,则未能确定。慧弼(537—599)④曾在僧晃座下学习《毗昙》,传中说:"宝梁明上盛弘新实,天宫晃公又敷《心论》",弘扬《阿毗昙心论》。

2. 涅槃师对《毗昙》的研习

涅槃学派的学者,尤其是慧观、慧远一系,参与了求那跋摩、僧伽跋摩的译场,应该对毗昙学非常熟悉。僧镜⑤是慧观的弟子,他曾参与《杂阿毗昙心论》的翻译,而且有注解,即是《毗昙玄论》、《后出杂心序》。

慧定,《高僧传·道温传》附传,慧定"善《涅槃》及《毗昙》,亦数当元匠",住于中兴寺,应该与道温(397—465)同时。⑥

僧慧(408—486)⑦,依昙顺为师,昙顺为慧远的弟子。二十五岁时,能讲《杂心论》。

---

① 《高僧传》卷八《僧盛传》,《大正藏》第50卷,第381页上。
② 《续高僧传》卷五《僧韶传》,《大正藏》第50卷,第460页上—中。
③ 《续高僧传》卷一五《昙迁传》,《大正藏》第50卷,第572页上。
④ 《续高僧传》卷九《慧弼传》,《大正藏》第50卷,第494页下—495页中。
⑤ 《高僧传》卷七《僧镜传》,《大正藏》第50卷,第373页中—下。
⑥ 《高僧传》卷七,《大正藏》第50卷,第373页上。
⑦ 《高僧传》卷八《僧慧传》,《大正藏》第50卷,第378页中—下。

《高僧传·智秀传》附有治城寺道乘,"特善《毗昙》"①。

法令(438—506)②,住在定林上寺,尤其精通《阿毗昙心论》,爱好修禅。

另外,陆澄《法论目录》收有谢敷(即谢庆绪)所著《阿毗昙五法行义》,另有未知作者《阿毗昙心略解数》、《阿毗昙心杂数林》。③

3. 南方成实师对《毗昙》的研习

成实师僧柔曾在慧基座下学习,而僧旻、法云皆曾随慧集听《毗昙》。

僧柔(431—494)④,曾在慧基门下学习,僧旻曾经评价说:"齐时重僧柔,影《毗昙》以讲论"⑤,这是说僧柔引用毗昙来诠释《成实论》。

智林(409—487)⑥,是道亮的弟子,"博采群典,特善《杂心》",著有《毗昙杂心记》。

法宠(451—524)⑦,从长乐寺僧周学《杂心论》、《阿毗昙心论》等。慧开(469—507)⑧,在法宠座下,学习《阿毗昙》、《成实论》。

智藏(458—522),讲《阿毗昙心论》,而且著义疏,流行于世。

慧暅(515—589)⑨,曾在龙光寺从僧绰学《成实论》,但是"属意《毗昙》并《八揵度》"。

智脱(541—607),曾随智强学习《成实论》、《毗昙》。

4. 南朝其他毗昙师

在刘宋时代的建康,南林寺法业、治城寺慧通、下定林寺僧镜、庄严寺昙斌等人,在《杂心论》翻译之后,通达大乘经典而又兼习《杂心论》。

---

① 《高僧传》卷八《智秀传》,《大正藏》第50卷,第81页上。
② 《续高僧传》卷五《法令传》,《大正藏》第50卷,第465页中—下。
③ 《出三藏记集》卷一二,《大正藏》第55卷,第84页中。
④ 《高僧传》卷八《僧柔传》,《大正藏》第50卷,第378页下—379页上。
⑤ 《续高僧传》卷五《僧旻传》,《大正藏》第50卷,第462页中。
⑥ 《高僧传》卷八《智林传》,《大正藏》第50卷,第376页上—中。
⑦ 《续高僧传》卷五《法宠传》,《大正藏》第50卷,第461页上—下。
⑧ 《续高僧传》卷六《慧开传》,《大正藏》第50卷,第473页上。
⑨ 《续高僧传》卷九《慧暅传》,《大正藏》第50卷,第494页上—下。

法业,《高僧传·慧观传》有附传,《华严经传记》亦有传记①,长安人,精通《大品般若经》、《小品般若经》与《杂阿毗昙心论》。法业在佛陀跋陀罗的《华严经》译场任笔受,就佛陀跋陀罗学梵本《华严经》,日夜精研,穷其蕴奥,撰《华严旨归》二卷。晋陵公主为建南林寺,昙斌等人自执弟子礼,极为推崇他。

慧通②,沛国(江苏)人,俗姓刘。住治城寺,与豪贵名士徐湛之、袁粲等交游,而且深受孝武帝的礼遇。师著有《大品般若经》、《胜鬘经》、《杂阿毗昙心论》等的注疏,及《驳夷夏论》、《显证论》、《法性论》、《爻象记》等。于升明年中(477—479)示寂,世寿六十三。

《高僧传·僧隐传》附有"时江陵上明寺复有成具律师,亦善《十诵》及《杂心毗昙》等"③;《高僧传·超进传》附有昙机传,住会稽嘉祥寺,善《法华经》及《毗昙》。④

四、慧嵩与北朝毗昙学派

北方毗昙学派的兴盛,是由于《地持论》、《十地经论》以及《摄大乘论》等思想与上座系有部比较接近;而且,毗昙学阐释一切法为"有",善说因缘(六因四缘),而被当作一种兼学的论书发展起来。⑤ 北方从梁末到隋初期间,毗昙之学一向盛行,如湛然《法华玄义释签》说:"江南盛弘《成实》,河北偏尚《毗昙》"⑥,即指当时的情况而言。隋净影慧远撰《大乘义章》时,辨析种种法义,皆于各章先述《毗昙》、《成实》诸解,然后归结于他所宗的《地论》、《涅槃》之说,此外未列余家,可见毗昙之为当时人所

---

① 《高僧传》卷七,《大正藏》第50卷,第368页中;《华严经传记》卷二,《大正藏》第51卷,第158页上一中。
② 《高僧传》卷七,《大正藏》第50卷,第374页下—375页上。
③ 《高僧传》卷一一《僧隐传》,《大正藏》第50卷,第401页下。
④ 《高僧传》卷七《超进传》,《大正藏》第50卷,第374页中。
⑤ 吕澂:《中国佛学源略讲》,第128页,北京,中华书局,1979。
⑥ 《法华玄义释签》卷一九,《大正藏》第19卷,第951页上。

重视。

1. 慧嵩与北朝毗昙学派

毗昙学派在北方的兴起,较南方迟几十年。北方最著名的毗昙师是慧嵩,号称"毗昙孔子",门下人材辈出,蔚成一系。

慧嵩,高昌人,虽处西域边陲,但是通达华夏文化。慧嵩年少出家,推究《杂阿毗昙心论》,受到高昌国王的器重。当时,高昌国上层除了在国内建立僧官制度,而且还派留学生到北朝深造。《续高僧传·慧嵩传》说:

> 于时元魏末龄,大演经教,高昌王欲使释门更辟,乃献嵩并弟,随使入朝。高氏作相,深相器重。①

据《魏书·高昌传》,普泰初年(531),麹坚遣使朝贡。② 据《北史·齐本纪上》记载,高欢于永熙元年正月,攻破占领邺城后,被封为丞相。③ 可见,慧嵩入魏的时间应该是在普泰初年(531)左右。

慧嵩在高昌时,对《毗昙》已经有相当的造诣,曾以《毗昙》一偈化解其兄的疑惑。慧嵩到北魏后,随智游学习《毗昙》、《成实论》。智游的生平不详,《续高僧传·灵裕传》记载灵裕从"游法师"学习《毗昙》,或许亦是智游。受具足戒后,学有所成。高昌国请慧嵩回故乡弘法,他执意不回,于是遭灭门之灾。北齐时代,法上受到文宣帝的器重,而慧嵩经常以佛法义理问难法上,于是被迁到徐州任僧统,在彭、沛之间大宏法化,江表、河南等处都远慕他的声教,被尊为"毗昙孔子"。在天保年间(550—559),卒于徐州。志念、灵裕曾随他学习《成实论》。慧嵩的弟子有道猷、智洪、晃觉、散魏、志念等,都是一时的名僧。道猷住青州大业寺,有弟子辩义、慧海、靖融等人,皆精通《毗昙》。

---

① 《续高僧传》卷七《慧嵩传》,《大正藏》第50卷,第483页上。
② 《魏书》卷一○一《高昌传》,第2244页。
③ 《北史》卷六《齐本纪》上,第216页。

辩义(541—606)[1],贝州清河(河北清河)人,俗姓马。少年出家,在道猷座下学习《杂心论》,贯通文义,讲解《毗昙》,辩才无碍,曾经与昙散辩论十回合,于是声誉远传。北周灭法时,辩义南奔建业,传弘《毗昙》。晋王杨广南下,搜选名僧,辩义以义学之功显著,遂入住日严寺。京师名僧昙恭、道抚、慧颐、慧净等,皆执文咨义。仁寿二年(602),汉王杨谅推举志念升座讲论,辩义与他辩论三日。道岳专宗《俱舍》,亦随辩义请析疑义,道岳赞叹说:"余之广扬对法,非义孰振其纲哉。"当时,日严寺有智矩、吉藏、慧乘等三十余人,于是请辩义开演《杂心论》。大业二年(606),卒于日严寺,东宫舍人郑颋为他撰写碑颂。

慧海(541—609)[2],清河武城人,俗姓张。幼年出家,师事邺都广国寺冏法师,受学《涅槃经》《楞伽经》等,慧辩过人,众所钦服。后来,又从青州大业寺道猷研习摩诃衍、《毗昙》等。北周大象二年(580),创立安乐寺,修净土观法。时有齐州僧道诠带来无量寿佛的画像,由是礼忏苦修,发愿往生。隋大业五年(609)示寂,世寿六十九。讲《涅槃经》三十遍,讲《法华经》五十遍。

靖嵩(537—614),曾在邺都从道猷、法诞二师学习《成实论》和《杂心论》、《毗婆沙论》、《舍利弗阿毗昙》。靖嵩的同学靖融,"通该大小,尤穷《杂心》"[3]。

2. 志念及其弟子——地论学派、毗昙学派、摄论学派的交涉

地论学派研习《毗昙》的学者,主要是北道系,尤其是志念晚年弘扬《毗昙》,成为慧嵩之后又一重要的毗昙师。而且,志念一系的弟子后来大部分皆转学《摄大乘论》,北道系的学术倾向最终是摄论学派。

在南道系中,主要有灵裕一系。灵裕(518—605),在东魏孝静帝武定四年(546),二十九岁时,回到邺都,从安、游(或许即智游)、荣等师学

---

[1]《续高僧传》卷一一《辩义传》,《大正藏》第50卷,第510页中—下。
[2]《续高僧传》卷一二《慧海传》,《大正藏》第50卷,第515页下—516页上。
[3]《续高僧传》卷一〇《靖嵩传》,《大正藏》第50卷,第501页中。

习《杂心论》,著《毗昙论抄》;而且就嵩(即慧嵩)、林二师学习《成实论》,著《成实论抄》。净影慧远的弟子辩相,曾在徐州学习《摄大乘论》、《毗昙》。① 另有弟子慧畅②,山东莱州人,俗姓许。"偏学《杂心》,志存名实,拘滞疆界,局约文义。初不信大乘,以言无宗当,事同虚诞也",慧畅早期以《杂心论》为中心,具有"崇小非大"的思想。后来,受学于净影慧远三年,精通《涅槃经》,改信大乘。敕送舍利于牟州拒神山寺,回净影寺。后预知时至,世寿七十多。

志念(535—608)③,俗姓陈,冀州信都(河北冀州市)人。《续高僧传·志念传》记载:"爰至受具,问道邺都,有道长法师精通《智论》,为学者之宗,乃荷箱从听,经于数载,便与当席擅名,所谓诞礼、休、继等,一期俊列,连衡齐德。"志念受具足戒后,至邺都随道长(即道场)法师研习《大智度论》,几年之后,便与诞礼、僧休、法继齐名。其后,志念游诸讲肆,"又诣道宠法师,学《十地论》,听始知终,闻同先览"。后来,志念又在慧嵩座下学习《毗昙》,而且其成就超越了慧嵩大弟子道猷。所以,志念的学术倾向主要是《十地经论》、《大智度论》和《毗昙》。

志念在学有所成后,回到故乡冀州。"时刺史任城王彦,帝之介弟,情附虚宗。既属念还,为张法会。"《北齐书》卷七记载:北齐河清元年(562)二月,以领军大将军、宗师、平秦王归彦为太宰、冀州刺史;七月,太宰、冀州刺史平秦王归彦谋反,遭到大司马段韶、司空娄睿的讨伐而被斩杀。④《北齐书》卷八记载,武平元年(570)二月,冀州刺史、任城王湝为太师。⑤ 所以,"刺史任城王彦"是一种模糊不确定的叙述,因为高归彦任冀州刺史只有五个月,或许即是任城王高湝。所以,志念回故乡时间不会早于武平元年(570)。志念受到冀州刺史的尊崇,于是在冀州展开其弘

---

① 《续高僧传》卷一二《辩相传》,《大正藏》第50卷,第520页上。
② 《续高僧传》卷一〇《慧畅传》,《大正藏》第50卷,第508页上—中。
③ 《续高僧传》卷一一《志念传》,《大正藏》第50卷,第508页中—509页中。
④ 《北齐书》卷七,第90—91页。
⑤ 《北齐书》卷八,第103页。

法事业：

> 与僧琼法师，对扬道化。盛启本情，双演二论，前开《智度》，后发《杂心》。岠对勍锋，无非丧胆。时州都沙门法继者，两河俊士，燕魏高僧。居坐谓念曰：观弟幼年慧悟，超迈若斯，必大教由兴，名垂不朽也。于即频弘二论，一十余年。

志念在冀州主要是弘讲《大智度论》与《杂心论》，而且受到法继的鼓励与称赞，可见北道系在山西、河北一带仍然具有很大的影响力。

北周灭法时，志念避难隐居，深入研究《毗昙》。隋初佛法重兴，志念于是再次出家。开皇四年（584），志念之弟沙门志湛将志念感叹自己所学《迦旃延阿毗昙》未能传授之事告诉明彦法师。"彦，《成实》元绪，素重念名，与门人洪该等三百余人，躬事邀延，阐开《心论》"。渤海明彦是北朝重要的成实师，慧休曾随其学习《成实论》，明彦邀请志念到渤海弘传其学。

> 至如迦延本经传谬来久，业犍度中脱落四纸，诸师讲解，曾无异寻。念推测上下，悬续其文，理会词联，皆符前作。初未之悟也，后江左传本，取勘遗踪，校念所作，片无增减，时为不测之人焉。撰《迦延》、《杂心论》疏及广钞各九卷，盛行于世。

《迦延阿毗昙》是指迦旃延子造《八犍度论》，这是志念在避难时所寻得的论本，"业犍度"中脱落四纸。志念依自己的体悟，撰述所脱落的论文。后来，江南所传的《八犍度论》本传到北方，志念校对补充遗文，二文符合一致。志念造《八犍度论》、《杂心论》疏与广钞各九卷，盛行于世。由于明彦座下三百余人的归学，受学者有数百人，如汲郡洪该、赵郡法懿、漳滨怀正、襄国道深、魏郡慧休、河间圆粲、俊仪善住、汝南慧凝、高城道照、洛寿明儒、海岱圆常、上谷慧藏等人，皆是当时的著名义学僧。

志念在冀州、渤海一带弘扬毗昙学长达二十余年，在北朝末年隋初，形成非常重要的一大学术团体。隋初太子之位斗争升级，佛教界亦受到很大的牵连。杨谅（575—605）是隋文帝杨坚第五子,于开皇十七年(597),为并州总管,坐镇于晋阳,于是邀请志念前来晋阳弘法。志念率弟子四百多人前来晋阳,杨谅在宫城内筑造精舍,名为内城寺,即是后来的开义寺。杨谅又令志念于大兴国寺讲经说法,"先举《大论》,末演小乘",志念仍然是以《大智度论》和《杂心论》为弘扬的中心。在晋阳,志念学术团体成员有慧达、法景、法楞、十力、圆经、法达、智起、僧鸾、僧藏、静观、宝超、神素、道杰等五百余人。杨广在长安建造日严寺,汇聚了当时的义学僧讲经辩论。仁寿二年（602）,志念随杨谅至长安,杨谅的目的在于"今须法师一人,神解高第者,可共寡人入朝,拟抗论京华,传风道俗",这是杨谅欲借助志念增强自己的影响力。《续高僧传·辩义传》记载了志念在京师讲法的情形:

  仁寿二年,隋汉王谅,远迎志念法师,来华京室。王欲炫其智术也,乃于禅林寺创建法集,致使三辅高哲咸废讲而同师焉,义厕其筵肆,聆其雅致。乃以情之所滞,封而问之,前后三日,皆杜词莫对。念处座命曰:向所问者,乃同疑焉。请在下座,返询其志。①

杨谅在长安禅林寺创建辩论法会,日严寺辩义与志念交锋,前后三日,志念难以为继。因为,志念是以《大智度论》沟通《杂心论》,并非专精毗昙。辩义是道猷的弟子,专以《毗昙》命家。

  志念在长安讲经说法百有余日,又同杨谅一起回到并州。杨谅又令在宝基寺开讲,于是四众弟子纷纷前来受学。仁寿四年（604）,汉王杨谅在晋起兵反对其兄杨广称帝,志念乘机回到故乡。传中"沧溟"是指沧州,志念为冀州信都人,而沧州则是北魏熙平二年（517）从瀛州、冀州各划出一部分另设的,因濒临沧海,故取名"沧州",前文则称"沧溟"。于是,志念在沧州与明空一起宣讲《大智度论》与《杂心论》。大业年间,朝廷屡屡下诏征他至洛阳慧日道场,志念未赴。大业四年（608）卒于沧土,

---

① 《续高僧传》卷一一《辩义传》,《大正藏》第50卷,第510页中。

世寿七十四。

志念的弟子中,法楞后来住慧日道场,"偏弘《地论》,著述疏记"①,慧藏以《大智度论》著称;其他,如慧净、神素、道岳、道杰、慧休、道基、灵润等人,对《毗昙》、《成实》、《摄大乘论》等各有造诣。

慧休(548—646②),俗姓乐,瀛州(河北河间县)人。十六岁时,依树③律师出家。前往邺都,受学于灵裕,"背负《华严》,远游京邺,一闻裕讲,鉴动身心"。慧休反复研读《华严经》五十余遍,但是对文句与至理未能融会贯通。于是,遍问诸师,无法解答自己的疑惑。复往渤海从明彦听《成实论》,从志念学习《毗昙论》。慧休著《杂心玄章抄疏》,讲授不断,驰名于河北。开皇十年(590),随灵裕入长安,从昙迁、道尼研习《摄大乘论》,而且造《摄大乘论疏章》。慧休对大小乘经论已经有深入的学习,于是从道洪律师听《四分律》,又听法励律师讲律,深入律藏。隋末,返回相州,居住在云门寺,贞观九年(635),帝频召入京,慧休以疾病固辞不就。十九年(645),住相州慈润寺,仍爽健如前,时年已九十八,太宗皇帝征伐辽东时路过,还亲自前往探视。慧休的著作有:《十地义记》、《地持义记》、《成实论义章及疏》、《毗婆沙论疏》、《迦旃延论疏》、《杂阿毗昙论疏》、《小乘论义疏》、《大乘论义疏》、《大乘义章》及续远法师《华严疏》,总共四十八卷。

慧休的弟子昙元,偏重清行,不妄衣食;灵范,住弘福寺,弘扬《摄大乘论》。④ 玄奘亦曾在慧休座下听《摄大乘论》与《杂心论》。

道杰(573—627)⑤,俗姓杨,开皇十一年(591),在闻喜横水窟真莹法

---

① 《续高僧传》卷一二,《大正藏》第50卷,第519页上。
② 道宣修纂《续高僧传》的截止时间为贞观十九年(645),当时慧休尚在世。依宝山灵泉寺《慈润寺故大论师慧休法师纪德文碑》,其卒年为贞观二十年(646)三月五日,世寿九十九岁。河南古代建筑研究所:《宝山灵泉寺》,第338页,郑州,河南人民出版社,1991。
③ 《续高僧传·慧休传》载,慧休投勖律师出家,而《慧休法师纪德文碑》载,投树律师出家。依此改。
④ 《续高僧传》卷一五《慧休传》,《大正藏》第50卷,第544页中—545页中。
⑤ 《续高僧传》卷一三《道杰传》,《大正藏》第50卷,第529页上—530页上。

师座下剃度出家。开皇十二年(592)受具足戒后,令学《涅槃经》,后往岘头山诵《法华经》。于开皇十四年(594),往青州在何记论师门下,听讲《成实论》二年。传中说"往仓冀魏、念二论师所听《毗昙论》",即是散魏、志念二人;又向清河道向、汲群洪该学习《成实论》,总共四年,"倾穷五聚"。开皇十九年(599),于邺都听慧休讲《摄大乘论》,广学《毗昙论》、《成实论》等。开皇十七年(597),汉王杨谅召志念、法楞在晋阳大开讲席,于是前往晋阳,随志念学习《八犍度论》、《婆沙论》,首尾三年,颇得其中意趣。仁寿二年(602),依法楞学习《十地经论》,当时并州"法门大敞,宗师云结,智景《大论》,十力《摄乘》,两达《涅槃》,舜凫律部,一期总萃,并晋中兴",道杰历游诸讲席,问难辩论。仁寿四年(604),杨谅起兵,道杰回到故乡安邑,讲《阿毗昙心论》、《地持论》等各五六遍。后来,前往麻谷依真慧禅师学习坐禅,依《成实论》修习安般念处。武德元年(618),朝廷请弘《十地经论》,于是讲说三十余遍,常随弟子有百余人。晚年任栖岩寺僧主,贞观元年(627),卒于栖岩寺,世寿五十五。

神素(572—643)[①],少时和道杰同学,皆在志念座下学习。道杰擅长诵经学定,神素则善于会通思想。道杰修行"安般念处",神素曾经汇集《婆沙论》、《成实论》、《大智度论》等中有关禅定的内容,阐明十六特胜、六种安般的相状。大业四年(608),道杰停讲,他的门徒都转到神素座下学习。于是,神素讲《毗昙论》四十余遍,续讲《成实》将近二十遍。道杰能以"片言契理,少语释多",使学者不倦;而神素则以"多陈同异,广定是非",启发听众见长。贞观二年(628),应栖岩寺住众邀请,前往住持。贞观十七年(643),卒于栖岩寺,世寿七十二岁。

神照[②],俗姓淳于,汴州中牟人(今河南省中牟县)。九岁父母双亡,十二岁在明智律师座下出家,学习律藏,讲《法华经》、《胜鬘经》。后来,

---

① 《续高僧传》卷一三《神素传》,《大正藏》第50卷,第530页上—中。
② 同上书,第528页下—529页上。

前往邺都,从慧休受学《摄大乘论》,学习一遍后便理解其意,慧休称其为"河南一遍照",又往许州空法师处听《杂心论》。从此,讲《涅槃经》、《华严经》、《成实论》、《杂心论》,注《能断金刚般若经》。贞观年中(627—649)卒,世寿五十九。

慧净①(578—?),俗姓房,常山真定(今河北省正定市)人,是隋代国子博士房徽远的儿子。早年学习儒家,十四岁出家,游学诸讲席,研习《大智度论》及其余经论。未久,从志念习学《杂阿毗昙心论》、《大毗婆沙论》等。博通经论,有辩才,能诗文。开皇末年至长安,大业初年(605),于智藏寺,与道士于永通辩论。慧净对大小乘经论皆深入研习,并且勤奋注述。于是,撰述《杂心玄文》三十卷,汇集旧贤的诸注释;又注解真谛所译《俱舍论》三十余卷。学士颍川庾初孙请他注《金刚经》,于是释文举义,"穷真俗之教原,尽大乘之秘要",太常博士褚亮作序。贞观二年(628),慧净参与笔受《大乘庄严经论》,并撰疏三十卷。由是名声大扬,玄奘、房玄龄等称师为东方菩萨。贞观十年(636),于长安纪国寺开讲席,王公士大夫云集。慧净又撰《法华经缵述》十卷,《胜鬘》、《仁王般若》、《温室》、《盂兰盆》、《上生经》、《下生经》等各出要缵。慧净善诗文,撰《诗英华》,刘孝孙作序。唐初佛道论争非常激烈,佛教方面慧乘、法琳、智实、慧净等人极力抗争。贞观十三年(639),祭酒孔颖达、慧净、道士蔡子晃等百官大臣与三教学者汇聚在弘文殿,慧净讲《法华经》,蔡子晃讲《道德经》,并就《法华经》"序品第一"问题展开争论。稍后,又有太子中舍辛谞作《齐物论》,从"心存道术"的立场出发,倡释道齐一玄同之论。慧净又著论进行抗争,法琳致信表示支持。后来,慧净为普光寺寺主,仍为纪国寺上座,开讲《法华经》、《大智度论》。贞观十九年(645),玄奘从西域返唐,敕慧净参与译经,慧净以病未赴,时年六十八岁。

---

① 《续高僧传》卷三《慧净传》,《大正藏》第 50 卷,第 441 页下—4467 页上。

净愿(？—609)①,代州(今山西省代县)人。三十岁出家,广泛听闻,记忆力惊人。受具足戒后,专研戒律,五年后,能讲《四分律》,讲说近十遍。又听《十地经论》、《华严经》及《毗昙》等,从法准学习《摄大乘论》。后来,入长安,住宝刹寺。曾在法会中讨论"五阴"义,于是受到众人的推崇。后移入宝昌寺,"正时《摄论》,晚夜《杂心》,或统解《涅槃》,或判销《四分》",以这种四种经律论教导后学。《舍利弗阿毗昙》自从译出后,除靖嵩外,很少有研习者,所以净愿"执卷披文,泠然洞尽,乃造疏十卷,文极该赡",撰著《舍利毗昙疏》十卷。仁寿二年(602),敕送舍利于潭州(即今湖南长沙市)麓山寺。净愿由于持戒精严,对弟子要求严格,所以曲高和寡。大业元年(605),隋炀帝召辩相入洛阳慧日道场,辩相将一百余弟子托付给净愿,于是座下弟子骤然云集。大业五年(609)卒,世寿六十余岁。道宣对净愿未披讲《舍利弗阿毗昙》,感到非常可惜。

道基、灵润、道岳等三人,皆在志念座下学习《毗昙》,后来转向《摄大乘论》的研习与弘扬。志念是以《大智度论》、《杂心论》为学术核心,并非以《十地经论》为中心,所以志念一系偏重于毗昙学派。而且,其弟子大都转向《摄大乘论》,从而淹没于摄论学派。

五、道岳与俱舍学派

真谛译出《俱舍论》后,其弟子弘传不绝,续写了毗昙学派的传承。

真谛弟子中,弘传《俱舍》之学的,有慧恺、智敫及法泰等,而以慧恺为最。此后,道岳私淑慧恺,一直传至唐初。

慧恺(518—568)②笔受《俱舍论》,其中《俱舍论》文及《疏》共八十三卷,词理圆备,为真谛所赞叹。光大二年(568),僧宗等人又来请智恺于智慧寺讲《俱舍论》,未讫而卒。真谛续讲慧恺未讲完的部分,到《惑品

---

① 《续高僧传》卷一〇《净愿传》,《大正藏》第50卷,第504页中一下。
② 《续高僧传》卷一,《大正藏》第50卷,第431页上一中。

疏》第三卷亦因病停止，不久也就圆寂。法泰回建康后，开讲《俱舍论》。智敫列席《俱舍论》译场，听慧恺的《俱舍论》讲义，与道尼等二十人共同掇拾文疏。

道岳（568—636）①，洛阳人，俗姓孟。幼年习儒，十五岁依义学名僧僧粲出家，学习经论。受具足戒后，研习戒律。后来，从志念、智通习《成实论》、《杂心论》，更就道尼受《摄论》，传中说"《毗昙》、《成实》学知非好，《摄大乘论》诚乃清微"。道尼圆寂后，他因无从请教，于是住长安觉明寺，闭门专治《俱舍论》。经过五年，洞达论旨，但是因为未见真谛《义疏》，恐怕于外义隐文有所未了。因而重托南方商旅，到处寻求，终于在广州显明寺访得慧恺的《俱舍论义疏》及《十八部论记》。于是栖身终南山太白寺，潜心专研《俱舍论》三年多，才出山弘传。隋大业八年（612），应召住大禅定道场，当时四十四岁，弘扬《俱舍论》，法常、智首、僧辩、慧明等请教受学。李渊立国，于武德元年（618）即改大禅定寺为大总持寺；武德二年（619），道岳用真谛义疏剖解《俱舍》本论，后来又以真谛疏文句繁多，学人难以研究，费了十多年工夫，节略修订为二十二卷，较原疏减少三分之二，但是对于原意丝毫无损；同时，又著《十八部论疏》。《续高僧传·辩义传》说："道门道岳，命宗《俱舍》"②；玄奘曾随道岳学习《俱舍论》，《续高僧传·玄奘传》说："沙门道岳，宗师《俱舍》，阐弘有部，包笼领袖，吞纳喉襟"③，可见道岳是唐初最有名的俱舍师。

贞观元年（627）十一月，有梵僧波罗颇迦罗蜜多罗到达大兴善寺，贞观三年三月征召京城名僧协助翻译经典。道岳被众人推举，"预其同例。颇闻善于《俱舍》，未始重之。谓人曰：'此论本国学者之英华浮情，不敢措意。今言善者不有谬耶？'因问以大义，并诸异论。岳随其慧解，应答如流。颇曰：'智慧人，智慧人。不言此慧，吾与尔矣。'"道

---

① 《续高僧传》卷一三《道岳传》，《大正藏》第 50 卷，第 527 页上—528 页下。
② 《续高僧传》卷一一《辩义传》，《大正藏》第 50 卷，第 510 页中—下。
③ 《续高僧传》卷四《玄奘传》，《大正藏》第 50 卷，第 447 页中。

岳后来任证义,于贞观三年(629)三月至第二年四月协助其译出《宝星经》一部七卷。贞观四年(630)六月,移住胜光寺翻译。至贞观六年(632)十月十七日完成《般若灯论释》十五卷,贞观七年(633)春完成《大乘庄严经论》十三卷。贞观八年(634)秋,皇太子李承乾召道岳住于普光寺,任普光寺上座。贞观十年(636)春二月,道岳圆寂于住寺,世寿六十九。

僧辩(568—642)①,曾听道岳讲《俱舍》,随闻出抄三百余纸。

玄会(582—640)②,著名的涅槃师,后从道岳学《俱舍》,为时人所推重。

智实(601—638)③,雍州万年人,住大总持寺,洞明《俱舍》的深义。

毗昙学派在南北朝盛行一时,但是随着《十地经论》、《摄大乘论》的流行,陈译《俱舍论》由慧恺、道岳开始弘传,研习《毗昙》的学者即已逐渐减少。但是,俱舍学与毗昙学属同一个思想体系,可以看作是毗昙学的继续和发展。到了唐代,玄奘大量传译有部论书,并重译《俱舍论》,掀起学人研究的高潮,自后旧译《毗昙》之学遂趋于衰歇;有关旧时毗昙学的著述,在唐中期《俱舍论》注释中仍然时有引用。

但是,毗昙学派阐释一切诸法实有、补特伽罗胜我的存在,以及重视因缘说的弘扬,对南北朝的玄学、神灭不灭的争论具有很大的影响。

第二节 毗昙学派与六朝思想

毗昙学注重对法相的剖析,道安说:"《阿含》者,数之藏府也;阿毗昙者,数之苑薮也"④,这是将毗昙学归入"数",即是三学中的"慧学"。在南北朝时期,影响最大的是说一切有部的毗昙,吉藏说:"阿毗昙是十

---

① 《续高僧传》卷一五《僧辩传》,《大正藏》第50卷,第540页上—下。
② 《续高僧传》卷一五《玄会传》,《大正藏》第50卷,第542页下—543页上。
③ 《续高僧传》卷二四《智实传》,《大正藏》第50卷,第634页下。
④ 《出三藏记集》卷一○,《大正藏》第55卷,第70页上。

八部内萨婆多部"、"《毗昙》虽部类不同,大宗明见有得道也。"①僧祐说:"萨婆多部者,梁言一切有也,所说诸法一切有相,学内外典,好破异道,所集经书说无有我所。"②所以毗昙学的思想核心在于"见有"、"一切有相"。

一、法体恒有与玄学崇有

"有"是指"三世实有,法体恒有"。"法体恒有"是指每一事物恒常存在着自己的法体、本性或本质。事物虽然在变化,但事物背后存在着自己的法体。毗昙学注重存在世界和种种事物的客观性,因为其着眼点在客观世界的结构方面。"三世实有"是指事物本身的法体在时间上无论是过去、现在或未来都横亘存在,三世中的事物本身并没有显著差别,但却存在着一种是否已起用的差异。过去的东西已经起作用,但其法体仍然继续存在而没有消失;现在的东西正在发生作用;未来的东西将来会发生作用。

《阿毗昙心论》和《杂阿毗昙心论》的《界品》都有一首相同的偈颂:

　　诸法离他性,各自住己性;
　　故说一切法,自性定所摄。③

牛具牛性,马具马性,这叫"各自住己性";马不具牛性,牛不具马性,这叫"诸法离他性"。此中"牛"、"马"是个体,牛性、马性是牛、马个体的本质规定,"一切法"指所有个体之物,它们各住于"己性"之中。这里,"己性"即是"自性",就是先于个体事物存在的"法体"。这就是说,"一般"不是存在于个别之中,而是可以脱离个别并先于个别的存在。因此,是先有牛性、马性的存在,才有牛、马的存在;牛性、马性是牛、马得以存在之

---

① 《三论玄义》,《大正藏》第 45 卷,第 3 页上、2 页中。
② 《出三藏记集》卷三,《大正藏》第 55 卷,第 20 页上。
③ 《阿毗昙心论》卷一,《大正藏》第 28 卷,第 810 页中;《杂阿毗昙心论》卷一,《大正藏》第 28 卷,第 880 页中。

"因";同样,牛、马之作为概念,是黑牛、白马等生动个体的原因。《阿毗昙心论·界品》说:"法相者常定"①,意指现象与本质的统一,永远不会变异,有此本质,必有此现象,反之亦然。

同时,毗昙学亦强调诸法"空",但如吉藏所说:"小乘观行,先有法体,析法入空"②,"先有法体"即是指法的实体可以脱离并独立于"法","本质"可以脱离并先于现象而存在,或者说,"本质"是一种先于存在的存在。在阿毗昙那里,这样的法体即本质,就是"自性"。③ "析法入空"即是"分析空",如道标《舍利弗阿毗昙序》说:"原其大体,有无兼用。"④ "有"就是有法相、相用,亦是指法体先有;"无"指因缘性空,性空是在因缘条件下才有意义。所以,毗昙学的"有",并不排斥"无",甚至与般若学非常相似。

毗昙学强调法体恒有,而"相用"的生起则是依于因缘,"因缘"在生起现实事物中起决定性作用。真谛在介绍说一切有部思想时,举例说:"如地水等能生谷芽,若无人功,以谷子安置地中,芽终不得生"⑤,以谷子作为"种类"、"自性"的譬喻,用地、水、人功等作为"作用"的譬喻,接近于中国的思想,所以在中国佛学中非常流行。姚兴《通三世论》说:

> 如火之在木,木中欲言有火耶,视之不可见,欲言无耶,缘合火出。⑥

姚兴认为,"木"之能够燃烧,在于木有"火性";此"火性"恒贯三世,只要条件充足,一定能够显示出来,这与毗昙学法体、自性不灭的思想是一致的。

---

① 《阿毗昙心论》卷一,《大正藏》第 28 卷,第 809 页上。
② 《大乘玄论》卷一,《大正藏》第 45 卷,第 18 页下。
③ 杜继文:《泛说佛教毗昙学与玄学崇有派》,《中华佛学学报》第 12 期,第 344 页,1999。
④ 《出三藏记集》卷一〇,《大正藏》第 55 卷,第 71 页上。
⑤ 《随相论》,《大正藏》第 32 卷,第 158 页下。
⑥ 《广弘明集》卷一八,《大正藏》第 52 卷,第 228 页中。

万物各住己性，法体不灭，这与玄学崇有派的观点类似，二者的类似亦是毗昙学能在刘宋时代流行的重要思想背景。慧远《阿毗昙心序》归纳此论的中心思想时，提出"定己性于自然"，而且说："己性定于自然，则达至当之有极。"①"自然"就是"己性"所隶属的种类；从人生修养来说，一旦掌握"己性"所属的种类，其行为自然能恰如其性。罗含《更生论》说："人物变化，各有其性，性有本分，故复有常物"②，世间人事和万物的变化，都不能逾越它们各自禀赋的性分；性分是绝对不变的，故称为"常物"。佛教思想家借用了玄学的"性"、"分"、"自然"等概念来理解毗昙学，一方面是因为二者具有相似共通之处，另一方面亦为毗昙学在六朝的发展提供了思想的参照。

玄学的崇有派，主要有向秀、裴頠、郭象等人，裴頠"崇有"、郭象"独化"的思想皆为玄学中的对"有"的阐释。《晋书》卷三十五《裴頠传》收录了《崇有论》，论文说：

> 夫总混群本，宗极之道也。方以族异，庶类之品也。形象著分，有生之体也。化感错综，理迹之原也。夫品而为族，则所禀者偏；偏无自足，故凭乎外资。是以生而可寻，所谓理也；理之所体，所谓有也；有之所须，所谓资也，资有攸合，所谓宜也；择乎厥宜，所谓情也。③

裴頠明确指出：第一，现实世界中的群有、众有就是最后、最高的本原、本体，此外别无本体了。这个"群本"或"群有"，当然是指具体的有或实有，即具体、个体的存在者。第二，群有间是相互作用的，而这种作用是有"理"可寻的。裴頠认为，"形象著分，有生之体也"，即每一个个体之有就是其存在、生存之体。而这些个体之有之间并不是绝对隔绝的，它们有

---

① 《出三藏记集》卷一〇，《大正藏》第55卷，第72页下。
② 《弘明集》卷五，《大正藏》第52卷，第27页中一下。
③ 《晋书》卷三五，第1044页。

联系,所以构成了一些种和类,此即谓"方以族异,庶类之品也"。群有在联系中必然相互作用和影响,即"化感错综";有作用和影响,自然就有迹可寻,有理可找。裴頠具体指出:"夫品而为族,则所禀者偏;偏无自足,故凭乎外资。是以生而可寻,所谓理也。"每一个存在都不是绝对完全自足的,它的生存同样要"凭乎外资";每类存在同样也不是绝对完全自足的,它的生存同样要"凭乎外资"。这样,群有中的一个个的有自然构成一个相互作用的存在总体,这就是"总混群本"的真实含义。群有间的联系当然不是杂乱无章的,必有一定的法则或规律,此即"理"。

所以,裴頠"有"论强调生命由两大因素构成,其一是来自族类,其二是凭借"外资"。族类与与毗昙学的"类"、"自性"概念类似,"外资"即是因缘的概念,当然毗昙学对"缘"的分析比裴頠的"外资"更为丰富、详细。

二、毗昙学与神不灭的论证

"形灭神不灭",是体现中国佛教特色的重要命题。毗昙学说"三世实有"的第一个用途,就是给这一命题以佛教义学的依据,而且很快得到名士们的响应,引起"神不灭"与"神灭"的论辩,成为东晋南北朝玄谈的重要内容。东晋郗超撰《奉法要》,孙绰著《喻道论》,都以心神不灭、三世因果为佛教根本宗旨,到了庐山慧远,不顾鸠摩罗什之批评,作《沙门不敬王者论》和《明报论》等,广为阐扬。在中国佛教范围内,神不灭论占据绝对优势。南朝何承天推举慧琳的《白黑论》,自撰《达性论》、《报应问》,立"形毙神散"之说,向神不灭论提出挑战,立即引发颜延之、宗炳等人的驳难。后者所著《明佛论》,《老》、《庄》、《易》三玄并用,可算是玄学中维护佛教神不灭论的代表性作品。

众所周知,南朝梁范缜撰《神灭论》,是驳斥佛教神不灭论的最有力的文章,梁武帝敕高僧大德、王公朝贵六十二人进行围剿,固然已经超出玄学论辩的界限,但沈约之《神不灭论》、《难范缜〈神灭论〉》等,依然是玄辩性质,而不是以势压人。当时受诏奉答的学僧中,领袖人物如法云流,虽为成实师，同时又是毗昙学者，本来就是神不灭论者。这次论辩中神不灭的观点，可以梁武帝的《神明成佛义记》为代表。

慧远在《沙门不敬王者论》第五中，论证了"形尽神不灭"，指出人在五蕴集合之外，还有一个统合这些思想、感受的主体存在着，那就是"神"：

> 夫神者何耶？精极而为灵者也。……神也者，圆应无主，妙尽无名。感物而动，假数而行。感物而非物，故物化而不灭；假数而非数，故数尽而不穷。①

慧远在世俗谛上施设"精极而为灵"的"神"，这是用中国思想的话语，作为统合人觉知思想的主体，从而成立受报主体。毗昙学中对受报主体的论述，如《三法度论·恶品》谈到犊子部依于灭、受、过去三种施设成立"不可说我"②，慧远在展读犊子部《三法度论》后，产生探究受报主体思想的兴趣，于是提倡"神不灭"，甚至深入分析受报主体——"识"的相续性、刹那灭性等问题。

宗炳《明佛论》提到"业"的思想：

> 六度之诚，发自宿业。感见独朗，亦当屡有其人，然虽道俗比肩，复何由相知乎？然则粗妙在我，故见否殊应，岂可以己之曜于光，而疑佛不见存哉？夫天地有灵，精神不灭明矣。……神不可灭，则所灭者身也。③

此生种种行业，皆因前生宿业之熏习所染故。此处所说的"宿业"，也包含了前生曾经所言所行而成的表业，以及用以推动行为之意念所成的无表业两类，而人之所以有言语行为，最终之判断仍在"思"（推动行为之意志）。所以，宗炳以"思"为根本，说"精神不灭"、"神不可灭"、

---

① 《弘明集》卷五，《大正藏》第 52 卷，第 31 页下。
② 《三法度论》卷中，《大正藏》第 25 卷，第 24 页中。
③ 《弘明集》卷二，《大正藏》第 52 卷，第 13 页中。

"所灭者身矣"。

宗炳在《明佛论》中,以"法身"为神,阐释了"识"的问题:

> 然群生之神,其极虽齐,而随缘迁流,成粗妙之识,而与本不灭矣。……生育之前,素有粗妙矣,即本立于来生之先,则知不灭于既死之后。①

宗炳认为群生推其极,皆得法身之齐,但因随缘迁流,在生育之前,就已各成粗妙之识,而与法身一样得而不灭。神既能成于生育之前,自然也可以不灭于既死之后,由此说神不灭。"识"是指意识及其了别作用,还"能澄不灭之本",就识的性质来看是清净的,可以使心灵之染污不净"损之又损",因此达致"法身"清净之境。宗炳所言之"识",亦为"思"之主体。

第三节 毗昙学派与早期的大小乘观

中国大乘佛教的树立是经过南北朝佛教漫长的批判与转化才得以完成的。经过大乘意识的萌芽与发展,伴随着印度佛典的翻译、判教理论的发达,中国佛教最终确立了自身主体性——中国大乘佛教。大乘佛教意识的形成,是经过南北朝佛教对印度佛教的理解与抉择,而逐渐确定的,其中涉及到对《毗昙》的理解与定位。

一、毗昙学派与大小乘

中国佛教明确以大小乘为判别经、律、论的分类标准,是法经于594年编纂《众经目录》时才出现的;至703年,智昇更以千字文为庞大的佛典编号,从而确定了中国佛教典籍的分类型式。六世纪初期,僧祐编纂《出三藏记集》时,并未采取大小乘的判别标准,所以法经批判说:"小大

---

① 《弘明集》卷二,《大正藏》第52卷,第10页上。

雷同,三藏杂糅"①,可见大乘思想在6世纪初期,并未形成中国佛教的主流。

在《出三藏记集》中,对大乘、小乘的叙述,有如下几种情况:

(1) 明言属于"大乘"的佛典。有些佛典在以后的经录中,仍然列在"大乘经"中,如《首楞严后记》说:"于时,有月氏优婆塞支施仑,手执胡本,支博综众经,于方等三昧特善,其志业大乘学也"②,指《首楞严经》、《慧印三昧经》、《济方等学经》③等。另外一些佛典被后来的经录列入"小乘经",如康僧会《安般守意经序》说:"夫安般者,诸佛之大乘,以济众生之漂流也"④;《阴持入经》是阐明五阴、十二入、三十七道品等法,但是道安说为"大乘之舟接,泥洹之关路"⑤;慧远《庐山出修行方便禅经统序》说:此经是"自达磨多罗与佛大先,其人西域之俊,禅训之宗,搜集经要,劝发大乘"⑥;僧伽提婆所译的《三法度论》虽未被认为属于"大乘"的作品,但被认为是"大乘居士"所注。⑦ 这些经论在魏晋时期,皆被"误认"为"大乘",后来的经录皆列入小乘经论。

(2) 明说《阿含经》为"小乘",后来经录亦列入"小乘经"。但是,如《增一阿含经·序品》中说:

> 菩萨之行愚不信,除诸罗汉信解脱,尔乃有信无犹豫,四部之众发道意,及诸一切众生类,彼有牢信不狐疑,集此诸法为一分,弥勒称善快哉说,发趣大乘意甚广,或有诸法断结使,或有诸法成道果……从一增一至诸法,义丰慧广不可尽,一一契经义亦深,是故名

---

① 《众经目录》卷七,《大正藏》第55卷,第148页下。
② 《出三藏记集》卷七,《大正藏》第55卷,第49页中。
③ 见王儒孺:《慧印三昧及济方等学二经序》,《大正藏》第55卷,第50页中—51页上。
④ 《出三藏记集》卷六,《大正藏》第55卷,第43页上。
⑤ 《阴持入经序》,《出三藏记集》卷六,《大正藏》第55卷,第45页上。
⑥ 《出三藏记集》卷九,《大正藏》第55卷,第66页上。
⑦ 《出三藏记集》卷一〇,《大正藏》第55卷,第73页上。吕澂指出,《三法度论》是犊子系贤胄部的著作。见《中国佛学源流略讲》,第73页,北京,中华书局,1979。

曰增一舍。①

由此可知,《增一阿含经》是为了理解大乘名相所作的一部典籍。而且,《增一阿含经》是大众部的作品,自然与大乘佛教有极深的渊源。

(3) 虽未明说,但暗示为"大乘"的典籍有《十二门经》和《毗婆沙论》。《出三藏记集·僧伽跋澄传》说:"符坚之末,来入关中。先是大乘之典未广,禅数之学甚盛,既至长安,咸称法匠焉。"②这是说《阿毗昙毗婆沙论》为"大乘之典",而且他翻译的《尊婆须蜜菩萨所集论》亦被时人说为"旁通大乘"③。道安《十二门经序》说由四禅、四等、四空所形成的禅定,是"三乘之大路"④;而且,道安以般若波罗蜜为三乘的根本,这是将安世高的禅法视为大乘。

所以,一些被后来经录视为"小乘"的佛典,在早期中国佛教则被视为"大乘",集中在禅法的经典和论典方面,如《安般守意经》、《阴持入经》、《修行方便禅经》和《十二门经》,如《三法度论》、《阿毗昙毗婆沙》、《尊婆须蜜菩萨所集论》等。因此,早期中国佛教的大小乘观,与南北朝末期、隋唐佛教不同,自成一套系统。

二、有部禅法与大乘佛教

魏晋时期的中国佛教,一方面是印度佛教源源不断地传入汉地,另一方面玄学的思潮弥漫在社会的各个角落,于是出现了玄学化的中国佛教。中国佛教思想家"禅"、"智"并行,"禅"即是有部的禅法,"智"是指般若。玄学为理解般若提供了工具,同时有部的禅法无疑与玄学的"坐忘"有类似之处。有部的禅法都来自阿毗昙学,而阿毗昙与玄学崇有派在主张种族不变、性分不变的观点上完全一致,这种观点是佛教

---

① 《增一阿含经》卷一,《大正藏》第 2 卷,第 550 页上一中。
② 《出三藏记集》卷一三,《大正藏》第 55 卷,第 99 页上。
③ 《婆须蜜集序》,《出三藏记集》卷一〇,《大正藏》第 55 卷,第 71 页下。
④ 《出三藏记集》卷六,《大正藏》第 55 卷,第 46 页上。

"形谢神不灭"说的哲学支柱,也为当时的宗法关系和儒家孝道提供了系统的理论说明。① 所以,有部的禅法亦在玄学的视野下,进入了中国佛教与社会。

禅法的修证,毕竟与般若紧密相连。如僧睿《大品经序》说:

> 摩诃般若波罗蜜者,出八地之由路,登十阶之龙津也。夫渊府不足以尽其深美,故寄大以目之;水镜未可以喻其澄朗,故假慧以称之;造尽不足以得其崖极,故借度以明之。然则功托有无,度名所以立;照本静末,慧目以之生;旷兼无外,大称由以起。②

有部的禅法契合于玄学的崇有派,而且比玄学更能提供"体道"、"证道"的具体方法,所以更具有吸引力。道安在《安般注序》中说:

> 安般者,出入也。道之所寄,无往不因;德之所寓,无往不托。是故安般寄息以守成,四禅寓骸以成定也。寄息,故有六阶之差;寓骸,故有四级之别。阶差者,损之又损之,以至于无为。级忘者,忘之又忘之,以至于无欲也。无为故无形而不因,无欲故无事而不适,无形而不因,故能开物;无事而不适,故能成务。成务者,即万有而自彼;开物者,使天下兼忘我也。③

这就是透过对呼吸的控制,内省反观感官与意识的活动,于是同时知道生命的结构与活动,即蕴、处、界的知识。于是,使"神"摆脱感官的束缚,从而达到物我两忘的齐物境界,无为而又无不为,无形而又成务,这正是玄学的最高境界。

另一方面,禅定所引起的神通,与玄学中所说体道者那种与造物者游的神奇能力是相通的。道安《安般注序》说:"得斯寂(安般)者,举足而

---

① 杜继文:《泛说佛教毗昙学与玄学崇有派》,《中华佛学学报》第 12 期,第 339—351 页,1999 年。
② 《出三藏记集》卷八,《大正藏》第 55 卷,第 52 页下—53 页上。
③ 道安:《安般注序》,《出三藏记集》卷六,《大正藏》第 55 卷,第 43 页下。

大千震,挥手而日月扪,疾吹而铁围飞,微嘘而须弥舞。"①神通所产生的境界,是"神与道合"之后的神奇结果,成为玄学家的追求目标。

有部的禅法,在玄学的背景下进入中国。通过玄学化的"大乘"思想,有部的论书被视为"大乘之典"。所以,凡是以禅法著称的人必属于"大乘",如注《三法度论》的僧伽跋澄被认为是"大乘居士",安世高被称为"菩萨"。其次,当时的中国佛教界缺乏对印度部派佛教的了解,于是对毗昙学产生了"误解",从而将阿毗昙与大乘的观念混在一起。道安说:

> 阿毗昙者,秦言大法也。众佑有以见道果之至颐,拟性形容,执乎真像,谓之大也。有以道慧之至齐,观如司南,察乎一相,谓之法,故曰大法也。②

阿毗昙的梵文为 abhidharma,直译为"大法"。道安的解释明显具有玄学的意味。道安引用了《周易》"圣人以天下之颐见有","至颐"指最高的境界,"道果"即是涅槃。"拟性形容,执乎真像",是指通过性分各具的象或法来掌握真理的实相;"道慧之至齐"是指法身、真际等。道安以法身真如一相解释阿毗昙的境界,有视其为"大乘"的意味。

道安以其广博的知识与缜密的思考,辨析当时流传的佛典。他在《鞞婆沙序》中说:"阿难所出十二部经,于九十日中佛意三昧之所传也。其后别其逮至小乘法为四《阿含》"③,《十法句义经序》说:"阿难所传分为三藏,纂乎前绪,部别诸经,小乘则为《阿含》。"④道安认为,大乘与小乘皆为佛说,都是阿难所传,只是传承形式有别。可见,道安并没意识到大小乘的差异与对立。所以,"小乘"在早期中国佛教亦无贬低的意思。道安说:

---

① 道安:《安般注序》,《出三藏记集》卷六,《大正藏》第 55 卷,第 43 页下。
② 道安:《阿毗昙序》,《出三藏记集》卷一〇,《大正藏》第 55 卷,第 72 页上。
③ 《出三藏记集》卷一〇,《大正藏》第 55 卷,第 73 页中。
④ 同上书,第 70 页上。

>阿含者,数之藏府也。阿毗昙者,数之苑薮也。其在赤泽,硕儒通人,不学阿毗昙者,盖缺如也。夫造舟而济者,其体也安;粹数而立者,其业也美。是故,般若启卷,必数了诸法,卒数已成经,斯乃众经之喉衿,为道之枢极也。可不务乎!可不务乎!①

在他看来,《阿含经》是经过整理的经部集成,或依事归类,或依数归类,是作为佛经的工具书。而且,道安为了破除当时格义佛教的弊病,正确理解般若的思想,一反当时流行的玄学式的思辨,强调对佛教基本概念的原始字、义的掌握,一如中国经生必须要从字的形、音、义等小学着手。他非常重视法数集成的《阿含经》,称为"众经之喉衿,为道之枢极",完全没有考虑到印度佛教内部教派思想的差异。因此,他把上座部的论书视为研读《般若经》的基础。他认为,通过这些论书对佛教基本观念的解释,中国佛教徒终能了解佛教深奥的真理。在这观念下,《阿含》被视为"小乘",即"大乘"的基础。② 这种意思的"小乘",与印度大乘佛教所批判的"小法"、"低劣乘"有天壤之别。

所以,早期中国佛教在玄学的背景下,基于阿毗昙与玄学崇有派、有部禅法与坐忘等的相似性,从而将小乘禅法、阿毗昙论书理解为"大乘",而且将"小乘"的《阿含经》作为工具书,给予高度的重视。

---

① 道安:《十法句义经序》,《出三藏记集》卷一〇,《大正藏》第55卷,第70页中。
② 周伯勘:《早期中国佛教的小乘观——兼论道安长安译经在中国佛教史上的意义》,《国立台湾大学历史系学报》第16期,第77页,1991。

第五章　地论学派

地论学派是以弘扬《十地经论》为中心，兼习《华严经》、《涅槃经》等，以菩提流支、勒那摩提所译经论为主，经过慧光、道宠等人的弘扬，从而形成南北二道。由于地论师大都兼传戒律，担任僧官，在当时北方佛教界具有重大的影响。《十地经论》的翻译、南北二道的形成，历来异说纷纭，必须加以细致、具体的考察。

第一节　《十地经论》的翻译

《十地经论》的翻译，是以勒那摩提、菩提流支为中心而展开的。但是，有关译者的说法，存在有勒那摩提、菩提流支共译、别译，或与佛陀扇多共译，或慧光合翻等种种说法。以下依文献学与历史学的方法，考察《十地经论》的翻译过程。

一、佛陀禅师与勒那摩提

佛陀禅师，又称"跋陀"，《续高僧传》卷十六有传。初结友六人，同修定业；五僧证果，唯跋陀没有证悟。后来，接受道友的劝导，于北魏孝文帝在位期间（471—499），经西域到达北魏旧都恒安（即平城，今山西大同)。据《魏书·释老志》的记载,自兴光(454)至太和元年(477),平城的新旧寺院将近百所,僧尼约二千余人;而国内的寺院总额增加6478所,僧尼达777258人。[1] 可见北魏平城时代佛教的兴盛。

孝文帝敬重跋陀,造立禅窟,国家供给日常所需,他于此修习禅定。同时,《佛陀禅师传》记载,平城内有康姓人家,拥有百万财产,崇敬佛法,为跋陀建造别院。太和十八年(494),孝文帝迁都洛阳,跋陀亦随赴洛阳,而且孝文帝建设静院以供跋陀修禅。但是,跋陀"性爱幽栖,林谷是托",于是屡次前往嵩岳,隐居绝世。太和二十年(496),依《释老志》说,"又有西域沙门名跋陀,有道业,深为高祖所敬信。诏于少室山阴,立少林寺而居之,公给衣供。"[2]欲修禅息心者,皆闻风前来就教,众恒数百。于是,嵩山少林寺更以禅法驰誉天下。

孝文帝还热衷于佛教义理的讨论,允许沙门一月三次入宫宣讲法义[3],促进了北方佛教义学的发展。孝文帝对沙门道顺、惠觉、僧意、惠纪、僧范、道辩、惠度、智诞、僧显、僧义、僧利等极为尊崇,对成实师道登更以"朕师道登法师"相称呼。同时,随着《十地经论》的翻译与研究,北朝的佛教义学在地论学派的影响下,得到蓬勃发展。早期地论学派的形成,与跋陀具有密切的关系,因为他度化慧光出家,成就了一代地论师。

跋陀在少林寺建成后,重入洛阳。有一天他在天门街上,遇到正在井栏上反踢毽子的慧光,当时慧光十三岁。[4] 跋陀见慧光工于戏耍,认为他在道行亦应有所成就。于是,便以杖轻击其头,闻其声响彻,知其必定聪慧无比,堪为法器。《慧光传》记载,"陀异其眼光外射如焰,深惟必有

---

[1]《魏书》卷一一四《释老志》,《魏书》三,第3039页。
[2] 同上书,第3040页。
[3]《帝听诸法师一月三入殿诏》,《广弘明集》卷二四,《大正藏》第52卷,第272页下。
[4]《续高僧传·佛陀禅师传》记为"年立十二",见卷一六,《大正藏》第50卷,第551页中。《续高僧传·慧光传》记为"年十三随父入洛,四月八日,往佛陀禅师所,从受三归。"见《大正藏》第50卷,第607页中。或许,跋陀遇见慧光是在他十二岁时的冬天,所以才会踢毽子以驱寒冷;第二年,慧光在他父亲带领下来到少林寺,正式出家。

奇操也",就问其愿否出家,慧光答:"因其本怀",于是便度其为僧。

同时,跋陀曾令弟子道房把止观法门教授给僧稠。僧稠于北魏正始四年(507),年二十八岁,在钜鹿景明寺从僧实法师出家。僧稠后来还亲自谒见跋陀,得到跋陀的传授,并且"呈己所证",得到跋陀的印可。

度化慧光、僧稠后,跋陀"年渐迟暮,不预僧伦",所以"委诸学徒,自相成业",自己则移居寺外,静修而终。①

关于勒那摩提,经录、僧传中都有简单提及,但都未提及他来华时间。现存的安阳灵泉寺石窟,刻有《大法师行记碑》,是地论师灵裕的弟子为其师所立,《全唐文》有收。《大法师行记碑》说:

> 暨大魏太和廿二年,中天竺优迦城有大法师勒那摩提,魏言宝意。兼□□乘,备照五明,求道精勤,圣凡未简,而悲于苦海,志存传化。遂从彼中口持《十地论》,振斯东夏,授此土沙门慧光。禅师其□□□□□,教授如瓶泻水,不失一滴。②

北魏太和廿二年(498),应该是勒那摩提到达洛阳的时间,而且他将《十地经论》口授给慧光,同时传授其他佛法。

僧实(476—563)在洛阳遇到勒那摩提的时间,亦大约是此时。《续高僧传·僧实传》说:

> 太和末,从原至洛,因遇勒那三藏,授以禅法。每处皇宫,谘问禅秘。那奇之曰:自道流东夏,味静乃斯人乎。于是寻师问道,备经循涉。虽三学通览,偏以九次调心。③

僧实在太和末年,于洛阳遇到勒那摩提,得其传授禅法。而且,"每处皇宫,谘问禅秘",说明勒那摩提经常在皇宫内。僧实以九次第定调心,可

---

① 《续高僧传》卷一六《佛陀禅师传》,《大正藏》第 50 卷,第 551 页中。
② 《全唐文》卷九〇四,第 4183 页,上海,上海古籍出版社,1990。
③ 《续高僧传》卷一六《僧实传》,《大正藏》第 50 卷,第 557 页下。

能即勒那摩提所传授的禅法。

勒那摩提在洛阳同时从事译业,《历代三宝记》卷九记载:

> 中天竺国三藏法师勒那摩提,或云婆提,魏言宝意。正始五年(508)来,在洛阳殿内译。初菩提流支助传,后以相争,因各别译,沙门僧朗、觉意、侍中崔光等笔受。①

《续高僧传》卷一记载:"于时又有中天竺僧勒那摩提,魏云宝意。博瞻之富,理事兼通,诵一亿偈,偈有三十二字。尤明禅法,意存游化,以正始五年,初届洛邑,译《十地》、《宝积论》等大部二十四卷。"②据传,勒那摩提学识渊博,记忆力特强,能背诵一亿偈颂,而且通晓禅法。《历代三宝记》列举其翻译的经论有六部二十四卷,但是《开元录》卷六录为《宝积经论》四卷、《究竟一乘宝性论》四卷、《妙法莲华经论优波提舍》一卷,共三部九卷。③

勒那摩提常为宣武帝讲《华严经》,"披释开悟,精义每发"。僧传记载有其临终时天帝请讲《华严经》的传说。④可见,勒那摩提对《华严经》有非常高的造诣,慧光继承其思想而发扬光大,衍成地论学派南道系。

《续高僧传》卷二十五收有《勒那漫提传》⑤,漫提住永宁寺,善五明道术,或许与勒那摩提为同一人。⑥但是,在时间方面有矛盾,勒那摩提应该在宣武帝在位时(500—515)便去世;而勒那漫提则在孝昌二年(526),永宁寺受大风破损时,仍然在世。

勒那摩提的弟子中,道宣明确记载僧达、僧实弘传其禅法,而成为北魏重要的禅系;慧光之学则重在思想与戒律方面;僧朗、觉意、崔光等任他翻译时的笔受。道宣在《续高僧传·道宠传》中记载:

---

① 《历代三宝记》卷九,《大正藏》第49卷,第86页中—下。
②④ 《续高僧传》卷一,《大正藏》第50卷,第429页上。
③ 《开元释教录》卷六,《大正藏》第55卷,第540页中。
⑤ 《续高僧传》卷二五《勒那漫提传》,《大正藏》第50卷,第644页上—中。
⑥ 详细考察见[日]里道德雄《慧光传をめぐる诸问题》,《大仓山论集》第十一辑,第250—253页,1974。

> 一说云：初勒那三藏教示三人，房定二士授其心法，慧光一人偏教法律。①

这是从地论学派南道、北道不同的传承，说慧光继承了勒那摩提的"法律"，而道房阐扬其禅法，"定"则不知何许人。《佛陀禅师传》、《慧光传》则明确记载慧光、道房为跋陀的弟子，道房传跋陀的禅法，慧光则重在教义、思想方面的传承。

第一种可能，慧光、道房都同时向勒那摩提、跋陀学习，二者为不同人。

第二种可能，勒那摩提与跋陀为同一人，这种可能性比较大，理由如下：

(1)"佛陀"并不是一个人的名字，而是一种尊称。释迦觉悟得道成佛故为"佛陀"，而后世渐把"佛陀"成为一种尊称，以称呼那些得道开悟者，而佛陀、跋陀为梵文的同音。依《佛陀禅师传》，跋陀在平城修禅时"炎火赫然"，然后"识者验以为得道矣"；建造少林寺时，"虽荒荐频繁，而寺业充实远用"，所以"比之佛陀，无谬传矣！"这是将勒那摩提比喻为"佛陀"，因为他得道、有神通等。

(2)跋陀虽然称为"禅师"，但是他对教理应该非常精通。《僧稠传》叙述僧稠从道房学习止观后，经过自己的修习，"便诣少林寺祖师三藏，呈己所证"。既然称为"三藏"，可见其亦精通教理。勒那摩提不但译经、讲《华严经》，而且"尤明禅法"，《大法师行记》称勒那摩提为"大法师"、"禅师"。可见，道房继承禅法，慧光传扬"法律"，并不是偶然的。依《慧光传》，跋陀一直强调慧光要学习戒律。

(3)慧光继承勒那摩提，而开创出地论学派南道系。《慧光传》只提到"会佛陀任少林寺主，勒那初译《十地》，至后合翻，事在别传。光时预

---

① 《续高僧传》卷七《道宠传》，《大正藏》第 50 卷，第 482 页下。

沾其席,以素习方言,通其两诤,取舍由悟,纲领存焉"①。这是后世出现"三人共译说"时,混淆了佛陀禅师与佛陀扇多,其实是佛陀禅师(即勒那摩提)任少林寺主时,至洛阳初译出《十地经论》卷一。"事在别传"是指《菩提流支传》中所记载的《十地经论》的翻译问题,除此之外,我们并没有见到勒那摩提与慧光之间"偏教法律"的传承。依《大法师行记》,北魏太和廿二年(498),勒那摩提到达洛阳后,教授慧光《十地经论》。可见,勒那摩提并不是正始五年(508)才来洛阳,这样勒那摩提与跋陀来华的时间亦相符合。

(4)华严宗一直相传,慧光继承佛陀三藏,立渐、顿、圆三教。② 后来,澄观直接将此"佛陀三藏"解释成跋陀。③ 而勒那摩提口授《十地经论》,为宣武帝讲《华严经》,可见慧光的三教判应该是来自勒那摩提,即是"佛陀三藏"。

跋陀与勒那摩提二人的弟子相合,来华时间一致,都称"禅师"、"三藏",实为一人,后世典籍称为"佛陀禅师"、"佛陀三藏"、"跋陀三藏"、"跋陀禅师"。④ 而且,依《大法师行记》以及华严宗的传承,南道系的弟子皆知此事。后来,因南北二道的纠纷,混淆佛陀禅师与佛陀扇多,才会出现道宣所说"佛陀任少林寺主,勒那初译《十地》",后代依二名而分为二人。

二、菩提流支与瑜伽行派

菩提流支,或作菩提留支,意译道希、觉希、觉爱等,北印度人。菩

---

① 《续高僧传》卷二一《慧光传》,《大正藏》第50卷,第607页下。
② 《华严经探玄记》卷一,《大正藏》第35卷,第110页下;《大方广佛华严经疏》卷一,《大正藏》第35卷,第509页上。
③ 《大方广佛华严经随疏演义钞》卷六:"承习佛陀三藏者,佛陀是西域人……其二弟子:一是稠禅师得道,二是光统。"《大正藏》第36卷,第44页中。
④ 《大唐大慈恩寺三藏法师传》卷九:"其西台最为秀丽,即菩提流支译经处,又是跋陀禅师宴坐之所,见有遗身之塔。"《大正藏》第50卷,第273页中。

提流支继承当时北印度的瑜伽行派学说,其师承为世亲→金刚仙→无尽意→圣济→菩提流支①,将印度瑜伽行派学说传播到中国汉地。有关菩提流支的传记收录在《续高僧传》卷一、《历代三宝记》卷九,道宣的记载比较详细。

《金刚仙论》提及,从世亲至菩提流支的时间为"二百年许"②,因为世亲的生卒年代有多种说法,而且"二百年许"不是准确的年数,所以不能作为确定菩提流支生卒年的根据。

菩提流支的学识广博,"遍通三藏,妙入总持"③,总持即是陀罗尼,他翻译了《护诸童子陀罗尼经》、《谤佛经》④,可为佐证。北魏永平元年(508)至洛阳,《菩提流支传》记载宣武帝下敕,令住永宁寺,供给衣食等四事,并且令七百梵僧协助翻译,以菩提流支为"译经之元匠"。但是,道宣亦记载永宁寺是熙平元年(516)为灵太后胡氏所建,所以菩提流支可能是在建成后,住在永宁寺。

正始五年(508),中印度的勒那摩提在皇宫内翻译经论,菩提流支开始助译,后来因互相竞争,各自翻译经论。⑤

其次,道宣提到佛陀扇多的译经。佛陀扇多,《历代三宝记》卷九记载⑥,正光六年(525),译出《金刚三昧陀罗尼经》、《如来师子吼经》;普泰元年(531),译出《摄大乘论》、《阿难多目佉尼诃离陀罗尼经》;元象二年(539),译出《转有经》、《十法经》、《银色女经》、《正法恭敬经》、《无畏德女经》、《无字宝箧经》。其译经地点,主要在洛阳白马寺、邺都金华寺。《续高僧传·菩提流支传》中,道宣提到佛陀扇多,除他参与翻译《十地经论》外,其余皆与《历代三宝记》相同。⑦

---

① ②《金刚仙论》卷一〇,《大正藏》第25卷,第874页下。
③《续高僧传》卷一《菩提流支传》,《大正藏》第50卷,第428页上。
④《谤佛经》与西晋竺法护译《决定总持经》同本。
⑤《历代三宝记》卷九,《大正藏》第49卷,第86页中—下。
⑥ 同上书,第86页下。
⑦《续高僧传》卷一,《大正藏》第50卷,第429页上。

菩提流支在洛阳译经时,李廓看到"三藏法师流支房内经论梵本,可有万夹;所翻新文,笔受草本,满一间屋"①。《续高僧传·菩提流支传》说:"然其慧解与勒那相亚,而神悟聪敏,洞善方言,兼工咒术,则无抗衡矣。"②这说明菩提流支擅长咒术,他曾经以咒语令井水涌出,但是"惧惑世纲,遂秘不宣"。

洛阳融觉寺昙无最,特善禅法,通达《涅槃经》、《华严经》,僧侣千人跟随他学习。菩提流支见到他,礼拜而称他为"东土菩萨";菩提流支读他所撰的《大乘义章》,赞叹不已,译为梵文,送至西方。西方僧侣皆向东礼拜,称为"圣人"。③ 正光元年(520),昙无最受孝明帝之敕,论争佛道优劣,批破"老子化胡说"。于是,孝明帝判定道士伪妄,欲加极刑于道士,菩提流支谏止,改为流配马邑(山西朔县)。④

昙鸾(476—542),中国净土宗的先驱。因患病,前往江南陶弘景处求授"仙经",途经洛阳,问菩提流支:"佛法中颇有长生不死法,胜此土仙经者乎?"菩提流支授以《观经》,告诉他说:"此大仙方,依之修行当得解脱生死。"汤用彤研究,菩提流支所授,除《观无量寿经》以外,一定还有《无量寿优波提舍经论》。⑤ 所以,昙鸾的净土信仰受到菩提流支的影响。

北魏李廓《众经录》记载,菩提流支至天平年间(534—537),翻译经论的总数是 39 部 127 卷。⑥ 但是,后代的资料有不同的说法。(1)永平二年(509)至天平年间(534—537),译出 38 部 127 卷⑦;(2)永平元年(508)至天平二年(535),译出 30 部 101 卷⑧,这是将般若流支、毗目智仙

---

①②《续高僧传》卷一《菩提流支传》,《大正藏》第 50 卷,第 428 页下。
③《续高僧传》卷二三《昙无最传》,《大正藏》第 50 卷,第 624 页下。
④ 同上书,第 624 页下—625 页上。另外,见《集古今佛道论衡》卷甲,《大正藏》第 52 卷,第 369 页中—下。
⑤ 汤用彤:《汉魏两晋南北朝佛教史》(下册),第 578 页,北京,中华书局,1983。
⑥《续高僧传》卷一《菩提流支传》,《大正藏》第 50 卷,第 428 页下。
⑦《历代三宝记》卷九,《大正藏》第 49 卷,86 页中。
⑧《开元释教录》卷六,《大正藏》第 55 卷,第 541 页中。

所译而混入的经论分离出来。菩提流支所译,具有明确译年的经论,依《历代三宝记》卷九,列表如下:

时间	经论	卷数	笔受者
永平二年至四年(509—511)	十地经论	12	崔光
永平二年(509)	金刚般若波罗蜜经	1	僧朗
同上	金刚般若经论	3	同上
延昌二年(513)	入楞伽经	10	僧朗、道湛
延昌三年(514)	深密解脱经	5	僧辩
延昌四年(515)	法集经	8	同上
神龟元年(518)	胜思维梵天所问经	6	
正光元年(520)	大萨遮尼乾子受记经	10	
正光年间(520—524)	佛名经	12	
同上	不增不减经	2	
同上	差摩波帝授记经	1	
普泰元年(531)《开元释教录》卷六列为529年	无量寿经优波提舍	1	僧辩
普泰元年(531)	胜思维梵天所问经论	10	僧辩、僧朗
天平二年(535)	文殊师利菩萨问菩提经论	2	僧辩、道湛

菩提流支的译经场所在洛阳司州牧南王、胡相国、元桃阳等人的宅邸。534年,北魏分裂为东魏、西魏,菩提流支随东魏迁入邺都,《文殊师利菩萨问菩提经论》即是在邺都般舟寺译出。另外,翻译年份不明的《妙法莲华经优波提舍》亦是在邺城译出。

菩提流支翻译的佛典,主要是瑜伽行派的典籍,而且以世亲的释经论为中心。依汉译、藏译大藏经中所存的世亲释经论著作[①],列举

---

① [日]樱部建:《世亲の释经论と菩提流支の译业とについての一考察》,[日]横超慧日编:《北魏佛教の研究》,第303—304页,京都,平乐寺书店,1970。

如下：

(1)《转法轮经优波提舍》，《大正藏》No.1533。

(2)《胜思维梵天所问经论》，《大正藏》No.1532。

(3)《三具足经优波提舍》，《大正藏》No.1534。

(4)《宝髻经四法优波提舍》，《大正藏》No.1526。

(5)《文殊师利菩萨问菩提经论》，《大正藏》No.1531。

(6)《十地经论》，《大正藏》No.1522。

(7)《无量寿经优波提舍》，《大正藏》No.1524。

(8)《妙法莲华经论优波提舍》，《大正藏》No.1519、1520。

(9)《金刚般若波罗蜜经论》，《大正藏》No.1511。

(10)《能断金刚般若波罗蜜多经论释》，《大正藏》No.1513。

(11)《涅槃论》，《大正藏》No.1527。

在菩提流支的译经中，《入楞伽经》、《十地经论》、《金刚仙论》、《无量寿经论》等对后世影响非常大。在菩提流支翻译的释经论中，依《十地经论》成立了地论学派，《法华经论》成为中国佛教解释《法华经》的指南，昙鸾注释《无量寿经论》奠定了中国净土教的思想基础，诸论皆是北方佛学思想发展的重要依据。

从思想层面来说，菩提流支所传译的经论，属于世亲早年的著作，牟宗三认为这是"一时不成熟之见"[1]。但是，从思想史的发展来说，世亲无疑继承了瑜伽行派初期的思想，菩提流支所译经论是理解初期瑜伽行派与早年世亲的重要依据。

菩提流支在华将近三十年，注解、讲说经论，除了《金刚仙论》，后世相传其著作有《楞伽经疏》、《法界性论》、《别破章》等。

《东域传灯目录》说："《入楞伽经疏》五卷，中国大乘论师菩提留支自

---

[1] 牟宗三：《佛性与般若》（上册），第277页，台北，台湾学生书局，1997。

翻自讲"①,《三论玄疏文义要》卷一说:"次彼留支三藏,立二藏教。见《法华玄》并《宝窟》。又见彼师楞伽经亲译自讲疏。"②菩提流支于延昌二年(513)译出《入楞伽经》十卷,在翻译的同时,讲解经典,撰《入楞伽经疏》五卷。《八识义章研习抄》多处引用了《入楞伽经疏》③,解释分别事识以及阿梨耶识通七识、八识。④

对于《入楞伽经》卷十⑤的龙树悬记,《三论玄义检幽集》卷五引用《入楞伽经疏》说:

> 菩提流支《楞伽疏》云:其龙树(以?)前,正以大慧阿难传持等人,此持正法。依《付法藏》及《摩耶经》,初迦叶,次阿难,次商那和修,次优波掬多,如是次第,二十五人,云云。

《付法藏因缘传》是北魏昙曜与印度吉迦夜编集汉译诸经论而成,《历代三宝记》卷九说:"《付法藏传》四卷,见《菩提流支录》"⑥;《摩诃摩耶经》为萧齐昙景译,菩提流支引用此二典籍,论述《入楞伽经》的悬记。

湛睿《五教章纂释》卷下八说:"《入楞伽经菩提留支疏》第五十(五?)云:罗汉极利一生、三生,极钝六十劫,辟支佛百劫矣。"⑦依说一切有部的观点,成为阿罗汉,根机极利者要三生,极钝者要六十劫。⑧ 所以,菩提流支的观点与说一切有部有差别。但是,《金刚仙论》说:"但欲一生、三生乃至六十劫,劬劬行道,速出三界,尽分段生死,证罗汉果。"⑨《入楞伽经疏》的观点与《金刚仙论》一致,这是《入楞伽经疏》为菩提流支所作的确凿证据。

---

① 《东域传灯目录》,《大正藏》第55卷,第1153页上。
② 《三论玄疏文义要》卷一,《大正藏》第70,第202页下。
③ 《八识义章研习抄》卷上,《大正藏》第70卷,第650页下、652页下、653页中。
④ [日]大竹晋:《菩提留支のわれた三著作》,《东方学》第102辑,第11—12页,2001。
⑤ 《入楞伽经》卷一〇,《大正藏》第16卷,第569页上。
⑥ 《历代三宝记》卷九,《大正藏》第50卷,第85页上。
⑦ 《五教章纂释》卷下八,《大日本佛教全书》第12册,第170页上。
⑧ 《阿毗达磨大毗婆沙论》卷一百零一,《大正藏》第27卷,第525页中。
⑨ 《金刚仙论》卷七,《大正藏》第25卷,第844页下。

《三论玄疏文义要》卷六说:"十卷《楞伽疏》,留支新译自讲,引《大庄严经》云:非想八万劫为一日夜,乘此经无量劫,云云。"①非想非非想天的寿量,说一切有部主张为八万劫。菩提流支依八万劫解释"无量劫",凝然《五教章通路记》卷五十一说:

> 道寂师《法华疏》云:问:经言:八万乃至一万劫,为大劫?为小劫?答:是大劫,若小劫则无量,故云:得诸三昧身,无量劫不觉。然留支解'无量劫'云:以悲(即'非')想八万劫为一日夜,以此日夜三十日为一月,十二月为一岁,积此岁为大劫,彼寿无量大劫;过此劫后,即发大心。案此解,复过八十小劫,为大劫之劫。②

窥基《妙法莲华经玄赞》亦有引用相同的观点③,可见菩提流支的解释在当时非常独特。

菩提流支《法界性论》主要出现在智𫖮、湛然以及后来的天台宗著作中。④《法界性论》的内容主要是:(1) 判教思想是依根机论,利根依《华严经》入法界,钝根的上根依《般若经》,中根依《法华经》,下根依《涅槃经》而入法界;(2)《法华经》是释迦佛成道四十二年后说;(3) 释迦佛成道有两种说法:① 十九岁出家、三十岁成道,② 二十九岁出家、三十五岁成道;(4)《法界性论》的行位说,是依《菩萨璎珞本业经》的四十二位、五十二位,而与《华严经·入法界品》四十二位善知识相配;(5) 提倡五佛性:正因佛性、缘因佛性、了因佛性、果性、果果性。⑤ 智𫖮已经开始引用《法界性论》,视之为与菩提流支相关的撰述,这是毫无疑义的。

---

① 《三论玄疏文义要》卷六,《大正藏》第 70 卷,第 305 页中。
② 《五教章通路记》卷五一,《大正藏》第 72 卷,第 607 页下—608 页上。
③ 《妙法莲华经玄赞》卷七末:"所经八万劫引菩提留支解,仍以非想八万劫为一日夜,积此岁数,成大劫。彼寿无量大劫,过此已后,方始发心。验之释之,未为典据。"《大正藏》第 34 卷,第 798 页中。
④ 大竹晋已经汇总了菩提流支《法界性论》的逸文。见《金刚仙论下·附录 2·菩提留支著书逸文集成》,第 639—643 页,东京,大藏出版社,2004。
⑤ 具体内容参考[日]青木隆:《〈法界性论〉について》,《印度学佛教学研究》第 36 卷第 2 号,第 251—258 页,1988。

《别破章》主要是批判当时中国佛教界的判教学说,珍海《三论玄疏文义要》卷一在论述刘虬《无量义经序》的"五时七阶"判教后,提及"留支《别破章》则破其说也"①;窥基《大乘法苑义林章》在批判"五时七阶"时,引用了"且依菩提流支法师斥破"长文,最后说"广如菩提流支法师别传所破,此即《别破》立教不同。"②《别破章》不仅破斥刘虬的五时七阶,而且建立自己的判教思想。《三论玄疏文义要》卷一说:"又留支三藏立一音教,见彼师《别破章》"③,珍海《大乘玄问答》卷十引用:"菩提留支《别破章》并《金刚仙论》第一同云:《十万偈般若》成道五年说,云云。"④《金刚仙论》卷一说:"第一部十万偈,《大品》是……初第一部如来成道五年在王舍城说。"⑤所以,《别破章》是引用《金刚仙论》的观点,去破除"五时七阶"第二时为有教,即释迦佛成道后十二年说小乘。虽然窥基、珍海皆引用了《别破章》,但是《别破章》为独立的一部著作,或是书中的一章,则未可知。

　　所以,菩提流支不仅译出大量的瑜伽行派著作,而且自己亦亲自讲解、注疏经论,对南北朝、隋唐佛教造成了很大的影响,成为地论学派的思想渊源。

三、《十地经论》与合译、别译

1. 隋唐经录、僧传诸说

　　《十地经论》的翻译,隋唐佛教经录与僧传所记异说纷纭,莫衷一是,成为南北朝佛教史一大迷案。综合隋唐时代经录、僧传资料中的各种说法,先整理分类如下:

　　A. 菩提流支译、勒那摩提译,多是共译的分别记载:

---

① 《三论玄疏文义要》卷一,《大正藏》第70卷,第211页下。
② 《大乘法苑义林章》卷一,《大正藏》第45卷,第248页上—中。
③ 《三论玄疏文义要》卷一,《大正藏》第70卷,第202页下。
④ 《大乘玄问答》卷一〇,《大正藏》第70卷,第621页上。
⑤ 《金刚仙论》卷一,《大正藏》第25卷,第798页上。

北魏李廓《李廓录》的记载,《历代三宝记》卷九"菩提流支条":"《十地经论》十二卷,《李廓录》云:初译,宣武皇帝御亲于大殿上,一日自笔受,后方付沙门僧辩讫了。"①

东魏杨衒之《洛阳伽蓝记》卷四:"流支解佛义知名,西土诸夷号为罗汉,晓魏言及隶书,翻《十地》、《楞伽》及诸经论二十三部。"②

《历代三宝记》卷十二:"《十地论》、《金刚般若论》,并是僧佉弟婆薮盘豆造,至后魏宣武帝时,三藏法师菩提留支始翻。"③

《历代三宝记》卷九"勒那摩提条":"《十地经论》十二卷,初译论时,未善魏言,名器世间为盏子世间,后因入殿斋,见诸宿德从弟子索器,乃总授钵幞,因悟器是总名,遂改为器世间。"④

B. 菩提流支、勒那摩提、佛陀扇多三人共译。

北魏崔光《十地经论序》:"以永平元年岁次玄枵四月上日,命三藏法师北天竺菩提留支,魏云道希;中天竺勒那摩提,魏云宝意;及传译沙门北天竺伏陀扇多,并义学缁儒一十余人,在太极紫庭,译出斯论十有余卷……四年首夏,翻译周讫。"⑤

C. 勒那摩提、菩提流支共译。

隋法经《众经目录》卷五:"后魏永平元明,沙门勒那摩提共菩提流支于洛阳译。"⑥

隋慧远《十地经论义记》卷一:"大魏永平元年,有天竺三藏法师勒那摩提及菩提流支,慨冲宗之未通,伤渊猷之弊绝,愍此长冥,传彼法炬,遂竭幽神,译出此论。"⑦

---

① 《历代三宝记》卷九,《大正藏》第52卷,第86页上。
② 《洛阳伽蓝记》卷四,《大正藏》第51卷,第1017页中。
③ 《历代三宝记》卷一二,《大正藏》第49卷,第105页上。
④ 《历代三宝记》卷九,《大正藏》第52卷,第86页中。
⑤ 《十地经论序》,《大正藏》第26卷,第123页中。
⑥ 《众经目录》卷五,《大正藏》第55卷,第141页上。
⑦ 《十地经论义记》卷一末,《卍新纂续藏经》第45册,第23页上。

D. 勒那摩提、菩提流支共译,后因二人不合而别译,最后合成一本(包括三人别译)。

D1. 共译,以勒那摩提为主译。《历代三宝记》卷九:"中天竺国三藏法师勒那摩提,或云婆提,魏言宝意。正始五年来,在洛阳殿内译,初菩提流支助传,后以相争,因各别译,沙门僧朗、觉意、侍中崔光等笔受。"①

D2. 共译,以菩提流支为主译,三人别译,后人合为一本。梁宝唱《宝唱录》,《续高僧传·菩提流支传》引用:"当翻经日,于洛阳内殿,流支传本,余僧参助。其后三德乃徇流言,各传师习,不相询访。帝以弘法之盛,略叙曲烦,敕三处各翻,讫乃参校。其间隐没,互有不同,致有文旨,时兼异缀,后人合之,共成通部,见宝唱等录。"②

《历代三宝记》卷九"勒那摩提条"亦引用《宝唱录》的记载:"已上二论(《十地经论》、《大宝积经论》),菩提流支并译,且二德争名,不相询访。其间隐没,互有不同,致缀文言,亦有异处,后人始合。见《宝唱录》载。"③

D3. 慧光为合成者。《续高僧传·慧光传》:"勒那初译十地,至后合翻,事在别传。光时预沾其席,以素习方言,通其两诤,取舍由悟,纲领存焉,自此《地论》流传。"④

D4. 勒那摩提译与菩提流支译仅有一字之差。《续高僧传·道宠传》说:"天竺梵僧菩提留支初翻《十地》在紫极殿,勒那摩提在大极殿,各有禁卫,不许通言,校其所译,恐有浮滥。始于永平元年,至四年方讫。及勘雠之,惟云:有不二不尽,那云:定不二不尽,一字为异,通共惊美,若奉圣心。"⑤

此一字之差的偈颂确实存在,《十地经论》卷二说:

---

① 《历代三宝记》卷九,《大正藏》第 52 卷,第 86 页中—下。
② 《续高僧传》卷一《菩提流支传》,《大正藏》第 50 卷,第 429 页上。
③ 《历代三宝记》卷九,《大正藏》第 52 卷,第 86 页中。
④ 《续高僧传》卷二一《慧光传》,《大正藏》第 50 卷,第 607 页上。
⑤ 《续高僧传》卷七《道宠传》,《大正藏》第 50 卷,第 482 页中—下。

自性常寂灭,不灭亦不生;自体本来空,有不二不尽。……有二种颂:一、有不二不尽,二、定不二不尽。此颂虽异,同明实有。①

颂文是"有不二不尽",但在论的解释中,则存在"有不二不尽"与"定不二不尽"二种颂,从原文便可以看出其中的差异。敦煌本B.7266《十地经论释》明确指出,这是因为梵本的不同:"有二种颂者,此文就胡本中,有二种本不同,如《华严》同部中十地言:定不二不尽;别行者言:有不二不尽。有此当本不同,本不同故言:有二种颂。"②

2. 别译本的存在

在《十地经论》的"共译"、"别译"等争论中,是否存在"别译本"是解决这一悬案的关键。

法上《十地论义疏》、慧远《十地论义记》都出现"别本"、"前翻"、"别翻本"等异译本的称呼。如S.2741法上《十地论义疏》卷一说:"示者,显示。故别本云:见,以体证明白,曰见。"③慧远《十地经论义记》说:"行显名示。若依前翻,名所行见。见,犹示也。"④这是解释现行本《十地经论》卷一"菩萨所行示"⑤,此句的梵文即是 bhdhisattva-carita-pradarśanam⑥,其意思是"显示菩萨的所行",而别译本将"示"译为"见",二者的意思无有区别。《十地论义疏》的"别本"即是《十地经论义记》的"前翻",就是"别译本"的意思。

但是,"别译本"是《十地经》的别译本,还是《十地经论》的别译本?"菩萨所行示"是《十地经论》所引经文,检索以前所译《十地经》诸本,佛陀跋陀罗译《六十华严·十地品》为"诸菩萨所行"⑦,鸠摩罗什译《十住

---

① 《十地经论》卷二,《大正藏》第26卷,第133页上。
② 《敦煌宝藏》第105册,第194页上。
③ 《十地论义疏》卷一,《大正藏》第85卷,第769页下。
④ 《十地经论义记》卷三,《卍新纂续藏经》第45册,第59页下。
⑤ 《十地经论》卷一,《大正藏》第26卷,第128页中、下。
⑥ J. Rahder, *Daśabhūmikasūtra*, Paris, 1926, p.6.
⑦ 《大大方广佛华严经》卷二三,《大正藏》第9卷,第543页上。

经》亦是"诸菩萨所行"①,竺法护译《渐备一切智德经》是"显菩萨所行"②,并无"菩萨所行见"的译本。所以,法上、慧远的"别本"、"前翻"是指《十地经论》的"别译",而非《十地经》的"别译"。③

另外,慧远《十地经论义记》说:

> 第二举劣显胜之中,言余善根不能坏者,凡夫二乘所有善根不能究竟破坏烦恼。此对初力,以显不及。若对后力,亦应说言:不能生成,略而不论。<u>别翻本</u>中,具以显之。④

这是解释《十地经论》卷一:"亦能生成,人天道行,诸余善根所不能坏故,名金刚藏。"⑤"别翻本"即是《十地经论》的另外译本,"初地"是破障力,即破坏烦恼的力量;"后力"是"出生力",指出生善根的力量。藏译如下:

> De'i skye ba'i gnas rdo rje lta bu ni skye ba'i rgyu ste/ lha dang mir'gro bar'gyur ba la bya ste/ de'i gzhan pa'i skye ba'i rgyus mi shigs pa'i phyir rdo rje'i snying po'o//⑥

藏译的意思是:"藏是生处(出生的场所),金刚是生处的生因。这个生因最终能生成人天趣,或者依以外的生因所不能破坏,名为金刚藏。"所以,汉译"诸余善根所不能坏",就是藏译"依以外的生因不能破坏",这说明"别翻本"对凡夫二乘的生处,或得恶趣,或人天趣进行增广解释。

法藏《华严经探玄记》引用了《十地经论》的"别本"。《华严经探玄记》卷九说:"余问即乱者,余非上首,非众率伏,故成乱也。故<u>别本</u>云:余者成乱,为调伏众故。"⑦法藏所依是现行本《十地经论》卷一:

---

① 《十住经》卷一,《大正藏》第10卷,第498页下。
② 《渐备一切智德经》卷一,《大正藏》第10卷,第459页上。
③ [日]坂本幸男:《华严教学の研究》,第369页,京都,平乐寺书店,1974。
④ 《十地经论义记》卷一,《卍新纂续藏经》第45册,第35页下。
⑤ 《十地经论》卷一,《大正藏》第26卷,第124页上。
⑥ 转引自大竹晋的《十地经论Ⅱ》,第754页。
⑦ 《华严经探玄记》卷九,《大正藏》第35卷,第289页上。

"何故解脱月菩萨初请？彼众上首故，余问则乱，众调伏故。"藏译如下：

> Ci'phyir rnam par grol ba'i zla bas thog ma nyid du bslur ba brtsams she na/ de ni 'khor de'i gtso bo yin pa dang/ gzhan du cal col du'gyur ba dang/ 'khor de yang 'dus par 'gyur ba'I phyir ro//①

藏译的意思是："为什么让解脱月开始最初的劝请？因为他是集会的主要人物。其他人会说一些无意义的话，这个集会就会纠缠不清。"所以，别本"余者成乱，为调伏众故"是与藏译一致的。但是，法上、慧远的注疏皆未引用"别译本"。②

《华严经探玄记》又说："又显此众皆堪闻法者，是第五偈，通结二众无不堪闻故。别本云：又显此众无一人不堪闻故。"③藏译如下：ma grags pa de gcig kyang med do zhes bstan pa'i phyir /④藏译的意思是："说明表示未熟者一人也没有。"所以，从翻译的内容来说，三者没有差别；但是，从翻译的语气来说，别译本与藏译是一致的。《十地经论义记》说："又显皆堪，是第五偈；迭相瞻者，举偈显成皆堪义也。同法异法两众俱能，故曰皆堪。"⑤《华严宗探玄记》的解释，除了引用"别本"的说法，基本是依据慧远的注解。因此，法藏《华严经探玄记》中"别本"，即是《十地论义疏》的"别本"、《十地经论义记》的"别翻本"。

---

① 转引自[日]大竹晋的《十地经论Ⅱ》，第754—755页。
② 法上《十地论义疏》卷一："余问则乱者，馀问非一；详心不推，问则成乱，此则释上首义。问曰：下亦大众同请，何故不乱？"答曰："以此上首示请之仪式故，大众如法而请，一时同声而不乱也。众调伏者，释不乱义。上首所请，情不失衡，互相推长，以为调伏。又解：若据修入次第，余问则乱者，永修相次实；众调伏者，从修相觉，得入同生异生一切方便行，皆随顺相应也。"(《大正藏》第85卷，第768页下)慧远《十地经论义记》卷三："二余问下，明俱众乱，不得众请。下大众请，何故不乱？依解脱月启请仪故。三众调下，明众调故，余者不请；众若不调，不避众乱。"(《卍新纂续藏经》第45册，第57页上)
③《华严经探玄记》卷九，《大正藏》第35卷，第289页中。
④ 转引自[日]大竹晋的《十地经论Ⅱ》，第755页。
⑤ 慧远：《十地经论义记》卷三，《卍新纂续藏经》第45册，第57页下。

《十地经论》异译本的存在,成为后世理解《十地经论》的另一重要根据。如现行本《十地经论》:"三种同相智常现前故"①,慧远《十地经论义记》解释说:

> 三种同智常现前者,释不一种。依《金刚仙论》,知一切法皆无常苦及与无我,名三同相。依别翻论,知一切法自相同相及不二相,名三同相;自相,世谛;同相,真谛;不二相者,是一实谛;一切法中同有此三,名三同相。又知诸法空、无相、愿,亦名三种同相智矣。②

慧远并没有依法上的解释,而是列举《金刚仙论》、"别翻论"的不同解释。《金刚仙论》是菩提流支的译作,三同相即是无常、苦、无我;而"别翻论"则是依世俗谛、真谛、一实谛进行解释,一切法皆有此三谛,所以称为"三同相"。这种不同的解释,被智俨、法藏所引用。③

从以上的比较可知,在现行本《十地经论》之外,确实存在"别译本"。但是,法上、慧远、法藏等所引用的"别译本",只在《十地经论》卷一的范围之内。尤其是净影慧远《十地经论义记》在卷一便引用了三处"前翻"、"别翻本",而在后来的注释中便没有引用,这只有一种可能:《十地经论》的"别译本"只译出卷一,而剩下的部分没有译出。

3.《法华论》二译本比较

下面先暂且搁置《十地经论》的"共译"、"别译",对勒那摩提、菩提流支所"别译"的世亲《法华经论》进行考察,通过研究二者的翻译异同,阐明二人的翻译经过。

《历代三宝记》记载,菩提流支译《妙法莲华经论》二卷,昙林笔受并制序;勒那摩提译《法华经论》一卷,侍中崔光笔受。④《开示释教录》指

---

① 《十地经论》卷一,《大正藏》第26卷,第125页下。
② 《十地经论义记》卷二,《卍新纂续藏经》第45册,第46页中。
③ 见《大方广佛华严经搜玄分齐通智方轨》卷三之上,《大正藏》第35卷,第51页上;法藏提到"别翻本",见《华严经探玄记》卷九,《大正藏》第35卷,第285页上。
④ 《历代三宝记》卷九,《大正藏》第49卷,第86页上、中。

出,菩提流支译的显著特征是初有"归敬颂"。① 现行本《妙法莲华经忧婆提舍》二卷,"后魏菩提流支共昙林等译",卷首有"归敬颂",但没有昙林序;《妙法莲华经论优婆提舍》一卷,"元魏勒那摩提共僧朗译",没有"归敬颂"。敦煌遗书中存 2 号:(1) 斯 2504 号,系菩提流支译本,一卷本。首残尾全,有尾题,作"《法华论》一卷"。全文基本完好,仅残缺昙林序及论首约 500 字。(2) 傅增湘旧藏,现下落不明。尾有题记:"大魏永安元年(528)岁次戊申十二月,洛阳永宁寺译,执笔人比丘僧辩。"又有题记云:"东魏大乘经论本,开元五年(717)岁次己巳三月十四日写。"②依此可知,傅增湘旧藏本是菩提流支译本,因为勒那摩提已去世。依敦煌遗书,我们可以确定菩提流支重译《法华论》的时间至少晚勒那摩提十年左右。

《法华论》现存二译的对照比较如下③:

(1) 注释形式:二者皆先别出经文,次续释文;经文的引用形式,皆是"如经",这是相同的。但是,对于释文,菩提流支标出"释曰",而勒那摩提则没有。

(2) 归敬偈:菩提流支译本有,勒那摩提译本无。

(3) 译语、译文及句式比较:

勒那摩提译《法华论》	菩提流支译《法华论》	现存《十地经论》	备注
佛(11a)	婆伽(1b)	婆伽婆(123b)	菩提流支译《法华论》与现存《十地经论》译语相同
如来法身(18a)	佛法身(9a)	法身佛(138b)	
俱同一号(18a)	皆同一号(9a)	皆同一号(142b)	
修多罗(19c)	经文(9c)	修多罗(140c)	
智慧者(14c)、实相者、疑义者(15b)	言智慧者(4c)、言实相者、言疑义者(6a)		

---

① 《开元释教录》卷六,《大正藏》第 55 卷,第 541 页上。
② 方广锠:《敦煌遗书中的〈妙法莲华经〉及有关文献》,《中华佛学学报》第 10 期,第 224 页,1997。
③ 伊藤瑞睿已经对《法华论》的二译进行详细比较,见《华严菩萨道的基础的研究》,第 84—88 页,京都,平乐寺书店,1988。

续　表

勒那摩提译《法华论》	菩提流支译《法华论》	现存《十地经论》	备注
名○○(11a)	名为○○	名为○○	
起已告舍利弗(14a)	起已告尊者舍利弗言(4b)	起三昧已告诸菩萨言(126b)	
此法门中初第一品明七种功德成就(10c)、应知(16a)、应知(16b)	此经法门,初第一品示现七种功德成就,此义应知(1a)、应当善知(1a)、此义应知(7a)		二译本比较而言,菩提流支译本添加语句
皆不退转阿……提等(11a)	皆于阿……提不退转等(1b)		
无量大乘门随众生根住持成就故(12b)	无量大乘门中善成就故,随顺众生根住持成就故(2c)		
如来应为我说,渴仰欲闻生希有心(13a)	大众见已生希有心,渴仰欲闻生如是念,如来今者应为我说(3b)		
如经成就希有法故(14c)	如经舍利弗如来毕竟成就希有之法(5b)		
法中……是故(18b)	等二乘法中……以是义故(9a)		
我依众生心教化(12a)	依教化众生心(2c)		菩提流支译本调整句式,显得更加通顺
不生疲倦心故(13c)	心不疲倦故(4b)		
则能敬信故(16b)	则生敬信故(7a)		

通过《法华论》现存二译的比较,可见菩提流支译本是对勒那摩提译本的订正改译,主要是针对译语及译文的句式、脉络进行修改,但是在思想上并没有变化。菩提流支仍然继承了勒那摩提的翻译,他的改动主要是为了使整个译文简洁、明了。所以,菩提流支所译的《法华论》是对勒

那摩提译本的重订。

4. 现存《十地经论》的翻译问题

现存《十地经论》在译语方面,与《法华论》菩提流支译本比较一致。但是,从翻译风格来说,《十地经论》的翻译明显趋于直译。慧远在《十地经论义记》中指出,现存《十地经论》经常出现"顺外国语,所以难解"等问题。

慧远在解释"何故同号金刚藏,加本愿力故;何故如来作如是愿,显示多佛故"[1]时说:

> 何故作此同号之愿,显多佛者,答明过去立愿之意。此言难解,前问何故作同号愿,乃答显多,云何可识?此言不足,为是难解,若具应言:<u>显示多佛</u>,同依此法。同依何法,谓依十地金刚之法。云何显同多佛,同证金刚法故,同号金刚……此言顺外国语所以难解,顺此应言:<u>多佛显示</u>。[2]

慧远认为,"显示多佛"是梵文的直译,依汉语的习惯,应是"多佛显示";另一方面,"显示多佛"的后面还应补入"同依此法",才是完整的意义。

这种例子在《十地经论》中特别多,如慧远所指出:"境界智"应为"智境界","身力助成"应为"助成身力","智力助成"应为"助成智力","为开法王藏"应为"法王为开藏","加示现"应为"示现加","如是教说何义故"应为"以何义故,如是教说","此言示现"应为"示现此言",等等。[3] 可见,《十地经论》的译者皆依梵文语法顺序翻译,而未能依汉语的语法,这是说明译者对汉语未能娴熟,于是出现句式不通的现象。

大竹晋通过汉译与藏译的比较,指出现存《十地经论》汉译的缺陷:(1) 译语不统一,如梵语 ālambana,随意译为"观"、"念"、"缘"等,玄奘译

---

[1]《十地经论》卷一,《大正藏》第 26 卷,第 124 页中。
[2]《十地经论义记》卷一,《卍新纂续藏经》第 45 册,第 37 页上。
[3]《十地经论义记》卷三、四,《卍新纂续藏经》第 45 册,第 60 页上、66 页下、70 页上、71 页上、73 页中、131 页中。

此语为"所缘","观"、"念"则各有其对应的梵语;(2) 译文翻译不当与误译;(3) 译文中有无益的附加,如依梵文句子终了"iti",译为"故",但依汉语则不必加入;(4) 译文的欠损;(5) 译文句子顺序颠倒。①

总之,现存《十地经论》的译者在翻译时,未能精通汉语,所以《十地经论》的翻译水平不高,出现许多翻译上的问题。

5. 菩提流支主译说的成立

对于《十地经论》的翻译,研究者依各种资料进行研究,于是异说纷纭,莫衷一是。② 我们在前贤研究的基础上,结合"别译本"的存在,《法华论》菩提流支译本与《十地经论》接近,以及《十地经论》译者未能娴熟汉语的现象,探讨此隋唐以来的一大迷案。

从现存资料的时间来说,A. 北魏李廓《李廓录》是《十地经论》唯一同时代的资料。③ 当然,东魏杨衒之亦是同时代的人,二人的记载可信度最高。

B. 崔光《十地经论序》是十分重要的文献,因为崔光是当时译场的笔受,如果此序记载真实不虚,《十地经论》翻译这一大疑案,自然不存在

---

① [日]大竹晋:《十地经论Ⅰ》,第30—32页,东京,大藏出版社,2005。
② 目前的诸说:(1) 布施浩岳主张现存《十地经论》是正始五年(508)至永平二年(509),由勒那摩提主翻、菩提流支助传。见布施浩岳:《十地经论の传译と南北二道の滥觞》,《佛教研究》第1卷第1号,1937年。

(2) 坂本幸男依"别译本"的存在,主张在正始五年(508)开始为勒那摩提主翻、菩提流支助传,永平二年(509)开始则为菩提流支主翻。见《华严教学の研究》,第367—379页。

(3) 伊藤瑞睿依菩提流支《法华论》译本是重订勒那摩提本而成,而且有"别译本"的存在,所以在坂本幸男的说法基础上,推测:"别译本"是正始五年(508)开始由勒那摩提主翻,从永平二年(509)开始菩提流支依"别译本"而进行重订,从而完成现存的《十地经论》。见《华严菩萨道の基础の研究》,75—88页。

(4) 大竹晋在上述诸说的基础上,推测:勒那摩提在正始五年(508)非正式地译出"别译本",永平二年(509)依宣武帝敕命,正式译出现存《十地经论》;所以,现存《十地经论》是菩提流支译,而勒那摩提在翻译"别译本"时,菩提流支可能给予协助。见《十地经论Ⅰ》,第20—35页。

③ 北魏宣武帝永平年间(508—512),敕舍人洛阳李廓撰《众经录》,成书于东魏孝静帝永熙中(532—534)。其录尝称天平年事,或成书于天平中(534—538)。见姚名达《中国目录学史》,第194页,上海,上海古籍出版社,2005。

任何疑问。在北朝,崔光家族是当时一个非常典型的崇佛家族,《魏书》卷六十七《崔光传》称他"崇信佛法,礼拜读诵,老而逾甚,终日怡怡,未曾恚忿",而且他"每为沙门朝贵请讲《维摩》、《十地经》,听者常数百人,即为二经义疏三十余卷"①,可见他对《十地经论》非常有研究,参与此次翻译。若此序真是他所写,应该是比较可信的。智俨(602—668)《搜玄记》亦出现了"崔光云"②,引用《十地经论序》的内容;敦煌遗书 S.5002、P.2984皆见此序。③ 可见,此序在隋末唐初广为流传。从经录来说,《开元释教录》最早提及崔光《十地经论序》:

> 此《十地论》,长房等录勒那菩提二处俱载,今按崔光《论序》乃云:菩提留支、勒那摩提在洛阳殿内二人同译,佛陀扇多传语,帝亲笔受,二录各存,理将未可。今合为一本,在留支录中。④

智昇以前的费长房《历代三宝记》等经录皆未提及此序,而是分别记录为勒那摩提、菩提流支二人的译经,这是其真实性受到怀疑的原因之一。《历代三宝记》记载佛陀扇多在正光六年(525)⑤到元象二年(539)之间,在洛阳白马寺与邺都金华寺译经。但是,《十地经论》的翻译是从永平元年(508)开始,这是诸传一致公认的。这样,佛陀扇多的译业在 508 年至 525 年之间,为何未见任何记载;若他是从 520 年或 525 年开始译经,则根本未参加《十地经论》的翻译,这是怀疑的原因之二。所以,崔光《十地经论序》受到怀疑,布施浩岳、坂本幸男推测这是地论学派南道系的伪作,成书时间为隋末唐初。⑥

C. 勒那摩提、菩提流支共译,依记载的前后,勒那摩提居先,现存

---

① 《魏书》卷六七《崔光传》,《二十四史》第 24 册,第 1499 页,北京,中华书局,1995。
② 《大方广佛华严经搜玄分齐通智方轨》卷四之上,《大正藏》第 35 卷,第 78 页上。
③ 《敦煌宝藏》第 39 册,第 307 页;《敦煌宝藏》第 125 册,第 513 页。
④ 《开元释教录》卷六,《大正藏》第 55 卷,第 540 页下。
⑤ 《续高僧传》卷一《菩提流支传》记载,佛陀扇多是在正光元年(520)至元象二年(539),从事译经。
⑥ [日]坂本幸男:《华严教学の研究》,第 378—379 页。

《十地经论》则是"菩提流支等译",二者存在一定的矛盾现象。但是,《仁寿录》卷一、《静泰录》卷一等继承《法经录》的说法①,而《大唐内典录》则省略了菩提流支,记为"后魏永明年勒那摩提等于洛阳译"②。勒那摩提位于菩提流支之前,有二种可能性:(1) 尊敬长老,因为勒那摩提为长老上座,如《历代三宝记》说菩提流支"其慧解与勒那相亚,而神聪敏"③;(2) 勒那摩提翻译在先或为主要翻译者。但是,依此 C 记载,勒那摩提曾翻译《十地经论》,这是肯定的。综合 A 和 C,菩提流支、勒那摩提都曾翻译了《十地经论》,但是勒那摩提居先的问题仍然没有解决。

  D. 此类说法的关键文献是《宝唱录》,因为《宝唱录》记载了勒那摩提、菩提流支二人因争名而别译。天监十四年(515),梁武帝敕释僧绍撰《华林佛殿目录》四卷,记录宫廷所藏的佛经。因不合梁武帝的意旨,所以十七年(518)又敕宝唱重撰。宝唱敕掌华林园《宝云经藏》,搜求遗逸,皆令具足。《宝唱录》撰于《十地经论》译出的十年后,但是南北二人相隔,其可信度比《李廓录》稍差。

  但是,《历代三宝记》引用《宝唱录》说"二④德争名",而道宣(596—667)《续高僧传·菩提流支传》则成为"三德"、"三处",道宣的依据可能并非仅《宝唱录》,"见宝唱等录载"说明另有资料来源,或许即崔光《十地经论序》。同时,《宝唱录》的"后人始合"说法,至道宣《续高僧传·慧光传》,慧光则成为会本者;《道宠传》则出现"一字为异"。D 类资料的问题有二:(1)"二德争名"可信度问题;(2)"后人始合"的理解。

  总结以上资料的说法,可以推演出诸说的成立顺序:勒那摩提译、菩提流支译(包含:二人共译、勒那摩提主译、菩提流支主译)→二人别译,后人始合→三人共译、三人别译、慧光合翻。

---

① 《众经目录》卷一,《大正藏》第 55 卷,第 153 页中;《众经目录》卷一,《大正藏》第 55 卷,第 185 页中。
② 《大唐内典录》卷六,《大正藏》第 55 卷,第 294 页上。
③ 《历代三宝记》卷九,《大正藏》第 49 卷,第 86 页中。
④ "二",宋、元、明三本,及宫本、圣本,作"三"。

对此古今一大佛教史迷案,我们论述如下:

(1) 在现存《十地经论》以外,确实存在着"别译本",但是法上、慧远、法藏等著作所引用的"别译本",集中在现存《十地经论》卷一的相应部分。这说明"别译本"可能是未译完的《十地经论》。所以,历代经录的《入藏录》唯有"一本",敦煌遗书并未发现此"别译本"。

(2) 依《李廓录》的记载,《十地经论》为菩提流支"初译"、"始翻",这与现存《十地经论》"菩提流支等译"相一致。

(3) 依《法华论》菩提流支、勒那摩提二译本的对照,发现菩提流支重订改正了勒那摩提的译本;而且,现存《十地经论》的译语与《法华论》菩提流支译相较一致。

(4) 现存《十地经论》的翻译水平,表现了译者未精通汉语,整个译文非常晦涩。如"境界智"、"此言示现"等译语唯独出现于现存《十地经论》,现题为勒那摩提所译《法华论》、《宝性论》皆未见此语;另外,在句子后附加"故",多现于菩提流支的译典中,勒那摩提译本少见此种情况。

所以,我们推测:现存《十地经论》十二卷为菩提流支的译本。而勒那摩提曾于正始五年(508)开始翻译《十地经论》,菩提流支可能给予协助,但是此"别译本"只译出一卷,勒那摩提便退出译场,或许他已去世了。于是,永平二年(509),菩提流支受宣武帝的敕命,译出全部的《十地经论》。

依我们的观点,会通以前诸说,并且推测各种传说的变化脉络:

(1) 现存《十地经论》题为"菩提流支等译",即由于勒那摩提曾主译《十地经论》卷一,这便是"勒那摩提主译说";菩提流支译出全部十二卷,而且重译了勒那摩提所主译的卷一,即是"菩提流支主译说";依此事实,从而产生了"二人共译说";而且,依勒那摩提为长老上座、先主译的事实,故勒那摩提居先。这样,A 和 C 的记载是一致而无矛盾的。《历代三宝记》卷九"勒那摩提"条所说"初译论时,未善魏言"或许指勒那摩提开始翻译时的情况,而不是译《十地经论》时的情形,或许是指菩提流支初

292

来华的翻译情形;因为,勒那摩提来华时间已经非常久,应该十分精通汉语。

(2) 由于后世混淆慧光之师"佛陀"与佛陀扇多,于是加入佛陀扇多,依 A、C"二人共译",从而出现 B"三人共译"。

(3)《宝唱录》依勒那摩提、菩提流支皆分别翻译《十地经论》的事实,但由于南北二地阻隔,对勒那摩提译出卷一、菩提流支全部译出不加分别,从而主张"二人别译说";《宝唱录》所说的"后人始合"的"后人"或许即是菩提流支本人,因为菩提流支正式翻译《十地经论》时,便重译了《十地经论》卷一。但是,由于《宝唱录》的错误判断,后来隋代地论学派南北二道发生争论时,《宝唱录》的记载成为传说发生关键性变化的根源。

(4)《宝唱录》"二人别译,后人始合"说至隋末唐初时,衍生出多种版本的说法:①D4《续高僧传·道宠传》的"一字为异",经考证后,这是梵本的差别,并非翻译的不同,可见"一字为异"是后世渲染出来的。②D3 慧光为合翻者,是依《宝唱录》"后人始合"而推演出来的;③结合 B"三人共译"与《宝唱录》的"二人别译,后人始合",则是 D2《续高僧传·菩提流支传》所说的"三人共译"→"三人别译,后人合之"。

(5)《历代三宝记》"永平元年条"说:

> 正始五年,《十地论》十二卷,《宝积经论》四卷或三卷,《法华经论》一卷,三部并勒那摩提出。《三具足论》一卷,菩提流支出。①

勒那摩提于太和廿二年(498),便已经到达洛阳,菩提流支在永平初年(508)来洛阳②,正始五年八月改元为永平元年。所以,《历代三宝记》"勒那摩提条"说:"正始五年来,在洛阳殿内译,初菩提流支助传,后以相争,因各别译。"③菩提流支刚来洛阳,故帮助勒那摩提传译,由勒那摩提主译

---

① 《历代三宝记》卷三,《大正藏》第 49 卷,第 44 页下。
② 《历代三宝记》卷九记载,菩提流支是永平二年(509)来洛阳,《续高僧传·菩提流支传》则说是永平初(508)来朝。
③ 《历代三宝纪》卷九,《大正藏》第 49 卷,第 86 页中。

诸论。或许,勒那摩提由于年迈体弱,只译出《法华经论》①、《十地经论》卷一,《宝积经论》译本可能亦未完善,所以后来《宝积经论》亦由菩提流支重新译出。

所以,通过确认"别译本"的存在、考察现存《十地经论》的翻译水平,探讨诸资料的真实可信度,我们推测《十地经论》的翻译过程:勒那摩提主译、菩提流支助传《十地经论》卷一,最后由菩提流支全部译出。《宝唱录》记载为"二人别译,后人始合",成为后世误解的根源。于是,在隋末地论学派南北二道的争论中,为各自法系之争而推波助澜,出现了"三人共译说"、"一字为异"、"三人别译,后人合之"、"慧光合翻"等传说。

第二节 地论学派的传承

地论学派自勒那摩提、菩提流支始,一直流传到隋末唐初,是以南道系的传承为主。南道系是以勒那摩提为开创者,勒那摩提传慧光,慧光以下弘传者不绝,从而形成自北魏至唐初的一大派系,并且对隋唐佛教宗派的创立给予了非常重大的影响。道宠承袭菩提流支的学说,发展出地论学派北道系;南道系的许多学者亦传播与学习菩提流支翻译的经论,吸收他的思想。

一、慧光与南道系

1. 慧光的生平

慧光的资料主要见于《续高僧传·慧光传》,另外便是《佛陀传》以及慧光的弟子传记,以及一些墓志、碑记等,可以作为佐证。

---

① 镰田茂雄认为勒那摩提、菩提流支不和后,所以各自译出《法华论》。我们已经研究得出,菩提流支译本是在大魏永安元年(528)岁次戊申十二月,洛阳永宁寺译,执笔人为僧辩。其实,他的译本是重订改正勒那摩提的译本,而且那时勒那摩提已经去世。见《中国佛教通史》第四卷,第160页,佛光出版社译,高雄,佛光出版社,1993。

近年发现了慧光的碑记,为慧光的生卒年代,提供了最直接的资料。①《魏故昭玄大统慧光法师墓志》出土于河南安阳(古邺城西南)附近,出土时间大约在 2002 年左右。该墓志为方形,石灰岩材质。纵 50.5 厘米,横 50 厘米。共计 25 行,满行 25 字。除去断行空字,共约 570 多字。行字间有界格。格内阴刻文字。墓志因保管不善有碎裂和掉块,致使个别字无法识别。墓志首行书"魏故昭玄沙门大统墓志铭"。墓志全文录文如下:

魏故昭玄沙门大统(墓)志铭

法师字慧光,俗姓杨氏,中山卢奴人也。道性出自天然,悟玄彰于龀岁。童龄践法,栖心妙境。奉禁持律,犹护明珠。戒行冰洁,若兹冰玉。而每岩栖谷隐,禅诵颐性。栖林漱沼,味道为业。幽衿与妙理双明,悟玄共冲旨俱远。十二幽宗。靡不苞究;三藏秘义,罔不该揽。内外敷演,法音满世;凡在轮下,咸成正首。是使寰中义士,望玄风而云驰;日下缁英,寻妙响而影萃。德音随年而弥高,声价与运而愈美。德标缁林之中,望盖□儒之上。故能仰简帝心,请为戒师。纲纪缁徒,动成物轨。清直之操,金石未足□其坚;秉理弗亏,威形莫能易其志。是使慧水浊而更清,道纲翳而复显。虽安□业盛,秦乡生观,名播宋域,准德方仁,岂云加也。宜延遐算,永兹法猷。而迁变理恒,终同生灭。春秋七十,寝疾不救。以元象元年,岁次戊午,三月庚申,朔十四日癸酉在于邺京大觉寺□□□世。灵山丧宝,法宇摧梁;门徒崩号,痛结罗□;终日悲恋,泣等熙□。于是天子哀至德之丧沦,悼灵音之不永。乃遣黄门侍郎贾思同□□旨吊慰,赐赠斋施墓。夫悉逾恒式,所谓善始令

---

① 赵立春:《邺城地区新发现的慧光法师资料》,《中原文物》2006 年第 1 期。明海进一步校录,见《新出土的慧光大师墓志铭》,《中国禅学》第四卷,第 233—234 页,北京,中华书局,2006。

终，存亡佩宠者也。十七日丙子，道俗更送，迁窆于豹祠之西南。四部望高坟而殒涕，学徒抚幽泉而长悲。徘徊顾慕，莫之能返。乃相与刊之玄石，永兹泉堂。庶灵音妙趣，千载而弗朽。其辞曰：

寥寥玄门，寔诞伊彦。高排世纲，超升物先。赞幽扣微，无藉不练。体明三空，神鉴七见。光詅渊猷，敷阐冲则。群盲感悟，迷徒晓惑。无名其能，焉测其德。化被当世，声周远国。道懋曩哲，德踰时贤。高步紫阁，谈幽语玄。纲纪缁众，芳响流传。皇衿降眷，朝仕祇虔。业也难留，迁光掩辉。缁林摧柯，法纲□维。玄素同泣，匠徒齐悲。敬刊玄石，勒铭题征。

墓志中讲到的慧光的修行，"名播宋域"，世寿七十，与僧传记载基本相同。墓志中记载慧光的逝世时间为东魏孝静帝"元象元年岁次戊午三月庚申朔十四日癸酉"，即538年3月14日，由此推断出慧光的出生年为469年，即北魏献文帝拓跋弘皇兴三年。①

慧光（469—538），姓杨氏，定州长卢（即今河北保定县）人。依《续高僧传·佛陀传》，慧光十二岁时（481），遇见佛陀禅师（或即勒那摩提）：

时又入洛将度有缘，沙门慧光年立十二，在天门街井栏上，反蹋跶锤，一连五百。众人喧竞异而观之，佛陀因见惟曰：此小儿世戏有工，道业亦应无昧。意欲引度，权以杖打头，声响清彻。既善声论，知堪法器。乃问：能出家不？光曰：固其本怀耳。遂度之。②

《慧光传》说："年十三，随父入洛。四月八日，往佛陀禅师所，从受三归。

---

① 赵立春将慧光的出生年推断为468年。
② 《续高僧传》卷一六《佛陀传》，《大正藏》第50卷，第551页中。

陀异其眼光外射如焰,深惟必有奇操也。"①道宣生前数次对《续高僧传》进行改稿,因此依不同的资料来源编写传记。勒那摩提在恒安时,孝文帝为其别设禅林,"凿石为龛,结徒定念"。这时,勒那摩提来到洛阳,遇见十二岁的慧光。因此,太和六年(482),慧光十三岁,四月八日,依勒那摩提受三归。至夏末,正式度化出家。勒那摩提在太和十八年(494)十月随北魏孝文帝迁都洛阳,两年后(496),少林寺建成,居少林寺修禅。

慧光在勒那摩提门下,学习经论,能够"旁通博义,穷诸幽理";而且能够神形并茂地为人讲说,"辞既清靡,理亦高华",因此有"圣沙弥"之称。慧光"雅量弘方,不拘小节",能够不被毁誉所动;所受利养能够用来布施,勒那摩提对慧光非常赏识,称为"大士之行"、"非常人"。

勒那摩提深知戒律对一位僧人的重要性,"若受大戒,宜先听律;律是慧基,非智不奉"。因此,开始为他教授戒律。五世纪初期,《四分律》在中国传译之后,道宣说:

> 自初开律释,师号法聪。元魏孝文,北台杨绪,口以传授,时所荣之。沙门道覆,即绍聪绪,赞疏六卷。但是长科,至于义举,未闻于世。②

法聪在孝文帝时,在恒安北台石窟寺,开讲《四分律》。当时佛教界的律法,"于时世尚《僧祇》,而能间行《四分》"③,戒体依《僧祇律》,践行则依《四分律》。④ 为了调整这种矛盾,法聪向道覆口授《四分律疏》的纲要,道覆把它记录成《四分律疏》六卷,即"但是长科,至于义举,未闻于世"。当时,勒那摩提亦在北台修禅,于是让慧光去向道覆学习,慧光因此有机会接触《四分律疏》,而且所学"惟据口传"。

---

① 《续高僧传》卷二一《慧光传》,《大正藏》第50卷,第607页中。
② 《续高僧传》卷二二,《大正藏》第50卷,第620页下。
③ 同上书,第621页上。
④ [日]佐藤达玄:《戒律在中国佛教的发展》(上册),释见憨等译,第311页,嘉义,香光书乡出版社,1997。

北魏太和廿年(496),少林寺建成,慧光可能随其师勒那摩提,亦居住在少林寺。太和廿二年(498),慧光三十岁,在勒那摩提门下,禅修、戒律的学习逐渐有进步。依《大法师行记碑》,勒那摩提将《十地经论》口授给慧光,这意味着地论学派的传承的开始。同时,慧光离开勒那摩提,开始了他的参学时代。

慧光先回定州受具足戒,"博听律部,随文奉行",可能是以《僧祇律》为主,这是受当时佛教界的风气影响所致。四年后,开始讲《僧祇律》。同时,向道辩参学经论,"听说之美,声扬赵都"。《续高僧传·道辩传》说:

> 释道辩,姓田氏,范阳人……天性疏朗,才术高世。虽曰耳聋,及对孝文,不爽帝旨。由是荣观显美,远近钦兹。剖定邪正,开释封滞,是所长也。初住北台,后随南迁,道光河洛。……但注《维摩》、《胜鬘》、《金刚般若》、《小乘义章》六卷、《大乘义》五十章及《申玄照》等行世。①

魏收《魏书·释老志》记载孝文帝所尊崇的高僧,道辩便是其中之一。道辩亦是随孝文帝迁到洛阳,因此慧光在勒那摩提门下时,便知晓道辩的义理水平。道辩擅长"剖定邪正,开释封滞",曾焚伪经《大法尊王经》。道辩可能到洛阳后,又去赵都(即今河北邯郸),所以慧光前往参学。②

慧光在洛阳,学习各种语言文字,"南北音字,通贯幽微"。经过几年的参学,慧光的知识文章大有进步,"乃方事纸笔,缀述所闻,兼以意量,参互销释"。勒那摩提来华的本意,在于修禅与传播禅法,因此在孝文帝时代,他是以定业为中心。所以,勒那摩提对慧光说:

---

① 《续高僧传》卷七《道辩传》,《大正藏》第50卷,第471页下。
② [日]里道德雄:《慧光传をめぐる诸问题》,《大仓山论集》第11辑,第239页,大仓精神文化研究所,1974。

> 吾之度子，望传果向于心耳，何乃区区方事世语乎。今观神器已成，可为高明法师矣。道务非子分也，如何自累？①

勒那摩提对慧光的学问僧性格，表现出可惜的心情。但是，勒那摩提来华之后，受到当时皇室的敬重，同时亦翻译经论。而且，精通《华严经》，曾为北魏宣武帝讲授《华严经》。这样，慧光一方面帮助勒那摩提从事翻译，另一方面亦随其学习《十地经论》、《华严经》等，于是地论学派南道系的思想得到传承。

《十地经论》的翻译，慧光应该是一直参与其中，因此他与菩提流支素有往来。《洛阳伽蓝记》卷四"永明寺"条说："寺西有宜牛里，里内有陈留王景皓、侍中安定公胡元吉等二宅。景皓者，河内刺史陈留庄王祚之子。……京师大德超、光、哒、荣四法师，三藏胡沙门菩提流支等，咸预其席。"②在北魏洛阳时代，慧光与菩提流支，都是声誉极高的名僧。《深密解脱经序》说：

> 时有北天竺三藏法师菩提留支，魏音道晞，曾为此地之沙门都统也。……以永熙二年，龙次星纪，月吕蕤宾，诏命三藏，于显阳殿，高升法座，披匣挥尘，口自翻译。……舍笔之后，转授沙门都法师慧光、昙宁。在永宁上寺，共律师僧辩、居士李廓等，遵承上轨，岁常翻演，新经诸论，津悟恒沙。帝亦时纡尊仪，饰兹玄席。同事名儒招玄、大统法师僧令、沙门都法师僧泽、律师慧颙等，十有余僧，缁俗诜诜，法事隆盛，一言三覆，慕尽穷微。③

菩提流支曾任沙门统，永熙二年（533）时，慧光任沙门都④，而且慧光一直

---

① 《续高僧传》卷二一《慧光传》，《大正藏》第 50 卷，第 607 页下。
② 《洛阳伽蓝记》卷四，《大正藏》第 51 卷，第 1017 页下—1018 页上。
③ 《深密解脱经序》，《大正藏》第 16 卷，第 665 页上—中。
④ 北魏的僧官制度，昭玄寺是中央一级僧务机构，昭玄寺中设主官一名，称为沙门统，或沙门都统，昭玄沙门都统、都统等；设副职一至数名，称为都维那，又称昭玄沙门都维那、沙门都等。所以，慧光、昙宁、僧泽等都是沙门都。见谢重光、白文固：《中国僧官制度史》，第 58 页，西宁，青海人民出版社，1990。

参与菩提流支译场。可见,慧光在勒那摩提去世后,仍然跟随菩提流支学习新译的经论。

北魏末年,政局非常混乱。武泰元年(528)二月二十五日,北魏孝明帝为母胡太后毒死,无子,胡太后择孝明帝堂侄、三岁小儿元钊为帝。四月,尔朱荣以此为借口,杀害胡太后。永安三年(530),尔朱荣自晋阳入朝洛阳,魏孝庄帝子攸乘荣入宫朝见之际,伏兵杀荣。荣从子尔朱兆等起兵为荣复仇,攻陷洛阳,杀魏孝庄帝,改立元恭为帝。① 慧光当时可能任沙门都,僧令任沙门统。尔朱世隆为了筹措北伐的军费,向僧尼课征税金,慧光不顾当时向世隆谏言必处斩的布告,以僧官的职责,毅然向世隆抗议,从而得免僧尼的征税。

永熙三年(534)二月三日,沙门统僧令卒。② 十月,高欢拥立年仅十一岁的元善见为帝,即东魏孝静帝,而且迁都邺城。同时,洛阳佛教移植至邺城,从而使邺城佛教出现全盛的状态。慧光随迁入邺城,住在大觉寺,而且转为沙门统,俗称"光统"。③ 慧光深受当时名贤司徒高傲曹、仆射高隆之、司马令狐子儒的尊崇,成为东魏佛教的领袖人物。

菩提流支亦随迁入邺城,政局的变动,可能带来各自的地位升降。而且,由于思想的差异,慧光与菩提流支在晚年可能出现一些纠纷。如道场(即道宠)本在慧光门下学习,后来又从菩提流支学习,而且与菩提流支之间产生纠葛。尤其是慧光与道场之间,更是由于《十地经论》等如来藏思想与《大智度论》空观思想的矛盾。而且,道场接受尼僧为檀越,发动当时社会名流支持自己,这种世俗化的做法,亦会遭到慧光的批判,导致二人矛盾的尖锐化,形成对立。

---

① 详情参考王仲荦:《魏晋南北朝史》(下册),第582—589页,上海,上海人民出版社,1980。
② 《大魏故昭玄沙门大统令法师墓志铭》,《洛阳出土北魏墓志选编》,第178—179页,北京,科学出版社,2001。
③ 《续高僧传》卷二一《慧光传》说:"初在京洛,任国僧都。后召入邺,绥缉有功,转为国统。"《大正藏》第50卷,第608页上。

慧光受到勒那摩提、道辩、道覆、菩提流支等教导,因此成为地论学派南道系与四分律宗的创宗者,道宣说:"自此《地论》流传,命章开释;四分一部,草创基兹"。慧光注释《华严》、《涅槃》、《维摩》、《十地经论》、《地持论》、《胜鬘经》、《遗教经》、《温室经》、《仁王般若》等经论;在戒律方面,造《四分律疏》百二十纸,而且删定《羯磨戒本》,成为佛教界通行的诵本。道宣强调慧光"文存风骨,颇略章句,故千载仰其清规,众师奉为宗辖",著《玄宗论》、《大乘义律》、《大乘义章》、《仁王七诫》、《僧制十八条》,为地论学派南道系在思想与僧团规范上,提供了发展的基础。

慧光在邺城共生活了五年,他的大部分弟子都集中在邺城,人才的集中、思想体系的完备、优良的社会政治环境,为南道系的创立提供了绝佳的机会。元象元年(538),慧光逝世于邺城大觉寺,寿命七十岁。

道宣评价慧光:

> 自光立志贞静,坚存戒业,动止安详,衣裳附帖。昼夜存道,财无盈尺之贮;涤除便秽,誓以报尽为期。偏重行宗,四仪无妄。其法洁己独立,七众深崇其操。自正道东指,弘匠于世。①

慧光少年出家后,有幸得到良师教导,而且与诸贤交友,最后荣任沙门统;既得益于自身的资质,又是时代所赋予的。

慧光门下,弟子众多,如法上、僧范、道凭、昙衍、道慎、昙遵、慧顺、灵询、僧达、安廪、道云、道晖等,其传承分为地论学派南道系与四分律宗两种。灵裕曾著《光师弟子十德记》,该书今不存。地论学派南道系的发展,基本上分为几大系:法上→慧远、道凭→灵裕、昙遵→昙迁、昙衍→灵干等,而且沿着这几大方向,对北朝佛教及隋唐佛教,给予了深远的影响。

---

① 《续高僧传》卷二一《慧光传》,《大正藏》第50卷,第608页上。

地论学派南道系师承表

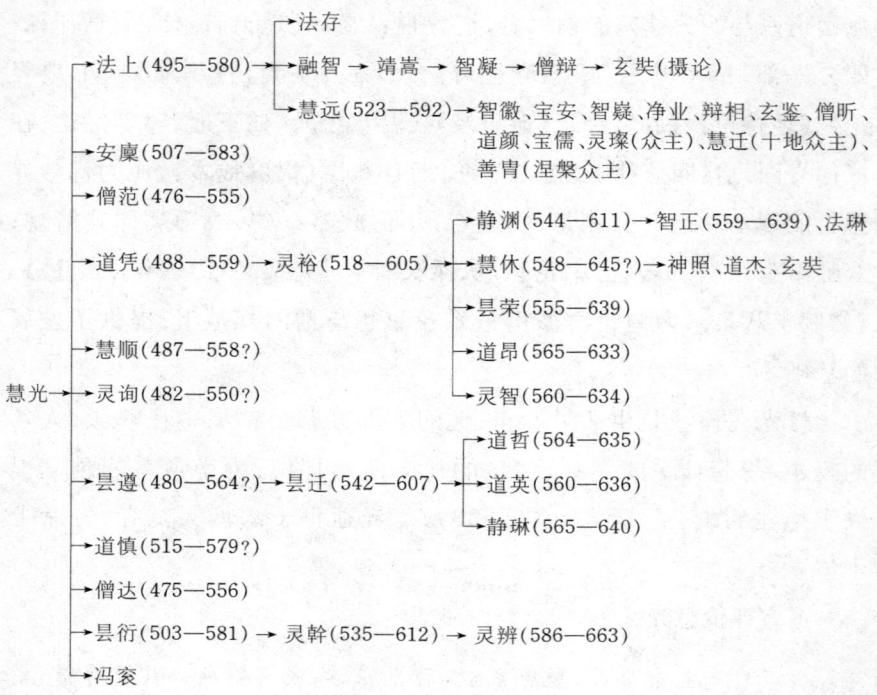

2. 法上、慧远一系

法上(495—580),俗姓刘,河南朝歌人。九岁读《涅槃经》,生出尘之志,十二岁投道药出家为僧。尝游相州,并至洛阳求道。以神气高爽,通晓词论,被称为"圣沙弥"。于林虑山胡山寺学《维摩经》、《法华经》,后入洛阳,讲《法华》,酬抗疑难,无所凝滞,众咸归服。同时,在慧光门下受具足戒,曾在少林寺听慧光讲学,然后还漳岸修道。应众请讲说《十地》、《地持》、《楞伽》、《涅槃》等,并各撰其文疏,当时人称"京师极望,道场法上"。[1] 法上四十岁时,游化怀卫,依魏大将军高澄的奏请而入邺都。高澄是高欢的长子,天平三年(536)二月,高澄入邺,入辅朝政。[2] 于是,法

---

[1]《续高僧传》卷八《法上传》,《大正藏》第50卷,第485页上。
[2]《北齐书》卷三《文襄纪》,天平三年条;《魏书》卷十二"孝静帝纪",天平三年二月条。

上便有机会掌理僧录。

北齐的僧官制度继承北魏而发展,法上在东魏、北齐时代,历任昭玄沙门统,掌管昭玄曹。昭玄曹置五十人史员,所属僧尼则有二百余万。而且,天保年间(550—559),北齐置十统,法上为昭玄大统,其余人为通统。因此,道宣说法上"纲领将四十年",是包括他任沙门统的时间。或许,慧光在538年去世后,法上继慧光而成为沙门统。① 因此,尊称为"上统"。

法上受到北齐文宣帝的尊崇,受敕为戒师,为帝及后妃、重臣等授菩萨戒。后奉敕住相州定国寺,不久在邺都西山创合水寺,供自己静修。北周武帝灭北齐后,大肆排佛,师虽着俗服而习业如常。大象二年(580)七月十八日,于合水寺诵《维摩》、《胜鬘》,卷讫即示寂,世寿八十六。著有《增一数法》四十卷、《大乘义章》六卷、《佛性论》二卷、《众经目录》一卷等,撰《十地》、《地持》、《楞伽》、《涅槃》等疏。弟子有慧远、法存、道慎、灵裕、融智等人。

法存,本为道士,天保年间舍道归佛,法上推他为合水寺都维那,后终于隋初。

道慎(515—579?),姓史,高阳人,十四岁出家。受具足戒后,入洛阳从慧光学习《十地经论》,后来依法上学习《涅槃经》。北齐文宣帝请为昭玄都维那②,辩才无碍,僧达、法灵皆伏其辩对。终于邺城定国寺,世寿六十五。

融智,无传,依《续高僧传·靖嵩传》,融智住邺城大觉寺,学徒五百,常讲《涅槃经》与《十地经论》,靖嵩从他受学。③ 靖嵩后来南下金陵,随法泰学习《摄大乘论》,成为摄论学派北传的核心人物之一。

---

① [日]诹访义纯:《中国中世佛教史研究》,第208页,东京,大东出版社,1988。
② 《续高僧传》卷八《道慎传》提到"宣帝请为国都,"《大正藏》第50卷,第486页上。胜又俊教则理解成"国统",见《佛教における心识说の研究》,第656页,东京,山喜房佛书林,1974。
③ 《续高僧传》卷一〇,《大正藏》第50卷,第501页中。

慧远(523—592),俗姓李,敦煌(今甘肃省敦煌市)人,生于建州高都郡(今山西省高平市)①,幼年丧父,由叔父带养。十三岁投泽州(今山西省高平市)东山古贤谷寺的僧思禅师出家为僧,研习经义。十六岁(538)时,随湛律师至邺城求学。慧远在邺城频赴讲会,大小二乘经论无不博涉。二十岁(542)受具足戒,受戒十师均为慧光门下,法上为戒和尚,国都慧顺为教授师,"时以为声荣之极者"。于是,慧远跟从昙隐学习《四分律》五年,昙隐为慧光的大弟子,精通律藏。此后,慧远在法上门下受学七年(546—552),"回洞至理,爽拔微奥",声誉日隆。

　　在法上的扶掖下,慧远开筵讲经,"自是长在讲肆,伏听千余",以至"负笈之徒相喧亘道"。后来,返回故乡高都,住清化寺,附近泽州的智徽(560—638)和玄鉴,皆至寺听他讲经说法。② 北周武帝宇文邕于建德三年(574)诏毁北周境内佛道二教,建德六年(577)北周武帝灭齐,又欲摧灭齐国佛道二教。578年春天③,北周武帝召集法上等前北齐大德五百人于殿前,慧远当庭抗礼,以身护法。④ 慧远知帝意不能回,即辞别法上等师友,潜于汲郡西山(今河南省汲县境内)三年(578—580),持诵、禅修不辍。578年六月,北周武帝崩,宣帝、静帝相续继位,下诏允许臣民信奉佛教,于长安、洛阳两京设立陟岵寺各一所,为国家行道,选取昔日沙门中学德兼优者一百二十人入住,而慧远为其中之一。大象二年(580),慧

---

① 道宣说慧远"后居上党之高都",依此则其祖辈已于北魏道武帝之际(386—404)迁居上党郡,此后从上党郡分置上党与建兴两郡,高都属于建兴郡。而永安以后(528—530),高都则属于建州郡(罢建兴郡而置),治所在高都城(今山西省高平市)。《魏书》卷一○六《地形志》上,第636页下。
② 《续高僧传》卷一五《智徽传》记载智徽为"泽州高平人也。年十三,志乐出家,不希世累,住本州清化寺,依随远法师,听涉经论。"《大正藏》第50卷,第541页中。《续高僧传》卷十五《玄鉴传》记载玄鉴为"泽州高平人也。……十九发心,投诚释种,……后住清化寺,听采经论。"《大正藏》第50卷,第542页上。
③ 《续高僧传》卷八《慧远传》记载时间为"承光二年春",《大正藏》第50卷,第490页上。
④ 有关慧远与北周武帝的辩论,见《续高僧传》卷八《慧远传》,《大正藏》第50卷,第490页上一下。廖明活:《净影慧远思想述要》,第6—8页,台北,台湾学生书局,1999;冯焕珍:《净影寺慧远的行持、著述及其显实宗》,《中华佛学学报》第15期,第186—190页,2002。[日]野村耀昌:《周武法难の研究》,第228—232页,东京,大学教育社,1976。

远入少林寺,充任长讲。

隋文帝开皇之始,慧远重新落发,大阐法门,远近学子,望风趋赴者甚众。隋文帝敕令授予洛州沙门都,整顿僧纪,因此"徒侣肃穆,容止可观"。开皇五年(585),慧远应泽州刺史千金公邀请,再次回到故乡传法。开皇七年(587)春,慧远振锡定州(今河北省定县),途经上党(今山西省长治市)时于此地"留连夏讲"。此时,隋文帝为广弘佛法,诏于长安立六大德,慧远荣居其一①,"仍与常随学士二百余人创达帝室"。慧远在长安特蒙文帝礼敬,敕住著名的大兴善寺。慧远以大兴善寺法会繁多,于是择地另建净影寺,"常居讲说,弘叙玄奥,辩畅奔流,吐纳自深,宣谈曲尽",于是以"净影寺慧远"著称于世。开皇十二年(592)春,文帝敕令慧远"知翻译,勘之辞义",同年冬天圆寂于净影寺,世寿七十。

慧远一生致力于研经与讲学,是一位典型的学问僧,道宣评价说:

> 是以自于齐朝,至于关辅及畿外要荒,所流章疏五十余卷,二千三百余纸,纸别九百四十五言。四十年间,曾无疴疹,传持教导,所在弘宣,并皆成诵在心,于今未绝。②

可见,慧远的著作影响深远。同时,他继承了地论学派重视戒律与禅定的传统,研习《四分律》多年,任洛州沙门都,匡任佛法;他曾于林虑山习禅,向僧稠请教禅法,赞美禅那。

慧远著述丰富,涉及到六世纪北方佛教流行的主要经论,道宣曾列出九种,日本古经录亦有所记载。综合历来研究成果③,列表如下:

---

① 同时当选者有昙迁(542—607)、慧藏(52—605)、僧休、宝镇、洪遵(530—608)。《续高僧传》卷一八《昙迁传》,《大正藏》第50卷,第572页下。
②《续高僧传》卷八《慧远传》,《大正藏》第50卷,第491页下—492页上。
③ 相关研究参考[日]胜又俊教:《佛教における心识说の研究》,第666—667页,东京,山喜房佛书林,1974;[日]佐藤哲英:《净影寺慧远とその无我义》,《佛教学研究》第32—33号,第98—99页,1977;廖明活:《净影慧远思想述要》,第13—15页;冯焕珍:《净影寺慧远的行持、著述及其显实宗》,《中华佛学学报》第15期,第197—198页,2002。

序号	书名	卷数	存佚	现传藏经所在位置①
1	大般涅槃经义记	10	存20卷	大正44；卍续55、56
2	华严经疏	7	佚	
3	法华经疏	7	佚	
4	金刚般若经疏	1	佚	
5	维摩经义记	8	存8卷	大正38；卍续27
6	胜鬘经义记	2	残存2卷	大卍续19(P.2091、P.3308)；卍续30
7	无量寿经义疏	1	存2卷	大正37；卍续32
8	观无量寿经义疏	1	存2卷	大正37；卍续32
9	温室经义记	1	存1卷	大正39；卍续59
10	仁王经疏	不详	残存1卷	大正85(S.2502)
11	金光明经义疏	1	佚	
12	十地经论义记	10	存8卷	卍续71；大卍续45
13	大乘起信论义疏	2	存4卷	大正44；卍续71
14	地持论义记	5	存4卷	大正85(P.2141)；卍续61；大卍续39
15	金刚般若论疏	3	佚	
16	大乘义章	14	存26卷	大正44；卍续96—97

在诸多论书中，慧远主要选取《地持论》、《十地经论》、《金刚般若论》、《大乘起信论》等，反映了他的学论学派的思想背景与取向。慧远在世时的显赫威名和对于义学的精深造诣，使他被后世尊为隋代三大法师之一，隋代三大法师即吉藏、智𫖮、慧远。但是，后世对他的学派归属，则异说纷纭。韩镜清判定他为"起信论师"："但就远法师现存著作以判，则与其说他是地论师，不如说他是起信论师来自确当。"②黄忏华说："远承

---

① 《大正》指《大正新修大藏经》；《卍续》指新文丰出版公司影印《新编卍续藏经》；《大卍续》指台湾白马精舍印经会影印《大藏新纂卍续藏经》。括弧中的敦煌卷子，指依此而校录。
② 韩镜清：《净影八识义述》，《唯识思想论集(三)·唯识学专集之四》，《现代佛教学术丛刊》第26册，第345页，台北，大乘文化出版社，1981。

法上之系统,继南道之学说。然晚年又就昙迁禀《摄论》,奉地论宗兼涅槃宗、摄论宗及三宗论。而尤致力于地论宗。"①黄氏的观点是从慧远本身的经历出发。汤用彤则以慧远为"地论而兼涅槃之学者"②,蓝吉富依此观点而进行论证。③

慧远禀承法上之法脉,他受具足戒时,慧光十大弟子为其证戒,而且在北齐时便以讲《十地经论》闻名,"七夏在邺,创讲《十地》,一举荣问,众倾余席"④,同时他著《十地经论义记》。综上,说慧远的学统为地论学派是恰当的。

昙迁于开皇七年(587)入长安开讲《摄大乘论》。据道宣记载:"沙门慧远,领袖沙门,躬处坐端,横经禀义"⑤,这样,慧远在晚年接触到真谛所译《摄大乘论》。但是,亦有学者指出,慧远接触《摄大乘论》的最早机缘,是他的弟子辩相。⑥ 辩相(555—627),俗姓史,瀛州(今河北省河间县)人。大象二年(580)往少林寺,依止慧远学习《十地经论》等大小乘经论,而且努力研习《涅槃经》。后来,到达徐州,学习《摄大乘论》及《毗昙》等,有可能从昙迁受学《摄大乘论》。开皇七年(587),辩相亦入长安,"创住净影,对讲弘论",而且成为弘扬《摄大乘论》的佼佼者。道宣说:

> 有辩相法师,学兼大小,声闻于天。《摄论》初兴,盛其鳞角,在净影寺创演宗门。造《疏》五卷,即登敷述。京华听众五百余僧,竖义之者数等二百。⑦

辩相在净影寺弘传此论,昙迁、辩相同时到达长安,慧远因二人而接触《摄论》。辩相是昙迁的学生,所以说慧远晚年受昙迁的影响非常大,尤

---

① 黄忏华:《中国佛教史》,第142—143页,上海文艺出版社1990年影印本。
② 汤用彤:《魏晋南北朝佛教史》(下册),第660页,北京,中华书局,1983。
③ 蓝吉富:《隋代佛教史述论》,第201—206页,台北,台湾商务印书馆,1993。
④ 《续高僧传》卷八《慧远传》,《大正藏》第50卷,第491页下。
⑤ 《续高僧传》卷一八《昙迁传》,《大正藏》第50卷,第572页下。
⑥ 冯焕珍:《净影寺慧远的行持、著述及其显实宗》,《中华佛学学报》第15期,第194页,2002。
⑦ 《续高僧传》卷一五《灵润传》,《大正藏》第50卷,第545页下。

其是在《摄大乘论》方面。当然,辩相亦是其中因缘之一。

慧远一生桃李满天下,道宣说:"服勤请益七百余人,道化天下,三分其二。"①他教化弟子,慈心一片,"至于深文隐义,每叮咛频复,提撕其耳,惟恨学者受之不速,览者听之不尽,义无所惜也"②。正是通过大批的弟子,慧远为隋唐佛学的兴盛奠定了坚实的基础。

智徽(560—638),俗姓焦,泽州高平人,十三岁时,在泽州清化寺随慧远学习《涅槃经》,受具足戒后,便"岁常讲《涅槃》、《十地》、《地持》、《维摩》、《胜鬘》,用为恒业"③。大业七年(611),隋炀帝召入东都内道场。从《智徽传》可以看出,他更重视对《涅槃经》的弘扬。

宝安,兖州(今山东省兖州市)人,依慧远学习《涅槃经》。周武帝灭齐时,至陈。隋统一后,入洛阳继续受学于慧远。开皇七年(587)后,入住净影寺,辅助慧远讲学。而且,自己"讲《地论》、《涅槃》,纯熟时匠"。仁寿二年(602),敕送舍利于营州梵幢寺。晚年回长安,不测所终。

智嶷,俗姓康,康居(今新疆库车一带)国王后裔,常诵《法华》。十三岁出家,后来在洛阳一带依慧远学习《十地经论》与《涅槃经》。仁寿敕送舍利于爪州崇教寺,唐初卒,世寿七十。④

净业(564—616),俗姓史,汉东随(今湖北省随州市)人。年幼出家,受具足戒后,依慧远学习《涅槃经》等。随慧远入长安,"首尾食承,尽其幽理"。后来,从昙迁研习《摄大乘论》。开皇年间,创建悟真寺。⑤ 慧超(546—623)曾在悟真寺,受学于净业,共隐八年。⑥ 仁寿二年(602),敕送

---

① 《续高僧传》卷一五,《大正藏》第50卷,第549页上。
② 《续高僧传》卷八《慧远传》,《大正藏》第50卷,第491页下。
③ 《续高僧传》卷一五《智徽传》,《大正藏》第50卷,第541页下。
④ 《续高僧传》卷二六《智嶷传》,《大正藏》第50卷,第676页中—下。
⑤ Kenneth K. Tanaka 认为,善导在633年后,参学于悟真寺,因净业创建此寺的缘故,从而善导有机会受到慧远《观无量寿经疏》的直接影响。Kenneth K. Tanaka, *The Dawn of Chinese Pure Land Buddhist Doctrine*, Sri Satguru Publications, Dehli, 1990, p.107.
⑥ 《续高僧传》卷二八《慧超传》,《大正藏》第50卷,第687页中。

舍利于安州景藏寺。大业四年(608),召入鸿胪馆,教授外国留学僧。九年(613),敕住禅定寺。后于大业十二年(616),圆寂于蓝田悟真寺。①

玄鉴,俗姓焦,泽州高平人。十九岁出家,后于清化寺,依慧远学习《涅槃经》。隋末战乱时,离开清化寺,后又回来重建寺宇。"每讲《涅槃》、《十地》、《维摩》,四时不辍"②。

僧昕,潞州(今山西省长治市)人。年轻时代游学讲席,"周武灭佛"时隐居泰山,在洛阳从慧远研习《十地经论》与《涅槃经》。后来入长安,住大兴善寺。仁寿年间敕送舍利于毛州护法寺,后不测所终。③

道颜(572?—622),俗姓李,定州(今河北省定县)人。从慧远深研《涅槃经》、《十地经论》。频开讲席,教化后学。后住净影寺,继承慧远的弘法事业。仁寿年间,敕送舍利于桂州。武德五年(622),圆寂于长安。④

宝儒,幽州(今北京市)人。在邺都依止慧远,学习《十地经论》。"周武灭佛"时避难陈朝,后归洛阳,随慧远听《涅槃经》三年,慧远印可他的覆述。后随慧远赴长安,住净影寺。仁寿年间,敕送舍利于郑州大兴国寺,后终于净影寺。⑤

灵璨(549?—618?),怀州(今河南省沁阳市)人。游学相州、邺都时,依慧远研习《十地经论》、《涅槃经》。是随慧远入关的十大弟子之一,住大兴善寺。开皇十七年(597),受敕补为"地论众主",于净影寺继续弘扬慧远之学。隋文帝敕令他送舍利于怀州长寿寺,仁寿末年,又受敕送舍利于慧远的出生地——泽州古贤谷景净寺。后住大禅定寺,武德初年卒于本寺,世寿七十。⑥

慧迁(548—626),瀛州人。研习《十地经论》,后又依慧远重习此论,

---

① 《续高僧传》卷一二《净业传》,《大正藏》第50卷,第517页中—下。
② 《续高僧传》卷一五《玄鉴传》,《大正藏》第50卷,第542页上—下。
③ 《续高僧传》卷二六《僧昕传》,《大正藏》第50卷,第673页上—下。
④ 《续高僧传》卷二六《道颜传》,《大正藏》第50卷,第676页下。
⑤ 《续高僧传》卷一〇《宝儒传》,《大正藏》第50卷,第507页上—中。
⑥ 同上书,第506页中—下。

兼通《涅槃经》、《地持论》。"周武灭佛"时,避难陈地,后归洛阳,又依慧远而学。随慧远入关,住大兴善寺,开皇十七年(597)受敕为"地论众主",住宝光寺相续讲说。仁寿二年(602),敕令送舍利于瀛州弘博寺。后召入住大禅定寺,慧迁灭后"《十地》一部,绝闻关壤"①。

善胄(550—620),瀛州人。少年出家,研习《涅槃经》、《大智度论》。北齐灭亡时,投奔陈地。隋初回到北方,依止慧远,住净影寺。慧远圆寂后,受敕为该寺"涅槃众主"。开皇末,至蜀地弘法。仁寿时,敕送舍利于梓州牛头山华林寺。武德三年(620),终于净影寺,世寿七十一。弟子慧威住大总持寺,讲席闻名。最初慧远将《涅槃经》分为五分,最后为"阇维分";善胄改为七分,第七分为"结化归宗分"②。

慧畅,俗姓许,莱州(今山东省掖县)人。先学《杂心论》,不信大乘。闻慧远名播洛阳,便前往拜见,心伏敬佩。于是,在慧远门下听《涅槃经》三年。后住净影寺。仁寿年间,敕送舍利于牟州拒神山寺。③

明璨(？—618顷)俗姓韦,莒州沂水(今山东省沂水县)人。十岁出家,擅长《成实论》和《涅槃经》。慧远在陟岵寺时(580),明璨投其门下。后受敕住大兴善寺,仁寿年间,敕送舍利于蒋州栖霞寺(今南京栖霞寺)。回长安后,住大禅定寺,弘法为务。④

灵达(？—605)⑤,恒州(今河北省石家庄市)人。先通儒学,后出家,依慧远受学。随慧远入京,晚年住延兴寺。隋文帝敕送舍利于恒州龙藏寺。⑥

净辩(？—618),俗姓韦,齐州(今山东省济南市)人。早年备通孔墨庄老,出家后,习禅静虑。开皇年间,依止慧远,住净影寺,更学定境。后

---

① 《续高僧传》卷一二《慧迁传》,《大正藏》第50卷,第520页中—下。
② 《续高僧传》卷一二《善胄传》,《大正藏》第50卷,第519页上—下。
③ 《续高僧传》卷一〇《慧畅传》,《大正藏》第50卷,第508页上—中。
④ 《续高僧传》卷二六《明璨传》,《大正藏》第50卷,第669页上—下。
⑤ "灵达",宋、元、明三本及宫本皆作"灵远"。
⑥ 《续高僧传》卷二六《灵达传》,《大正藏》第50卷,第672页下—673页上。

又从昙迁学习《摄大乘论》，"终于此世"。敕送舍利于衡州岳寺，后住大禅定寺。①

行等(570—624)，俗姓吉，冯翔(今陕西省大荔县)人。十二岁出家，与玄会共为长安海觉寺法总②的弟子。后至净影寺，随慧远学习《涅槃经》。与玄会共住慈悲寺，贞观十六年(642)，卒于慈悲寺。③

道嵩，俗姓刘，瀛州河间人。十三岁出家，在洛阳随慧远学习经论，后又一起入长安。仁寿年间，敕送舍利于苏州。后住长安总化寺，"餐味《涅槃》，依行忏悔"④。

道宣在《慧觉传》提到，并州(今山西省太原市)开义寺有"二僧，俱名智达，远公门人，善解当世。武德之初，京邑呈美"⑤。可见，慧远门下弟子众多。

从他的弟子的活动经历来看，有如下特点：(1) 慧远门下弟子大多受到隋文帝尊崇，大多数都敕送舍利于全国各地，而且皆住在当时长安大寺院弘法，如大兴善寺、大禅定寺、净影寺等，因此对隋唐佛教影响巨大。(2) 他的一些弟子转入昙迁门下，学习《摄大乘论》，如净业、净辩、辩相，从而成为北地摄论师。(3) 从弟子群的学问倾向来说，重视《涅槃经》，研习、弘扬《十地经论》的弟子逐渐减少，意味着地论学派在隋末唐初呈衰败的趋势。(4) 一部分弟子在"周武灭佛"时，避难陈地，后又回到北方，将南朝的佛教思想带入北方，促进南北佛教的融合。

3. 道凭、灵裕一系

道凭(488—559)，俗姓韩，平恩(山东丘县)人。十二岁出家，研习《维摩经》、《涅槃经》、《成实论》等，复入少林寺修禅。后从慧光律师受学

---

① 《续高僧传》卷二六《净辩传》，《大正藏》第 50 卷，第 676 页下—677 页上。
② 法总在开皇年间受敕为"涅槃众主"，居海觉寺。见《续高僧传》卷十《法总传》，《大正藏》第 50 卷，第 505 页下—506 页上。
③ 《续高僧传》卷一五《行等传》，《大正藏》第 50 卷，第 543 页上—中。
④ 《续高僧传》卷二六《道嵩传》，《大正藏》第 50 卷，第 676 页中。
⑤ 《续高僧传》卷一二，《大正藏》第 50 卷，第 521 页上。

《四分律》，随侍十年。辞别慧光后，讲说《十地经论》、《涅槃经》、《华严经》、《四分律》等。

道凭为了能够专心禅修，曾在河南安阳灵泉寺东侧开凿"大留圣窟"。现存大留圣窟，为方形平顶窟，壁面和窟顶无雕饰，窟中三尊圆雕坐佛像，中尊为卢舍那佛，左、右分别为阿弥陀佛和弥勒佛。窟口上方原有"大留圣窟，魏武定四年(546)岁在丙寅四月八日，道凭法师造"题刻。①

道凭辩才无碍，洞会经论深意，被比喻为佛陀十大弟子之一——"舍利弗"。当时，京师人士都惊叹说："凭师法相，上公文句，一代希宝。"可见，道凭的才学能与法上相提并论。道凭虽然擅长讲说，但是"心缘口授，杜于文相"，因此可能没有从事撰述。② 北齐天保十年(559)示寂于邺城西南宝山寺(即灵泉寺)，世寿七十二。灵泉寺旧址还有一对单层方形北齐石塔，塔辟圆形拱门。塔侧刻"大齐河清二年(563)三月十七日，宝山寺大论师凭法师烧身塔"铭记，由此可知为道凭烧身塔。

有关灵裕传的重要资料，有如下三种：

(1)《大法师行记》，弟子海云集，贞观六年(632)八月建；

(2) 道宣撰《相州演空寺释灵裕传》(《续高僧传》卷九)；

(3) 释德殊撰《相州天禧镇宝山灵泉寺传法高僧灵裕法师传》，绍圣元年(1094)十二月。

灵裕的弟子海云，事迹未详，宝山灵泉寺保存有贞观二十年四月八日造《报应寺故大海云法师灰身塔》。《大法师行记》是研究灵裕乃至地论学派的重要资料，可惜碑文磨灭不清，《全唐文》亦有收录。德殊是在

---

① 丁明夷：《北朝佛教史的重要补正——析安阳三处石窟的造像题材》，《文物》1988年第4期，第16页。刘东光根据《安阳县志》，认为道凭造窟记为八分书(隶书)，是魏齐之际通行的书法，与武定四年的时代相符；而窟名等题字为正书(楷书)，因此两铭不是同时书刻。所以，道凭造窟之际，并未标示窟名。这一点由北宋绍圣元年的《灵裕法师传》碑中仍称此窟为"道凭石堂"可证。大留圣窟之名，似为后世仿大住圣窟名而取，时间不会早于北宋绍圣年间。而且，窟中的现存三佛造像是在北齐雕刻后移入该窟的。见刘东光：《有关安阳两处石窟的几个问题及补充》，《文物》1991年第8期，第76页。

② 《续高僧传》卷八《道凭传》，《大正藏》第50卷，第484页中—下。

元祐八年(1093)九月,游宝山,见玄林塔像及道凭石窟,感慨没有灵裕塔,于是集众力在寺院的东南隅建塔设像,刻碑明示由来。

宝山灵泉寺石窟研究的推进,为探讨灵裕的生平与思想,提供了丰富的资料。1921年11月29日,常盘大定抵达宝山灵泉寺,展开为期三天的调查工作,为宝山灵泉寺研究的嚆矢。① 1938年,常盘大定提出灵裕的思想可能和三阶教有关的看法,是大住圣窟研究的一大突破。1981年,牧田谛亮利用京都大学人文科学研究所收藏的宝山石刻拓片,研究了灵裕的生平与开凿大住圣窟的意义。② 在中国方面,我国建筑史权威刘敦桢在抗战前调查了宝山灵泉寺石窟,并发表调查记录。③ 1983—1984年,河南省古代建筑保护研究所组织了灵泉寺考古勘察队,进行了全面的考古调查和发掘清理工作,并发表宝山灵泉寺石窟的简报。④ 丁明夷进行宝山灵泉寺石窟造像题材的研究。⑤ 1991年,河南省古代建筑保护研究所又出版《宝山灵泉寺》一书,选刊安阳地区的石窟造像、摩崖石刻塔林、碑铭题记等图片四百余帧。⑥ 1997年,大内文雄依宝山灵泉寺的塔铭,揭示了隋唐时代宝山灵泉寺的状态。⑦ 1998年,李玉珉探讨了大住圣窟配置布局的思想基础、石窟功能以及其在中国石窟史上的地位等。⑧ 2004年,高玉春依《续高僧传·灵裕传》考察了灵裕的生平与思想,灵裕弘法的地位和刚正品格。⑨ 大住圣窟丰富的资料和研究报告、成

---

① 此次调查报告,发表于常盘大定、关野贞:《中国文化史迹》(东京,1926年初版,京都,法藏馆,1975年覆刻),第五册,图版第63—83页;《中国文化史迹·解说》,第五卷,第62—98页;[日]常盘大定:《支那佛教史迹踏查记》(东京,1938年初版;东京,国书刊行会覆刻,1974),第345—357页。
② [日]牧田谛亮:《中国佛教史研究第一》,第235—270页,东京,大东出版社,1981。
③ 国家文物局教育处:《佛教石窟考古概要》,第136页,北京,文物出版社,1993。
④ 河南省古代建筑保护研究所:《河南安阳灵泉寺及小南海石窟》,《文物》1988年第4期。
⑤ 丁明夷:《北朝佛教史的重要补正——析安阳三处石窟的造像题材》,《文物》1988年第4期。
⑥ 河南省古代建筑保护研究所:《宝山灵泉寺》,郑州,河南人民出版社,1991。
⑦ [日]大内文雄:《宝山灵泉寺石窟塔铭の研究——隋唐时代の宝山灵泉寺》,《东方学报》第69册,1997。
⑧ 李玉珉:《宝山大住圣窟初探》,《故宫学术季刊》第16卷第2期,1998。
⑨ 高玉春:《释灵裕生平思想研究》,《高校社科信息》2004年第6期。

果,充分反映了学界对灵裕的重视。

灵裕(518—605),俗姓赵,定州钜鹿曲阳(今河北曲阳)人。幼年宿具善根,学习儒家典籍。十五岁时,父亡,服丧毕。十八岁时(535)[①],前往赵郡(今河北赵县)应觉寺,投僧明、昙宝二禅师座下出家。应觉寺早在北魏时期就已创建,沈涛《常山贞石志》卷四著录唐开耀二年(682)所立《大唐开业寺李公之碑》讲述了该寺的渊源。碑云:

> 开业寺者,后魏黄门侍郎,使持节卫大将军陕州刺史,都督冀、定、瀛、相、殷五州诸军事,尚书令,固安伯李公舍山第之所立也。其地则前临漳水,金凤骋光而振义;却负常山,玉马腾姿而绝影。东瞻峻堞,宛若香城;西据崇岩,依然雪岭。盖全赵之胜地焉。公讳裔,字徽伯,赵郡元氏人也。……先是有沙门僧明、昙宝等,并不知何许人。属魏氏之迁都,随孝文而庋止……睹此愿力,共谋经始……于彼延昌之末锡其偃角之名,孝昌年际改为隐觉。自魏历齐,僧徒弥广……[②]

同书还记载碑阴上截为刻像,下为题名:"沙门昙朗供养,沙门昙宝供养,置寺沙门僧明供养,建伽蓝主陕州刺史司徒公李徽伯,息徐州刺史北海郡子旦,息豪州刺史兵部尚书子雄,玄孙行本州录参军崇惎……"等。可知,李氏家族一门崇佛。此寺是在元氏故城之西,封龙山[③]东麓或是邻近的山地上。偃角、隐角、应觉,都是同音。《续高僧传·灵裕传》说灵裕"默往赵郡应觉寺,投明、宝二禅师而出家焉"[④]。灵裕于535年,在应觉寺出家,其师即是僧明[⑤]、昙宝。

---

① 《大法师行记》末尾说:"师时十八岁出家求学",见《全唐文》卷九百零四,第4184页,上海,上海古籍出版社,1990。
② 转引自李裕群:《北朝晚期石窟寺研究》,第54页,北京,文物出版社,2003。
③ 封龙山即是飞龙山,《嘉庆重修一统志》第2231册:"封龙山在钜鹿县南,接元氏县界,一名飞龙山……"《隋书·地理志·石邑》有封龙山;《元和志》飞龙山在钜鹿县西南四十五里,元氏县西北三十里;《寰宇记》飞龙山一名封龙山。
④ 《续高僧传》卷九《灵裕传》,《大正藏》第50卷,第495页中。
⑤ 《续高僧传》卷二五记载僧明为平城北台石窟寺主,念观世音菩萨名号,得以脱离囚狱,或许即灵裕之师。《大正藏》第50卷,第644页下。

起初师令诵经,灵裕发愿:"我今将学必先要心,三藏微言定当穷旨,终无处中下之流;暨于儒释两教,遍须通晓也。"①《大法师行记》说:"吾当学问于阎浮提中,作最大法师,若□不尔□□□……"可见,灵裕具有大志愿与坚定的意志力。

二十岁时(537),灵裕欲前往邺都,向《十地经论》研究权威、四分律宗的开祖慧光参学。《大法师行记》说:"二十有一,南游邺京",可能是指真正到达邺都的时间。依《魏故昭玄沙门大统墓志铭》,慧光是在元象元年岁次戊午三月庚申朔十四日癸酉(即公元538年3月14日)圆寂,灵裕到达邺都时,慧光刚好去世七日。于是,转投慧光的弟子道凭(487—559)为师,听《十地经论》与《菩萨地持论》。道宣说:"荏苒法席,终于三年",依《大法师行记》,灵裕在受戒后,曾回邺都,从道凭继续学习。二十二岁(539)时,灵裕离开道凭,前往定州受具足戒。因为僧明、昙宝二师不肯为灵裕本师,因此无法进入戒场。当时定州刺史侯景(503—553)知灵裕道行,奏请准许受戒。侯景在二十岁时,在尔朱荣手下任定州刺史大行台,尔朱荣灭亡后,入仕东魏,被高欢提为河南大行台。

灵裕在受戒后,《大法师行记》记载:"还向定州而受具戒,受已,连翩复返上京",可见他仍然回到邺都,继续学业。二十六岁时(543),《大法师行记》记载:"季廿六,从隐律师也",灵裕南游漳滏,在昙隐门下学律。当时,昙隐住邺东大衍寺,年六十三在邺城大觉寺入寂。昙隐是道覆的弟子,精通律部,师事慧光,被称为"光部之大弟子"。定州刺史侯景尊崇昙隐,为其造寺。昙隐晚年回到漳滨(河北临漳县,漳水),侯景为其建大衍寺,昙隐努力阐扬佛教,"通律持律,时唯一人而已"。灵裕在昙隐门下学习《四分律》,笔记整理师说,于是后来便有《四分律疏》五卷行世。

东魏孝静帝武定四年(546),灵裕二十九岁时,辞别昙隐,回到邺都,仍然在道凭座下研究《十地经论》。是年道凭五十九岁,四月八日,道凭

---

① 《续高僧传》卷九《灵裕传》,《大正藏》第50卷,第495页中。

创建宝山寺窟。这时,灵裕开始自己的撰述生涯。道宣说:"自年三十,即存著述",最初的著作即是《十地经论疏》四卷。① 灵裕同时在邺都继续学习大小乘经论,从安、游、荣学习《杂心论》,《大法师行记》说:"荣论师听《杂阿毗昙》四有余遍,两遍既周,私抄",即著《毗昙论抄》;而且就嵩(即慧嵩)、林二师学习《成实论》,著《成实论抄》。灵裕在邺都就学于道凭座下时,亦就学于昭玄大统法上,当时"法上势覆群英,学者望风",但灵裕"伏节专贞,卓然不偶伦类",因此法上非常敬佩他。而且,灵裕在邺都旁涉儒学,覆述儒家典籍,可见灵裕的学问之广博。

《大法师行记》记载,天保元年(550),灵裕在邺都讲《十地经论》。北齐文宣帝的皇后身染疾患,发愿讲述《华严经》,昭玄诸统一致举荐灵裕为法主。灵裕讲经"穿凿新异","意在纲领,不在章句",于是被称为"裕菩萨",由此可知当时灵裕的影响力。

道凭创建宝山寺后,灵裕应该经常住在宝山寺。道凭在北齐天保十年(559)三月七日,卒于宝山寺。而现存灵裕《华严文义记》残本卷六题记云:"天保十年沙门灵裕在宝山寺集记鸾供养"②,可见灵裕在此期间,除了追思其师外,从事《华严文义记》的撰述。于是,宝山寺成为灵裕弘法、禅修的重要寺院。河清二年(563)三月十七日,道凭法师烧身塔的建造,应该是在灵裕的主持下进行。河清三年(564),灵裕四十七岁,范阳卢氏请灵裕前往讲经,"常溢千人,听徒嘉庆,前后重叠",可谓盛况空前,《大法师行记》亦记载此事。后来,灵裕仍然回到邺都。

"周武灭佛"时,灵裕潜形遁世,头扎麻带,如丧考妣;带领同道聚居村落,昼谈俗书,夜论佛理,而且撰述种种著作。隋代佛法初兴,开皇三年(583),相州刺史樊叔略开创弘讲会,延请诸僧说法,灵裕前往,不负重望。樊叔略推举他为都统,灵裕坚辞不往。开皇十年(590),灵

---

① 《续高僧传》卷九《灵裕传》,《大正藏》第50卷,第495页下。
② 《华严文义记》卷六,《卍续藏》第88册,第36页下。

裕在洺州(今河北永年县东南)灵通寺讲经。隋文帝下诏,令灵裕入京。于是,步行入长安,住兴善寺。隋文帝召集众僧,欲授国统之位。灵裕上表请归相州,左仆射高颖、右仆射苏威等诸大臣皆有意让灵裕当国统,于是上书隋文帝,隋文帝下敕三次邀请,灵裕都坚辞不受。于是,隋文帝赠送厚礼等,以助修建宝山寺,而且赐额为"灵泉寺"。在长安期间,灵裕曾入净影寺,众僧布萨诵戒,慧远没有出席而仅委托其他比丘陈说(即"说欲")。于是,灵裕高声指责,可见灵裕秉性刚直,持戒谨严。

开皇十一年(591)春天,灵裕回到宝山寺。后来,灵裕又住相州演空寺。隋文帝在仁寿年间,下诏敕送舍利,而且于诸州起塔。所以,灵裕在寒陵山营造九级浮图,仁寿四年(604),造到四层,灵裕预知生命垂危,于是加快工程进度。大业元年(605)正月二十二日,卒于相州演空寺,世寿八十八岁。殡于宝山灵泉寺侧,弟子为他在宝山起造灰身塔,塔侧有贞观六年(632)弟子海云所写的《大法师行记》。

道凭创建宝山寺,天保十年(559)卒于此寺,灵裕亦时常住在此寺,可见灵裕与宝山寺渊源深厚。灵裕扩充、重修宝山寺的机缘,在于得到东安王娄睿的支持。关于娄睿(?—570)的生平,《北齐书》卷四十八、《北史》卷五十四收有《娄睿传》,较为简略。1979年,在山西省太原市娄睿墓中出土《齐故假黄钺右丞相东安娄王墓之铭》,则详细说明了娄睿个人的身世、生平事迹等。①

娄睿(?—570),鲜卑人,本姓匹娄,简改称娄,墓志说他是"太安狄那汗殊里"人。从《北齐书·武成纪》、《娄睿传》及出土墓志来看,他的姑母娄昭君是高欢的嫡妻,他即为北齐武明皇太后的内侄。自随高欢"信都起义",先为帐内都督,曾平定叛乱,收复炽关,为北齐建立军功,皇建

---

① 《娄睿墓志》铭文,见凌春玉:《北齐娄睿墓志略考(Ⅰ)》,《艺术学》第22期,第7—54页,2006。

元年(560),封为南青州东安郡王,先后封司空、司徒、太尉,天统二年(566)封为大司马统领全军,三年(567)为太傅、太师,兼录并省尚书事、并省尚书令,成为"坐而论道"的宰辅重臣。在东魏、北齐之世,他是一个很有影响的历史人物。但是,娄睿以外戚而贵幸,也有纵情声色、聚敛无厌、滥杀无辜等劣迹,《北齐书·娄睿传》记载:"睿在豫境,留停百余日,侵削官私,专行非法,坐免官"①,娄睿仍被赦免,而且以军功进大司马一位。鲜卑贵族与汉世大族的夺权斗争,到了不可调和的地步。② 天统四年(568)十二月,武成帝(高湛)崩。娄睿晚年在夺权斗争中,显出没落迹象。于是,归信灵裕,倾自身实力修建宝山寺。《续高僧传·灵裕传》说:

> 齐安东王娄睿致敬诸僧,次至裕前,不觉怖而流汗,退问知其异度,即奉为戒师。宝山一寺,裕之经始,睿为施主,倾撒金贝。③

灵裕得到娄睿的支持,从而扩充了宝山寺的规模。建德六年(577),灵裕六十岁,北齐王朝灭亡,同时在北齐境内继续实施"灭佛"政策。《大法师行记》说:"三宝顿坏残,僧惊窜逃,趣无于时……"④宝山寺在这期间可能亦毁坏荒废。

开皇三年(583),灵裕得到当时相州刺史樊叔略的庇护。灵裕回到宝山寺,开始再次重修寺院。开皇九年(589),灵裕复于寺西侧创凿大住圣窟一所。窟作方形平面,覆斗形窟顶,窟由东、西、北三壁各凿一大型圆拱龛,龛中雕卢舍那佛、弥勒佛和阿弥陀佛,龛侧雕三十五佛和七佛。窟门外东侧镌刻灵裕造窟记:

> 大隋开皇九年乙酉岁,敬造窟用功一千六百廿四,像世尊用工九百:卢舍那世尊一龛、阿弥陀世尊一龛、弥勒世尊一龛、三十五佛

---

① 《北齐书》卷四八《娄睿传》,第666页。
② 有关北齐王朝鲜卑族与汉人的矛盾,参考王仲荦:《魏晋南北朝史》(下册),第600—603页,上海,上海人民出版社,1980。
③ 《续高僧传》卷九《灵裕传》,《大正藏》第50卷,第496页上。
④ 《全唐文》卷九百零四,第4183页。

世尊三十五龛、七佛世尊七龛、传法圣大法师廿四人。①

窟门两侧浮雕那罗延神王和迦毗罗神王各一尊,窟内前壁东侧线刻"世尊去世传法圣师"二十四祖形像,始于大迦叶,终于师子比丘。

此外,窟内外石壁还刊刻佛经多部,计有窟内前壁西侧《大集经·月藏分》和《摩诃摩耶经》,窟外窟门西侧《大集经·月藏分·法灭尽品》、《胜鬘经》、《法华经·分别功德品》、《法华经·如来寿量品》、《二十五佛名经》、《三十五佛名经》、《五十三佛名经》、《无常偈》等。大住圣窟的上述布局与内容,为研究灵裕思想及北朝晚期的佛教史,提供了丰富的资料。

道宣《续高僧传·灵裕传》记载:"又营诸福业,寺宇灵仪。后于宝山造石窟一所,名为金刚性力住持那罗延窟。而别镌法灭之阳,山幽林疏,言切事彰。每春游山之僧,皆往寻其文理,读者莫不歔叹而持操矣。"②灵裕生当齐隋之世,亲睹北周武帝"灭佛"事件的教训,故著书论《灭法记》,凿窟"镌法灭之相",刻经刊《大集经·月藏分·法灭尽品》,正是时势使然。这一时期兴建的石窟佛寺,镌刻经像以备"法灭",是佛教"末法"思想真实具体的反映。

灵裕著述繁多,涉猎广博,费长房《历代三宝记》赞叹灵裕:"轨师德量,善守律仪,慧解钩深,见闻弘博,兼内外学,为道俗师。性爱传灯,情好著述,可谓笃识高行沙门。"③《大法师行记》按年龄排列著作,惜磨灭不清,所以依《续高僧传·灵裕传》,结合有关记载,考察其著作。

灵裕在三十岁即著《十地经论疏》四卷;依《大法师行记》,灵裕在三十一岁以后撰《胜鬘经疏》一卷、《菩萨戒本》一卷;天保十年(559)撰《华严文义并旨归》合九卷(即道宣所说《华严疏及旨归》)。四十三岁至四十

---

① 题记见李玉珉:《宝山大住圣窟初探》,《故宫学术季刊》第16卷第2期,第8页,1998。
② 《续高僧传》卷九《灵裕传》,《大正藏》第50卷,第497页中。
③ 《历代三宝记》卷一二,《大正藏》第49卷,第105页上。

七岁,有《央掘魔罗经疏》一卷、《无量寿经疏》①、《温室经疏》一卷、《遗教经论疏》一卷、《众经宗要》、《信三宝论》一卷、《食谷鸡卵成杀有罪论》(即道宣所说《谷卵成杀论》),这些是《大法师行记》明确记载的书名。

四十七岁以后,因"周武帝灭佛"事件的关连,著《十怨十志颂》十首、《齐亡消日颂》二十七首、《触事申情颂》、《集灭法记》一卷、《集老经》一卷、《集庄记》一卷、《集五兆书》一卷、《华严注》一卷、《集申情书》一卷、《齐世三宝记》等。这些著作涉及灵裕的末法思想。

六十六岁以后,撰有《四分戒本》一卷、《金刚般若论疏》一卷、《集破寺报应记》等著作。

七十四岁,应隋文帝之召,入住长安大兴善寺,辞却"国统"而归宝山寺。至入寂期间,撰述《佛法东行译经法师记》、《集上首御众法》一卷、《集寒陵山浮图记?》等。

除此以外,《续高僧传·灵裕传》著录有《地持论疏》、《维摩经疏》、《般若经疏》各两卷,《涅槃经疏》六卷、《大集经疏》八卷、《四分律疏》五卷、《大乘义章》四卷、《仁王般若经疏》、《毗尼母经疏》、《往生论疏》、《弥勒上生经疏》、《弥勒下生经疏》、《成实论抄》、《毗昙论抄》、《大智度论抄》各五卷,《圣迹记》二卷、《译经体式》、《受菩萨戒法》、《戒本首尾注》、《华严经》等其他经论序,《大小同异论》、《舍利弗目犍连传御众法》、《安民论》、《陶神论》各十卷,《劝信释宗论》、《医决符禁法文》、《断水虫序》、《光师弟子十德记》、《僧制寺诰》、《孝经义记》、《三行四去颂》及其他诗评并杂集等五十余卷。

另外,《历代三宝记》卷十五、《大唐内典录》卷十载有《灵裕法师译经录》一卷②,但是,在灵裕本人的著述中,则未见有译经的记载。《历代三

---

① 道宣说《寿观》,有可能是《观无量寿经疏》;依《大法师行记》,则是《无量寿经疏》。
② 《历代三宝记》卷一五,《大正藏》第 49 卷,第 127 页下;《大唐内典录》卷十,《大正藏》第 55 卷,第 337 页上。

宝记》卷六在解释《放光般若经》的译者问题时,引用《法上录》、《灵裕录》。① 《大唐内典录》卷二,在曹魏世安法贤译《罗摩伽经》目注引《灵裕录》一次。② 因此,姚名达推测,《灵裕法师译经录》有可能是灵裕"通录所藏或古今所译"。③

依道宣的记载,灵裕的著作中有《译经体式》。《历代三宝记》卷十二记载,开皇十五年(595),灵裕七十八岁,隋文帝命有司撰《众经法式》,综合大小乘众经中沙门戒律的教导,依事别分类摘录,共为十卷,用以敕令比丘比丘尼遵佛陀嘱,如法守持。④ 或许灵裕基于这种因缘,整理古代译经的体式,故有《译经体式》;另外,《佛法东行译经法师记》也是在相同的背景下撰述的。

关于灵裕的著作,法藏说:"自余内外章疏传记等总百余卷,现行于代"⑤。虽然灵裕重视戒律的实践与寺院的修建,但是他在义学的造诣上,具有相当高的水平。若灵裕的著作能流传于今世,南北朝、隋代的佛教史则可能呈现更加丰富的一面。

灵裕门下法席隆盛,道宣说:"其志行之仪,可垂世范,故传者不漏其节焉"⑥,可见灵裕身教的影响力。

静渊(544—611),俗姓赵,京兆武功(今陕西武功县)人。十三岁出家,"周武灭佛"时,"慨佛日潜,拟抉目余烈,乃剜眼奉养,用表慧灯之光华也"。隋文帝重兴佛法,学习《华严》、《地持》、《涅槃》、《十地》等经,而且"一闻无坠,历耳便讲"。静渊持戒精严,问学于灵裕,得到灵裕的赏识,"以为吾之徒也"。后来,静渊活动于终南山一带,创建至相寺。开皇十年(590),灵裕应诏入长安,住大兴善寺,而且常到至相寺,与静渊见

---

① 《历代三宝记》卷六,《大正藏》第49卷,第65页中。
② 《大唐内典录》卷二,《大正藏》第55卷,第227页上。
③ 姚名达:《中国目录学史》,第203页,上海,上海古籍出版社,2005。
④ 《历代三宝记》卷一二,《大正藏》第49卷,第102页中。
⑤ 《华严经传记》卷二,《大正藏》第51卷,第161页上。
⑥ 《续高僧传》卷九《灵裕传》,《大正藏》第50卷,第497页下。

面。在灵裕的建议下,加之隋文帝的支持,静渊将至相寺迁址重建,于是"自尔迄今五十余载,凶年或及,而寺供无绝"。① 至相寺经历隋唐之交的社会动乱,一直保留着兴盛不衰的局面,从而为义学研究、禅修实践提供了稳定的环境。静渊的弟子有法琳、智正(549—639),而且智正后来常住至相寺,于是至相寺成为华严宗的发源地。

慧休(548—646②),十六岁出家后,就学于灵裕。但是,他的成就主要是在毗昙学。

昙荣(555—639),十九岁时,投灵裕出家,听《华严经》。受具足戒后,游诸讲肆,学习《地持论》。后至上党潞城、黎城诸山,结宇隐居,春夏立"方等忏法"、"般舟三昧",秋冬兴坐禅、念诵。③

道昂(565—633),魏郡人,投灵裕出家,一直跟随灵裕,后常住相州寒陵山寺。他"讲《华严》、《地论》,稽洽博诣,才辩天垂,扣问连环,思彻恒理",可见对华严学的造诣。灵智(560—634)是灵裕的都讲,后屏绝章疏,更修定业。

道宣赞叹灵裕"行解相高,内外通赡,亦当时之难偶也",又说灵裕"立性刚毅,峭急不伦,侍人流汗,非可师范"。④ 灵裕一系的特点,在于远离政治,重视实践,持戒精严;在思想上,具有《阿毗昙心论》、《成实论》、《杂心论》等背景;后来慧休转向《摄大乘论》,成为道尼一系的摄论师。

4. 昙遵、昙迁一系

昙遵(480—564?),俗姓程,河北人。神采出众,善能讲说。初师慧光出家,受具足戒前,遁归入宦,北魏时任员外郎。二十三岁,决心离俗出家,再诣慧光,恳请剃度出家。此后精进不懈,"大乘顿教,法界心源,

---

① 《续高僧传》卷一一《靓渊传》,《大正藏》第50卷,第511页中—512页上。
② 道宣修纂《续高僧传》的截止时间为贞观十九年(645),当时慧休尚在世。依宝山灵泉寺《慈润寺故大论师慧休法师纪德文碑》,其卒年为贞观二十年(646)三月五日,世寿九十九岁。河南古代建筑研究所:《宝山灵泉寺》,第338页,郑州,河南人民出版社,1991。
③ 《续高僧传》卷二〇《昙荣传》,《大正藏》第50卷,第589页上—590页上。
④ 《续高僧传》卷一五,《大正藏》第50卷,第549页下。

并披析义理,挺超时匠",深得朝野钦仰。七十岁时,举为国都,不久转任国统。后于邺都示寂,世寿八十五。① 曾著《华严疏》七卷。②

昙遵门人不多,道宣说:"承化门人,罕继其后",昙迁是其中之一。昙迁(542—607),曾向昙遵学习,精研《华严经》、《十地经论》、《维摩经》、《地持经》、《起信论》。后来,获《摄大乘论》,便专门研究、弘讲此论,"《摄论》北土创开,自此为始也"③,成为"北地摄论师"的开创者。

5. 昙衍、灵幹一系

昙衍(503—581),俗姓夏侯,南兖州人。幼时聪敏绝伦,十五岁为州都公事,十八岁推举为秀才,常听慧光讲经,禀受归戒。二十三岁时,在慧光座下出家,受具足戒,"听涉无暇,乃捐食息",可见其精进不懈。后来,昙衍开创寺院,讲事无废,"齐郑燕赵,皆履神化",常随义学僧有一千多,居士近五百,赵郡王高睿、上洛王高元海、胶州刺史杜弼以及朝野重臣皆尊崇有加,后任国都。昙衍能摄繁为简,因此"时人贵其通赡镕裁而简衷矣"④。曾著《华严疏》七卷⑤,《维摩经疏》二卷⑥。

灵幹(535—612),俗姓李,上党人。十四岁时,在邺都大庄严寺昙衍座下出家;十八岁,复讲《华严》、《十地》,而且"酬抗群锋,无所质碍"。二十岁,受具足戒后,专门研习戒律。"周武灭佛"时,居家奉戒;隋初被召入少林寺,成为带发修行的菩萨僧。开皇三年(583),到洛阳净土寺再度剃度出家,专门讲释《华严经》。开皇七年(587),奉敕住长安大兴善寺,为译经"证义沙门"。仁寿三年(603),奉敕送舍利于洛州;大业三年

---

① 《续高僧传》卷八《昙遵传》,《大正藏》第50卷,第484页上—中。
② 《华严宗章疏并因明录》,《大正藏》第55卷,1133页上;《东域传灯目录》,《大正藏》第55卷,第1146页中。
③ 《续高僧传》卷一八《昙迁传》,《大正藏》第50卷,第572页中。
④ 《续高僧传》卷八《昙衍传》,《大正藏》第50卷,第487页中—下。
⑤ 《华严宗章疏并因明录》,《大正藏》第55卷,第1133页中;《东域传灯目录》,《大正藏》第55卷,第1146页中。
⑥ 《新编诸宗教藏总录》卷一,《大正藏》第55卷,第1170页上。

(607),被命为大禅定寺"上座"。①

灵辨(586—663),是灵幹的侄子,十岁丧父,由灵幹抚育。十三岁出家,住胜光寺,灵幹托付于昙迁,令其教诲。十八岁,讲《唯识论》、《起信论》、《胜鬘经》、《维摩经》。受具足戒后,讲《仁王经》、《十地经论》、《地持论》、《摄大乘论》等。灵辨虽然广涉诸经论,但是认为"一乘妙旨,无越《华严》",所以从学于终南山智正。后来,灵辨被选入慈恩寺译经场。灵辨一生讲《华严经》四十八遍,撰《华严疏》十二卷、《钞》十卷、《章》三卷。②

虽然地论学派中不少学者亦弘扬《华严经》,昙衍→灵幹一系却是专弘《华严经》,这是其最显著的特点。即使灵辨受学于昙迁,曾学过《摄大乘论》,仍然一生弘讲《华严经》。所以,地论学派南道系是华严宗的源头,为华严宗的创立奠定了理论基础与社会基础。

6. 慧光的其他弟子

安廪(507—583),俗姓秦。早年性好老庄,通达经史。二十五岁出家,于司州光融寺容公学习诸经论。后来至少林寺听慧光讲《十地经论》,而且学习禅法。安廪在北魏共有十二年,讲《四分律》近二十遍,弘扬大乘经论。梁泰清元年(547)到达建业,应梁武帝的邀请,住天安寺,讲《华严经》。后又为陈朝诸帝所尊崇,常入内殿讲经,敕命住耆阇寺。③

僧达(475—556),河北上谷人,十五岁出家,游学北魏京都(大同)。受具足戒后,专学律藏,为北魏孝文帝所礼重,请师讲说《四分律》。后来,到达洛阳,从学于勒那摩提。僧达亲近勒那摩提的时间很短,不久,勒那摩提便示寂。僧达复从慧光听《十地经论》,并且受菩萨戒,于是他对《十地经论》的造诣便达到很高的水平。后来,应梁武帝的邀请,前往南京弘扬《地论》,梁武帝从僧达受菩萨戒而执弟子礼,受敕住于同泰寺。后来,僧达回到北魏,受到侯景的礼遇,为其造二寺。北魏废帝(531)时

---

① 《续高僧传》卷一二《灵幹传》,《大正藏》第50卷,第518页上—下。
② 《华严经传记》卷三,《大正藏》第51卷,第163页上—中。
③ 《续高僧传》卷七《安廪传》,《大正藏》第50卷,第480页中。

期,被迎入邺都,传授菩萨戒。北齐文宣帝特加礼重,于林虑山黄华岭下,为师建造洪谷寺;又改神武旧庙为定寇寺,敕住之。僧达擅长讲《华严经》、《四分律》、《十地经论》、《地持论》,知名南北;同时,在禅法上具有非常高的造诣。安廪、僧达最早将地论学派传往南方。①

僧范(476—555),俗姓李,平乡人,出家前为著名的儒学大师,与道宠齐名,当时有"相州李洪范,解彻深义;邺下张宾生,领悟无疑"的说法。二十九岁,闻《涅槃经》而大悟,于是投邺城僧始座下出家,学习《涅槃经》;又往林虑山坐禅。后来,到洛阳从献公听《法华》、《华严》,最后受学于慧光。在齐魏各地讲经,听众千余,讲《华严经》、《十地经论》、《地持论》、《维摩经》、《胜鬘经》等,各有疏记,而且"变疏引经,制成为论"。于是,崔觐、宋景等皆前来求教,大儒徐遵明、李宝顶等求授菩萨戒。胶州刺史杜弼于邺显义寺,邀请僧范讲《华严经》,讲至"六地"时,有一大雁伏地听法等感应。②

慧顺(487—558?),侍中崔光之弟,自幼习儒,二十五岁依慧光出家,学习经教与戒律。讲《十地经论》、《地持论》、《华严经》、《维摩经》,而且"并立疏记"。慧顺主要是以邺都为活动中心,每次讲会都有千余听众。③

灵询(482—550?),俗姓傅,渔阳(位于河北)人。少年入道,研学《成实论》及《涅槃经》,注释《成实论》。后来,在慧光门下学习十余载,博览群籍,而特别擅长《维摩诘经》,并且撰《维摩经疏记》。初为国都,后魏末年为并州僧统。北齐初年示寂,世寿六十九。④

道慎(515—579?),俗姓史,高阳人。十四岁出家,受具足戒后,入洛阳,从慧光学习《十地经论》,又从法上学习《涅槃经》。后任国都,卒于邺城定国寺。

---

① 《续高僧传》卷一六《僧达传》,《大正藏》第50卷,第552页下—553页中。
② 《续高僧传》卷八《僧范传》,《大正藏》第50卷,第483页中—484页上。
③ 《续高僧传》卷八《慧顺传》,《大正藏》第50卷,第484页中。
④ 《续高僧传》卷八《灵询传》,《大正藏》第50卷,第484页下。

冯衮,《续高僧传·慧光传》附传中提到,本为儒生,后一直在慧光门下学习。

7. 南道系与《大集经》

地论师主要是以传习《十地经论》、《华严经》、《涅槃经》为主。但是,南道系的一支出现尊崇《大集经》的现象,而且将《大集经》提到与《华严经》相同的高度,成为地论学派南道系的特殊现象。

北凉昙无谶译出《大集经》①后,在当时的北方广泛流行。《大集经》广说诸修行法门,尤其是演说禅法,重视神通;在思想上,以般若性空、中观实相为宗旨,同时掺入密教色彩与末法思想。《大集经》还反映了印巴次大陆的医学、星宿学和历法等,可见此经思想的杂糅性。

在初唐以前,弘扬《大集经》的高僧,依《续高僧传》有如下:

昙鸾(476—542),"读《大集经》,恨其词义深密难以开悟,因而注解,文言过半,便感气疾"②。昙鸾学习"四论"后,一直欲注解《大集经》,为求长生,从道士陶弘景学习仙术,后来遇菩提流支授与《观无量寿经》,于是著《往生论注》。

慧勇(515—583),"讲《华严》、《涅槃》、《方等大集》、《大品》各二十遍,《智论》、《中》、《百》、《十二门论》各三十五遍"③。慧勇就龙光寺之僧绰、建元寺之法宠,学习《成实论》;从僧诠学习三论。

宝彖(512—561),著《大集经疏》,"初至虚空藏品,于义不达,闭目思之,不觉身上空中离床三四尺许。欻然大悟,竟文慧发"。宝彖对《大集

---

① 依《历代三宝记》卷九的记载,《大集经》前后有三译:(1) 后汉支娄迦谶译《大方等大集经》三十卷;(2) 姚秦鸠摩罗什译,三十卷,或作四十卷;(3) 北凉昙无谶译,三十卷,或作二十七卷、二十九卷、三十一卷、四十卷(《大正藏》第49卷,第84页上)。《出三藏记集》卷九《大集虚空藏无尽意三经记》:"祐寻旧录:《大集经》是晋安帝世,天竺沙门昙摩谶于西凉州译出……更不见有异人别译。"(《大正藏》第55卷,第63页上)因此,此经除昙无谶译本外,是否还有其他二译,值得怀疑。
② 《续高僧传》卷六《昙鸾传》,《大正藏》第50卷,第470页上。
③ 《续高僧传》卷七《慧勇传》,《大正藏》第50卷,第478页中。

经》有特殊的体验，而且"钞集医方，疗诸疾苦"，制《涅槃经》、《法华经》等疏。①

安廪(507—583)，曾为陈文帝讲《大集经》。在出家前，"制《入神书》一首、《洞历》三卷"，"性好老庄，早达经史。又善太一之能，并解孙吴之术"②。安廪是慧光的弟子，曾入南朝。

灵裕(518—605)，著《大集经疏》八卷，而且还有《医决符禁法文》、《断水虫序》、《卜书》等俗书。

玄琬(562—636)，十五岁从昙延出家，受具足戒后，就洪遵学四分律。复依昙迁禀学《摄大乘论》，"《法华》、《大集》、《楞伽》、《胜鬘》、《地论》、《中》、《百》等，并资承茂矣"③。

法融(594—657)，学习三论，讲《大集经》。牛头山的佛窟寺"有七藏经画：(1) 佛经，(2) 道书，(3) 佛经史，(4) 俗经史，(5) 医方图符"。法融阅读诸书八年，摘抄各书的精要。④

昙鸾、慧勇、玄琬、法融都曾学习三论，而宝瓈以《成实论》著名，灵裕、安廪、宝瓈、玄琬出自地论学派，昙鸾则受菩提流支的教导。而且，昙鸾等人都具备非常深厚的中国传统文化素养，与道家、儒家以及占卜、风水、医术、兵法等联系紧密，所以他们的思想与《大集经》有相通之处，或者说受到《大集经》的影响。⑤

地论学派重视《大集经》，与菩提流支的译经有密切的联系。菩提流支译《弥勒菩萨所问经论》言及《大集经》诸品，《金刚仙论》亦数次提及《大集经》，论中说："相传云：如来一代，成道乃至涅槃，恒说《摩诃般

---

① 《续高僧传》卷八《宝瓈传》，《大正藏》第 50 卷，第 486 页下—487 页上。
② 《续高僧传》卷七《安廪传》，《大正藏》第 50 卷，第 480 页中。
③ 《续高僧传》卷二二《玄琬传》，《大正藏》第 50 卷，616 页上。
④ 《续高僧传》卷二六《法融传》，《大正藏》第 50 卷，第 604 页中。
⑤ 《大集经》与道教的关系，参考[日]青木隆的《〈次第法门〉における一、二の问题》，《印度学佛教学研究》第 38 卷第 1 号，第 223 页，1989。

若》、《华严》、《大集》,未曾断绝。"①《宝髻经四法忧波提舍》②中说:"《宝髻经》者,是《大集》中之一集也。其宗四法玄深奥密,天亲菩萨略开其门,是故名为忧波提舍。"③于是,菩提流支的译经带动了重视《大集经》的潮流。

在南北朝隋初时期,尊崇《大集经》的潮流是以地论学派南道系为主。在敦煌遗书中,保存有《大集经》注释的残卷 B.8378(腾6)——《大乘五门实相论》,注释"不可说菩萨品"中间部分至"宝幢分"的"魔苦品"、"往古品"、"魔调伏品"、"相品",各品注释的开头皆插入《大乘五门实相论》,这可能是《大集经》唯一现存的注释。而且,未发现对隋代插入的"虚空藏品"进行注释,也许这是隋以前成立的缘故。④

在敦煌写本中,类似的写本还有《大乘五门十地实相论》、《仁王般若实相论》。在《仁王般若实相论》中处处强调"无障碍",这与地论学派重视《大集经》一流所说"无障无碍"相通,因此是基于如来藏思想在盛行《十地经论》研究的时代风潮中成立的,属于地论学派南道系的文献。⑤

同时,地论学派南道系尊重《大集经》的一流,不但重视"空"的思想,而且重视神通、陀罗尼、禅观。智𫖮在《次第禅门》"亦世间亦出世间禅"中,详细论述"通明观",与《大集经》有紧密的联系:

> 此禅名为通明观者,此观方法出《大集经》文,无别名目。北国诸禅师修得此禅,欲以授人,既不知名字,正欲安根本禅里,而法相迥殊;若对十六特胜,则名目全不相关;若安之背舍、胜处,观行方法

---

① 《金刚仙论》卷一,《大正藏》第25卷,第801页中。
② 《宝髻经四法忧波提舍》,《开元录》列为毗目智仙所译,实为菩提流支译,经序是毗目智仙所译。见镰田茂雄:《中国佛教通史》(第四卷),第166页,佛光出版社译,高雄,佛光出版社,1993。
③ 《宝髻经四法忧波提舍》,《大正藏》第26卷,第273页。
④ [日]石井公成:《华严思想の研究》,第515页,东京,春秋社,1996。
⑤ 同上书,第516—517页。

条然别异。既进退并不相应,所以诸师别作名目,名为通明观禅。或有说言:《华严经》有此名目。①

"通明观"的观法出自《大集经》卷二十二的一段文字:"憍陈如！法行比丘能得神通……是名不与凡夫共法,非是世法,是无学法。"②《大集经》论述了"通明观"的观法、支相,却无"通明观"之名目。当时北方禅师盛行此禅法,但不知名字,冠以"通明观"之名,恐怕是智𫖮的创见。③ 因为,慧思亦提起此观法,但无"通明观"的名称。④ "通明观"的特色在于"观一达三":观息、观色、观心,三事通观,故云:"从初修习即通观三事,若观息时即通照色、心,若观色乃至心亦如是。此法明净,能开心眼,无诸暗蔽。既观一达三,彻见无阂,故名通明。"⑤"通明观"是依据《大集经》,接纳道教的存思法、汉代以来流行的五行观、及伪经《提谓经》而镕铸为一独特的禅观。⑥

修习"通明观"的"北国诸禅师"应该与南道系有紧密联系,《大集经》研究随着《华严经》、《十地经论》研究的盛行而发展,从而出现尊重《大集经》的地论师一流,而且他们重视"无碍"的思想影响了华严学的发展。

二、道宠、道场与北道系

通过菩提流支的译经与传播,瑜伽学派才逐渐被中国佛教界所接受。道宠承袭其学说,发展出地论学派北道系;南道系的许多学者亦传播与学习他翻译的经论,吸收他的思想。

---

① 《释禅波罗蜜次第法门》卷八,《大正藏》第 46 卷,第 529 页上。
② 《大方等大集经》卷二二,《大正藏》第 13 卷,第 160 页下—161 页下。
③ 林惠胜:《智者大师的禅法:以"通明观"为中心的论述》,《成大宗教与文化学报》第 4 期,第 81 页,2004。
④ 慧思与《大集经》的关系,见坂本广博:《诸法无诤三昧法门と大集经》,《印度学佛教学研究》第 28 卷第 1 号,第 366—368 页,1979。
⑤ 《释禅波罗蜜次第法门》卷八,《大正藏》第 46 卷,第 529 页上。
⑥ 详细论述见林惠胜《智者大师的禅法:以"通明观"为中心的论述》一文。

1. 道宠的生平

地论学派北道系是以道宠为中心,而逐渐繁衍起来的。道宠的资料除了《续高僧传·道宠传》以外,未见其余文献有载。

道宠,俗名张宾,是北朝国学大儒熊安生的助教。熊安生,字植之,长乐阜城人。少好学,励精不倦。初从陈达受《三传》,又从房虬受《周礼》,并通大义。后来,跟从徐遵明学习数年。东魏天平(534—537)中,受学《礼记》于李宝鼎。于是,博通《五经》,但是专以《三礼》教授。有弟子千余人,至其门下受学。齐河清(562—565)中,阳休之(即杨休之)特奏为国子博士。后受周武帝赏识,宣政元年(578),拜露门学博士、下大夫。弟子有名者,如马荣伯、张买奴、窦士荣、孔笼、刘焯、刘炫等。著有《周礼义疏》二十卷、《礼记义疏》二十卷、《孝经义疏》一卷,并行于世。①

在熊安生门下,与张宾齐名,后亦出家者还有李洪范,即《续高僧传·义解篇》所收的"僧范"(476—555)。道宣记载当时对二人的评价:"相州李洪范,解彻深义;邺下张宾生,领悟无遗。斯言诚有旨矣。"②可见,熊安生的二助教,并归佛门。

北魏拓跋珪入主中原后,兴办学校,弘扬礼教,尊崇儒学,成为治国之首务。献文帝拓跋弘即位后,高允上表议建学制,大郡立博士二人,助教四人,学生一百人;次郡立博士二人,助教二人,学生八十人;中郡立博士一人,助教二人,学生六十人;下郡立博士一人,助教一人,学生四十人。③ 因此,熊安生在钜鹿讲学时,李洪范、张宾二人任助教,钜鹿属于"中郡"。"助教"的资格为博关经典、世履忠清、堪为人师,年限三十以上;至若道业夙成,才仁教授,则不拘年限。道宣记载道宠"年交壮室,领徒千余",可见道宠的儒学造诣,但是"领徒千余"只是虚数。

---

① 《周书》卷四五《儒林传》,第 812—813 页,北京,中华书局,1995;《北史》卷八十二《儒林传》,第 2743—2745 页。
② 《续高僧传》卷八《僧范传》,《大正藏》第 50 卷,第 384 页中。
③ 《魏书》卷四八《高允传》,第 1078 页。

三十岁左右,张宾至赵州元氏县应觉寺,向寺僧索取水,沙弥问:"具几尘,方可饮之?"张宾无以为对。回来后,对徒众说:"非为以水辱我,直显佛法难思。"于是,解散徒众,于应觉寺出家。

应觉寺早在北魏时期就已创建,沈涛《常山贞石志》卷四著录唐开耀二年(682)所立《大唐开业寺李公之碑》提供了该寺的渊源。碑云:

> 开业寺者,后魏黄门侍郎,使持节卫大将军陕州刺史,都督冀、定、瀛、相、殷五州诸军事,尚书令,固安伯李公舍山第之所立也。其地则前临漳水,金凤骋光而振义;却负常山,玉马腾姿而绝影。东瞻峻堞,宛若香城;西据崇岩,依然雪岭。盖全赵之胜地焉。公讳裔,字徽伯,赵郡元氏人也。……先是有沙门僧明、昙宝等,并不知何许人。属魏氏之迁都,随孝文而戾止,……睹此愿力,共谋经始……于彼延昌之末锡其偃角之名,孝昌年际改为隐觉。自魏历齐,僧徒弥广……①

同书还记载碑阴上截为刻像,下为题名:"沙门昙朗供养,沙门昙宝供养,置寺沙门僧明供养,建伽蓝主陕州刺史司徒公李徽伯,息徐州刺史北海郡子旦,息豪州刺史兵部尚书子雄,玄孙行本州录参军崇悊……"可知,李氏家族一门崇佛。此寺是在元氏故城之西,封龙山②东麓或是邻近的山地上。偃角、隐角、应觉,都是同音。

《续高僧传·灵裕传》说灵裕(518—605)十五岁时,"默往赵郡应觉寺,投明、宝二禅师而出家焉"。③ 灵裕于533年,在应觉寺出家,其师即是僧明、昙宝。另外,明瞻(559—628)亦于同寺出家,《续高僧传·明瞻传》说:

---

① 转引自李裕群:《北朝晚期石窟寺研究》,第54页,北京,文物出版社,2003。
② 封龙山即是飞龙山,《嘉庆重修一统志》第2231册:"封龙山在钜鹿县南,接元氏县界,一名飞龙山……"《隋书·地理志·石邑》有封龙山;《元和志》飞龙山在钜鹿县西南四十五里,元氏县西北三十里;《寰宇记》飞龙山一名封龙山。
③《续高僧传》卷九《灵裕传》,《大正藏》第50卷,第495页中。

释明瞻,姓杜氏,恒州石邑人也。少有异操,所住龙贵村二千余家,同共高之,传于口实。十四通经,十七明史,州县乃举为俊士,性慕超方,不从辟命。投飞龙山应觉寺而出家焉。师密异其度,乃致书与邺下大集寺道场法师,令其依摄,专学大论。①

明瞻十四岁贯通经书,十七岁通达史学,被州县荐举为进士。但是,明瞻思慕出世,于576年,在飞龙山(即封龙山)应觉寺出家。但是,他的师父知其为上根利器,所以致书令他投邺都大集寺道场,专研《大智度论》。明瞻于道场门下第二年,即577年,便发生"周武法难",于是便隐居东郡。隋代初年,佛法兴盛,便住持相州法藏寺,内通大小乘,外达世典群籍。开皇三年(583),敕住于大兴善寺,参与译经。其后,受大众推举而住持该寺。明瞻重视中国的传统儒学,无疑是受到道场的影响。明瞻与道宠都出家于应觉寺,而道宠与道场二者之间具有密切的联系。

由此可知,道宠的师父或许亦是僧明、昙宝,道宠肯定比灵裕早出家,即533年之前。道宠出家后,依寺院规定,三年才能受具足戒。道宣记载"以宾聪明大博,不可拘于常制,即日便与具戒。"②道宠在出家当日,便受具足戒,而且到西山参学,因他深厚的儒学基础,于是很快便深入佛法大海,"慨叹晚知"。"西山"应该是指山西的首阳山。③

宣武帝时期,《十地经论》译出后,菩提流支与勒那摩提因思想与翻译的争论,从而出现各自不同的传授。道宣只提到"宠承斯问,便诣流支,访所深极,乃授《十地》典教三冬,随闻出疏"④,道宠在菩提流支门下,学习《十地经论》三年,而且依菩提流支的讲授而作《十地经论疏》。此后,道宠到邺城开讲《十地经论》,名声远播,这时应该在东魏、北齐时代。

---

① 《续高僧传》卷二四《明瞻传》,《大正藏》第50卷,第632页下。
② 《续高僧传》卷七《道宠传》,《大正藏》第50卷,第482页中。
③ [日]里道德雄:《地论宗北道派のと消长——〈道宠传〉を中心とする一小见》,《大仓山论集》第14辑,第154页,1979。
④ 《续高僧传》卷七《道宠传》,《大正藏》第50卷,第482页下。

道宠在邺城讲学时,当时任助教时的学生——魏收、刑子才、杨休之等三人至道宠的讲席。《续高僧传·道宠传》说:

> 时朝宰文雄魏收、邢子才、杨休之等,昔经宠席官学由成,自遗世网,形名靡寄,相从来听,皆莫晓焉。宠默识之,乃曰:公等诸贤,既称荣国,颇曾受业,有所来耶?皆曰:本资张氏,厌俗出家。宠曰:师资有由,今见若此。乃曰:罪极深矣。初聆声相,实等昔师。容仪顿改,致此无悟。①

三人知道宠即是昔日的老师,便闻奏皇帝,于是"以德溢时,命义在旌隆,日赐黄金三两"。道宠因为受到昔日学生的推崇,从而享誉当时。

2. 道宠与道场

道宠的门下学子"千有余人",著名者有僧休、法继、诞礼、牢宜、儒果、志念等。其中,牢宜、儒果二人无传。僧休及其弟子宝袭都以《大智度论》为中心,而且宝袭是隋代的"大论众主"。《续高僧传·志念传》亦说:

> 释志念……至受具。问道邺都,有道长法师精通《智论》,为学者之宗。乃荷箱从听,经于数载,便与当席擅名,所谓诞礼、休、继等。一期俊列,连衡齐德。……又诣道宠法师,学《十地论》。②

志念(535—608)受具戒应该在554年,此时道宠的弟子魏收著《魏书》。志念受具戒后,从道长(即道场)学习《智论》,后又向道宠学习《十地经论》。

结合《道宠传》与《志念传》,有几点值得注意:(1) 道场、道宠的名字同时出现;(2) 道场的弟子亦是诞礼、休、继等,即是诞礼、僧休、法继,是《大智度论》学者。志念弘扬《大智度论》、《杂心论》,《志念传》说:"时州

---

① 《续高僧传》卷七《道宠传》,《大正藏》第50卷,第482页下。
② 《续高僧传》卷一一《志念传》,《大正藏》第50卷,第508页中—下。

都沙门法继者,两河俊士,燕魏高僧,居坐谓念曰:观弟幼年,慧悟超迈若斯,必大教由兴,名垂不朽也。"①虽然,南北朝学风自由,学者出入诸师讲席,但是如此成群移动,确实令人费解。(3) 道宣的记述方式,诞礼、僧休、法继等在道宠则是"其中高者",在道场则是"其席擅名者",都是指成就最高的弟子。(4) 道宠、道场都是在邺下弘法,道场是指明在大集寺;道宠住持寺院不明,道宠在北齐时代获如此高荣誉,却无明确的居住寺院,亦是令人不解之处。(5) 从道宣的记载来看,道宠与慧光并列,即是北道、南道的开创者身份;而道场与法上并列,《续高僧传·法上传》说:"故时人语曰:京师极望,道场、法上,斯言允矣。"②

我们在慧影《大智度论疏》中看到有关道场生平的记载:

> 自有光律师弟子道场法师,后听留支三藏讲说。为被三藏小小嗔故,入嵩高山十年,读《大智度论》。已出邑,欲讲此论,于时有一尼僧,善乐读此论,故遂为檀越劝化,令此法师讲说。《智度》之兴,正在此人。③

道场原是在慧光门下学习《地论》,后来听菩提流支讲经,因与菩提流支之间有纠葛,生起嗔愤心,改而专门研究《大智度论》,以弘扬此论为宗。

另外,道绰《安乐集》卷下,提到净土相承,共有六大德:

> 依中国及以此土大德所行者,余五瞖面墙,岂宁自辄。但以游历披勘,敬有师承。何者?谓中国大乘法师流支三藏。次有大德呵避名利,则有慧宠法师。次有大德寻常敷演,每感圣僧来听,则有道场法师。次有大德和光孤栖,二国慕仰,则有昙鸾法师。次有大德禅观独秀,则有大海禅师。次有大德聪慧守戒,则有齐朝上统。④

---

① 《续高僧传》卷一一《志念传》,《大正藏》第50卷,第508页下。
② 《续高僧传》卷八《法上传》,《大正藏》第50卷,第485页上。
③ 《大智度论疏》卷二四,《卍新纂续藏经》第46册,第912页下。
④ 《安乐集》卷下,《大正藏》第47卷,第14页中。

在菩提流支后面,提到慧宠、道场。

这样,道宠与道场之间,存在两种可能:

第一,道宠与道场为两人。地论学派北道系道宠门下的弟子,大都转入道场的门下,转为以《大智度论》为宗。这样的话,从道宠参学菩提流支,到其弟子群转向《大智度论》,不过二十年左右,地论学派北道系的主流便消沉不起。一般的说法,认为昙迁在开皇七年(587),北传真谛译《摄大乘论》,于是北道系便融入摄论学派。① 湛然《法华玄义释鉴》说:"加复《摄大乘》兴,亦计黎耶,以助北道。"②道宠向菩提流支学习《十地经论》,道场亦在慧光、菩提流支门下学习,但是道场以弘扬《大智度论》为主,而且道宠的弟子群亦转向《大智度论》与《杂心论》等,与地论学派重视《华严经》、《十地经论》等完全不同。因此,北道系的发展是以智度学派、毗昙学派为主轴的。所以,有些学者主张北道系在《摄大乘论》北传以前,便已经消失了③,便是基于北道系的学术倾向发生转移。

第二,道宠与道场为同一人,他与弟子们的思想都发生了变化,从《十地经论》转为《大智度论》。僧休、法继、志念都是以《大智度论》为宗;明瞻出家于应觉寺,亦是从道场学习,专研《大智度论》。若道宠、道场为同一人,明瞻与道场出家于同一寺院,后来他的师父推荐他跟从道场学习,亦是理所当然。所以,道宠(道场)的弟子群都是以《大智度论》为主,兼学《地论》、《杂心》。依《道宠传》,道宠的在俗弟子有魏收、刑子才、阳休之,曾奏请皇帝日赐道宠黄金三两,但是魏收著《魏书·释老志》记载:"世宗以来至武定末,沙门知名者,有惠猛、惠辨、惠深、僧暹、道钦、僧献、道晞、僧深、惠光、惠显、法荣、道长,并见重于当世。"④道长即是道场,道

---

① [日]胜又俊教:《佛教における心识说の研究》,第564页,东京,山喜房佛书林,1974。中国佛教协会编:《中国佛教》第一辑,第254页,上海,知识出版社,1980。
② 《法华玄义释签》卷一八,《大正藏》第33卷,第942页下。
③ [日]吉村诚:《摄论学派における玄奘の修学について》,《印度学佛教学研究》第45卷第1号,第48页,1996年。
④ 《魏书》卷一一四《释老志》,《魏书》三,第2047页。

宣与魏收记载不同,只能说是因为道宠与道场为一人。

无论道宠与道场是否为同一人,北道系都在成立后不久,便转向《大智度论》,从而融没于智论学派。

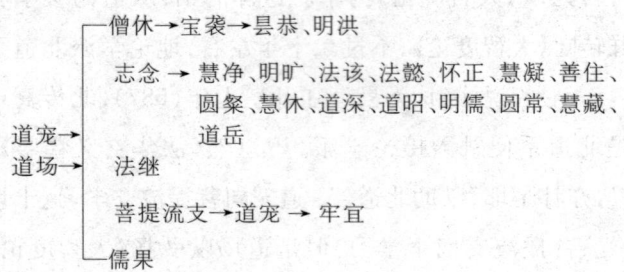

总而言之,地论学派北道系并非以《十地经论》为中心,而在相当程度上是以《大智度论》为中心,其思想更接近于智论学派。学者一般以为北道系后来转入摄论学派,其实转入摄论学派的是志念、道岳一系。志念主要是弘扬《大智度论》《杂心论》,而道岳是先学《成实论》《杂心论》,后来才学习《摄大乘论》。

三、南北二道与谱系建构

由于北魏政局的变动,分裂成东魏与西魏,后又分别为北齐、北周所替代。东魏迁都邺城,西魏建都长安。洛阳佛教的主体都已移向邺都,北齐文宣帝时,佛教一度呈现兴盛态势,许多名僧聚集在邺都,获得皇帝的信任,大行讲说。所以,北魏佛教的主流由东魏、北齐所继承。但是,西魏与北周前期的佛教,在宇文泰的护持下,亦有一定的发展。地论学派正是随着政局的变动,形成不同的弘化区域。

地论学派是以弘扬、传承《十地经论》及相关经论为中心,通过师资相传,从而成为一大学派。但是,学派谱系的建构,并不是来自地论学派本身,称地论学派的学者为"地论师"是智顗(538—597)、吉藏(549—623)、慧均等人的做法。所以,地论学派谱系的建构,是由隋唐佛教对北朝佛教的总结而产生的。探讨隋唐佛教对地论学派的总结与论述，是研究地论学派传承史的重要一环。作为记载南北朝佛教史最重要的文献，《续高僧传》是考察地论学派的重要依据，从道宣的记载中，可以窥探隋末唐初地论学派的许多内部情状。

1. 净影慧远与地论学派

作为地论学派南道系的重要人物，净影慧远（523—592）在《大乘义章》与《十地经论义记》中，并没有标示自己的学说为地论学派，亦未称自己为"地论师"。但是，在《大乘义章·教迹义》中，净影慧远批评了刘虬的五时判、诞公的顿渐二教判、菩提流支的一音教，从而主张"二藏"、"四宗"。

"四宗判"的最早提倡者为慧光，内容为因缘宗、假名宗、诳相宗、常宗。① "四宗判"是地论学派南道系的传统，净影慧远继承师说，他的"四宗"是立性宗、破性宗、破相宗、显实宗。净影慧远的"四宗判"与慧光只有部分相同，他将《阿含经》总判为"立性宗"和"破性宗"的根本经典，将《阿毗昙》和《成实论》分别判为前二宗的根本论典；而主张大乘经典的"等质性"原则，反对在大乘经典中"别配党部"。他在《大乘义章》中说：

> 是等诸经乃可门别，浅深不异。若论破相，遣之毕竟；若论其实，皆明法界缘起法门；语其行德，皆是真性缘起所成。但就所成行门不同，故有此异。②

净影慧远认为，大乘经典所彰显的终极真实都是"法界缘起"，但是从遣相门、融相门的差异，可立"破相宗"和"融相宗"。

净影慧远的立场，体现了南北朝佛教学派的特点，既有师说学派的传统，又能学无常师，自由地建构自己的思想体系。净影慧远在著作中，未能高举自己学派的经典传统，但是在阐述思想方面，仍然能够表现出地论学派南道系的核心义理。在《大乘义章·八识义》中，最后第十门为

---

① 《妙法莲华经玄义》卷一〇上，《大正藏》第33卷，第801页中。
② 《大乘义章》卷一，《大正藏》第44卷，第483页上。

"对治邪执",从而极力地批判异说,此异说有可能是北道系的学说。① 地论学派分为南北二道的说法,始于智𫖮,以前则从未见任何记载。智𫖮引用并批判了净影慧远的学说,可见南北二道的说法或许与净影慧远有密切的关系。

2. 智𫖮与地论师

智𫖮的著作中,引用了诸多南北朝高僧的著作。对地论学派的学者,智𫖮称为"地论师"、"地论诸师"、"北方地论师"、"地论人"、"地(摄)二论师"、"十地论师"、"地师"、"地家"、"地人"等,引用约四十次。②

在天台诸撰述中,智𫖮直接标出菩提流支、慧光、法上等名字,引用了他们的学说。尤其在天台三大部中,称法上的梵名达摩郁多罗而加以引用。法上曾著《增一数法》四十卷、《大乘义章》六卷,尤其《增一数法》是慧远《大乘义章》的模型,是智𫖮讲述天台三大部时的重要参考书。

同时,智𫖮亦引用了净影慧远的著作。如在《维摩经文疏》中,引用了《维摩义记》,比较如下:

《维摩义记》	《维摩经文疏》
非得果者,约果以说。此言略少,准前应言:非得果非不得果。且举一边,名佛为果;不舍一切菩萨所行,故非得果,实证菩提故非不得。今略不辨。③	经言非得果,有师解言:此恐脱落,类应有对。今明非脱落,正是义也。④
弥勒是姓,此翻名慈;字阿逸多,此云无胜。⑤	所言弥勒者,有师言:即是从姓立名。今虽不见明文,意谓非姓,恐是名也……有人言:阿逸多是名。既不亲见经论翻译,亦不可定执也。⑥

---

① [日]伊吹敦:《地论宗北道派の心识学について》,《佛教学》第40号,第23—59页,1999年。
② [日]加藤勉:《天台大师著作における中国撰述书引用の问题(五)》,《大正大学综合佛教研究所年报》第16号,第24、31页,1994。
③《维摩义记》卷二末,《大正藏》第38卷,第451页下。
④《维摩经文疏》卷一三,《卍新纂续藏经》第18册,第559页上。
⑤《维摩义记》卷二末,《大正藏》第38卷,460页中。
⑥《维摩经文疏》卷一六,《卍新纂续藏经》第18册,第585页上—中。

通过以上语句的比较,可知智𫖮引用了净影慧远《维摩义记》。对"非得果"的解释,净影慧远提出应该有"非不得果"与"非得果"相对,因为《维摩经·弟子品》说:"不见四谛,非不见谛,非得果,非凡夫非离凡夫"①,这是依经典的词句所作出的推测;而智𫖮则给予批判,认为没有脱落,原文便是如此。另外,对"弥勒"、"阿逸多"的解释,慧远以"姓"、"名"分开解释,智𫖮则以经论没有明文,否定这种解释方法。智𫖮对慧远的著作加以引用,并且给予批判,提出不同的观点。

在智𫖮的著作中,如《摩诃止观》、《法华玄义》、《法华文句》、《四教义》、《维摩玄疏》、《维摩文疏》都出现过"地论师"的称呼。② 而且,智𫖮最早记载了地论学派分裂为南北二道。《法华玄义》说:"如《地论》有南北二道,加复《摄大乘》兴,各自谓真,互相排斥,令堕负处。"③这是智𫖮对当时佛教状况的描述,地论学派内部出现南北二道的争论,而且《摄大乘论》北传后,更出现互相排挤的局面。《维摩经玄疏》卷五:"而南北二道执真缘成佛不同,岂不堕自他见耶。"④北道系主张"缘修作佛",南道系主张"真修作佛",可见二系的思想差别确实存在。

在《维摩经玄疏》中,解释"三三昧"时,智𫖮提到地论师、摄论师、三论师。第一,"空三昧"条:

> 生源不可得即是无始空,是名空三昧;空无住之本,一切法也。若尔,岂全同地论师计真如法性生一切法?岂全同摄大乘师计黎耶识生一切法也?问曰:各计何失?答曰:理无二,是二大乘论师俱禀天亲,何得诤同水火?⑤

地论师以真如作为一切事物的存在根据,而摄论师以阿黎耶识作为存在

---

① 《维摩诘所说经》,《大正藏》第 14 卷,第 540 页中。
② [日]吉津宜英:《地论师という称呼について》,《驹泽大学佛教学部研究纪要》第 31 号,第 311 页,1973。
③ 《妙法莲华经玄义》卷九上,《大正藏》第 33 卷,第 792 页上。
④ 《维摩经玄疏》卷五,《大正藏》第 38 卷,第 552 页上。
⑤ 《维摩经玄疏》卷二,《大正藏》第 38 卷,第 528 页中。

根据。智顗的评价,是从思想层面进行解释,"二大乘论师俱禀天亲"说明了地论学派与摄论学派皆渊源于世亲,同根同源,具有一致性,所以水火不容的争论是无必要的。

第二,"无相三昧"条:

> 若不取四边之定相,即是无相三昧,入实相也。若尔,岂全同<u>地论师</u>用本有佛性,如暗室瓶盆,亦不全同<u>三论师</u>破乳中酪性毕竟尽净,无所有性也。问曰:各计何失?答曰:若无失者,二大乘论师何得诤同水火也?①

地论师是以如来藏作为本有佛性,三论师以毕竟空、无所有性为佛性,这是将地论师与三论师并举对照。

第三,"无作三昧"条:

> 若无四修即无四依,是无作三昧也。若尔,岂同相州北道明义缘修作佛,南土大小乘师亦多用缘修作佛也;亦不同相州南道明义,用真修作佛。问曰:偏用何过?答曰:正道无诤,何得诤同水火。②

这是依"缘修作佛"与"真修作佛"的思想不同,来辨析相州北道与相州南道的不同。但是,相州北道、南道确切是何所指?则未明确说明,从而成为南北朝佛教史的一大迷案。

智顗的叙述,是以地论师与摄论师、地论师与三论师、地论学派的北道与南道三种论争为内容,但这并不是地论师、摄论师、三论师三系之间所进行的论争,而是概括、评价诸师对"三三昧"的解释,从而提出的观点。这种叙述方法,是以《地论》、《摄论》、《三论》的教学为核心,而不是论证学派的现实存在。但是,这种叙述方法造成历史事实与智顗的本身意图混淆,从而造成后代学者的"误解"。

---

① 《维摩经玄疏》卷二,《大正藏》第38卷,第528页中。
② 同上书,第528页下。

3. 吉藏与地论师

智顗与吉藏代表了南北朝至隋唐江南佛教思想的最高成就。智顗在《维摩经玄疏》、《四教义》中,引用了兴皇寺法朗(507—581)、摄山止观寺僧诠的教学。① 吉藏依隋炀帝的敕命而至长安,接触北方佛学的种种思想潮流。慧布(518—587),与法朗同门,一起在僧诠门下学习三论。后来,北游邺都,参访慧可禅师,游学诸讲席,抄写各种章疏,由六匹马驮回江南。慧布将所有资料交予法朗,因为有所遗漏,又重新前往北齐,抄写后再交给法朗。② 所以,吉藏一方面接触了北周破佛时南下的北方僧人,另一方面通过其师法朗学习了大量的北方佛教思想。

吉藏引用了净影慧远的著作。吉藏在会稽嘉祥寺时所撰的《大般涅槃经疏》引用了《大般涅槃经义记》,在扬州慧日道场时所撰的《胜鬘宝窟》引用了《胜鬘义记》,在长安时所撰的《维摩义疏》引用了《维摩义记》。③ 如 P.2091《胜鬘义记》下卷有一段话,《胜鬘宝窟》引用后加以批判,列表比较如下:

《胜鬘义记》④	《胜鬘宝窟》⑤
八识之义,广如别章,此应具论。前明妄中,于此六识及心法智,举其妄心。六是事识,及心法智是第七识。迷时名心,解名法智。此七不住,明其离真,妄体不立,事六妄一,合为七法。无真此七,一念不立,名刹那不住。	于此六识及心法智者。有人言:六识者,六是事识;及心法智,是第七识;迷时名心,解名法智;第八名藏识,是阿梨耶。此造疏人,不见《摄论》谓第七识名法智,《摄论》第八识名阿陀那,此云无解识,岂得称法智耶。

---

① 《维摩经玄疏》卷六:"梁武、流支、摄山三家,此经、《大品》皆是满字,明佛性辨常。意在此也。"(《大正藏》第38卷,第562页上)《四教义》卷一:"古来诸师讲说,何必尽有经论明文。如开善光宅五时明义,庄严四时判教,地论四宗、五宗、六宗,摄山单复中假,兴皇四假,并无明文,皆是随情所立,助扬佛化。"(《大正藏》第46卷,第723页中)
② 《续高僧传》卷七《慧布传》,《大正藏》第50卷,第480页下。
③ [日]吉津宜英:《地论师という称呼について》,《驹泽大学佛教学部研究纪要》第31号,第312页,1973。
④ 《胜鬘经义记》,《卍新纂续藏经》第19册,第893页中。
⑤ 《胜鬘宝窟》卷下之末,《大正藏》第37卷,第83页中。

吉藏引用了净影慧远对"于此六识及心法智"的解释，但是以真谛译《摄大乘论释》的观点对之进行批判。

吉藏在扬州时所撰的《三论玄义》，破斥外道、毗昙、成实、大乘等四宗。《毗昙》、《成实》属于小乘，在智𫖮、吉藏、慧均等人的著作中，常用数人、论人或数论等称呼，这反映了南朝的宋齐时代、北朝的北齐时代《毗昙》研究的兴盛，以及梁代《成实论》研究的流行。"数人"、"论人"或"数论"等称呼，也是从吉藏的批判立场形成的贬称。

吉藏对于北方佛教的概括，主要是地论师、摄论师①、北土三论师、北土智度论师等四种。吉藏虽然引用净影慧远的著作，但是并没有提及净影慧远之名，这与他引用梁代三大法师完全是不同的态度。对于地论学派的学者，吉藏《法华统略》、《百论疏》、《中观论疏》等称为"旧地论师"，这是与"晚摄论师"相对应的称呼。如《中观论疏》说：

> 今明实相不同，南方真谛之理，北土实相波若，亦异旧地论梨耶、晚摄论大乘阿摩罗识。如此等并同犊子，计我有理存焉。②

"晚摄论师"表明了摄论师的出现，是在地论师之后。如"即时摄大乘师"③，说明摄论师活动的时代与吉藏同时。

"旧地论师"与"晚摄论师"的对比，如智𫖮《法华玄义》说："《摄大乘》明十胜相义，咸谓深极，使《地论》翻宗。今试以十妙比之，彼有所漏。"④这是因为昙迁等人的努力，摄论学派北传，昙迁在长安讲说《摄论》，净影慧远及数千僧侣前往听讲。所以，"旧地论师"与"晚摄论师"或许指慧远与昙迁。但是，这种称呼的确切所指很难断定。

---

① 吉藏与摄论学派的关系，参考拙著《摄论学派研究》(下)，第 576—586 页，北京，宗教文化出版社，2006。
② 《中观论疏》卷八末，《大正藏》第 42 卷，第 126 页下。
③ 《中观论疏》卷七末，《大正藏》第 42 卷，第 104 页下。
④ 《妙法莲华经玄义》卷二下，《大正藏》第 33 卷，第 704 页下。

4. 道宣与地论师

考察地论学派的传承,道宣《续高僧传》无疑是最重要的资料。在《续高僧传》中,并没有出现"地论师"的称呼,所以道宣没有强调这种师资相承的学术传统。但是,《续高僧传》中收录了许多《十地经论》的研究者,概括这些研究者的传承与活动,自然能够形成地论学派的传承史。

道宣与玄奘是同时代的人,玄奘在早年去印度前的参学时期,记载了当时佛教界思想的混乱。《大唐大慈恩寺三藏法师传》:"但远人来译,音训不同,去圣时遥,义类差舛。遂使双林一味之旨,分成当现二常;大乘不二之宗,析为南北两道。纷纭诤论,凡数百年,率土怀疑,莫有匠决。"① 当时佛教界对佛性的当常、现常争论不休,尤其是地论学派的南道、北道分歧巨大。后代以勒那摩提—慧光为南道,以菩提流支—道宠为北道,始于道宣(596—667)的记载。《续高僧传·道宠传》说:

> 一说云:初勒那三藏教示三人,房、定二士授其心法,慧光一人偏教法律。菩提三藏惟教于宠,宠在道北教牢、宜四人,光在道南教凭、范十人,故使洛下有南北二途,当现两说自斯始也,四宗五宗亦仍此起。今则缺矣,辄不繁云。②

道宣在道宠的传记后,将当时的一种说法附在传记之末。同时,道宣强调菩提流支、勒那摩提的思想差异,由于二人的差异,则不得不进一步探讨慧光、道宠的差异。后世学者则依此种说法,不断推演而建构了地论学派的思想谱系。

在隋文帝时,设立"五众"以传播佛教经论义理,这就是实施僧教育。开皇十七年(597),慧迁受敕为"地论众主",住宝光寺相续讲说。后召入住大禅定寺,慧迁灭后"《十地》一部,绝闻关壤"③。"地

---

① 《大唐大慈恩寺三藏法师传》卷,《大正藏》第50卷,第225页下。
② 《续高僧传》卷七《道宠传》,《大正藏》第50卷,第482页下。
③ 《续高僧传》卷一二《慧迁传》,《大正藏》第50卷,第520页中—下。

论众主"的设立,足以证明《十地经论》在隋初是一门非常流行的学问;另一方面,从政治与宗教的关系,说明了当时研习《十地经论》者众多。

总结隋唐佛教对地论学派的称呼与说明,有如下几个方面:(1)智𫖮、吉藏等人对"地论师"的称呼,是从批判意义而予以说明,带有贬称的意味,并不存在"地论师"的特定人物;(2)智𫖮、吉藏曾引用净影慧远的著作,都加以批判,但是必须区别净影慧远与"地论师"的称呼,二者之间不存在必然的联系;(3)《续高僧传》中,研究、讲说、注释《十地经论》的高僧辈出,而且有南北二道的记载,敕任十地众主的事实,这些都说明了地论学派在隋末唐初非常盛行;(4)结合智𫖮与道宣的记载,地论学派南北二道的分歧,其出现时间应该在隋代或隋代之前。但是,法上《十地论疏》没有出现南北二道的叙述。在北周道安述、慧影撰《大智度论疏》中,已经提到菩提流支、慧光、道场,但未涉及南道、北道的问题。所以,地论学派分裂为南道、北道的说法,出现时间应该在北周末年至隋代这一时期。在历史的叙述中,溯源性的表达造成了分裂时间前推的做法,加上《十地经论》翻译问题,于是造成地论学派内部似乎纷争不断的"虚像"。

5. 洛下之说与相州之说

历来对南北二道的解释,异说纷纭。有说从相州去洛阳的通道,有南有北,两家学徒即沿着两道各别发展而得名。① 或者追溯到洛阳城,勒那摩提与菩提流支分居在当时御道街的南北,因而成为南道、北道两系。② 因此,形成相州之说与洛下之说,时间差距二十年左右。从二系的分歧来说,在洛阳时代确实便已经存在。因此,布施浩岳提出一种解释:菩提流支住永宁寺,在洛阳城西第三门道北;勒那摩提可能住白马寺,在西郊

---

① [日]镰田茂雄:《中国佛教通史》(四),第369页,高雄,佛光出版社,1993。
② 中国佛教协会编:《中国佛教》(一),第251页,北京,知识出版社,1980。吕澂:《中国佛学源流略讲》,第142页,北京,中华书局,1979。

第二门道南。因寺院分别在御道南、北,故有南道、北道之说。①

虽然,勒那摩提与菩提流支的思想不同,但是二者门户对立的"洛下之说",可能性不大。②《深密解脱经序》说:

> 时有北天竺三藏法师菩提留支,魏音道晞,曾为此地之沙门都统也。……以永熙二年,龙次星纪,月吕蕤宾,诏命三藏,于显阳殿,高升法座,披匣挥尘,口自翻译。……舍笔之后,转授沙门都法师慧光、昙宁。③

慧光在勒那摩提去世后,一直参与菩提流支的译场。所以,慧光对勒那摩提与菩提流支的思想差异,应该是比较了解的。而且,不存在慧光与菩提流支之间的矛盾与纷争问题。

但是,"相州之说"依道宣的解释,确实是慧光与道宠之间的对立。所以,"故使洛下有南北二途",是指地论学派的学说都是从洛阳传过来,但是却出现"相州南道"、"相州北道"的差别。

第一,依勒那摩提与菩提流支的不同传授,二者传承不同。因此,慧光与道宠在思想上差异极大,才能出现南道、北道的对立。其次,无论道宠、道场是否为同一人,道宠的弟子群转向以《大智度论》为中心,确实存在两大不同的思想体系。

第二,"南道"、"北道"是一种南北方位的不同。慧光在东魏时代,移住邺城大觉寺。大觉寺在邺城的东部④,慧光的弟子、僧范、昙隐等都住

---

① [日]布施浩岳:《十地经论の传译と南北二道の滥觞》,《佛教研究》第 1 卷第 1 号,1937 年。任继愈主编《中国佛教史》(第三卷)解释说:查唐初称"南道",亦指洛阳向广州的通道,而慧光的思想多与南方真谛的主张相合,后人据此而分南北,也是可能的。见《中国佛教史》(第三卷),第 458 页,北京,中国社会科学出版社,1988。
② 温玉成提出一种解释:勒那摩提大约在 515 年之前去世,他一直住在少林寺。菩提流支大约在 513 年北上京师洛阳,517 年入住永宁寺……合理的解释是,少林寺在南,洛阳在北,所以勒那摩提的学说称为"南道";而菩提流支的学说被称为"北道"。《少林访古》,第 26 页,天津,百花文艺出版社,2001。
③ 《深密解脱经序》,《大正藏》第 16 卷,第 665 页上。
④ 《续高僧传》卷八《僧范传》说:"卒于邺东大觉寺。"《大正藏》第 50 卷,第 484 页上。

此寺。法上的弟子"大学寺融智法师"①,大学寺或许即大觉寺。法上住相州的定国寺,定国寺"在安阳县东北韩陵山,东魏高欢所建,有温子昇旌功碑"②。道慎亦是住在定国寺。慧顺住在大总持寺,位处邺城的南部。③ 道凭住在邺城西南宝山寺。可见,慧光及其弟子大部分都是住在邺城的东南部,或许道宠即住在邺城的北部。《法华文句记》卷七说:

> 北人者,诸文所指,多是相州北道地论师也。古弘《地论》,相州自分南北二道,所计不同,南计法性生一切法,北计黎耶生一切法。宗党既别,释义不同。④

湛然以为,北朝、隋唐时期佛教典籍中所出现的"北人",就是"相州北道"的地论师。这种看法是有偏颇的,"北人"其实就是在北方弘扬佛法的论师,如"北人"、"北方论师"、"北地师"、"北地禅师"、"北地摩衍师"等,都是一种通称,必须仔细辨别所指。

总之,地论学派自从勒那摩提与菩提流支之后,由于思想方面的差异,在慧光、道宠时代,形成对立的局面。慧光及其弟子移居邺城后,相对集中在邺城的东南部,所以形成"相州南道",而道宠一系则为"相州北道"。这是依"洛下说"、"相州说",进行详细推演而得出的。

第二节 《十地经论》的思想

《十地经论》是印度大乘佛教学者世亲所著的对于《十地经》的解释性著作,本论作者世亲本来是小乘学者,后在阿瑜陀国听人读诵《十地经》而信仰大乘,成为瑜伽行派的祖师。《十地经》早期可能是单独流通的,相当于现今通行的《华严经》的《十地品》。《十地经》主要解释"菩萨

---

① 《续高僧传》卷一〇《靖嵩传》,《大正藏》第 50 卷,第 501 页中。
② 《嘉庆重修一统志》,第 2294 册,《四部丛刊·续编·史部》。
③ 《北齐书》卷七说:"(河清二年)五月壬午诏,以城南双堂閺位之苑廻,造大总持寺。"
④ 《法华文句记》卷七中,《大正藏》第 34 卷,第 285 页上。

乘十地",此"十地"是菩萨五十二位修行中的第五个十位。在此十地,菩萨渐开佛眼,成就一切种智,形同诸佛。关于"地"的含义,如《菩萨璎珞本业经》的解释:"云何名'地'?佛子!'地'名'持',持一切百万阿僧祇功德。亦名'生',成一切因果,故名'地'。"①"地"取的是大地的能"持"以及能"生"万物的功能作譬喻,譬喻此法是生"佛"的根基。而"十"这一数字,也具有象征含义,即"一周圆数,十十无尽","十地"是成就佛果之因,"果"则指十地能够"生成"佛果即佛智。

汉译《十地经论》十二卷的基本内容如下:卷一至卷三,释十地中的"初欢喜地",卷四释第二"离垢地",卷五释第三"法光地",卷六释第四"焰慧地",卷七释第五"难胜地",卷八释第六"现前地",卷九释第七"远行地",卷十释第八"不动地",卷十一释第九"善慧地",卷十二释第十"法云地"。

一、《十地经论》的十地思想

第一,"欢喜地",即菩萨初地,又作"极喜地"。菩萨历"十信"、"十住"、"十行"、"十回向"等修行阶位,经一大阿僧祇劫之修行,初证"真如平等圣性",全部证得"人空"、"法空"之理,能成就自利、利他之行,心多生欢喜,因而称为"欢喜地"。《十地经论》中的"经曰"讲九种"欢喜",世亲解释说:"欢喜者,名为心喜、体喜、根喜。是欢喜有九种:一者敬欢喜,于三宝中恭敬故。如经'多信敬'故。二者,爱欢喜,乐观真如法,如经'多爱念'故。三者,庆欢喜,自觉所证校量胜,如经'多庆悦'故。四者,调柔欢喜,自身心遍益成就,如经'多调柔'故。五者,踊跃欢喜,自身心遍益增上满足,如经'多踊跃'故。六者,堪受欢喜,自见至菩提近,如经'多堪受'故。七者,不坏欢喜,自心调伏,论义解说时心不扰动,如经'多不坏他意'故。八者,不恼欢喜,教化他摄取众生时慈悲调柔,如经'多不

---

① 《菩萨璎珞本业经》卷下,《大正藏》第 24 卷,第 1017 页下。

恼众生'故。九者，不瞋欢喜，见诸众生不如说修行、威仪不正时，忍不瞋故，如经'多不瞋恨'故。"①

菩萨进入初地修行的目的是获得"圣性"，而初地就是断除障碍而证得真理过程的第一个阶梯。初地所证的"遍行真如"是断除"异生性障"之后由"我空"、"法空"所显的"真如"，因为其遍于一切事物，所以称为"徧行"。

第二，"离垢地"，又作"离垢"、"无垢地"、"净地"、"具戒地"。进入此地之菩萨，获得守清净戒行，远离烦恼垢染，因此称为"无垢"；又以此地具足"三聚净戒"的缘故，也称为"具戒地"。

关于菩萨来第二地修行的目的，世亲解释说："菩萨如是已证正位，依出世间道，因清净戒，说第二菩萨离垢地。此清净戒有二种净，一发起净，二自体净。"②第二地是依持于初地而修习的，初地为"出世间道"，为佛教修学的"正位"。而将第二地的内容安排为"戒"，有三层含义：一是"三学"之中，"戒"为第一，所以先言"戒"。二是初地虽然证得了真理，但在"戒"方面还不能完全无误，所以需要再修行戒。三是从"十度"来说，"布施"之后就是"戒度"。"发起净"是讲"十种直心"，即经中所说："若菩萨已具足初地，欲得第二地者，当生十种直心。何等为十？一直心，二柔软心，三调柔心，四善心，五寂灭心，六真心，七不杂心，八不悕望心，九胜心，十大心。"③而"自体净"则是指"三聚净戒"——"摄律仪净"、"摄善法戒"、"摄众生戒"。

第二地的"所证"为"最胜真如"，是菩萨在第二地断除"邪行障"之后所证，由于严谨持戒而证无量功德，于诸法中最为殊胜，因此称为"最胜真如"。

第三，"发光地"，又作"明地"、"有光地"、"兴光地"，进入第三地修行

---

① 《十地经论》卷二，《大正藏》第 26 卷，第 135 页下—136 页上。
② 《十地经论》卷四，《大正藏》第 26 卷，第 145 页中。
③ 同上书，第 145 页中—下。

的菩萨,成就殊胜之"定",因修持佛道而开发出极明净的智慧之光,因此,此地称为"发光地"。如世亲的解释,此地菩萨"住无障碍解脱智"之中,"以如来所说一切法随顺如实觉起",此智慧名"光明","依是光明故名明地"。第二地为"戒",此地为"定",显现智慧。

第三地的"所证"为"胜流真如","胜流真如"主要是显示"定"的殊胜。从"定"中所证的"真如"之中流出"正体智"等,从"正体智"之中流出"后者智",从"后得智"之中流出大悲等等。这些都显示出此地所证之真如的殊相。

第四,"焰慧地",又作"焰地"、"增曜地"、"晖曜地",进入第四地修行的菩萨,安住于最胜的"三十七菩提分法",以智慧之火焰,焚烧烦恼之薪,因此名为"焰慧地"。世亲解释说:"第四焰地,依彼净三昧闻持如实智,净显示故。"①

第三地虽然获得了世间的禅定功夫,但却未得"菩提分法",因此须来修第四地之"行"。前三地依然处于世间,为世间的修行,而从第四地开始进入出世间的修行。世亲的解释是说,凭借第三地所修之"定",自然产生出修证第四地之智的要求。

第四地的"所证"为"无摄受真如",是断除了微细的"烦恼现行"而获得的,所以,也就没有了我执,心灵自由而无所系属。

第五,"难胜地",又作"极难胜地"。关于此地名为"难胜"的意义,世亲解释说:"得出世间智方便善巧,能度难度,故名'难胜地'。"②总之,修行进入此地的菩萨能够使"行相"互违之真、俗二智互合相应,因为其难为而菩萨能为,故称为"难胜地"。第四地说明声闻初果修行之法,而此地则是修习声闻第四果罗汉修行之法,说明的是与"四谛"相应的智慧。

第五地的"所证"为"类无别真如",即生死与涅槃之间并无根本的差

---

① 《十地经论》卷六,《大正藏》第 26 卷,第 159 页中。
② 《十地经论》卷一,《大正藏》第 26 卷,第 127 页上。

别,二者是圆融无碍的。

第六,"现前地",又作"现在地"、"目见地"、"目前地",菩萨至此位,能够通观缘起之义理,住于缘起智,进而引发染、净无分别的最胜智显现于前,因此名之为"现前地"。如世亲的解释:"此地中出世间智增上,光明转胜示现,如经'诸佛子!譬如本真金以琉璃磨莹光色转胜明净',乃至'以方便智观转胜明净故',以'无障碍智'现前,般若波罗蜜行光明现前故,名为'现前地'。"①这是从总体上对于第六"现前地"的描述说明。此地讲的是"缘觉"之法,第五地能够随世生存,但不能破除世间染、出世净的固定见解,并且由于这一原因,仍然对世间产生厌恶,未能以"无相作意"的方法来入世,第六地则能够破除这些蔽障。

第六地的"所证"为"无染净真如",即此真如之本性既无杂染又无清净,本性无染,不可说是修证之后才清净。

第七,"远行地",又作"深行地"、"深入地"、"深远地"、"玄妙地",此地之菩萨住于纯"无相观",远出世间与二乘之有相行,因此名为"远行地"。世亲《十地经论》卷九解释说,此地则寄菩萨之法,宣说"有加行、有功用无相住"。菩萨在第六地虽然住于"无相作意",但未能使"无相作意"无有间断、无有缺欠,菩萨来此地即是使其所欠所缺得以圆满。

第七地的"所证"为"法无别真如",其含义是了达种种法,归同于"真如无相",凭借"空"理而起殊胜修行,成就"方便波罗蜜多"。

第八,"不动地",菩萨至此"不动位","无分别智"相续任运,不被"相"、"用"、"烦恼"等所扰动,因此名为"不动"。菩萨在第七地虽然于"无相作意"方面获得无间断无欠缺,但却沉溺于修习住而未能舍离功用,也未能在"相"方面获得自在。菩萨来此地,会在第七地"近一乘"的基础上,进入"一乘"。

第八地的"所证"为"不增减真如",其含义是菩萨住于"无相"而不随

---

① 《十地经论》卷八,《大正藏》第 26 卷,第 173 页下。

染、净有增、减。澄观说,结合《十地品》则知,此地所证真如也称为"相、土自在所依真如",因为其能使菩萨在"身相"、"国土"方面都自在。

第九,"善慧地",又作"善意地"、"善根地",菩萨修证至此地,已经获得"法无碍解"、"义无碍解"、"辞无碍解"、"乐说无碍解"等"四无碍解",能遍于十方,以一音演说一切善法,使闻者生欢喜心。又在"力波罗蜜多行"中,断除利他门中的不欲行之障,证得智自在所依真如,因此称为"善慧"。此前,菩萨虽然在"无相住"中舍离功用,也能在"相"方面获得自在,但未能在说法方面获得大自在。为获得说法自在,菩萨来此地修习。第九地所证得的"智自在所依真如"是指菩萨在说法度生方面所依持的真如。

第十,"法云地",又作"法雨地",菩萨至此位,"大法智云"含众德水,如虚空覆隐无边二障,使无量功德充满法身,因此名为"法云地"。菩萨来第十地修行的目的,世亲《十地经论》卷十二中说:"于九地中,已作净佛国土及化众生,第十地中修行,令智觉满。——此是胜故。"菩萨虽然在第九地已经获得说法的大自在,但却未能"现前"证受法身,所以来此地使其圆满。与第八、第九地相比,第十地更为殊胜,菩萨在此地将使"智"圆满。

第十地所证得的"业自在所依真如"是指使菩萨在"神通"、"经咒"、"禅定"等方面获得自在的真如。

二、《十地经论》的六相思想

"六相"名目来源于《十地品》的初地"欢喜地"的"校量胜分"中,菩萨的十大"愿胜"之中的第四大愿——"修行二利愿"。"六相"的名目最先出现于东晋佛陀跋陀罗译的《华严经》卷二十三,即《十地品》的"初地"经文之中。菩提流支所译《十地经论》卷三的相应经文为:

> 又发大愿:"所谓一切菩萨所行,广大无量,不杂诸波罗蜜所摄,诸地所净生诸助道,总相、别相、同相、异相、成相、坏相。说一切菩

> 萨所行如实地道,及诸波罗蜜方便业,教化一切,令其受行,心得增长故。广大如法界,究竟如虚空,尽未来际,尽一切劫数,行数增长,无有休息。"

此段经文有三种译本[1],但差别并不算大,重点在于"六相"的汉语名目有两种,后来的华严经师习惯采用菩提流支的译语。

从《十地品》的上述引文中可以看出,《十地品》中所用的"六相"是对于"一切菩萨所行"、"一切菩萨行"所作的说明。而世亲则将其作为可以普遍使用的诠释"十句"的范畴与方法。世亲《十地经论》卷一说:"一切所说十句中,有六种差别相门。此言说解释,应知除事。事者,谓阴、界、入等。六种相者,谓总相、别相、同相、异相、成相、坏相。"应该特别指出的是,世亲的这一解释并非是针对《十地经》初地的第四大愿而作,而直接针对的是如下经文:

> 又一切菩萨,不可思议诸佛法,明说令入智慧地故。摄一切善根故,善分别选择一切佛法故,广知诸法故,善决定说诸法故,无分别智清净不杂故,一切魔法不能染故,出世间法善根清净故,得不可思议智境界故,乃至得一切智人智境界故。[2]

关于此十句经文,世亲先将其分为一句"总句"和九句分句,世亲说:

> 此是"根本入",如经"又一切菩萨不可思议诸佛法,明说令入智慧地故"。此修多罗中说,依"根本入"有九种"入":一者,"摄入","闻慧"中摄一切善根故。如经"摄一切善根故"。二者,"思议入","思慧"于一切道品中智方便故。如经"善分别选择一切佛法故"。三者,"法相入",彼彼义中无量种种知故。如经"广知诸法故"。四

---

[1] 唐尸罗达摩译《十地经》,其"六相"译语与《十地经论》和唐实叉难陀译八十卷《华严经》相同。《十地经》译于唐贞元年中,贞元十五年入藏。译时大致在贞元二年(786)至贞元十四年(798)之间。
[2] 《十地经论》卷一,《大正藏》第26卷,第124页中。

者,"教化入",随所思义名字具足,善说法故。如经"善决定说诸法故"。五者,"证入",于"一切法平等智","见道"时中,善清净故。如经"无分别智清净不杂故"。菩萨教化众生,即是自成佛法,是故"利他"亦名"自利"。六者,"不放逸入",于"修道"时中,远离一切烦恼障故。如经"一切魔法不能染故"。七者,"地地转入",出世间道品无贪等善根净故。如经"出世间法善根清净故"。复有善根能为出世间道品因故。八者,"菩萨尽入",于第十地中,入一切如来秘密智故。如经"得不可思议智境界故"。九者,"佛尽入",于"一切智"入智故。如经"乃至得一切智人智境界故"。是诸"入",为校量智义,差别次第转胜,非"根本入"。

对照世亲的解释与《十地经》原文,便可发现,"根本入"与其余九种"入"是世亲对于经文的逐句解释。《十地经》的原文是解释菩萨十地修行所证入的境界,所以,世亲说"诸'入',为校量智义,差别次第转胜",也就是说,九种"入"是对于"佛智"("一切智人智")的分别说明,从修证而言,是逐"地"逐渐殊胜。但这并非"根本入"。如果参照世亲在别处的说法,所谓"根本入"是从"总体"而言的"入",带有某种中土所习用的"顿入"的意味。从这个角度理解,"诸入",便是分解"入",或者更准确地讲,是分别"言说"的意思。世亲说,"六相"为"言说解释,应知除事"。"解释"的对象就是菩萨十地修行的境界,因此,世亲明确地说,此"六相"应该知晓是不能应用于诸如"五蕴"、"十八界"、"十二处(入)"等"事法"的。

世亲以"六相"说对《十地经》的前引十句作了解释说明:

> "总"者是"根本入","别相"者,余九"入"。"别"依止"本",满彼"本"故。"同相"者,"入"故。"异相"者,增相故。"成相"者,略说故。"坏相"者,广说故。如世界成、坏。余一切十句中随义类知。

"根本入"为十地修行的"总相","是中'一切菩萨'者,谓住'信'、'行'地。'不可思议诸佛法'者,是'出世间道品';'明'者,见智得证;'说'者,于中分别;'入'者,信乐得证;'智慧地'者,谓十地智"①。这就是说,已经证得"信"、"十行"等境界的菩萨,依照出世间之法的要求,见智得证,于中分别,信仰并乐于证入菩萨十地智慧。这就是"根本入",即"总相",其余九句所言的九个方面,相对于"总相"而言就是"别相",即"个别"之相。"别相"依止于"根本入",使那"根本"得到圆满具足。十种"入"之间的目标、内容从根本上说,是相同的,因此,"诸入"之间是"同相"关系。九种"入"之间逐次构成层层递进、层层深入的关系,因此,九种"入"之间也是"增相",即"异相"关系。应该特别注意的是,世亲对于"成相"与"坏相"的解释。佛教中有用来描述"有为法"之存在状况的"成"、"住"、"坏"、"空"等"四相",后来的地论师和华严经师实际上是将"有为法"之"成相"和"坏相"与"六相"中的"成相"与"坏相"混淆起来理解、诠释的。②"六相"义的扩大及其最终转换成为华严宗的教义的基本成分——"六相圆融",与此转换的关系甚大。其实,"六相"中的"成相"、"坏相"准确的含义是:前者"应作'略相'或'合相'",后者"实为'广相'或'开相'"③。正因为此,世亲说:"'成相'者,略说故。'坏相'者,广说故。"仔细考究,"成相"大概是指《十地经》中对于诸"地"境界的概略说明,"坏相"则是对于诸"地"境界的较为广泛、详细的说明。

以《十地经论》为研习、弘扬对象的地论师在世亲这一解释的基础上,逐渐增加新义,使"六相"成为具有普遍意义的诠释"诸法"之间关系的解释方法和义理体系。

三、《十地经论》的心识思想

《十地经》卷八在诠释"第六地"时讲道:"三界虚妄,但是一心作。如

---

① 《十地经论》卷一,《大正藏》第 26 卷,第 124 页下。
② 如前引文,菩提流支所译《十地经论》的这一段文字中,在"成相"、"坏相"的解释之后,有一句"如世界成、坏"。这确实令人费解。这样看来,古德的有意无意"误读"、"误释"也是其来有自的,并非完全空穴来风。
③ 吕澂:《中国佛学源流略讲》,第 197 页,北京,中华书局,1979。

来所说十二因缘分，皆依一心。""十二有支"就是十二因缘，即"无明"、"行"、"识"、"名色"、"六处"、"触"、"受"、"爱"、"取"、"有"、"生"、"老死"。经文将"贪欲"与"心"作了区分，"随事贪欲共心生，即是识事，即是'行'。'行'诳心故名'无明'。"也就是说，"无明"只是心行的表现之一，而不是"心"的全体；十二因缘可以从"无明"开端，但"无明"并不是最后的本原，其因果系列追究到底皆为"心"造。世亲在《十地经论》中强调"'但是一心作'者，一切三界，唯心转故。"①不过，世亲《十地经论》并未集中论述"一心"之所指，其说散见于全书各处，难见系统，此论译出之后便滋生分歧。

《十地经论》卷八在讲到一种"染依止观"时说："因缘有分，依止一心。"又称此观为"一心杂染和合因缘集观"。无明等十二因缘既是染，因此三界十二因缘所依之"心"乃是"染依止"，是杂染心。"心"既然为世间杂染的本源，所以"常应于阿梨耶识及阿陀那识求解脱"②。不过，此论对于此"阿梨耶识"之性质并没有给定统一的说法。卷三讲到"因缘"有"三相"，谓其中的"自相"亦有三种："一者，报相，名色共阿梨耶识生"；"二者，彼因相，是名色不离彼，依彼共生故"；"三者，彼果次第相，入'六入'乃至于'有'。"从此段文字看，阿梨耶识似应为杂染的。但同书卷九说："自性不染相，如经'心清净相'故。"卷十有言："善住阿梨耶识真如法中。"从这二处文字看，"阿梨耶识"又是真如法的负荷者，是本有的"自性清净心"。《十地经论》在前二种说法之外，尚有第三种说法。卷九说："譬如二世界，一染净世界，二纯净世界。是二中间难可得过，欲过此界，当以大神通力。"卷二说："出世间智"要"转依止，依止常身故，非如无常意识智依止无常因缘法。"这两处文字似乎认为"阿黎耶识"属染净混杂，而另有一个纯净常存的精神本体——"常身"。后来的地论师各取上述

---

① 《十地经论》卷八，《大正藏》卷二六，第 169 页上。
② 同上书，第 170 页下。

三类中的一类作立论根基,歧义争锋便必不可免。

第三节 地论学派的思想

一、地论学派的判教思想

在早期地论师中,菩提流支、勒那摩提、慧光的判教思想都存于后人的记述,缺乏直接的论著文献。所以,必须综合、比较、探讨后来记述的种种说法,最后进行抉择与确认,才能重现地论学派的判教思想。

1. 菩提流支的判教思想

菩提流支的判教论,前后有三种说法——"一音"教、"半、满"二教、"顿、渐"二教。依文献的时间顺序,"半、满"二教在净影慧远、智顗与吉藏的著作中便提及;在窥基等的著作中,才逐渐出现"一音"、"顿渐"等判教论。

南北朝论师们在注疏经论时,灵活运用佛典中的各种譬喻,而且将各种譬喻亦运用在各种判教论中。"半字教"、"满字教"的判教方法是受到《涅槃经》中"长者教子喻"的启发。《大般涅槃经》卷五《如来性品第四之二》中比喻说:长者因爱子故,令从师受学,怕其未能学成便回来,便每天教其半字,而不教深奥的经论;佛陀教化声闻弟子,惧怕其无法接受菩萨道,便先教其小乘的四谛思想,"半字者谓九部经",等弟子学力充足后,再教大乘的经论。[①] 所以,"半、满"二教又称为二藏,半字教称为"声闻藏",满字教称为"菩萨藏"。

持半满判教说者当以昙无谶(385—433)与菩提流支为最早。公元490年顷,达磨菩提译世亲作《涅槃论》说:

> 云何解满字及与半字义?半字者渐教,满字者涅槃。满足教,

---

① 《大般涅槃经》卷五,《大正藏》第12卷,第390页下—391页上。

故名满字。摄佛教果功德尽,名满字;声闻缘觉教不满足故,名半字。涅槃名顿,亦名渐。今论涅槃二谛相对中满,就行有满不满,故名渐教;就理无满不满,是故涅槃名顿(案:原为渐,今改)教。形半字,涅槃名顿教。①

菩提流支于 508 年至北魏,因此依时间和思想系统,亦可能依此作为根据而立半满二教判。依《涅槃论》的思想,声闻、缘觉的教理属于"半字"、"渐教";菩萨的无上佛果、大涅槃为"满字"、"顿教"。而且,从涅槃本身说,依实践的断惑则有圆满、不圆满,故名为渐教;从理上证悟涅槃而言,不存在圆满、不圆满,所以为顿教。

智顗《法华玄义》卷十上综合当时"南三北七"判教理论时,提到"菩提流支明半满教,十二年前皆是半字教,十二年后皆是满字教"②。吉藏《仁王般若经疏》卷上一说:

> 依菩提流支,直作半满分教。若小乘教,名半字,名声闻藏;大乘,名满字,名菩萨藏。今寻诸经论,斯言当矣。所言小乘半教者,若明其至理,但人法二空;语其因果,但说有作四谛。斯乃教不尽宗,语不极义,说称小根,进成小行,有所缺德,名之为半,故云小乘,名声闻藏。大乘满字教者,若明其理至极,平等无得正观不二为宗;语其因果,即说无作四谛。斯乃教称大乘宗,语极圆旨,说称大根,进成大行,具足无缺,名之为满,故云大乘,名菩萨藏也。③

《续高僧传·菩提流支传》引述菩提流支同时的李廓所撰《李廓录》,提到菩提流支所译的经论,其中有《涅槃经论》论书。④ 可见,菩提流支对《涅槃经》非常熟悉,其半、满二教的说法取自《涅槃经》。菩提流支认为,佛

---

① 《涅槃论》,《大正藏》第 26 卷,第 278 页下。
② 《妙法莲华经玄义》卷一○上,《大正藏》第 33 卷,第 801 页中。
③ 《仁王般若经疏》卷上一,《大正藏》第 33 卷,第 315 页中—下。
④ 《续高僧传》卷一《菩提流支传》,《大正藏》第 50 卷,第 428 页下。

陀悟道说法的前十二年是宣扬小乘教、半字教、不了义教,十二年后才说大乘教、满字教、了义教。① 而且,从思想的差别来说,"半字教"阐明人法二空,论述有作四谛;从实践来说,则是小根、小行,功德不圆满。"满字教"明诸法平等不二、无所得,属于无作四谛,经过大根、大行的实践,成就圆满功德。

同时,智颛《维摩经玄疏》卷六说:"若是流支半满明义,此经即是满字之说,不异《华严》、《涅槃》。"②菩提流支主张,《维摩经》、《华严经》、《涅槃经》等大乘经典具有"等质性",这与慧光的"四宗判"有本质的不同,但是至净影慧远、至相寺智正则主张声闻藏、菩萨藏的二藏判;可见,小乘大乘思想的确立,是地论学派的教学始终一贯的中心。③

窥基《大乘法苑义林章》继承了智颛、吉藏的记述,又以唯识典籍加以会通:

> 菩提流支法师……又有二教:一者半教,二者满教。《涅槃经》言云:何解满字及与半字义? 又云:为声闻乘而说半字,为菩萨乘而说满字。又《胜鬘经》言:有作四圣谛、无作四圣谛。声闻知有作,佛知无作。《瑜伽》等说,安立谛、非安立谛。唯说安立名为半教,通说非安立名为满教。又有二教:一、生空教,二、法空教。《二十唯识论》云:依此教能入数取趣无我,所执法无我复由余教入。此以二空、二障,以明半满。④

窥基引用《涅槃经》、《胜鬘经》阐明半字教、满字教的差别,这与智颛、吉

---

① 吉藏《法华玄论》卷三:"菩提留支此云道希,其亲翻《地论》,但明半满。留支是地论之宗,即知半满有本。"《大正藏》第 34 册,第 384 页下。《胜鬘宝窟》卷上本:"从菩提留支度后至于即世,大分佛教为半满两宗,亦云声闻菩萨二藏。然此既有经论诚文,不可排斥。"《大正藏》第 37 卷,第 6 页上。
② 《维摩经玄疏》卷六,《大正藏》第 38 卷,第 561 页下。
③ [日]织田显祐:《华严一乘思想の成立史の研究——地论宗教判史より见た智俨の教学》,《华严学研究》第 2 号,第 111 页,1988。
④ 《大乘法苑义林章》卷一末,《大正藏》第 45 卷,第 247 页中。

藏的记述相同。但是,又引用《瑜伽论》、《唯识二十论》而加以会通,以安立谛、非安立谛、生空、法空、烦恼障、所知障论述二教的差别。

可见,菩提流支是依《涅槃经》的"长者教子喻"、《涅槃论》等经论根据,引用《胜鬘经》,阐明小乘与大乘在经论、思想上的差别。如道邃《法华玄义释签要诀》提及:"觉爱师判《提谓经》是半教摄"①,即是一明证。探讨小乘、大乘的差异、优劣,确立大乘佛教的独立与优越,促进大乘佛教在当时中国北方的兴起、发展与稳固,菩提流支是大乘、小乘分判的先驱。②

尽管佛教的思想千差万别,但皆是来自佛陀的教法。所以,判教除了料简各种学说的差异,亦必须给予会通,"一音教"或"一时教"体现了判教思想中的会通精神。"一音"的观念在佛教思想史上具有悠久的历史,在部派佛教时期,大众部主张佛陀"以一音演说一切法",说一切有部则持相反意见,以为"非佛一音能说一切法"③。《大毗婆沙论》对"一音"进行解释④,分为两种:(1) 以为谓佛陀以一音说法,乃是谓佛陀以"一种言音"演教,而不同众生各随其根器的不同,听到相异的声音和教理,即为"一音异解";(2) 以为佛陀其实是以多种言音说法,因为其所作声音速疾明利,于"一"时间内能讲多种语言和义理,并且能为根器不同的听者"一"样带来益处,遂形容之为"一音",即"一时异说"。⑤

"一音教"或"一时教"的思想散见于各种大乘经典,如《华严经》"于一音中演无量法"⑥、《涅槃经》"佛以一音而为说法,彼彼异类各自得

---

① 《法华玄义释签要诀》卷一〇,《日本佛教全书》第 15 册,第 109 页下。
② 有关南北朝大乘佛教意识的兴起,见横超慧日:《中国佛教の研究》,第 311—315 页,京都,法藏馆,1958。
③ 《异部宗轮论》,《大正藏》第 49 卷,第 15 页中、16 页下。
④ 《阿毗达磨大毗婆沙论》卷七九,《大正藏》第 27 卷,第 410 页上一下。
⑤ 廖明活:《地论师、摄论师的判教学说》,《中华佛学学报》第 7 期,第 125 页,1994。具体的解释,另外参考坂本幸男的《华严教学之研究》(第一部),释慧岳译,第 153—154 页,台北,中华佛教文献编撰社,1971。
⑥ 《大方广佛华严经》卷一三,《大正藏》第 9 卷,第 482 页中。

解"①,《法华经》"诸佛之法,常以一味,令诸世间,普得具足"②,而《维摩诘经·佛国品》的偈颂最为有名:

> 佛以一音演说法,众生随类各得解,皆谓世尊同其语,斯则神力不共法。
>
> 佛以一音演说法,众生各各随所解,普得受行获其利,斯则神力不共法。
>
> 佛以一音演说法,或有恐畏或欢喜,或生厌离或断疑,斯则神力不共法。③

偈颂称赞佛陀具有一音说法的不共神通力,能让众生各随其类,于其"一音"中获得解悟和蒙受利益,从而有恐畏、欢喜、厌离、断疑等不同反应。

但是,对《维摩诘经》的"一音"历来注释不一,僧肇注第一首偈颂为"密口一音,殊类异解",即"一音异适";第二首偈颂解释为:"佛以一音说一法,众生各随所好而受解,好施者闻施,好戒者闻戒,各异受异行,获其异利",即"一法异适";第三首偈颂解释为:"众生闻苦报则恐畏,闻妙果则欢喜,闻不净则厌离,闻法相则断疑。不知一音何演而令欢畏异生,此岂二乘所能共也。"④僧肇对"一音"的解释中,"一音异适"与"一法异适"都是"一音异解"的意思,因为众生根机的差别,导致对佛陀的"一音"或"一法"产生不同的理解或受用。净影慧远对"一音"则解释说:

> 泛解有二:一、约真说一,如来真实法螺声相名为一音,众生于中种种异解,如一真身种种异见,如来真实常寂之声,名法螺音;恒有恒无,名常寂声。于净耳者,无时不闻,名为恒有;有非新发,无净耳者,无时暂间,名为恒无,无非始然。二、就应说一,于中有二:一、

---

① 《大般涅槃经》卷一〇,《大正藏》第12卷,第423页下。
② 《妙法莲华经》卷三,《大正藏》第9卷,第20页中。
③ 《维摩诘所说经》,《大正藏》第14卷,第538页上。
④ 《注维摩诘经》卷一,《大正藏》第38卷,第333页下—334页上。

约方言以说一音,如来或时,作一胡音,众生于中解种种语,余亦如是;二、约法说一,如来或时,说一布施,名为一音,众生于中解种种法,余亦如是。①

净影慧远将"一音"分为:如来真实法身的"常寂声"和应身的"约方言声"以及"约法声"。在净影慧远以前的文献中,尚未发现这种解释,或许属于净影慧远的创说。② 而且,"约方言"与"约法"和僧肇的"一音异适"与"一法异适"相当。

吉藏《维摩经义疏》对于"一音"的解释,曾举出三种说法:(1)"从一法身出音",即是净影慧远的"常寂声";(2)"一时之中,并出众音,各不相知",这是"一时异说";(3)"五音之中,随吐一音,而万类各解",即是"一音异解"。③ 所以,南北朝佛教对《维摩诘经》的"一音"至少有三种观点。

正因为"一音"的不同解释,判教方面的"一音教"的解释亦异说纷纭。智𫖮《法华玄义》中的"南三北七"判教,"十者北地禅师,非四宗、五宗、六宗、二相、半满等教,但一佛乘,无二亦无三。一音说法,随类异解,诸佛常行一乘,众生见三,但是一音教也"④。智𫖮未能明确指出这是何人的观点,唐代时期逐渐传说是鸠摩罗什与菩提流支的判教。六朝以下迄至吉藏的著作中,皆未提及鸠摩罗什的教判观。但是,净影慧远《大乘义章》最早提及"一音教"说:

> 菩提流支,宣说如来一音,以报万机,大小并陈,不可以彼顿渐而别。⑤

如来面对根器不同的众生,只以一音说法,虽然是一音,却是同时转大乘法轮与小乘法轮,所以净影慧远所理解的菩提流支"一音教"具有"一时

---

① 《维摩义记》卷一末,《大正藏》第38卷,第434页上。
② [日]坂本幸男:《华严教学之研究》(第一部),释慧岳译,第155页。
③ 《维摩经义疏》卷二,《大正藏》第38卷,第926页中—下。
④ 《妙法莲华经玄义》卷十上,《大正藏》第33卷,第801页中。
⑤ 《大乘义章》卷一,《大正藏》第44卷,第465页上—中。

异说"、"大小并陈"的特点。

唐代佛教的诸论著中,对"一音教"则呈现两种不同的说法:一、继承净影慧远的说法,如澄观《大方广佛华严经疏》说:

> 立一音教,谓如来一代之教,不离一音。然有二师:一、后魏菩提流支云:如来一音同时报万,大小并陈。二、姚秦罗什法师云:佛一圆音平等无二,无思普应,机闻自殊,非谓言音本陈大小。故《维摩经》云:佛以一音演说法,众生各各随所解。上之二师,初则佛音具异,后则异自在机,各得圆音一义。然并为教本,不分之意耳。①

澄观概括净影慧远的观点为"佛音具异",即"一时异说",佛陀的音声功德自然具备。另外一种,则是佛陀一圆音平等无二,众生根器不同,所以众生所闻各为不同,即"异自在机"或"一音异解",属于众生根机的差异,这是鸠摩罗什的教判观。

但是,依法藏的说法,鸠摩罗什与菩提流支的"一音教"是相同的。《华严经探玄记》卷一说:

> 后魏菩提留支立一音教,谓一切圣教唯是如来一圆音教,但随根异故分种种。如《经》一雨所润等。又《经》云:佛以一音演说法,众生随类各得解等。②

相同的见解亦出现在《华严一乘教义分齐章》卷一。③ 依法藏所传的"一音教",意指佛陀说法是平等无二的,但因众生根机不同、悟解有差,所以各因其类而各得其解,因此是"一音异解"。

依净影慧远所传的菩提流支"一音教",具有"一时异说"、"大小并

---

① 《大方广佛华严经疏》卷一,《大正藏》第35卷,第508页上—中。
② 《华严经探玄记》卷一,《大正藏》第35卷,第110页下。
③ 《华严一乘教义分齐章》卷一:"依菩提流支,依《维摩经》等立一音教。谓一切圣教皆是一音、一味、一雨等霑,但以众生根行不同,随机异解,遂有多种;如克其本,唯是如来一圆音教。故《经》云:佛以一音演说法,众生随类各得解等是也。"《大正藏》第45卷,第480页。

陈"特点,亦可称为"一时教"。窥基《大乘法苑义林章》卷一说:

> 后魏有菩提流支法师,此名觉爱,唯立一时教。佛得自在,都不起心,有说不说;但众生有感,于一切时,谓说一切法。譬如天乐,随众生念,出种种声;亦如末尼随意所求,雨种种宝。《花严经》云:如来一语中,演出无边契经海。《维摩经》云:佛以一音演说法,众生随类各得解,或有恐怖或欢喜,或生厌离或断疑。故无一教定顿定渐。又《无量义经》言:我得道来四十余年,常说诸法不生、不灭、不去、不来、无此、无彼、无得、无失、一相、无相,但由众生悟解不同,得诸果异。《法花》亦言:一雨普润,三草二木,生长不同。《优婆塞经》言:三兽渡河,浅深成别。故知诸教但总一时,无二、三等。①

《成唯识论料简》亦有相似的说明②,"一时教"阐明佛陀无心说法,超越说与不说的言词表诠之上,其教原来没有前后、世出世、顿渐等差异;依众生的感应力,十方世界一切众生同时听闻佛陀在说法。所以,所谓"一时教"即"一时异说"的一音教。③

依净影慧远、窥基、澄观以及慧苑,菩提流支的"一音教"是"一时异说"、"大小并陈"的"一时教",而所谓"一音异解"的"一音教"则是鸠摩罗什的判教。但是,法藏则主张菩提流支是"一音异解"的"一音教"。日本华严宗的凝然(1240—1321)会通二说:

> 流支三藏,随时立教,随宜缘故,事非一准,或一音教,或渐顿二教,或半满二教,即成三类。又一音教中,或大小并陈,或全音异解,亦是随时所立不定,俱一音故,皆约本故。④

---

① 《大乘法苑义林章》卷一,《大正藏》第45卷,第247页上一中。
② 《成唯识论料简》卷上,《卍续藏》第76册,第928页上一下。
③ 廖明活认为,窥基所传菩提流支的"一音教"是"一音异解"。见《地论师、摄论师的判教学说》,《中华佛学学报》第7期,第127页,台北,中华佛学研究所1994。
④ 《五教章通路记》卷一一,《大正藏》第72卷,第361页下。

凝然以为,"一时异说"、"一音异解"都是对"一音"的不同解释,从根本上说,二者是没有差别的。

所以,依大多数的记载,我们推测菩提流支的"一音教"可能是"一时异说"、"大小并陈"的"一时教";而法藏记载为"一音异解",可能是混淆了"一音教"的两种区别。而且,"大小并陈"的思想,无疑与"半满二教判"是相一致的,二者是不矛盾的。正如菩提流支译《妙法莲华经忧波提舍》卷下说:

> 三者大乘一向决定增上慢心,起如是意,无别声闻、辟支佛乘,如是倒取。对治此故,为说云雨譬喻,应知。①

在大乘与小乘的关系问题上,倡导大乘而又能尊重小乘,这不但是印度佛教的课题,也是当时北魏佛教必须面对的问题。菩提流支的判教思想不仅承袭北印度佛教的传统,亦是针对北魏佛教而提倡。

依《涅槃论》的思想,小乘称为"渐教",大乘则为"顿教",而且在大乘菩萨藏中又有顿、渐,所以菩提流支又有"顿渐二时教判"。依窥基《大乘法苑义林章》和《成唯识论料简》的记载,菩提流支是依《楞伽经》而判立"顿、渐"二教。《成唯识论料简》记述:

> 菩提流支法师依《楞伽经》,亦立二教,谓三乘之人皆渐次学,从浅至深,方得究竟,故所学教总名为渐。如来自在,一时顿说一切法尽,名之为顿。此即约学就行,并名为渐;依说自在,悉名为顿;无别一教,定渐定顿。②

三乘从浅至深循序修习,才能证得究竟果位,因此称为"渐";而如来具有自在力,能于"一时"内,尽说一切佛法,称为"顿"。菩提流支又强调,从修学实践的历程而言皆是"渐",从佛陀说法的自在能力而言则为"顿"。

---

① 《妙法莲华经忧波提舍》卷下,《大正藏》第26卷,第8页中。
② 《成唯识论料简》卷上,《卍续藏》第76册,第930页下。

窥基《大乘法苑义林章》称菩提流支所判立的"顿、渐"二教为"二时教"①，这与菩提流支所倡导的"一时教"、"半满二教"是一致的，其顿渐的思想与南朝的"顿渐五时判"是不同的。②

菩提流支的"顿渐二教"，窥基指出是以《楞伽经》为依据。依其所译《入楞伽经》，佛陀在回答清净自己的心，是渐次或一时时说：

> 大慧！净自心现流，次第渐净，非为一时。大慧！譬如庵摩罗果渐次成熟，非为一时。大慧！众生清净自心现流亦复如是，渐次清净，非为一时。……大慧！譬如日月轮相光明，一时遍照一切色像，非为前后。大慧！如来世尊亦复如是，为令众生离自心烦恼见熏习气过患，一时示现不思议智最胜妙境界。③

净化自心的过程是一种渐次，如庵摩罗树的果子是渐次成熟，即众生修学实践角度为"渐"；同时，佛陀教化众生的方式，则是一时中示现不可思议的智慧和最胜妙的境界，就如太阳和月亮是于一时中遍照万物一样，则为"顿"。所以，菩提流支的"顿渐二教"，明显是来自《楞伽经》的思想。

综上，菩提流支的判教思想是以"半满二教"为核心，确立大乘与小乘的差别。最后，归宿到"一时异说"、"大小并陈"的"一音教"（即"一时教"），将"一时教"落实到佛陀说法的方式，即是"顿教"；而将教法落实到修道者的修行历程，则为"渐教"。菩提流支的判教思想，深深地影响了地论学派整个判教思想的发展。

---

① 《大乘法苑义林章》卷一："菩提流支法师亦立二时教。《楞伽经》说：渐顿者，莫问声闻、菩萨，皆渐次修行，从浅至深，名为渐也；顿者，如来能一时顿说一切法，名之为顿。"《大正藏》第45卷，第247页中。
② 屈大成指出，菩提流支认为佛法实无"顿、渐"之别，"顿教"和"渐教"仅是依教与学的不同角度而命名，它们皆指谓同一佛法，这跟上述一音教判所表现出佛法无分"顿、渐"的立场，没有两样。见《中国佛教思想中的顿渐观念》，第121页，台北，文津出版社，2000年。
③ 《入楞伽经》卷二，《大正藏》第16卷，第525页上—中。而求那跋陀罗、实叉难陀都把"渐次"、"一时"译为"渐"和"顿"。《楞伽阿跋多罗宝经》卷一，《大正藏》第16卷，第485页下—186页上；《大乘入楞伽经》卷二，《大正藏》第16卷，第596页中—下。

2. 慧光的判教思想

地论学派的整个思想是以菩提流支与勒那摩提为源头,判教思想亦不例外。《续高僧传》记载,勒那摩提精通禅法,常为宣武帝讲《华严经》,"披释开悟,精义每发"。传说他临终时,天帝请讲《华严经》。① 可见,勒那摩提在教义方面很高的成就,他的弟子慧光开创了地论学派南道系。华严宗一直相传,慧光继承佛陀三藏,立渐、顿、圆三教。② 而勒那摩提口授《十地经论》,为宣武帝讲《华严经》,可见慧光的三教判应该是来自勒那摩提,即是"佛陀三藏"。慧光承勒那摩提之学,把佛教学说判别为"渐、顿、圆"三教和"因缘、假名、诳相、常住"四宗,从而开创了地论学派南道系的判教系统。

渐、顿、圆三教,是地论学派南道系的判教思想之一。这是依《华严经》而提出,法藏《五教章》说:

> 依光统律师,立三种教,谓渐、顿、圆。光师释意以根未熟,先说无常,后说常;先说空、后说不空;深妙之义,如是渐次而说,故名渐教。为根熟者,于一法门具足演说一切佛法,常与无常,空与不空,同时俱说,更无渐次,故名顿教。为于上达分阶佛境者,说于如来无碍解脱、究竟果海、圆极秘密自在法门,即此经是也。③

《探玄记》卷一亦提到慧光的渐、顿、圆判教,与《五教章》大部相似;不同之处在于,指出慧光承习"佛陀三藏"立三种教,最后说:"即以此经是圆顿所摄。"④但是,《探玄记》卷三又说:

> 光统释云:此经佛初成道说,但显一乘圆教法轮体为诸教之本。

---

① 《续高僧传》卷一,《大正藏》第50卷,第429页上。
② 《华严经探玄记》卷一,《大正藏》第35卷,第110页下;《大方广佛华严经疏》卷一,《大正藏》第35卷,第509页上。
③ 《华严一乘教义分齐章》卷一,《大正藏》第45卷,第480页中。
④ 《华严经探玄记》卷一,《大正藏》第35卷,第110页下—111页上。

诸经益相为此益,故不辨也。①

《华严经传记》记载,慧光的四卷《华严经疏》,判《华严经》为圆教。② 圆测《解深密经疏》卷一说:"或说三教,所谓通教、别教、圆教,光统法师等作如是说。慧光法师是国统,故名光统也。"③可见,法藏的记载对渐、顿、圆三教的解释比较一致,但对《华严经》的判别则出现圆教或圆顿教的分歧;而圆测则记载为通、别、圆三教。

依法藏的解释,"渐教"是为根器未成熟者设立,是自浅至深而渐次说法;"顿教"是以根器成熟者为对象,是不分浅深、同时演说一切佛法;"圆教"是为正在迈向佛境的众生而设,向他们显示佛陀所证悟的无有障碍的解脱、功德深广如海的究极果报和圆满、深妙、自由自在的行事。慧光所说的"渐教"、"顿教",在内容上并无差别,都是演述无常与常、空与不空等。但是,在说法的方式上,"渐教"先说无常、空,再说常、不空;而"顿教"则是一时并说。所以,慧光的渐、顿二教,与菩提流支所言的渐、顿二教相近。④ 但是,慧光与菩提流支的不同处在于,他认为渐、顿二教并没有囊括一切佛法,所以在渐、顿二教之上,别立"圆教"。而且,慧光认为《华严经》是最圆满、圆融的教法。当然,《华严经》是圆教或顿教或圆顿教,则是传说的不同。

追溯思想史的路径,我们发现法藏之前的净影慧远、天台智𫖮、嘉祥吉藏皆未述及慧光的渐、顿、圆三教,但不能简单判定慧光没有三教判。⑤ 法藏

---

① 《华严经探玄记》卷三,《大正藏》第 35 卷,第 166 页中。
② 《华严经传记》卷二记载,慧光"有《疏》四卷,立顿、渐、圆三教,以判群典,以《华严》为圆教"。《大正藏》第 51 卷,第 159 页中。
③ 《解深密经疏》卷一,《卍续藏》第 34 册,第 596 页上。
④ 廖明活:《地论师、摄论师的判教学说》,《中华佛学学报》第 7 期,第 132 页,1994 年。
⑤ 蓝日昌依此理由,怀疑慧光是否真有顿渐圆的判教主张。而且,指出渐、顿、圆教法是与四宗判教的精神相违背。而且,蓝日昌还怀疑,这可能只是法藏个人的意见而已,同时这种说法把《华严经》升至圆教,而圆教的用法显然是天台兴盛之后的意见,法藏立《华严经》为圆教,实为与天台学者立《法华经》者相抗衡,所以已是天台学与华严学之争了。这种观点过于武断,值得商榷。见《六朝判教论的发展与演变》,第 146 页。

《探玄记》中,对慧光的《华严经疏》,引用次数达到十六次①,可见法藏确实见到慧光《华严经疏》,因此他所传大体可信。慧光撰有《华严经疏》两种:一为十卷,称《广疏》;二为四卷,称《略疏》。② 但是,在海东华严学的系统中,均如(923—973)《释华严经分记圆通钞》提出对渐、顿、圆三教判的疑问:

> 三依光统律师等者,惠光国统也。《四卷疏》、《十卷疏》、《广释义章》等,现传于世。虽有多说,并光师造也。问:光师释意,以根未熟先说无常,后说常等者,彼章疏中无此等言,何云并光师所造耶?答:既云光师释意,则俱义引耳。不如文引,故无此难也。③

高丽的均如时代,慧光的《略疏》、《广疏》、《大乘义章》等仍然流传;但是,均如对照《五教章》,未发现渐、顿、圆三教判的说法;最后,均如又强调,法藏是通过解释并取意于慧光的思想,而不是引用文字,从而给予会通。

日本湛睿(1271—1347)《五教章纂释》引用了慧光《华严经疏》的文字:"彼《华严疏》第一云:今此经者,三教之中,盖是顿教所摄也。"然后又说:"又云:顿者,始于道树,为诸大行,一往直陈宗本之致。方广法论,其趣渊玄,更无由藉,以之为顿。"④湛睿的引文中,《华严经》是"顿教所摄"以及对顿教的解释,都与《五教章》有出入。

同时,湛睿对"顿教"的解释,与智俨《搜玄记》"三教相成"中完全相同。智俨向智正学习《华严经》,但对智俨影响最大的,是慧光的著作,"传光统律师文疏,稍开殊轸,谓别教一乘无尽缘起,欣然赏会,粗知毛目"。⑤ 同时,智俨的师承皆出自地论学派南道系或北地摄论学。⑥ 因此,《搜玄记》

---

① [日]坂本幸男认为《探玄记》引用慧光《华严经疏》,除了教判立场以外,有十二次之多。坂本幸男:《华严教学之研究》(第一部),释慧岳译,第196页。我们依电脑检索,《探玄记》引用"光统"共有十六次,两次涉及到判教。
② 《新编诸宗教藏总录》卷一,《大正藏》第55卷,第1166页上。
③ [韩]金知见编:《均如大师华严学全书》下卷,第86页。
④ 《五教章纂释》卷一一,《日本佛教全书》第11册,第185页上。
⑤ 《华严经传记》卷三,《大正藏》第51卷,第163页下。
⑥ 具体论述参考[日]木村清孝:《中国华严思想史》,第376—382页,京都,平乐寺书店,1992;拙著《摄论学派研究》(下册),第588—590页,北京,宗教文化出版社,2006。

"三教相成"很可能源自慧光。《搜玄记》说:

> 约三教相成者,谓:一、始于道树,为诸大行,一往直陈宗本之致。方广法轮,其趣渊玄,更无由藉,此之为顿。所言渐者,为于始习,施设方便,开发三乘引接之化。初微后著,从浅至深,次第相承,以阶彼岸,故称为渐。所言圆教者,为于上达分阶佛境者,说于如来解脱法门、究竟穷宗、至极果行、满足佛事,故曰为圆。如穷之以实,趣齐莫二,等同一味,究竟无余,何殊之有?但以对治功用不等,故随根器,别其浅深。①

根据宋代华严宗观复《圆宗文类》的分析:《搜玄记》所述的"圆教",与《五教章》所载完全相同;但是,渐教与顿教稍微有不同。② 顿教为佛法的宗本,为大乘的"方广法轮";渐教为佛陀接引众生的方便法,为兼及大、小二乘的"三乘道"。同时,凤潭《华严五教章匡真钞》引用了与湛睿相同的部分,说:"检光师《华严经疏》,本邦所存略本,有四卷,第一卷云……"③依日本华严宗湛睿、凤潭的观点,《搜玄记》所引的三教判是《华严略疏》的解释,《华严经》为顿教;而《五教章》所述的三教判则是《华严广疏》的观点。

下面,将慧光《华严广疏》、《华严略疏》的两种三教判,列表比较如下:

	《华严略疏》	《华严广疏》
渐教	对应始习者,以三乘法由浅入深地教化	对应根未熟者,渐说常与无常、空与不空
顿教	对应大菩萨,不历阶次,于成道之初,顿说至理	对应根熟者,不历阶次,于一法门中说常与无常、空与不空等一切佛法
圆教	对应近佛境者,宣说佛果境界	同上

---

① 《大方广佛华严经搜玄分齐通智方轨》卷一之上,《大正藏》第35卷,第15页下。
② 《五教章纂释》卷十一引用观复《折薪记》说:"师名惠光,创述《华严》广略二疏,广有十卷,略有四卷。据《圆宗文类》引彼略疏所叙三教,初二有小不同。今文多是广疏中意。"《日本佛教全书》第11册,第185页上。
③ 《华严五教章匡真钞》卷二,《大正藏》第73卷,第348页中。

法藏《华严经传记》卷二记载,慧光"有《疏》四卷,立顿、渐、圆三教,以判群典,以《华严》为圆教。"日本华严宗湛睿、凤潭亦引用《华严略疏》,以《华严经》为顿教。若二者所记皆无误,则《华严略疏》以"顿、圆"二教收摄《华严经》。对于这种矛盾,凤潭认为这是因为《华严略疏》在流传过程中,传抄有误。① 凝然认为慧光已分辨"顿"为教学方法的分类("化仪"),"圆"为教学内容的分类("化法"),并运用"顿圆"收摄《华严经》。②

所以,《华严经》或属顿教、圆教、圆顿教,可能确实像均如所说"虽有多说,并光师造",比较符合慧光的实际情况。但是,慧光建立渐、顿、圆三教,则是真实不虚的。

地论学派的教相判释,是以渐、顿、圆三教判与四宗判为中心。慧光的四宗判,智𫖮在《法华玄义》中加以引用:

> 六者、佛陀三藏、学士光统所辨四宗判教:一、因缘宗,指《毗昙》六因、四缘;二、假名宗,指《成论》三假;三、诳相宗,指《大品》、《三论》;四、常宗,指《涅槃》、《华严》等,常住佛性,本有湛然也。③

"佛陀三藏"即是勒那摩提,为慧光之师。慧光继承勒那摩提的判教思想,提出"四宗判"。南朝的"五时判教"是依《涅槃经》五味喻而发,慧光不依五时而依经典宗旨,加以归纳分组而成为"四宗"。"因缘宗"是以《毗昙》为中心,阐明小乘说一切有部的"六因四缘"学说。④"假名宗"是以《成实论》为中心,阐明"因成假"、"相续假"、"相待假"等三假⑤的学说。

---

① 《华严五教章匡真钞》卷二,《大正藏》第73卷,第348页中。
② 《五教章通路记》卷一〇,《大正藏》第72卷,第366页下。
③ 《妙法莲华经玄义》卷一〇上,《大正藏》第33卷,第801页中。
④ "六因",即能作因、俱有因、同类因、相应因、遍行因、异熟因;"四缘",即因缘、等无间缘、所缘缘、增上缘。"六因"和"四缘"是一切有部对因果关系的两种不同分析。
⑤ 《成实论》的"三假":(1)因成假,指一切有为法乃因缘所成。(2)相续假,众生心识念念相续,前念既灭,后念复生;了此相续,本无实体,故称为假。(3)相待假,一切诸法各有对待,了此一切对待之法,本无实体,故称为假。

"诳相宗"的"诳"即是不真实的意思,智𫖮、净影慧远都称之为"不真宗",这是以《大品般若经》以及中观学派的《三论》为中心,阐明一切存在为不真实。"常宗"是以《涅槃经》和《华严经》为中心,阐明佛性常住、本具的思想。

但是,依据已发现的文献,佛陀三藏的判教学说,除了"渐、顿、圆"三教和"四宗"外,还有"别教三乘"、"通教大乘"和"通宗大乘"三种教之分判。新罗僧人见登《华严一乘成佛妙义》说:

> 法标师依佛陀三藏为师。此三藏所立通宗大乘,明如来藏真心道理为极,故此中皆摄《楞伽》、《仁王》、《华严》。别教三乘以六识为轨则,修成佛回入通教。通教以妄识为轨则,修成佛依通宗。如来藏真心依位地,更令修觉。……佛陀三藏依《楞伽经》所说说通大乘、通宗大乘,故立通宗等教。①

佛陀三藏依《楞伽经》的"说通"、"宗通"之说,判别大乘为"通教"与"通宗",然后将小乘称为"别教三乘";而且,阐明三教心识观的不同,别教三乘以"六识"为中心,通教以"妄识"为中心,最后通宗则以"如来藏真心"为中心,三者依次递进,反映了勒那摩提是以如来藏真心为中心,这正是地论学派南道系学说的特点。

智𫖮在《法华玄义》剖析"通教"、"通宗"说:

> 彼云:诳相不真宗即是通教,常宗只是真宗,即是通宗者。……彼引《楞伽经》云:说通教童蒙,宗通教菩萨。故以真宗为通宗也。②

智𫖮指出,"通教"即是诳相宗、不真宗,"通宗"即是常宗、真宗,可见"通宗"等三教判教与四宗判是不矛盾的。

在《楞伽经》的诸译本中,出现"宗通"、"说通"译语的,唯有求那跋陀

---

① 《华严一乘成佛妙义》,《大正藏》第 45 卷,第 785 页下—786 页上。
② 《妙法莲华经玄义》卷一〇上,《大正藏》第 33 卷,第 804 页下。

罗的宋译本。①宋译《楞伽经》说:"一切声闻缘觉菩萨,有二种通相:谓宗通及说通。"②声闻、缘觉、菩萨三乘有二种通相,宗通是依修行而言离言说文字,说通即是善巧方便的教说。同时,又说:"谓我二种通,宗通及言言;说者授童蒙,宗为修行者。"这是依如来的角度,说通是声闻、缘觉的教法,宗通即是菩萨的教法,换言之,可判别为大乘、小乘。

佛陀三藏综合了说通与宗通的二种意义,从而建立了三乘别教、通教、通宗的判教。但是,通过"通教大乘"的媒介作用,这三教的相互关系有两种情况:(1)通宗、通教与别教三乘,这是依"通"与"别"而组合,即是大乘、小乘的分判;(2)通宗与通教、别教,这是依"宗"与"教"而组合,即是所诠的宗与能诠的教。③所以,佛陀三藏的三教判,"别教"、"通教"表示小乘、大乘的展开,"通教"、"通宗"表现了大乘中的浅深顺序,从而与"四宗判"联系起来,反映了北方佛教的大乘意识。同时,地论学派在开展判教学说时,逐渐引入《涅槃经》,于是四宗判逐渐分裂成五宗、六宗,三教判与"五时"亦得到结合,从而形成非常丰富的判教思想。

3. 地论学派南道系后期的判教思想

法藏《五教章》记慧光判别佛说为渐、顿、圆三教后,说:"后光统门下遵统师等诸德,并亦宗承,大同此说。"④慧光的门下继承渐顿圆的判教学说,对于"遵统师",坂本幸男考证为"昙遵"⑤。昙遵(480—564?),在慧光

---

① 有关《楞伽经》的汉译及梵本情况,参考 D. T. Suzuki(铃木大拙):*Studies In The Lakānatāra Sūtra*, Delhi, 1999, pp.4—5。结城令闻曾对汉译本与梵文本的结构进行比较,见结城令闻的《唯识学典籍志》,第29—33页,东京,大藏出版社,1985。
② 《楞伽阿跋多罗宝经》卷三,《大正藏》第16卷,第499页中。
③ [日]织田显祐:《华严一乘思想の成立史の研究——地论宗教判史より见た智俨の教学》,《华严学研究》第2号,第134页,1988。
④ 《华严一乘教义分齐章》卷一,《大正藏》第45卷,第480页中。《探玄记》亦有类似的文字,见《华严经探玄记》卷一,《大正藏》第35卷,第111页上。
⑤ 另有一解释为"洪遵"(530—608),见[日]坂本幸男的《华严教学之研究》(第一部),第201页,释慧岳译,台北,中华佛教文献编撰社,1971。

门下出家,精进不懈,"大乘顿教,法界心源,并披析义理,挺超时匠",深得朝野钦仰。七十岁时,举为国都,不久转任国统,故称"遵统师"。① 曾著《华严疏》七卷。② 关于昙遵对《华严经》的理解,传记中突出"大乘顿教,法界心原",可见他对慧光所分判的三教中的顿教一门的义理,甚具心得。

慧光的"四宗判",得到后代地论师的继承与发扬,于是出现三宗、四宗、五宗、六宗等种种判教。吉藏《大乘玄论》提及地论师持有"三宗"和"四宗"之说:

> 地论师:有三宗、四宗。三宗者,一、立相教,二、舍相教,三、显真实教。为二乘人说有相教;《大品》等经广明无相,故云舍相;《华严》等经名显真实教门。四宗者,《毗昙》是因缘宗,《成实》谓假名宗,《三论》名不真宗,《十地论》为真宗。③

地论师的"三宗"、"四宗"都是立足于慧光的"四宗判",然后有所增减或修改。"三宗"分别是:(1) 立相教,这是为二乘人所说的法,主要是剖析万法的性相;(2) 舍相教,这是《大品般若经》的教理,阐明万法无相、本性是空;(3) 显真实教,指《华严经》,显示最高的真理。所以,"三宗"是慧光的"四宗判"除去第二"假名宗"。而吉藏所提到"四宗",与慧光的"四宗判"相似,只是改第四宗为"真宗",以《十地经论》为代表经论。④

但是,吉藏并未指出"四宗"判教的地论师,法藏《五教章》记载大衍法师建构"四宗"的判教体系:

> 依大衍法师等一时诸德,立四宗教,以通收一代圣教:一、因缘

---

① 《续高僧传》卷八《昙遵传》,《大正藏》第 50 卷,第 484 页上一中。
② 《华严宗章疏并因明录》,《大正藏》第 55 卷,第 1133 页上;《东域传灯目录》,《大正藏》第 55 卷,第 1146 页中。
③ 《大乘玄论》卷五,《大正藏》第 45 卷,第 63 页下。
④ 吉藏《中观论疏》卷一本:"如旧地论师等辨四宗义:谓《毗昙》云是因缘宗,《成实》为假名宗,《波若》教等为不真宗,《涅槃》教等名为真宗。"(《大正藏》第 42 卷,第 7 页中)这是以《涅槃》等为代表经论。

宗,谓小乘萨婆多等部;二、假名宗,谓《成实》、经部等;三、不真宗,谓诸部《般若》,说即空理,明一切法不真实等;四、真实宗,《涅槃》、《华严》等,明佛性、法界、真理等。①

"大衍法师"即是慧光的弟子昙隐,他居住于北齐邺城的大衍寺。昙隐的"四宗",与慧光的"四宗判"基本相同,可见他是继承其师之说。

而且,吉藏还提及地论师具有"五宗"判教。② 智𫖮《法华玄义》举出护身寺自轨的"五宗":"有师开五宗教,四义不异前,更指《华严》为法界宗,即护身自轨大乘所用也。"③《五教章》的解释较详:

> 依护身法师,立五种教:三种同前衍师等;第四名真实宗教,谓《涅槃》等经,名佛性、真理等;第五明法界宗,谓《华严》明法界自在无碍法门等。④

自轨的生平不详,应是地论师。自轨的"五宗"前三宗,与慧光、昙隐的"四宗"相同,但是将"四宗"的"真实宗"分开,《涅槃经》阐明佛性妙有为"真实宗",而《华严经》明无碍法界,为"法界宗"。这样,《华严经》置于《涅槃经》之上,成为"五宗"。

在南北朝佛教中,《法华经》无疑是一部非常重要的经典。《法华经》以"一乘"引导人们走向成佛之道,"十如是"表现出存在论的统一性,吸引人们去探讨宗教与哲学的重要命题。地论学派虽然以《涅槃经》、《华严经》为主要经典依据,但是仍然必须面对《法华经》,在判教理论中必须体现出《法华经》的地位与思想。所以,后期地论师在慧光的"四宗"判教基础上更提出"六宗",智𫖮《法华玄义》说:

---

① 《华严一乘教义分齐章》卷一,《大正藏》第45卷,第480页下。
② 《法华玄论》卷三:"北地诸地论师,明四宗、五宗等说。"(《大正藏》第34卷,第384页下)《仁王般若经疏》卷上一:"十地论师四宗、五宗分佛教。"(《大正藏》第33卷,第315页中)
③ 《妙法莲华经玄义》卷一〇上,《大正藏》第33卷,第801页中。
④ 《华严一乘教义分齐章》卷一,《大正藏》第45卷,第480页下。

> 有人称：光统云四宗，有所不收，更开六宗。指《法华》万善同归，诸佛法久后，要当说真实，名为真宗。《大集》染净俱融，法界圆普，名为圆宗。余四宗如前。即是耆阇凛师所用。①

"耆阇凛"即是"安廪"，为慧光的门人。曾经到南朝，住钟山（今江苏省南京市东）耆阇寺，故名。安廪曾为陈文帝讲《大集经》，可见他是地论师中重视《大集经》的一流。安廪认为，慧光的"四宗判"未能收摄佛陀的所有教法，如《法华经》、《大集经》等，所以提出"六宗"。第五、"真宗"，这是指《法华经》，会三归一、开权显实，开示种种方便，最后归入最究竟的真实。第六、"圆宗"，即是《大集经》，融会染净的分别，显示法界为圆通无碍，普及群品。

依智顗的叙述，安廪的"六宗"是将大乘经论，依《华严经》、《涅槃经》→《法华经》→《大集经》的次序排列，这无疑符合地论学派尊重《华严经》的传统。但是，《五教章》的引述则有出入：

> 六、依耆阇法师，立六宗教：初二同衍师；第三名不真宗，明诸大乘通说诸法如幻化等；第四名真宗，明诸法真空理等；第五名常宗，明说真理恒沙功德常恒等义；第六名圆宗，明法界自在，缘起无碍，德用圆备，亦《华严》法门等是也。②

安廪的"六宗"中的"因缘宗"、"假名宗"，与慧光、昙隐的"四宗判"相同。第三"不真宗"是阐明诸法为如幻如化，第四"真宗"则为说明万法的本性是空，从思想上说，这是将慧光、昙隐的"四宗判"的"不真宗"分开为"不真宗"、"真宗"。第五"常宗"说明如来藏、法身等真理具有无量恒河沙数的功德，第六"圆宗"是说明法界缘起自在无碍，万德圆备具足，亦是《华严经》所彰显的法门。安廪是将"四宗判"的"真宗"分为"常宗"、"圆宗"，其中"圆宗"应该是指《大集经》、《华严经》。

---

① 《妙法莲华经玄义》卷一〇上，《大正藏》第 33 卷，第 801 页中。
② 《华严一乘教义分齐章》卷一，《大正藏》第 45 卷，第 480 页下。

总而言之,安廪的"六宗"判教依智𫖮、法藏的记载,疑点颇多。虽然,后来澄观、慧苑等都以华严宗的判教进行解释,但已经远离地论学派的判教传统,不能正确理解安廪的"六宗",所以必须借助地论学派的其他判教理论进行解释,尤其是重视《大集经》的一流。

在地论学派南道系中,尊崇《大集经》者大有人在。于是,《大集经》的判别成为判教的中心。智𫖮《法华玄义》曾指出安廪主张《大集经》"为染净俱融,法界圆普",所以为"圆宗"。在地论学派中,安廪、灵裕、宝瑔、玄琬都是《大集经》的研习者,但是这些人的著作皆未能存世。在敦煌遗书中,发现地论学派的珍贵文献。如 S.613V《纲要书》,《敦煌宝藏》拟题为《佛经疏释》,主要是关于佛教法义的讨论,具有"义章"的特点。S.613V《纲要书》说:

> 三教行相　夫如来大圣,所以兴于世者,将欲以己所得,传示众生故也。然其所得,教别尘沙,岂容限目。如约以辨一代始终,要不出三。其三者何？一是三乘别教,二是通教,三是通宗教。言别教者,谓《毗昙》、《成实》所辨疏论者是;言通教者,如《法华》,会三归一者是;言通宗教者,谓《涅槃》、《华严》、《大集》,所辨体状者是。前言通者,相融故通;今之辨通,体融故通。然究之体实,旨明教一,圆音不二为宗。所契平等,体真一味,理唯如如,岂容异哉！但随根上下,别其浅深,寄言于三耳。又就别教①之中,具辨法界,理教行法,及以一切,但唯在事耳。通教之中,备明法界,但唯论其相也。就其通宗,所辨法界,唯据体实,以明旨此难晓,宜释前同异,寄以显示何者。欲明前之别教,宜明指月舍相以标;通教辨唯据返诠而显悟;其通宗要是返而彰体。……一体一切体。……言一体即是《华严》,一切体即是《涅槃》,体无不彰即是《大集》。然《涅槃》据相,明渐教行,是有余无余;《华严》就体,辨顿圆教行,是必竟不必竟;《大集》据无

---

① "别教",原写本为"教别",今据意改。

障碍,以彰圆教行,是秘密。盖是顿以辨渐,差别而无差别;即渐以明顿,无差别之差别。差别无差别,如因陀罗网;融同无碍者,宁非圆穷之实哉!①

S.613V《纲要书》的判教思想继承了佛陀三藏的"三教判",而且明确指出三教的经论。"三乘别教"是小乘的教理,以《阿毗昙》、《成实论》为主;"通教"是《法华经》,阐明会三归一的思想;至于"通宗",《涅槃经》、《华严经》、《大集经》都包含于其中。S.613V《纲要书》将《法华经》界定为"通教",而且明确指出《涅槃经》等三经为"通宗",这是佛陀三藏的"三教判"的发展,与安廪的"六宗判"有相似之处。如智顗《法华文句》说:"地人呼《华严》为圆宗,《法华》为不真宗"。② "不真宗"即是"通教",可见S.613V《纲要书》确实是地论师的著作。

总结S.613V《纲要书》的判教,图示如下:

S.613V《纲要书》的判教思想,分为两种层次:(1)就"三教"的差别而言,"别教"对真理的阐发与实践等,都是在"事"的层面,诠释的方法是"指月舍相",即通过阐明诸法的差别而舍弃对诸法的执著;"通教"依"相"而诠释法界,最后显示悟证的境界;"通宗"依"体"而阐释法界的体性。(2)就"通宗"而言,依法界体性的最高真理来看,所有教法都是同一的,都是"圆音不二";而且,从修道者的证悟来说,所证入的真理之体是一味平等无差别,真理是本然如是。但是,随众生的根机深浅,于是有渐、顿、圆的差别。这样的解释,无疑具有菩提流支"一音教"的特点。但是,S.613V《纲要书》并不停留于菩提流支

---

① 《敦煌宝藏》第5册,第139页下—140页上。
② 《妙法莲华经文句》卷九上,《大正藏》第34卷,第125页下。

所说大乘经论的"等质性",而是在大乘经典中判别浅深次第。从最高真理的诠释与实践来看,《华严经》是"顿"时彰显唯一体性,圆满法身法界即是华藏世界海,在实践上则属于"顿圆教行",在证悟上则有究竟与不究竟的差别;《涅槃经》是"渐"次阐明诸法的各自体性,因此必须修渐教行,证入的涅槃存在"有余"与"无余"的不同;《大集经》是依体相圆融无障碍而彰显圆教行。所以,我们可以从中发现地论师依"体"、"相"、"用"而诠释大乘教理。"体用"问题在地论师时代逐渐成为诠释的核心。

《大集经》之所以被置于判教系统的最高位置,S.613V《纲要书》指出:"十地圆道……杂染实者,染净斯融也。……德行满足,是名之为圆也。"①《大集经》阐明十地菩萨的最高境界,圆融杂染与清净,具足功德万行,因此称为"圆宗"。《大集经》的研究与《十地经论》、《华严经》的密切结合,主要在于北方佛教重视修禅。② 所以,《大集经》引起地论学派以及四论学派的重视,如吉藏《华严游意》说:"二佛同明因果,各有差别无差别、无差别差别义。"③这与 S.613V《纲要书》所说"差别无差别"非常相似,可见《大集经》对北朝佛教的影响。

此外,S.6388《胜鬘经疏》④的判教思想,与 S.613V《纲要书》非常一致:

> 今并信未久者,悟圆教之宗在始,故曰未久。就圆宗之中,略明三种相。《涅槃》等,是渐中之圆;《华严》等是顿中之圆;《胜鬘》等是,圆中之圆,《大集》之流故也。是以《涅槃》以自类因果为宗,《华严》以自种因果为宗,《大集》等以自体因果为宗。然宗各备三,欲别

---

① 《敦煌宝藏》第 5 册,第 138 页下。
② [日]石井公成:《华严思想の研究》,第 513 页,东京,春秋社,1996。
③ 《华严游意》,《大正藏》第 35 卷,第 11 页下。
④ 有关此写本的文献学考察,见[日]古泉圆顺的《敦煌出土佛典注释书の"圆宗"》,《IBU 四天王寺国际佛教大学文学部纪要》第 15 号,第 38—39 页,1983。

三者,互举一宗耳。①

S.6388《胜鬘经疏》将"通宗"称为"圆宗",在"圆宗"之中,《涅槃经》是属于"渐中之圆",《华严经》是"顿中之圆",《胜鬘经》、《大集经》是"圆中之圆",而且三者所明因果亦不同。类似的判教,亦见于 B.6616(闰76)《涅槃经疏》。②

依判教方法,"渐教"衍成"渐中之渐"、"渐中之顿"、"渐中之圆","顿教"衍成"顿中之渐"、"顿中之顿"、"顿中之圆","圆教"即有"圆中之渐"、"圆中之顿"、"圆中之圆"。③ 这种判教方式在当时北方佛教界盛行,《法华玄义》提到"《华严》圆顿之教,解宗不同"④,"若约法被缘,名渐圆教"⑤,所以存在以"圆顿"、"渐圆"判别《华严经》的情形。而且,《法华玄义》对"渐圆"、"圆渐"、"渐渐"、"圆圆"加以剖析、解释,后来《摩诃止观》的"四种止观"中使用了"渐渐"、"渐圆"、"圆渐"、"圆圆"⑥。可见,天台智顗对"圆教"及"圆顿止观"的理解,受到地论师的影响。

S.613V《纲要书》、S.6388《胜鬘经疏》、B.6616(闰76)《涅槃经疏》等地论学派的敦煌文献,属于重视《大集经》一流。此系的判教思想是将佛陀三藏的"三教判"与慧光的"顿渐圆"进行融合,将"顿渐圆"摄入"通宗大乘",而且三教衍生、匹配,出现"圆圆"、"圆渐"等判教方式。

---

① 《敦煌宝藏》第45册,第656页下。
② B.6616(闰76)《涅槃经疏》:"今略明经教不同,如似《大集》等经是圆教,《华严》等是顿教,《涅槃》是渐教。虽等大乘,显义不同。"(《敦煌宝藏》第100册,第615页下)
③ [日]古泉圆顺:《敦煌出土佛典注释书の"圆宗"》,《IBU四天王寺国际佛教大学文学部纪要》第15号,第42页,1983。
④ 《妙法莲华经玄义》卷九下,《大正藏》第33卷,第795页中。
⑤ 《妙法莲华经玄义》卷一上,《大正藏》第33卷,第683页下。
⑥ 《摩诃止观》卷三下:"复次四种止观当分圆渐,三藏中有从初心方便来入真位,此名为渐;三十四心断结成果,岂不名圆。通别中初心乃至后心,岂无渐圆。圆中当体理极称圆,亦有初心乃至四十一地,岂不是渐。妙觉究竟,岂不是圆。圆圆非渐圆,圆渐非渐渐。故知当分皆具二义也。《法华疏》中应广说。然渐渐非圆渐,可得成圆渐;圆渐非圆圆,不可得成圆圆。何者?《法华》云:汝等所行是菩萨道,故渐渐成圆渐。渐圆权设三教之果,不可更成妙觉之佛(《大正藏》第46卷,第33页下)。

佛陀三藏、慧光以后的后期地论学派，"别教三乘"、"通教大乘"、"通宗大乘"三教判得到详细展开，而且与菩萨行位结合起来，最好的体现是敦煌遗书中的《法界图》。①

"六道众生章"阐明修五戒十善的生处，所依经典为伪经《妙法莲华经马明菩萨品第三十》②，该经是依《长阿含经·世起经》、《大楼炭经》、《正法念处经》而解说三界，即是人天教的经典。《法界图》说：

> 此等一段众生二十五有，据一须弥山一四天，下从阿鼻地狱，上至非想非非想天。如是次第，有百亿须弥乃百亿非想非非想天。就中数千须弥有一铁围③山绕之，名小千世界。即以小千铁围为数至千，复以一大铁围[绕]之，名中千世界。复数中千积数至千，名大千世界，亦名三千世界。此诸铁围次第倍高，[一四天下铁围倍高]须弥山，小千铁围次第复倍高，二千铁围倍高小千，三千铁围最为高大，与争界等。一切众生在此四重铁围之内，流转生死，不能得出，名为牢狱。一切④众生善恶万差，苦乐杂秽，故名娑婆世界。释迦如来于中施化，令得出世，从化主为名，[亦名]佛世界，[犹如西方]安乐世界，亦名无量寿佛国。如此方娑婆世界，十方无量无边虚空法界皆亦如是。然其中多少不同，或以恒河沙三千大千世界为一佛土，或复清净无三恶道人天升降，自此已前是事识众生，如结冰也；自此已后是分段众生，如融冰也。⑤

《法界图》以人天教为中心，详细叙述了六道、三界、二十五有，乃至三千大千世界的宇宙观念。但是，三界内的众生为"事识众生"，三界外为"分

---

① [日]青木隆对《法界图》进行专门研究与校录，《敦煌出土地论宗文献〈法界图〉について——资料の绍介と翻刻》，《东洋の思想と宗教》第13号，第59—77页，1996。
② S.2734，收入《大正藏》第八十五卷。
③ P.2832B "围"下有"次第复倍高二千铁围倍高小千三千铁"，据 S.3441 删除。
④ P.2832B 为"段"，据文意改。
⑤ [日]青木隆：《敦煌出土地论宗文献〈法界图〉について——资料の绍介と翻刻》，《东洋の思想と宗教》第13号，第67—68页，1996。

段众生",这是地论学派特有的观念。三界内众生因为事识分别产生烦恼、造业、受报,从而在三界内轮回。

"三乘别教章"叙述三乘的修行位次,依《成实论》卷一为中心而阐明。《法界图》说:

> 次明诸贤圣人修①道断障,出(于)三界,或以方便虽出不舍。初明三乘诸子,一者声闻乘,二者缘觉乘,三者菩萨乘。②

"三乘"就是声闻、缘觉、菩萨,前二者断烦恼障出三界,菩萨以智慧方便虽出三界而不舍世间,仍然在世间度化众生。从"三乘别教"的教观来说,"三乘诸子同观性空,断分段生死",这是相同的。

"通教大乘章"依《菩萨璎珞本业经》、《十地经论》强调依空观、般若而通达"平等"之理;在说明各阶位时,"无生"、"平等"是重点。《法界图》说:

> 自此以后,是变易众生。同观相空,兼缘常理,断变易生死,念念入于寂灭,喻如息波,浅深七位五十[二]人,皆悟融平等实实之理,合三归一,故名通教大乘。③

"通教大乘"的五十二位菩萨,依般若通达诸法相空,兼修如来藏常理,断除变易生死,悟入平等真实之理,皆修习般若性空,所以为"通教大乘"。

"通宗大乘章"是以《华严》及如来藏系的思想为中心,经典范围非常广,如《华严经》、《涅槃经》、《大集经》、《胜鬘经》、《楞伽经》、《仁王般若经》等,《法界图》依《华严经》、《十地经论》,菩萨修行的五十二位次与"通教"相同,但是"一阐提"的位置不同。《法界图》说:

> 自此以后是八识真集众生入道次第,如水渐清,分圆照。通宗

---

① P.2832B 为"贤",S.2734、S.3441 均为"修",今改。
② [日]青木隆:《敦煌出土地论宗文献〈法界图〉について——资料の绍介と翻刻》,《东洋の思想と宗教》第13号,第68页,1996。
③ 同上书,第70页。

入道次第,佛性法性,真如法界,是诸佛之宗。此一法即一切,体相俱融,故称为[通];出三乘通教之上,体性宽博,故为大;无障碍,虚通运,故谓为乘。说中亦辨四十二贤圣德位,但行俱位融,别而无别。《华严经》云:住于一地,并摄一切诸功德。①

"通宗大乘"的修习者称为"八识真集众生",虽然入道行位次第有四十二位差别,但是行别圆融,差别而又无差别;任何一个行位都能证入诸佛的佛性、诸法的法性,证入真实的法界,一法即一切法,一行即一切行,一位即是一切法,圆融无碍,所以为"通教大乘"。

地论学派南道系中,融合"三教判"与"顿渐圆",还体现在日本金泽文库保存的题名"佛陀三藏"撰《华严经旨归两卷》(简称《两卷旨归》)。《两卷旨归》"宗别"说:

> 初言宗别者,一者通宗大乘,二者通教大乘。《楞伽经》云:"一者宗通,二者说通。宗者,为修行者;说者,示童蒙。"初言宗通者,即通宗大乘。如《华严》顿教,为正修行者故,云"宗为修行者"。第二、说通者,说名非义,以教顿处,即是通教大乘。如《涅槃》渐教,为始修之机故,云"说者,示童蒙"。如《法华经》明大牛之车者,即通教大乘。凡牛回头,得脊百上,即通教大乘相融体不融;故变净土中,明除秽以显净,即是相融无碍主。《华严经》明文殊师利如象王回观察善财者,即是通宗大乘;凡象不得回头,即通身俱回,表通宗大乘体融无碍义。②

《两卷旨归》依《楞伽经》的"宗通"与"说通"而判别"通宗大乘"与"通教大乘"。"通宗大乘"是顿教大乘,即是《华严经》;"通教大乘"是渐教大乘,即是《涅槃经》、《法华经》。

---

① [日]青木隆:《敦煌出土地论宗文献〈法界图〉について——资料の紹介と翻刻》,《东洋の思想と宗教》第13号,同上,第74页。
② [日]石井公成:《华严思想の研究》"资料篇",第537页,东京,春秋社,1996。

"通宗大乘"与"通教大乘"在教义上的差别,主要表现在"体融"与"相融"上。《两卷旨归》说:

> 故《华严·贤首品》云:"求大乘者犹易,能信是法为甚难"。"求大乘者犹易"者,此是渐教大乘,亦名通教。明有为无为,以为教法;显会中道,以为旨法;因无常果常,明教相假名之机我执对治法。渐教二乘及以诸论,以为多闻不能对治无常因行,令使不为生灭所迁,不入一切种智故。《华严·明难品》喻通教之机。经云:"譬如有良医,具知诸方药,自疾不能救,多闻亦如是。"明顿教菩萨圆通道位,体通始终,本除相应缘起行,能集一切动智故。《十地》金刚藏云:"佛子,是菩萨所集一切智慧功德法门品,若不深种善根,不能得闻。"又《法界品》云:"本性清净一切种智,超出一切诸障碍山。随所应化,皆悉普照。"又《华严·性起品》云:"佛子,如来应供等正觉,不为菩萨演说显现如来究竟涅槃。何以故?欲令诸菩萨于一念中普现,三世一切诸佛悉现前故,出生一切如来妙色,亦复不起二不二想。何以故?菩萨摩诃萨,远离诸想,无染著故。佛子,但如来欲令众生欢喜故,出现于世;欲令众生忧悲感慕故,示现涅槃;其实如来无有出世,亦无涅槃。何以故?如来常住如法界故,为化众生示现涅槃。""能信是法为甚难"者,即是《华严》顿教大乘,亦名通宗。①

《两卷旨归》的作者引用《华严经》,来解释"通宗"与"通教"的思想差别。"通教"的渐教大乘,阐明万物分为"有为法"与"无为法";从实践上来说,籍假修真,依凭无常的有为因而得到常住真实的无为果。而且,将"渐教"分为二乘与大乘,二乘不能证入一切种智。"通宗"的顿教大乘,在体性上融通无碍。

《两卷旨归》所述的地论学派判教,将《华严经》规定为"顿教大乘",

---

① [日]石井公成:《华严思想の研究》"资料篇",第537—538页。

这与智𫖮、法藏的记载一致；而且，"顿教"即是"圆教"，并非建立"顿渐圆"三教，这与《续高僧传·昙遵传》所说"大乘顿教，法界心源"一致。①

同时，《两卷旨归》对于"渐教"，有"三乘渐教"、"涅槃渐教"、"渐教大乘"、"渐教童蒙之法"、"渐教二乘"、"渐教缘觉道"等种种说法，以此概括《华严经》以外的大小乘经典，因此"三乘别教"与"通教大乘"都摄入"渐教"。②《两卷旨归》说："明善财修顿教普贤性离行，成三阿僧祇将满，胜渐教二乘等佛故"、"初就教者，明此经顿教大乘，唯被大机，不及二乘别相渐教之机故"、"顿教因果不与渐教功德共"，这说明《华严经》以外的修行者，通过信《华严经》，能够转入"顿教大乘"。这无疑强调了《华严经》的殊胜与隔绝性，是华严宗的"别教一乘"思想的渊源。

4. 净影慧远的判教思想

净影寺慧远（523—592）为北周和隋代的重要佛教思想家，为"隋代三大师"之一，最早对繁杂的南北朝判教理论进行总结与评论。净影慧远的时代，三藏典籍已经大略具备，在佛学界最流行的经论是《大般涅槃经》、《摄大乘论》、《大智度论》等，如道宣所说："当时诸部，虽复具扬，而《涅槃》、《摄论》最为繁富"。③ 而且，北周武帝的毁法禁佛，促使北方释子纷纷南下，于是接触南方的佛教义学，南朝盛行的《涅槃》、《摄论》、《般若》、三论等义学，在隋代都已流入长安；同时，隋代文帝时，以洛阳、长安为中心，大量延邀四方名僧辐辏于斯地，于是造成南北佛学趋向于统一。

---

① 《续高僧传》卷八《昙遵传》，《大正藏》第50卷，第484页上。
② [日]石井公成：《华严思想の研究》，第47页。
③ 《续高僧传》卷十五，《大正藏》第50卷，第549页中。蓝吉富总结隋代流行的经论：(1)《大般涅槃经》，弘扬者有55家；(2)《摄大乘论》，31家；(3)《大智度论》，24家；(4)《十地经论》，23家；(5)般若系经书(含《仁王》、《金刚》、《大品》)，19家；(6)三论(《中论》、《十二门论》、《百论》)，18家；(7)《四分律》，17家；(8)《法华经》，15家；(9)《华严经》，14家；(10)《维摩诘经》，11家；(11)《成实论》，10家；(12) 小乘论书(含《心论》、《俱舍》、《杂心》、《婆沙》等论)：共23家。见蓝吉富的《隋代佛教史述论》，第121—131页，台北，台湾商务印书馆，1998。

净影慧远综合南北佛学思潮,加以批判与继承,陈寅恪说:"当六朝之季,综贯包罗数百年间南北两朝诸家宗派学说异同之人,实为慧远……其所著《大乘义章》一书,乃六朝佛教之总汇。"① 同时,从地论学派的传承来看,净影慧远继承法上,延续着地论学派的"正统",所以他的判教思想亦是对地论学派本身的继承与批判。② 概括净影慧远的判教理论,即是"二藏"与"四宗"。

智𫖮概括南北朝的判教理论为"南三北七",净影慧远则举刘虬、慧诞(即智诞)、菩提流支为代表,叙述三家的判教思想,而加以评破。

净影慧远《大乘义章》所记载刘虬的"二教五时七阶"与刘虬《无量义经序》有差异,与俄藏敦煌地论学派文献 Φ180 相似。慧远以刘虬为代表,或许隐含着对地论学派内部异说的批判。

刘虬以顿、渐二门作为判摄的纲领,慧远认为顿、渐不能涵摄所有的经教。《大乘义章》说:

> 刘虬所云:佛经无出顿、渐二门,是言不尽。如佛所说四《阿含经》、五部戒律,当知非是顿、渐所摄。所以而然,彼说被小,不得言顿;说通始终,终时所说,不为入大,不得言渐。又设余时所为,众生闻小取证,竟不入大,云何言渐?是故顿、渐摄教不尽。③

慧远主张,"渐教"与"顿教"都是教授大乘法,"渐教"对应于先前曾修习小乘道、今时转归大乘道的"渐入菩萨","顿教"对应于径直修习大乘道

---

① 陈寅恪:《大乘义章书后》,《金明馆丛稿二编》,第 181 页,北京,三联书店,2001。
② 对净影慧远判教思想的研究,已经出现了不少的成果。如廖明活的《净影寺慧远的判教学说》,《中华佛学学报》第 6 期,1993 年,第 219—235;此文后收入《净影慧远思想述要》,台北,台湾学生书局,1999 年;刘元琪的《净影慧远〈大乘义章〉佛学思想研究》,第 262—274 页,高雄,佛光山文教基金会,2001 年;华方田的《隋净影慧远的判教说》,载杨曾文、方广锠主编的《佛教与历史文化》,第 88—103 页,北京,宗教文化出版社,2001 年;冯焕珍的《净影寺慧远判教观的再考察》,《佛学研究中心学报》第 8 期,第 73—102 页,2003 年。在这些研究中,廖明活、华方田概括净影慧远的判教思想为"二藏"与"四宗",刘元琪、冯焕珍则将"一佛乘"摄入判教而加以阐释。
③《大乘义章》卷一,《大正藏》第 44 卷,第 465 页中。

的"顿悟菩萨"。这样,小乘法自然不能摄入"顿教"、"渐教"的范围。而且,四部《阿含经》与五部律典①是属于小乘经律,自然不能摄入顿教;佛陀成道与涅槃时都在演说小乘经律,其目的亦不在于转小乘为大乘,所以不能摄入渐教。

刘虬的"五时七阶"是以佛陀说法的"时分"为中心,将某种佛经或教义判属佛陀说法生涯的某一时段。如初时为提谓、波利等人说人天因果之法,则判为"人天教";但是,《提谓波利经》②提到:"诸众生吾我本净"、"诸法皆归本无",慧远认为这是"众生空"、"法空"的思想,已经是出世的大乘法,所以不能称为"人天教"。而且,经典记载提谓等人在听法时,皆已得无生法忍,称为"人天教"是不合理的。③

"五时判教"主张佛陀在初十二年,唯说"三乘别教";慧远强调佛陀随机说法,"有宜便说",不可定言三乘教唯属初十二年。

慧远继承了菩提流支的大乘经典"等质性"思想,批判"五时判教"中后三时所显示自浅至深而以《大般涅槃经》为至上的构思。慧远以《般若经》中明言佛成道后五年所说,批驳刘虬以《般若经》为佛陀成道三十年中说的观点,这是继承菩提流支《金刚仙论》的观点。④ 同时,慧远强调《大品般若经》里有"无二(乘)无三(乘)"之语,可见"破三(乘)显一(乘)"的思想并非《法华经》独有,《大乘义章》说:

> 若言《般若》不破三乘、浅《法华》者,《大品经》中舍利弗问:若都

---

① "五部戒律"所指为何?依僧祐《出三藏记集》卷三所收《新集律分为五部记录》、《新集律来汉地四部记录》,可知"五部戒律"为"四大广律"与《迦叶维律》。(《大正藏》第55卷,第19页下—21页中)在净影慧远之前,已译出的"四大广律"有:(1)《十诵律》六十一卷(说一切有部),404—409年于长安译出;(2)《四分律》六十卷(法藏部),410—412年于长安译出;(3)《摩诃僧祇律》四十卷(大众部),416—418年于建康译出;(4)《五分律》三十卷(化地部),422—423年于建康译出。
② 《提谓波利经》是北魏昙靖所撰的疑经。相关研究见镰茂雄的《中国佛教通史》(第四卷),第195—204页,佛光出版社译,高雄,佛光出版社,1993。
③ 《大乘义章》卷一,《大正藏》第44卷,第465页中。
④ 《金刚仙论》卷一:"其第一部十万偈,《大品》是……初第一部如来成道五年在王舍城说。""如《十万偈般若》,如来成道五年说,经有成文。"《大正藏》第25卷,第798页上、801页上。

不退,空复不异,何故得有三乘差别,不唯一乘?须菩提答:无二无三。若闻不怖,能得菩提。此与《法华》无二无三,其言何别,而言非是破三归一?①

《般若经》的本意,"空"与"如"在名义上是统一的,"如"表示诸法真理的无变异性、无差别性。而《大品般若》正是基于在般若空观的观照下"三乘人不可得"②,这与《法华经》的"破三显一"是有区别的。因为,在《般若经》中,存在"共般若"与"不共般若"的区别:在"共般若"中,声闻、缘觉亦修习般若而得无生法忍;但是"不共般若"中,菩萨的智慧与行位,都与二乘不共。所以,慧远的理解与诠释,有其自身的立场。

同时,慧远引用《涅槃经》:"佛性者名第一义空,第一义空名为智慧"③,又引用《大智度论》中法性即是涅槃性的解释④,强调《般若经》亦阐扬佛性思想。在《般若经》中,确实以种种异名表示涅槃,其中空、无相、无愿三解脱门是行门,依此而得解脱涅槃,也就依此来表示涅槃。⑤慧远敏锐察觉到《涅槃经》"前分"、"后分"在佛性思想方面的差异,《涅槃

---

① 《大乘义章》卷一,《大正藏》第44卷,第466页上。
② 《摩诃般若波罗蜜经》卷十六:"须菩提语舍利弗:于诸法如中,欲使有三种乘:声闻乘、辟支佛乘、佛乘耶? 舍利弗言:不也。舍利弗! 如中可得分别有三乘不? 舍利弗言:不也。舍利弗! 是如有若一相、若二相、若三相不? 舍利弗言:不也。舍利弗! 汝欲于如中乃至有一菩萨不? 舍利弗言:不也,如是四种中,三乘人不可得。舍利弗! 云何作是念? 是求声闻乘人,是求辟支佛乘人,是求佛乘人,舍利弗! 菩萨摩诃萨闻是诸法如相,心不惊、不没、不悔、不疑,是名菩萨摩诃萨能成就阿耨多罗三藐三菩提。"《大正藏》第8卷,第337页下。有关《般若经》的三乘与佛乘思想,见平川彰的《初期大乘と法华思想》,《平川彰著作集》第6卷,第375—379页,东京,春秋社,1997。
③ 北本《大般涅槃经》卷二七,《大正藏》第12卷,第523页中;南本《大般涅槃经》卷二十五,《大正藏》第12卷,第767页下。
④ 《大智度论》卷三二:"法性者,法名涅槃,不可坏,不可戏论;法性名为本分种。如黄石中有金性,白石中有银性,如是一切世间法中皆有涅槃性也。"《大正藏》第25卷,第298页中。
⑤ 依印顺的研究,在《般若经》中涅槃的异名有三类:(1)无生、无灭、无染、寂灭、离、涅槃:《阿含经》以来,就是表示涅槃(果)的。(2)空、无相、无愿,是三解脱门。"出世空性"与"无相界",《阿含经》已用来表示涅槃。三解脱是行门,依此而得(解脱)涅槃,也就依此来表示涅槃。(3)真如、法界、法性、实际:实际是大乘特有的;真如等在《阿含经》中,是表示缘起与四谛理的。到"中本般若",真如等作为般若体悟的甚深义。这三类——果,行,理境,所有的种种名字,都是表示甚深涅槃的。《空之探究》,第145页,新竹,正闻出版社,2000。

经》"后分"的佛性思想是受到《般若经》的影响,于是"佛性"与"空"的观念紧密结合,这与"前分"主张"佛性我"有很大的不同。《般若经》中亦有"心性本净"的思想,这是般若正观的平等法门,是重实践而"向上"的诠释模式;而如来藏系的"自性清净"是"从上往下"的诠释模式,重视"心"或"我",指出众生本来有如来性,为成佛净因,或依如来藏建立凡圣、染净等一切法,是从超越向经验的转化。① 所以,慧远以《般若》中亦出现一乘、佛性思想,强调《般若经》与《法华经》、《涅槃经》的"等质性"。

慧远又指出《法华经》也有佛性思想,如常不轻菩萨见出家和在家的男女信众悉皆赞叹他们当得成佛。确实,《法华经》是依"法性"的意义,将"佛性"与"一乘"结合起来;同时,"一乘"思想必须在"悉有佛性"的支撑下,才能够真正实现"二乘作佛"与"声闻授记"等。② 而且,慧远引《大智度论》的说法,《法华经》最为深奥,所以其他经典托付与阿难,唯独《法华经》托付与菩萨。③ 可见,《法华经》在教义上不比《涅槃经》浅。

慧远强调,《涅槃经》虽然是垂终时所说,但在教法上未必是究竟了义的。佛陀在涅槃前所说经教,如《胜鬘经》、《楞伽经》、《法鼓经》、《如来藏经》、《鸯掘摩罗》、《宝女经》等,都是圆满了义的经教。慧远举出自己的理由:"然佛一化,随诸众生,应入大者,即便为说;随所宣说,门别虽异,无不究竟。何独《涅槃》偏是了义?"④慧远认为,《涅槃经》与《胜鬘经》、《楞伽经》等经都是了义经,因为诸经都阐扬了一切众生皆有佛性的如来藏思想。⑤

---

① 见拙作《摄论学派研究》(下册),第328页,北京,宗教文化出版社,2006年。印顺强调:《般若经》的心性本净说,可能引发如来藏说,却不是如来藏说。见《如来藏之研究》,第85页,台北,正闻出版社,1992。
② 详细讨论见拙作《摄论学派研究》(下册),第463—465页。
③ 《大智度论》卷一〇〇:"问曰:更有何法甚深胜《般若》者,而以《般若》嘱累阿难,而余经嘱累菩萨。答曰:般若波罗蜜非秘密法,而《法华》等诸经说阿罗汉受决作佛,大菩萨能受持用,譬如大药师能以毒为药。"《大正藏》第25卷,第754页中。
④ 《大乘义章》卷一,《大正藏》第44卷,第466页下。
⑤ 冯焕珍:《净影寺慧远判教观的再考察》,《佛学研究中心学报》第8期,第83页,2003。

慧诞(即智诞)的"五时判教"与刘虬类似,主张大乘经典的"等质性"与"顿渐摄教不尽",而加以评破。

所以,慧远依他对经论的熟悉与敏锐,以菩提流支"一音教"为基础,对南朝佛教的"五时"判教体系进行评破。同时,慧远依解脱论的立场,从实践历程与大乘悟道的顿、渐,来诠释"顿教"、"渐教",这与在他之前的中国佛教对顿渐的理解有很大的不同。而且,他继承菩提流支大乘经典"等质性"的主张,强调《般若》、《法华》、《涅槃》的平等,这是在义理上的平等,但是在说法方便上仍然有区别,即"行门"的差别。所以,慧远是依"解脱诠释学",主张按照修道的历程、说法的方便进行判教。

虽然,慧远以菩提流支"一音教"对刘虬、智诞进行评破,但是他仍然批判"一音教"。《大乘义章》说:

> 菩提流支言:佛一音以报万机,判无渐顿。是亦不然。如来虽复一音报万,随诸众生,非无渐顿。自有众生藉浅阶远,佛为渐说;或有众生一越解大,佛为顿说。宁无顿、渐?①

对于"一音教",存在着两种理解:(1)"一时异说"、"大小并陈"的"一时教";(2)"一音异解"的"一音教"。慧远所理解菩提流支的"一音教",是"一时教"。慧远认为,佛陀以一种言音开导根机不同的众生,向自小乘转入大乘的渐入菩萨则"渐说",向直接进入大乘的顿悟菩萨则"顿说",所以佛陀说法存在方便的不同,并非"一时异说"。

菩提流支亦有"顿渐"、"半满"的判教,则为何慧远仍然批判菩提流支的"一音教"。这主要在于对"顿渐"理解的不同,菩提流支强调小乘称为"渐教"、"半教",大乘则为"顿教"、"满教",而且在大乘菩萨藏中又有顿、渐;同时,从修学实践的历程而言皆是"渐",从佛陀说法的自在能力而言则为"顿"。可见,菩提流支的顿渐思想非常繁杂,缺乏系统性与次第性。因此,慧远在吸收菩提流支"一音教"与"顿渐二教"的同时,又重

---

① 《大乘义章》卷一,《大正藏》第44卷,第466页下。

新批判了"一音教",重新确立自己的顿渐思想与"二藏"判教。

慧远将佛陀的一代经教分为声闻藏和菩萨藏,又称为"小乘"、"大乘"或"半字教"、"满字教"。这是继承菩提流支的判教观点,而且又有所发展。在中国佛教思想史的发展中,大乘小乘的问题是早期的重要课题,支遁、道安、慧远等不断地对此进行探讨;而鸠摩罗什译出《大智度论》后,对大小二乘严加分判,为中国佛教判教奠定基础。①

在"声闻藏"中,慧远又区分为声闻声闻和缘觉声闻,《十地经论义记》说:

> 声闻藏中,所教有二:一、声闻声闻、二、缘觉声闻。声闻声闻者,是人本来求声闻道,常乐观察四真谛法,成声闻性,于最后身值佛,为说四真谛法,而得悟道。本声闻性,今复闻声,而得悟道,是故说为声闻声闻。……缘觉声闻者,是人本来求缘觉道,常乐观察十二缘法,成缘觉性,于最后身值佛为说十二缘法而得悟道。本缘觉性,最后闻声而得悟道,是故说为缘觉声闻。……然声闻声闻总相知法,钝而不利;缘觉声闻别相知法,利而不钝。利钝虽殊,同期小果,藉教处同,是故对斯二人所说,合之以为声闻法藏。②

慧远将"声闻藏"分为声闻声闻与缘觉声闻,这是依其各自修道法门的不同,声闻声闻修习四谛法门,缘觉声闻悟十二因缘;从法门上说,四谛为总,十二因缘为别;从根机上说,缘觉为利,声闻为钝。但是,二者果位相同,十二因缘为四谛的别法,即教法相同,所以二者同为"声闻藏"。

在"菩萨藏"中,分为"渐入"与"顿悟"。"渐入菩萨"即是先习大乘,后退入小乘,最后又重新进入大乘,这是从浅入深的修道历程("藉浅阶远");

---

① 《大智度论》卷一〇〇:"佛法皆是一种一味,所谓苦尽解脱味。此解脱味有二种:一者但自为身,二者兼为一切众生。虽俱求一解脱门,而有自利利人之异,是故有大小乘差别。为是二种人故,佛口所说以文字语言分为二种:三藏是声闻法,摩诃衍是大乘法。"《大正藏》第25卷,第756页中。
② 《十地经论义记》卷一,《卍续藏》第71册,第267页上—下。

"顿悟菩萨"是一向学习大乘,见佛时闻说大乘,信受奉行("一越解大")。虽然修道历程不同,但是二者都学习大乘而悟道成佛,所以为"菩萨藏"。

慧远将顿渐观念摄入"菩萨藏"或"大乘"中,这与南朝的判教系统以及慧光"顿渐圆"明显不同。但是,慧远的顿渐观念与菩提流支有相似之处,与日本金泽文库保存题名"佛陀三藏"撰《两卷旨归》判别"通宗大乘"与"通教大乘"类似,"通宗大乘"是顿教大乘,即是《华严经》;"通教大乘"是渐教大乘,即是《涅槃经》、《法华经》。① 可见,菩提流支对地论学派南道系的影响。但是,从教法的层次上说,"顿渐"无法摄入声闻藏,于是慧远引入"局教"的观念。《大乘义章》说:"随大小渐顿分别,所谓局教、渐教、顿教。"② "局教"即是声闻藏或小乘。

我们将慧远的"二藏"判,图示如下:

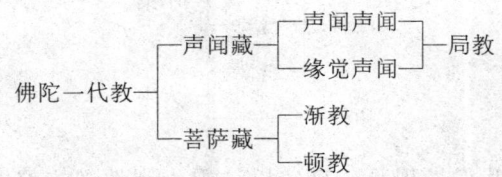

慧远的"二藏判"在判教体系上有其自己的特色,尤其他对顿教、渐教的理解,具有地论学派的本身传承。织田显祐指出,慧远的顿渐二教,是以三乘一乘思想为前提而成立的。③ 慧远主张三乘都以佛性为体,《大乘义章·一乘义》说:

> 此以理一故尔。故经中说:三乘虽异,同一佛性。其犹诸牛,色虽种种,乳色无别。三乘如是,佛性无别,性无别故,证之未圆,唯一佛因;证之圆极,唯一佛果。是故就实,唯一大乘。④

---

① [日]石井公成:《华严思想の研究》"资料篇",第537页,东京,春秋社,1996。
② 《大乘义章》卷一,《大正藏》第44卷,第468页下。类似的说法,见《观无量寿经义疏》,《大正藏》第37卷,第173页上;《温室经义记》,《大正藏》第39卷,第512页下。
③ [日]织田显祐:《华严一乘思想的成立史的研究——地论宗教判史より见た智俨の教学》,《华严学研究》第2号,第151页,1988。
④ 《大乘义章》卷九,《大正藏》第44卷,第648页下。

三乘都统一于"理一",而"理一"即指三乘同具的"同一佛性",在此前提下,三乘众生在未证时"唯一佛因",这是佛性在因地;证果时"唯一佛果",这是"佛性在果",而法佛性不生不灭,唯一不二,所以三乘众生归为一乘。

慧远以为一乘是在三乘之外,因此顿渐二教与三乘一乘的关系,如下所示:

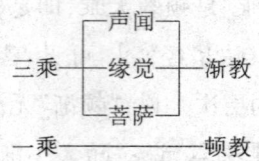

但是,依小乘与大乘、顿教与渐教、三乘的关系,则如下图示:

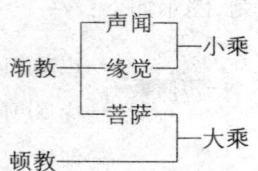

总结上面二图,我们发现慧远确实以一乘为判教观的前提,依三乘建构大乘、小乘,以声闻、缘觉为进入菩萨道的方便,从而建立渐教、顿教。而且,慧远依此批判刘虬、慧诞的顿渐二教"摄教不尽",这样建立了"渐教大乘"、"顿教大乘"。同时,慧远对阐发如来藏思想的经典,如《观无量寿经》、《维摩经》、《十地经》、《胜鬘经》等多种大乘经,皆摄入"顿教"。

慧远继承了鸠摩罗什以来的严立大小乘、排抑小乘、褒扬大乘的立场[1],但是他又继承了菩提流支"一音教"的思想,主张大乘经典的"等质性",这是对南朝佛教的判教系统最大的批判。但是,大乘经典的差别性如何显现呢?慧远强调大乘经典在"宗趣"上的差别,即修道历程、方式与说法方便的不同。《大乘义章》说:

> 诸经部别,宗趣亦异。宗趣虽众,要唯二种,一是所说,二是所

---

[1] 廖明活:《净影慧远思想述要》,第102页。

表。言所说者,所谓行德;言所表者,同为表法,但法难彰,寄德以显。显法之德,门别无量,故使诸经宗趣各异。如彼《发菩提心经》等,发心为宗;《温室经》等,以施为宗;《清净毗尼》、《优婆塞戒》如是等经,以戒为宗;《华严》、《法华》、《无量义》等,三昧为宗;《般若经》等,以慧为宗;《维摩经》等,解脱为宗;《金光明》等,法身为宗;《方等》、《如门》如是经等,陀罗尼为宗;《胜鬘经》等,一乘为宗;《涅槃经》等,以佛圆寂妙果为宗。如是等经,所明各异。然其所说,皆是大乘缘起行德究竟了义。阶渐之言,不应辄论。①

慧远强调大乘经典对解脱论的诠释各有不同,即修道历程与说法方便不同。经典的诠释无不是指向大乘的解脱,但不同经典侧重了不同的解脱"路径",如《优婆塞戒经》注重"戒",《华严经》、《法华经》、《无量义经》都是阐明"定",《般若经》阐扬"慧"。但是,修道法门或说法方便等对于无上解脱,都具有究竟、真实的意义,所以都是平等的。正是基于"解脱诠释学",慧远对大乘经典不作优劣、深浅层次的判摄。

慧光的"四宗判"得到后来的地论师继承与发扬,曾经出现"三宗"、"五宗"、"六宗"等判教。慧远的"四宗判",正是对慧光判教思想的展开,同时对其他地论师进行批判。

慧远的"四宗判",列表如下②:

四宗	另外名称	大小乘	思想
立性宗	因缘宗	小乘中浅	《毗昙》
破相宗	假名宗	小乘中深	《成实》
破相宗	不真宗	大乘中浅	性空本无
显实宗	真宗	大乘中深	真性缘起

① 《大乘义章》卷一,《大正藏》第 44 卷,第 466 页下—467 页上。
② 亦可参考 Kenneth K. Tanaka, *The Dawn of Chinese Pure Land Buddhist Doctrine*, Sri Satguru Publications, Dehli, 1990, pp.33—34.

慧远的"四宗判"是对"二藏判"的具体演绎与分析,他说:"经论之中,虽无此名,实有此义"①,立性宗、破相宗是声闻藏,属于小乘;破相宗、显实宗是菩萨藏,属于大乘。同时,慧远继承了菩提流支的"一音教"精神,强调佛陀说法"大小并陈",因此能诠的"教"无相互之间优劣的问题;但是,所诠的"宗"则不妨有浅深的分殊。这样的判教方式,反对以经典或说法时间进行判摄,而是注重教理或思想上的差别,无疑维护了佛教经典的神圣宗教意义;同时,又注重人间佛陀的真实历史,这是北朝末年、隋代时,随着佛陀传记的不断传入②,经典翻译的丰富,对佛陀的生平逐渐有一种历史主义的认识;而且,面对庞大的经典系统,简单地以某段时间或某经进行判教,显然无法将所有经典摄入判教系统,这样便会失去判教的真正意义。慧远的判教理念,对智𫖮与吉藏都具有很大的影响。

"立性宗"是以《毗昙》为中心的思想体系,《大乘义章》说:

> 言立性者,小乘中浅,宣说诸法各有体性。虽说有性,皆从缘生,不同外道立自然性。此宗当彼《阿毗昙》也。③

"立性宗"的"性"是指诸法各自具有的体性,如说一切有部的"法体恒有",这是一种多元实在论。所谓多元实在论,强调世界是由多种实体聚合而成("皆从缘生"),乃进而追寻这种聚合的单元,最后归结到极微(原

---

① 《大乘义章》卷一,《大正藏》第44卷,第483页上。
② 在慧远以前,传入汉地的佛传经典有:(1)《修行本起经》二卷,东汉竺大力、康孟详合译;(2)《太子瑞应本起经》二卷,三国吴之支谦译;(3)《普曜经》八卷,西晋竺法护译;(4)《异出菩萨本起经》一卷,西晋聂道真译;(5)《中本起经》二卷,东汉昙果、康孟详合译;(6)《过去现在因果经》四卷,刘宋求那跋陀罗译;(7)《兴起行经》二卷,东汉康孟详译;(8)《佛本行集经》六十卷,隋代阇那崛多译;(9)《众许摩诃帝经》十三卷,宋代法贤译;(10)《佛所行赞》五卷,马鸣菩萨造,北凉昙无谶译;(11)《佛本行经》七卷,刘宋宝云译;(12)《僧伽罗刹所集经》三卷,前秦僧伽跋澄译;(13)《四分律》卷三十一至卷三十五之"受戒犍度",佛陀耶舍与竺佛念共译。同时,编纂的佛传著作有:(1)《释迦谱》五卷,梁代僧祐撰;(2)《经律异相》卷四,梁代宝唱等撰。
③ 《大乘义章》卷一,《大正藏》第44卷,第483页上。

子)论。法体不灭,但是山河大地、草木瓦石等皆有生灭。

"破性宗"是以《成实论》与经部的思想为代表,反对有部主张法体为有,认为法无实体,只有假名,所以具有"法空"的思想。《成实论》主张四大及其构成的色法是假的,四大归结为坚、软、暖、动四种触尘,从而与"立性宗"主张四大为实有完全不同。所以,慧远说:"言破性者,小乘中深,宣说诸法虚假无性,不同前宗立法自性。法虽无性,不无假相。"①

"破相宗"持一切皆空的思想,破除一切自性和假相,同时它的假名论将一切世间存在归结为语言,使语言与万物在存在论的意义上关联起来。同时,空作为超越于万物的存在本源,就是"本无"。本无是无相、一味、无分别、寂然不动的本体,是言语道断、心行处灭的境界。一切精神活动(思维分别)都无法把握它。相反,只有在精神彻底熄灭时,它才能显现出来,即存在于万法背后的"冥性本体",即如来藏真性。

"显实宗"持"真性缘起"的思想,《大乘义章》说:

> 显实宗者,大乘中深,宣说诸法妄想故有,妄想无体,起必托真。真者所谓如来藏性,恒沙佛法同体缘集,不离、不脱、不断、不异。此之真性缘起,集成生死涅槃。真所集故,无不真实,辨此实性,故曰真宗。②

"真性缘起"即是如来藏缘起的思想,世间的生死法与出世间的涅槃法,都是依如来藏而成立。在世间与出世间的"转变"中,必须观察世间万法皆是虚妄的假相,本无自体,这是依修行道上的般若空观而观察,即是"空如来藏";同时,如来藏智不脱离一切烦恼,亦不作意与一切烦恼相异,即是"不空如来藏"。慧远重视如来藏缘起思想,从存在论、认识论的层面转向解脱论层面,即是"解脱诠释学"。慧远以"显实宗"为"大乘中深",说明他将佛法的一切诠释都摄入菩萨道的解脱,从而摆脱了南北朝

---

①②《大乘义章》卷一,《大正藏》第44卷,第483页上。

以来在佛性、心识真妄、经教优劣等方面的争论。

  慧远以四宗概括了印度佛教的思想,这是对印度佛教思想史的总结,而且以如来藏思想为自己立宗判教的根本。慧远用四宗剖析佛教经论,提出"立性宗"、"破性宗"是"经同论别",指出二者同源于佛陀的"本教",同出于四部《阿含经》;但是,部派佛教的论师们,则有不同部派的论争,即《毗昙》与《成实论》在思想上的差别。对于"破相宗"与"显实宗",他则主张"经同论同",《大乘义章》说:

> 后二宗中,言经同者,据佛本教,随就何经,以义分之,不别部帙,是曰经同。言论同者,大乘之人,情无异执,言无诤竞,故无异论。①

慧远基于大乘经典"等质性"与大乘经论教义的丰富性、繁杂性,提出二宗在经论上是相同的。

  同时,慧远以自己的"四宗判"批判了以前地论师的判教:

> 又人立四别配部党,言《阿毗昙》是因缘宗,《成实论》者是假名宗,《大品》、《法华》如是等经是不真宗,《华严》、《涅槃》、《维摩》、《胜鬘》如是等经是其真宗。前二可尔,后二不然。是等诸经乃可门别,浅深不异。若论破相,遣之毕竟;若论其实,皆明法界缘起法门。……如是诸经,宗归各异,门别虽殊,旨归一等,勿得于中辄定浅深。②

慧远批判的"人",可能是指昙隐或他的弟子辈地论师。法藏《五教章》记载"大衍法师"的"四宗判",与慧远的记载类似,即将大乘经典摄归为"宗"。③ 慧远认为,将《毗昙》、《成实论》作为前二宗的代表是可以的。但是,在大乘经典"等质性"的前提下,将《大品般若》、《法华经》摄归为"不

---

①②《大乘义章》卷一,《大正藏》第44卷,第483页中。
③《华严一乘教义分齐章》卷一,《大正藏》第45卷,第480页下。

真宗",将《华严经》、《涅槃经》、《维摩经》、《胜鬘经》等判为"真宗",这种做法是慧远无法认同的。因为,所有大乘经论皆具有破相的功能,都阐明了法界缘起思想,在思想、义理方面虽然有差异,但没有浅深分殊。

二、浅深与等质

慧远在评破南北朝的判教思想时,以菩提流支"一音教"精神为前提,以区分大乘小乘为中心,以思想宗趣为标准,以解脱论为归宿,继承慧光的"四宗判",建立了自己的"二藏四宗"判教。地论学派自从北魏慧光、菩提流支之后,不少地论师担任"僧官",在社会政治层面亦居于显赫地位,促使地论师的思想具有普遍的影响力,一直是北朝佛学的主流;而且,经过南北佛学的交流与融合,亦使地论学派内部出现许多"边缘性"的论旨,如判教方面深受南朝"五时判教"的影响,这是地论学派发展过程中的"外散性"的一面。但是,经过枝繁叶茂的发展之后,地论学派出现内部的紧张与分裂,在判教方面呈现出重视《涅槃经》或《大集经》或《华严经》的几大思潮。于是,慧远作为地论学派的集大成者,面对当时佛教的历史因缘,务求"内敛性"的回归,回归到原始的判教思想,即菩提流支的"一音教"与慧光的"四宗判"。所以,从诠释学的角度,我们发现慧远是对地论学派经典传统的"回归",寻求菩提流支、慧光的"本义",这是慧远判教思想的历史意义。

但是,慧远的判教体系自身亦有不足之处,冯焕珍指出:(1) 在"二藏"与"四宗"方面,存在不一致的层面;(2) 他对大乘破相宗的理解互有矛盾。[1] 概括二者矛盾的焦点,即在于大乘经典"等质性"与思想宗趣的浅深优劣之间,存在着一定的矛盾,而理解的关键即在于慧远对"教"与"宗"的看法。

慧远在评破刘虬的"五时判教"时,曾批判"顿渐摄教不尽";但是,慧

---

[1] 冯焕珍:《净影寺慧远判教观的再考察》,《佛学研究中心学报》第 8 期,第 100 页,2003。

远以小乘教为"局教",由小入大者为"渐教",顿显大乘教法为"顿教",则"局教"无法摄入顿渐二教,因此仍有"摄教不尽"之嫌。但是,我们依三乘与一乘的关系,来审视慧远的顿渐二教关系,则已摄尽一切教。

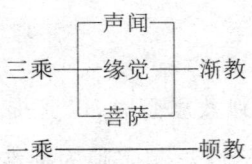

其次,慧远一方面主张大乘经典"等质性",同时在四宗中尊"显实宗",便有浅深分殊。研究者对这一矛盾已作出自己的解释①,冯焕珍依总相、别相进行探讨,颇有见地。依总相门,对大乘二宗作平等观,大乘经论无不毕竟破尽性相;依别相门,对大乘二宗作差别观,无不究竟圆显实相。慧远说:"彼清净法界门中备一切义,诸法缘起,互相集成。就空论法,无法不空;据性辨法,无法非性。"②破相宗以空的思想遮显真理,显实宗以佛性彰显真理;同时,说空为破执著有的众生,而阐扬佛性则为了对治众生的"怯弱心"、"轻慢心"等。所以,破相宗是大乘中浅,显实宗为大乘中深,以总相、别相,能够揭示慧远的判教理论。

但是,一切诠释必须回归文本。回到慧远对"宗趣"的定义:

> 言定宗者,诸经部别,宗趣亦异。宗趣虽众,要唯二种:一是所说,二是所表。言所说者,所谓行德。言所表者,同为表法,但法难彰,寄德以显。显法之德门,别无量,故使诸经宗趣各异。③

---

① 刘元琪解释说:"慧远说浅深又否定浅深,这可以这样解释,即前面有浅深提法指大乘经论在形式上有浅深,而后面离浅深的提法是指所有大乘经论在内容上无浅深之别。"(《净影慧远〈大乘义章〉佛学思想研究》,第267页)华方田认为,慧远主张大乘经典本身并没有深浅优劣的区别,但这些经典所宣说的佛教义理却有深浅之分。见《隋净影慧远的判教说》,载杨曾文、方广锠主编《佛教与历史文化》,第101页。冯焕珍以总相与别相、遮显来加以诠释,见《净影寺慧远判教观的再考察》,《佛学研究中心学报》第8期,第101页,2003。
② 《大乘义章》卷一,《大正藏》第44卷,第477页下。
③ 同上书,第466页下。

慧远主张,宗趣有二种:(1)所说,这是直接说明诸佛菩萨的修道历程以及果位功德等;(2)所表,最高真理无法直接显现,必须借助种种"德门"来加以显现,于是任何方便善巧都是指向解脱目的的观行指南。于是,方便有多门,对机不同而有不同的彰显,由此便形成不同的"宗趣"。

通过上面的论述可以发现,依"所说"的宗趣,一切大乘经典都是对菩萨道的阐扬,平等而无浅深差别;依"所表"的宗趣,诸经所阐发的法门方便各异,这仍然是"门别",浅深不异。但是,"所表"的宗趣进一步发展,即"表法"的方式以及应机方便,则会出"破相"与"显实"两大类区别。这就是依通别、遮诠的不同,自然出现浅深的差别。

三、地论学派的佛性思想

玄奘法师自述其西行求法之动机时曾提及当时的中国佛学,由于"远人来译,音训不同。去圣时遥,义类差舛。遂使双林一味之旨分成当、现二常,大乘不二之宗析为南、北两道"[①]。此中所言之"当、现二常"[②]指南北朝时期关于佛性本有抑或始有的争论,"南、北两道"指地论师之分"南道"、"北道"两个系统。"当、现二常"起源于竺道生的佛性思想。

道生以后,佛性问题引起了广泛的讨论,出现了许多不同的说法。综合言之,其焦点有二:其一,何为正因佛性?其二,佛性为本有还是始有?正因佛性指成佛的内在的、决定性的根据,与此相对而有缘因——即成佛的外在根据或条件。本有、始有之论探讨的是佛性乃先天本具抑或修行始得的问题。关于这两个问题之所以异见叠出,根源在于对佛性本体的不同理解。

关于佛性本有抑或始有的讨论,道宣将其归之于地论师。道宣以为

[①] 玄奘:《启谢高昌王表》,《中国佛教思想资料选编》第2卷,第3册,第6页。
[②] 有人将此看作地论师所专有之问题,亦有些许论据,但不很全面。本文不取此说,而将其当作涉及涅槃师、成实师、地论师的佛学思潮。

当现两说的争锋始自地论师之分南北两道,恐不合史实。此前之涅槃师及成实论师已多有论之。不过,《十地经论》之译出,为本有、始有的讨论提供了新的依据,地论师因而试图将本有、始有二说调和圆融起来。从大乘佛教的形成与发展看,佛性思想来源于小乘佛教所言的"心性本净"说,而"心性本净"也可以解释为"性净之心"。《涅槃》类经典认为众生都具有"性净之心",因而都有成佛的可能,这便是佛性。另一方面,小乘说一切有部则认为"心性本不净",此观念后被唯识学吸收,形成真妄染净和合的阿赖耶识说。在印度佛教中,涅槃佛性说与瑜伽唯识学本来就存在着相互融合、相互吸收的情况,这一态势到中土就更明朗化了。南北朝时期的地论学派便是在这一背景下形成的。从佛性思想而言,亦有两种趋向:其一,侧重于以真理、性空之理理解佛性,如以实相、法性、真如等诠释之;其二,侧重于从心识方面理解佛性,如以如来藏自性清净心、阿赖耶识等为其依据。如果说,以道生(在某种意义上亦可包括僧肇)为肇端的以理体解释佛性可归于第一类的话,那么,地论学派可大致归于第二类。

关于北道、南道在佛性思想方面的分歧,唐代普遍传说:"地论有南北二道者,陈梁已前弘地论师二处不同。相州北道计阿黎耶以为依持,相州南道计于真如以为依持。此二论师俱禀天亲,而所计各异,同于水火。加复《摄大乘》兴,亦计黎耶,以助北道。"[①]依据此说,北道论师师承菩提留支而以"阿黎耶识"为诸法的依持,南道论师以"法性"、"真如"为诸法的依持。换言之,北道论师以众生之心性本为杂染,因而主佛性"始有"即"当常"之说;南道论师以众生之心性本为清净,因而主佛性"本有"即"现常"之说。

地论师北道系的著疏不存,徒众虽众,但传世留名者不多。加之后来《摄论》学说盛行于北方,其主张与北道系相近,而条理缜密又过之,地

---

① 湛然:《法华玄义释签》卷一八。

论师遂为其所掩,或与摄论师融成一派。地论师北道系以"阿黎耶识"为杂染,即"计黎耶为无明",以为一切法从"阿黎耶识"生起。在其学说之中,"阿黎耶识"虽和如来藏佛性无别,但"阿黎耶识"并不具足一切功德,一切功德必待新熏而后生。因此,他们认为众生之佛性必然是成佛后始得,当果而现,后天始有。这就是道宣所讲的"当常"之说。

隋代智顗在《维摩经玄疏》卷二中又说"北道明义,缘修作佛,南土大小乘师亦多用缘修作佛也"。这可能是对于"当常"说的另外一种解释,也就是佛性是因"修"而有的。而"相州南道明义,用真修作佛。"《瑜伽论记》记载说:"若南道诸师引《楞伽》等云如来藏性具足一切恒沙功德,本自有之,非适今也。又即彼经云:三十二相、八十种好,结伽趺坐,而为无量无覆隐而不显现。又《涅槃经》云:大般涅槃本自有之,具足一切恒沙功德。又《华严经》云:佛子,一切众生,皆有佛如来藏性,具诸功德。又《地持论》云:性种姓者,六入殊胜,展转相续,无始法尔。如是经论,皆证本来具诸功德。"①这是说,南道论师以《楞伽经》、《大涅槃经》、《华严经》、《地持论》的相关说法来证成如来藏、佛性是众生本自有之,并非后来修行而得。而北道论师则反问道:"何以得知无本有功德者,如《楞伽经》大慧白佛言:若如来藏性具诸功德者,何故世尊复说一切诸法皆悉空,无生无灭?佛告大慧:我为断见众生故,说本来具诸功德。即将此文通释一切经意。"依据此说,佛所说如来藏本具诸功德,是专门针对"断见"众生而言的,并非佛性之通义。可见,依据大致相同的经论,北道、南道做出了不同的结论。北道诸师反驳南道论师说:"立本有一切功德,不从因生,先来自有者,全同僧伽自体之过。"而南道论师如此反驳北道论师:"若如北道说,无有本来一切功德者,便同外道断见过失。"

其实,"现常"与"当常"佛性之分歧,在玄奘传入的唯识学体系中有一圆融的解释,即"亦本亦始"论。在唯识经典未曾完整传译进来之前,

---

① 遁伦集撰《瑜伽论记》卷二〇,《大正藏》第42卷,第764页上一中。

歧义与争论在所难免。

四、地论学派的心识思想

依据隋唐史籍记载,地论师北道、南道在"心识"问题上也有明显分歧。

圆测在《解深密经疏》卷三中说:"菩提流支《唯识论》云:立两种心,(1)法性心,真如为体,此即真如,心之性故,名之为心,而非能缘;(2)相应心,与信、贪等心所相应。"[①]世亲《唯识二十论》之早期译本《唯识论》亦说:"心有二种,何等为二?一者相应心,二者不相应心。相应心者,所谓一切烦恼、结使、受、想、行、识与心相应,以是故言心意与识及了别等义一名异故。不相应心者,所谓第一义谛常住不变自性清净心故。"[②]此处两条资料互释,基本可以断言,地论师将"心"分为相应心与不相应心两种,相应心指与烦恼、无明相应之心,即妄心;不相应心即常住不变的自性清净心,亦即法性心、真如心。由现存资料大致可以推定,地论师南北两道之分歧并不在于真心与妄心的二分,焦点在于第八识即阿黎耶识的性质问题。地论北道派坚持以妄染的阿黎耶识为诸法的依持,至于此派将菩提流支所言的不相应之真如心安立于何处,由于资料缺乏,难以遽断。

不过,慧远说北道派将第八识分为两种:"(1)阿摩罗识,此云无垢,亦曰本净,就真论真,真体常净,故曰无垢,此犹是前心真如门。(2)阿梨耶识,此云无没。"[③]这里是说,北道派似乎将法性心安立于第八识内。不过,不管北道派如何变化,其以阿黎耶识为诸法依持是始终一贯的。正

---

① 圆测:《解深密经疏》卷三,《卍续藏经》第34册,第719页下。
② 《唯识论》,《大正藏》第31册,第64页中。此藏所收署名后魏瞿昙般若流支译,故此是否为菩提流支所译难于定谳。但一来圆测所言当有所据,二来即便不是此留支所译,因见解、译人时代较接近,因此二说互释当无大错。
③ 慧远:《大乘义章》卷三,《大正藏》第44卷,第530页中。

因为如此,摄论师大兴后此派便消融于其中,因为二者均以阿黎耶缘起为宗旨。与北道派不同,地论南道派于摄论师兴起后,尽管适当地吸收了《摄大乘论》的一些说法,但仍然坚持其阿黎耶识为真如心且为诸法依持的主张。南道派大师法上之高足净影慧远便是可与摄论大师等并论的代表。

南道论师则以第八识的本性为清净的"根本识",而以第七识为杂染。勒那摩提之直传弟子慧光《华严经义记》残卷中有"真觉发中"、"始发真本"之说,又有"德熟归本,还应于实"等言,似在倡导"真觉缘起"①,可惜文短难得其详。慧光弟子法上则明确言之:"法身者,法性身。心者第七心,意者第六意,识者五识识。故《楞伽经》云:'心为采集主,意谓广采集,现识分别五。'离此七种,识转为智。"②此中,《楞伽经》颂文乃杂采当时流行之宋、魏两种译文,但其解释并不符合经文原意。法上所言"心者第七心"其意如何?"法性身"是否指真如心?一时难断,再看他关于"三种同相智"的解释:"三种同相智:(1)缘起,(2)妄相,(3)真如。缘起者,第七阿黎耶识,是生死本也;妄想者,六识心,妄生分别,邪着六尘;真如者,佛性真谛,第一义空也。此三解无别异,名为同相,终日同处,染净常别,名不杂。"此处,法上明确地将"第七心"定义为"阿黎耶识",并将其看作"生死本";所谓"佛性真谛"即前述的"法性身"。法上认为,此三相,就其性质言,三相虽各相异;就其同处于众生之心中而言,三相为同相;就染净性质各别而同处,则名之为"不杂"。这就是法上对众生之"心"的全面解剖。从以上引证可以看出,法上是以"真如"、"法性"作为染净之依持,明显受如来藏说之影响。他在阐述《十地经论》改变以"无明"解释十二因缘为以"一心"诠释时,这样说道:"初番明妄想纷竟,生死弥轮,特由无明为本生。后一番明诸惑妄想,无依不立,妄依真有,是故辨阿黎耶

---

① 慧光:《华严经义记》残卷,《大正藏》第85卷,第234页。
② 法上:《十地论义疏》卷一,《大正藏》第85卷,第763页下。

识共生以为万惑之本,故《经》云:以如来藏故说生死。是故如来藏是一切法本。以有二种本故,二处而明也。"这样看来,法上之所以将第七识看作阿黎耶识,并以之为杂染心,是为了给真如、如来藏留出位置。因此,法上说:"法名自体真如。真如,法性也。既有真实之理,便有生死涅槃大用义兴,以之为'作'。"①这是对如来藏的说明。诸法自体,就是真实之理;真实之理,就是第一义空;第一义空,就是如来藏的本质。这样,如来藏就是万法的本体。南道论师既然以"真如"、"如来藏"为诸法之依持,此"法性真如"又本来具足一切功德。也就是说,众生的佛性与生俱有,先天而具,这就是"现常"之说。

慧远改变了其师法上的主张,将八识之真、妄明确做了区分。法上以第八识为法性心,第七识为阿黎耶杂染心;慧远则明确地以第八阿黎耶识为真心、净心或第一义心,第七识阿陀那识为妄心,前六种为"事识"。在《大乘义章》卷三中,慧远将八识又分为两大类,前六识随根受名,而七、八识"就体立称",因"体含真伪故,复分二"。此中第八即阿黎耶识,它总有八名:

> 一名藏识,如来之藏为此识故,是以经言,如来之藏名为藏识,是以此识中涵含法界恒沙佛法,故名为藏。又为空义所覆藏故,亦名为藏。二名圣识,出生大圣之所用故。三名第一义识,以殊胜故,故《楞伽经》说之以为第一义心。四名净识,亦名无垢识,体不染故,故经说为自性净心。五名真识,体非妄故。六名真如识,论自释言,心之体性无所破故,名之为真;无所立故,说以为如。七名家识,亦名宅识,是虚妄法所依处故。八名本识,与虚妄心为根本故。②

此八名可归纳为三个要点:其一,阿黎耶识之体性是纯净无杂,真实不虚

---

① 《十地论义疏》卷三,《大正藏》第 85 卷,第 771 页下。
② 《大乘义章》卷三,《大正藏》第 44 卷,第 524 页下—525 页上。

的;其二,它涵含一切佛法,起着出生诸佛的作用,其体性可用第一义空概括;其三,它也是世间虚妄法之依持主体及最后根源,因其含藏万法之种子(即宅识),妄依真有,从真起用是也。

第七识是阿陀那识,此识"体是无明痴暗",随其义亦有八名:

> 一无明识,体是根本无明地故;二名业识,依无明心,不觉妄念忽然动故;三名转识,依前业识,心相渐粗,转起外相,分别取故;四名现识,所起妄境,应现自心,如明镜中现色相故;五名智识,于前现识所现境中,分别染净违顺法故,此乃昏妄分别名智,非是明解脱为智也;六名相续识,妄境牵心,心随境界,攀缘不断,复能住持善恶业果,不断绝故;七名妄识,总前六种非真实故;八名执识,执取我故,又执一切虚妄相故。

以上八名之义要点有三:其一,七识之体是"根本无名地",由于无明而妄执"我"与"相",即妄执自我及万物为实有;其二,七识之用是妄念忽然器动而显现与自心相应的外境,并由于自我分别外境而生起是非苦乐等认识和感受;其三,这种体用的统一,承担着因果报应、相续不断的轮回主体之任,即"住持善恶业果"是也。

慧远称前六识为"事识",即"前六随事取境各异,前后间起"。前六识起了别作用,重在"事相";但若将这些事相执之为识外实有,那即属于"妄相了别",此为阿陀那妄识起作用之故;若能体认得识外无境、法我都空,是为"真实自体了别",此即是阿黎耶真识在起作用。由于作为事识的前六识分别以眼、耳、鼻、舌、身、意六根缘起色、声、香、味、触、法六尘,因此,慧远亦讲了事识与四缘的关系。《大乘义章》说:"所依六根为增上缘,所缘六尘说为缘缘,前生心法开导后起,名次第缘,自分相应共有法等,以为因缘。"净影慧远关于八识可分为真心、妄心、事识的见解是较为独特的。特别是其言"谓依真识起于妄识,依于妄识起六事识。复六识中,依于意识起于五识"①,被以玄奘所传唯识学为唯一正确的学者视为"两层缘起"论②加以破斥。

慧远在《大乘义章》卷三"第五明其依持之义"中阐明了"真妄相对之依持"与"真妄共相识中本末相对之依持"两种见解,以明真心与妄心之关系。第一种又开其为三以辨之:其一,真妄相对以辨依持。慧远以为,八识之中,前七妄识,情有体无,起必托真,名之为依。故《胜鬘经》云,生死二法依如来藏。《地持经》亦云,十二因缘皆依一心,第八真心,相隐性实,能为妄本,住持于妄,故说为持。慧远又征引《楞伽经》"妄之依真,如波依水;真之持妄,如水持波"的相依相待说明真心与妄心相对的依持关系。其二,唯妄以辨依持。慧远以为,第七识皆以虚妄为本,说为能持;前六事识,依妄而起,说为能依。慧远又举水波之喻以说明。他认为,能持之第七识如水,能依之事识如波,水在波在,水尽波灭,因此,妄识与事识乃系本末相对相待之关系。其三,唯真以辨依持。慧远说:"真有体用,本净真心说之为体,随缘隐显说以为用。用必依体名之为依,体能持用说以为持。能持如水,能依如波。"③真心有体有用,本净真心名之为体;随缘隐显,称其为用;用必依体,名之为依;体能为用,说之为持;能持如水,能依为波,体用相依相待。通过以上三层论证,慧远着力强调了真心之体实为妄心之所依,而妄识、事识乃真心之起"用"。这里,关键在于如何理解第三层"唯真以辨依持"。依慧远之意,此中之"用"自然应包括妄识、事识两部分,因为妄识、事识都是依真心为最终极的依持的。此中不同处在于,慧远在第二层"唯妄辨"中将妄识与事识亦分出本末加以说明。其实,这一说明强调的是"人我"或"我执"与外境的关系,慧远以阿陀那识为"执我之心,此心恒与粗起无明、我见、我爱及我慢四惑相应"④,

---

① 《大乘义章》卷三,《大正藏》第44卷,第532页上。
② 韩镜清:《净影八识义述》,载《中国佛教学术丛刊》第26册。
③ 《大乘义章》卷三,《大正藏》第44卷,第533页上—中。
④ 同上书,第528页下。

由我执之心变现出六根、六尘是符合佛教义理的。当然,这并非对"事识"的终极说明,所谓"妄中,境从心现,心外无法,以心现故"①,此中之"妄"指妄心即第七心,"心"则指第八真心。由此可见,慧远并非并列地看待真心与妄心、事识及妄心与事识间的关系,两种关系中仍有主次、本末之分,与其说其为"二重缘起",毋宁说其为真如缘起更为妥当。

引起理论混乱的是"真妄共相识中本末相对之依持义"。所谓"真妄共相识"者,"佛性真心与无明地合为本识,名阿梨耶";"真心与妄和合名阿梨耶,亦名本识,亦名藏识"②。在此慧远又将阿梨耶识当作真妄和合识看待。他认为,真心与"无明地"融合而构成本识,依此根本识生起阿陀那识及六种事识。在此"本末相对之依持辨"中,根本识即阿梨耶识为"本",阿陀那识、事识为"末"。"末生依本,名之为依;本能持末,流注不断,说之能持"③。能持与能依,仍然可以用水与波的关系来说明。这种将阿梨耶识看作真妄和合识的见解,与其"真妄相对之依持"所言是概不兼容的,而慧远却仍然将其并列为二言之。这一情况,反映了地论师面对真谛所传、所创的摄论学派的冲击,保持其师说的不易。慧远于隋代曾亲临昙迁讲授《摄大乘论》之寺听讲而力图有所汲取,听讲的结果便是所著《大乘义章》因受摄论师影响而出现的混杂。不仅如此,慧远还著有《大乘起信论义疏》,此疏为现存最早、最完整的《起信论》注疏。因这一缘故,有些学者干脆将其称为"《起信论》师"④。这一说法纯粹从慧远晚年之变化、摇摆的理论立场论之,并不符合慧远思想的整体面貌。我们以为,从整体观之,净影慧远仍然应该算作地论师南道派的佛学大师,其学说的特色在于以"真如依持"为基础而将心识三分为真心、妄心、事识而建构其心性论体系。

---

① 《大乘义章》卷三,《大正藏》第 44 卷,第 525 页中。
② 同上书,第 527 页下。
③ 同上书,第 533 页中。
④ 韩镜清:《净影八识义述》,《中国佛教学术丛刊》第 26 册,第 345 页。

五、地论学派的六相圆融思想

在前文我们已经分析了世亲在解释《十地经》时对于"六相"概念的使用,地论师吸收《十地经论》中的"六相"等概念,将其作为分析《华严经》之十个排比句中的第一句与其余九句关系的语法概念与逻辑方法。而唐代的华严学者将其高度抽象化,成为"六相圆融",广泛运用于对《华严经》的诠释以及华严宗义理的建构之中。地论师中,慧光与净影慧远的贡献最为突出。史籍记载,华严二祖智俨重视"六相"义是从阅读慧光《华严经疏》得到启发的,可惜,慧光著述大多散失,其对于"六相"的诠释,已难得其详,只能从法上、净影慧远谈起。

现存的敦煌本《十地论义疏》残卷第一、第三之后的题记表明此注疏是法上所撰著。从现存的文字看,法上对于"六相"概念的解释和使用,基本未超出世亲《十地经论》的范围。如卷一所说:"不但说无言示现依言求解故。智慧地者,本分中六种决定,正明实慧体也。根本入者,一而备万以之为本。修多罗中者,本初句与九句为本。又为辨此中开合,九入都就教中证也。依根本入者,九入皆分别,向一句皆是所入。智地差别故悉名为入……一切十句中皆有六种者,此通释十地一部中皆有六种总别义也。言说应知者,为教化故作此优劣之说,真实之相不可依言而取,故云应知。又解,一即一切,浅深平等六无六相也。谓阴入者,阴是五阴,入是十二入,界是十八界,事别不融故须除也。六种正见者,一行为总,众行为别。总别俱融为同,总别差殊为异相,证相顺为成,相违相背为坏。是总本入者,智慧地体也,别者九入也。依止本者,非本末则不立,非末本则不满,故云满也。九皆是入曰同,九入阶降名增,举一众无不统为略,历别而彰为广,如世界成坏者,借喻以况,成时微尘不增,坏时微尘不减,圆极常尔,义无障碍,故为况也。"法上的这一解释,仍然是针对《十地经》和世亲对经文的解释的。

隋朝的地论师领袖净影慧远在《十地义记》卷一(末)、《大乘义章》卷三(本)中对于"六相"义作了详细解释。这是华严宗"六相圆融"义得以形成的关键所在。净影慧远在《大乘义章·六种相门义》①说：

> "六种相"者，出《华严经·十地品》也。诸法体状，谓之为"相"。门别名"门"。此门所辨，异于余门，故曰"门别"。如经中说，不二法门有尽解脱门等。若对行心，能通趣入，故曰"门"也。门别不同，故有六种，所谓"总"、"别"、"同"、"异"、"成"、"坏"。此六乃是诸法"体义"，"体义"虚通，旨无不在。"义"虽遍在，"事"隔无之。是以《论》言：一切十句，皆有六相。除"事"，"事"谓"阴"、"界"、"入"等。"阴"、"界"、"入"等，彼此相望，"事"别隔碍，不具斯六，所以除之。若摄"事相"以从"体义"，"阴"、"界"、"入"等一一之中，皆具无量六相门也。

净影慧远的重大突破在于两点：一是将"六相"的诠释领域推展到世亲所除外的"事"。二是从"诸法体状"的角度解释"相"。如慧远所说，此六相是诸法"体义"，"体"虽遍在，但由于"事"的缘由，"体"是"隔"的，隐伏的。如果"摄'事相'以从'体义'，'阴'、'界'、'入'等一一之中，皆具无量六相门也。"

净影慧远以"色阴"为例来说明"六相"的具体含义，并且作示范性的运用。慧远的论证如下：

其一，关于"总相"，慧远说："如一'色阴'同体具有恒沙佛法，谓苦、无常、不净、虚假、空、无我等一切佛法，是等诸法，'义'别'体'同，互相缘集，摄彼同'体'一切佛法，以成一色。'色'名为'总'，就此'总'中，开出无量恒沙佛法。"依照慧远的见解，"同体"之法互相缘集，摄集一切佛法，如此成就的"色"就是"色"的"总相"。显然，慧远将以"体"摄"事相"的方法贯彻到对于"色"的分析之中。

其二，关于"别相"，慧远说："'色'随彼法，则有无量，所谓苦色、无常

---

① 以下引文均见《大乘义章》卷三本，《大正藏》第44卷，第524页上一中。

色、不净色、名用色、空、无我色、乃至真实缘起之色,如是无量差别之色,是名为'别'。"依照慧远的见解,无量差别之"色"就是"色"的"别相"。

其三,关于"同相",慧远说:"就彼'别'中,苦、无常等诸法之上,皆有'色义',名之为'同'。"依照慧远的见解,"同相"是"色"的"别相"之中所包含的"色"之所以成为"色"的本质规定,或者叫"共同特征"。

其四,关于"异相",慧远说:"'色义'虽同,然彼色苦异,色无常异。如是一切,各各不同,是名为'异'。"依照慧远的见解,"色"之所以为"色"的本质是相同的,但其毕竟是各不相同的"色"。这就叫"异相"。

其五,关于"成相",慧远说:"就彼'异'中,'义门'虽殊,其'体'不别。'体'不别故,诸义虽众,不得相离。不相离故,随之辨色,得摄为一,是故名'成'。'成'犹'略'也。"依照慧远的见解,由于"色"之体的同一,诸缘得以摄为一体。这就叫"成相"。

其六,关于"坏相",慧远说:"'体'虽不别,'义门'恒异,'义门'异故,一色随之,得为多色,目之为'坏'。'坏'犹'广'也。"慧远将"坏相"解释为"多色"的形成聚合,相对于"一色"而言,由"一"到"多色"的转变就是"坏相"。

从上述对于净影慧远"六相义"的分析中,已经可以看出,源自《十地品》以及世亲的"六相"义已经由对于菩萨十地修习境界的说明扩大到对几乎所有"有为法"的分析解释上。但是,这样的扩大实际上是有隐忧的,这就是"成相"与"坏相"与前述"四相"之间的不协调。尽管慧远注意到了世亲以"略"与"广"来解释"成相"与"坏相",但仍然作出了如上解释。正是出于这一隐忧,净影慧远说:"据实论之,说前四门,辨义应足。为约'同'、'异'成前二门,故有'六'也。'色'义如是。"

然而,从华严宗初祖法顺、二祖智俨,到三祖法藏、四祖澄观,这样的转移、扩大一直在进行。法藏最终克服了净影慧远的隐忧。

唐代的智俨跟随法顺出家,后又随智正学习《华严经》,后来得到地论师慧光所著的有关《华严经》的注疏,对《华严经》豁然有所领悟。法藏记述说：

> 遂遍览藏经，讨寻众释，传光统律师文疏，稍开殊轸。谓"别教一乘，无尽缘起"，欣然赏会，粗知毛目。后遇异僧来谓曰："汝欲得解一乘义者，其〈十地〉中'六相'之义，慎勿轻也。可一、两月间，摄静思之，当自知耳。"言讫，忽然不现。俨惊惕良久，因则陶研，不盈累朔，于焉大启，遂立教分宗，制此经疏。时年二十七。①

在智俨之前，对于"六相"义的重视莫过于世亲的《十地经论》及地论师。而智俨对于《华严经》的理解受《十地经论》和地论师影响甚大。智俨于其二十七岁所撰写的《华严经搜玄通智方轨》十卷（一般简称为《华严经搜玄记》），引述了《十地经论》及地论师的不少论述。智俨在《华严经搜玄记》卷三、《华严经五十要问答》卷上、《华严经内章门等杂孔目章》卷三等著述中，对于"六相"义有许多发挥。文长不赘。

真正完成由"六相"义到"六相圆融"观之转变的是华严宗三祖法藏，四祖澄观祖述法藏之说，并作充实，使其最终与华严宗的核心教义"十玄门"和"法界无尽缘起"融为一体。限于篇幅，在此仅仅就法藏的著疏来说明华严宗"六相圆融观"的内涵。

与世亲、净影慧远、智俨等相比，法藏关于"六相"的论述不仅详细，而且将其当作了理解、诠释《华严经》义的最核心的所在。相传法藏为武则天讲解《华严经》所留下的《华严经师子章》就可说明问题。在法藏的《华严五教章》卷四、《华严经探玄记》卷九、《金师子章》等著作中，法藏对于"六相义"作了全面细致的说明，使其完全融入了华严宗义。经过法藏所发挥的"六相圆融"观，与《华严经·十地品》以及《十地经论》等前人所论相比，其面貌简直可以说是焕然一新。在此，仅仅将法藏所确定的"六相义"的基本内涵略作说明。

首先，"六相"可以分为三对范畴去说明：

---

① 《华严经传记》卷三，《大正藏》第 51 卷，第 163 页下。

第一,"总相"与"别相"。总括全体之状态者,称为"总相";仅指个别、特殊之状态者,称为"别相"。例如,"无常"、"无我"等相共通于一切有为法,称为"总相";水之湿相即为"别相"。如《大智度论》卷三十一所说:"自相空者,一切法有二种相,总相、别相是二相,空故名为相空。问曰:'何等是总相?何等是别相?'答曰:'总相者,如无常等;别相者,诸法虽皆无常,而各有别相。如地为坚相,火为热相。'"①可见,"总相"即是事物的本质,"别相"是指事物个别存在的相状。华严宗据《十地品》的一段经文主张"六相圆融"。《华严五教章》卷四说:"'总相'者,一含多德故;'别相'者,多德非一故。别依止总,满彼总故。"②在华严宗人看来,并无离开"别相"而独立存在"总相",而"别相"则含有"总相"及其他特质。

第二,"同相"与"异相"。多德相互和合成一法,而互不相违背,名为"同相";如眼、耳等各具其特性,而各有其不同之作用,但同心协力分别作用而互不妨碍。一切诸法各各相异之状态,名为"异相"。如瓦、石、柱、椽、梁等形状各异,为"异相";又瓦、石、柱、椽、梁等和合成屋舍,乃合力而不相背,故称"同相"。

第三,"成相"与"坏相"。由诸缘而成一缘起之法,名为"成相";此譬如屋舍,由椽、瓦等而成。诸根各自住于本法而不移动,则"总相"不成,呈现出"坏相";此如眼、耳等诸根各住自位而各自为用,则不成为一体。

"六相"之关系又可分为"体"、"相"、"用"来说明。"总相"、"别相"是缘起之"法体","同相"、"异相"是缘起之"义相","成相"、"坏相"是缘起之"义用"。关于"六相"与华严宗"法界缘起"说的联系,法藏有一说法:

> 泛论缘起法要有三门:一、"末"依于"本",有起,不起。二、彼

---

① 《大智度论》卷三一,《大正藏》第25卷,第293页上。
② 《华严五教章》卷四,《大正藏》第45卷,第507页下。

所起"末",既带于"本",是故相望,有同,有异。三、彼带"本"之"末",既为"本"收,是故"当体"有存,有坏。若不具此三,不成缘起。三中各二,故但唯六。①

在法藏所创立的华严宗教义中,"本"即"真心"。此"真心"在众生心识中言之,就是众生之"心体";在"法界"中言之,又称"一真法界"。合上述诸层面为一体,称之为"自性清净圆明体"。此"体"不但是众生之"本",也是宇宙万物之"本"。法藏在此所说的"缘起法"需要诠释的三个层面的问题,正是华严宗义所创发的"法界缘起"(或称"无尽缘起")所着重解决的问题。第一门"末依于本"是说,"事相"或者"心"的"对象"是依持于"本"即"自性清净圆明体"的。从这个角度言之,"末"有生起与不生起两种情形。所依之本即为"总相",所起之"末"则为"别相"。第二门,那所起的"末"既然是依持于"本"而起,必然带有"本"的特质,所以,"本"与"末"相比较,一定有"同相"与"异相"两种情形。第三门,那带有"本"之特质的"末",最终会被"本"所"收摄",所以,"末"从其"体"言则有"成相"和"坏相"两种情形。合此三层面的含义,即为真正圆满的缘起法。

如上节所论,华严宗缘起理论的最殊胜之处正在于以"六相"说为基础而成立的"六相圆融"和"十玄门"以及"法界圆融"说。限于主题和篇幅,无法细致分析。在此,可以以法藏在《华严经金师子章》中的数语,来观其梗概。法藏说:

> 第八,括六相者。谓师子是"总相",五根差别是"别相"。共一缘起是"同相",眼、耳不相到,是为"异相"。诸根合会,是"成相";诸缘各住自位,是"坏相"。显法界中无孤单法,随举一相,具此六相,缘起集成,各无自性。一一相中,含无尽相;一一法中具无尽法。

"法界中无孤单法"、"随举一相,具此六相"、"一一相中,含无尽

---

① 《华严经探玄记》卷九,《大正藏》卷三五,第282页中。

相"——将此三句所代表的逻辑环节以及"观法"(即佛教的修习之法)完全清晰化、实证化,"六相圆融"观即可一清二楚了。

第四节 地论学派与西魏、北周佛教

地论学派在当时是北朝佛学的主流,自北魏、北齐、北周一直至隋唐,深刻地影响了天台宗、华严宗、三论学派的思想。同时,在南北朝佛学的漫长发展过程中,大乘意识的树立是一条主轴,地论学派无疑对中国佛教树立大乘意识也作出了重要的贡献。

北魏永熙三年(534)七月,北魏孝武帝被高欢所逼,自洛阳入关,宇文泰迎孝武帝迁都长安,建立西魏。同年十二月,宇文泰毒杀孝武帝,拥立元宝炬,即西魏文帝(535—551)。西魏自此以后,历经废帝、恭帝,后来宇文泰之子宇文觉废了恭帝,自即帝位,改国号为周,此即北周孝闵帝。北周王朝建立后,宇文护专政。

洛阳佛教的主要部分,都已经移向邺都,在北齐文宣帝时,许多名僧都汇聚在邺都,所以北朝佛教的主流由北齐所继承。西魏、北周前期的佛教与北齐相比,显然相形见绌,但是在宇文泰、宇文护的奉佛政策下,仍然有一定的特色。

在西魏政权中,宇文泰掌握实权,他以儒治国,依《周礼》来确立政治制度而设置六官。宇文泰于行台省置学时,选取薛慎、李灿、李伯良、辛韶、苏衡、夏侯裕、梁旷、梁礼、长孙璋、裴举、薛同、郑朝等十二人,侍宇文泰读书。《周书》记载当时情形:

> 太祖雅好谈论,并简名僧深识玄宗者一百人,于第内讲说。又命慎等十二人兼学佛义,使内外俱通。由是四方竞为大乘之学。①

宇文泰在宫内讲说佛学,命薛慎等十二人兼学佛教思想,精通内典与

---

① 《周书》卷三五,第 624—625 页。

外典。

正是在宇文泰的奉佛政策下,西魏佛教得以急遽发展。《辩正论》说:

> 周太祖文皇帝,讳泰,聪明藏智,岐嶷继体,四门允穆,百揆时序,上隆休宝,下协祯祥。于长安立追远、陟岵、大乘、魏国、安定、中兴等六寺,度一千僧。又造天保寺,供养玮法师及弟子七十余人,于安州造寿山、梵云二寺。又造大福田寺,供养国师实禅师。又于实师墓所造福田寺。又为大可汗大伊尼,造突厥寺。①

宇文泰在长安建追远等六寺,度僧一千人。其中,道臻、僧实等,皆是西魏佛教的核心人物。

道臻,长安城南人,出家后"读经博闻为业",西魏文帝尊为师傅。西魏建立大中兴寺后,居于此寺,尊为魏国大统,治理僧团。"佛法载兴,诚其人矣"②,西魏佛教的复兴,道臻的贡献不可泯灭。

僧玮(513—573),汝南平舆(河南平舆)人,十三岁出家,诵《金光明经》。受具足戒后,至杨都帝释寺,听昙瑗律师讲《十诵律》;五年后,入摄山栖霞寺,跟从凤禅师学习数息观。后来,奉周武帝的敕命,至长安,于是公卿、近臣、外戚以及后宫的嫔妃,随他受三归。天和五年(570),敕为"安州三藏",安州即是今湖北安陆县,并且在安州建造寿山、梵云二寺。周武帝对他极为器重,又在长安建天宝寺。③

僧实(476—563),太和末年,遇勒那摩提,得授禅法,勒那摩提赞叹说:"自道流东夏,味静乃斯人乎!"④僧实精通戒、定、慧三学,但是注重以九次第定调心。宇文泰在西魏大统中(535—551)中下诏任命其为昭玄三藏,在保定中(561或562),任命为国三藏。西魏恭帝元年(554),当时

---

① 《辩正论》卷三,《大正藏》第52卷,第508页上—中。
② 《续高僧传》卷二三《道臻传》,《大正藏》第50卷,第631页中。
③ 《续高僧传》卷一六《僧玮传》,《大正藏》第50卷,第558页上—中。
④ 同上书,第557页下。

有益州大德五十余人,持经典与佛像来至僧实处。① 僧实于保定三年(563)七月十八日在大追远寺示寂,北周武帝敕命画其形像,置于大福田寺。

同时,西魏、北周时期,南北交通渐频。梁元帝承圣二年(553),西魏趁萧绎、萧纪兄弟内斗,派大军攻下梁州、益州,控制了雍州。萧绎在前一年的十一月,在江陵称帝,即是梁元帝。554年11月,宇文泰命于谨、宇文护等率兵南侵江陵,处死梁元帝。而且,西魏挑选江陵百姓男女十余万口,分赏将士作奴婢,驱归关中。② 于是,南朝佛教随着人口的迁移,而传入北土。汤用彤说:"周之占有巴蜀、荆襄,实先已与关中僧人以接近南方教化之机缘。国土之变迁实与学术之演进有甚大之关系也。"③

如梁朝僧人亡名,初事梁元帝,梁朝灭亡后出家,投于四川兑禅师门下;后至长安,北周武帝时,敕为"夏州三藏"。著有《息心铭》、《至道论》、《淳德论》、《遣执论》、《去是非论》、《修空论》等,及文集十卷。④

南朝佛教传入后,重视义理的学风,对西魏佛教无疑具有极大的促进作用。《续高僧传·僧实传》记载,僧实受到益州佛教的刺激,"慧心潜运,南北疏通,即为披决,洞出情外"⑤,表明僧实会通南北佛教思想,而有所创新。

但是,宇文泰当时所弘扬的佛教学说是什么?《续高僧传·菩提流支传》中提到:

> 时西魏文帝大统中,丞相宇文黑泰,兴隆释教,崇重大乘,虽摄总万机,而恒扬三宝。第内常供百法师,寻讨经论,讲摩诃衍。又令沙门昙显等,依大乘经,撰《菩萨藏众经要》及《百二十法门》,始从佛

---

① 其中有僧渊、毅等,见《续高僧传》卷一八《僧渊传》,《大正藏》第50卷,第574页中—下。
② 王仲荦:《魏晋南北朝史》(上册),第454—457页,上海,上海人民出版社,1979。
③ 汤用彤:《汉魏两晋南北朝佛教史》(下册),第383页,北京,中华书局,1983。
④ 《续高僧传》卷七《亡名传》,《大正藏》第50卷,第481页中—482页中。
⑤ 《续高僧传》卷一六《僧实传》,《大正藏》第50卷,第558页上。

性终尽融门。每日开讲,即恒宣述,以代先旧。五时教迹,迄今流行。香火梵音,礼拜唱导,咸承其则。虽山东江表,乃称学海,仪表有归,未能逾矣。①

《历代三宝记》、《大唐内典录》都有相同的记载②,即《周众经要》二十二卷,《一百二十法门》一卷。《一百二十法门》是大乘佛教思想的纲要,其内容是"佛性门"至"融门";依此一百二十法门的纲要,将大乘佛教经论摄入其下,即是《周众经要》或《菩萨藏经要》。

最早记载《菩萨藏众经要》编撰之事的,是费长房《历代三宝记》,后代经录皆依之记载。但是,编撰者昙显传记不明。《续高僧传》卷二十三收有《齐邺沙门释昙显传》:

  释昙显,不知何人。元魏季序,游止邺中,栖泊僧寺,旳无定所。每有法会,必涉其尘,皆通谘了义隐文,自余长唱散说,便舍而就余讲。及后解至密理,显便辄已在听。时以此奇之,而睹其仪服猥滥,名相非洁,频复轻削。故初并不顾录,惟上统法师深知其远识也。③

昙显的前期事迹不详,至北齐邺城时代,不修威仪,但深受法上的厚待。天保六年(555),昙显饮酒大醉,与道士陆修静斗法。此昙显与《菩萨藏众经要》编撰者昙显,应为不同人。编撰《菩萨藏众经要》的时间为大统年间(535—551),昙显既然为宇文泰所器重高僧,加上东魏、西魏对抗的局势,昙显不易跑到北齐。

昙显在西魏、北周时期既然如此重要,却无任何记载。但是,僧实有弟子昙相,"昙相"与"昙显",音相近,费长房会否将"相"误记为"显",值得探讨。昙相(?—582),雍州蓝田(陕西长安)人,俗姓梁。曾与僧实同

---

① 《续高僧传》卷一,《大正藏》第50卷,第429页中。
② 《历代三宝记》卷一一,《大正藏》第49卷,第100页上一中;《大唐内典录》卷五,《大正藏》第55卷,第271页中。
③ 《续高僧传》卷二三《昙显传》,《大正藏》第50卷,第625页上。

住一处，敬重僧实如师。昙相非常聪明，以修禅、诵经为安心的法门。他慈悲心深切，仁心宅厚，所以被僧实称誉为"福德人"。当时疫疠等灾害横行，昙相为大众解厄。后来住在大福田寺，长安佛教界敬仰如神。北周武帝废佛时，隐居山中修行。隋朝建国后，开皇元年（581）时，昙相至长安弘扬佛法，次年圆寂于渭水以南。① 昙相是僧实的弟子，当时僧实的门下有昙相、道安、僧渊、静端等。僧实为当时的昭玄统，宇文泰欲编撰《菩萨藏众经要》这样的标志性巨著，势必由僧实率众。但是，僧实或许由于年老体弱而未成，所以由昙相带领长安高僧大德一百多人，编成《菩萨藏众经要》。

宇文泰在政治、军事上实行"府兵制"，同时在思想文化方面，导入北齐佛教，输入南朝佛教，热心于南北朝佛教哲学的统一。宇文泰通过国家政权的力量，整合、汇集当时佛教思想，于是有纲要《一百二十法门》与四十卷《菩萨藏众经要》。宇文泰不仅在佛教哲学上引领创新，而且重新确立了"开讲"仪式，包括香火、梵音、礼拜、唱导。在教判方面，引入南朝佛教的"五时教判"。所以，西魏、北周初期的佛教，是地论学派与南朝佛教的有机结合。

一、五门与一百二十法门

由于文献的佚失，我们一直无从了解《菩萨藏众经要》及《一百二十法门》的详细内容。但是，随着敦煌文献整理与研究的深入，我们逐渐发现《一百二十法门》的部分内容。敦煌本 B.8420（奈 45）《融即相无相论》末尾有如下文字：

> 丞相王《五门佛性义》一卷

---

① 《续高僧传》卷一六《昙相传》，《大正藏》第 50 卷，第 558 页中—下。镰田茂雄认为，二人不是同一人。见《中国佛教通史》（第四卷），第 437 页，佛光出版社译，高雄，佛光出版社，1993。[日]荒牧俊典则认为有同一人的可能性，见《北朝隋唐佛教思想史》，第 53 页。

其五者何？第一佛性门，第二众生门，第三修道门，第四诸谛门，第五融门。尽觉所知，(一)切佛自然成道，大智海，法僧悉尽无有余。是故我今稽首礼，欲显平等融道义，愿令三宝冥加护，无尽自利利他故。

夫融者，若是玄奥之灵海，冲秘之妙藏，莫二之灵响，圆统美之号。斯乃可无碍之良津，通同之大鼓，正彼我。

比丘释导许　沙弥库狐纯所写①

其中"丞相王"正是《历代三宝记》中所提到"魏丞相王宇文黑泰……撰《菩萨藏众经要》及《一百二十法门》，始从佛性终至融门"②，即是宇文泰；"五门"即是第一、佛性门，第二、众生门，第三、修道门，第四、诸谛门，第五、融门，以此五门概括佛、法、僧三宝尽无有余，能显示平等、圆融的大道。

依此可知，此"五门"的详细内容即是"一百二十法门"，依"章"而撰出有关佛教教理的讲义、问答，依此而普及佛教教义。③ B.8388（潜71）首尾缺，B.8389（制8）首缺、末尾全，两个写本相连，虽然中间有残，但是可知是同一卷子，都是法门的纲要。其内容排列如下：

菩萨藏修道第十一　有十法门
……
菩萨藏修道第廿　有七法门

每一法门后都列举详细法门。以上是属于"菩萨藏修道门"，后面又列举"菩萨藏谛门第四　[卷之]廿一　有六法门"，最后是"菩萨藏融门第五　卷之廿二　卷中有五法门"。"融门"的五个法门即是入不二法门、三空法门、十一空法门、十八空法门、法界体性门。

---

① 《敦煌宝藏》第110册，第268页上—下。
② 《历代三宝记》卷一一，《大正藏》第49卷，第100页上。
③ [日]荒牧俊典编著：《北朝隋唐佛教思想史》，第47页，京都，法藏馆，2000。

现存敦煌卷子 B.8388(潜 71)、B.8389(制 8)保存了"五法门"中"菩萨藏修道门第三"的后半部分、"菩萨藏谛门第四"、"菩萨藏融门第五",总共列举了七十二法门。B.8388(潜 71)首缺部分应该是"菩萨藏佛性门第一"、"菩萨藏众生门"、"菩萨藏修道门"的前半部分,总共二十二法门。"五门"的具体内容即是"一百二十法门"。而且,《历代三宝记》卷十一记载"《周众经要》二十二卷",现存敦煌写本记载"菩萨藏谛门第四[卷之]廿一"、"菩萨藏融门第五 卷之廿二"与此相一致。所以,《一百二十法门》是《周众经要》二十二卷的目录。

下面,将 B.8388(潜 71)、B.8389(制 8)写本所保存的《一百二十法门》校录如下:

廿二根法门:眼根、耳根、鼻根、舌根、身根、乐根、忧根、苦根、喜根、舍根、命根、意根、男根、女根、信根、进根、念根、定根、慧①根、未知当知根、已知根、具知根

八大人觉法门:少欲、知足、寂静、精进、不异念、正定、正慧、不戏论

三慧法门:闻慧、思慧、修慧

三乘法门:声闻乘、缘觉乘、菩萨乘

三乘共行十地法门:乾慧地、性地、八人地、见地、薄地、离欲地、已办地、辟支佛地、菩萨地、佛地内(?)身五无间法门:杀无明父、杀贪爱母、杀结使罗汉、破和合僧、杀了境妄识佛、内十恶法门

菩萨藏修道第十　有十法门

障恼法门:烦恼障有三,欢喜住恶趣烦恼断,无行、无开发、无相住相违烦恼断,最上住习烦恼断;智障有三,欢喜住皮障断,无行、无开发、无相住肤障②断,如来住骨障断

---

① "慧",底本作"惠",今改,下同。
② "肤障",底本作"骨障",今依《大乘义章》改。《大乘义章》卷一五,《大正藏》第 44 卷,第 767 页下。

灯焰法门：如灯烛非独初焰燋，亦不离初（焰），非独后焰燋，亦不离后焰，而灯炷燋。我亦以佛眼见菩萨得无上道，不以初心得，亦（不）离初心；亦不以后心得，亦不离后心而得无上道。灯譬如菩萨道，炷①（喻）无明等烦恼，（焰）如初地相应智慧②

五忍法门：伏忍、信忍、顺忍、无生忍、寂灭忍

人法二无我法门：人无我智、法无我智

金刚三昧法门：是不共法，无能坏故；舍一切处，无有障碍故；得正遍知故；坏一切法障碍故；等贯穿故；得诸功德利益力故

五法三自性法门：名、相、妄想③、正知、如如、妄想自性、缘起自性、成自性

九法法门：知相、知因、知体、知增、知主、知导、知胜、知实、知果

六种决定法门：一者观相善决定，二者真实善决定，三者胜善决定，四者因善决定，五者大善决定，六者不怯弱善决定

有尽无尽解脱法门：何谓为尽？谓有为法；何谓为无④尽？谓无为法

四口行精进法门：一者发心，二者作心，三者观心，四者如法住

菩萨藏修道第十一　有一法门

三十七品法门：身念处、受念处、心念处、法念处，已生恶断令不生、未生恶方便令不生、已生善方便令增长、未生善方便令生，欲定、精进定、念定、慧定，信⑤根、精进根、念根、定根、慧根，信力、精进力、念力、慧力、定力，念觉分⑥、择法觉分、精进觉分、喜觉分、除觉分、定觉分、舍觉分，正见、正思维、正精进、正语、正业、正命、正念、正定

---

① "炷"后衍"以初心得不离"，今删。
② 原文见《大智度论》卷七五，《大正藏》第25卷，第585页下。
③ "想"，底本作"相"，今改，下同。
④ "为无"，底本作"无为"，今改。
⑤ "信"后衍"定"，今删。
⑥ "分"后衍"力"，今删。

菩萨藏修道第十二　有二法门

六度法门：布施渡或度、忍度、精进度、定度、慧度

十波罗蜜法门：檀波（罗）蜜、尸波罗蜜、羼提波罗蜜、毗梨耶波罗蜜、禅波罗蜜、般①若波罗蜜、方便波罗蜜、愿波罗蜜、力波罗（蜜）、智②波罗蜜

菩萨藏修道第十三　有五法门

离五怖畏法门：离不活畏、离死畏、离恶名畏、离恶道畏、离大众威德畏

九贤圣法门：信行、法行、八背、须陀洹、斯陀洹、（阿那含）、阿罗汉、声闻、辟支佛

十地法门：欢喜地、离垢地、明地、炎地、难胜地、现前地、远行地、不动地、善慧地、法云地

十一地法门：十地，加佛地

十三法③师法门：习种性、性种性、道种④性、善觉、德慧、明慧、尔炎、胜达⑤、常现、玄达、等觉、慧光、寂灭灌顶

菩萨藏修道第十四　有一法门

四十贤圣法门：

一名初发心、二名治地、三名修行、四名生贵、五名方便具足、六名正心、七名不退、八名童真、九名法王子、十名⑥灌顶

一名欢喜行、二名饶益行、三名无恚恨行、四名屈挠行、五离痴乱行、六者善现行、七者无著行、八者尊重行、九者善法行、十者真实行

一者救护一切众生离众生相回向、二者不坏回向、三者等一切

---

① "般"，底本作"波"，今改。
② "智"，底本作"知"，今改。
③ "法"后衍"门"，今删。
④ "种"，底本作"众"，今改。
⑤ "胜达"后衍"胜达"，今删。
⑥ "名"后衍"观"，今删。

佛回向、四者至一切处回向、五者(无尽)功德藏回向、六者随顺平等(善)根回向、七者随顺等观一切众生回向、八者如相回向、九者无缚无着解脱回向,十法界无量回向

一曰①欢喜地、二曰离垢地、三曰明地、四曰炎地、五曰难胜地、六曰现前地、七曰远行地、八曰不动地、九曰善(慧)地、十曰法云地

菩萨藏修道第十五　有六法门

四十二贤圣法门:四十圣名如前,加等觉地、妙觉地

人四预法门:须陀洹(人)、斯陀含人、阿那含人、阿罗汉人

有四发心能成因果法门:一者初发心、二者行发心、三者不退发心、四者一生补处发心

二智法门:实智、方便智

四智法门:我生已尽,梵行已立,所作已办,不受后有

十一智法门:法智、类智、他心智、世智、苦智、集智、灭智、道智、尽智、无生智、如实智

菩萨藏修道第十六　有六法门

菩萨藏清净六根法门:眼根、耳根、鼻根、舌根、身根、意根。

五眼法门:肉眼、天眼、慧眼、法眼、佛眼

三种阐提法门:一者焚烧一切善根、二者怜愍一切众生、(三者)尽一切众生界愿

三种意生身法门:三昧乐正受意生身、觉法自性性意生身、种类俱生无行作意生身

菩萨五种生法门:息苦生、随类生、胜生、增上生、最后生(五生义)

四无量法门:一者慈、二者悲、三者喜、四者舍

---

① "曰"后衍"观",今删。

菩萨藏修道第十七　有五法门

六通法门：身通、天耳通、天眼通、宿命通、他心通、漏尽通

四无碍法门：一者义无碍、二者法无碍、三者辞无碍、四者乐说无碍

八光法门：一者念光、二者意光、三者行光、四者法光、五者智光、六者宝光、七者神通光、八者无碍智光

五明论法门：一内明处、二者因明处、三者声明处、四者医方明处、五者工巧明处

菩萨藏修道第十八　有九法门

八万四千法门：六度一度有三百五十度，合有二千一百度，化诸贪心种二千一百度，化诸瞋心种二千一百度，化愚痴种二千一百度，化等分种二千一百度，合八千四百诸□□□□□十合八万四千度

菩萨法身法门：普贤法身身无边，无边身深常清净，法身本性无二相，是故我叹如相身

净土法门：土名一切贤圣所居之处，是故一切众土贤圣云自居果报之土。若凡夫众生，五阴中为正报之土，山林天地共有名依报之土。初地圣众有二土，一实知（智）土，前知住前知住后，知为土变化净秒至劫量，应现之土

三佛法门：一者应化菩提，二者报佛菩提，三者法佛菩提

十佛法门：无著佛、愿佛、报佛、持佛、涅槃佛、法界佛、佛性佛、心佛、三昧佛、如意佛

真应二身法门：法身、应身

五种法身法门：一者实相法身，二者功德法身，三者法性生身，四者应化法身，五者虚空法身

五分法身法门：戒身、定身、惠（慧）身、解脱身、知见身

菩萨藏修道第十九　有三法门

十力法门：是处非处力、业力、定力、根力、欲力、性力、生处道

力、宿命力、天眼力、漏尽力

四无畏法门：一切智无畏、漏尽无畏、障道无畏、尽苦无畏

十八不共法门：身无失、口无失、(念无失)、无异想、无不定心、无不知己舍、欲无减、精进无减、念无减、慧无减、解脱无减、解脱知见无减、一切身业随智慧行、一切口业随智慧行、一切意业随智慧行、智慧知过去世无碍、智慧知未来世无碍、智慧知现在世无碍

菩萨藏修道第廿　有七法门

十号法门：如来、应供、正遍知、明行足、善逝、世间解、无上调御、天人师、佛、世尊

涅槃法门：涅者言不，槃者言灭，不灭之义，名之涅槃。槃有言覆，不覆之义，乃言涅槃。槃者言系，不系之义，乃名涅槃

三十二相法门：一者足下平如铃底，二者足下千辐轮相，三者手足指长，四者手足柔软，五者足根广，六者足指合缦网相，七者足①肤高平如，八者伊泥延踵，九者平住两手摩膝，十者马阴藏相，十一者身纵广等，十二者一一毛一孔生，十三者毛上向，十四者金色相，十五者身光面一丈，十六者波薄细滑，十七者七处满，足下满、手中肉、肩上、顶中皆满，十八者腋下满，十九者上身如师子，廿者身广端直，廿一者肩圆好，廿二者卌齿，廿三者齿白齐，廿四者四牙，廿五者方颊车，廿六者味中得上味，廿七者舌大净薄，廿八者梵音深远，廿九者眼色如金精，卅者眼睫如牛王，卅一者眉间白毫相，白如兜罗棉，卅二者顶肉髻成

八十种好：手足二十指，手足八处，表里平满，两跟、两膝、两髀、两肩、两肘、两腕、两股、两臀、藏相两圆、两膊、两胁、两腋、两乳、腰、背、心、脐及与咽、肠悉皆如是，名咽已下六十好；上下牙齿、两唇、两断、两颊、两鬓、两眼、两耳、两眉、鼻两孔、额两角，名咽已上二十好

四相法门：自正、正他、能随问答、善解因缘义

---

① "肤"，底本作"夫"，今改。

四一切清净法门：身（清）净、境界清（净）、心清（净）、智（清）净

三不护法门：身不护、口不护、意不护

菩萨藏谛门第四　廿一有六法门

十六谛法门：有谛、中道第一义谛、无谛、苦谛、集灭谛、灭谛、道谛、相谛、差别谛、现成谛、说谛、事谛、生起谛、尽无生谛、道智谛、成就谛

十四谛法门：苦圣谛、苦集谛、苦灭谛、道圣谛、知世谛、第一义谛、善知相谛、善知差别谛、说成谛、知事谛、知生谛、无生四谛、道智谛、成就谛

三谛法门：有谛、无谛、中道第一义谛

二谛法门：世谛、第一义谛

菩萨藏融门第五，卷之廿二，卷中有五法门

入不二法门

三空法门：空解脱门、无相解脱门、无愿解脱门

十一空法门：内空、外空、内外空、有为空、无为空、无始空、性空、无所有空、第一义空、空空、大空

十八空法门：内空、外空、内外空、空空、大空、第一义空、有为空、无为空、毕竟空、无始空、散空、性空、自性空、诸法空、不可得空、无法空、有法空、无法有法空

法界体性门

宇文泰诏命昙显及百位法师弘扬大乘，并且令儒者薛慎等学习大乘，使大乘佛教深入西魏社会，引起一批儒者关注佛教。如辅佐宇文泰的苏绰著《佛性论》及《七经论》，流行于世。[①] 虽然《七经论》不能确定是否为佛教典籍，但《佛性论》确是佛书。另一方面，范阳卢氏家族中，如卢

---

① 《周书》卷二三，第 395 页。

景裕、卢辨、卢光兄弟三人都是学问很多的儒者,同时亦是佛教信徒,而且卢氏家族曾经邀请法上至范阳讲经。北周佛教除了自身的创造活动,同时引入北齐、南朝佛教。这样,可以确定《一百二十法门》与《周众经要》等著作是在地论学派与梁陈佛教的影响下形成。

法上《十地论义疏》曾经流入北周,现存敦煌卷子 S.2741《十地论义疏》卷一、P.2103《十地论义疏》卷三是北周时期的写本。而且,宇文泰的"五门"在法上《十地论义疏》中频繁出现,如初地经文,以"第一佛性门"中的"入寂分"加以注解,同时说:"加分以下,佛性门中果严因分"①;另外,还提到"请分者,自下佛性门中,明方便自②体分"③,可见即是以"第一佛性门"来解释初地的一部分。《十地论义疏》卷二缺损,可以推知是"第二众生门"。现存《十地论义疏》卷三,在第二地注释的开头说:

> 第二离垢地,自此已下,说于四地,第三明修道法门。④

这是依"五门"来解释十地,以"五门"中的"第三修道法门"来解释第二地至第五地这四地,与上面"第一佛性门"自然相呼应。

B.8377(露 43)题名《大乘五门十地实相论》,是《十地经论》的注释书。但是,从题名可以明显看出,注释方式是以"五门"来解释"十地"。所以,"五门"是以地论学派为核心而形成的北朝佛学体系。

二、现存《菩萨藏修道众经抄》卷十二

《一百二十法门》是西魏、北周佛教的思想纲要,依此一百二十法门,将大乘佛教经论摄入其下,编撰成为《周众经要》或《菩萨藏经要》。以前由于典籍散佚,我们一直无法了解《菩萨藏经要》的形态。但是,《大正藏》第 85 卷收录了日本大谷大学藏敦煌本"《菩萨藏修道众经抄》卷第十

---

① 《十地论义疏》卷一,《大正藏》第 85 卷,第 761 页上。
② "自",底本与大正藏校本皆作"姿",今改。
③ 《十地论义疏》卷一,《大正藏》第 85 卷,第 768 页上。
④ 《十地论义疏》卷三,《大正藏》第 85 卷,第 775 页中。

二",即是《菩萨藏经要》的第十二卷。

依 B.8388(潜 71)《一百二十法门》,菩萨藏修道第十二有六度、十波罗蜜二法门。现存《菩萨藏修道众经抄》卷第十二前部分残缺,但是核心内容即是六度;中间明显列出"十波罗蜜法门":檀波罗蜜、尸波罗蜜、羼提波罗蜜、毗梨耶波罗蜜、禅波罗蜜、般若波罗蜜、方便波罗蜜、愿波罗蜜、力波罗蜜、智波罗蜜。依此可知,内容与《一百二十法门》的目录相同,可以确定即为《菩萨藏经要》的第十二卷。

下面,对《菩萨藏修道众经抄》卷十二所引用的经典进行考证:

在"六度法门"中,首缺的经典,经查证为刘宋求那跋陀罗译《相续解脱地波罗蜜了义经》。此经前面一部分叙述十地,但是从"观世音白佛言:世尊!菩萨学有几事?佛告观世音:菩萨学有六事,所谓六波罗蜜,檀波罗蜜,乃至般若波罗蜜"①开始,详细论述了六波罗蜜,敦煌写本的首缺部分,或许即从此句开始。

《大般涅槃经》卷第二十二,依此段的末尾"大涅槃中如是之事,从无量劫来不闻而闻,尸罗波罗蜜乃至般若波罗蜜,如《杂华经》中广说"②,可知为北凉昙无谶译北本《大般涅槃经》卷二十一,"二十二"或为写本的笔误,因为相同的经文出于南本《大般涅槃经》卷十九。

《华严经》,为佛陀跋陀罗译《六十华严》卷五十二的内容。③

《大集经》卷十六,查现存《大正藏》中六十卷《大集经》,则为《大集经》第十三卷。④ 因为,六十卷《大集经》是在昙无谶译的三十卷基础上,隋招提沙门僧就在开皇六年(586)添加那连提耶舍等所译《日藏经》、《月藏经》等经而合成六十卷。⑤ 依此可知,《菩萨藏修道众经抄》卷十二所引用的《大集经》,为昙无谶译三十卷本《大集经》,故为第十

---

① 《相续解脱地波罗蜜了义经》,《大正藏》第 16 卷,第 715 页下。
② 《菩萨藏修道众经抄》卷一二,《大正藏》第 85 卷,第 1199 页上。
③ 晋译《大方广佛华严经》卷五二,《大正藏》第 9 卷,第 725 页中。
④ 《大方等大集经》卷一三,《大正藏》第 13 卷,第 91 页上—92 页中。
⑤ 见《历代三宝记》卷一二,《大正藏》第 49 卷,第 103 页上。

六卷。

《大品经》卷三,查为《摩诃般若波罗蜜经》第十八《问乘品》,或名《摩诃衍品》,但是现存为卷五①,可能为抄写或校录的错误。

《集一切福德经》卷第二,查为鸠摩罗什译《集一切福德三昧经》卷下。②

《佛说净业障经》一卷,查为"失译人名今附秦录"《佛说净业障经》。③

"十波罗蜜法门"引用的经典,如下:

《宝云经》卷第一,查为梁朝曼陀罗仙译《宝云经》卷一、卷二。④ 曼陀罗仙于天监二年(503)至金陵,与僧伽婆罗共同翻译了许多经典。《菩萨藏修道众经抄》卷十二所引用的《宝云经》,主要是阐明各依十法成就十波罗蜜。

《华严经》,为晋译《六十华严·十地品》的内容。⑤

《相续解脱经》一卷,为刘宋求那跋陀罗译《相续解脱地波罗蜜了义经》。⑥

依《菩萨藏修道众经抄》卷十二的引用经典,《大集经》、《涅槃经》为昙无谶的译本,《宝云经》为梁曼陀罗仙的译本。依此可知,《菩萨藏经要》是集北朝、南朝译经的大成,同时《菩萨藏经要》的编集亦受到南朝佛学的影响。

梁武帝从天监六年(507)起,应用帝王的政治权力,敕令僧侣学者从事各种佛典经律论等类书的编纂工作。梁武帝敕命僧旻领衔敕选有才学的僧俗之士,即僧智、僧晃、刘勰等三十人,在奉别敕的宝唱辅助之下,从天监七年(508)十一月开始至八年(509)四月为止,在上定林寺抄一切

---

① 现存为《摩诃般若波罗蜜经》卷五,《大正藏》第 8 卷,第 249 页下—250 页中。
② 《集一切福德三昧经》卷下,《大正藏》第 12 卷,第 999 页下。
③ 《佛说净业障经》,《大正藏》第 24 卷,第 1097 页中—下。
④ 《宝云经》卷一、二,《大正藏》第 16 卷,第 212 页中—219 页下。
⑤ 晋译《大方广佛华严经》卷二五,《大正藏》第 9 卷,第 561 页中—下。
⑥ 《相续解脱地波罗蜜了义经》,《大正藏》第 16 卷,第 716 页上。

经论,以类相从,编纂成《众经要抄》八十卷、目录八卷。① 这是就现行的一切经论加以分类、整理、编纂的第一部类书。同时,梁武帝还敕令编纂类似"佛教哲学辞典"的《义林》八十卷。《历代三宝记》记载:

> 普通年,敕开善寺沙门释智藏等二十大德撰。但诸经论有义例处,悉录相从,以类聚之。譬同世林,无事不植。每大法会,帝必亲览,以观讲论。宾主往还,理致途趣,如指掌也。②

《义林》是将佛教经论中各种主要的义理分门别类,再按照义理出现的时代先后,一条一条归纳编纂而成。梁武帝每次在大法会上,必定带在身旁随时查阅,以便于佛法义理之讲述和论辩。南朝佛学的北上,尤其是《众经要抄》、《义林》等类书、辞典流传到北土,势必促进宇文泰建立西魏、北周的佛学体系。

"五门"是地论学派诠释学的传统。西魏宇文泰在定都长安后,在继承北魏洛阳佛教的同时,导入最新的佛教思想,导入北齐佛教与南朝的梁陈佛教,从而形成集大成的体系。其中最集中的表现,便是以"五门"与"一百二十法门"整理繁杂的佛教教理体系,这是汇集、融合南北朝佛教后形成的最新佛教思想,但是体系的核心仍然是地论学派。

---

① 《历代三宝记》卷一一,《大正藏》第 49 卷,第 99 页上;《续高僧传》卷一《宝唱传》,《大正藏》第 50 卷,第 426 页下。
② 《历代三宝记》卷一一,《大正藏》第 49 卷,第 100 页上。

第六章 摄论学派

摄论学派是以研究与弘扬真谛(499—569)所传的唯识学为中心,其所依典籍以《摄论》及世亲《摄论释》为主。北魏佛陀扇多亦曾译出《摄论》,但未翻译世亲的释论,故其译本流传不广。而真谛一生译经事业颇为坎坷、曲折,其弟子辈曾立誓弘扬其学,亦颇受排挤。后传往北方,才得以广为传布,这是北地摄论师的功劳。

第一节 摄论学派的传承

一、真谛及其第一代弟子群

真谛于中大同元年(546)八月到达南海郡(今广东省南部),当时他已经48岁了。但是,时运不济,他在中国的二十三年里,一半时间消耗在奔波流离中。而且,其学说一直得不到当时皇室与上层社会的重视。弟子僧宗、慧恺曾想送他回建康,但是遭到当时建康学者的反对,《续高僧传·拘那罗陀传》说:

> 会杨辇硕望,恐夺时荣,乃奏曰:岭表所译众部,多明无尘唯识;

> 言乖治术,有蔽国风,不隶诸华,可流荒服。帝然之。①

梁陈两朝的建康学风,崇尚般若、三论、成实,其学说难以得到建康佛教界的承认。而且,建康学者唯恐真谛回建康,影响他们的名声与既得权势。种种原因致使真谛一生的译经事业受到很大的冲击,其学说亦不能广为传播。

玄奘从印度回来,大加排斥旧译,《续高僧传·法冲传》说:

> 三藏玄奘不许讲旧所翻经。冲曰:君依旧经出家,若不许弘旧经者,君可还俗,更依新翻经出家,方许君此意。奘闻遂止。②

玄奘因思想之差异,故歧视旧译。真谛的译述在唐初遭受此次打击,便一蹶不振。千余年来,很少人问津。

真谛来华,遭受社会动乱,生活多磨难,迁徙流离。但是,仍然译经甚多,而且教育、培养弟子十分勤奋,"禀学夙夜匪懈,无弃寸阴"③。正是在其精神感召下,其弟子辈誓愿弘扬其学,形成摄论学派。

真谛的唯识学为当时南北朝佛学界注入了新鲜的血液,虽然其译经事业一直饱受坎坷,但是仍然受到学者的欢迎。而且,其与弟子之间的感情十分密切,在慧恺死后,他与弟子共同发誓:"令弘《摄》、《舍》两论,誓无断绝。皆共奉旨,仰无坠失。"④在陈朝时,其学说虽然不流行于建康等地,但是在广东及江西、湖南等地,则广为流布。到了隋唐时期,在建康、长安等地,则盛极一时,蔚然成风,终成一大学派——摄论学派。

真谛的弟子有慧恺、法泰、曹毗、智敷、道尼、法准、僧宗、僧忍、慧旷、法忍、知休、明勇、法海、智文、警韶等人。这些弟子在未师事真谛之前,

---

① 《续高僧传》卷一,《大正藏》第50卷,第430页中。
② 《续高僧传》卷二五,《大正藏》第50卷,第666页下。
③ 《摄大乘论序》,《大正藏》第31卷,第113页上。
④ 《续高僧传》卷一,《大正藏》第50卷,第431页下。

都已经是当时的宗匠大师。① 真谛正是得到这些弟子的帮助,才能在广州完成其译经事业,这亦是他不幸中之万幸!

慧恺(518—568),比真谛年轻19岁,比真谛早一年去世,是真谛最赏识的弟子。俗姓曹,真谛翻译《摄论》和《俱舍论》,任笔受,而且帮助真谛撰《摄论疏》二十五卷。光大二年(568),僧宗等人又请慧恺于智能寺讲《俱舍论》,未讫而卒,时年五十一岁,葬于广州西阴寺。真谛为慧恺的去世十分悲痛,第二年即逝。其著作不存,现存有《俱舍论序》(567年作)、《摄论序》(564年作)和《大乘唯识论后记》(563年作)、《律二十二明了论后记》。日僧普寂《摄论略疏》曾在《真谛疏》之外,列有《智恺(慧恺)疏》。② 慧恺笔受真谛《摄论疏》,不大可能在《真谛疏》之外,另撰独立的注疏。

法泰,生卒年不明,与慧恺、僧宗、法忍等同住杨都大寺,闻名梁代。真谛来广州后,法泰与僧宗、慧恺等在广州制旨寺笔受文义。法泰曾协助真谛翻译《律二十二明了论》,并疏五卷,严谨奉行。陈太建三年(571)法泰回到建康,开讲《摄论》、《俱舍论》等经论,但是当时建康盛行般若、三论,故根本没人接受。而静嵩(537—614)为避北周法难而至建康,随侍法泰而精通《摄论》、《俱舍论》。

曹毗,真谛受菩萨戒的弟子,慧恺的侄子,跟随慧恺到广州,从真谛学《摄论》。太建三年(571),曹毗请建光寺僧正明勇法师继续讲《摄论》,随学名僧五十余人。后于江都(今江苏省江都县西南)白塔寺开讲《摄论》等。著有《真谛别历》,亦称《真谛传》。曹毗的主要弟子有禅定寺僧

---

① 《续高僧传·法泰传》说:"释法泰,不知何人。……住杨都大寺,与慧恺、僧宗、法忍等,知名梁代,并义声高邈,宗匠当时。"《大正藏》第50卷,第431页上。
② 《摄大乘论略疏》卷一说:"此论传译以来,制疏者盖向数十家,谓真谛《疏》、智恺《疏》、慧颐《疏》、昙迁《疏》、法护《指南》、道基《疏》、僧辩《章疏》、慧休《疏》、灵润《义疏》、智俨《疏》、神廓《疏》等,载在史传。而其书都无流此邦者。"《大正藏》第68卷,第123页下。

荣、日严寺法侃等。① 僧荣门下有慧璀(574—634),出满德、善智、道懿、敬道等人,弘扬《摄论》。② 法侃(551—623),从渊法师学习《十地论》、《地持论》,可见原为地论学派学统;在江都安乐寺从曹毗学习《摄论》,后来在《日严寺》弘扬,充当十大德之一,晚年移住兴善寺。弟子道抚亦精通《摄论》。③

智敫(? —601),年轻的时候,从延祚寺的道、缘二师学习《成实》,又跟随北土沙门学《金刚般若论》,而且向希、坚二师学习《婆沙》、《中论》。后来,真谛翻译《俱舍论》时,同席学习,听慧恺的《俱舍论》的讲义,与道尼等二十人共同掇拾文疏。自慧恺、真谛殁后,自己续讲《俱舍论》。后来,着力学习《涅槃论》,曾任广、循二州僧正。晚年专门讲《摄论》,著真谛的《翻译历》。传弟子玑山瞰等,亦有盛名。④

道尼,九江人,跟从真谛学习《摄论》、《俱舍》,弘扬《摄论》,声名远扬。开皇十年(590),入长安大兴善寺,兴讲《摄论》。与昙迁一样,是《摄论》北传的有功之人。道宣说:"自是南中,无复讲主;虽云敷说,盖无取矣!"当时摄论学派北传,在南方一带则逐渐衰落。弟子有道岳(568—633)、慧休(548—633)、智光等。⑤

僧宗、法准、僧忍,都是当时建业佛教界的宗匠,一起到广州学习《摄论》。真谛殁后,僧宗、法准一起持经论归庐山。僧宗曾撰《摄论义疏》"心胜相"(即"所知依")以后的部分,著真谛《行状》,广行于世。⑥ 法准有弟子净愿(537? —609),三十岁出家,通《四分律》,学习《十地论》及《华严》,后从法准学习《摄论》。后来,净愿入京师,住宝刹寺,"正

---

① 镰茂雄认为,曹毗师事禅定寺僧荣、日严寺法侃,二者师资关系完全相反。不知是作者的错误,还是翻译的问题。见《中国佛教通史》(第四卷),第381页。
② 《续高僧传》卷二二《慧璀传》,《大正藏》第50卷,第615页上—下。
③ 《续高僧传》卷一一《法侃传》,《大正藏》第50卷,第513页上—下。
④ 《续高僧传》卷一《智敫传》,《大正藏》第50卷,第431页下—432页上。
⑤ 《续高僧传》卷一,《大正藏》第50卷,第432页上。
⑥⑥ 《续高僧传》卷一《拘那罗陀传》,《大正藏》第50卷,第430页中。

时《摄论》,晚夜《杂心》,或统解《涅槃》,或判销《四分》。"可见,净愿的思想十分庞杂。①

智休,其生平不详,《续高僧传》说:"少时遗诀,严正勗示因果,书传累纸,其文付弟子智休"⑥,真谛将遗文付嘱给他,可见师徒情感之深。

慧旷(534—613),十二岁出家,师事江陵(今湖北省江陵县)宝光寺澄法师,后与僧宗、慧恺、法准等投真谛学《摄大乘》、《唯识》等论,及《金光明》等经。真谛死后,与同学僧宗等回庐山,"州宰鄱阳、长沙二王,俱敦师资之教。后与湘、郢二州累载弘道。"后移居兴国寺,隋炀帝时期,敕住丹阳栖霞山寺。大业九年(613)五月殁,世寿八十岁。② 智顗曾在慧旷门下学习戒律及各类大乘经典③,可见慧旷在师事真谛之前,已是名匠。

警韶(508—583),是有名的《成实》、《涅槃》学者,47岁时,在豫章时碰到真谛,常与真谛谈论佛法。真谛感叹说:"吾游国多矣,罕值斯人",并为警韶翻译、讲授《金光明经》、《唯识论》、《涅槃中百句长解脱十四音》等。④

智文(509—599),专门弘扬戒律,其著作颇多。于晋安碰到真谛,学习《金光明经》、《遗教经论》。

慧侃(523—605),原来在邺都弘法,后来到广州,向真谛学习禅法。后来,逝于蒋州大归善寺。

另外,真谛门下的弟子,如僧忍、慧忍、法海、明勇等,皆弘扬真谛的学说,其生平不详。

真谛在世时,由于生活的奔波,反而使其学说在福建、广西、广东一带开始流传,这是慧恺传播的功劳。汤用彤曾经概括说:

> 真谛之学先布闽、越、广州,智恺之功为首。及其死后,法泰传

---

① 《续高僧传》卷一〇《净愿传》,《大正藏》第50卷,第504页中—下。
② 《续高僧传》卷一〇《慧旷传》,《大正藏》第50卷,第503页中—下。
③ 《止观辅行传弘决》卷一之一,《大正藏》第46卷,第142页下。
④ 《续高僧传》卷七《警韶传》,《大正藏》第50卷,第479页下—480页中。

之建业,僧宗、道尼等弘之九江,曹毗传法于江都,智敫宣讲于循广。而靖嵩之北止彭城,道尼之入居长安,《摄论》固已北被矣。但北方《摄论》大师,靖嵩而外,实为地论学者之昙迁。①

道尼是开皇十年(590)到达长安,与靖嵩同时北上。昙迁于开皇七年(587)便到达长安,而道尼之前已至北方。

由于当时北方地论学派的势力非常大,北地摄论师受其影响;而在南方一带的摄论师,包括北上的第一代弟子,如道尼等,则能比较好地继承真谛的思想传统。九世纪的日僧圆珍《授决集》中,在"梁《摄论》及真谛师等说九识义,更有九识家明九识义"此一句下加注说:"摄家南北及新译家,或执八及九,互不相许,如诸文具之,今更不记。"②记载了当时摄论师分为南、北,而且与玄奘新译《摄论》,或执八识说,或执九识说,而且明显有互不相让的情形。可见,真谛死后,摄论师确实存在南北之分。但是,南方摄论师以建业、九江为中心,在隋代已经走向衰微,道尼北上后,"自是南中,无复讲主",可见一斑。同时,摄论学派的第一代弟子,几乎很少有《摄论》的注疏等,这可能与南方的清谈学风有关。

二、摄论学派的北传

摄论学派北传,归功于三人——昙迁、道尼、静嵩,北地摄论师亦传三人而成为三大系,值得我们注意。

1. 昙迁一系的传承

昙迁,俗姓王,博陵饶阳(今河北饶阳县)人,学习《周易》、《老》、《庄》。后来,向曲李寺慧荣学习佛法,二十一岁依定州贾和寺昙静律师出家学《胜鬘经》。受具足戒后,归邺都,向昙遵学佛法纲要。隐居林虑山黄花谷净国寺,精研《华严经》、《十地经论》、《维摩经》、《地持

---

① 汤用彤:《魏晋南北朝佛教史》(下册),第626页,北京,中华书局,1983。
② 《摄决集》卷上,《大正藏》第74卷,第288页上。

经》、《起信论》等。《昙迁传》记载："尝寻《唯识论》"，此《唯识论》应该是指菩提流支所译《唯识论》。因为他在未遇《摄论》之前，便能与同侣"谈唯识义"。

周武灭齐，避难到寿阳曲水寺，后住杨都道场寺，与慧晓、智瓘及高丽僧智晃等结交。在金陵滞留期间，在桂州刺史蒋君之宅获《摄论》，如获至宝。这样，对地论学派的唯识思想有滞碍之处，都能豁然贯通。隋代兴起，昙迁带着《摄论》离开建业，到达彭城。有檀越施宅为慕圣寺，于是在此寺讲述《摄论》、《楞伽》、《起信》、《如实》等论。"《摄论》北土创开，自此为始也"。① 后顺道往广陵，在开善寺宣讲《摄论》。

开皇七年（587），当时已经46岁，应文帝之请，与洛阳慧远（65岁）、魏都慧藏（66岁）、清河僧休、济阴宝镇、汲郡洪遵（58岁）同集长安，共为"六大德"，住大兴善寺。开讲《摄论》时，受业者众，净影慧远亦前往听讲。《昙迁传》说：

> 众以《摄论》初辟，投诚请祈，即为敷弘，受业千数。沙门慧远领袖法门，躬处坐端，横经禀义。自是传灯不绝，于今多矣。虽则寰宇穿凿，时有异端，原其解起，莫非祖习。②

《摄论》正是由于昙迁的弘扬之功而流行于北方，至道宣的时代，其法裔仍然有许多。但是，昙迁完全是自学《摄论》与《摄论释》，并没有得到真谛或其弟子的亲授。这样，以他地论学派的背景，便很容易对《摄论》的唯识思想出现理解的偏差。所以，《昙迁传》便出现真谛的授记传说，《真谛传》说："不久有大国，不近不远，大根性人，能弘斯论。"面对他人对其唯识思想正统性的质疑，必须求助于授记，这是不得已的做法。

大业三年（607）十二月六日，年六十六岁，殁于禅定寺。著有《摄论疏》十卷，又撰《楞伽》、《起信》、《唯识》、《如实》等疏以及《九识》、《因明》

---

① 《续高僧传》卷一八《昙迁传》，《大正藏》第50卷，第572页中。
② 同上书，第572页下。

等章,还有《华严明难品玄解》等,共二十多卷。

昙迁为《摄论》北传之功臣,对《摄论》进行一些创造性的诠释,北方学者以其为正宗摄论学派,从而形成"北地摄论师"的特色。镰田茂雄总结昙迁的弟子有三大系统:第一,师事涅槃师昙延学习《涅槃》,后从昙迁学《摄论》的有慧海、道悫、玄琬、法常等;第二,师事地论师净影慧远学习《地论》,再受业于昙迁学《摄论》的学者有净业、净辩、静藏、静相等;第三,直接向昙迁学习的有道哲、道英、道琳、静凝、明驭等。① 所以,"北地摄论师"是在涅槃学派、地论学派等的背景下,对《摄论》进行重新诠释,而《涅槃》、《地论》等北方佛学思想无疑成为其诠释的思想背景。

静凝(?—602),汴州人。根据《续高僧传》卷二十六《静凝传》记载②,静凝早年即听受于昙迁,"深闲邪正,经律、《十地》是所询求。后师《摄论》幽显,常乐止观,掩关思择。缘来便讲,唱吼如雷,事竟退静,状如愚叟。世间之务,略不在言。人不委者,谓为庸劣,同住久处,方知有道。兼以行不涉疑,口无庆吊。块然卓坐,似不能言。"净凝先跟从昙迁学习《十地经论》,然后学习《摄大乘论》,后来随昙迁进京并住于大兴善寺。仁寿二年(602),文帝下敕令净凝送舍利于杞州(今河南省杞县)。

明驭③,瀛州人。《续高僧传》卷二十六有传:"初学《涅槃》,后习《摄论》,推寻理源,究括疑滞。晚游邺下,谘访未闻,隐义重玄,皆所披览。开皇八年,来仪帝里,更就迁师询求《摄论》。"从引文的表述看,在开皇八年(588)跟从昙迁研习《摄论》之前,明驭似乎已经从某师学习过此论。仁寿三年(603)禅定寺建成后,受召住于此寺,后圆寂于此。

道哲(564—635)④,姓唐,齐郡临邑人。初投颍川(即河南省禹州市)

---

① [日]镰田茂雄:《中国佛教通史》(第四卷),第384—385页。
② 《续高僧传》卷二六《静凝传》,《大正藏》第50卷,第675页中。
③ 《续高僧传》卷二六《明驭传》,《大正藏》第50卷,第674页中—下。
④ 《续高僧传》卷二〇《道哲传》,《大正藏》第50卷,第588页下—589页上。

明及法师,学《十地经论》《地持论》,为同听者所揖。受具足戒后,又跟从魏郡(今河南安阳市)希律师禀承《四分》,受教博晓将近六年。随后,道哲从昙询禅师学习禅法,"一悟真谛,霍然大通。禅侣相谢,解齐登室"。道哲听说京城佛法兴声,于是步行至长安。"初至,住仁觉寺。沙门昙迁有知人之誉,敬备师礼,从受《摄论》,研味至理,晓悟其文。"根据《续高僧传·智正传》记载:"仁寿元年,左仆射虞庆则,钦正高行,为奏寺额,造仁觉寺,延而住之。"①由此可知,道哲至长安的时间不会早于仁寿元年(601),而昙迁圆寂于大业三年(607)。后隐居于终南山骆谷,禅修为业。至唐初,道哲受邀住于大庄严寺。大庄严寺即隋代的禅定寺,唐初改名。道哲于此寺居住一段时间,"盩厔县民,昔以隐居骆谷,得信者多,相率迎请,乃往赴焉。营构禅宇,立徒策业,山俗道侣,相从屯赴。教以正法,训以律仪,野逸是凭,闻诸京辅"。贞观九年(635)正月,"东归庄严,讯问名德,奄然卒于故房,春秋七十二矣"。道哲撰《百识观门》十卷、《智照自体论》六卷、《大乘闻思论》等行世,有弟子静安、道诚,前者继承隐居禅修的特点,后者继承其师的律学和义学。道诚住锡于大庄严寺,后被征入瑶台寺常住。

  道英(560—636)②,姓陈,蒲州猗氏人。根据《续高僧传·道英传》记载:"年十八,叔休律师引令出家,而二亲重之,便为取妇,五年同床誓不相触,素在市贩,与人同财,乃使妻执烛,分判文疏,付嘱留累,遂逃而剃落。至并州炬法师下,听《花严》等经,学成返邑,其妻尚在。"开皇十年(590),道英二十四岁,方才受具足戒。开皇十九年,"遂入解县太行山栢梯寺,修行止观,忽然大解。南埵悟人,北岭悟法,二空深镜,坐处树枝,下映四表"。道英于山中树下令"人"、"法"二空。随后"营理僧役,以事考心",积极办理寺院事务,不单纯隐居不问寺事。大概在开皇末年,道

---

① 《续高僧传》卷一四,《大正藏》第 50 卷,第 536 页中。
② 《续高僧传》卷二五《道英传》,《大正藏》第 50 卷,第 654 页上—下。

英至京师住于胜光寺,"从昙迁禅师听采《摄论》,讲悟既新,众盈五百,多采名教,趴能如理。而英简时问义,惟陈止观;《无相思尘》,诸要盘节,深会大旨。"也许道英已经有修禅经验,所以他着重用力于唯识止观,对于真谛翻译的《无相思尘论》特别有兴趣。昙迁非常看重他,对其弟子说:"尔虽日考通文义,无择昏明,得其妙者,惟道英乎?"道英独立特行,"仪服饮噉,未守篇章,颇为时目作达者也。听讲之暇,常供僧役,有慕道者,从其所为,因事呈理,调伏心行,寄以弘法。"而道英自己常说:"余冥目坐禅,穷寻理性,如有所诣,及开目后,还合常识。故于事务,游观役心,使有熏习。"晚年住蒲州普济寺,置办寺产,弘法讲论修禅,一日宣说《起信论》,讲到"真实门"时,他"奄然不语,怪往观之,气绝身冷。众知灭想,即而任之。经于累宿,方从定起。"道英圆寂于贞观十年(636)九月,春秋七十七。临终为弟子说法要,其中有一句:"无常,常也。不可自欺,不可空死。"

玄琬(562—636)[①],俗姓扬,本弘农华州人,远祖徙至雍州新丰。十五岁时出家,事沙门昙延法师。受具足戒后,又跟从洪遵律师研习《四分律》三年。其后,再回归昙延门下,时为开皇三年(585)。而昙延法师圆寂于开皇八年八月十三日。《续高僧传·玄琬传》又记载:玄琬"又欲钦佩唯识,包举理性,于昙迁禅师禀学《摄论》,并寻阅众锋,穷其心计。《法华》、《大集》、《楞伽》、《胜鬘》、《地论》、《中》、《百》等,并资承茂实,研核新闻,环循弥讨。其际搜会,擢其玄理。"看来,玄琬跟从昙迁全面地学习了唯识经典以及中观、如来藏类经典。仁寿二年(602)七月十五日,玄琬于长安延兴寺铸丈六金铜佛;又"造经四藏,备尽庄严,诸有缮写,皆资本据。"贞观初年,受敕召为皇太子及诸王等授菩萨戒;召住普光寺。《大唐内典录》收录玄琬的著作有《三德论》一卷、《入道方便门》二卷,《镜喻论》、《无拟缘起》一卷、《十种读经仪》、《无尽藏仪》、《发戒缘起》二卷、《法

---

① 《续高僧传》卷二二《玄琬传》,《大正藏》第 50 卷,第 616 页下—617 页上。

界图并十不论》、《礼佛仪式》二卷,共九部一十二卷。"同书卷七有著录"《众经目录》五卷,九十纸,唐贞观初普光寺玄琬撰",此大概是组编的藏经的总目录。①

可以看出,昙迁一系有如下一些特点:(1) 跟随昙迁学习《摄论》者,大都出于地论南道派、涅槃学派,所以其摄论学派特征不明显,具有融合性,这是北地摄论师的最大特征;(2) 重视唯识观的修习,如净辩、道哲、道英、静凝等人,《摄论》严密的观行体系,无疑对他们非常具有吸引力;(3) 仁寿年间敕送舍利,有利于《摄论》的传播;(4) 摄论师从事留学僧教育事业,促进了《摄论》的国际传播。

2. 道尼一系的传承

道尼作为真谛直传弟子,亲承真谛的学说。《续高僧传·道岳传》说:"有九江道尼者,创始《摄论》,海内知名。以开皇十年至自扬都来化京辇,亲承真谛,业寄传芳。"②道尼门下有道岳、慧休、智光。

智光③是最早跟随道尼的弟子。智光是江州(今江西省九江市)人,少时就听道尼宣讲《摄论》,并且学有所成。开皇十年(590)又随其师进入长安,住于大兴善寺。文中又说:"仁寿创塔,召送循州。"舍利安奉于循州道场塔寺,时间是仁寿二年(602)。后回长安,宣讲《摄论》。智光热衷于归隐林泉,并且与空藏、慧琎、智信、灵润、智超等,住蓝田山化感寺。归庐山,后卒于庐山某寺院。

道尼一系由于直接传自真谛,其特点如下:(1) 受《毗昙》、《成实》影响较深,同时由于志念是地论北道派道宠的弟子,因此这一系与地论北道派有关系;(2) 重视《俱舍》,以真谛《俱舍疏》为依据;(3) 从政治关系来说,此系与上层社会的关系比较疏远,因此其影响不如昙迁一系大;同

---

① 道宣《大唐内典录》卷五说:"又以法流东渐三被诛残,虽后鸠拾不无纰素。琬欲澄一文义,该贯后贤,乃集达解名德三十余人,亲面综括,披寻词理,经延岁序,方乃究竟。即写净本,以为法宝正则,故方隅道俗,欲写藏经,皆就传本以为楷准。"(《大正藏》第55卷,第281页中)
② 《续高僧传》卷一三《道岳传》,《大正藏》第50卷,第527页中。
③ 《续高僧传》卷二六《智光传》,《大正藏》第50卷,第671页中一下。

时,由于道尼与昙迁同在长安,昙迁当时的社会影响力极大,道尼是从南方到长安,二者的势力自然悬殊。

3. 靖嵩一系的传承

昙迁与道尼是以长安为中心,弘扬《摄论》;而靖嵩一系则是以徐州为中心,其门下有智凝、善慧、道基、法护、道因等,人才辈出。

靖嵩(537—614),俗姓张,涿郡固安人,十五岁出家,其同学靖融,通晓大小乘经论,尤精《杂心》。靖嵩受靖融的启发,来到京邺。向大齐国统法上的弟子融智学《涅槃经》和《十地经论》。周武灭佛期间,他与同学法贵、灵侃等三百多僧人来到南地江左(今长江以东),陈宣帝迎接。靖嵩在此向法泰学习《摄论》和《俱舍论》,下数年苦功,终于精通这两部论,对《中边分别论》等四十余部大乘论典,都能会通纲要。开皇十年(590),靖嵩和灵侃等二百余僧都回到江北,大开讲席。著有《摄论疏》六卷、《杂心疏》五卷,又撰《九识》、《三藏》、《三聚戒》、《二生死》等,并行于世。靖嵩不仅继承真谛传统,弘扬《摄论》,并曾攻研《十地经论》,他不仅是摄论师,也是地论师。卒于大业十年(614),时年七十八岁。

靖嵩与昙迁原为地论师,都是避难来到南方,后来都回到北方弘扬《摄论》,二者的经历有许多相同之处。但是,昙迁是以长安为弘法中心,而靖嵩则一直以彭城为弘法处,殁于彭城崇圣寺,其门下则远传四川。昙迁的《摄论》思想有更多的地论学派背景;靖嵩亲承法泰的教诲,则其思想更具有真谛传统的特色。① 这一系的学者有智凝、智则、道积、善慧、法护、道因、道基、慧熙等。

靖嵩一系则是以徐州为中心,向全国辐射,而蔚成一大系。

靖嵩一系远传四川,造成蜀地摄论学派的兴盛。如智凝的弟子灵觉、道卓,"并蜀土名僧,依承慧解,擅迹京室,晚还益都,弘赞厥宗。故

---

① 《续高僧传》卷一〇《靖嵩传》,《大正藏》第 50 卷,第 501 页中—502 页上。

岷、洛《摄论》,由之而久矣。"①灵觉、道卓在长安跟从智凝学习后,便回到四川弘扬《摄论》。

在道基同时代,在蜀地弘扬《摄论》者有道因、宝暹、慧景等人。道因避难至蜀,开讲《摄论》,《宋高僧传·道因传》说:

> 未几,因避难三蜀,居于多宝寺。好事者素闻道誉,乃命开筵《摄论》、《维摩》,听者千数。时有宝暹法师,东海人也。殖艺该洽,尤善大乘。昔在隋朝英尘久播,学徒来请,接武磨肩。暹公傲尔其间,仰之弥峻。每至因之论席,肃然改容,沉吟久之,方用酬遣。因抗音驰辩,雷惊波注,尽妙穷微,藏牙折角。②

道因在多宝寺讲《摄论》,宝暹前来辩论,可见当时摄论学派的自由学风。从年龄上说,道因比宝暹年轻,但是宝暹对他却十分尊敬,可见道因精通《摄论》,非同一般。

蜀地摄论学派的兴盛,其现实原因在于隋末唐初的战乱,许多学者避难于四川。《续高僧传·道基传》说:

> 时彭门蜀垒复有慧景、宝暹者,并明《摄论》,誉腾京国。景清慧独举,诠畅玄津,文疏抽引,亟发英采。暹神志包总,高岸伦俦,谈论倚伏,态出新异;数术方艺,无学不长。自预比肩,莫有沦溺。末年耽滞偏驳,遂掩徽猷,故不为时匠之所班列。③

慧景、宝暹都是隋末有名的摄论师,慧景的文采非常好,而宝暹则学识渊博。慧景曾有《摄论章》三卷④,现不存。

靖嵩一系后来参与玄奘译场,而且继续传播旧译的学说。道因参与玄奘译场,校定梵本,担任"证义"。慧景学习玄奘所译《瑜伽论》,而且注

---

① 《续高僧传》卷一〇,《大正藏》第50卷,第505页上。
② 《宋高僧传》卷二,《大正藏》第50卷,第717页上。
③ 《续高僧传》卷一〇,《大正藏》第50卷,第532页下。
④ 《东域传灯目录》,《大正藏》第55卷,第1156页下。

释《瑜伽论》。其《瑜伽疏》虽已散佚,但是遁伦《瑜伽论记》有引用。①

此系受地论学派影响较少,大都是《涅槃经》的学者,或者是《成实论》的学者。因此,靖嵩系与道尼系则比较接近,而且都是亲承真谛,与昙迁系完全不同。

4. 道奘、灵润与隋末唐初《摄论》学者

在昙迁、靖嵩、道尼三系之外,隋末唐初仍有大批的摄论师,以弘扬旧译《摄论》为宗。其中,以道奘-灵润一系最为有名,因为灵润后来参与玄奘译场,而且与神泰进行佛性论争。《续高僧传》没有道奘独立的传记,《续高僧传·道宗传》说:

> 释道宗,俗姓孙氏,莱州即墨人。少从青州道藏寺道奘法师,学通经论。奘明达识慧,标举河海,名播南北。立四种黎耶、闻熏、解性、佛果等义,广如《别传》。宗受业《智论》、《十地》、《地持》、《成实》、《毗昙》,大小该博。②

道奘是非常有名的摄论师,立四种阿黎耶识等义,有《别传》说明其生平与思想。道宗(563—623)向道奘不仅学习《摄论》,而且还学习《智论》、《十地》、《地持》、《成实》、《毗昙》等。可见,道奘亦是知识渊博的地论师、成实师。道宗后来"常讲《成实》",住京师胜光寺。从这些特点来看,道奘比较接近道尼一系。因为道尼一系是以地论北道派为背景,大都精通《地论》、《成实》、《毗昙》等。

灵润曾从道奘学习,《续高僧传·灵润传》说:

> 有道奘法师,擅名海岱,讲《摄大乘》。又往寻焉,时未具戒,早飞声采。周流法席,文义圆通,问难深微,称传元宰。预是同席,心

---

① 检索《瑜伽论记》,则发现"景云"有908次。胜又俊教认为,《瑜伽论记》引用慧景的学说共有1270次。见《佛教における心识说の研究》,第815页。
② 《续高僧传》卷一一,《大正藏》第50卷,第512页上。

共揖之。既承师有本,即奉奘以为和上。①

可见,道奘确实是有名的摄论师,但是其生平则无从知晓,未免是种遗憾。

道奘建立"四种黎耶"、"闻熏"、"解性"、"佛果"等义,我们在后面会有专门讨论。《瑜伽伦记》记载道奘有《三性义章》:

> 三性之义,古来大德种种解释,乃有多途。且如奘法师出《三性义章》,最明为好。彼立三性以三门分别:一、情事理门,二、尘识理门,三、染净通门。……依《瑜伽》文,但初门是,余二即非,以新译经论上下但有情事门。②

"奘法师"以三门分别三性,但这是新译唯识所不能同意的,因为新译经论只有"情事理门"。可见,"奘法师"是旧译摄论师,是遁伦批判的对象。《瑜伽论记》又说:"今奘法师云:西方诸师释二喻所说同,但欲令明了本义,故须二喻。"③从译语与内容来看,这里的"奘法师"是指玄奘。

因此,遭到《瑜伽论记》批判的"奘法师"应该是属于摄论学派,而从目前的资料来看,唯有道奘。而且,道奘可能有类似《摄论义章》的著作,而《三性义章》为其中一章,另外还有"四种黎耶"、"闻熏"、"解性"、"佛果"等义。因他是道宗(563—623)、灵润的师父,胜又俊教假设其生卒年代为590—670年,其生活时代是6世纪末至7世纪中左右。④

灵润,俗姓梁,河东虞乡(今山西省虞乡县西)人。灵润依止灵粲师住兴善寺,13岁开始学《涅槃经》,后向道奘学《摄论》。23岁还返京室,向智念学小乘论。向辩相学大乘论和小乘论,而且与空藏、慧璀、智信、智光等,共同隐居修行。后在净影寺弘扬《摄论》,并造疏五卷。讲《涅

---

① 《续高僧传》卷一五,《大正藏》第50卷,第545页下。
② 《瑜伽论记》卷一九之下,《大正藏》第42卷,第758页下。
③ 《瑜伽论记》卷二〇之下,《大正藏》第42卷,第773页中。
④ [日]胜又俊教:《佛教における心识说の研究》,第782—783页。

槃》七十余遍,《摄论》三十余遍,并各造义疏十三卷、玄章三卷,至于《维摩》、《胜鬘》、《起信》等,有机会便讲,各有疏部。弟子智衍,住兰田法池寺,弘扬《摄论》和《涅槃经》。另外一名弟子净元,住在长安。[①] 灵润对新译唯识亦非常精通,而且与神泰论争,维护旧译的思想传统。

道奘、道宗、灵润以外,《续高僧传》仍然有近 20 名《摄论》学者,如慧重、智正、智赞、志超、慧思、普明、智实、普应、慈藏、弘智、明诞、道璨、法周、慧诞、昙遂、慧远、宝相等,这是摄论学派在隋末唐初的延续。

从历史地理来看,摄论学派北传后,因昙迁、道尼、靖嵩三人的努力,形成三大中心:(1) 徐州,这是靖嵩的弘法中心;(2) 四川,如道基、道因、宝暹、慧景、慧熙等人;(3) 长安,这是摄论学派最集中的地方。在长安,以胜光寺、大总持寺、辩才寺为弘扬《摄论》的重镇;另外便是终南山,灵润、志超、慧璀、智信、智光等人隐居此地;终南山至相寺亦是摄论学派的寺院,道删、弘智、智正都曾住此寺。而且,随着隋代敕送舍利,大批摄论师至全国各地弘扬《摄论》,于是摄论学派从南至北,终于弘至全国。

从学派关系来说,昙迁一系与地论南道派、涅槃学派的关系密切,这是受如来藏思想影响比较大的一系;而且,这一系没有亲承真谛,其思想自由创造的地方,亦比其他两系多。道尼系、靖嵩系与地论北道派、成实学派、涅槃学派都有关连,其思想亲承真谛,比较保守与传统。

依现在的资料,从传承来看,道因(587—657)可能是摄论学派最后的人物。真谛于中大同元年(546)来华,在太清四年(550)译出《十七地论》,前后总共一百年左右。而玄奘译出《成唯识论》以后,学者对唯识思想的兴趣转向《成唯识论》;而且,玄奘师徒努力创建自宗,批判旧译,故摄论学派之堕,亦是自然之事。

摄论学派的创立与传播,无疑为唐代唯识宗创造了很好的思想基础。而且,玄奘在去印度之前,曾就慧景、道基、宝暹、慧休、道岳、法常、

[①]《续高僧传》卷一五《灵润传》,《大正藏》第 50 卷,第 545 页中—547 页上。

僧辩、玄会等学习,都是《摄论》学者。① 玄奘回国后,道因、灵润曾任译场的证义。同时,摄论学派亦与华严宗的创立有密切的关系,终南山至相寺是华严宗的祖寺,二祖智俨住此寺,向智正学习《华严经》。昙迁是促动北方《华严》与南方《摄论》相融合的重要代表,道英、智正都继承这种融《华严》、《摄论》的学风。②

三、摄论学派现存文献

摄论学派的文献,除了真谛所译的经论之外,真谛所出义疏,大多不存。而摄论师的著作,现存只有一些序、记,而日本佛教文献及敦煌遗书中保存了一些《摄论》注疏,尤其是现存《大正藏》第85卷校录了一批《摄论》章疏,甚为珍贵,值得重视。

1. 道基《摄论章》

《续高僧传·道基传》记载,道基有《杂心玄章并抄》八卷,《摄论抄》八卷。③ 但是,《义天录》记载道基述《摄论义章》十卷④,《东域录》记载道基有《摄论章》四卷⑤,《诸宗章疏录》记载其有《摄论章》三卷⑥。可见,道基确实有《摄论章》三卷或四卷,只是分卷不同。

日本佛教由于隋唐时期派遣大量的留学僧前来中国学习佛教,这些留学僧回国后,带回丰富的隋唐佛教文献。其中一些在中国已经散佚,但是在日本佛教文献中却得以保存下来。凝然《华严孔目章发悟记》卷十四、十五、十六、十八⑦中,有大量道基(577—637)《摄

---

① [日]吉村诚:《摄论学派における玄奘の修学について》,《印度学佛教学研究》第45卷第1号,1996年,第48—50页;汤用彤:《隋唐佛教史稿》,第141—142页,北京,中华书局,1982。
② 魏道儒:《中国华严宗通史》,第96页,南京,江苏古籍出版社,1998。
③《续高僧传》卷一四《道基传》,《大正藏》第50卷,第532页中一下。
④《新编诸宗教藏总录》卷三,《大正藏》第55卷,第1176页下。
⑤《东域传灯目录》,《大正藏》第55卷,第1156页下。
⑥《诸宗章疏录》卷二,《大日本佛教全书》《书籍目录》第一,第34页。
⑦《摄论章》,《华严孔目章发悟记》卷一四、一五、一六、一八,《大日本佛教全书》第122册。

论章》的引文,胜又俊教加以结集,这是研究摄论学派弥足珍贵的文献。① 《华严孔目章发悟记》卷十四说:"道基法师《摄论义章》第一、二、三有九识义"②,可见道基《摄论义章》还有其余的章义。而且,凝然说:"如此举已,道基法师依《庄严论》及《无相论》,立其九识,广如彼《章》第一、第二、第三卷说。"③而《华严孔目章发悟记》在引用《摄论章》时,有"《摄论章》第一云"、"《摄论章》第三云"、"彼《章》第三云",可见凝然所引用的道基《摄论章》,即是《摄论义章》,这是可以肯定的。

现存《大正藏》第85卷,大屋德城所藏敦煌写本《摄大乘义章》卷第四,是否道基的著作?《义天录》记载道基《摄大乘义章》十卷、法常《摄论略章》四卷④;《东域录》记载道基《摄论章》四卷、景法师《摄论章》三卷、神廓《摄论章》三卷。⑤ 唯道基有《摄论义章》的题名著作,结合凝然的《摄大乘义章》卷一、二、三的说法,此敦煌写本则刚好是《摄大乘义章》第四卷。前三卷可能是"九识义",《摄大乘义章》卷四则说"断结义"、"三性义",二者刚好能够连续起来,实在是因缘巧合。

从内容上说,二者则完全相应。如道基《摄论义章》:"三藏所说第一净识(道基九识次第,亦以阿摩罗识为第一识。),如如为体,颇有此理;言如如智,理亦不然。"⑥道基认为,真谛所说的"阿摩罗识"是以"如如"为体,而不是以"如如智"为体。而敦煌《摄大乘义章》卷四说:"第一净识体是如如"⑦,二者的说法相同。

道基《摄论义章》引用《大乘庄严经论》,建立九识说。《大乘庄严经论》是唐代波罗颇蜜多罗译出,翻译时间有二说:(1) 贞观四年至七年

---

① [日]胜又俊教:《佛教における心识说の研究》,第790—795页,东京,山喜房佛书林,1974。
② 《华严孔目章发悟记》卷一四,《大日本佛教全书》第122册,第354页。
③ 《华严孔目章发悟记》卷一六,《大日本佛教全书》第122册,第388页。
④ 《新编诸宗教藏总录》卷三,《大正藏》第55卷,第1176页下。
⑤ 《东域传灯目录》,《大正藏》第55卷,第1156页下。
⑥ 《摄论章》,《华严孔目章发悟记》卷一五,《大日本佛教全书》第122册,第371页。
⑦ 《摄大乘义章》卷四,《大正藏》第85卷,第1036页下。

(630—633),(2)贞观元年(627)。① 敦煌本《摄大乘义章》卷四,引用《大乘庄严经论》三次②,二书都称其为"《大庄严论》",称呼一致。而且,道基(577—637)在去世四年前,有可能见到该论。

道基年轻时便游学彭城,"年甫十四,负帙游于彭城,博听众师,随闻成德"③,向靖嵩学习《摄论》。彭城的佛学历来非常兴盛,鸠摩罗什的弟子僧嵩居彭城,善《成实》、《毗昙》④,彭城是当时北方佛学的重镇。在陈代,世称"《毗昙》老子"的慧嵩住在彭城,弘扬《毗昙》。当时,玄奘到成都,向道基学习,所学便是《毗昙》。而且,道基撰《杂心玄章并抄》八卷,可见道基对《成实》、《毗昙》等的造诣。敦煌《摄大乘义章》卷四在阐明各种观点时,分成三种:(1)萨婆多宗;(2)成实论宗;(3)大乘,即摄论学派,其思想背景与道基一致。

道基《摄论义章》在介绍别人的学说时,都是以"或有法师"、"或有人云"、"或有说云"的形式。敦煌本《摄大乘义章》卷四,出现"或有法师"两次,"或法师言"、"或有人云"、"或有说云"各一次⑤,二者是同一形式。

所以,敦煌本《摄大乘义章》卷四是道基《摄大乘义章》十卷的第四卷,而《华严孔目章发悟记》所引用的是卷一、卷二、卷三的文字。⑥ 结合日本佛教文献与敦煌文献,而能够搜集到现存道基《摄大乘义章》,是非常幸运的。从《摄大乘义章》的形式来说,有"九识义"、"断结义"、"三性义",可能有"佛性义"等。

---

① [日]结城令闻:《唯识学典籍志》,第50页,东京,大藏出版社,1985。
② 《摄大乘义章》卷四,《大正藏》第85卷,第1036页中、1039页上、下。
③ 《续高僧传》卷一四,《大正藏》第50卷,第532页中。
④ 《高僧传》卷七:"时中兴寺复有僧庆、慧定、僧嵩,并以义学显誉。(僧)庆善三论为时学所宗,(慧)定善《涅槃》及《毗昙》,亦数当元匠。(僧)嵩亦兼明数论。"《大正藏》第50卷,第373页上。汤用彤指出,彭城佛学之盛,由于关中佛学之受摧残。当时徐州实为北魏义学之重地。见《魏晋南北朝佛教史》(下册),第598页,北京,中华书局,1983年。
⑤ 《摄大乘义章》卷四,《大正藏》第85卷,第1037页上、中,第1040页上,第1041页中,第1044页下。
⑥ [日]胜又俊教:《佛教における心识说の研究》,第795页。

但是，道基《摄论章》三卷或四卷，或是十卷《摄大乘义章》的略本？或者二者就是一书，只是分卷不同？则无从了解。

2. 灵润的著作

灵润是唐初非常有名的摄论师，参加玄奘的译场，担任证义。同时，灵润与同在译场担任"证义"的神泰，就新旧唯识佛性思想的不同，进行论争。灵润曾注解《涅槃》、《摄论》各十三卷，并各撰玄章三卷；《维摩》、《胜鬘》、《起信论》等，"随缘便讲，各有疏部"①。但是，灵润的所有著作已经散佚，《续高僧传·灵润传》曾引用灵润的一些说法，如阿黎耶识有真谛和俗谛，"真即无念性净，俗即不守一性"，又如"两重唯识观"——第一，前七处舍外尘邪执，得意言分别；第二，第八处内推唯识想，得真法界。② 这是依唯识观的修习，于初地入"唯识无境"与"境识俱泯"，其所依观法即是"无相"、"无生"二观。

另外，灵润参加玄奘译场，发现新旧唯识的不同。在最澄《法华秀句》卷中，曾记载灵润"造一卷章，辨新翻瑜伽等与旧经论相违"③。最澄所说的"一卷章"，不知是指何种著作。但是，所谓"十四门义"：

(1) 众生界内立有一分无性众生。

(2) 二乘之人入无余涅槃永不入大。

(3) 不定性声闻向大乘者，延分段生行菩萨道。

(4) 三乘种性是有为法，法尔本有不从缘生。

(5) 一切诸佛修成功德实有生灭。

(6) 须陀洹人但断分别身见，不断俱生。

(7) 五法一向不摄分别性，正智唯是依他性摄。

(8) 十二入十八界摄法周尽。

(9) 十二因缘二世流转。

---

① 《续高僧传》卷一五，《大正藏》第50卷，第546页下。
② 《续高僧传》卷一五，《大正藏》第50卷，第546页下—547页上。
③ 《法华秀句》卷中，《日本大藏经》第77卷，第98页上。

(10) 唯明有作四谛,不明无作四圣谛。

(11) 于大乘中别立心数不同小乘。

(12) 心与心数但同一缘,不同一行。

(13) 三无性观但遣分别,不遣依他。

(14) 立唯识有三分,或言有四分。①

这"十四门义"是新译唯识不同旧译之处,如新译唯识主张"众生界内立有一分无性众生",而旧译唯识主张"一切众生皆悉成佛"。而且,灵润依此"十四义",对新译唯识一一进行批评。②

所以,道宣《续高僧传·灵润传》及最澄《法华秀句》中所引用的文献,是我们研究灵润的最重要著作。而且,我们依此可以了解摄论师对真谛的唯识思想的发展与诠释。

3. 智凝与《摄论章》卷第一(S.2048)

《大正藏》第85卷所收《摄论章》卷第一(S.2048)③,从内容上说包括"三宝义"(首残)、"二障义"、"不住道义"、"三藏义"、"篇聚义"等部分。单从内容很难判断卷子的性质,但是写本的最后有题记:

> 仁寿元年八月二十八日,瓜州崇教寺沙弥善藏,在京辩才寺写《摄论疏》,流通末代,比字校竟。④

题记说明了此本《摄论章》是隋文帝仁寿元年(601)在京城长安辩才寺抄写,依此年代以及地点来推测,则与当时住持辩才寺的智凝有很大关系。

摄论学派北传后,在长安形成三大中心——胜光寺、大总持寺、辩才寺。而辩才寺的创建者便是智凝(562—609),《长安志》卷十说:

---

① 释恒清曾对灵润与神泰之间的佛性论争,进行详细研究。见《佛性思想》,第231—252页,台北,东大图书股份有限公司,1997。
② 《法华秀句》卷中,《日本大藏经》第77卷,第98—110页。
③ 敦煌本的原迹,见《敦煌宝藏》第15册,第514页上—527页下。
④ 《摄论章》卷一,《大正藏》第85卷,第1036页上;《敦煌宝藏》第15册,第527页下。

本孝王亮隋代旧宅,亮子司空淮安王神通,以开皇十年(590)为沙门智凝立此寺于群贤坊。以智辩才不滞,因名寺焉。武德二年(619),徙于此。①

辩才寺是隋代淮安王在开皇十年(590),将隋孝王的旧宅舍为寺,而且因为智凝的辩才无碍,故取名"辩才寺"。武德二年(619),迁到怀德坊。

《续高僧传·智凝传》记载智凝在靖嵩门下学习,只听完《摄论》的"初胜相",便欲自己制疏。靖嵩害怕其未能理解《摄论》深义,而智凝则辞别靖嵩,而且"著疏既了,剖诀词宗,依而讲解"②。可见,智凝对《摄论》造诣深厚,而且相当自负。后来,智凝来到长安,《续高僧传·智凝传》说:

　　　　后赴京辇,居于辩才,引众常讲,亟传徽绪。隋文法盛,屡兴殿会,名达之僧,多参胜集。唯凝一人,领徒弘法,至于世利,曾不顾眄。所以学侣成德,实异同伦。后住禅定,犹宗旧习。大业年中卒于住寺,春秋四十有八。②

道宣只提到智凝到达长安后,住在辩才寺。智凝住在辩才寺,一心培养教育弟子,弘扬《摄论》,不参加当时皇室所举行的殿会。

智凝的一生很短暂,依《长安志》的记载,开皇十年(590)建立辩才寺,当时智凝只有29岁。所以,他应该在29岁前到达长安。当时,长安名德云集,昙迁于开皇七年(587)住大兴善寺,弘扬《摄论》;道尼亦于开皇十年(590)到达长安。与他们相比,他根本不可能有这样的影响力与荣誉。道宣为我们提到一个对智凝一生具有转折性影响的人物——明及法师,《智凝传》说:

---

① 《长安志》卷一〇,《四库全书》本。
②②③ 《续高僧传》卷一〇,《大正藏》第50卷,第505页上。

初凝传法关东,无心京讲。有明及法师者,《摄论》嘉名,宗绩相师。凝当其绪,年事衰顿,仍令学士延凝。既达相见,一无余述。但问云:黎耶识灭不?凝曰:灭矣。及乃勇身起坐,抚掌大庆,不久而卒。凝因承及绪,故学者不移其宗。兼行洁清严,风霜不变,六时自课,福智无歇。故辩才一寺,躬事修营,汲灌树植,平坦僧院,初无有缺。长打将了,便就元席。说法既竟,还依福事。章疏之务,手不执文。③

明及法师应该是地论学派大德,当时在长安很有影响力。道哲(564—635)跟随他学习《十地》、《地持》①,道积(568—636)"至十八年(598)入于京室,供宝昌寺明及法师谘习《地论》,又依辩才智凝法师《摄论》"②。

所以,明及法师在宝昌寺弘扬《地论》。智凝到达长安时,"无心京讲",说明他无法开展其讲学活动。正是由于明及法师的邀请,才开始在长安的弘法。他问智凝:阿黎耶识是否灭?智凝回答说:"灭"。可见,明及法师对智凝非常赏识,所以他的学生在他去世后,仍然跟从智凝学习。而且,因为明及法师的推荐与介绍,智凝才有机会得到淮安王的敬重,而将其旧宅舍为辩才寺。因为是旧宅,必须在建筑方面进行修葺,植树,平坦庭院,智凝事必亲躬。此外,智凝对《摄论》的理解已经透彻,撰述章疏时,不必依本。

仁寿元年(601),善藏于辩才寺抄写《摄论章》,此时智凝正在辩才寺开讲《摄论》,撰述章疏。所以,此本《摄论章》极有可能就是智凝的著作。

智凝在辩才寺常讲《摄论》,多达四十余遍或者更多。③ 辩才寺是智凝创立的寺院,当时辩才寺唯有他开讲《摄论》,僧辩(568—624)曾参加

---

① 《续高僧传》卷二〇《道哲传》说:"释道哲,姓唐,齐郡临邑人。初投颍川明及法师,学《十地》、《地持》。"《大正藏》第50卷,第588页下。
② 《续高僧传》卷二九《道积传》,《大正藏》第50卷,第696页上。
③ 《续高僧传》卷二五《智则传》:"释智则,姓凭,雍州长安人。二十出家,止辩才寺,听凝法师《摄论》四十余遍。"《大正藏》第50卷,第655页上。

其讲筵。《续高僧传·僧辩传》说：

> 受具已后，专寻经论。时有智凝法师，学望京华，德隆岳表。辩从问知津，乃经累载。承席覆述，允合同伦。遂复旁疏异解，曲有正量。识者佥悟，击其大节。大业初岁，召入大禅定道场。①

僧辩在智凝门下学习，经常"复讲"，智凝还让他研究不同的《摄论疏》与不同的观点，僧辩能够掌握《摄论》的正义。

仁寿元年(601)，僧辩已经有三十四岁，智凝已经有四十岁。所以，从年龄来说，僧辩亦有可能撰写《摄论》章疏。但是，依佛教的尊师观念，僧辩即使有章疏，亦会在离开智凝时，才有可能流通。而且，智凝是辩才寺的寺主，外来参学者皆慕其名，所以可能抄写他所著《摄论章》而流通。

从《续高僧传》的记载来说，与辩才寺有关的摄论师，还有道积(568—636)。道积于开皇十八年(598)入长安，先依明及法师学习《地论》，在明及法师殁后，依辩才寺智凝学习《摄论》。"于十义、熏习、六分转依、无尘惟识，一期明悟。仁寿二年②，又往并州武德寺沙门法棱所，听采《地持》"③。道积在仁寿二年(602)前，跟随智凝学习《摄论》，此处提到智凝的学说有"十义、熏习、六分转依、无尘惟识"，值得我们重视。

"熏习"、"无尘唯识"是摄论师的通义，"六分转依"是显示离染还净的层次，即益力损能转、通达转、修习转、果圆满转、下劣转、广大转。④ 所谓"十义"，应该包括敦煌本《摄论章》卷第一所说的"三宝义"、"二障义"、"不住道义"、"三藏义"、"篇聚义"，后面或许有"九识义"、"三性义"、"佛性义"等。

所以，根据内容尤其是"十义"来判断，可以确定《大正藏》第85卷所收《摄论章》卷第一(S.2048)是智凝的著作。

---

① 《续高僧传》卷一五《僧辩传》，《大正藏》第50卷，第540页中。
② 仁寿二年或为三年，宋、元、明三本及宫本，均为三年。
③ 《续高僧传》卷二九《道积传》，《大正藏》第50卷，第696页上。
④ 真谛译：《摄大乘论》卷下，《大正藏》第31卷，第129页中。

4. 敦煌写本中的其他文献

现存《大正藏》第 85 卷《摄论疏》卷五、《摄论疏》卷七,日本学者对其录文,这对我们后学者来说,是非常幸运的事情。

这份写本是 S.2747,而不是 S.274,《大正藏》可能是在排版时,出现错误。其次,S.2747 有正面、背面,其正面尾题"《摄论义记第七》"①,而背面尾题为《摄大乘疏第五》②。从抄写的书法看,二者是同一写本,但是二者的书名不同。

但是从注释形式来看,二者是相同的,对《论》及《释论》都进行分别注释。在注释《论》时,采取"论本云……者";在注释《释论》时,采取"释论曰……者"。所以,《大正藏》的编纂者按照同一部注疏进行编排,于是成为《摄论疏》卷五、卷七。而且,二者都是采用跳跃式的注释方法,对重点的难解句子进行解释。因为,真谛译《摄论释》本身就有十五卷,若全部注释,其篇幅则过于庞大,亦无此必要。

二者在注释时,很少引用其余经论。其思想倾向于如来藏思想,有可能是地论南道派背景的北地摄论师的著作。

现存《大正藏》第 85 卷《摄论章》卷第一(S.2435),写本首残,能够确认的内容是"《摄论》三识义第二"、"四惑义第三"、"熏习义第四"。③ 根据写本首部的内容判断,可能是"十胜相第一",按照"第一、释名,第二、辨体性,第三、明次第……"而解释"十胜相"。而且,后面可能有"三性义"④、"佛性义"。

《摄论章》卷第一引用的经论有《地论》、《涅槃经》、《净名经》、《成实论》、《地持论》、《摄论》、《解节经》、《马鸣论》、《楞伽经》、《无相论》、《胜鬘经》、《外国传》、《中边分别论》、《杂心论》,而且《马鸣论》有时又称为《起

---

① 《敦煌宝藏》第 23 册,第 99 页上。《摄大乘论疏》卷七的末尾亦是有"《摄大乘论义记》第七"的题记,见《大正藏》第 85 卷,第 999 页中。
② 《敦煌宝藏》第 23 册,第 109 页上。《摄大乘论疏》卷五,《大正藏》第 85 卷,第 990 页中。
③ 《敦煌宝藏》第 19 册,第 396 页上—411 页上。
④ 《摄大乘论章》卷一说:"如《三性章》中当广分别",《大正藏》第 85 卷,第 1016 页中。

信论》。从所引经论来看,作者的学术倾向是地论学派,而且对《起信论》非常重视,有可能是来自地论南道派的学者。

敦煌本《摄论章》卷一"三识义"在解释"八识"时,以十一门分别"三识":(1) 释名义,(2) 辨体相,(3) 真妄分别,(4) 解惑分别,(5) 心意识分①别,(6) 善恶无记分别,(7) 三性分别,(8) 摄四识,(9) 摄八、九二识,(10) 摄十一识,(11) 大小乘分别。② 这种解释方法,与净影慧远"八识义"十门分别相似。③《摄论章》作者对"识"的定义:"此等诸识就识生灭门,缘述方了;就识真如门,体是神知,名之为了。"④以"生灭门"、"真如门"解释"识",在解释心识时,多依《起信论》、《楞伽经》,这与慧远是一致的。

《摄论章》与慧远对"识"的界定是相同的,慧远说:"所言识者,乃是神知之别名也",又说:"一是用相,谓六识心了别六尘事相境界,于事分齐。六识正是神知之体,是故此六亦是体相。"⑤慧远亦主张,了别六尘境界是识的"用",又说前六识"正是神知之体",表示"神知"无非即是了别。《摄论章》对三识进行"真妄"的诠释。《摄论章》说:"初言理事分别者,本识生灭分齐,名之为妄;真如分齐,目之为真。……世谛门中,阿梨耶识名曰依他性;第一义中,名无生真实。"⑥作者以理事、真妄、世俗谛胜义谛解释心识,是其最大的特色。

所以,从内容到思想,《摄论章》与地论南道派都有很大的关系,特别与慧远更有密切的关系。

现在,依《摄论章》的题名来看,摄论师撰述中有净愿《摄论纲纽章句》,法常《摄论义疏》八卷,道基《摄论义章》十卷、《摄论章》四卷,慧景

---

① "分",《大正藏》校为"心",今改。
② 《摄大乘论章》卷一,《大正藏》第85卷,第1013页上。
③ 十门分别:释名一,辨相二,根尘有无三,大小有无四,真妄依持五,真妄熏习六,迷悟修舍七,迷悟分齐八,修舍分齐九,对治邪执十。《大乘义章》卷三末,《大正藏》第44卷,第524页上。
④ 《摄大乘论章》卷一,《大正藏》第85卷,第1013页中。
⑤ 《大乘义章》卷三,《大正藏》第44卷,第524页中、526页中。
⑥ 《摄大乘论章》卷一,《大正藏》第44卷,第1014页中。

《摄论章》三卷,灵润《摄论义疏》十三卷、《玄章》三卷,慧休《摄论疏（章）》,慧赜《摄大乘筌释章部》。

《续高僧传·灵润传》记载:

> 至如《摄论》黎耶义该真俗,真即无念性净,诸位不改;俗即不守一性,通具诸义。转依已后,真谛义边即成法身,俗谛义边成应化体;如未来转依作果报体,据于真性无灭义矣,俗谛自相有灭不灭。以体从能,染分义灭;分能异体,虑知不灭。①

《灵润传》的记载与《摄论章》完全相同,可以确定《摄论章》与灵润具有一定的联系。这样,可以推定《摄论章》有可能是灵润《摄论玄章》三卷。

灵润的老师是道奘、辩相。道奘立"四种黎耶"说,而且有《三性义章》。但是,无从知晓道奘是否有《摄论章》。辩相(555—627)是慧远的门下,后从昙迁学习《摄论》,著有《摄论疏》五卷,《东域录》记载《古论疏》七卷。而敦煌本《摄论章》是以"章"的形式,所以不可能是辩相的著作。

这样,《摄论章》有可能是道奘、灵润师徒的作品,而且更有可能是灵润的著作。② 敦煌遗书 S.6715 卷子,首尾残,字迹清楚。这是《摄论章》的另一写本,与《摄论章》卷第一(S.2435)的书法相似,应该是同一抄经僧所抄。而且,S.6715 的注释方式与前者完全相同,有"四无量义三门分别"、"一乘义五门分别"、"五浊义五门分别"、"十二部经义八门分别"、"六十二见义四门分别"、"三转法轮义八门分别"、"十八不共法义三门分别"、"五蕴义略以六门分别"、"四无畏义三门分别",首残部分应该是"四禅义"。

最主要的是,S.6715《摄论章》出现玄奘和新译经论,如"大唐三藏玄奘法师译云十二分教"③、"《显扬论》云"、"《瑜伽论》云"④,这样唯一的可

---

① 《续高僧传》卷一五,《大正藏》第 50 卷,第 546 页下。
② 胜又俊教推测《摄大乘论章》接近于灵润的学说,见《佛教における心识说の研究》,第810 页。
③ 《敦煌宝藏》第 50 册,第 632 页上。
④ 同上书,第 633 页上。

能便是作者生活年代一直到初唐,对新译经论非常熟悉。

这样,道奘便可以排除,灵润自然是《摄论章》的作者,现存敦煌本《摄论章》卷第一(S.2435)和 S.6715。

《大正藏》第 85 卷保存敦煌本《摄论抄》,是拟题。首尾缺,不知是斯坦因或伯希和本?① 《摄论抄》的特点在于对《摄论》涉及到的概念进行解释。

《摄论抄》引用的文献主要有《地论》、《地持论》、《如实论》、《摄论》,依此很难窥出其中的端倪。《摄论抄》开头的段落,与智俨《搜玄记》十分相似。如《摄论抄》说:

> 第二、次明藏摄分齐者,然显理□□□,乃有尘沙。今且据要而论,对所诠三故,教则为三;约所为二故,教则为二。②

智俨《搜玄记》亦有相同的叙述③,二者都是"所诠三故,教则为三"、"所为二故,教则为二",形式都是相同的。④

从判教的方法上看,《摄论抄》在声闻藏内建立"立性教"、"破性教",后面第三段则换为"执性宗"、"破性宗"。《大乘义章》"二谛义"说:

> 言分宗者,宗别有四:一、立性宗,亦名因缘;二、破性宗,亦曰假名;三、破相宗,亦名不真;四、显实宗,亦曰真宗。⑤

《摄论抄》"立性(执性)"、"破性",与慧远的"立性宗"、"破性宗"十分相似。但是,菩萨藏的分齐,《摄论抄》则分为"显示教"、"秘密教",则与慧

---

① [日]结城令闻:《唯识学典籍志》,第 223 页。
② 《摄大乘论抄》,《大正藏》第 85 卷,第 999 页下。
③ 《大方广佛华严经搜玄分齐通智方轨》卷一之上:"第二、明藏摄分齐者,斯之玄寂,岂容言哉!但以大悲垂训,道无私隐故,致随缘之说,法门非一,教别尘沙,宁容限目? 如约以辨,一化始终教门有三:一曰渐教,二曰顿教,三曰圆教。初门渐内所诠三故,教则为三;约所为二故,教则为二。"《大正藏》第 35 卷,第 13 页下。
④ [日]织田显祐:《敦煌本〈摄大乘论抄〉について》,《印度学佛教学研究》第 38 卷第 2 号,第 228—229 页,1990 年。
⑤ 《大乘义章》卷一,《大正藏》第 44 卷,第 483 页上。

远有很大的区别。从《摄论抄》的思想上看,其最独特之处,在于以"二谛"和"佛性"分别总括《摄论》。

织田显祐曾推测《摄论抄》的作者为法常,但是缺乏证据。① 因为,法常的思想很难找到旁证。可以肯定的是,《摄论抄》与华严宗智俨有很密切的关系,而且亦有地论学派的背景。

第二节 真谛译《摄大乘论释》的思想

真谛与玄奘(600? —664)同属伟大的佛教翻译家,玄奘对真谛所译的许多典籍都进行了重译。玄奘及其弟子窥基对真谛的译本颇有微词,真谛所译《摄论释》,确实存在大量增补现象。从唯识思想来看,真谛祖述无著、世亲之学而推阐,称为"古学";玄奘则是继承陈那、护法的思想,称为"今学"。

一、《摄论释》的心识思想

1. 阿陀那识为末那识

真谛继承发展了部派佛教对于心意识三者"体一名异"的传统解释,并给予了发扬,提出"一心论"的心识论。真谛以第六意识为中心,建立了"一种七现"的"一心论",其心识论的特色之一是将阿陀那识作为第七识。

按照玄奘所传唯识,阿陀那识作为第八阿黎耶识的异名,具有执持的作用,执持根身为自己的生命躯体,执取山河大地的器世界为自己的对象;而第七识为末那识,以我为认识的对象,充分表现生命的自我性,作为根本的自我意识。"阿陀那识"作为瑜伽行派心识论的重要成分,其含义随着唯识思想的发展而有所变迁。

真谛译《摄论》对阿陀那识的定义:

---

① [日]织田显祐:《敦煌本〈摄大乘论抄〉について》,《印度学佛教学研究》第 38 卷第 2 号,第 223—224 页,1990 年。

> 云何此识或说为阿陀那识？能执持一切有色诸根，一切受生取依止故。何以故？有色诸根，此识所执持，不坏不失，及至相续后际。又正受生时，由能生取阴故。故六道身皆如是取，是取事用识所执持故，说名阿陀那。①

在《摄论》中，阿陀那识具有两种作用：(1) 执受色根，五色根能够在一期生命中活泼存在，并且能引起觉受，这是因为阿陀那识的执持，使之无有失坏；(2) 执持自体，在生命的前后轮转中，能够摄受生命的相续，摄取父精母血的羯逻蓝，与彼和合。

总之，染污意作为虚构"自体观念"的主体，在生命的相续中，一直保持不失。真谛以其"一意识师"的立场，将"染污意"直接译为意识。同时，玄奘将"结生识"译成"有取识"，实际上即阿陀那识；而真谛则理解为"本识及意识"，正好说明了阿陀那识包含有染污意的染污性。通过《摄论》对结生相续的考察，结生识的染污性来自染污意，刚好证明真谛理解的正确性。受生以后，阿陀那识则具有执受色根、执取自体的意义。

在结生相续时，我们可以看到阿陀那识的染污性即是染污意。不但如此，阿陀那识与意根的功能有许多相合之处。《摄论》将"意"分为两种——染污意、无间灭意：

> 论曰：意有二种，一、能与彼生次第缘依故，先灭识为意。又以识生依止为意。二、有染污意，与四烦恼恒相应：一、身见，二、我慢，三、我爱，四、无明。
>
> 释曰：若心前灭后生，无间能生后心，说此名意。复有意能作正生识依止，与现识不相妨。此二为识生缘，故名为意。正生者名识，此即意与识异。此欲释阿陀那识，何者四烦恼？我见是执我心，随此心起我慢；我慢者由我执起高心，实无我起；我贪说名我爱。此三

---

① 真谛译：《摄大乘论》卷上，《大正藏》第31卷，第114页上。

感通以无明为因,谓谛实因果心迷不解,名为无明。①

"无间灭意"是部派佛教以来的通说,意根能为第六意识所依,也是前六识的共依。② 无间灭去的前念意根,为后念生起的助缘。"染污意"即是指恒时被四烦恼所染污的意识。

真谛比玄奘增补了两点:第一,真谛解释了"意"与"识"的差别,而且提出"意"作为正生识与现识的依止。正生识就是指六识,对于"现识"则未加解释。"现识"指现行识,这里应该指染污意,即阿陀那识。部派佛教将"意"分为过去意与现在意,真谛所说的即是现在意。③ 这个"现在意"能为六识与染污意生起的依止,即是指本识——阿黎耶识。④ 这样,在"无间灭意"的解释中,真谛在传统作为等无间缘的"无间灭意"基础上,增补了阿黎耶识的含意。第二,真谛用阿陀那识来解释染污意,正是说明阿陀那识的染污性是染污意,这确实是其独特的思想。

真谛将其独有的解释贯彻到他所译的论书中。《转识论》说:"次明能缘有三种:(1) 果报识,即是阿梨耶识;(2) 执识,即阿陀那识;(3) 尘识,即是六识。"⑤论中明说第七识称为执识,即是阿陀那识。同时,论中还详细地说明了阿陀那识的体性⑥,阿陀那识是依缘阿黎耶识而生,以执著作为体性,它与无明、我见、我慢、我爱四种烦恼相应。此识性类是有

---

① 真谛译:《摄大乘论释》卷一,《大正藏》第 31 卷,第 158 页上—中。
② 唯圆指出,部派佛教以色法或心法为意根,以色法为意根,是意识的不共所依。在以心法为意根中,说一切有部以过去意为意根,即是"无间灭意";大众部以现在意为意根,即是六识以外的细心,是唯识本识思想的渊源。《依意生识之研究》,《唯识思想论集(二)·唯识学专集之四》,《现代佛教学术丛刊》第 30 册,第 279—283 页,台北,大乘文化出版社,1981。
③ 印顺指出:真谛把这段文,释成两个义:一无间灭意,二现在意。这解释,在本论的体系上是不相符的,本论没有发生这种见解的可能。但在另一方面说,现在意是有的。如说细心,就建立在这一点上。又如十八界,于六识外说有同时意界,这意界就是真谛说的现在意。但这又与染意混杂了。《摄大乘论讲记》,第 47 页。
④ 岩田谛静将此无间灭意解释成阿黎耶识,作为第一识。见岩田谛静:《真谛の唯识说の研究》,第 72 页,东京,山喜房佛书林,2004 年。
⑤《转识论》,《大正藏》第 31 卷,第 61 页下。
⑥ 同上书,第 62 页上。

覆无记,因为有四烦恼相应的缘故。而阿梨耶识微细,执识比较粗,所以此识及相应法至阿罗汉位究竟灭尽,及入无心定亦皆灭尽,这与《唯识三十论颂》所说"阿罗汉灭定,出世道无有"①相同,其余残习未尽者,但属于思维。这是阿陀那识,又名第二识。

在《显识论》中,真谛将意识分为三品,陀那识是中品意识,但受凡夫身果报,即染污意。在同一部论中,我们发现真谛对"分别识"形成两种差别说:(1)有身者识、受者识,(2)有身识、身者识,但实质上二者都是指染污意与无间灭意根。② 这说明真谛在译语上确实存在混乱,同时也是初期唯识中染污意、无间灭意未分,第七识、第八识未分模糊状态的真实表现。

2. 种子假有与相续

《摄论》立足于本识不分,如此则定位阿黎耶识和种子的关系,是非常重大的难题。相对于外种来说,外种只是假名,内种是真实的,因为一切法是以识为本的。③《摄论》强调阿黎耶识与种子"非一非异"。真谛译《摄论释》提到阿黎耶识与种子是不一不异的关系,其关键在"能依是假无体,所依是实有体,假实和合异相难可分别,以无二体故"④。种子是能依,是假是无体;而阿梨耶识是实,是有体,又因二者是同一体,所以假实和合难可分别。种子与阿黎耶识是一种混沌难分的状态,如米麦中的种子,二者并非别体。真谛接着说:"譬如苦集二谛,苦谛实有,果报五阴为体;集谛是假名,依苦谛得显,无有别体,假说为因。五阴虽难分别而非不异,识与种子亦尔",如集谛依苦谛的五阴果报而假立名称得以显现,并无别体。

真谛立足于种子与本识不分的立场,这样种子的相续即是依阿黎耶识的相续,从而建立了三世相续。真谛译《摄论释》说:

---

① 《唯识三十论颂》,《大正藏》第31卷,第60页中。
② 《显识论》,《大正藏》第31卷,第879页上一中。
③ 真谛译:《摄大乘论释》卷二,《大正藏》第31卷,第165页下。玄奘译本称外种为世俗,内种为胜义,见玄奘译的《摄大乘论释》卷二,《大正藏》第31卷,第329页中。
④ 真谛译:《摄大乘论释》卷二,《大正藏》第31卷,第163页上。

> 论曰：谓色界静心一切种子，果报识次第传来，立为因缘。
>
> 释曰：无始生死中所得，非至定及四定熏习，本识以为种子，为本识所摄持，次第相续传来，于今不灭故，得立此为色界静心因缘。色界静心若生，即从此自种子生，是故不同汝所执无有因缘。若以宿世种子为因缘，现在所修闻思慧，此复何用。①

色界静心的一切种子是由果报识次第相续传来，未有断灭，若此色界静心生时，即说从此种子生，不是无有因缘的。若不以果望因，而以宿世种子为因缘，则现在所修闻思慧，不是就成无用了吗？正是因为阿黎耶识的无间相续，成就了种子的相续，于是现行法得以相续生起。

《决定藏论》说明三世的建立相续："种子相续已生于果，故说此义，是名过去；欲生之者，种子相续是名未来；现在诸种果未断者，是现在界。"②就种子相续产生果时，名为过去；将来要产生的，名为未来；在现在有种、果未断则称现在。由此可见，真谛主张种子的相续是依于阿黎耶识的相续，即果报识的次第相续传来，而且依现法因果同时，来安立前为已生果，后为欲生等过未三世。这样，真谛不主张种子生种子，种子自己不可能产生次刹那的种子。③ 因为是果俱有，所以现在的识只能从现在种子生，而不是从过去的种子生。借由因果都在同一刹那而说现在，由此安立前后而成三世，来说明识的相续。

所以，真谛从种识不分的立场，主张种子是假而无体，阿黎耶识是实而有体；而种子的相续即是阿黎耶识的相续，而不承认种子生种子。

3. 无相唯识与有相唯识

"一意识说"是从认识论的立场，安立唯识。但是，对外境的显现，则尚未解明。所以，从本识种子现起一切境，成立唯识。真谛译《摄论释》说：

---

① 真谛译：《摄大乘论释》卷三，《大正藏》第 31 卷，第 172 页上。
② 《决定藏论》卷上，《大正藏》第 30 卷，第 1023 页上。
③ [日]上田义文：《佛教思想史研究》，第 66—68 页。

论曰:是处安立本识为义识,此中一切识说名相识,意识及依止识应知名见识。何以故?此相识由是见生因,显现似尘,故作见生依止事。

释曰:是本识于二识中,可得安立为相识及见识,不是安立本识为尘识。此中一切识说名相识,本识可得安立于相、见二识处。此本识以意识及依止识为见识,以眼识等识及一切法为相识,为此生因,由缘缘故。于彼处中,是见生因故,于彼法为见,显现似尘,故意识见相续住不断因故,作此识依止事。①

"义识"是真谛与玄奘共同的译语,按照牟宗三的解释,"义"是观念性的"境"之意,言其非实境;"义识"是取总持义,即本识所似现者皆"义"。所以,本识不只是一现行之觉了活动(识相),而且同时亦即一切杂染存在法(一切义境)之根源。② 印顺推测:赖耶为种子,是依遍计种种诸法而熏成的,这名言戏论的遍计种子,就从新熏得名为义。③ 两种解释比较起来,牟宗三的解释较为妥当,但其主张"本识是现行觉了活动",则有违原意,真谛增补"不是安立本识为尘识",刚好指出了其中的错误。

《摄论》主张,第六意识及其所依止的染污意是本识所变似的"见识",而其余的一切识(即前五识等)则是本识所变似的"相识"。见识是主观的主体性,相识是客体性。第六识、第七识本身是见识,但是亦有其境相。所以,见识与相识也可以说都是本识所似现而分化的相。《摄论》

---

① 真谛译:《摄大乘论释》卷五,《大正藏》第 31 卷,第 185 页下。
玄奘译:论曰:若处安立阿赖耶识为义识,应知此中余一切识,是其相识。若意识及所依止,是其见识,由彼相识,是此见识生缘相故。似义现时,能作见识生依止事,如是名为安立诸识,成唯识性。
释曰:于阿赖耶识亦得安立相见二识,谓阿赖耶识以彼意识及所依止为其见识,眼等诸识为其相识,以一切法皆是识故。由彼相识者,谓眼等诸识。是此见识生缘相故者,是见生因,由所缘性名见生因。似义现时,能作见识生依止事者,能于彼见故名见识。即此见识似义现时,彼诸相识与意见识,能作相续不断住因,是故说名生依止事。《摄大乘论释》卷四,《大正藏》第 31 卷,第 340 页中。
② 牟宗三:《佛性与般若》(上册),第 396 页。
③ 印顺:《摄大乘论讲记》,《妙云集》上编之六,第 220 页。

注重一切种子识,从一切种子识而现起一切识时,本识的一分取性,就转为六识所依止的意,成为阿黎耶识的见识。所以,真谛主张阿陀那识为第七识,是有其根据的。依本识显现见识、相识,即真谛继承《摄论》的心识论,而提出的"二识说"。

但是,既然识是有的,而所识是分别性,是非有的,那么为什么会出现见识和相识?相识既然是识,是否为依他性?若是依他性,是否与真谛所传"无相唯识"相矛盾?真谛译《摄论释》说:

> 论曰:广解缘生体相者,如偈说言,熏习所生诸法,此从彼如。此果报识,及以生起识。由更互因生。广解释依因缘已生诸法实相者,诸法者谓生起识为相有相,及见识为自性。

> 释曰:外尘分别所生,本识中熏习种子故,称言说熏习。一切余法以此为因得生,谓生起识为性,言说熏习以诸法为因故。言此法从彼生,由此言说已显本识,与生起识更互为因。是诸法有相有见为自性,生起识为相,应如此知诸法有两体:若尘识以相为体,若识识以见为体,从因缘生果法。①

果报识(阿黎耶识)与生起识互为因缘,因缘生的诸法以生起识为特质,亦即因缘生的诸法不外是依他性的识。世亲强调因缘生的诸法不外就是生起识,此生起识是拥有相(nimita)与见的识。由于"相"有所见之相貌的意味,所以称"相识"为"尘识";由于"见"是能见、能缘,所以见识也称为"识识"。于是,"唯识"中有相、见二识。

沿着"二识说",探索"相识"与"见识"的种子来源,则讨论到熏习。真谛译《摄论释》说:

> 论曰:此识自言熏习为种子。释曰:如说根尘名,数习此名,熏习于本识,以为种子。由此种子,后时意识,似根似尘而起,名为色识。

---

① 真谛译:《摄大乘论释》卷六,《大正藏》第 31 卷,第 195 页上—中。

论曰:及一切识言熏习为种子。释曰:如说六识名,数习此名,熏习本识为种子。由此种子,意识后时似六识而起,名为识识。

论曰:何者别义说名依他?从熏习种子生,系属他故。释曰:熏习有三种:一、名言熏习、识熏习,二、色识熏习、识识熏习、见识熏习,三、烦恼熏习、业熏习、果报熏习。①

有关熏习的解释,玄奘译《摄论释》中没有,可以看出是真谛自己增补的。真谛所说的三种熏习,第一种熏习成就表义名言、显境名言,第二种为"三识"熏习成就色识、识识、见识,第三种成就惑、业、苦。意识缘五根、六尘,因此熏习成色识种子;另外,意识作为能分别,熏习本识成为种子。意识依这两种种子而生起,似根、似尘而起称为色识,似六识而生起称为识识。依一意识师的观点,一意识总摄六识,六识分别都有似义显现的缘相;同时,色识、识识都是阿黎耶识的相识,因此又有见识。因此,出现了色识、识识、见识的"三识说"。

因为"色识"包括根、尘,所以可以分为《中边分别论》所说的似根识、似尘识;"识识"应该包括六识与染污意,可以分为似识识(六识)、似我识(末那识)。这样,即成为《中边分别论》所说的"四识"。真谛译《摄论释》说:"所生一切识识,即是本识所生果,谓七识,即是分别性。相识,即是器世界及六尘,亦是本识果,亦是分别性。"②真谛强调"识识"包括第七染污意,而且作为相识的器世界与六尘都具有分别性。因七识等是见,能够分别影像;六尘等一切法是相,是似义影像。虽然都是依本识而生起,但是七识与器世界、六尘之间也有相互缘生的意义,"似义影像"本身即说明六尘具有分别性。

"四识"广说则为"十一识"③,真谛译《摄论释》卷五详细列举了十一

---

① 真谛译:《摄大乘论释》卷五,《大正藏》第31卷,第187页上、下。
② 真谛译:《摄大乘论释》卷八,《大正藏》第31卷,第207页中。
③ 真谛译:《摄大乘论释》卷五说:"虚妄分别若广说有十一识,若略说有四种识:一、似尘识,二、似根识,三、似我识,四、似识识。"《大正藏》第31卷,第181页下。

识的名称。(1) 身识是眼等五界,即五色根,与"似根识"相当。(2) 身者识,为染污意,与"似我识"相当。(3) 受者识,即无间灭意,是六识生起所依的无间灭意根。身者识与受者识,就是《摄论》所说的二种意。(4) 应受识,玄奘译为"彼所受识",就是所取的六尘,与"似尘识"相当。(5) 正受识,玄奘译为"彼能受识",即能取的六识,与"似识识"相当。(6) 世识,是相续不断的时间。(7) 数识,是一、二、三、四等数目。(8) 处识,即器世界,是有情的住处。(9) 言说识,是依见、闻、觉、知而起的语言。(10) 自他差别识,是有情间自他各各的差别。(11) 善恶两道生死识,玄奘译为"善趣恶趣死生识",是在善恶趣中的死生流转。宇宙间种种差别的相状,把它归纳成十一种,这十一种都是以识为自性而明了显现的,所以一切都叫识。这十一种识,都是由本识中种子所生,从身识到言说识的九识是由言说(即名言)熏习种子所生,自他差别识由我见熏习种子所生,善恶两道生死识是有分(即有支)熏习种子所生。因此,阿黎耶识作为显现者,依种子的缘起性,显示了依他性的特点。

同时,身者识与受者识,即"意根",再加上"身识",即是十八界的"六根"(即内六界);正受识,是十八界的"六识界",应受识是六外界。这样,十一识的前五识为"十八界"。十八界是有情的一切,这五种识已经含摄了一切法的自性。其余诸识是依这五种识的作用而安立,是这五种识的差别。①

另外,真谛译《显识论》也同样阐明了"十一识"。② 《显识论》主张"一切三界但唯有识"的立场,并将识区分为显识与分别识两种。《显识论》说:

> 一切三界但唯有识,何者是耶?三界有二种识:一者显识,二者分别识。显识者,即是本识,此本识转作五尘、四大等。何者分别

---

① 真谛译:《摄大乘论释》卷五,《大正藏》第 31 卷,第 182 页中。
② 《显识论》或许不是真谛的译本,是其弟子的作品;或者正文是真谛自身翻译,解释部分是弟子造的,或是弟子的笔记。见宇井伯寿:《显识论》,《印度哲学研究》第 6 卷,第 364 页,东京,岩波书店,1965。

识?即是意识,于显识中分别作人天长短大小男女树藤诸物等,分别一切法。此识聚分别法尘,名分别识。①

显识即是本识、阿黎耶识,转现生起五尘、四大等法。分别识即意识,分别长短大小等事物,论中特别提出"此识聚分别法尘,名分别识",值得关注。本识生起世间的种种形像,包括(1) 身识,(2) 尘识(即应受识),(3) 用识(即正受识),(4) 世识,(5) 器识(即处识),(6) 数识,(7) 四种言说识(即言说识),(8) 自他异识(即自他差别识),(9) 善恶生死识(即善恶两道生死识),这九种识都是本识所转现的种种差别,故称为"显识"。

二、真谛译《摄论释》的三性思想

在《摄论》以前,瑜伽行派的唯识思想体系是以三性为中心;而《摄论》则将阿黎耶识缘起、影像门唯识、三性三无性三大理论进行统一,而且以三性思想统一三种理论。但是,《摄论》的三性思想是以依他性为中心,这样其实是以依他性为核心统一唯识思想。

1. 四种依他

《摄论》对依他性的界定:"依他性相者,本识为种子,虚妄分别所摄诸识差别。何者为差别?……因有分熏习种子生,由如此等识一切界道烦恼所摄依他性为相,虚妄分别即得显现。如此等识虚妄分别所摄,唯识为体,非有虚妄尘显现依止,是名依他性相。"②无著认为依他性有三方面的意义:第一,依他性是依缘于阿黎耶识的种子而起。而种子以虚妄分别为自性,即是"缘生依他";第二,依他性是以虚妄分别的认识活动为自性,虚妄分别的认识活动就是显现诸识,所以,依他性只是表象(《摄论》具体地提到十一种表象)。依他性是阿黎耶识种子的生起,种子的生起就是进行虚妄分别的活动,虚妄分别就是进行对象化、表象化,所产生

---

① 《显识论》,《大正藏》第 31 卷,第 878 页下。
② 真谛译:《摄大乘论》卷上,《大正藏》第 31 卷,第 118 页上—中。

的就是表象,所以依他性只是表象,显现者与所显现都是"识性",都是依他性的虚妄分别,我们称之为"唯识依他"。第三,依他性可以作为无所有、非真实的义境(对象、实境)显现的所依,即是"分别依他"。

另外,《摄论》又说:"从自熏习种子生故,系属因缘不得自在;若生无有功能过一刹那得自住故,说名依他。"①依他性的"依他住",这是说明依他存在的活动层面,其含义十分丰富,可以代表"唯识依他"、"分别依他"乃至后面的"染净二分依他"。所以,《摄论》又提出两种依他:"(1) 系属熏习种子,(2) 系属净品不净品性不成就"②,前者即是"缘生依他",后者即是"染净二分依他"。但是,"染净二分依他"有"平面"与"立体"的理解方式。立体式的"染净二分依他"是说明依他性的非固定性,若为虚妄分别的所分别,成分别性,即为杂染;如以无分别智通过依他性的似义实无,便为真实性,即为清净。平面式的依他性是将依他性分为二分——染分依他、净分依他,在依他性上起分别性,是依他性的染分;依他本具的清净法性,是依他的净分。但是,《摄论》的正义应该是立体式的"染净二分依他"③。

所以,从《摄论》对"依他性"的探讨,可以发现四种依他性:缘生依他、唯识依他、分别依他、染净二分依他。前三者即是虚妄分别的依他性,这是存在论层面;后者即是将存在论转向实践论,从而用真实性来证成依他性。《摄论》的依他性思想有三大特色,这是以往"情事理门"、"尘识理门"所没有的。第一,阿黎耶识缘起与依他性的结合,后二门的依他性都是"缘生依他",但没有提到一切种子识作为因缘,《摄论》明确提出依他性是依缘于阿黎耶识的种子而生起,"阿赖耶识为种子"、"依他熏习种子起"等都说明依他性即是阿黎耶识缘起。依他性是诸法的存在状态,即《摄论》中提到的十一种识;而阿黎耶识(即种子)是诸存在的潜势

---

① 真谛译:《摄大乘论》卷中,《大正藏》第31卷,第119页中。
② 真谛译:《摄大乘论》卷中,《大正藏》第31卷,第119页下。
③ 印顺法师亦以为平面式的"染净二分依他"不符合《摄论》的正义,见《摄大乘论讲记》,第247页。

状态,这点说明了依他性有三个特点:(1) 依他性是指生灭法,不是常住法;(2) 它是依因托缘而现起安住,不是自体独存;(3) 它是杂染法,不是净法。① 第二,强调"染净二分依他",其本意应该是"立体式"的理解,而"金土藏"喻无疑为"真妄和合"的平面式的二分依他的有力佐证。第三,出现"依他性是所分别"的说法:"此依他但是所分别,是因能成依他性为所分别,此中名分别性。"②依他性作为所分别,这是"尘识理门"的三性思想所没有的,却是后期护法一系对依他性的主要看法。

从哲学上说,"缘生依他"是存在论的范畴,这是探讨存在的来源与形成;"唯识依他"、"分别依他"是认识论的范畴,但这是具有存在论意义的认识论,绝不是后来护法一系的"观念论"③;"染净二分依他"是存在论与实践论的范畴,说明了现象存在与真实存在的关系。

2. 虚妄分别与依他性、分别性

在真谛的唯识思想体系中,依他性、虚妄分别是与"乱识"同一的,因此虚妄分别可以含摄依他性与分别性。虚妄分别指涉依他性,这是瑜伽行派的共义。而虚妄分别是否含摄分别性,则是有分歧的。真谛继承"尘识理门"的三性思想,作出与护法一系不同的诠释。

真谛译《摄论释》明确地表明自己的立场:

> 由本识能变异作十一识。本识即是十一识种子,十一识既异,故言差别。分别是识性,识性何所分别?分别无为有,故言虚妄。分别为因,虚妄为果。由虚妄果得显分别因,以此分别性摄一切诸识皆尽。……欲显虚妄分别但以依他性为体相,乱识及乱识变异即是虚妄分别。分别即是乱识,虚妄即是乱识变异。虚妄分别若广说有十一种

---

① 详细分析见陈水渊《〈摄大乘论〉的依他起性初探》,《中华佛学研究》第 1 期,第 23—46 页,1997。
② 真谛译:《摄大乘论》卷中,《大正藏》第 31 卷,第 119 页下。
③ 长尾雅人将"唯识依他"、"分别依他"称为"认识的形而上学",与我们具有相同的思想。见《摄大乘论:和译と注解》,第 149 页,东京,讲谈社,1989。

识,若略说有四种识。……一切法中唯有识,更无余法,故唯识为体。此体由有,故异分别性;由虚妄分别性摄故,异真实性。此性非实有实非无故,不免虚妄。此虚妄是其性故,说虚妄分别所摄。①

诸译本的统一处在于,依他性是依虚妄分别而显现,十一识的表象依虚妄分别而生起,其本质以唯识为体,即是说明唯识实性。玄奘译本"依他起为体",表示依他性是一种缘起性的存在,虚妄分别是"无所有、非真实义显现",因为作为缘起性的存在是本来无我的,但是显现为"我"。②

真谛译与其他三种译本相比较,有三种特点:(1) 乱识与乱识变异,(2) 摄十一识为四识,(3) 此性非实有、非实无故。③ 我们先将真谛的思想整理如下:

依他性	分别性
分别	虚妄
因	果
识性	分别无为有(分别无为有,故言虚妄)
乱识	乱识变异
本识	十一(或四)种识
十一种识种子	十一种识差别(现行)

唯识古学与今学对虚妄分别有两种不同的解释,玄奘所传的唯识今学,虚妄分别仅指依他性;真谛所传的唯识古学,却通依他性与分别性,这是"尘识理门"的思想。在译《中边分别论》时,真谛将虚妄分别称为"乱识"或"乱识虚妄",而且提出"由境不实故,由体散乱故"的理

---

① 真谛译:《摄大乘论释》卷五,《大正藏》第31卷,第181页中—182页上。与藏译、笈多译、玄奘译诸译本的对照,见[日]岩田谛静的《真谛の唯识说の研究》,第256—258页,东京,山喜房佛书林,2004。
② 玄奘译:《摄大乘论释》卷四,《大正藏》第31卷,第338页上—中。
③ [日]岩田谛静:《真谛の唯识说の研究》,第259页。

由。因为依他性是识的自性,识生时能显现种种颠倒缘相,对所缘相又认识不清而起颠倒。所以,识本身含有虚妄的成分,依他性是能现起虚妄的分别,分别的本身也是虚妄,即"由体散乱故"。分别性是分别所起的虚妄相,虽然似乎离心而有,其实是以分别为性或所依,因此也可以称为虚妄分别,即"由境不实故"。所以,印顺认为,虚妄分别是依他性、分别性的本义,分别是似有的心,虚妄是"无实的境"。在凡夫位上,是俱有俱无而不能相离的,二者都是虚妄分别,都是似有非实、无实而似有的。① 但是,从虚妄分别的本意来看,应该是侧重依他性,如《摄论》所说"虚妄分别所摄诸识"。

真谛继承唯识古学的思想,坚持虚妄分别含摄依他性与分别性,从而将依他性称为"乱识",分别性称为"乱识变异",这与他翻译《中边分别论》的立场是一贯的。对于十一识,真谛不但作出符合《摄论》原义的解释,而且更有自己独特的思想:

> 论曰:由身识、身者识、受者识,应知摄眼等六内界。以应受识,应知摄色等六外界。以正受识,应知摄眼等六识界。由如此等识为本,其余诸识是此识差别。
>
> 释曰:此言欲显何义?欲显真实性义。若不定明一切法唯有识,真实性则不得显现。若不具说十一识,说俗谛不尽。若止说前五识,唯得俗谛根本,不得俗谛差别义。若说俗谛不遍,真谛则不明了;真不明了,则遣俗不尽,是故具说十一识。通摄俗谛,为如十八界具有根尘识,为不尔。②

这是其他译本所没有的解释。真谛以唯识无境的真实性作为胜义谛,而以表象的十一识作为世俗谛。在俗谛中,前五识作为根本义,后六识为差别义,从而摄尽三界、十八界、六道以及惑、业、苦三烦恼。我们可以表

---

① 印顺:《摄大乘论讲记》,第181页。
② 真谛译:《摄大乘论释》卷五,《大正藏》第31卷,第182页中。

示如下：

识为本	1. 身识……眼等五界	眼等六内界	十八界	俗谛根本义
	2. 身者识……染污意			
	3. 受者识……意界(意根)			
	4. 应受识	色等六外界		
	5. 正受识	眼等六识界		
识差别	6. 世识……生死相续不断			
	7. 数识……一至阿僧祇的数			
	8. 处识……器世界识			
	9. 言说识……见闻觉知识			
	10. 自他差别识……依止差别识			
	11. 善恶两道生死识……生死趣种种差别识			

从上表可以看出，十一识是以前五识为根本，而前五识正是《中边分别论》的"境、有情、我、意"四识。而俗谛根本可以含摄俗谛差别，所以"十一识"自然可以略说为"四识"。

3. 二分依他与真妄和合

《摄论》不但从认识与存在的角度，以依他性统一了三性思想；同时从存在与实践的视角，以依他性通染净二分统一三性思想，《摄论》说"系属净品不净品性成就"①，即是"染净二分依他"。"二分依他"的理解有许多复杂的意义，而且影响到中国佛教，形成了以《起信论》为中心的"真妄和合"的思想。

我们强调《摄论》为"立体式染净二分依他"，这也是真谛在翻译《摄论释》时所体现出来的思想。真谛译《摄论释》说：

> 论曰：二、系属净品不净品性不成就，是故由此二种系属，说名

---

① 真谛译：《摄大乘论》卷中，《大正藏》第31卷，第119页下。

依他性。

> 释曰:此次释依他义,若识分别,此性或成烦恼,或成业,或成果报,则属不净品。若般若缘此性,无所分别,则成净品,谓境界清净、道清净、果清净。若有自性不依,他则应定属一品。既无定性,或属净品,或属不净品。由此二分,随一分不成就故名依他。①

这说明依他性是不定性,它没有定性为染品或净品,而是染品或净品的可能性。这样,依他性便可以分为染品或净品,而分别性为染品,真实性完全无执则全为净品。真谛的翻译,明显地增加了自己的诠释,他以"识分别"和"般若"来说明不净品与净品的差别,这是其他译本所没有的。②作为不净品的"识",即是指"本识",成就烦恼、业、果报等三种杂染,应该包括分别性与依他性。③ "般若"作为净品,是与"识"相对的,主要指真实性;境界清净指说大乘法,道清净指六度及一切助道法,果清净指菩提与涅槃。依他性为不定性,显现为不净品或净品,二品不能同时成就。图示如下:

依他性	体类——熏习种子	业烦恼熏习——果报识——分别性
		闻熏习——出世间思修慧——真实性
	义——净品不净品	识(不净品)——烦恼、业、果报——分别性
		般若(净品)——境界清净、道清净、果清净——真实性

这样,三性其实应只有二性——分别性与真实性。④ 依他性是基本的存在,对于依他性的事物可有两种态度:一种是执著的态度,这会发展成染污依他,即"分别性";另一种是如实的态度,没有执著,发展出清净

---

① 真谛译:《摄大乘论释》卷五,《大正藏》第 31 卷,第 188 页中。
② 玄奘译:《摄大乘论释》卷四说:"杂染清净性不成故者,由即如是依他起性,若遍计时即成杂染,无分别时即成清净。由二分故一性不成,是故说名依他起性。"《大正藏》第 31 卷,第 341 页下。
③ [日]岩田谛静:《真谛の唯识说の研究》,第 291 页。
④ 吴汝钧:《唯识现象学(一)·世亲与护法》,第 178 页,台北,学生书局,2002。

依他,即"真实性"。因此,事物是清净依他或染污依他,分别性或真实性,视乎主体的态度,这是实践论意义上的三性说。

从实践论上看,染净二品的成立是一种此起彼伏的对治过程。依他性的净品是从对治道开始时成立的,真谛译《摄论释》说:

> 论曰:转依者,对治起时,此依他性由不净品分永改本性,由净品分永成本性。
>
> 释曰:转依亦属依他性,三乘道是对治。此依他性道未起时,如见谛等惑(原为"或")能起诸业,感恶道报,名不净品。道起已后,如此不净品灭不更生,故言永改本性。此依他性道及道果名净品,道即戒定慧。道果有二种:谓有为、无为,有为即解脱、解脱知见;无为即本惑灭,及未来惑不生。道未起时,戒等净品未成立,但有本性清净。由道起故,与五分法身及无垢清净相应,如此相应乃至得佛,无有变异,故言永成本性。①

在对治道未生起时,见谛等烦恼能生起诸业,从而感恶道果报,这是惑业果报的生死轮回,是"不净品"。对治道生起后,灭除不净品,从而成就净品。对治道(即戒、定、慧)与道果(包括有为与无为两种),称为"净品"。立体式的"染净二分依他",应该是《摄论》的本义。

这样,依他性的不净品为凡夫——虚妄分别,净品则为圣人——涅槃——无分别智法身。"二分依他"则是相反对立的存在,凡夫与圣人,生死与涅槃,虚妄分别与无分别智,相反的二者统一于"一"中。所以,依他性的"二分"是"一人"的转换过程乃至异时而成立的,是矛盾的对立的关系。当主体"人"是凡夫时,不是圣人;是圣人时,也不是凡夫,二者乃是相互否定而成立。② 但是,净品是指法身、真如,这是否会有如来藏的意思?按照《摄论》的本义,净品是无分别智的成立,并不是从本来自性

---

① 真谛译:《摄大乘论释》卷一三,《大正藏》第31卷,第247页中—下。
② [日]上田义文:《佛教思想史研究》,第126—127页,京都,永田文昌堂,1958。

清净与无垢清净而成立,所以不会有如来藏的思想。但是,依《起信论》的生灭与不生灭和合,"净品"与"不净品"同时存在,这是平面式的"染净二分依他"。立体式的"染净二分依他"强调"净品"与"不净品"绝对不是同时存在的,是从"相"向"性"转换的过程,是"一"主体从凡夫向圣者转变的动态过程。

同时,这种转换的过程含有"连续"与"非连续"的两种诠释路径。《起信论》提出"本觉"与"始觉"的概念,这样从凡夫到圣者的转换,阿黎耶识中灭除妄法,显现清净法身,从阿黎耶识到法身是一种"连续"的过程。在《摄论》中,凡夫位到圣者位乃至佛果,是不净品的全面否定,成就净品,这是一种"非连续"的过程。

所以,立体式的"染净二分依他"表现了四个特点:(1) 这是"不净品"向"净品"转换的过程,(2) 前后异时的成立,(3) 二者是矛盾对立的关系,(4) 二者是非连续的过程。

立体式的"染净二分依他"的思想体系中,二分前后异时的依他性肯定不是《起信论》真妄和合的思想;二分同时的依他性虽然不是真妄和合的思想,但却是《起信论》"一心二门"的思想模式,即依他性中同时具足分别性与真实性。而且,《摄论》为了解释依他性,举出"金土藏喻",无疑为"一心二门"与"真妄和合"的思想提供了重要的启示。

金土藏喻是为了说明三性之间的关系,分别性以烦恼为性,是染污分;真实性以清净品为性,是清净分;依他性以分别性、真实性为性,具足二分,为染污清净分。真谛译《摄论》说:"如此本识未为无分别智火所烧炼时,此识由虚妄分别性显现,不由真实性显现。若为无分别智火所烧炼时,此识由成就真实性显现,不由虚妄分别性显现。是故虚妄分别性识,即依他性有二分。"①在金土藏喻中,"藏"就是矿藏,比喻通二分的依他性。无分别智火没有烧炼以前,分别性显现,如只见土相;分别性是非

---

① 真谛译:《摄大乘论》卷中,《大正藏》第 31 卷,第 121 页上。

有的,所以是虚妄的。在无分别智火烧炼以后,真实性显现,如土相消失而金相显现;真实性是有的,所以是真实。依这一意义说,依他性是虚妄而又真实的。分别性显现,真实性不显现,这是杂染分——生死;分别性不显现,真实性显现,就是清净分——涅槃。杂染与清净,生死与涅槃,都是依依他性而转移,所以说依他性通二分。

所以,依立体式的"染净二分依他"的诠释方法,再综合"同时"与"异时"的"二分依他",我们依真谛译的路径做进一步的诠释。在凡夫的思想模式中,只见地界与土相,不见金相;而依佛菩萨的智慧,在地界、土相中含有金相,金相是无变异的。而且真谛以"本识"来解说"界藏",藏译是识(rnam par rig pa),玄奘译为"此识",可见真谛用的是自己独特的译法。① 这样,虚妄分别的种子识在众生位,虽现起杂染生死而不见清净真实,而种子识的本识,是有清净真实分的。真谛别立"解性黎耶",正是说明了依他性通二分的含义。② 而这种诠释方法正是平面式的"染净二分依他",而且得到如来藏系经论的互证,更得到了中国佛教及日本佛教的认同,成为理解真谛第九阿摩罗识的证据。③

4. 分别性——能分别与所分别

"尘识理门"的三性思想中,依他性是能分别,分别性是所分别。《摄论》的三性思想中,出现依他性成为"所分别"的思想,真谛译《摄论释》说:

> 论曰:此依他但是所分别,是因能成依他性,为所分别。
>
> 释曰:所分别一切法,离识无别体,故以依他为所分别。若不藉因,依他性不成。若无依他性,则无所分别。由六种因,成依他性,

---

① [日]岩田谛静:《真谛の唯识说の研究》,第306页。
② 印顺:《如来藏之研究》,第215页,台北,正闻出版社1992年修订第1版。
③ 《法华玄义》、《授决集》、《冠导二百题》都将"金相"作为净识,作为九识的证据。[日]岩田良三:《摄大乘论と九识说について》,《印度学佛教学研究》第20卷第2号,第302页,1972。

故得以依他性为所分别。①

《摄论》的思想体系是继承《中边分别论》、《大乘庄严经论》，但又有所发展。如在境与识之间主张"一心论"，但已有转向"多心论"的趋势。② 因此，《摄论》的唯识思想有从"无相唯识"向"有相唯识"过渡的趋势，这一点从依他性的定义可以看出。在护法一系的"有相唯识"中，所分别（相分）是依他性，在《摄论》中已经出现这样的说法。至于如何诠释，其实是另外一回事。

在真谛的唯识思想中，分别性的一切法以依他性的识为体，即是所缘的境与能缘的识为一体，即所缘与能缘平等，这就是无分别（智、真如）。在无分别（一体性）当中，识（能缘）作为依他性是有，境（所缘）是非有的分别性；同时，此识以非识为自性，是空（无），似现为境（成为所缘）。在这种的思想体系中，"一体"一方面是识有境无，另一方面是境有识无。因为这两方面同时成立，所以此"一体"当中的所缘与能缘的平等，是互为否定对立的两者（有与无以及能缘与所缘）的自我同一。此矛盾的自我同一是"无分别"，是真实性，即以无为自性。

在"一体"的所缘与能缘中，分别性与依他性不相分离，《摄论释》说：

[真]：论曰：复有何义此成分别？此依他性为分别因，是所分别故成分别。

释曰：识以能分别为性，能分别必从所分别生。依他性即是所分别，为分别生因，即是分别缘缘。③ 依他性有两义：若谈识体从种子生，自属依他性；若谈变异为色等相貌，此属分别性。色等相貌，离识无别体。今言依他性为分别因，取依他变异义为分别因，不取识体从种子生义为分别因。变异相貌是识所分别，以此义故成立所

---

① 真谛译：《摄大乘论释》卷五，《大正藏》第31卷，第187页上。
② 印顺：《摄大乘论讲记》，第11页。
③ 《大正藏》：此句断为"即是分别缘，缘依他性有两义"，上田义文断为"即是分别缘缘，依他性有两义"，今依上田的断句方法。见上田义文的《佛教思想史研究》，第12页。

分别,为分别性。①

[玄]:释曰:由是遍计所缘相故者,谓彼意识名为遍计。此为所取所缘境性,能生遍计,是故亦名遍计所执。又是遍计所遍计故者,即彼意识名为遍计,缘彼相貌,为所取境为所遍计。由此义故,依他起性亦名遍计所执自性。如所遍计者,如彼意识遍计所执。②

"能分别识必从所分别生",所以所分别是一切法的相貌(nimitta)。依他性是所分别,并不是根据依他性是种子缘生的"缘生依他"而言,这是能缘、能分别,而非所分别。依他性作为所分别,是从"变异相貌"而言,即显现(成为所见)为境(所缘),拥有一切法的相貌。所以,依他性的成立,必须有能缘(缘生依他)与所缘(分别性＝相貌)。在此,所缘与能缘平等、无分别,以及所缘与能缘的区别同时成立。③ 因为这种区别一方面融没于没有对立的无分别、平等(无对立)当中;同时,又从无分别中显现为分别而形成对立。

在以《成唯识论》为中心的唯识今学中,彻底地排除了具有矛盾的自我同一的思想,从而清楚地界定分别性与依他性的分别。在唯识今学中,能分别是依他性,所分别也是依他性,表现了二者的共通性;同时一方为能缘,另一方为所缘,表现了二者的差异性。在能缘与所缘对立下所成立的"分别",以及此种对立消失的"无分别",二者明显有别,不容许"分别"的识融没于"无分别"的真如当中。所以,坚持"性相永别",反对"性相融即",是《成唯识论》思想的基本特征。④ 而真谛的唯识古学,坚持"性相融即",这是古今唯识的差别所在。

能所对立的认识论中,分别的成立必须有能分别与所分别。《摄论》以"意识"作为能分别,其原因在于意识具有自性、忆持、显示(玄奘译为

---

① 真谛译:《摄大乘论释》卷五,《大正藏》第31卷,第188页上。
② 玄奘译:《摄大乘论释》卷四,《大正藏》第31卷,第341页下。
③ [日]上田义文:《大乘佛教思想》,陈一标译,第140页。
④ 同上书,第141页。

自性、随念、计度)三种分别,似一切境而生,取万物之相而生。真谛译《摄论释》说:

> 论曰:此识自言熏习为种子,及一切识言熏习为种子,是故此生。由无边分别,一切处分别。
>
> 释曰:如说根尘名,数习此名,熏习于本识,以为种子。由此种子,后时意识似根似尘而起,名为色识。自有二义:一、如眼名熏习,唯生眼不生余法,余熏习亦尔,故称自;二、本无法体,言语是自分别所作,故名自。如说六识名,数习此名,熏习本识为种子。由此种子,意识后时似六识而起,名为识识。由二种熏习种子故,此意识得生。意识为此二种种子所变,分别功能无边故,似一切境界起。①

真谛在《摄论释》中指出,能分别是依他性的识,即是本识。② 在这里,又举出能分别是第六意识。真谛是"一意识"论者,所分别作为能分别的生因,而且能分别与所分别同一体,所以其八识的性格非固定化,可以随意解释,"本识"与"意识"亦无矛盾。安慧主张八识及其心所都是能分别,与真谛有相通之处。

在初期的唯识思想中,对于意识基本抱着一种负面的看法,认为意识基本的作用是产生计度分别,是我们对事物的颠倒了解的根源,因此称意识为"能分别"。但是,中期唯识的唯识学对第六识的看法偏重于它建构知识的能力,而不太强调它的虚妄分别的作用。特别是因明学者以比量(anumāna)来看第六识,将之视为一种判断、推理的能力,这是对第六识的一种较正面的看法。所以,《摄论》以意识作为"能分别",是有其道理的。

5. 真实性

《摄论》继承"尘识理门"的真实性思想,主张真实性含摄真如、智慧,

---

① 真谛译:《摄大乘论释》卷五,《大正藏》第31卷,第187页上。
② 真谛译:《摄大乘论释》卷二说:"于世间中离分别、依他二法,更无余法,阿梨耶识是依他性,余一切法是分别性。此二法摄一切法,皆尽三界唯有识故。"《大正藏》第31卷,第163页下。

但是又有所发挥。真实性不但是真实的存在,而且包括追求真实的实践论。《摄论释》说:

[真]:论曰:真实性相者,是依他性,由此尘相永无所有。<u>此实不无</u>,是名真实性相。

释曰:虚妄义永不有显现因,由显现体不有故,亦不可得。譬如我等尘显现似实有,由此显现,依证、比、圣言三量,寻求其体,实不可得。如我尘、法尘亦尔,永无有体,故人法皆无我。如此无我实有不无,由此二种尘无有体故,依他性不可得,亦实有不无,是名真实性相。①

[玄]:论曰:此中何者圆成实相?谓即于彼依他起相,由似义相,永无有性。

释曰:于无所有非真实义,显现因中,由实无有似义相现,永无有性。如似我相虽永是无,而无我有。②

与藏译对照,玄奘的译文与藏译相符,划线部分是真谛所增补的。根据上田义文的研究,真实性的定义有两种倾向:(1) 真实性是作为境无和识有不离的一体而呈现者,(2) 作为分别性、依他性无所有所呈现者。③ 护法-玄奘一系强调依他性的实有,故译为"如似我相虽永是无,而无我有",即由依他性所显现的似我相是永远没有的,而"无我"是真实常有的,依他性是实有的。真谛强调分别性的二种尘与依他性的"无"是平等的,这是彻底的"无"的真实性。

从存在论上说,依他性是"无",这是"尘识理门"与"染净通门"三性思想的通义。但是从实践论与解脱论来看,真实性即是完全转依的净分依他性,又说明依他性的"妙有"。如真谛译《摄论释》说:

论曰:复有何义此成真实,此依他性或成真实,如所分别实不如

---

① 真谛译:《摄大乘论释》卷五,《大正藏》第31卷,第182页上—中。
② 玄奘译:《摄大乘论释》卷四,《大正藏》第31卷,第338页中。
③ [日]上田义文:《大乘佛教思想》,陈一标译,第100页。

是有故。

　　释曰:依他性变异为色等所分别尘,此尘实不如所分别是有,约依他性明尘无所有。即以依他性成真实性,为存有道故,不明依他性,是无为真实性。①

依他性所显现的尘(artha)无所有,依他性即成真实性。然而,从实践修道的角度看,不明依他性是无为真实性,则应成有为真实性,体现了依他性的"真空妙有"的价值意义。

瑜伽行派将真实性的真如分为有垢真如与无垢真如,《摄论》亦不例外。从三性的关系来说,分别性、依他性的不相离是真实性,即是有垢真如(真谛称为"自性成就");分别性、依他性的无所有,是指无垢真如(亦称"清净成就")。有垢真如和无垢真如的差别在于烦恼的有无,这是与修行实践相关联的。真谛译《摄论》说:"由如无不如故成真实,由成就清净境界,由一切善法中最胜,于胜义成就,故说名真实。"②"如无不如"是说明无变异,真谛译解释为"不相违义真实";成就清净境界即是以"无颠倒义显真实";"一切善法中最胜"则唯有涅槃,"以无分别义显真实"则是指"无垢真如"。③同时,《摄论》以四种清净法摄真实性,体现真实性的实践论与解脱论,亦体现真实性作为超越的存在,是一种"过程存在论"。列表如下:

真实性	无变异	本来自性清净——如如、空、实际、无相、真实法界	自性成就	如无不如
		无垢清净——涅槃	清净成就	一切善法中最胜胜义成就
	无颠倒	至得道清净——一切助道法及波罗蜜法		成就清净境界
		道生境界清净——正说大乘法		

---

① 真谛译:《摄大乘论释》卷五,《大正藏》第 31 卷,第 188 页上。
② 真谛译:《摄大乘论》卷中,《大正藏》第 31 卷,第 119 页中—下。
③ 真谛译:《摄大乘论释》卷五,《大正藏》第 31 卷,第 186 页下。

"自性清净"的真如是理性层次的真实性,"无垢清净"的涅槃即是无住涅槃。"道生境界清净"的大乘教法就是"最清净法界等流",此教法是引生清净正闻熏习种子的因缘。因为《摄论》主张内种必由熏习而成,而正闻熏习的无漏种子乃最清净法界等流所生,所以立"道生境界清净",众生有可能因实践而成就完全清净的依他性,因此是完全转依的净分依他性。而"尘识理门"的《中边分别论》、《大乘庄严经论》立"心性本净",所以不依"道生境界清净"建立无漏因。"至得道清净"类同于《中边分别论》中正行胜义的圣道,印顺认为还通于地前闻思修等①,应属依他性部分具清净、部分具杂染。这样,《摄论》就合理地将唯识的观行包含于真实性中。

6. 方便唯识与真实唯识

真谛对三性的基本观点,已经在《摄论释》中得到阐明:能分别即是识,所分别即是境,能即依他性,所即分别性;分别性、依他性的无所有,即是真实性。在《转识论》的第20、21颂,明确提到三性的定义:

> 如是如是分别,若分别如是如是类,此类名分别性,此但唯有名,名所显体实无。此所显体实无,此分别者因他故起,立名依他性,此前后两性未曾相离,即是真实性。若相离者,唯识义不成,有境识异故。由不相离故,唯识无境界,故识亦成无。由境无识无故,立唯识义是乃成立。②

> [玄奘译]:由彼彼遍计,遍计种种物,此遍计所执,自性无所有。依他起自性,分别缘所生,圆成实于彼,常远离前性。③

真谛以散文的形式译出韵文,并且对第21颂加以解释。八识皆是"能分别","若分别如是如是类"即是八识所对的色、声、香、味、触、法等境,在

---

① 印顺:《摄大乘论讲记》,第270页。
② 《转识论》,《大正藏》第31卷,第63页上。
③ 《唯识三十论颂》,《大正藏》第31卷,第61页上。

凡夫的阶段执为实有,其实是不存在的。"此但唯有名"之"唯"即是简别"实在","名"是指"诸法的相貌",相貌作为名称的所指,"分别性但唯有名"就是说"分别性但有其相貌"而实际上是"无体",正符合"显现"的两个特质——无体、可见。分别性的"分别者"——"能缘"——依他性是依因缘而生起,故名依他性,而分别性因此作为"所缘"。

对于真实性的解释,《三无性论》说:

> 真实性者,谓法如如,法者即是分别、依他两性。如如者即是两性无所有。分别性以无体相,故无所有;依他性以无生,故无所有。此二无所有,皆无变异,故言如如,故呼此如如为真实性。①

真实性作为真实的存在,是对虚构存在与现象存在的否定。虚构存在的分别性本身完全是心识所显现的相貌,离开主体心识,并无任何存在;现象存在的依他性,是一种"存在者",这是一种时间性和历史性的存在,是一种世俗真理的存在。

真谛依分别性与依他性的对立、同一的矛盾关系建立"方便唯识"与"真实唯识",则是其独特的思想。《转识论》将唯识区分为"不净品唯识"(又称"方便唯识")和"净品唯识"(又名"真实唯识"、"正观唯识"):

> 一一识中皆具能所,能分别即是识,所分别即是境;能即依他性,所即分别性。故云起种种分别及所分别也。由如此义,离识之外无别境,但唯有识义成。既未明遣识,惑乱未除,故名不净品也。问:遣境存识,乃可称唯识义,既境识俱遣,何识可成?答:立唯识乃一往遣境留心,卒终为论,遣境为欲空心,是其正意。是故境识俱泯,是其义成,此境识俱泯即是实性,实性即是阿摩罗识。②

"方便唯识"是观一切法并不存在,只是识的虚妄分别所显现出来的表

---

① 《三无性论》卷上,《大正藏》第31卷,第867页中—下。
② 《转识论》,《大正藏》第31卷,第62页下。

象,此时成立"唯识无境",即"识有境无"。但是,如果执著"唯识"而不能正确理解识的自性,仍然陷入主客对立的心识结构中,从而不能达到唯识的真境界。① 识其实是以"非识"为自性,当识显现出"境"时,境即是识的自身,"境无"故识亦无,即是"境识俱泯"或"识无境无",这才是真正的唯识,即"真实唯识"。境识俱遣,怎么能够称为"唯识"? 真谛主张识是"无而有"的,所以唯识并不是"只有识存在",而是"识有"和"识无"同时存在,识的自我否定性,必须包含在"唯识"中,才是真正的"唯识"义。

对于"真实唯识",《转识论》说:"若智者不更缘此境,二不显现,是时行者名入唯识。何以故? 由修观散乱执尽。是名无所得,非心非境,是智名出世无分别智,即是境智无差别,名如如智,亦名转依。""真实唯识"是"二取不显现"的境界,依他性是以二取的形式而显现的,当"二取不显现"时,依他性亦不显现。以水晶为例,当我们看到水晶上所映照的色彩时候,我们会说有色彩在显现;但是当我们知道色彩是无,只是以水晶为体才得以显现,此时即是"唯识无境"。但是既然色彩是无,我们所见的都只是色彩,无法看到无色透明的水晶,从色彩而得知其有的水晶("识以非识为自性",水晶以色彩为自性),也变成是无了。从这样的比喻看来,"唯识无境"和"境识俱泯"是同时成立的。② 由于"唯识无境"或"境以识为体",故言"非境";由于"境无故识无"或"识以非识为自性",故言"非心";"非心非境"的境智无差别状态即是出世间无分别智,亦名为阿摩罗识。真谛译《十八空论》说:

> 但唯识义有两:一者、方便,谓先观唯有阿梨耶识,无余境界,现得境智两空,除妄识已尽,名为方便唯识也;二、明正观唯识,遣荡生

---

① 《转识论》说:"若谓但唯有识,现前起此执者,若未离此执,不得入唯识中。"《大正藏》第 31 卷,第 63 页下。
② 陈一标:《真谛的"三性"思想——以〈转识论〉为中心》,《东方宗教研究·东方宗教讨论会论集》第 4 期,第 28 页。

死虚妄识心,及以境界,一切皆净尽,唯有阿摩罗清净心也。①

在《十八空论》中,将一切存在者摄入阿黎耶识(本识),一切外境如《摄论》所说的十一识、《中边分别论》所说的尘、根、我、识,都是本识所显现的表象,如《中边分别论》说:"尘根我及识,本识生似彼,但识有无彼,彼无故识无"②,前七识亦是作为本识的表象,唯有作为显现者的本识存在,称为"方便唯识"。"真实唯识"(亦称"正观唯识")就是遣荡虚妄分别的本识,无境无识,一切皆净尽,即是真实性,唯有阿摩罗识。③

三、真谛译《摄论释》的阿摩罗识思想

真谛的佛学体系中,阿摩罗识可以说是中心;而他建构阿摩罗识是为了证成"万法唯识"——瑜伽行派的核心问题。而且,他以"阿摩罗识"去诠释如来藏,这是对如来藏进行去神秘化、非存在性的诠释,将具有实体、神我危险性的如来藏转换为精神主体的境界,这就是他建构"阿摩罗识"的出发点。

依真谛所译论书,从三个方面来说明"阿摩罗识"的意义:(1) 阿摩罗识是境识俱泯之实性,(2) 阿摩罗识是究竟果位之净识,(3) 阿摩罗识是自性清净心。但是,境识俱泯之实性与究竟果位之净识,都是从转依方面而言,即是无垢真如;而自性清净心即是有垢真如。前者是从解脱论、实践论来说,后者是从存在论而言,诠释向度不同。

1. 境识俱泯之实性

我们曾经以"有相唯识"与"无相唯识"的差异,考察玄奘与真谛所传唯识思想的差别。依"无相唯识"的思想,"唯识无境"指境不外乎识,从识这一方来说,识(能见)成为境(所见),而且若识不经过自己的否定,就

---

① 《十八空论》,《大正藏》第31卷,第864页上。
② 《中边分别论》卷上,《大正藏》第31卷,第451页中。
③ 相同的思想,见《三无性论》卷上,《大正藏》第31卷,第871页下—872页上。

不能成为境。如此,境无而唯有识,看起来似乎是表现境的否定和识的肯定,但实际上同时也包含识的否定。如《转识论》说:

> 问:此识何相何境?答:相及境不可分别,一体无异。问:若尔,云何知有?答:由事故,知有此识。此识能生一切烦恼业果报事。譬如无明,当起此无明,相境可分别不?若可分别,非谓无明。若不可分别,则应非有。而是有非无,亦由有欲嗔等事,知有无明。本识亦尔,相境无差别。但由事故,知其有也。就此识中,具有八种异,谓依止处等,具如《九识义品》说。①

此《九识义品》就是《决定藏论·心地品》。② 真谛坚持"一种七现",强调阿黎耶识是"相境无差别"。"相"是指阿黎耶识的执受,即主体性的识;"境"即所执受的种子。因为阿黎耶识是"种识不分",所以是"相境无差别"。这与护法强调"诸识现行"、"见相有别"不同。

同时,真谛主张识是能分别,境是所分别。于是,存在的全体就是识(能识),境是被否定的,这是认识论层面的意义,我们称为"具有存在论意义的认识论";从存在论来说,识以非识为自性,举其全体成为境,因此识是无。所以,真谛的认识论与存在论是一体的,是一种"无境论"。如《转识论》说:

> 立唯识义,意本为遣境遣心,今境界既无,唯识又泯,即是说唯识义成也。……问:遣境存识,乃称唯识义,既境识俱遣,何识可成?答:立唯识乃一往遣境留心,卒终为论,遣境为欲空心,是其正意。是故境识俱泯,是其(唯识)义成。此境识俱泯,即是实性,实性即是阿摩罗识;亦可卒终为论,是阿摩罗识也。③

---

① 《转识论》,《大正藏》第31卷,第61页下—62页上。
② 印顺:《论真谛三藏所传的阿摩罗识》,《以佛法研究佛法》,《妙云集》下编之三,第270—271页,台北,正闻出版社,1990;牟宗三:《佛性与般若》(上册),第356页。
③ 《转识论》,《大正藏》第31卷,第62页中、下。

识与境之间建立了相互否定又是同一的矛盾结构,所以不管认识任何事物,都不外是认识自己本身,这是"识有境无"。同时,境既然不可得,识也不得生,所以能取的"识"与所取的"境"平等俱成无所得。这种自性空、不带有任何对象化作用的无相的识,即是"无分别智"。这才是真正的"唯识"。从"识有境无"到"境识俱泯",在唯识学中,是从虚妄分别而契入空性的方便次第。真谛将唯识区分为"不净品唯识"(又称"方便唯识")和"净品唯识"(又名"真实唯识"、"正观唯识"),贯彻一切法唯识的终极意义。

从存在论来说,真谛的三性思想是分别性以依他性为体,"识境合一",分别性、依他性无所有即是真实性,体现了"性相融即"的思想。如《三无性论》卷上说:

> 识如如者,谓一切诸行但唯是识。此识二义故称如如:一、摄无倒,二、无变异。摄无倒者,谓十二入等一切诸法,但唯是识,离乱识外无别余法故,一切诸法皆为识摄。此义决定,故称摄无倒,无倒故如如,无倒如如未是无相如如也。无变异者,明此乱识即是分别,依他似尘所显;由分别性永无故,依他性亦不有,此二无所有,即是阿摩罗识。唯有此识独无变异,故称如如。……唯阿摩罗识是无颠倒,是无变异,是真如如也。①

识是以非识为自性,依他性的识与分别性的境之间是否定对立且又无差别、同一的关系。依他性无性(生无性)的"无",并不是相对于"有"的相对无,而是也将"有"包含于其中(与"有"融即)的"绝对无",这就是"色即是空,空即是色"的"空"(sūnyatā)。② 这种"空"、"无"即是"真实性"。真谛将"真实性"称为"阿摩罗识",即是空性、真如等意思。

而且,真谛继承"尘识理门"的思想,对真实性强调"智如合一",并将

---

① 《三无性论》卷上,《大正藏》第 31 卷,第 871 页下—872 页上。
② [日]上田义文:《大乘佛教思想》,陈一标译,第 122 页,台北,东大图书有限公司,2002。

此视为阿摩罗识,阿摩罗识即是境识俱泯、非心非境、境智无差别、如如智、转依,这是其独特的思想。智如之所以能够"合一",必须在解脱论的意义上。就存在论而言,"真实性"是"真正的实在"、"如实之境"、"胜义谛"的真如;从认识论而言,"真实性"是"真正的智慧"、无分别智。在转依位,存在论与认识论完全合一,没有任何对象化,主体如实地认识到自己本身,以及事物如实地被主体认识,这是一体的两面。

从实践论来说,必须有方便次第,真谛建构"方便唯识"与"真实唯识"正是为了显示其实践论的次第。《转识论》说:"由修观熟,乱识尽,是名无所得,非心非境,是智名出世无分别智,即是境智无差别,名如如智,亦名转依。"①这一见解,在《十八空论》、《三无性论》都是一样的,《十八空论》说:"唯识义有两:一者,方便:谓先观唯有阿梨耶识,无余境界,现得境智两空,除妄识已尽,名为方便唯识也。二者,明正观唯识:遣荡生死虚妄识心,及以境界一切皆净尽,惟有阿摩罗清净心也。"②"先以唯一乱识,遣于外境;次阿摩罗识遣于乱识故,究竟唯一净识也。"③阿摩罗识不但离于乱相的外境,而且也遣于乱识,故阿摩罗识是心境俱泯的,无有能取所取的。如果阿摩罗识从无漏现证来说,那就是"境智无差别"。所以,八识是无常,是有漏、经验的;而阿摩罗识是无漏、超越的,两者异质而异层。④ 对于实践次第,真谛译《摄论释》也有相近的说明,如说:"一切法以识为相,真如为体故。若方便道,以识为相;若入见道,以真如为体。"⑤以方便道、见道来分别解说,与《三无性论》相同,只是称为真如,而

---

① 《转识论》,《大正藏》第31卷,第63页下。
② 《十八空论》,《大正藏》第31卷,第864页上。
③ 《三无性论》卷上,《大正藏》第31卷,第872页上。
④ 牟宗三认为,既然八识与阿摩罗识是异质异层,阿摩罗识应该称为"真常心"或"自性清净心"。因为识是以迷染为性的。如是,则于"境识俱泯"时而复名之曰"识",则有矛盾之嫌,又有混淆之嫌。见《佛性与般若》(上册),第358页。这种观点是错误的,称境识俱泯之实性为阿摩罗识,这是解脱论层面的意义,并非存在论意义的"自性清净心"。此超越应该是解脱论、实践论的超越,而非存在论的超越。而"阿摩罗识"是一个整体的意义,不能因有"识"便认为是迷染的。
⑤ 真谛译:《摄大乘论释》卷七,《大正藏》第31卷,第200页上。

没有称为阿摩罗识而已。

2. 究竟果位之净识

真谛将《瑜伽论》中相应的"转依"、"转依力"、"净识"都译成"阿摩罗识"。如《决定藏论》说：

> 断阿罗耶识，即转凡夫性；舍凡夫法，阿罗耶识灭。此识灭故，一切烦恼灭。阿罗耶识对治故，证阿摩罗识。阿罗耶识是无常，是有漏法；阿摩罗识是常，是无漏法，得真如境道，故证阿摩罗识。阿罗耶识为粗恶苦果之所追逐，阿摩罗识无有一切粗恶苦果。阿罗耶识而是一切烦恼根本，不为圣道而作根本；阿摩罗识亦复不为烦恼根本，但为圣道得道得作根本。阿摩罗识作圣道依因，不作生因。阿罗耶识于善无记不得自在。……舍离一切粗恶果报，得阿摩罗识之因缘故。……一切烦恼相故，入通达分故。修善思维故，证阿摩罗识，故知阿罗耶识与烦恼俱灭。
>
> 诸世俗法，阿罗耶识悉为根本；一切诸法出世间者，无断道法，阿摩罗识以为种本。
>
> 说出世法所生相续，依阿摩罗识而能得住。以此相续，与阿罗耶识而为对治。自无住处，是无漏界，无恶作务，离诸烦恼。
>
> 阿摩罗识对治世识，甚深清净，说名不住。①

阿黎耶识是有漏、无常，而阿摩罗识是无漏、常；阿黎耶识是烦恼根本，阿摩罗识是圣道根本（依止）；阿黎耶识是粗重所随，阿摩罗识离一切粗重；阿黎耶识是"一切杂染根本"，是"一切戏论所摄诸行界"（种子），是一切有漏杂染种子的总汇（或称之为"过患聚"），所以必须转灭这阿黎耶识，才能证得转依——阿摩罗识。这样，阿黎耶识是有漏杂染识，阿摩罗识是（译义为）无垢识、白净识。玄奘所传唯识学，有漏的妄识有

---

① 《决定藏论》卷上，《大正藏》第30卷，第1020页中、1022页上；卷中，第1025页下；卷下，第1031页上。

八识,转成无漏也还是八识,所以在八识以上,别立第九阿摩罗识,是不妥当的。

凡夫性与圣人性、凡夫依与圣人依,是对立的两面。境智无差别,即是圣性;依此摄持清净闻熏习,而为圣依,依此而现起一切无漏的现行法。反之,同样由于转阿黎耶识证得阿摩罗识,这就是无分别智亲证真如,也即是境智无差别性,就是说由圣依而证得究竟的圣性。当然,如果从舍阿黎耶识来说,在八地、阿罗汉位就能充分体现出来,但是究竟圆满证得阿摩罗识是在佛位。"转依"为"阿摩罗识",是通于三乘的,如《决定藏论》卷上说:"阿罗汉及辟支佛、不退菩萨、如来世尊,此四种人,以有心处,有于六识,无阿罗耶识。""阿罗汉及辟支佛、菩萨、世尊入灭尽定,又世尊入无余涅槃,无阿罗耶,亦无六识。"[1]所以《决定藏论》说明转灭阿梨耶识,证得阿摩罗识,与《唯识三十论》所说的阿赖耶识"阿罗汉位舍"[2]完全一致。所以阿摩罗识,是与阿梨耶识性质相反的,指无学声闻、缘觉、八地以上菩萨所证的智如无差别,"即是境智无差别阿摩罗识故"[3]。但是阿摩罗识,并不局限于阿罗汉位,智证如如的转依,从初地见道位到佛果,转依是彻始彻终的。在见道以上,创获根本智亲证真如,真实的依他圆成显现时,虽然远离七识的乱,而妄识的根本——一切种子阿梨耶识,仍然存在。到了阿罗汉位,断尽烦恼障的种子与现行,究竟灭尽一切杂染种子识,获得了智证如如的究竟清净;只有到了佛地,才是"最清净法界"、"无垢识"——阿摩罗识。

3. 自性清净心

在《十八空论》中,约"法界本净"来说明阿摩罗识,这样,阿摩罗识就是自性清净心,也就是"如来藏"的别名。《十八空论》说:

---

[1]《决定藏论》卷上,《大正藏》第30卷,第1020页下。
[2]《唯识三十论颂》,《大正藏》第31卷,第60页中。
[3]《三无性论》,《大正藏》第31卷,第873页下。

云何分判法界非净非不净？答：阿摩罗识是自性清净心，但为客尘所污，故名不净；为客尘尽故，故立为净。问：何故不说定净、定不净，而言或净或不净耶？答：为显法界与五入及禅定等义异。①

《十八空论》是《中边分别论》注释的一部分，一分释"相品"的空义，一分释"真实品"的分破真实(七真如)及胜智真实。② 上面所引述的文句，是解释《中边分别论》中的一个偈颂："不染非不染，非净非不净；心本清净故，烦恼客尘故。"③瑜伽行派"重理系"对"心性本净"有两种诠释路径：(1) 存在论的路径，强调法界清净与"空性"相应；(2) 实践论与解脱论的路径，首先依修道与心解脱而施设杂染性与清净性，其次依实践论而如实知见染净差别。而其心性清净是约真如无差别而建构，这种立场正是真谛所继承的。

《十八空论》的"阿摩罗识自性清净心"正是"空性"，即是真实、真如、法界、实际、无相、胜义。但是，在说非净不净、非染不染时，不说"空性本净"、"法性本净"，而说"心本清净"。这里的"心本清净"，就是经典中常见的"心性本净"。唯识今学从"性相永别"、"智如二分"的立场出发，强调心是有为的心识，可能是染、净、有漏、无漏，不能说心本清净，而只能说心的法性本净。真谛依"性相融即"、"智如合一"的观点，主张心与空性无二，所以解说空性本净为"阿摩罗识是自性清净心"，这显然是从真如无差别而说。

真谛从妄染的心识探究到心性的终极意义，约真如无差别而说"心性本净"，从而会通了如来藏。所以，他建构"阿摩罗识"，不但贯彻了"一切法唯识"的思想，而且会通了如来藏思想。而且，他对如来藏进行了去神秘化、非存在化的诠释，并没有离开瑜伽行派的根本立场。

---

① 《十八空论》，《大正藏》第31卷，第863页中。
② 印顺：《论真谛三藏所传的阿摩罗识》，《以佛法研究佛法》，《妙云集》下编之三，第287页。
③ 《中边分别论》卷上，《大正藏》第31卷，第453页上。在《辩中边论》卷上，玄奘译此偈为："非染不染时，非净非不净；心性本净故，由客尘所染。"《大正藏》第31卷，第466页中。

第三节 摄论学派的思想

真谛的思想体系传到北方,受到北方原来的《楞伽经》、《起信论》的影响,则会出现一些新的解释。

一、摄论学派的判教思想

真谛曾提出"三法轮"、"四教"与"渐、顿二教"等三种判教说。而北地的摄论师由于受到地论学派的影响,在判教思想方面发生了一定的变化。

圆测《解深密经疏》引用真谛的《解节经疏》说:

> 复次如来三转法轮为三种人:一者初度声闻于波罗奈鹿园仙人集处,初转法轮,即第一时,转四谛法轮。是法轮不可思议,是法轮不了义,有上有难有争。次如来得道已第七年,在舍卫城给孤独园,即是第二时,为度大乘行人,显一切法无自性无生无灭、本来寂静、自性涅槃,显说轮相,名转法轮。转法轮者,波罗蜜、十地等。是法轮希有不可思议,一切人天所不能转;是法轮不了义,亦有上有难有争。去孤独园五里有江,人饮浴者,悉得智慧,昔人号云:施智慧所,故佛于此地说大乘般若。江名沙罗底,此翻为智慧如河。此是女人所住处也。次佛未涅槃前,成道后三十八年,在毗舍离国鬼王法堂,为真实菩萨说《解节经》等、《维摩》、《法华》等。此第三时,世尊为度三乘行人,为显一切法无自性、无生无灭、本来寂静、自性涅槃,显无分别相轮。是法轮最清净、希有、不可思议,是法轮了义,无上、无难、无争。为众生根钝,如来次第说法轮。①

现存真谛译《解节经》一卷,并没有提到"三转法轮"。但是,《解节经》为

---

① 《解深密经疏》卷五,《卍续藏》第34册,第824页下—825页上。

《解深密经》的节译本,在菩提流支和玄奘所译的足本中,有此记载,而且与上引《解节经疏》文字相近。① "三转法轮"是佛陀因众生根机愚钝,所以分为三阶段演说佛法:第一时"四谛法轮",这是佛陀得道后,在波罗奈国的鹿野园,为小乘的声闻人,演说四谛的道理。真谛评价此法轮所开演的教义,并不是究竟终极,会引起责难和争议。第二时"转法轮",这是佛陀得道七年后,在舍卫国的给孤独园,为大乘修行者演说一切法没有自性、无生无灭、自性空寂、本性跟涅槃无异的道理;此法轮虽然显示大乘跟小乘有不同之处,但是其教义仍然非究竟终极,会引起责难和争议。此法轮的代表经典为《般若经》和《十地经》。第三时"无分别相轮",这是佛陀在得道后三十八年、涅槃前七年,在毗舍离国的鬼王法堂,为能领悟真常教旨的菩萨,演说一切法没有自性、无生无灭、本性空寂的道理。此法轮进一步说明佛陀是为了度化三乘行人,所以安立施设小乘、大乘各种不同教学,其实这些教学的旨归并没有分别。该法轮所演述为究竟终极之义,不会引起责难和诤议,代表经典为《解节经》、《法华经》和《维摩经》等。法藏《华严经探玄记》所传的"三时教",与此基本相同。②

另外,圆测《解深密经疏》又引真谛的《部执论记》,阐明另一种"三法轮"之说:

> 若依真谛《部执论记》第二卷说:小乘三藏名初法轮,唯小非大;《大涅槃经》名第二法轮,通为大、小;《华严》、《般若》名第三法轮,唯大非小。故彼《记》云:佛教自有三种法轮:一、小乘法轮,即是三藏教;二、大乘法轮,说大乘与小乘异,如《涅槃经》合明大小乘义;三、一乘法轮,明大小无异,如《华严》等经,诸《般若经》明三乘人同观二空理,同修真实智,故知大、小无异也。③

---

① 廖明活:《地论师、摄论师的判教学说》,《中华佛学学报》第 7 期,第 138 页,1994。
② 《华严经探玄记》卷一:"依真谛三藏记云:佛成道七年后,说诸部般若,是第二时教。又云:三十八年后,说《解节经》,当第三时教。"《大正藏》第 35 卷,第 115 页中。
③ 《解深密经疏》卷五,《卍续藏》第 34 册,第 825 页下—826 页上。

真谛《部执论记》所提到的"三法轮",与《解节经疏》差别较大。第一,小乘法轮,说小乘教法,其代表经典为小乘三藏,这与后者"四谛法轮"相同;第二,大乘法轮,兼说大、小乘,并且阐明大乘与小乘不同之处,其代表经典为《涅槃经》,而后者"转法轮"则为《般若》、《十地》;第三,一乘法轮,阐明一乘的教义,融通大乘、小乘教义的分别,其代表经典为《华严经》、《般若经》。

《解节经疏》的"三法轮"是依佛陀说法的先后顺序,即依"时"而立;而《部执论记》的"三法轮"是依教义的深浅,即依"法"而建立。二者因为价值系统不同,对经典的判摄自然有异。窥基《阿弥陀经通赞疏》卷上,记载真谛分如来一代时教为三时:(1)"有教",这是佛陀成道七年以后所说,第五年度化五俱轮,第六年度化舍利弗,第七年度化三迦叶;(2)"空教",佛陀成道第八年至三十八年之间,总说八部《般若》;(3)"非空非有教",从三十九年至涅槃前,说非空非有的教义,代表经典是《法华》、《楞伽》、《思益》。① 这与《解节经疏》基本相同,只是第三时的代表经典有微小的差异。

同时,真谛曾译《金光明经》,著有《金光明经疏》,于是便有真谛立"转、照、持"三法轮的说法。慧苑《刊定记》说:

> 真谛三藏依《金光明经》,立转、照、持三法轮教。谓佛二月八日成道,四月八日于波罗奈鹿野苑中,为声闻众,转四谛法轮。后于成道第七年中,在舍卫国去祇园五里智能江边,为诸菩萨及二乘众,说《般若》等经。此时具二,谓转、照法轮。又于成道三十年后,未涅槃前,在毗舍离国鬼王法堂,为真常菩萨,说《解节经》。此时具有转、照、持等三种法轮也。②

这与《解节经疏》相近之处颇多,都是阐明佛陀在第一、二、三时,分别说四谛教义、《般若经》、《解节经》。而"转、照、持"三法轮只见于真谛译《金

---

① 《阿弥陀经通赞疏》卷上,《大正藏》第37卷,第330页中。
② 《华严经略疏刊定记》卷一,《卍续藏》第5册,第16页下—17页上。

光明经》①,慧苑《刊定记》对"三法轮"缺乏解释,澄观《华严经疏》则阐明其中的内容:"谓七年前说四谛,名转法轮;七年后说《般若》,具转、照二轮,以空照有故;三十年后具转、照、持,以双照空、有,持前二故。"②综合慧苑、澄观对"转、照、持"三法轮的论述,第一时为"转法轮",说四谛的教法;第二时为转、照法轮,其教义中心是"空教",照见四谛教法所剖析的各种存在的本性是空的;第三时为转、照、持三法轮,其教义是"非空非有教",双照前二时所说的空和有观念,契入中道的真理。

如上所论述的内容,与窥基、《解节经疏》所说的"三时教"有相同之处,亦有不同之处。因为"转、照、持"三法轮,并非各各分属一时,"转"法轮通于三时,"照"法轮通于第二和第三时;其次,《刊定记》所说的第二时的听众包括菩萨和二乘,而且第三时开始的时间是佛陀成道后三十年,与《解节经疏》、窥基所说第二时的教化对象为大乘人,以及第三时开始时间为佛陀成道后三十八年,有明显的出入。

唐宝达《金刚暎》亦记载真谛的"转、照、持"三法轮:

> 梁朝真谛三藏立三时教,第一、如来成道七年已还,唯说四谛法轮,名转法轮,即四《阿含》等也。第二时者,即七年已后、三十八年已前说《般若》等,显法空理,照破前有,名照法轮。三时,三十八年已后、未涅槃前,说《深密》等,余遣边疑,住持中道,不失自相,名持法轮也。③

《金刚暎》是将转、照、持各各分属一时,而且第三时开始的时间是佛陀成道三十八年后,这与《刊定记》所说完全不同。但是,与窥基、《解节经疏》

---

① [日]坂本幸男:《华严教学之研究》(第一部),释慧岳译,第209页,台北,中华佛教文献编撰社,1971。《合部金光明经》卷二说:"现在十方世界已得阿耨多罗三藐三菩提者,转法轮,照法轮,持法轮;雨大法雨,击大法鼓,吹大法螺,出微妙声;竖大法幢,秉大法炬,为欲利益安乐众生故。"《大正藏》第16卷,第368页中。
② 《大方广佛华严经疏》卷一,《大正藏》第35卷,第508页下。
③ 《金刚暎》卷上,《大正藏》第85卷,第60页中。

等所说的"三时教"则能相配。

隋唐佛教不仅传承真谛的三时判教,而且还传承了"四时教"。① 圆测《解深密经疏》提及:"真谛判别四种教或说四教,所谓四谛、无相,或说法相,如《楞伽》等;或说观行,如《华严》等。"② 窥基《成唯识论料简》详细叙述"四时教":

> 有立四时,如真谛三藏。一、四谛法轮,谓《阿含》等;二、无相大乘,谓《般若》等;三、法相大乘,如《楞伽》等,广明五法、三种自性、八识、二无我;四、观行大乘,如《华严》等,广明四十二贤圣观故。③

窥基批评"四时教",认为从教法的前后来说,"观行大乘"的《华严经》是最初所说,如此则不合理。其实,"四时教"是依教法的深浅而言,并非依教法的前后。(1)四谛教,阐述小乘的四谛道理,其代表经典是《阿含经》;(2)无相大乘教,阐明诸法本性是空、无相的道理,其代表经典是《般若》;(3)法相大乘教,这是指瑜伽行派的唯识思想,阐明名、相、分别、正智、真如五种迷染和觉悟之法,显示分别性、依他性、真实性等三种存在的性相,叙述阿黎耶识、意、意识等八种心识,申明人无我、法无我等道理,其说见于《楞伽经》;(4)观行大乘教,广陈菩萨修行所经历的十住、十行、十回向、十地、等觉、妙觉等四十二阶位,其经典代表是《华严经》。

但是,"四时教"是否为真谛的判教学说,则令人置疑。因为唐宝达《金刚暎》在列举"转、照、持"三法轮后,则举出隋代笈多三藏立"四时教",文字与窥基所说相同。④ 另外,道液《净名经关中释抄》与宝达《金刚

---

① 坂本幸男认为,法藏、慧苑、澄观等的华严宗系统,是传承真谛的三时教判,对之,圆测及基法师等的法相宗系统,即传四时教。见《华严教学之研究》(第一部),释慧岳译,第210页。这种观点过于绝对化,圆测《解深密经疏》、窥基的著作中都可以发现这两种判教方法。
② 《解深密经疏》卷一,《卍续藏》第34册,第596页上。
③ 《成唯识论料简》卷上,《卍续藏》第76册,第935页上。
④ 《金刚暎》卷上,《大正藏》第85卷,第60页中。

暎》一样,主张真谛立"转、照、持"三法轮,笈多三藏立"四教"。①

"四时教"可以进一步收摄为"顿渐"二教,法藏《探玄记》说:

> 陈朝真谛三藏等,立渐、顿二教。谓约渐悟机,大由小起,所设具有三乘之教,故名为渐,即《涅槃》等经。若约直往顿机,大不由小,所设唯是菩萨乘教,故名为顿,即《华严》等经。②

真谛判立的"渐教"的教化对象,是"渐悟"根机的众生,这些众生的学习历程,乃由小乘进至大乘,因此"渐教"包括了三乘的教法,代表经典有《涅槃经》等;"顿教"的教学对象,是"顿悟"根机的众生,这些众生直接学习大乘,不用经历小乘教的熏陶,因此"顿教"只包括菩萨乘,代表经典为《华严经》等。③

所以,真谛的判教思想分为三种:三法轮、四教与顿渐。但是,"三法轮"的记载各有出入,其中心在于以三法轮配佛陀说法的三时。另外,"四教"与"顿渐"的判教,有可能是北地摄论师的观点,因为受到地论学派的影响,对《华严经》极其推崇。而且,以《楞伽经》作为"法相大乘"的代表经典,而不是以《解节经》。

敦煌本《摄大乘论抄》在"第二次明藏摄分齐"中,将阿毗达磨藏分为声闻藏与菩萨藏。《摄大乘论抄》说:

> 声闻钝根,约分别性立于三藏;为成声闻行法故,判为声闻藏。由声闻所立十一种色、十四不相应、四十七心心法,及三无为,此七十五法悉是事法,故属分别性也。对菩萨利根,通约分别、依他、真实性立于三藏,为成菩萨行法故,判为菩萨藏。④

---

① 《净名经关中释抄》卷上,《大正藏》第85卷,第507页上。
② 《华严经探玄记》卷一,《大正藏》第35卷,第110页下。
③ 屈大成指出,真谛的"顿渐"判教与慧诞极其相似,而且行文极为相近。见《中国佛教思想中的顿渐观念》,第123—126页,台北,文津出版社,2000。
④ 《摄大乘论抄》,《大正藏》第85卷,第1000页上。

声闻藏的施设,是依分别性而建立三藏,《摄大乘论抄》将各种存在分为七十五法,声闻所通达的七十五法都是属于分别性。利根菩萨通达三性,依三性而建立三藏。缘觉似闻他音而觉悟,所以判入声闻藏,这就是平常所说的"缘觉声闻"。

同时,《摄大乘论抄》继承北地慧光以来的四宗判,在声闻藏立"立性教"、"破性教",在菩萨藏立"显示教"、"秘密教"。但是,其与地论学派的判教亦有同有异。"立性教"的思想,是"以其人于和合阴内解无神我,于阴等别法计有定性,如说色色自性、心心自性执,三世一切法皆有定性,以未达法空故也"①。这是声闻藏内根机最钝的,通达人我空,但是未通达法我空,仍然执著诸法各有自性。"破性教"的根机稍利,不但能够通达人无我,而且知道万法是缘起无自性,但并不否认无自性"假相"的存在,其空观不彻底。声闻藏的二教是小乘的教理,这与地论学派的"立性宗"(因缘宗)、"破性宗"(假名宗)比较一致。②

"显示教"与"秘密教"是属于大乘的思想,《摄大乘论抄》说:

> 菩萨藏内有二:一是显示教,此遣分别性内所有诸法,如经说色空乃至涅槃毕竟体空,此即无相大乘,亦名显示教门;二就依他真实,说如实因缘、如如真实无垢等法,此即缘起大乘自性住乘,亦名秘密教门。此二所诠,虽相有浅深,同为菩萨利根,进成大行而悟大果故,总判为菩萨藏。此论二教中通二教,若说三无性空等即显教,若说初相等即是秘密摄也。③

"显示教"与"秘密教"是依三性而建立,这与地论学派完全不同,是摄论学派的传统。而且,"显示教"与"秘密教"是就三性之间的关系来说,"显示教"是依般若无分别智遣除分别性的现象界诸法,通达诸法乃至涅槃

---

① 《摄大乘论抄》,《大正藏》第85卷,第1000页上。
② 《大乘义章》卷一,《大正藏》第44卷,第483页上。
③ 《摄大乘论抄》,《大正藏》第85卷,第1000页上—中。

毕竟自性空寂，即是"无相大乘"，与地论学派的"破相宗"（不真宗）相同。但是，"秘密教"是通达分别性、依他性同一无性，即是真实性、智如合一、无垢清净，这是"缘起大乘"、"自性住乘"，即是通达自性住佛性、法界真理，这与地论学派的"显实宗"（真宗）完全不同。《摄大乘论抄》对《摄论》的位置提出自己的看法，依三性与三无性的关系来说，依三性通达三无性空即是"显示教"，依三无性空而通达三性宛然则是"秘密教"。

所以，《摄大乘论抄》与地论学派的不同之处在于：(1)《摄大乘论抄》依三性而建立菩萨藏的二宗，地论学派是依如来藏、佛性而施设"显实宗"（真宗）；(2)地论学派在菩萨藏内立顿教、渐教，这是慧光以来的最重要的判教思想，但是《摄大乘论抄》并没有采纳。① 因此，《摄大乘论抄》的"二藏"、"四宗"虽然受到地论学派的影响，但其核心思想仍然坚持摄论学派的传统。

真谛的判教思想当时并未为人所接受，而且未能融摄《摄论》，对于摄论学派的建宗立派，是非常不利的。摄论学派北传后，受到地论学派的影响与冲击，但是仍然可以看到摄论师创建自宗的努力。

二、摄论学派的心识思想

现存有关摄论师的文献，涉及心识思想，集中在敦煌本《摄论章》卷一(S.2435)以及日本凝然《华严孔目章发悟记》中所保存的道基《摄论章》第一。

从引用文献来看，敦煌本《摄大乘论章》卷一(S.2435)引用的经论有《涅槃经》、《维摩诘经》、《十地论》、《地持论》、《起信论》（称为"《马鸣论》"）、《楞伽经》、《胜鬘经》、《无相论》、《中边分别论》、《杂心论》、《成实论》。心识思想的文献，除了引用《摄论释》、《无相论》、《中边分别论》以

---

① [日]织田显祐：《敦煌本〈摄大乘论抄〉について》，《印度学佛教学研究》第38卷第2号，第692页，1990年。

外,多引用《起信论》、《楞伽经》。可见,《摄大乘论章》的心识思想受到《起信论》的影响,这是北地摄论师的特色。

摄论师不但以八识与六识说明心识论的差别,而且在说明唯识观时,提出"真识门",这明显是受到地论师和《起信论》的影响。通过心识论、实践论、解脱论的差别,可以看出大乘的优越与独立。摄论师在继承《摄论》的大乘思想时,对《摄论》之外的教义亦进行大小乘的判别,如将成实学派摄入小乘①,这是摄论师的大乘意识的表现,亦是其学派意识的表现。道基《摄论章》说:

> 《摄论章》第一云:若依小乘毗昙、成实,但说六识:一、眼识,二、耳识,三、鼻识,四、舌识,五、身识,六、意识,不说第七陀那、第八黎耶、第九净识。以第七、第八体性微细,第九净识甚深法空,是故小乘不说此三。若依大乘,有三藏昙无谶及罗什法师,同小乘中,但说六识。流支三藏唯说七识,加陀那识而为第七,非八、非九。有诸法师,或说八识,如佛陀扇多三藏,但说八识,加阿黎耶识,不在第一无垢净识。或有法师,具说九识。②

道基将《毗昙》、《成实》都归入小乘,小乘心识论是以六识为中心。但是,六识并不是小乘的唯一特征,如昙无谶、鸠摩罗什虽然都只说六识,但是仍然属于大乘。即使是大乘佛教,心识论亦有差别,菩提流支加阿陀那识而说七识,佛陀扇多加阿黎耶识而说八识,真谛加阿摩罗识而说九识。

敦煌本《摄大乘论章》卷一"三识义"中,以十一门分别"三识":(1) 释名义,(2) 辨体相,(3) 真妄分别,(4) 解惑分别,(5) 心意识分③别,

---

① 《摄大乘论章》卷一说:"小乘就彼八禅地定以辨心学,谓四禅、四空等,如《定品》广说;成实论家就九禅定门以辨定学,如《禅品》广说;大乘就彼四定以辨定学。"《大正藏》第85卷,第1012页中。
② 道基《摄论章》第一,凝然《华严孔目章发悟记》卷一六,《大日本佛教全书》第122册,第388页。
③ "分",《大正藏》校为"心",今改。

(6) 善恶无记分别,(7) 三性分别,(8) 摄四识,(9) 摄八、九二识,(10) 摄十一识,(11) 大小乘分别。① 这种解释方法,与净影慧远"八识义"十门分别相似②,亦是北方佛学的特色。

《摄大乘论章》将阿黎耶识意译为"无没识",这是很引人关注的:

> 言梨耶识者,此方正翻名无没识,此有二义:一、识生灭门,能受净熏,终能转依成应身功德,名为无没;二、就识真如门,终可显了成就法身,名为无没。③

这是从解脱论来说,"无没识"具有二门:(1) 识生灭门,这是从转染成净的"转依"意义上而言,由于受到闻熏习,依众生的分别事识而现起胜妙境界,所以是应身功德;(2) 识真如门,这是本有、真实的超越真心,于是最终得以显现,成就法身。从存在论说,阿黎耶识即是生灭与不生不灭的真如和合,即成为"真妄和合识"。

《摄大乘论章》作者灵润吸收《起信论》的心识论,其中以"识真如门"、"识生灭门"为主体结构,而在阿黎耶识、阿陀那识、六识的解释过程中,亦有所融摄。《起信论》的心识论,从染污的生灭缘起而言,是依心生起意,依意起意识,由细而粗,展现人的心性作用;三识实是一心,而且它与众生心的真如面有不一不异的关系。④ 但是,《摄论》以及真谛是坚持"虚妄唯识"的,所以如何诠释真妄与心识之间的关系,从而会通摄论学派与地论学派,成为北地摄论师的中心课题。

《摄大乘论章》建立"识真如门"、"真识门"、"净识",用来解释"阿摩罗识"。《摄大乘论章》说:

> 初言摄真门者,摄彼净识以入本识,不立净识故。《马鸣论》云:

---

① 《摄大乘论章》卷一,《大正藏》第 85 卷,第 1013 页上。
② 十门分别:释名一,辨相二,根尘有无三,大小有无四,真妄依持五,真妄熏习六,迷悟修舍七,迷悟分齐八,修舍分齐九,对治邪执十。《大乘义章》卷三末,《大正藏》第 44 卷,第 524 页上。
③ 《摄大乘论章》卷一,《大正藏》第 85 卷,第 1013 页上。
④ 释恒清:《佛性思想》,第 226 页,台北,东大图书股份有限公司,1997。

不生灭法与生灭和合,名为梨耶。不生是真,生灭是妄,共为本识,名为和合。二、言简真者,简取生灭以为本识真如之门,属彼净识故,《无相论》云:无相无生,即是摩罗究竟净识。三、摄净者,此障生灭门中本识之中摄净、不净品,以能持染净两种种子故;故《缘生章》云:善恶种子二姓,明了染净为二。业惑种子,名之为染;闻熏种子,名之为净。①

灵润引用《起信论》"不生不灭与生灭和合,名为阿梨耶识",还引用《三无性论》作为证据。灵润对转染成净的过程,依然是用闻熏习、转依来表现,而不是用"本觉"之呈现,这与《起信论》绝对不同。摄论师主张阿黎耶识持种的功能,持染、净两种种子,所以清净出世心的生起仍然是一种有为的、同类的、"他缘现",并非《起信论》的"自缘现"。

《摄大乘论章》作者灵润对"净识"、"识真如门",是以真如进行解释,这是符合真谛的原意的。他引用了地论师的诠释语言,其内容则是真正的摄论学派。这种情况的出现,比较可能的原因是,灵润原来出身于摄论学派,具有传统与扎实的摄论学派背景,后来到了北方,则对北方佛学,尤其是地论学派的思想作出本学派的诠释。他以"摄真门"、"简真门"对阿陀那识、六识进行诠释,则以真谛无生为"真",而阿陀那识、六识为"妄"、"俗谛",而且"俗谛有乱因"②,二者亦是生灭不生灭和合。在出世转依位,"真谛"即是无生净识,亦即阿摩罗识;而"俗谛"则是生灭阿陀那识、六识,则是灭去乱因,转染依他为净依他。阿黎耶识、阿陀那识、六识之间是"本末"关系,依本起末,摄末归本,从而展开了经验层面的现象界。这种诠释方法虽然是地论学派的,但是其对象却是摄论学派的,因为地论师是以事识、妄识、真识为诠释对象。③

灵润始终以"分别无相、依他无生"为中心,对三识进行"真妄"的诠

---

① 《摄大乘论章》卷一,《大正藏》第85卷,第1013页下。
② 同上书,第1014页上。
③ 《大乘义章》卷五,《大正藏》第44卷,第526页上。

释。《摄大乘论章》说:

> 初言理事分别者,本识生灭分齐,名之为妄;真如分齐,目之为真。陀那六识,亦复如是。故《无相论》云:无相无生,即是阿摩罗究竟净识。世谛生灭,名之为妄;第一义谛,称之为真。故《分别章》云:分别无相,依他无生。世谛门中,七识、六识是分别性;第一义中,名无相真实。世谛门中,阿梨耶识名曰依他性;第一义中,名无生真实。①

灵润以经验的、有漏的、生灭无常的现象界,为事、妄、俗谛;以超越的、无漏的、恒常的真理为理、真、真谛。真如是现象界的存在根据,当转依后,分别性无相、依他性无生,即是真实性,即是真谛、第一义谛。在现象界,七识、六识为分别性,阿黎耶识为依他性,构成能所、识境的对立同一的关系。

三、摄论学派的三性思想

在真谛的三性思想中,以中观学派的"空性"为中心;同时又继承瑜伽行派"建构"的传统,承认"胜义自性"的真实存在。"体用论"在中国哲学的发展中影响巨大,中国佛学都是趋向于"胜义自性"的理解,可见这是一个贯穿华梵的本体诠释的建构,表达了中国思想与印度佛教对"缘起"的深刻体验。

1. 三性与体用

当真谛的存在论遭遇到"体用论"②时,中国佛教便开始对三性思想

---

① 《摄大乘论章》卷一,《大正藏》第 44 卷,第 1014 页中。
② 我们倾向将"存在论"与"体用论"(即平常所说"本体论")分开,中国思想(包括中国佛学)的存在论含有"体用"思想。杨学功:《关于"Ontology"词源和汉译的讨论》,罗嘉昌、宋继杰主编:《场与有——中外哲学的比较与融通》(六),第 283—314 页,北京,中国社会科学出版社,2002。另外,见宋继杰主编的《BEINGH 与西方哲学传统》(上卷),第 294—319 页,保定,河北大学出版社,2002。杨氏将存在论分为"本体论"与"存态论"两种。

进行自己的解释。慧远《大乘义章》说：

> 言分别者，就妄论妄；妄心虚构，集起情相，随而取舍，故曰分别。此《楞伽经》及《地持论》说为妄想，所取不真，故名为妄；妄心取舍，故说为想。《摄论》亦说以为意言分别，觉观心中，言有色等，名为意言；分别自心所起境界，故曰分别。分别之体故说为性，分别体状，因之为相。依他性者，约妄辨真，妄起托真，真随妄转，故曰依他，性相同前。真实性者，就真论真，真体常寂，无妄可随，故曰真实；性相如上，名字如是。次引文证，此三广说，如《摄论》，彼论依何建立此三？论说依经故。彼文言：一切经中，但说诸法虚妄不实，空寂不有，是分别性；若说诸法如幻、如梦、如水中月等，是依他性；若说诸法是真是实，本性清净，是真实性。①

慧远对三性的诠释采取了"真妄离合"说，从"别相门"来看，分别性唯妄无真，依他性真妄和合，真实性唯真无妄，所以有真妄分离（如分别性、真实性）、真妄和合（如依他性）的情况。② 慧远以"真识缘起论"来诠释三性，真识体即是真实性，真体常寂，不随妄转；分别性是妄心、妄想，妄心虚构一切相，并且分别一切相而有所取相。依他性是真识体所缘起的染净之用，以真妄为中心，妄生须托真，真亦随妄转。慧远是以真妄、性相来诠释三性，则三性只是真妄二性，已经不是《摄论》原意。而且，慧远将"意言分别"拆开解释，所谓意言，指觉观心中，说有色等尘境生起；而分别则是指分别自心所起境界。在真谛的三性思想中，意言分别是指在唯识观中，听闻唯识教，知道我、法不是实有，它们不外是识（虚妄分别）的知性；此知性即作为正思维的意言分别。

慧远是以真妄、体用解释三性，亦以此来解释三性之间的关系：

> 次明三性一异之义，此三相望，不一不异，分末异本，得言不一，

---

① 《大乘义章》卷三，《大正藏》第44卷，第528页上。
② 刘元齐：《净影慧远〈大乘义章〉佛学思想研究》，第356页，高雄，佛光山文教基金会，2001。

> 义如上辨。就妄说妄,是分别性;约妄论真,是依他性;就真说真,是真实性。以本摄末,得言不异,是义云何? 如来之藏,是真实性,是性为本;恶习所熏,生无明等,与之共俱,名为依他,真外更无别他可依;就彼依他变异分中,虚妄浪取,说为分别,依他之外无别分别。又复缘摄一依他性,于中妄法即名分别,于中真法即名真实,故无别异,一异如是。①

慧远以本末来说明三性的不一不异。所谓"不一"是指本末分别,如就妄说妄,是分别性,就妄论真便是依他性,真实性是纯就真来论。所谓"不异"是从三性的统一来说,即"以本摄末"。第一,三性都统一于真实性,以真实性为本;如来藏受恶习所熏产生无明,无明与真实性共俱,即是依他性;依他性所变异的虚妄相,即是分别性;所以,依他性和分别性都是"末"。第二,三性可以统一于依他性,依他性包含真实性和分别性,于依他性上由妄情所生是分别性,而其中真实成分即是真实性。

依真谛的三性思想,三性可以统一于真实性,因为分别无相、依他无性即是真实性;但是,不能统一于依他性,因为真谛的"二分依他"是立体式、非连续的。而净影慧远以真妄、体用、本末来解释三性,尤其是依他性包含真妄,则其"二分依他"是平面式、连续的,是《起信论》"真妄和合识"的思维模式。

2. 三性与一体、异体

道基对性、三性定义为:"初释名中,通名曰性,性谓性别,性者体性。三性道理,其义有别,体性各殊,故名为性,亦称为相。相之与性,其致正一。"②三性的"性",其梵文原语有 lakṣaṇa(相)和 svabhāva(性、自性),svabhāva 并不是指"实在性",而是指事物的存在形态。道基依《摄论》、《楞伽经》、《金光明经》指出"分别性"有三种名称:分别性、妄想自性、思

---

① 《大乘义章》卷三,《大正藏》第 44 卷,第 529 页上。
② 《摄大乘义章》卷四,《大正藏》第 85 卷,第 1044 页上。

维分别相。这三种名称都是依"果"与"功能"两种诠释方式,从认识来说,我们都是在使用语言认识被概念化的事物,尤其是被假定真实地存在于外界的对象,即似尘显现的"境",这是从"果"而言;从认识的"功能"而言,妄心亦是分别性,因为"境"表现了"妄心"是烦恼及其不称实、颠倒思维等功能。①

道基对依他性,亦是依《摄论》、《楞伽经》进行解释:

> 依他性者此有两名:一名依他性,释有两义:一、系属种子,谓根尘识现行生起,系属本识熏习种子,故曰依他;《摄大乘》云:"从熏习种子生,系属于他,说名依他性"。二、系属根尘,名曰依他,谓识现起,依他根尘方乃得生,名依他性,《摄大乘》云:"此依他性若离因缘,自不得生;根尘为因缘,依他得生,名依他性"。……二名缘起自性,一切诸识依根缘尘而得生起,名缘起自性。《楞伽经》云:"若依若缘生起,名缘起自性"。前名依他,约义从缘而得其名;后曰缘起能、所立目,缘者能生,起是所生。②

道基是依"体类"和"义"对依他性进行诠释,"体类"是存在论的角度,"义"是认识论的角度,二者是不可分离的,这是真谛所传承摄论学派的特点。从"体类"或存在论来说,识的生起是由本识中的种子依缘而生,即是"缘生依他";此"缘"即是识转化境,说明境是以识及其种子为根,所以我们称之为"具有认识论意义的存在论",这时依他性是"能分别",即是"唯识依他"。同时,从"义"或认识论来说,识以"非识"为自性,识对其

---

① 《摄大乘义章》卷四说:"一曰分别性,释有两义:一、虚妄境生虚妄心,说彼境界名分别性,《摄大乘》云:似尘显现名分别性。二、能取妄心颠倒分别,说彼妄心名分别性,《摄大乘》云:诸菩萨以分别为烦恼,《摄论》复云:识以分别为性也,前约所生果而得其名,后就功能以彰厥称。二名妄想自性,释有两义:一约妄境能生妄心名妄想自性,二者妄心颠倒分别,不称实义故目妄想自性。《楞伽经》云:妄想自性,亦前约果,后是功能以题其名。三名思维分别相,亦有二义:一、境界而生思维,名思维分别相,二、妄心颠倒思维,此以妄心思维诸尘故名思维分别相。《金光明》云:思维分别相,亦是就果及功能以陈其名。"《大正藏》第85卷,第1044页上。
② 《摄大乘义章》卷四,《大正藏》第85卷,第1044页上。

自身转化之境有分别作用,即"识"是"依根缘尘而生起",识是所生、所分别,即显现为境,这时是分别性而非依他性,即是"分别依他",我们称之为"具有存在论意义的认识论"。道基引用的"缘起自性"是出自《楞伽经》,其实是对《楞伽经》进行"摄论式"的解释。①

同时,道基在从实践论或价值论来诠释依他性时,便有"染净二分依他",《摄大乘义章》说:

> 辨依他,总而说之,但有为色心为体,别而为论,亦有二种:一、染浊依他,二、清净依他,亦是世间、出世间二果报也。言染浊依他者,三界果报从业烦恼熏习种子生,名为染分;言清净依他者,无流功德从闻熏习种子生,名为净分,《摄大乘》云:"依他体类从二种熏习生,一、从业烦恼熏习生,二、从闻熏习生"。《论》云:若果报识为依他性,从业烦恼熏习生;若出世间闻思修,从闻熏习生,此约体类而说依他。《佛性论》云:依他二种,一、染浊依他,二、清净依他,染浊依他缘分别成,清净依他缘如如成,《摄论》第二复次亦同此说,此乃约义而说依他。详前二论但说有为是依他性,云何谬说无为亦是依他?岂不误哉。②

染依他、净依他都是从各自的业烦恼熏习种子、闻熏习种子而生,这是世间、出世间的二种果报,都是有为法。从认识论来说,染依他是能知的分别,缘所知的对象而生起;净依他是远离一切对象化的作用,如实地认识万物,虽然智如合一,但又假立为能知与所知,所以称为缘如如而成,其体则是有为法。

真实性的存在纯是出于超越的肯定,通过修行实践以提升主体之智慧。道基说:

---

① 刘宋求那跋陀罗译《楞伽阿跋多罗宝经》卷一:"若依若缘生,是名缘起。"《大正藏》第16卷,第487页下。
② 《摄大乘义章》卷四,《大正藏》第85卷,第1045页上。

> 真实性者,此有三名。一名真实,亦有两义:一、理体不变,二、功德无倒。言理体不变者,谓有垢、无垢二无所有,不可破坏,名真实性,《摄大乘》云:"前二真实无变异义,名为真实"……。二、功德无倒者,道及正教,称理无倒,故名真实,《摄大乘》云:"后二真实无倒为义,名真实义"。二名成自性,《楞伽经》云:"成自性",《金光明》云:"成就性",其义一也。皆是真体不可破坏,名成自性。三名第一义性,八卷《楞伽》及《无上依经》云:"第一义性"。斯乃成名约义,以举其号,第一义者形对立目。①

真谛译《摄论释》的四种清净,道基说为有垢、无垢、道、正教;而且,列出真实性有三名:真实、成自性、第一义性。其中,道基(577—637)引用了宋译四卷《楞伽》与魏译十卷《楞伽》,根本不可能引唐译七卷《楞伽》。②四种清净:一是本来自性清净,为众生通相,由于有此法,所以称一切法名为如来藏;二是无垢清净,如来藏离烦恼、所知二障,永得清净;三是至得道清净,指般若波罗蜜以及念处等助道法;四是道生境界清净,指修多罗等十二部正教。道基强调,道、正教二种清净是有为法,因为清净功德是顺称于理,不颠倒。而有垢、无垢二种清净是无为法,因为超越的理体是永恒、普遍的,不可破坏。

但是,隋唐时代的摄论师对三性之体则有争论,道基说:

> 第二体性者,有法师言:三性法体具无宽狭,分别性体通摄有为及与无为,依他、真实亦复如是。此义不然。妄心妄境可是分别;二空真如体是无为,不可变异,云何亦说是分别性?设复经论彼无为为分别性,盖是变异之无为,非真理之无为也。有为诸法,从因缘所生是依他;二空无为体是常住,非因缘生,云何乃说是依他性?③

---

① 《摄大乘义章》卷四,《大正藏》第 85 卷,第 1044 页上一中。
② 《入楞伽经》卷三称为"第一义谛法体相",《大正藏》第 16 卷,第 527 页下。十卷《楞伽》是北魏菩提流支译(513),唐代实叉难陀译(700—704)为七卷。
③ 《摄大乘义章》卷四,《大正藏》第 85 卷,第 1044 页下。

当时有法师主张三性之体性没有宽狭之分,三性都通摄有为与无为。道基批判这种观点,妄心、妄境可以说是分别,但是人法二空所显的真如体则是超越的理体,是不可变异的无为法,是不可以与经验、有漏的分别相提并论的。如果无为法有变异,则成为无常法,则不是超越的真理。同时,有为法是从因缘而生,超越的真理是永恒、常住、普遍、清净的,不是由因缘条件而生,自然不是依他性。隋唐时代,确实有人主张"智是无为"①,道基明确反对二空真如与分别性、依他性混同。道基认为,真如是本有的,依缘而显,所以说有"了因"。②

唐代佛学家由于受到新译唯识的刺激,同时对唯识典籍的三性思想进行不断地归纳与概括,从而出现异说纷纭的解释。遁伦《瑜伽论记》记载文备有"九门解"、道奘有"七门分别",敦煌本道基《摄论章》卷四(大屋德城氏藏写本)有"七门分别",敦煌本 S.2743《三性义作六门分别》记载有"六门分别"③,后二书是对三性义进行综合解释,前二书是综合各种三性的说法。

遁伦《瑜伽论记》④曾列文备对"三性"的九门解:

> 备云:凡辨三性经论不同,且略分别作九门解。一、名义净门,如《中边论》说,诸法名者是分别性,唯由义执名为实,所目法者是依他性,四种清净是真实性;二、义名净门,如《摄论》说所目义是分别性,谓依名执名下,义为实能,目名是依他性,故论云:显名是依他,

---

① 《中观论疏》卷七末,《大正藏》第 42 卷,第 115 页下。
② 道基《摄大乘义章》卷四说:"问曰:前说依他但是有为,非无为者……云何无为非依他性?答曰:夫是依他必从种子生因而生,真如本有非生因生,故非依他,而彼真如藉缘而显说有了因,《摄大乘》云:'四德本来是有,不从种子生,从因作名,故名种子'."《大正藏》第 31 卷,第 1045 页中。
③ 《敦煌宝藏》第 23 册,第 42—46 页。
④ 遁伦(或称道伦)与琳法师(智俨之师)大约为同一时代之人,故盛举神昉、圆测、元晓、璟兴等人之注释,因此推定遁伦大约是 650—730 年代人。他完成《瑜伽论记》第一卷的年代是大周长安五年乙巳之岁(705)。有关《瑜伽论记》的相关情况,参考杨白衣的《道伦〈瑜伽师地论记〉之研究》,《华冈佛学学报》第 7 期,第 113—134 页,1984。

显义是分别,四种清净是真实性;三、尘识门,如《楞伽经》说,五法藏中,相、名二种名分别性,妄想一种名依他性,正智如如名真实性。四、情事理门,如《佛性论》说,分别性者于五事中不摄,以情计有而无事体故,相、名、分别、正智四法名依他,真如一法名真实性;五、末本净门,如《摄论》说:一切染法是分别性,阿赖耶识是依他性,四种清净是真实性;六、情染净门,如《摄论》中引《毗佛略经》说,如偈云:幻等颂依他,说无颂分别,说四种净,当知是真实。七、染通净门,如《摄论》中引《阿毗达磨经》,如金藏立等喻;八、谛理通门,如《中边论》及《涅槃经》说四谛皆通三性;九、通别相门,如《三无性论》及《显扬论》说,能言所言相名通三性,能言、所言、摄属性是遍计所执性,执著相是依他起性,无执著相是真实。①

文备概括经论中三性的不同说法,分成九门。其中,第二义名净门、第五末本净门、第六情染净门、第七染通净门等四门与《摄论》有关;但是,第一名义净门、第三尘识门、第四情事理门、第八、谛理通门、第九通别相门亦是真谛三性思想的来源。我们认为真谛的三性思想是以《摄论》为中心,同时继承"重理系"——《中边分别论》、《大乘庄严经论》的三性思想。从哲学范畴来说,隋唐佛教以名义、本末、染净、尘识、事理、通别等,来诠释三性思想,是属于认识论和存在论的范畴。

道奘曾著《三性义章》,以"七门"分别三性,遁伦说:

> 七门者,总举是第一,别分别第二,缘是第三,差别第四,依止第五,微细执著六,如名等执性七。景云:此七门内,初三门通分别三性,后四门唯分别遍计所执性。三性之义,古来大德种种解释,乃有多途。且如奘法师出《三性义章》,最明为好。彼立三性以三门分别:一、情事理门,二、尘识理门,三、染净通门。执有人、法定性之境,名遍计所执;因缘之事名依他,无相等理名圆成实,是故论云:迷

---
① 《瑜伽论记》卷一九之下,《大正藏》第42卷,第759页上—中。

藤执蛇,名遍计所执;四尘藤体,是依他;藤蛇空理,名圆成实。第二门中,境名遍计所执,识为依他,无相无生是圆成实,是故论主不取识为遍计所执,取识变异为我等尘名遍计所执。第三门中染为遍计所执,净为圆成实,依他性者,即通染净,故论云:若缘遍计所执此识应成染,若缘圆成实此识应成净,是故染为遍计所执,净为圆成实,能染依他即通染净。既有三门,依《瑜伽》文,但初门是,余二即非,以新译经论上下但有情事门。①

"情事理门"的三性思想是建立在语言论上,这是从语言论向存在论的发展,因此"情事理门"是阐释语言与存在的关系;"尘识理门"的主要特征是从认识论的角度,探讨认识与存在的不同层面的关系。分别性、依他性无性即是"真实性",真实性兼摄正智,提倡"智如合一"的性相融即思想;"染净通门",是将语言、认识、存在的阐明,回摄入主体的心识。

所以,道奘将唯识的三性归纳为"情事理门"、"尘识理门"、"染净通门"三门,其实包含两种形态的三性思想:一是真实性是前二无性,含有三无性的说明,所以三性同时即是三无性,亦是同一无性;二是通过否定前二性而直接成真实性,并没有经历三无性的过程。

智俨在《华严五十要问答》中提到遣二性入三无性:

> 依依他性以遣分别性,依彼真如遣依他性……由名、义无所有,分别因缘既定是无,能分别体亦无所有,此中分别既无,言说亦不可得,则入依他无生性。菩萨见此有、无无所有,则入三无性非安立谛。②

三性的诠释是依存在论的逻辑结构,但依唯识观的悟入,则必须遣除分别性之境、空依他性的虚妄识,最后进入境识俱泯或境智两空的无分别智、真如,亦即真实性。识似现为境,成为所见;即表现了其自身的否定

---

① 《瑜伽论记》卷一九之下,《大正藏》第42卷,第758页下。
② 《华严五十要问答》后卷,《大正藏》第45卷,第529页下。

性,于是能见被否定,而所见则受到肯定。这样,一切法的种种"相"在此显现,在此相中没有一切法的自性,不论是我、法或名、义,都不是如实存在的,这就是分别性;此相的显现不外就是识(能缘),这就是依他性。由此,分别性无相、依他性无生,即入三无性。因为,这种无性观的"悟",是没有任何对象化,从主客未分处所现起的整体性的认识。①

从存在论来说,三性同时也就是三无性,而二者的不同在于,前者是安立谛,后者是非安立谛。在诠释唯识的逻辑结构时,以三性为主;而强调唯识观的实践论时,以三无性为主。

不过,唐良贲(717—777)《仁王护国般若波罗蜜多经疏》指出真谛与玄奘的不同看法时说:

> 真谛三藏依《三无性论》具遣三性立三无性:一、遣分别立分别无相性,二、遣依他立无生性,三、遣真实立真实无性性,此所遣者,于一真理遣三性故,立三无性,广如彼。故慈恩三藏依《唯识论》即依三性立三无性,如论颂云:即依此三性,立彼三无性,一、依计执立相无性,二、依依他立无自然性,三、依圆成立无我法性。初计所执情有理无,依他、圆成理有情无,广如彼说。问此二三性所立何别?答前对遣三立三无性,后但依三立三无性,前空后有,是二别也。②

真谛坚持"性相融即",主张"三无性是同一无性",所谓"遣"是泯除对立与差别的结构,显现超越的真理,这是"胜义谛"的立场;玄奘坚持"性相永别",主张在三性之外说三无性,所谓"依"是一种建构性的诠释,这是一种"道理世俗"的立场。所以,良贲总结:真谛的思想为"空",玄奘的思想是"有"。

虽然真谛的思想是一贯的,但由于其译典的丰富,难免造成表达的

---

① 因此,"智如合一"与"直觉"不同,直觉还是有对象,如现量的认识;而"悟"则是一种主客一元的认识。
② 《仁王护国般若波罗蜜经疏》卷上一,《大正藏》第33卷,第431页下—432页上。

差异。如道奘所总结的,真谛的思想含有两种模式:(1) 三性即是三无性,亦是同一无性;(2) 否定前二性而成真实性。在真谛的思想体系中,真实性与真实无性性是同一的,如"真实性,由真实无性"①,真实性是安立谛,亦是非安立谛,这是对超越绝对层面的不同表达而已。隋唐学者分别此二种的区别,主张"遣三性立三无性"是正确的。②

所以,摄论师道基、道奘、灵润的三性思想,其共同观点为分别无相、依他无性即是真实性。关于遣二性或遣三性的争论,从思想上看是没有矛盾的;但是,摄论师的本意应该只是遣分别、依他二性,而不遣真实性。吉藏《净名玄论》曾说:"三无性理,即是阿摩罗识,亦是二无我理"③,敦煌本《摄论章》卷一(S.2435)亦说:"分别无相、依他无生,名为真实"④,道奘说:"无相无生是圆成实",说明隋唐时期摄论师的共同思想。从唯识观的实践上,摄论师主张三性三无性为同一无性理。

四、摄论学派的阿摩罗识思想

在真谛之后的摄论师及隋唐诸师,受到《起信论》的影响,对真谛的思想进行"真心派"的诠释,将"解性黎耶"、"阿摩罗识"理解为"本觉"。真谛虽然提出"阿摩罗识",但是并没有明确将"阿摩罗识"当成第九识,而在后来的中国佛教,对"阿摩罗识"的理解则异说纷纭。

真谛的"阿摩罗识"在未转依位,即是真如;在转依位,即是智如合一,所以阿摩罗识即是真如。吉藏《净名玄论》曾说:

> 论云:无性法亦无,一切法空故。……问:此对何所为耶?答:凡有二义:一为学《摄大乘》及《唯识论》人,不取三性为三无性理。

---

① 《三无性论》卷上,《大正藏》第31卷,第867页下。
② 遁伦《瑜伽论记》卷一九之下说:"真实性非依他性为其性,故说真实无性性。依梁《摄论》乃说遣真实性,得无真实性,故名真实无性性者,录文人误也。"《大正藏》第42卷,第756页下。
③ 《净名玄论》卷六,《大正藏》第38卷,第897页中。
④ 《摄大乘论章》卷一,《大正藏》第85卷,第1016页中。

三无性理,即是阿摩罗识,亦是二无我理。三性谓依他性、分别性、真实性。分别性者,即是六尘以为识所分别,名分别性;依他性者,心识依六尘及梨耶本识为起依他性;真实性者,即是涅槃,故为名三性、三无性。①

吉藏所引述的,是真谛的三性思想:分别性为所分别,依他性为能分别,分别性无相、依他性无生即是真实性无性。真谛提出真实性即是阿摩罗识,与三无性是阿摩罗识,是同一种意思。如吉藏说:"乃至《摄大乘》学者,二无我理、三无性理、阿摩罗识称真实,余为虚妄。"②吉藏又提"二无我理",即是"二无我真如"为阿摩罗识。

对于无分别智与真如的关系,隋唐论师则出现不同的说法。如吉藏《中观论疏》说:

> 释有为波若二师。南方云:十地解皆是有为,故名有为波若。
> 摄论师云:波若是正体,智是无为,此与经违。

摄论师认为,智是无为法,这种说法明显与经典相违背。但是,其来源于"智如合一"、"智如无差别"的绝对化,既然二者合一、无差别,则智亦可是无为法。但是,真谛所强调智如无差别,是差别而又无差别,并非完全同一,所以这是对真谛思想的误解之一。③

在遁伦《瑜伽论记》中记载有真谛三藏与玄奘的不同看法:

> 测云:问菩提名觉,二种无为体非是觉,云何名菩提?解云:如《摄论》第十殊胜具足三身智殊胜,此亦如是智、断二种皆名为智。所以尔者,以真如中具足一切恒沙功德性,随顺能生修生智等诸功德门,故名觉也。非缘照故,名之为觉。真谛三藏云:有本觉智能缘

---

① 《净名玄论》卷六,《大正藏》第38卷,第897页中。
② 《中观论疏》卷八末,《大正藏》第42卷,第123页下。
③ 牟宗三亦认为,境智无差别、智不二,是一体的不二,不是关联的不离。见《佛性与般若》(上册),第371页。但是,"智如合一"皆非二者,如文中所说。

> 平等理,即是《金光明经》唯有如照,唯有如智者为法身;今三藏云:此说不然,人法二空所显真如非是识体,云何能照?①

后来摄论师及隋唐诸论师受到地论师及《起信论》的影响,将"阿摩罗识"理解成"本觉",才会有如上的说法。真谛与玄奘的区别在于,真谛坚持"智如合一",而玄奘主张"智如二分"。圆测对真谛的思想经常进行"本觉式"的解读,认为人法二空真如正是识体,亦即阿摩罗识是识体,而且有照了的功用。又由此照了的功用来说,可知是无分别后智。

摄论师道基(?—637)《摄论章》说:

> 《摄论章》云:真谛三藏说第一净识,以其如如及如如智为净识体。……《摄论章》云:三藏所说第一净识(原文夹注:道基九识次第,亦以阿摩罗为第一识),如如为体,颇有此理,言如如智,理亦不然,但如如之智是始起法,体非净识,云何说为净识体也?乃至今者正判九识法体,第一净识,如如理法而为体性,若在道前名有垢,若在道后名无垢,如若在道中,亦垢、无垢。……《起信论》马鸣开士所说二种:一、心真如门,二、心生灭门。心真如门者……所谓心性不生不灭,即是此中第一净识,且后不说如如智也。……问曰:净识何故但说如如,不说如如智也?答曰:大乘经论说如智,是定识中无分别智,非第一净识。②

真谛以智如合一为"阿摩罗识",亦即以如如及如如智为"净识"。因为八识为一味的迷执,转依后,只剩下一清净心(境智无差别)。于是,顺染八识而在名言层次上说为"第九识"。"净识"流行起而无起,生而无生,是"境"义,真如境之"境"是非境之境;亦是"智"义,如如智之"智"亦是非智之智。

---

① 《瑜伽论记》卷一〇(之上),《大正藏》第42卷,第523页上。
② 道基:《摄论章》第一,凝然《华严孔目章发悟记》,《大日本佛教全书》第122册,第371—372页。

但是,真谛只是将转依后的境智无差别称为"净识",而并没有区分如如与如如智。实际上,无分别智远离一切对象化的作用,如实认识事物与如实认识自己,两者不可切离,合而为一。但是,道基不能认同真谛的思想。他认为,如如可以作为"净识"之体,但是"如如智"是始起法体,不是净识,所以不可为净识体。而且,道基亦是主张真如有道前、道中、道后的差别,引用《起信论》所说二门之一的"心真如门",证明心性不生不灭是第一净识,并未说到"如如智"。敦煌本道基《摄大乘义章》卷四说:"三依大乘广说九识……问曰:所以断惑,非余识也?答曰:第一净识体是如如,真性本有,非始修智,不说断惑。"①因如如智是无分别智而非第一净识,所以仅说"如如"是净识。

真谛确实未曾探究"净识"之体是如如或如如智。因为,他只是基于实践论与解脱论,将真如分为道前、道中、道后,这不仅是对真理显现的阐释,亦是强调精神主体的状态。真谛基于如如与如如智一体、不可分离,从而称为"净识"。真谛所说的"道后真如"即是"法身",《摄论释》说:"云何知此法依止法身?不离清净及圆智,即如如、如如智故。"②法身是真理的境界,亦是精神的主体,因此具有真常功德。真谛的"阿摩罗识"分为两种:(1) 转依后,即境智无差别、转依、净识,这是约智如合一而说;(2) 转依前,即自性清净心,这是约真如无差别而说。在转依位的"净识"必须以如如与如如智为体,二者不可分离。敦煌本《摄论疏》卷七(S.2747)说:

> 即是真谛,是为第一义谛名,是相应之理极果法,故言究竟名。真即表究竟极理,故为究竟名也。亦即法界者,法界通一切法,皆如无有二相,故言通于一切法,一相无有差别,境智无异相也。论本云:无分别智得证得住真如法界者,明不分别一切俗中一切相生等者。相即俗变异事生,是识即俗体。由不取此别相,故得入住法界。③

---

① 道基:《摄大乘义章》卷四,《大正藏》第85卷,第1036页中—下。
② 真谛译:《摄大乘论释》卷一三,《大正藏》第31卷,第249页下。
③ 《摄大乘论疏》卷七,《大正藏》第85卷,第994页下。

摄论师继承真谛的佛学思想，转依后，无分别智证真如理，这是超越之终极，所以是究竟、第一义谛。亦是主体融入法界，法界通一切法，因为平等一相、无有差别，即是智如无差别。在世俗谛的现象界，变化生起种种现象差别，不分别执著此差别相，便证入法界。

后来摄论师以真如为净识体，这是来自《起信论》"心真如门"思想的影响。同时，还有灵润认为阿黎耶识有真俗之说，如《续高僧传·灵润传》提到：

> 夫净秽两境同号大空，凡圣有情咸惟觉性，觉空平等，何所著也。……而立义备通，颇异恒执，至如《摄论》黎耶义该真俗，真即无念性净，诸位不改；俗即不守一性，通具诸义。转依已后，真谛义边即成法身，俗谛义边成应化体；如未来转依作果报体，据于真性无灭义矣，俗谛自相有灭不灭。以体从能，染分义灭；分能异体，虑知不灭。①

灵润认为，阿黎耶识具有胜义、世俗二谛，胜义谛即是真如，这是远离一切语言思维，本性清净、不变异；世俗谛即表示阿黎耶识是依他性，是无常缘起法，从而现起现象界的种种变化。转依以后，"道后真如"即是法身的自性；而无分别后得智则具有利生的功用，所以成为应化身的体。敦煌本灵润《摄大乘论章》卷一（S.2435）亦有同样的看法：

> 初言理事分别者，本识生灭分齐，名之为妄。真如分齐，目之为真。陀那六识，亦复如是。故《无相论》云：无相无生，即是阿摩罗究竟净识。世谛生灭，名之为妄；第一义谛，称之为真。故《分别章》云：分别无相，依他无生。世谛门中，七识、六识是分别性；第一义中，名无相真实。世谛门中，阿梨耶识名曰依他性；第一义中，名无生真实。②

世俗谛是生灭、虚妄法，即是阿黎耶识；第一义谛是不生灭、真实法，即是

---

① 《续高僧传》卷一五，《大正藏》第50卷，第546页下。
② 《摄大乘论章》卷一，《大正藏》第85卷，第1014页中，《敦煌宝藏》第19册，第399—400页。

阿摩罗识。同时，从三性来说，有两重二谛：六识、七识是分别性，是世俗谛；而分别无相即是胜义谛；阿黎耶识是依他性，是世俗谛，而依他无生即是胜义谛。

《续高僧传·灵润传》与《摄大乘论章》的观点与真谛是一致的，《摄论释》说："依他性有二分：前明灭障显无分别境；后明于一切法得自在，为能显无分别智。此二分是转依，转依为法身相。"①无分别智是依他性，根本无分别智因断灭障碍之后，亲证真如，所以能显无分别境；后得无分别智是在空性的"觉"中，成就一个永无止境地救济众生的主体，具有无条件、无差别的悲用，即是"真空妙有"、"无缘大悲"。在未转依位，阿黎耶识作为"果报黎耶"，承担着果报识的功能；而真如作为"解性黎耶"，是无生灭的。所以，真如在染、净位都是不变、永恒、普遍的；而作为世俗谛的阿黎耶识则有灭不灭义，在转依位，"染污黎耶"自然断除；而无分别后得智仍然体现分别的功能，所以"虑知不灭"。

所以，灵润虽然主张阿黎耶识具有胜义、世俗二谛，但是仍然与真谛的思想相符。但是，受到中国思想界的"体用"思想以及《起信论》思想的影响，阿黎耶识"体无生灭，用有生灭"，则成为摄论师的共同看法。如吉藏说："摄论师云：梨耶体无生灭，名用生灭。"②依真谛的思想，真如与阿黎耶识的关系，是"法性"与"法"的关系，并非体用关系。③ 若说体用关系，亦只是一种"逻辑义"的体用关系，与中观学派的思想相应。而《起信论》的体用关系，则是"含藏义"的体用关系，二者有本质区别。"含藏义"的体用关系具有"发生论"的特点，"逻辑义"则没有。同时，真谛的思想是妄心派向真心派的过渡，从真谛的佛学思想发展到《起信论》，是完全必然的与不可避免的。而后世对其进行"本觉式"的解读，亦是难免的。如圆测说：

---

① 真谛译：《摄大乘论释》卷一三，《大正藏》第 31 卷，第 250 页。
② 《中观论疏》卷九，《大正藏》第 42 卷，第 134 页中。
③ 牟宗三、吕澂都认为真如空性并非体用之体，"体用"是儒家义。见牟宗三的《佛家体用义之衡定》，牟宗三的《心体与性体》(上册)，第 492 页，上海，上海古籍出版社，1999。

> 第九阿摩罗识，此云无垢识，真如为体，于一真如有其二义：一、所缘境，名为真如及实际等，二、能缘义，名无垢识，亦名本觉，具如《九识章》引《决定藏论·九识品》中说。①

印顺认为圆测所引的，是误传为真谛，而可能为昙迁所作的《九识章》。②其实，将阿摩罗识视为"本觉"，是隋唐时期的普遍思想。阿摩罗识作为"真如"的异名，是无分别智的所缘境；同时，在转依位的智如无差别，确实可以称为"无垢识"。但是，阿摩罗识亦名"本觉"，则与真谛的思想有差别，这是《起信论》式的解读方式。

从摄论学派的历史来看，摄论师中提到"九识"者有昙迁、靖嵩，《续高僧传》中说："又撰《楞伽》、《起信》、《唯识》、《如实》等疏，《九识》、《四月》(案：应为"因明")等章、《华严明难品玄解》总二十余卷，并行于世。"③昙迁(542—607)是《摄论》北传的第一人，向昙遵学习佛法纲要，弘扬《华严经》、《十地经论》、《维摩经》、《地持经》、《起信论》等。在桂州刺史蒋君之宅获《摄论》，如获至宝，"《摄论》北土创开，自此为始也"④。另外，靖嵩(537—614)亦是向大齐国统法上的弟子融智学习《涅槃经》和《十地经论》，亦是在周武法难之际，来到江左。靖嵩向法泰学习《摄论》和《俱舍论》，于开皇十年(590)和灵侃等二百余僧回到江北，大开讲席，"撰《摄论疏》六卷、《杂心疏》五卷，又撰《九识》、《三藏》、《三聚戒》、《二生死》等玄义，并行于世"。⑤ 昙迁与靖嵩都是师出地论学派，昙遵是地论师南道派慧光的弟子；法上亦是慧光的弟子，是南道派的核心人物。所以，从思想背景来看，他们以地论师或《起信论》的观点来解读真谛的思想，是很自

---

① 《解深密经疏》卷三，《卍续藏》第34卷，第720页上。
② 印顺：《论真谛三藏所传的阿摩罗识》，《以佛法研究佛法》，《妙云集》下编之三，第295页。
③ 《续高僧传》卷一八，《大正藏》第50卷，第574页中。
④ 同上书，第571页下—572页上。韩廷杰：《摄论师的师承及其哲理》，《中华佛学学报》第12期，第182—183页，1999年。韩廷杰：《唯识宗简史简论》，第92—93页，上海，上海佛学书局1999年第1版。
⑤ 《续高僧传》卷一〇，《大正藏》第50卷，第501页中—502页上。

然的事情。智凝、道基是靖嵩的弟子,继承师说。

北地摄论师受当时北方地论学派的影响,从而与南方一带的摄论师有所区别。九世纪的日僧圆珍《授决集》中,在"梁《摄论》及真谛师等说九识义,更有九识家明九识义"此一句下加注说:"摄家南北及新译家,或执八及九,互不相许,如诸文具之,今更不记。"①证明了摄论师南北的不同。凝然《华严孔目章发悟记》中所载道基《摄论章》,提及真谛三藏引《楞伽经》及《十七地论》证明九识之说:

  问:真谛三藏并道基法师,依何经论建九识义?
  答:《摄论章》第一云:或有法师,具说九识如真谛三藏……彼《论》云:"境识俱泯,即是实性,其实性者,即阿摩罗也。"……彼《论》复云:"心真如名之为心,即说此心为自性清净,此心即是阿摩罗识",前八及此心,岂无九乎! 真谛三藏虽引《楞伽经》"八九种种心",复引《十七地论》决定说九品心,其《楞伽经》虽云八九,不引列名;《十七地论》摄传天竺,此国未行,故此二说亦难为证,今取《无相论》并《大庄严论》说有九识,用为可依。……《无相论》中及《大庄严论》中,以心境俱泯通说九乎? 又复《楞伽》唯据生灭但说八识,《无相论》等中,义含真妄,通说九识也。②

道基引用了《转识论》、《十八空论》的"阿摩罗识"语句,"前八及此心,岂无九乎!"这是将阿摩罗识与八识构成序列,为"九识"的存在提供了文献根据。而且,他还认为,真谛引用了《楞伽经》及《十七地论》,但是并没有列出经论名称。③ 道基根据《转识论》、《大乘庄严经论》,以为二论中阿黎耶

---

① 《摄决集》卷上,《大正藏》第 74 卷,第 288 页上。
② 道基:《摄论章第一》,凝然《华严孔目章发悟记》卷十五,《大日本佛教全书》第 122 册,第 370—371 页。
③ 《十七地论》是《瑜伽论》第一分"十七地"之异译,较玄奘译本有所缺。真谛译《摄论释》卷十、十一,吉藏《法华玄论》卷五、《法华义疏》卷七,曾引用此论数则,至玄奘时,其本已佚。具体情况参考苏公望《真谛三藏译述考》,《微妙声》第 2—6 期,1936—1937 年;收入《佛典翻译史论》,《现代佛教学术丛刊》第 38 册,第 70—71 页,台北,大乘文化出版社,1978。

识具足真妄,所以有"九识"。《摄论章》又说:"或有法师具说九识,如真谛三藏,引《楞伽经》'八九种种心',又引《十七地论》决定说九品心,以为证验,自后争论于今不息,终令后代取决莫由。"所以,吉村诚推测隋末唐初所谓摄论学派,是以地论南道派为中心,以如来藏系统经论解释真谛译《摄论》。①

另外,应该注意北方原有的唯识思想,如慧恺(518—568)所作《大乘唯识论序》说:

> 心有二种:一者相应心,二者不相应心。相应心者,谓无常妄识虚妄分别,与烦恼结使相应,名相应心;不相应心者,所谓常住第一义谛,古今一相自性清净心;今言破心者,唯破妄识烦恼相应心,不破佛性清净心,故得言破心也。②

慧恺将心分为两种:(1) 相应心,这是指具有虚妄分别作用的妄识,是经验、无常的,与烦恼相应;(2) 不相应心,即是指"自性清净心",这是超越、常住的第一谛真理,是永恒的。所以,唯识除了"破色"之外,亦有"破心",即是遣除妄识烦恼相应心,但不破佛性清净心。

这两种心并不见于真谛的译典中,却类似世亲菩萨所造,后魏菩提流支译《唯识论》③(538—541)中说:

> 心有二种,何等为二? 一者相应心,二者不相应心。相应心者,所谓一切烦恼结使,受想行识与心相应,以是故言,心意与识及了别等,义一名异故;不相应心者,所谓第一义谛,常住不变,自性清净心

---

① [日]吉村诚:《摄论学派における玄奘の修学について》,《印度学佛教学研究》第45卷第1号,第49页,1996。
② 《大乘唯识论序》,《大正藏》第31卷,第70页下。
③ 慧恺《大乘唯识论后记》说:"菩提留支法师,先于北翻出《唯识论》。慧恺以陈天嘉四年岁次癸未正月十六日,于广州制旨寺,请三藏法师枸罗那他,重译此论。行翻行讲,至三月五日方竟。"《大正藏》第31卷,第73页下。现存《大正藏》题为"后魏瞿昙般若流支译",但是宋、元、明三本及宫本皆作"天竺三藏法师魏国昭玄沙门统菩提流支译"。可见,确为菩提流支所译。

故。言三界虚妄，但是一心作，是故偈言：唯识无境界故。①

慧恺读到该论。《唯识论》除了两种心的定义，以"自性清净心"为不相应心，亦能融摄为"唯识无境界"，这与"心生灭门"与"心真如门"十分相似。《唯识论》当时在北方的影响很大，昙迁（542—607）曾学习《唯识论》，所以他到南方后便能与同伴"谈唯识义"②。而且，慧远《大乘义章》亦引用该论。③

真谛以"阿摩罗识"对如来藏进行诠释，所以其思想发展至《起信论》是一种必然的趋势；而以如来藏思想或《起信论》对"阿摩罗识"进行"本觉式"的解读，亦是理所当然的。南北朝末期、隋末唐初的北方，以地论学派的势力最为庞大，真谛思想体系传到北方，势必会受到地论学派思想的影响。而且，从北方原有的唯识思想来看，确实存在着"一心二门"的唯识思想。圆测、道基所引用的真谛学说，可能都是当时北地摄论师的思想；而圆珍"更有九识家明九识义"可能也是指北地摄论师。

这样，"阿摩罗识"即是《起信论》"一心二门"的"心真如门"，如敦煌本灵润《摄大乘论章》卷一（S.2435）说：

> 言离九者，前之三识生灭门中分之为八，以缘境不同故；识真如门合之为一，以内照同故，以识真如通前为九。故《无相论·无相品》云：分别性永无，依他性亦不有，此二无所有，即是阿摩罗识，故究竟唯一净识也。又外国传云：《十七地论·菩萨品》中广辨阿摩罗识以为九识。④

灵润引用《三无性论》及《十七地论》作为九识的存在依据，将识分为"真如门"与"生灭门"，八识因为所缘境之不同，即是识的功能不同，所以是

---

① 《唯识论》，《大正藏》第 31 卷，第 64 页中。
② 《续高僧传》卷一八，《大正藏》第 50 卷，第 572 页。
③ [日]宇井伯寿：《四译对照唯识二十论研究》，第 106 页，东京，岩波书店，1979 年。《大乘义章》卷三末，《大正藏》第 44 卷，第 540 页上。《大乘义章》卷一九，《大正藏》第 44 卷，第 839 页中。
④ 《摄大乘论章》卷一，《大正藏》第 85 卷，第 1016 页下。《敦煌宝藏》第 19 册，第 403 页。

"识生灭门";而阿摩罗识是平等的真如,而且具有觉照的功能,所以是"识真如门"。

阿摩罗识是第九识,这是北地摄论师的普遍观点,慧远《起信论义疏》说心有二义:

> 是心真如相者,即是第九识,第九识是其诸法体故,故言即示摩诃衍体故也;是心生灭因缘相者,是第八识,第八识是其随缘转变,随染故生灭因缘相也。……于一心中绝言离缘为第九识,随缘变转是第八识,则上心法有此二义,是第八识随缘本故,世及出世诸法之根原故言。则摄前中但言八识,后转释中了、显二识,故言体用,第八识者摄体从用,故言为用,心生灭也。①

第九识是"心真如相",这是诸法体,说明超越之真如心是一切法之所依与所由。第八识是"心生灭因缘相",是生灭法与整个染污的现实世界得以成立的根源。"于一心中绝言离缘为第九识",即是《起信论》所说"若离妄念,则无一切境界之相。是故一切法从本已来,离言说相、离名字相、离心缘相"②,第九识绝言离缘,第八识是随缘转变,所以第九识亦是世间出世间的根源。而且,慧远利用"体用"思想对此进行诠释:第九识为体,第八识为用;第八识为体,显识和了识为用,从而涵摄一切世间法和出世间法。

慧远将阿摩罗识作为"真心"、"真识"的异名③,慧远《大乘义章》说:

> 三、真妄俱开,以说四种,真中分二:一、阿摩罗识,此云无垢,亦曰本净,就真论真,真体常净,故曰无垢,此犹是前心真如门;二、阿梨耶识,此云无没,即前真心,随妄流转,体无失坏,故曰无没。

---

① 《大乘起信论义疏》卷上之上,《大正藏》第44卷,第179页上—中。
② 《大乘起信论》,《大正藏》第32卷,第576页上。
③ Diana Paul, *Philosophy of Mind in Sixth-Century: Paramartha's 'Evolution of Consciousness'*, Stanford University Press, 1984, pp.56—57.

故《起信论》言：如来之藏，不生灭法，与生灭合，名为阿梨耶……真中分二，谓阿摩罗及阿梨耶，义如上辨，以此通前故合有九，二真妄离合，以说九种，独真为一，所谓本净阿摩罗识，真妄和合，共为八种，义如上辨。①

慧远是依体用、真妄的诠释方式，真妄和合则说八识，阿摩罗识或真如即是阿黎耶识的一面。而真妄离合，依体用关系，则有九识，阿摩罗识或心真如为体，阿黎耶识为用；当然，前六识亦是"真妄共起"，"摄六从真"，六识亦是真识或阿摩罗识的用相。②

所以，北地摄论师以"本觉"解释"阿摩罗识"，隋唐诸师以为真谛本人有此思想，如圆测《仁王经疏》说：

真谛三藏总立九识，一、阿摩罗识，真如本觉为性，在缠名如来藏，出缠名法身。阿摩罗识，此云无垢识，如《九识章》。余之八识，大同诸师。二、慈恩三藏但立八识，无第九识，而言阿摩罗者，第八识中净分第八。③

阿摩罗识在未转依位不只是真如空性，而且具足无量无漏功德（称性功德）。这样，阿摩罗识便具有一种"体用"关系。当然如牟宗三所强调，究竟体用义仍在三身，体用之恰当的意义亦在三身。而且，严格说，法身自身不能算是体用，只可说是"性相合一"。其所具足之无漏功德性不能算是真如体之用，只是它的相。因为法身不只是真如空性之理，而且是清净心。心理合一，自具足无量无边无漏功德相，故法身即是一大功德聚，而实亦无相可聚，平等一味，无差别相。④

若依三身谈"体用"，自然符合真谛其人的思想；但是，若将体用与真

---

① 《大乘义章》卷三末，《大正藏》第44卷，第530页中—下。
② 廖明活：《净影慧远思想述要》，第56页，台北，台湾学生书局，1999。
③ 《仁王经疏》卷中本，《大正藏》第33卷，第400页中—下。
④ 牟宗三：《佛家体用义之衡定》，《心体与性体》（上册），第516、520页。

妄结合起来,真谛则无此思想,自然是《楞伽经》、《起信论》等真心派的思想。所以,北地摄论师从如来藏系思想或地论学派思想出发,对"阿摩罗识"进行了"本觉"式的诠释。北地摄论师对"阿摩罗识"的"转依"义,根本没提到;强调"如如"是"净识",而不是依智如无差别进行解释;而且,以"阿摩罗识"作为识体。① 这些虽然非真谛佛学思想的本意,但亦可说是其思想的必然发展趋势。

五、摄论学派的佛性思想

1. 第一义空与正因佛性

综合南北朝时代的佛性说,吉藏《大乘玄论》卷三列出正因佛性十一家,第七师"以阿梨耶识自性清净心,为正因佛性也",第十一家是"以第一义空为正因佛性者,此是北地摩诃衍师所用"②;前者是以心识为正因佛性,后者则是以"理"为正因佛性,即在境上成立佛性。《大乘四论玄义》卷七则说正因佛性有本三家、末十家之别:

> 第九、地论师云:第八无没识为正因体,第十、摄论师云:第九无垢识为因体。故彼两师云:从凡至佛,同以自性清净心为正因佛性体。③

元晓《涅槃宗要》以真谛的佛性说为第六师,说:"阿摩罗识真如解性为佛性体,如经言:佛性者名第一义空,第一义空名为智慧。《宝性论》云:及彼真如性者,如《六根聚经》说,六根如是从无始来毕竟究竟诸法体故。"④

吕澂认为,《大乘玄论》第七师的观点是后来的地论师和更后一些的摄论师所提出的,第十一师的观点是北方涅槃师的共同看法。⑤ 结合吉

---

① 木村邦和:《敦煌出土〈摄大乘论疏章〉に见られる唯识说(一)》,《印度学佛教学研究》第32卷第2号,第170—171页,1984。
② 《大乘玄论》卷三,《大正藏》第45卷,第35页下、36页上。
③ 《大乘四论玄义》卷七,《卍续藏》第74册,第93页上。
④ 《涅槃宗要》,《大正藏》第38卷,第249页中。
⑤ 吕澂:《中国佛学源流略讲》,第121页,北京,中华书局,1979。

藏、均正、元晓的记载,我们看出,《大乘玄论》第十一师之说是摄论师的佛性说。这样,摄论师的正因佛性可以归纳为三种:(1) 自性清净心,(2) 第一义空、真如,(3) 第九无垢识、阿摩罗识、解性。① 摄论师正是继承了真谛的佛性思想,以阿摩罗识为中心,综合了真谛的整个思想体系而建构摄论学派的佛性说。

真谛在《佛性论》中以二空所显真如为佛性,因此第一义空、真如为佛性,这是会通了《涅槃经》的说法。真谛依真如无差别而说"阿摩罗识自性清净心",约境智无差别而说无垢识、阿摩罗识、解性。因此,摄论学派的佛性思想具有"过程存在论"的特点,强调一种动态的过程存在;而且是依"解脱诠释学"的"修"立场,而诠释佛性的普遍性、必然性、实现性。但是,摄论师各依不同角度,于是便有种种的佛性说。

以第一义空、真如为佛性,这是属于以"理"为正因佛性,由客境建立佛性义。真谛以"二空所现真如"为应得因佛性,摄论师则依此而分开诠释。《中边分别论》说:"如道理依第一义相观此法空,是名第一义空。为得此菩萨修行空,是此法空为何修行? 为至得二善:一、有为善,二、无为善,此空是名有为无为空。"② 诸法性空是诸法存在的本然状态,不增不减,所以是"第一义空"。而且,在实践论与解脱论上,修习此法空,则能够得到二种善:(1) 有为善,(2) 无为善。摄论师是将"第一义空"作为超越相对的绝对真理,即是"非安立谛",敦煌本《摄大乘论疏》卷七(S.2747)说:

> 本为对俗识立真如,俗既空无所对,真亦绝待第一义空。如见四微亦无所有唯空,即是真实性成无性性,即非安立谛,无于二谛、三性等也。③

---

① 汤用彤:《魏晋南北朝佛教史》(下册),第488页,北京,中华书局,1983。Ming-Wood Liu, The Early Development of the Buddha-nature Doctrine in China, *Journal of Chinese Philosophy*, Vol.16,1989, p.23.
② 《中边分别论》卷上,《大正藏》第31卷,第452页下—453页上。
③ 《摄大乘论疏》卷七,《大正藏》第85卷,第994页中—下。《敦煌宝藏》第23册,第91页下。

建立真如本为遣除世俗虚妄心识,既然世俗谛无所有,胜义谛则无所立,于是真如即是"第一义空",真实性变成"无性性"。"第一义空"是超越于一切语言与思维活动之外的无分别境界,因此是"无性性"、"非安立谛",超越于二谛、三性等建构性的真理。

所以,以真如、第一义空为正因佛性,其含义是相同的。真如是一种建构式的真理表达(安立谛),第一义空则是解构式的真理表达(非安立谛);从"真如"之超越性不落入经验范畴,此即是"第一义空";因为在经验界之外,超越界唯一无二。摄论师正是立足于超越界的解构式真理,而诠释佛性。慧恺《大乘唯识论序》说:

> 真如法空者,所谓佛性清净之体,古今一定。故经云:佛性者,名为第一义空。所言空者,体无万相故;言其空无万相者,无有世间色等有为法,故无万相。非是同于无性法,以其真如法体。是故经云:去八解脱者,名不空空,是故不同无法空也。若如是观,是名解真如法空。①

"第一义空"依存在论,则是解构式的真理表达;而第一义空为佛性,则是解脱论意义上的建构式的表达。二者是不同的诠释角度。真如、第一义空为佛性,则具有普遍性、必然性,超越时空之限制,所以是"古今一定"。但是,佛性毕竟是成佛根据,必须具有"可能性",所以是"无性之性"、"不空空"。

以真如为佛性,这是真谛原有的思想体系。摄论师受到《涅槃经》的影响,则亦将"第一义空"立为佛性。同时,摄论师亦将阿摩罗识作为佛性,这是以"心"为佛性。《大乘四论玄义》引用摄论师说:

> 彼宗八识、七识,即有真如性故。翻《摄论》等昆仑三藏法师明言,真如性于八识烦恼中有,而不为烦恼所染,亦非智慧所净。自性

---

① 《大乘唯识论序》,《大正藏》第31卷,第70页中—下。

清净故,非净非不净。体既无染,不须智慧所净,故名非净;非非净者,断除虚妄,体方显现,故曰非非净,即是自性清净心也。彼论三种佛性中,自性住佛,如从凡夫,乃至金心,所有净识,未离烦恼,于烦恼中住。若尔,岂非惑识中有真如性也。①

真谛以"真如无差别"诠释阿摩罗识自性清净心,而摄论师则引用《中边分别论》的偈颂加以解释②,这是对瑜伽行派"心性本净"思想的继承与发展。从存在论来说,"自性清净"与"空性"相应,这是一种无变异性、普遍性、永恒性的法界清净,所以是"非净非不净"。但是,依解脱论,则必须知见染净差别而显现清净性。而且,摄论师依"真如"的普遍性,继承《佛性论》如来藏三义的"隐覆藏"说,将阿摩罗识、自性清净心与"自性住佛性"结合起来,从而建构了自己的佛性思想。

所以,摄论师继承真谛以真如诠释佛性的传统,而且将第一义空、自性清净心、阿摩罗识、解性等都纳入佛性的思想体系。但是,摄论师依超越立场诠释佛性,而很少涉及到无漏种子等问题,这样便很自然地对阿摩罗识、解性进行"本觉式"的解读,从而促成摄论学派思想的发展。

2. 三种佛性与十胜相

摄论师的最大特色在于以"佛性"诠释"十胜相",这完全是以如来藏缘起来解读《摄论》。《摄论抄》以第一、第二胜相为"自性住佛性";中间的六种胜相是"引出佛性",通过修行唯识观等,断除烦恼等,显出自性住佛性;最后的两种胜相是"至得果佛性",即是自性住佛性通过引出佛性而显现。这样,"十胜相"即是三种佛性。但是,佛性毕竟是超越的存在,而《摄论》的"依止胜相"、"胜相"是以阿黎耶识、三性为诠释对象,这是虚妄唯识的层面,如何以佛性含摄虚妄唯识,成为摄论师的重要问题。《摄大乘论抄》说:

---

① 《大乘四论玄义》卷七,《卍续藏》第74册,第88页下—89页上。
② 《中边分别论》卷上说:"不染非不染,非净非不净,心本清净故,烦恼客尘故。"《大正藏》第31卷,第453页上。

> 二、约性者,论圣人兴教意,正欲显理成行、行成得果故。初二胜相即自性住佛性。于中初胜相,若论心功能即是如实因缘,若据实是心真如。故下《释》云:此即此阿黎耶识界以解为性,此界有五义等也。亦名不空如来藏,《地经》亦明缘阿黎耶识作第一义谛观,即心真如也。何者?是染染依止观,此明心功能与十二因缘染法为依止,即如实因缘也。第二胜相中,若就相即是三性,是前因缘所生果;若据实三性本不有,即无三性,名空真如,亦名空如来藏。故下《论》云:如取不有,故三性成无性也。此空、不空二种真如,法相所摄,二实体无二故。①

摄论师亦是通过"真如"来诠释佛性,但是重视超越层面,这与无著、世亲、真谛有根本的不同。《摄大乘论抄》作者认为,以阿黎耶识为依止,这是成立杂染诸法的"如实因缘";而在真实、超越层面,是"心真如"或"真如心",即是"解性",这是"不空如来藏"。而且,依阿黎耶识而建立三性,这是因缘所生果;在真实层面,三性同一无性,即是三无性,这是"空真如"、"空如来藏"。

《摄大乘论抄》深受地论学派的影响,其"心真如"与净影慧远的"真识心"有相似之处,但亦有其独特思想。净影慧远以真识心为佛性,依分相门、摄相门诠释真识心与生灭的现象法之间不一不异的关系,而且从究竟意义上,生灭现象法是以真识心为体。②《摄大乘论抄》以真如诠释不空、空如来藏,继承了真谛的思想;真谛以"道前真如"为自性住佛性,摄论师则将此立场扩展至虚妄唯识,从而使诠释模式发生变化。我们强调,真谛依瑜伽行派的立场来融摄如来藏、佛性思想,是"从下往上"的智慧诠释模式。但是,北地摄论师明显背离了真谛的立场,而以如来藏本身的立场而诠释佛性,于是变成"从上还下"的慈悲诠释模式。

---

① 《摄大乘论抄》,《大正藏》第85卷,第1000页中。
② 刘元琪:《净影慧远〈大乘义章〉佛学思想研究》,第379页,高雄,佛光山文教基金会,2001。

3. 真性与本有

受南北朝"本始之争"的影响,摄论学派的佛性思想亦出现"本有"与"始有"的不同诠释。摄论学派以真如诠释佛性,真如具有普遍性、必然性、永恒性,故一切众生悉有佛性。从这个意义上说,摄论学派的佛性思想应该是属于"本有"论。①

摄论师以真如为佛性,真如是超越的理体。吉藏曾以地论师"理非物造"谈本有②,地论师南道派以法性、真如为依持,与摄论师的佛性说相近。③ 所以,均正《大乘四论玄义》以地论师与摄论师的佛性都是属于"本有",均正说:

> 本有藏识心性之体也,但客尘烦恼隐覆此心,不显不照。若除烦恼,本有之心显了照用,尔时名佛,不以成佛时方名佛性。正以本有藏心,今显成佛。其本性不改不失,故名常住佛性也。故彼云:息妄显真,正是《地》、《摄》等论所执也。④

真谛的佛性思想仍然是一种"中间路线",真如并不是"本觉"。但是,北地摄论师受到地论学派的影响,对"解性"、"阿摩罗识"进行"本觉式"的理解,于是造成摄论、地论学派的佛性思想趋于相同。

摄论师的佛性"本有"说,应该是比较普遍的说法,道基《摄大乘义章》卷四(大屋德城氏藏敦煌写本)说:

> 依他必从种子生因而生,真如本有,非生因生,故非依他。而彼真如藉缘而显,说有了因。《摄大乘》云:四德本来是有,不从种子生,从因作名故名种子。⑤

---

① 赖永海:《中国佛性论》,第102页。
② 《大乘玄论》卷三,《大正藏》第45卷,第39页中。"理非物造"出自净影慧远:《大乘起信论义疏》卷上之上,《大正藏》第44卷,第179页上。
③ 地论师的南道、北道与摄论师各有同异,南道派以法性、真如为依持,与摄论师的出世转依位相同;而北道派以阿黎耶识为依持,与摄论师的虚妄唯识相同。
④ 《大乘四论玄义》卷八,《卍续藏》第74册,第111页下—112页上。
⑤ 《摄大乘义章》卷四,《大正藏》第85卷,第1045页中。

真如作为超越理体,非生灭法;而依他起的有为法必然是由种子而生。真如的显现必须由般若智的透视才能显现,所以般若智是一种"了因"。但是,真如以及常、乐、我、净四德本来是有,因为凭藉般若智之缘而显现,所以称为"种子"。

摄论师以佛性"本有"的普遍性与内在性,来证明一切众生皆有佛性,而且是"全分有"。① 灵润引用《涅槃经》作为说明众生皆有佛性的依据,同时他批评无性说是"不了义",因为"二乘人说有佛性,虽有违小乘九部之教,以理当故即是实说,非是妄语"②。同时,由于《宝性论》及《佛性论》都提出"悉有佛性"三义,证明了法身的遍在性、无差别性、隐覆性,佛性的本性不改不失,所以一切众生是"全分有"佛性。

但是,在中国固有思想的语境下,中国佛教借鉴中国哲学"理"范畴的含义,逐渐把法性、真如、理三个概念等同起来,不仅视"理"为真理,且以"理"为宇宙人生的本体,众生证悟的根本与目标,强调悟理以成就佛果。③ 摄论师亦受到中国佛学"理"的影响,以"理"的普遍性、超越性、内在性而证成佛性,道基《摄大乘论释序》说:

> 《摄论》者,盖是希声大教,至理幽微,超众妙之门,闭邪论之轨,大士所作,其在兹乎。若夫实相宗极,言亡而虑断;真如体妙,道玄而理邈;壮哉法界,廓尔无为;信矣大方,超然域外。……三性殊旨,混为一心;六度虚宗,俱拪彼岸。蹑十地之龙级,淤三学之夷路。涅槃无处,运悲慧之两融;菩提圆极,齐真应之一揆。④

道基以老庄哲学的"道"、"理"来诠释实相、真如,强调其形而上的普遍

---

① 灵润针对新译唯识的佛性思想提出批评,首先他全盘否定一分无性说,称它为凡小不了义执;其次,灵润批评新译所说"一切众生悉有佛性是小分,非全分一切";最后,他评破"一分无情无佛性者,无有行性,若论理性则平等皆有"的说法。见释恒清的《佛性思想》,第242页,台北,东大图书股份有限公司,1997。
② 《法华秀句》卷中本,《日本大藏经》第77卷,第99页上。
③ 方立天:《中国佛教哲学要义》(下卷),第783页,北京,中国人民大学出版社,2002。
④ 《摄大乘论释序》,《大正藏》第31卷,第152页上—中。

性、超越时空。真谛强调佛性以三性为体,亦以三无性为体;而道基则融"三性"而入一心,这是以佛性为中心而诠释三性思想,与《摄大乘论抄》相一致。

同时,亦有摄论师坚持将三性、三无性与佛性相结合,进行"解脱诠释学"的诠释。敦煌本《摄大乘论疏》卷七(S.2747)说:

> 所解脱无所有为无相性,能解心亦不得生,无相无生即得解脱果。了因即无分别正体智,此智为不生道;四如实智是对治道,正灭障也。应除是俗谛,二性可解,除灭者即为已灭。已灭惑即理显现,理显现即三无性。一切法悉本来无二相,故除生死、得法身,皆由唯识观成。①

摄论师以"理"为三无性,这是一切事物的本然性,显现"理"必须断惑,即通过四如实智对治惑障,而无分别智是"了因佛性",这是证入"理"的真实主体。从存在论来说,分别性是解脱的对象,本无所有,是无相性;而能解脱的虚妄主体本来不生;无相无生即是真实性,三性同一无性,即是"理"。这样,存在论与实践论、解脱论得到结合,所以是一种"解脱诠释学"。虚妄主体的根本是"不觉",而真实主体的根本是"觉",在这种意义下,通过唯识观的修习,而产生无分别智,便能断除生死而证得法身。

总之,摄论师将真如、理等同起来,以诠释"本有"佛性的普遍性、内在性,依此而批评新译唯识的"无性"与"少分"。

4.亦本亦始与三种佛性

真谛依三真如诠释三种佛性,智𫖮依正因、缘因、了因解释三种佛性,《法华文句》说:"道前真如即是正因;道中真如即为缘因,亦名了因;道后真如即是圆果。"②自性住佛性是正因佛性,引出性是缘因、了因佛性,而至得性则是圆满果位。正因佛性是所觉悟的终极真理,亦是真如、

---

① 《摄大乘论疏》卷七,《大正藏》第85卷,第996页上。
② 《妙法莲华经文句》卷第八上,《大正藏》第34卷,第110页下。

法性、实相；了因佛性指观照终极真理的心能，即是般若智慧；缘因佛性则是般若以外的五度等其他修行。对于三种佛性的理解，摄论师存在分歧，《大乘四论玄义》说：

> 故彼云：自性住佛性，引出佛性，得果佛性也。此引出、得果两性，彼师解不同。一云：三性并是正因性，一云：自性住是正因性，余二性非，何者？果与果果两性，是得果性；引出性，即是十二因缘所生观，知了因性；自性住是非因非果，佛性正因也。[①]

摄论师对三种佛性存在两种看法：(1) 三种佛性都是正因佛性，因为三种佛性都是以真如为体，真如是正因佛性，自然三者皆是正因，这是从体上而言；(2) 自性住佛性是正因佛性，天然本有，非因非果，而引出性是了因佛性，果、果果则是至得性，这是从因果转化而言。

若以三种佛性皆是正因者，其佛性则是"本有"；而以自性住佛性为"本有"，而引出性为缘因、了因佛性，其佛性思想则为"亦本亦始"。二者是从不同角度而言，并不存在矛盾。道基《摄大乘义章》卷四（大屋德城氏藏敦煌写本）说：

> 问曰：所以断惑非余识也？答曰：第一净识体是如如，真性本有，非始修智，不说断惑。阿梨耶识唯有净品闻熏种子，以是成就不能现行照理断结。[②]

真如是清净法存在的根据、体性，本有而非始有；而般若智是始有，依般若智才能断惑证真。在凡夫位，迷染阿黎耶识虽然有清净闻熏种子，但是不能依闻熏种子而直接断惑。闻熏种子是生起般若智之因，般若智是"正治"，而净种是对治因。所以，摄论师坚持"亦本亦始"，这是实践论与解脱论的需要，是"解脱诠释学"的体现。

---

① 《大乘四论玄义》卷七，《卍续藏》第 74 册，第 93 页上。
② 《摄大乘义章》卷四，《大正藏》第 85 卷，第 1036 页下。

灵润正是从"亦本亦始"的佛性说出发,对新译唯识"理性平等,行性差别"进行评破。玄奘继承印度瑜伽行派"法界无差别而种性差别"的矛盾结构,提出众生皆有"理佛性",而一分有性众生则无"行佛性",故不能成佛。灵润坚持有"理佛性"则必有"行佛性",因为"行佛性"是"理佛性"的作用与功能。《宝性论》说:"若无佛性者,不得厌诸苦,不求涅槃乐,亦不欲不愿。"①佛性的作用有两种:(1)厌离生死苦,(2)乐求涅槃解脱。所以,理佛性、行佛性虽然各有特性,但是二者非一非异,理佛性由行佛性而显,行佛性由理佛性而立,二者不相舍离。② 而且,摄论学派的三因佛性、三种佛性都是一体,所以有理佛性即有行佛性。灵润假设有人问难说:

> 问:若有理性即有行性,草木无情有理性故,应有行性。
>
> 答曰:草木无情无有理性。故《涅槃经》云:非佛性者谓墙壁瓦砾无情之物。③

真如作为"理佛性",具有遍在性,如果有理佛性必有行佛性,那么也必须承认草木有行性,因为草木亦有"理佛性"。但是,灵润回答草木是无情,没有"理佛性",这样便有违"真如遍满"义。灵润进一步回答说:

> 草木唯心量,心外一向无,故无有理性非是心外有,真如何所遍?又《摄论》云:由内外得成,是内有熏习。有熏习者则有行性,外无熏习故无行性。复次真如无内外,不离于内外,在内名佛性,在外不名佛性。④

灵润主张"理佛性"是本有,而"行佛性"则始有。"内种"的心才有熏习作用,而草木无心,没有熏习种子,所以没有"行佛性"。虽然真如理遍满内外,但是始有"行佛性"则唯有情才有,所以只有有心的众生才有佛性。

---

① 《究竟一乘宝性论》卷三,《大正藏》第31卷,第831页上。
② 释恒清:《佛性思想》,第245页。
③ 《法华秀句》卷中本,《日本大藏经》第77卷,第104页上。
④ 同上书,第104页上—下。

摄论师依三种佛性说"亦本亦始",并依此而批评新译唯识"理性平等,行性差别"。但是,其佛性思想仍局限于有情众生。吉藏则依"唯识理"和"修证理"而言理内、理外佛性,则向草木皆有佛性转化①;天台宗湛然则提出"无情有性",进行很好的推演与论证。

第四节 摄论学派和其他学派的交涉与影响

摄论学派从真谛开始,前后可能只有一百年左右。玄奘译出《成唯识论》后,其师徒一直努力弘扬本宗,批判旧译,所以摄论学派的衰败是很自然的事情。但是,真谛之后,经过昙迁、道尼、靖嵩三人北上弘扬,使摄论学派从南至北而弘传至全国,对隋末唐初佛教给予了重大的影响。

一、摄论学派与天台宗

在慧思、智𫖮与摄论学派的因缘中,慧旷(534—613)、法泰是关键性的人物。

557年,智𫖮依慧旷学习大乘经典,并受具足戒。后来,慧旷与僧宗、慧恺、法准等投真谛学《摄大乘》、《唯识》等论,及《金光明》等经。真谛圆寂(569)后,慧旷与同学僧宗等回庐山,教化于湘州、鄂州。陈至德元年(583)归襄阳,敕住兴国寺,隋秦孝王亲奉归戒,后来隋炀帝敕住摄山栖霞寺。②

陈天嘉元年(560),智𫖮入光州大苏山,向慧思学习禅法。智𫖮证悟"法华三昧"后,慧思便令代讲《大品般若经》,当时慧旷亦在场。《隋天台智者大师别传》说:

> 慧旷律师亦来会坐。思谓曰:老僧尝听贤子法耳。答云:禅师所生,非旷之子。又曰:思亦无功,法华力耳。③

---

① 见杨惠南:《吉藏》,第248—252页,台北,东大图书股份有限公司,1989。
② 《续高僧传》卷一〇《慧旷传》,《大正藏》第50卷,第503页中—下。
③ 《隋天台智者大师别传》,《大正藏》第50卷,第192页上。

慧旷与慧思同为智顗的老师,亦可见二人的法谊深厚。但是,慧旷从广州回来后,是否见过慧思,则无从知晓。

陈光大二年(568)慧思带了徒众四十余人前往湖南,入住南岳。陈地信众望风归附,陈主迎他到建业,住栖玄寺,讲《大品般若》。他很感慨当时南地佛学界偏重理论,轻视禅观,于是双开定慧两门,日间谈理,夜间修禅,同时讲说禅波罗蜜,陈主尊他为大禅师,倾动一时。后又还住南岳,继续传授禅法。而智顗于陈太建元年至七年(569—575),于瓦官寺弘法。慧思到达建业后,"尝往瓦官"①,或者这是慧思与智顗师徒从大苏山离别以来,有缘相见的唯一机会,能够交流彼此的境遇、教界的动向等。②

真谛(499—569)虽然偏居广州从事翻译工作,但是其学说在他在世时,便已经传到建业。当时,弟子僧宗、慧恺想送真谛回到建业,遭到学者的反对。③ 陈太建三年(571),真谛的弟子法泰回到建康,开讲《摄论》、《俱舍论》等经论,而且靖嵩还向他学习《摄论》,后来回到北方弘扬《摄论》。可见,在慧思、智顗在建业弘法时期,可能会接触到摄论学派的思想。④

智顗长期在南方弘法,对南方佛教界的状况一直甚为关注。而且,他在至德三年(585),应陈后主的邀请,再度来到金陵,开始他全面弘传

---

① 《续高僧传》卷一七《慧思传》,《大正藏》第50卷,第563页下。
② [日]池田鲁参:《南岳慧思传の研究——〈大乘止观法门〉の撰述背景》,多田厚隆先生颂寿纪念论文集《天台教学の研究》,第18页,东京,山喜房佛书林,1990。
③ 《续高僧传》卷一:"会杨辇硕望,恐夺时荣,乃奏曰:岭表所译众部,多明无尘唯识;言乖治术,有蔽国风,不隶诸华,可流荒服。帝然之。"《大正藏》第50卷,第430页中。
④ 池田鲁参提到慧思接触摄论学派的另一条线索,是智璀向慧思请教禅法,而且智璀曾经在昙迁避难金陵时,共谈"唯识义"。见《南岳慧思传の研究——〈大乘止观法门〉の撰述背景》,多田厚隆先生颂寿纪念论文集《天台教学の研究》,第18—19页。但是,我们认为这条线索在时间上很难成立。因为,北周武帝在577年破坏北齐佛教,昙迁才会避难南方;而577年,慧思在南岳圆寂。所以,除非昙迁在577年前,便已经来到金陵,才可能成立。

有关智璀的资料,见《续高僧传》卷二〇,《大正藏》第50卷,第596页下—597页上;《续高僧传》卷一三《慧因传》,《大正藏》第50卷,第522页上;《续高僧传》卷一八《昙迁传》,《大正藏》第50卷,第572页上。

天台佛法的时期。他在讲《仁王般若经》时，僧正慧暅、僧都慧旷、长干慧辩都奉敕激扬问难，当时"似冬冰峨峨共结解，犹夏日赫赫能消"，可见思想的激扬与碰撞。① 这时，慧旷可能是从襄阳到金陵，前来与智𫖮会面，于是智𫖮更有机会接触摄论学派的思想。②

真谛圆寂后，摄论师从南至北开始弘传，成为当时非常有影响力的学派。而且，《摄论》独特的唯识思想与止观体系，对强调"定慧双开"的慧思、智𫖮来说，无疑具有一定的吸引力。但是，因为慧思《大乘止观法门》争论性比较大，我们不拟讨论其与摄论学派在思想方面的交流，专门讨论智𫖮的天台思想与摄论学派的关系。

从智𫖮的著作来看，《次第禅门》没有明显引用《摄论》；但是，后期著作《维摩经玄疏》、《四教义》、《法华文句》、《法华玄义》、《摩诃止观》、《金光明玄义》、《四念处》等则加以引用，而且从天台的立场予以批判。

智𫖮对"心意识"的理解，基本上受摄论师的影响。③ 但是，他对"心意识"的论述，是从批判的角度而契入。④ 在智𫖮的论著中，所谓的"心"，往往是指众生当下之一念心而言。此一念心，也可称之为"意"或"识"。⑤ 如《摩诃止观》说："心是惑本，其义如是。若欲观察，须伐其根，如灸病得穴，今当去丈就此，去尺就寸，置色等四阴，但观识阴。识阴者，心是也。"⑥在观察阴入界境时，以识阴为心。《觉意三昧》以"意之实际"即是

---

① 《隋天台智者大师别传》，《大正藏》第50卷，第194页中。
② 这里，我有一个推测：智𫖮与隋王朝的因缘，慧旷起到一种桥梁的作用。因为慧旷在襄阳时，隋文帝第三子秦孝王杨俊"亲奉归戒"，隋炀帝杨广亦是对他尊重有加。所以，当时金陵为隋军占领时，智𫖮"策杖荆湘"，最后来到庐山，杨俊遣使邀请。
③ 李四龙指出，智𫖮青年时期受到地论师的影响，认为阿赖耶识是净识；后期则受摄论师的影响，认清了阿赖耶识染污的性质，但同时接受真谛所说的阿摩罗识。《天台智者研究》，第171页，北京，北京大学出版社，2003。
④ 《妙法莲华经玄义》卷九上："如地论有南北二道，加复摄大乘兴，各自谓真，互相排斥，令堕负处。"《大正藏》第33卷，第792页上。
⑤ 陈英善：《慧思与智者心意识说之探讨》，《中华佛学学报》第11期，第164页，1998。
⑥ 《摩诃止观》卷五上，《大正藏》第46卷，第52页上—中。

"心源",并且以"意"代表心、心数。① 智顗说:"对境觉知,异乎木石,名为心;次心筹量,名为意;了了别知,名为识。"②"心"即是阿黎耶识,"意"即是末那识,"识"指前六识。可见,智顗认为心、意、识三者是共通的,三者的关系即是"一法论三,三即是一"。真谛的"一意识论",主张意识含摄阿黎耶识,因为二者是同类的,即《显识论》所说的三品意识:(1) 细品意识,即阿黎耶识;(2) 中品意识,即末那识;(3) 粗品意识,即平常所说意识。③ 真谛基于八识一体,一意根统摄八识,于是心、意、识的关系便有"一法论三,三即是一"。我们认为,智顗继承、深化了真谛的"一心论"或"一意识论"与"三真如",但是从止观的实践与"非三非一"对摄论学派进行批判。

同时,"一法论三,三即是一"的关系表现在分别识、阿黎耶识、阿摩罗识之间。

> 若阿黎耶中,有生死种子,熏习增长,即成分别识。若阿黎耶中有智慧种子,闻熏习增长,即转依成道后真如,名为净识。若异此两识,只是阿黎耶识。此亦一法论三,三中论一耳。④

"生死种子"即是名言熏习种子,因为众生在生死流转中,依名言熏习与现行分别识,轮回于生死中。而真谛依"法身遍满义",强调真如法身具有常等四德,经过闻熏习而成就信等四法种子、五分法身种子,于是建构了"智慧种子",贯通了如来藏思想。⑤ 而且真谛独自提出"三真如"的说法,真理的显现是依烦恼的厚薄状态而定。烦恼未能断尽,即是道前真如、道中真如;烦恼已经全部断尽,便是转依成道后真如,即是"阿摩罗识"、"净识"、"无垢清净"。

---

① 《释摩诃般若波罗蜜经觉意三昧》,《大正藏》第46卷,第621页上、下。
② 《摩诃止观》卷二上,《大正藏》第46卷,第14页下。
③ 《显识论》,《大正藏》第31卷,第879页上一中。
④ 《妙法莲华经玄义》卷五下,《大正藏》第33卷,第744页中—下。
⑤ 详细讨论见本书第五章第二节。

所以，智𫖮并非取消"阿摩罗识"，把阿黎耶识当作"和合识"①；反而，"一法论三，三中论一"是对真谛的三性思想最好的总结。在三性思想中，"分别识"即是分别性，"阿黎耶识"即是依他性，"道后真如"、"净识"即是真实性，真谛是以分别性、依他性无所有而呈现的同一无性，即是真实性，三性是一；而且，真实性是智如合一的，这与玄奘系的唯识今学是不同的。② 真谛以依他性统一了三性思想，从依他性的两种态度：（1）执著的态度，即熏习增长生死种子，而成就分别识；（2）如实、智慧的态度，即熏习增长智慧种子，于是成就"净识"、"阿摩罗识"。所以，我们强调真谛的依他性是立体式的"染净二分依他"，是非连续的；这与《起信论》的平面式、和合的"染净二分依他"完全不同。

智𫖮还用三轨进一步解释三者之间的关系，阿摩罗识即是真性轨，阿黎耶识即是观照轨，阿陀那识即是资成轨。③ 不但如此，他将"三真如"的理论引申为"无分别智"：

> 庵摩罗识名无分别智光。若黎耶中，有此智种子，即理性无分别智光；五品观行，无分别智光；六根清净，相似无分别智光；初住去，分真无分别智光；妙觉究竟，无分别智光。④

阿摩罗识既然是"智如合一"，便可以依无分别智的状态去描述由凡成圣的过程。阿黎耶识虽然有智慧种子，但是未能熏习增长，即是"理性无分别智光"，这即是"道前真如"。在五品观行位、六根清净位，无分别智光尚未完全生起，只是相似，即是"道中真如"。从初地开始，无分别智亲证

---

① 李四龙指出，与当时把阿赖耶识要么当作染污、要么当作真净的做法不同，智𫖮把阿赖耶识当作"和合识"，取消另立阿摩罗识的必要性。见《天台智者研究》，第171页。我们认为这种观点值得商榷，我们强调，智𫖮是继承、深化真谛的"一意识论"以及其三性思想，而提出"一法论三，三即是一"。
② 玄奘系的唯识今学主张，于依他性上远离分别性，即是真实性，因此三性彼此有分际，不可混同。真实性即是真如，无分别性是依他性，智如二分。
③《妙法莲华经玄义》卷五下，《大正藏》第33卷，第744页中。
④ 同上书，第744页下。

真如,但仍然断一分无明,证一分真如,所以是"分真无分别智光";而最后妙觉究竟,则无分别智光完全显现。从初地到妙觉,都是"道后真如"。真谛是依皮、肉、心三烦恼而立"三真如",智顗则依此而引向无分别智。

另一方面,智顗对当时摄论学派与地论学派的争论表示关注,并且表达了自己的立场:

> 若地人明阿黎耶,是真常净识摄。大乘人云:是无记无明随眠之识,亦名无没识;九识乃名净识,互诤云云。今例近况远,如一人心复何定?为善则善识,为恶即恶识,不为善恶即无记识。此三识何容顿同水火,只背善为恶,背恶为善,背善恶为无记,只是一人三心耳。①

"九识"的说法不是真谛的本意,这是北地摄论师的观点,于是才会与地论师争论阿黎耶识为染或净。智顗依真谛的立体式的"染净二分依他",认为吾人之心是难以定夺的,为善则成善识,为恶则成恶识,不为善不为恶则是无记识。或许智顗跟从智旷学习,能够较好地理解真谛思想的本意。

同时,智顗举《摄论》金土藏的比喻,说明三者的关系:就土之染而言,即六识(应包括阿陀那识);就土之净(金)而言,即是净识(庵摩罗识);就土本身而言,即是阿黎耶识。另外,又引《法华经·五百弟子授记品》之系珠喻,有人至亲友家,醉酒而卧不知身上系有宝珠,譬喻阿黎耶识;以不知故起诸诳惑分别识,到处乞求,譬喻阿陀那识;后遇亲友告示其衣中之宝珠,譬喻借由闻熏得知阿摩罗识,此阿摩罗识即是无分别智。

智顗不但依"一法论三,三即是一",继承、深化了真谛的"一意识论"、立体式的"染净二分依他";而且,从止观的实践与"一念三千"而提出"非三非一",从而对真谛加以批判。智顗是从"觉"来把握心、意、识三

---

① 《妙法莲华经玄义》卷五下,《大正藏》第33卷,第744页中。

者的关系①,《摩诃止观》说:

> 觉者,了知心中非有意,亦非不有意;心中非有识,亦非不有识。(了知)意中非有心,亦非不有心;意中非有识,亦非不有识。(了知)识中非有意,亦非不有意;识中非有心,亦非不有心。心、意、识非一,故立三名;非三,故说一性。若知名非名,则性亦非性。非名,故不三;非性,故不一。非三,故不散;非一,故不合。不合,故不空;不散,故不有。非有,故不常;非空,故不断。若不见常断,终不见一异。若观意者,则摄心识,一切法亦尔。若破意,无明则坏,余使皆去。故诸法虽多,但举意以明三昧。②

智𫖮将"觉意三昧"理解为类似慧思的"随自意"③,"意"是指"心数",以意可以摄心、识;"觉意三昧"即是于意起时,反照观察其根源、终末、来去处等皆不可得。心意识三者并非对立的,彼此有极密切的关系,因为心是非意、非识,同时亦是非非意、非非识;换言之,以意、以识明心皆不可,但亦不离意、识而显心,余者亦然。所以,心意识之关系,是"非一非三"。因为非一,所以立心意识三名;因为非三,所以心意识同一性。因为非名而立名,同样地,亦是非性而立性。可知三名一性皆是假名而立,实亦是非名非性。既是非名,所以"不三";既是非性,所以"不一"。若能了心意识之关系是非三非一,则知三者不散不合、不空不有、不常不断。④ 这样,才能泯除种种差别见,才是所谓的"觉"。

"一而三,三而一"是天台佛性论的基本结构,此基本结构必须落实

---

① 陈英善:《慧思与智者心意识说之探讨》,《中华佛学学报》第 11 期,第 169 页,1998。
② 《摩诃止观》卷二上,《大正藏》第 46 卷,第 14 页下。
③ 释大寂指出,觉意三昧在《大般若经》中译为觉支三摩地,觉意三昧是《大品般若经》的译法。这两种翻译的不同,导致理解的不同,因为觉意的译法,可以运用中文而理解为"觉自意"——觉照自己的意念,然而,觉支的译法就没有人会把它理解为"觉自支"。见《非行非坐三昧之修学——以〈摩诃止观〉、〈觉意三昧〉、〈随自意三昧〉为文献依据》,第 112 页,台湾,百善书房,2004。
④ 陈英善:《慧思与智者心意识说之探讨》,《中华佛学学报》第 11 期,第 170 页。

到"一念无明法性心",由此则变成"非三非一"或"不纵不横",在当下一念心中圆具一切法,最后绝对主体为"一念三千"。① 我们强调"解释诠释学",佛教的存在论必须在实践论、解脱论的脉络下,才有可能建立起来。《摩诃止观》说:

> 若无心而已,介尔有心,即具三千。亦不言一心在前,一切法在后;亦不言一切法在前,一心在后。……若从一心生一切法者,此则是纵;若心一时含一切法者,此即是横;纵亦不可,横亦不可;只心是一切法,一切法是心故。非纵非横,非一非异,玄妙深绝,非识所识,非言所言,所以称为不可思议境。②

人若不生起一念心,便不必说。只要猝然生起一念心,便可流连于三千或更多的境域,因而是具"三千"。一念心总与三千种境域的其中一种同时生起、同时沉降。"从一心生一切法"是先有心,然后才生起一切法,这是从心下贯下来,是纵的方向,不是同时的关系;"心一时含一切法"是先有心的种子含藏一切法,然后这些种子依缘而现起一切法,再带动心的生起。这是以心的种子含藏一切法为主,是横的方向,心与法也不是同时关系。故"纵亦不可,横亦不可",二者都不能交代心与法的同时生起、同时沉降的关系。一念心与一切法同时现前,同时沉降,所以心在法在,心不在法不在,法是随心转的。这是心或一念心具诸法的意思。

二、摄论学派与三宗论

三宗论的创立者——嘉祥吉藏(549—623)与真谛的因缘非常殊胜,还是儿童的吉藏,就被父亲带去参拜真谛(499—569)。真谛问他将来的

---

① 赖贤宗是从存在论来理解"一念三千",认为天台佛学的本体诠释学表现为三个环节:(1)一而三,三而一;(2)不纵不横;(3)一念三千。《佛教诠释学》,第133—134页,台北,新文丰出版公司,2003。
② 《摩诃止观》卷五上,《大正藏》第46卷,第54页上。

志愿,并为他取名为吉藏。① 当时,真谛的门人想请真谛到建业,建业的大德们,主要是朗公等三论学者,奏请陈帝而拒绝了他。② 理由是:"岭表所译众部,多明无尘唯识。言乖治术,有蔽国风;不隶诸华,可流荒服。"③ 真谛圆寂于569年,当时吉藏才21岁,不可能对真谛的思想提出自己的批评。但是,到了嘉祥的时代,摄论学派已经传到长安等北地,而且相当兴盛了。真谛的弟子辈,如法泰、僧宗、慧旷、靖嵩、昙迁等人,虽然也许不曾与吉藏有过交往,但其思想吉藏必定有所耳闻。④ 作为中土三宗论的理论大师,吉藏在继承印度中观思想的基础上,一方面对南北朝诸家师说作了批判性的清理与贯通,另一方面又不可避免地受盛行中土的涅槃佛性学说和地论学派、摄论学派的影响,对印度中观学说进行圆融的诠释。

陈末,隋兵进攻建康,社会极为混乱。吉藏率其学生前往各寺,搜集佛教文疏,存藏于三间堂内,乱事停止后加以整理。所以,他涉猎的典籍非常广泛,其著述注引赅博,就是得益于此。这样,吉藏的著作中不仅大量引用了真谛的著作,而且也包括当时摄论师的观点。根据平井俊荣的研究,吉藏《法华玄论》引用真谛译《摄论》与《摄论释》35次,《大乘唯识论》1次,《金刚般若论》1次;《净名玄论》引用《阿毗达磨俱舍释论》6次,《摄论》、《摄论释》5次,摄论师的观点2次;《胜鬘宝窟》引用《摄论》20次,《佛性论》13次。⑤ 从文献的引述,我们可以看出摄论学派对吉藏的影响。

---

① 《续高僧传》卷一一《吉藏传》,《大正藏》第50卷,第513页下。杨惠南考证,吉藏最可能见到真谛的时间是在五岁时,即梁元帝承圣二年(553)。见《吉藏》,第30—31页,台北,东大图书股份有限公司,1989。
② 印顺推测,是法朗等三论学者拒绝真谛到杨都来。见《三宗论风简说》,《佛法是救世之光》,《妙云集》下编之十一,第137页,台北,正闻出版社,1989。
③ 《续高僧传》卷一《真谛传》,《大正藏》第50卷,第430页中。
④ 杨惠南:《吉藏》,第98页,台北,东大图书股份有限公司,1989。
⑤ [日]平井俊荣:《中国般若思想史研究——吉藏と三论学派》,第515—525页,东京,春秋社,1976。

吉藏以"无得正观"为中心,深观一切法体,了不可得,而且依此对摄论学派的心识说展开批判。《中观论疏》说:

> 摄大乘师以八识为妄,九识为真实。又云八识有二义:一、妄,二、真,有解性义是真,有果报识是妄用。①

吉藏所引述摄论学派的心识学有两种:第一种说法是真谛的思想,即八识都是生灭变化的有为心体,而第九识才是真实的心真如性;第二种说法是北地摄论师的观点,阿黎耶识是真妄和合识,"解性黎耶"是具有觉解性、胜解性、无生灭的如来藏,"果报黎耶"是虚妄的果报识。

而且,吉藏对于摄论学派的心识说,提出了批评:

> 《摄大乘》师明六道众生皆从本识来,以本识中有六道种子,故生六道也。从清净法界流出十二部经,起一念闻熏习,附著本识,此是反去之始。闻熏习渐增,本识渐减,解若都成,则本识都灭。用本识中解性,成于报佛。解性不可朽灭,自性清净心即是法身佛。解性与自性清净心常合究竟之时,解性与自性清净心相应一体。故法身常,报身亦常也。如此等人并计来有所从,去有所至,必定封执。②

吉藏认为,依阿黎耶识中的六道种子而生六道众生,听闻"清净法界"所流出的十二部经而形成"闻熏习",闻熏习渐增则本识的染污性渐减,于是依解性成就报身,依自性清净心成就法身,二者是相应一体不离的,这些观点都是某种意义的"来"与"去"。"来"与"去"则是龙树《中论》所批判的。

吉藏依无所得正观,将摄论学派的唯识思想纳入"单四句"与"复四句"中进行批判。吉藏认为,"南方真谛之境,北方摩罗之心,皆明绝于有、无四句,故堕第二句中"③。依杨惠南的研究,"南方"是指摄论师,摄论师的三性中之"真实性"和三无性中之"无性性"都是属于胜义谛所摄,

---

① 《中观论疏》卷七末,《大正藏》第42卷,第104页下。
② 《中观论疏》卷四末,《大正藏》第42卷,第54页上。
③ 《净名玄论》卷一,《大正藏》第38卷,第858页中。

落在"复四句"中的第二句——"无";"北方摩罗之心"是指净影慧远等兼学《摄论》的地论师及活动于北地的摄论师,主张第九阿摩罗识是真如,所以仍然堕于第二句"无"。① 同时,摄论学派主张"唯识无境",这是"单四句"中的"亦有亦无"。② 而且,吉藏对唯识无尘做出自己的解释:

> 考天亲唯识之意者,盖是借心以忘境,忘境不存心,肃然无寄,理自玄会。非谓尘为横计,心是实有。未学不体其旨,故宜须斥之。③

吉藏认为,世亲唯识思想的本意,在于将一切外境纳入心识所显现的表象,即"借心忘境";其次,必须遣荡虚妄分别的心识,无境无识,即"忘境忘心"。其实,吉藏对"唯识无尘"的理解,完全符合真谛的本意,即是"方便唯识"与"正观唯识"。④ 这样,唯识无境是方便、世俗谛,而境无识无、境识俱泯则是无所得的正观,这就证明了唯识的宗极,与般若毕竟空义完全一致。

瑜伽行派是以经验的立场为立足点,所以三性的思想是以依他性为中心,这与吉藏的"无所得正观"的立场是有矛盾的。《中观论疏》说:

> 问:何等大乘人言烦恼属心耶?答:如摄论师一切烦恼,皆依本识是也。问:《摄论》是大乘,今云何破之?答:《摄论》明本识是依他性,即是从因缘生,因缘生无自性,即是寂灭。而摄论师云:依他性有假体,岂是解《摄论》耶?⑤

吉藏区别《摄论》与《摄论师》的观点,这只能说明他所理解的《摄论》观点

---

① 杨惠南:《吉藏》,第123—126页。
② 摄论学派应该属于单四句的第三句,因为《净名玄论》卷一在说明"即世所行尘识四句"的第四句时曾说:"四、计无尘有识,如执唯识无有境界。"《大正藏》第38卷,第857页下。
③ 《净名玄论》卷一,《大正藏》第38卷,第858页上。
④ 《十八空论》:"依唯识义有两:一者、方便,谓先观唯有阿梨耶识,无余境界,现得境智两空,除妄识已尽,名为方便唯识也;二、明正观唯识,遣荡生死虚妄识心,及以境界,一切皆净尽,唯有阿摩罗清净心也。"《大正藏》第31卷,第864页上。
⑤ 《中观论疏》卷九末,《大正藏》第42卷,第146页中。

与摄论师有差别。吉藏认为,《摄论》所说的阿黎耶识是依他性,这是从因缘生而言,既然是因缘生,即无自性,即是寂灭。所以,摄论师所说的依他性有"假体",违背《摄论》的思想。

吉藏从依他性"假体"出发,认为分别性是性空,是空无所有;而依他性是幻化有,是应世间法的需要而有。① 大业初年,吉藏到长安后,试图用三论压制《摄论》。为了避免三论的"无所得正观"与《摄论》的"无尘"混同,吉藏在《百论疏·破尘品》中,特地增入《破尘品要观》,阐明二者的区别:

> 问:今此论明无尘,与《摄大乘》唯识何异? 答:彼总相明无,今别相明无。又彼论由识变异,故成六尘,故有于识而无尘。今明非但无尘,亦无有识。所以然者?若有于尘可得生识,捡尘不得,识何由生?又今非但捡尘识有不得,捡尘识无亦不得。所以然者?尘识本自不有无,从何生无尘之妄。亦无真实,五句自去,不如他但住三无性理。故《中论·法品》云:一切实不实皆绝,即其证也。②

《百论》的"破尘"是就总相阐明无尘,悟尘境本空,识亦不有。吉藏认为,《摄论》的"无尘"是就别相诠释无尘,尘无而识有。所以,尘是非实、无所得,识是真实、有所得,因此是破斥的对象。

吉藏主张,三论的正观是破想不破法,尘(意识的对象)由想立,想息而尘亡。本无有尘,想谓有尘,今破想即是破尘。人想计有尘,此尘由妄想生,故破尘先须破想,才能彻底破尘,想外实无有尘。所以,吉藏依《百论》"但破水想,实不破水",这样则心境同时俱破,不同唯识家义,但破外境,不破内心。因为心境是缘起相待而有,有心必有境,无境也不能生

---

① 《中观论疏》卷九末说:"三、《摄论》明境亦空,而彼论文云:若经文中,明空无所有者,此辨分别性空,即是无境;若明幻化,此明依他性,以世谛中,不无此法也。"《大正藏》第 42 卷,第 146 页下—147 页上。
② 《百论疏》卷中之下,《大正藏》第 42 卷,第 283 页上。

心。① 吉藏认为摄论师的"唯识无尘",是"借识破尘"、"一往之言"、"世谛"。② 若就圣智真理而言,则尘识俱无,约凡情世谛而言即尘识俱有,不同摄论学派尘识一有一无。

真谛的二谛思想,是与其三性思想相连。吉藏《净名玄论》说:"学《摄大乘》及《唯识论》人,不取三性,存③三无性理。三无性理即是阿摩罗识,亦是二无我理。"④依吉藏的观点,摄论师提出三性的目的在于,阐明三无性的道理,亦即是为了说明阿摩罗识意义下之人、法二空的道理。真谛的二谛思想具有二重二谛的特征,第一重即是分别性、依他性为世俗谛,真实性为胜义谛;第二重即是三性都是世俗谛,三无性是胜义谛。

吉藏将真谛的二重二谛摄入其四重二谛思想中,并且加以批判:

> 三者、对大乘师依他、分别二为俗谛;依他无生、分别无相,不二真实性为真谛。今明,若二若不二,皆是我家俗谛;非二非不二,方是真谛。故有第三重二谛。四者、大乘师复言,三性是俗,三无性非安立谛为真谛。故今明,汝依他、分别二,真实不二,是安立谛;非二非不二,三无性非安立谛,皆是我俗谛。言忘虑绝,方是真谛。⑤

吉藏的第三重二谛是在批判摄论师的"三性说",即真谛三藏的第一重二谛。吉藏认为,站在最高一重的立场,摄论师所说的二谛、三性,都只是世俗谛;只有泯除了三性,才是胜义谛。第四重二谛是批判摄论师的三性、三无性说,即真谛的第二重二谛,吉藏以为这仍然有三种"无性"的执

---

① 《中观论疏》卷九本亦提到"《摄论》无尘并皆是识,更复立于识,以破尘故。"《大正藏》第 42 卷,第 137 页中。
② 《百论疏》卷上之上,《大正藏》第 42 卷,第 237 页中。
③ "存",《大正藏》底本《大日本续藏经》为"为",但是甲本写本龙谷大学藏本为"存",依甲本改。
④ 《净名玄论》卷六,《大正藏》第 38 卷,第 897 页中。
⑤ 《大乘玄论》卷一,《大正藏》第 45 卷,第 15 页下。

著,因此必须加以否定。① 吉藏认为三无性与三性是相待而成立的,所以,"他家不遣三无性,今论遣三无性。"②

同时,吉藏认为摄论师的三性、三无性都是"有所得",都是某种意义的"有",而不是无所得的"空"。他批判三无性违背了世亲的本意:

> 问:《摄论(释)》亲明有三无性,今云何破之? 答:天亲一往对破性故,言无性耳。而学人不体其意,故执三无性。二者、彼云无性者,明其无有性,非谓有无性。学人虽知无有性,而谓有无性,故不解无性语也。③

吉藏的意思是,世亲所说的三无性,是为了破除三性的执著而方便宣说的,因此不可把三无性当做实有的三种"无性",否则就违背了世亲的本意。④

吉藏的四重二谛是递次否定的,人们对真理的认识具有真俗二谛依次递进的四个层次,这是对认识主体的认识能力、认识过程和认识结果所作的具有认识论意义的多层次阐述,触及真理认识的二重性以至多级性问题。四重二谛最后归结为言亡虑绝的自我掏空、空寂灭尽的宗教境界。⑤ 吉藏与真谛的差别,是中观与唯识的根本差异所导致。后期摄论师还用胜义、世俗二谛解释阿黎耶识的染净问题,以阿黎耶识的染污部分相当于世俗谛,清净部分相当于胜义谛。

---

① 《转识论》说:"此三无性,是一切法真实,以其离有,故名为常。"《大正藏》第 31 卷,第 63 页中。
② 《大乘玄论》卷一,《大正藏》第 45 卷,第 24 页中。
③ 《中观论疏》卷七,《大正藏》第 42 卷,第 107 页中。
④ 吉藏在《十二门论疏》卷下本亦详细阐释此意:"又破性破摄论师三性,破无性破其三无性。理明不曾有三性,何有三无性? 故正道非三不三,非性不性,如是五句。问曰:无著菩萨依经立三无性,云何破耶? 答:此是一往对性,故言无性耳。性既无,无性即无。讲者不体论意,故宜破也。又论主明无性者,明有有性,非谓有无性。讲人乃明有无性,而有于无性,不识论意。问:《摄论》何处有此文? 答:《论》有一句语:一切诸法以无所得为本。可细寻之。又破性者,破理外有所得大小乘,破无性者亦除理内有所得义。道岂是得、无得、内、外耶!"《大正藏》第 42 卷,第 205 页中。
⑤ 方立天:《中国佛教哲学要义》(下册),第 1178 页,北京,中国人民大学出版社,2002。

三、摄论学派与华严宗

华严宗的创立,是以地论学派为主,同时吸收各家的观点,形成了自己的独特学说体系。摄论学派北传后,受到北方佛学的影响,摄论师逐渐关注《华严经》,从而对华严教学的成立产生重大的影响。在摄论学派中,与《华严经》研究和流传关系密切的,有昙迁、法常、慧休、道删、道英、静琳、智正、弘智、道璨等。

昙迁(542—607)是著名的北地摄论师,精研《华严经》、《十地经论》、《地持论》、《起信论》等。周武帝时,南逃至金陵,学习《摄论》。开皇七年(587),入长安后,专弘《摄论》。著有《摄论疏》十卷、《亡是非论》、《起信论》、《楞伽经》等疏,还有《华严明难品玄解》,共二十多卷。① 昙迁在长安虽然并未专弘《华严经》,而是以讲《摄论》为主,但却是促动北方《华严经》与南方《摄论》相融合的重要代表。② 昙迁根据郭象注《庄子·齐物论》,撰述《亡是非论》,对华严宗性起说的形成,产生重大影响。③

法常(567—645),十九岁时师事昙延,修学《涅槃经》。二十二岁时,学习《摄论》,而且研究《成实》、《毗昙》、《华严》、《地论》的同异。著有《摄论义疏》八卷、《玄章》五卷、《涅槃疏》、《胜鬘疏》等。④

慧休(548—645),出家后,向灵裕学习《华严经》。但是,慧休一直未能契入华严义海,于至理未能圆融。因此,广参诸师,听昙迁、道尼讲《摄论》,而且撰写疏章。⑤

道删是静藏(571—626)的弟子,静藏向昙迁与净影慧远学习《摄论》

---

① 《续高僧传》卷一八《昙迁传》,《大正藏》第 50 卷,第 571 页中—574 页中。
② 魏道儒:《中国华严宗通史》,第 96 页,南京,江苏古籍出版社,1998 年。
③ [日]镰田茂雄:《中国佛教通史》(第四卷),第 384 页,高雄,佛光出版社,1993 年。镰田茂雄指出,从南北朝末到隋代、初唐,受昙迁的影响最大。但因与隋唐代成立的诸宗派,并无直接关系,故其思想史的意义亦不受重视,但说他是当时佛教学界一巨头也不为过。
④ 《续高僧传》卷一五《法常传》,《大正藏》第 50 卷,第 540 页下—541 页中。
⑤ 《续高僧传》卷一五《慧休传》,《大正藏》第 50 卷,第 544 页中—545 页中。

和《十地经论》。而道删精通《地持论》，住终南山至相寺，在初唐时期非常有名。①

道英(557—636)，出家于并州智炬门下，学习《华严经》。后往长安胜光寺，向昙迁学习《摄论》。②

静琳(554—640)，师事昙猛，听觉法师《十地》，于邺都从智炬学《华严》、《楞伽》、《思益》。后到长安随昙迁学《摄论》。大业三年(607)，于明轮、妙象寺讲《摄论》。③

智正(549—649)，开皇十年(590)随其师昙迁入长安，住胜光寺。大业年中，智正慕至相寺渊法师，"道味江湖，不期而合，因留同住二十八年"。他平生讲《华严》、《摄论》、《楞伽》、《胜鬘》、唯识等，不纪其遍。著有《华严疏》十卷。④

弘智(595—655)，住终南山至相寺，讲《华严经》、《摄论》。⑤

道璨(生卒年不详)，钻求《摄论》、《华严》、《十地》，住在胜光寺。⑥

由上可知，摄论学派对《华严经》的研究，主要集中在长安胜光寺、终南山至相寺，而且是以昙迁为中心人物而展开的。胜光寺是昙迁弘扬《摄论》的重镇，在智正时期，至相寺则是全国弘扬《华严经》的中心，华严宗的学说正是在这里形成的。昙迁融合《摄论》与《华严经》的学风，尤其摄论师对《华严经》的新解释，对早期华严宗的形成，无疑会产生重大的影响。⑦

华严宗的形成，以杜顺(557—640)、智俨(602—668)、法藏(643—

---

① 《续高僧传》卷一三《静藏传》，《大正藏》第50卷，第523页中。
② 《续高僧传》卷二五《道英传》，《大正藏》第50卷，第654页上—655页上。
③ 《续高僧传》卷二〇《静琳传》，《大正藏》第50卷，第590页上—591页中。
④ 《续高僧传》卷一四《智正传》，《大正藏》第50卷，第536页中—下。
⑤ 《续高僧传》卷二四《弘智传》，《大正藏》第50卷，第642页上—中。
⑥ 《续高僧传》卷二六《道璨传》，《大正藏》第50卷，第669页下。
⑦ 木村清孝指出，摄论学派并非只是由摄论学，而对华严教学形成有很大的贡献；同时也是基于摄论研究，而产生了某一程度的《华严经》新解释的成果，从而影响了华严教学。见《中国华严思想史》，第48页，京都，平乐寺书店，1992。中译本《中国华严思想史》，李惠英译，第49页，台北，东大图书有限公司，1996。

712)的师承为中心,并由此形成华严宗祖统说。① 法藏为华严教学的集大成者,而智俨在吸收慧光以来华严学成果的基础上,融会当时各派学说,从而基本完成了华严宗学说体系的整体框架。我们强调智俨受到摄论学派的影响,在于其师承关系,他曾就多位摄论师学习。

《续高僧传》简单提及智俨,"《华严》、《摄论》,寻常讲说"②,可见他继承了昙迁的学风。同时,道宣明记智俨是杜顺的弟子,《华严经传记》则明确记载智俨随杜顺出家,入至相寺。后来,杜顺将其托付给他的弟子"达法师",令他来教导智俨。时隔不久,智俨又随梵僧学习梵文。十四岁后,依"常法师"听《摄论》,"未盈数岁,词解精微";与"辨法师"反复辩论,得到"天纵哲人"的美誉。受具足戒后,智俨广泛学习《四分律》、《阿毗昙八犍度论》、《成实论》、《十地经论》、《地持论》、《涅槃经》等大小乘经律。后来,在"琳法师"处,"广学征心,索隐探微,时称得意",可见其广学多闻。最后,他树立了专门研究和弘扬《华严经》的志向,师从智正法师。

在智俨的师承关系中,"达法师"的资料最为缺乏,木村清孝假定为"通达"③。"常法师"应该即是法常,法常阐扬《摄论》时,"词义弘远,罕得其门"④,智俨乃听众一人。"辨法师"所指何人,则争议较大,可能是指大慈恩寺灵辨(586—663),或是弘福寺僧辩(568—643)。⑤《华严经传记》记载"辨法师"的事迹:

> 时有辨法师,玄门准的。欲观其神器,躬自击扬,往复征研,辞理弥王。咸叹其慧悟,天纵哲人。进具之后,听《四分》、《迦延毗

---

① 有关早期华严宗的传承,学界至少两种说法:(1) 杜顺、智俨、法藏,(2) 智正、智现(或即为智俨)、法藏。见吕澂的《中国佛学源流略讲》,第354—355页,北京,中华书局,1979。
② 《续高僧传》卷二五,《大正藏》第50卷,第654页上。
③ 《续高僧传》卷二五,《大正藏》第50卷,第655页中一下。木村清孝:《初期中国华严思想の研究》,第376—377页,东京,春秋社,1977年。
④ 《续高僧传》卷一五《法常传》,《大正藏》第50卷,第541页上。
⑤ 魏道儒认为是灵辨,见《中国华严宗通史》,第119页。木村清孝则持犹豫态度,无法断定。见《中国华严思想史》,第115页;中译本《中国华严思想史》,第77页。

昙》、《成实》、《十地》、《地持》、《涅槃》等经。①

由上可知,"辨法师"是佛学大家,确认智俨的根机与水平。智俨受具足戒后,听"辨法师"讲诸经律,这应该是智俨二十岁时,即武德四年(621)。从时间上推算,灵辨或僧辩,都符合条件。

大慈恩寺灵辨,依《华严经传记》的记载②,十岁父亡,是地论师灵幹的侄儿。灵幹将灵辨托付于昙迁,令其教诲。灵辨十八岁讲《唯识论》、《起信论》、《胜鬘经》、《维摩经》等,后又讲《仁王经》、《十地经论》、《地持论》、《摄论》等。灵辨知道"一乘妙旨,无越《华严》",便到终南山至相寺,从学于昙迁的弟子智正,而且"既卒师资之功,备举传灯之业",撰述《疏》十二卷、《抄》十卷、《章》三卷。灵辨后来被选入慈恩寺译经场,社会影响力非常大。

弘福寺僧辩,七岁即日诵千言,十岁欣仰道法,通《维摩经》、《仁王般若经》文义。十四岁,开皇元年(581)出家,师事智凝。大业元年(605),奉召入禅定寺,曾听道岳讲《俱舍论》,而著《钞》三百余纸。僧辩著有《摄论》、《中边分别论》、《佛性论》、《唯识论》等章疏。贞观年间,入玄奘译经场,任"证义",可见其精通真谛的唯识学。

日本的凝然主张,"辨法师"应该是"僧辩"③,其理由难以知晓。法常与僧辩一起入大禅定寺,智俨在跟随法常学习《摄论》后,或许为了深入研究,才师事僧辩。智俨受具足戒时,灵辨三十六岁,僧辩五十四岁,从年龄上考虑,僧辩更适合充当智俨的老师。但是,"辨法师"是灵辨的理由则可能更为充足:(1)"辨法师"是"辨"而非"辩",二者有别;(2)灵辨与至相寺的关系更为密切,自然对智俨十分关心;(3)智俨听讲《四分律》、《十地经论》、《地持论》,追随灵辨的可能性更大;(4)智俨能够吸收

---

① 《华严经传记》卷三,《大正藏》第51卷,第163页下。
② 同上书,第163页上一中。
③ 《法界义镜》卷下,《日本佛教全书》第13卷,第34页。

昙迁的思想,灵辨是重要的中介①;(5) 灵辨受学于智正,同门之谊,代师教诲,亦理所当然。所以,我们认为,"辨法师"应该是灵辨。

"琳法师"是指静琳(565—640)②,静琳与法常同受学于昙迁,而且义宁二年(618),敕命入住大禅定寺;遗骸送终南山至相寺火化。

因此,智俨的师承:杜顺、达法师、法常、灵辨、静琳、智正。后四位皆曾受教于昙迁,都具有融合《摄论》与《华严经》的学风,而且法常、灵辨、静琳都曾入住大禅定寺。这些人的相同的经历,对于智俨肯定会有很大的影响。所以,智俨的学问,是从《摄论》转向《华严经》,尤其是受慧光"别教一乘无尽缘起"的影响,而且受一异僧教以追究"六相"之义,终于了知一乘的真义。但是,智俨并没有舍弃《摄论》,他曾著有《无性释摄论疏》四卷。

昙迁精通《老子》、《庄子》及《周易》,专研《胜鬘经》、《华严经》等大乘经论,曾著有《摄论疏》十卷、《楞伽经疏》以及《华严明难品玄解》二十余卷。但是,这些著作皆已佚失,现存唯一著作是《亡是非论》。智俨《孔目章》指出:"此又顺性起,故录附之"③,《亡是非论》是随顺性起思想,说明二者有本质的关连。至于《亡是非论》撰述的原由,《续高僧传》说:

> 迁既为帝王挹敬,侯伯邀延。抗行之徒,是非纷起。或谓滞于荣宠者,乃著《亡是非论》,以示诸己。④

开皇十年(590),昙迁受隋文帝厚遇,结交皇族、官僚以及优秀学者,于是对其行为的批判、非难纷起,《亡是非论》可以说是他的辩解书。

《亡是非论》的开头便指出,世间是非的产生在于"美己恶人"的成心与偏见。《亡是非论》分为十点:(1) 是非无适主,(2) 自性不定,(3) 彼我

---

① [日]木村清孝:《初期中国华严思想の研究》,第379—380页。木村清孝举出四条理由,我们增加一条。
② 同上书,第380—381页。
③ 《华严经内章门等杂孔目》卷四,《大正藏》第45卷,第581页中。
④ 《续高僧传》卷一八,《大正藏》第50卷,第573页上。

俱有,(4) 更互因生,(5) 互不相及,(6) 隐显有无,(7) 性自相违,(8) 执者情偏,(9) 是非差别,(10) 无是无非[1],说明是非分别为虚妄,教人要无是无非,以丧彼我,去得失,达到"任放无为,逍遥物外"的境界。

《亡是非论》受郭象《庄子·齐物论注》的影响[2],阐述了"亡是非"、"无心"的体悟过程。郭象"独化论"的哲学体系是以"崇有"为起点,"有"是郭象哲学哲学体系中的最基本概念,是"唯一的存在",事物的存在根据是其自身的"自性",而不在自身之外。虽然每一事物依其"自性"而存在,但是必须以"自生"、"无待"、"自然"为条件。进一步说,事物的存在虽然是"无待",但是如果执着"无待",则会成为"有待",所以必须"无心",无所执著,这样才是真正的"无待"。而"无待"是绝对的,任何事物的存在都是独立自足的。所以,"独化"是郭象哲学的终点。[3]《亡是非论》虽然引用了郭象"独化论"的自性、相因、无心,但是其起点在于中观的无自性,而终点在于"无心"而"性起",这是二者的不同之处。

《亡是非论》借用了郭象的"自性"、"相因"等概念,其中心在于探讨是非的无自性。是非的产生在于"彼此竞取",而是非的本质是"自性不定"、"性自相违"。《亡是非论》说:

> 二、自性不定者,是性是于是,或复是于非。非性非于非,亦或非于是。然愚者窃窃唯言是是,不许是非;亦许非非,不论非是;自谓得理,不患其失。且共论之,若以是是于是,即有二是过:一、所是过,二、能是过。所是过者,所是若是,是已是,何用是? 所是若非,是应言是非是,云何言是是? 能是过者,待所故说能;所是既不立,能是亦不成;能所俱不成故,何处当有是也? 若复非于非,其过亦如此。例是取悟,勿更分别。理尽于此,是以不可也。[4]

---

[1]《华严经内章门等杂孔目》卷四,《大正藏》第45卷,第580页中。
[2] 木村清孝曾将二者进行比较,见《初期中国华严思想の研究》,第291—293页。
[3] 汤一介:《郭象与魏晋玄学》(增订本),第245页,北京,北京大学出版社,2000。
[4]《华严经内章门等杂孔目》卷四,《大正藏》第45卷,第580页下—581页上。

郭象"独化论"的"自性"是事物的质的规定性,郭象以为,凡事物的所作所为和应作应为,都是由其自身的性或本性所决定的,这是自然的也是必须的。从本性上说,"是"的本性可以是"是"本身,或者是"非";"非"的本性是非于"非",或者是非于"是"。但是,愚痴的人将"是"、"非"绝然对立,以为"是"只能由"是"本身决定,而不能由"非"来决定,"非"也是这样。

昙迁指出,若"是"只能由"是"决定,有两种过错:(1) 所是过,(2) 能是过。"所是"是客体方面,"能是"是主体方面。如果客体"所是"是"是",这就说明"是"已经成立,不需要由"是"来决定;如果客体"所是"是"非",这样的"是"应该说成"非是",怎么能够说成"是"。主客相待、能所相待,客体的"所"既然不能成立,主体的"能"当然亦不能成立。

昙迁利用能所的关系来破除"是"的自性,这是中观的无自性的论证,是郭象《庄子·齐物论》所没有的。龙树基于"自性"的假定,推导出两难;若欲避开两难,则要否定自性。①《中论颂》说:"此生若未生,云何能自生?若生已自生,生已何用生?"②在中观的论证中,构成两难的那两个可能,常是相对反的意思,即是互相排斥的。

"是"、"非"的本性不但是不定的,而且二者是对立的,即昙迁所说的"性自相违"。《亡是非论》说:

> 七、性自相违者,是则性自违非,非乃性自害是。以我独欲立是定非,是既立已,必为多非非。一是是多非非故,一是那可是。以是不可是故,则非何所非。无所非故,非则自非矣。自非则无非,非是则无是。惑者確欲以是定非,用非非是者,未足然也。③

从本性上说,"是"与"非"是相互排斥、对立的两面,二者不能同时存在。

---

① 吴汝钧:《佛教的概念与方法》(修订本),第49页,台北,台湾商务印书馆,2000。
② 《中论》卷二,《大正藏》第30卷,第10页上。
③ 《华严经内章门等杂孔目》卷四,《大正藏》第45卷,第581页上。

如果在主观的虚妄分别中,建立"是"与"非",便会无形中自然地多了一个"非"。这样的话,建立一个"是"至少有两个"非",所以是"多非非"。"是"、"非"本来是对立的,在一"是"与"多非非"中,则会缺乏"非"的对象,"非"就会不能成立。所以,由于"是"、"非"的本性相违,可以成立"无是无非"。

"是"、"非"的产生原因是"更互因生"、"执者情偏"、"是非差别"、"彼我俱有"、"隐显有无",而其核心在于"相因"。现实的存在物能存在并能呈现出自己的存在,就是因为有它之外的他物存在着,他物是一物的存在条件和前提。郭象的"独化论"是从"相因"即物与物之间相联系的意义上来谈"独化",昙迁通过"相因"而阐明缘起的无自性,其性本空。所以,郭象与昙迁虽然在同样的语言系统中,却表达了不同的思想体系。我们将《亡是非论》"执者情偏"与郭象《庄子·齐物论》比较如下:

《亡是非论》	郭象《庄子·齐物论注》
八、执情偏者,夫物之偏也,皆不见彼之所见,唯自知其所知。以自知其所知故,因即以为是。不见彼之所见故,谓彼唯非。若乃彼所见,谓之非者,或容可尔。既不见彼所见,而言彼非者,彼何必非也。若复自知其所知,因以自是者,此则是已私是。若为使他亦谓之是也,以此过故,无理可然。①	夫物之偏也,皆不见彼之所见,而独自知其所知。自知其所知,则自以为是。自以为是,则以彼为非矣。②

郭象与昙迁都主张,相因使得物物间呈现出了差别与不平等。但是,郭象的"独化论"强调,正是这种相因才能使每个物体存在着并能如其自身所是的那样存在着,即呈现出自己的个体之状。昙迁是依中观的无自性论证,因为事物的存在是"相因",所以并没有如其自身的自性存

---

① 《华严经内章门等杂孔目》卷四,《大正藏》第45卷,第581页上一中。
② 郭庆藩:《庄子集释》卷一下,第1册,第66页,北京,中华书局,1961。

在,二者的结果是相反的。

同时,昙迁借用"独化论"的"玄冥"与"无心",阐明了"亡是非"、"丧彼我"的"无心"境界。① 郭象《庄子·齐物论》说:

> 今以言无是非,则不知其与言有者类乎不类乎? 欲谓之类,则我以无为是,而彼以无为非,斯不类矣。然此虽是非不同,亦固未免于有是非也,则与彼类矣。故曰:类与不类又相与为类,则与彼无以异也。然则将大不类,莫若无心,既遣是非,又遣其遣。遣之又遣之,以至于无遣,然后无遣无不遣而是非自去矣。②

《庄子·齐物论》的思想在于"遣是非",而郭象则是"既遣是非,又遣其遣",最后是"无遣无不遣而是非自去矣",这正如佛教的"空"与"空空",即"否定"本身亦必须否定。但是,这种"双遣"之后,并非一无所有,而是有所肯定,在郭象的"独化论"中则是"玄冥"之境,它表征着绝对意义的"无",是活着的"无",即是"道枢"。"玄冥"既是一种境界,则必须用人的心去体悟,即是"无心"。郭象说:"无心而无不顺"③,"无心"者并不是把"心"去掉,而是以无心为心,不人为地去驱使"心",让"心"在自然存在中如其本然地有作有为。所以,"无心"实质上就是"心"的独化。当以"无心"为心地去随感而应时,人就自然地达到了与物冥,即主客合一的境界。

昙迁在《亡是非论》中表达了类似的思想:

> 十、无是无非者,若夫以是非为非,无是非为是者,彼且恶于是非,犹不免是非累也。而欲恶于其累,别更有所存者,然其所上,已存于心,亦未免于累也。将欲不累,莫若无心。以无心故,谁谓为是

---

① 木村清孝认为,昙迁的"无心"、"无遣"是佛教独有的主张。参考《初期中国华严思想の研究》,第298页。其实,郭象"独化论"具有同样的思想。
② 郭庆藩:《庄子集释》卷一下,第1册,第79页。
③ 同上书,第96页。

非,是非亡矣,彼我随丧。彼我丧故,得失亦无也。不然于然,不可于可,尔乃任放无为,逍遥累外耳。①

远离是非的束缚,其实践的方法在于"无心"。因为"无心",所以是非、彼我、得失等一切的相对都已经消灭,从而逍遥于无为、自由的境界。

昙迁与郭象都提到"双遣"与"无心",这是二者的相同之处。郭象是从存在论的立场,依"无遣"而遣除是非;昙迁是依实践论与解脱论的立场,将一切的虚妄归属于心的分别,而解脱在于主体的实践——"无心",这是二者的不同之处。昙迁借助郭象的"独化论"而论证了诸法的毕竟性空,其终点在于"亡是非"、"无心"。智俨评价《亡是非论》随顺华严宗的性起思想,这是中观的缘起性空与华严宗关连的体现。②

"性起"观念源出六十卷本《华严经·如来性起品》,而此品所谓"性起",基本上是指如来所显现的各种性相。又此品分述如来所显现诸性相,在说明如来的智能性和觉性为无所不及时,提出一切众生悉具如来的智慧性和觉性。③ 这样,一切法都是从佛的真性流出,称性而起,如性而起;从本以来,如是如是,一分不增,亦一分不减,所以"起"其实亦即是不起,这就是"性起"。智俨《孔目章》解释"性起"说:

> 性起者,明一乘法界缘起之际,本来究竟,离于修造。何以故?以离相故,起在大解、大行、离分别菩提心中,名为起也。由是缘起性故,说为起;起即不起,不起者是性起,广如经文。此义是一乘。若证位在十地,若善巧在十回向,若应行即在十行,若应解即在十

---

① 《华严经内章门等杂孔目》卷四,《大正藏》第 45 卷,第 581 页中。
② 吴汝钧从"龙树的空义与法藏的解空"、"八不缘起与六相缘起"、"相即相入"、"事事无碍与两谛不离",探讨了龙树的中观思想与华严哲学的关系。见《佛教的概念与方法》,第 416—433 页。另外,请参考 Francis H. Cook, *Hua-yen Buddhism: The Jewel Net of Indra*, Sri Satguru Publications, Delhi, 1994, pp.37—44。
③ 具体分析参考廖明活的《华严宗性起思想的形成》,《中国文哲研究集刊》第 6 期,第 31—35 页,1995。

解,若应信即在十信终心胜进位中,若究竟即在佛果。①

智俨以"性"为真实法界,佛心所展现,是绝对纯净而不能有染。所以,"性起"是最圆满的一乘教的教义,是关乎法界缘起之本际的观念。而且,这果地境界的绝对真实必须落实到"真心",智俨说:"一教唯一心,显性起具德故"②,法界缘起之本际,无非是真心觉体。真心觉体是远离分别相,是究竟的真实,非缘修所造。而且,众生发起离分别的菩提心,生起大解、大行,这一切都是真心的起用。"性起"是对"缘起"的创造性诠释,因为"性起"的"起"是"起即不起",其重点在于"净分缘起",尤其是与"本有"、"本有修生"二门有关。③

昙迁《亡是非论》的"亡是非"、"无心"借用玄学的语言,阐释了中观的无自性。而《亡是非论》之所以"顺性起",其原因大概是"亡是非"、"无心"与"性起"观念中的"离相"、"不起"等观念相合。

昙迁对智俨的影响,不但表现在《亡是非论》,更主要的是,智俨以"十甚深"的结构对《华严经·菩萨明难品》进行解释,是来自昙迁。④ 昙迁曾撰《华严明难品玄解》,提出"十甚深",后来成为"今古同遵"的解释。⑤ "十甚深"即是:(1) 缘起甚深,(2) 教化甚深,(3) 业果甚深,(4) 佛说法甚深,(5) 福田甚深,(6) 正教甚深,(7) 正行甚深,(8) 助道甚深,(9) 一乘甚深,(10) 佛境界甚深。⑥

智俨是从《摄论》转向《华严经》,所以他经常以《华严经》对《摄论》中的某些思想进行创造性的诠释,从而开创出其独特的思想体系。

在判教思想方面,智俨并没有明确提出"五教"的教相判释,但是他

---

① 《华严经内章门等杂孔目章》卷四,《大正藏》第 45 卷,第 580 页下。
② 《华严五十要问答》卷上,《大正藏》第 45 卷,第 523 页上。
③ [日]中條道昭:《华严の性起——智俨と法藏》,《印度学佛教学研究》第 36 卷第 2 号,第 744 页,1988。
④ [日]木村清孝:《中国华严思想史》,第 48 页;中译本《中国华严思想史》,第 49 页。
⑤ 《大方广佛华严经随疏演义钞》卷三一,《大正藏》第 36 卷,第 233 页中。
⑥ 《华严经探玄记》卷四,《大正藏》第 35 卷,第 176 页下。

提出"渐、顿、圆"和"小乘、三乘、一乘"的判教,前者为地论师的传统判教,后者则来源于《摄论释》。① 真谛的判教思想分为三种:三法轮、四教与顿渐,但是,智俨并没有吸收其中的判教思想,而是直接从《摄论释》引用:"如来成立正法有三种:一、立小乘、二、立大乘、三、立一乘。于此三中,第三最胜,故名善成立。"②这是在平常所说的小乘、大乘之外,别出"一乘法",以为佛法有小乘、大乘、一乘三种,而以一乘法最优胜。而且,真谛在"一性皆成"的佛性思想的基础上,提出"究竟一乘"。③

智俨吸收《摄论释》的小乘、大乘、一乘的判教思想,同时为其"一乘教"进行论证。智俨这是把顿教与一乘教联系起来,而且简别二者的异同:

> 问:顿悟与一乘何别?答:此亦不定,或不别,或约智与教别,又一浅一深也。一乘藏即下十藏也,相摄准之。④

智俨主张,顿教与一乘教的差别是"不定"的,或者说根本没有分别;当然,从一定意义上说,顿教侧重显示了"智",而一乘教侧重显示了"教";或者说前者较浅,后者较深。

另外,智俨经常以"三乘"代替"大乘",显示了他有互用"三乘"、"大乘"的习惯。⑤ 如智俨在《五十要问答》论及各种"乘"的分类时,提到"小

---

① 有关智俨的判教研究,见[日]镰田茂雄《华严学研究资料集成》所列的诸论文,第555页,东京,大藏出版株式会社,1993。另外,参考[日]木村清孝的《初期中国华严思想の研究》,第430—441页;[日]吉津宜英的《华严禅の思想史的研究》,第9—24页,东京,大东出版社,1985;Peter H. Gregory, *Tsung-mi and the Signification of Buddhism*, University of Hawai'i Press, 2002, pp. 117—127. 廖明活的《智俨判教思想的形成——〈搜玄记〉和〈五十要问答〉的判教学说》,《佛教思想的传承与发展——印顺导师九秩华诞祝寿文集》,第335—366页,台北,正闻出版社,1995。
② 真谛译:《摄大乘论释》卷八,《大正藏》第31卷,第212页中。
③ 真谛三藏在翻译《摄论释》的过程中,将《法华经》的"会三归一"思想增补进去,从而更好地说明了"究竟一乘"。见《摄大乘论释》卷一五,《大正藏》第31卷,第266页上。
④ 《大方广佛华严经搜玄分齐通智方轨》卷一上,《大正藏》第35卷,第14页中。
⑤ 廖明活:《智俨判教思想的形成——〈搜玄记〉和〈五十要问答〉的判教学说》,《佛教思想的传承与发展——印顺导师九秩华诞祝寿文集》,第346页。

乘、三乘、一乘"的界别。① 而且，智俨认为，小乘、三乘是一乘的方便②，《搜玄记》在赞叹《华严经·十地品》所说法深密时，谈及：

> 地法深密，非粗智知。所以然者，为地教法，托彼诸乘及世间善事，以显阿含法义分齐。虽托显一乘理，仍三乘、小乘当宗自住，不失自宗。如盐成羹，盐自住性，而羹义得成。③

一乘教理假托三乘、小乘事法得以彰显；而三乘法和小乘法在彰显一乘理时，不失其宗本，这就像盐制成羹后，盐仍然保持其咸性。智俨将小乘、三乘、一乘的分类应用于许多教义上，为建立其"别教一乘"与"法界缘起"进行论证，如因缘观、见佛、涅槃等差别。④

而且，智俨将三乘教分为初教、熟教(终教)两种，从而建立了"小乘教、三乘始教、三乘终教、一乘教"的判教体系。《华严五十要问答》卷上说：

> 小乘教于一时中，但菩萨一人慈悲爱行，依三十三心，次第作佛；余见行者，并不作佛，但得二种涅槃，住无余也。若依三乘始教，则半成佛、半不成佛；若直进及回心二人，修行满十千劫，住堪任地者，并皆成佛；若未至此位，则与一阐底迦位同，如此人等，并皆不成佛。……此如《瑜伽·菩萨地》说。若依三乘终教，则一切有情众生皆悉成佛；由他圣智，显本有佛性及行性故，除其草木等，如《涅槃经》说。依一乘义，一切众生，通依及正，并皆成佛，如《华严经》说。⑤

---

① 《华严五十要问答》卷下："三者，依《摄论》，一乘、三乘、小乘。谓于教门中，成机欲性，显法本末差别不同故。"《大正藏》第45卷，第528页下—529页上。
② 《大方广佛华严经搜玄分齐通智方轨》卷一下在综述《华严经·光明觉品》文殊所说的偈的来意时，说："五、文殊说偈，叹佛一乘，三乘、小乘法是一乘信法方便也。"《大正藏》第35卷，第26页下。
③ 《大方广佛华严经搜玄分齐通智方轨》卷三上，《大正藏》第35卷，第49页下。
④ 具体参考廖明活：《智俨判教思想的形成——〈搜玄记〉和〈五十要问答〉的判教学说》，《佛教思想的传承与发展——印顺导师九秩华诞祝寿文集》，第346、350—352页。
⑤ 《华严五十要问答》卷上，《大正藏》第45卷，第519页下。

智俨的晚年,玄奘已经译出《瑜伽论》、《成唯识论》,开始传播唯识今学。为了能够涵摄新译的诸经论,智俨将三乘分为三乘始教与三乘终教①,从而形成四教判。② 四教在众生成佛方面有不同的阐释:小乘教以为在一时中只有菩萨一人能成佛,其他修行人只能证悟无余涅槃。三乘始教以为众生有能成佛者,有不能成佛者;在修行人中,有修行满十千劫,能够证得圆满菩提者;亦有不堪任圆满菩提者,与一阐提相同,永不能成佛。三乘终教以为一切众生皆能成佛,因为他们本来皆具有佛性,可作成就佛果之行;唯是草木等无情之物则不能成佛。一乘教以为一切皆能成佛,不但一切众生能成佛,甚或作为众生依报的无情草木,在众生成佛时,亦依随众生一起成佛。

所以,三乘始教主张部分众生不能成佛,三乘终教主张一切众生皆能成佛。同时,二者的心识说亦有差别,《华严五十要问答》说:

> 四、约诸识分别者,赖耶识起遍行五;末那识起九:遍行五及我见、我爱、我慢、无明;意识起遍行等六位所有法;五识则不定,或初五,或一切,由与意识或同体或异体故。……此约三乘始教粗相说也。若约三乘终教论,则赖耶六识等皆具起一切所有法,由唯一识成十一识故。③

智俨将摄论学派摄入"三乘终教",于是唯识古学与今学在心识说上的差异便显现出来。玄奘所传的唯识今学主张"诸识现行"、"别体别用",于是阿黎耶识、末那识、意识和前五识并列,所以需要分述四类心识共起的心所法的种类和数目。真谛所传的唯识古学是"一意识师",八识一体,以一意根统摄八识,建立了一识说、二识说、三识说、四识说乃至十一识说。智俨是针对《瑜伽论》、《成唯识论》说三乘始教,而强调《摄论》为三乘终教。④

---

① 如《华严五十要问答》卷上"转四识成四智义",论及"若约三乘初教,此亦可尔,如《成唯识论》"。《大正藏》第45卷,第522页上。
② [日]木村清孝:《初期中国华严思想の研究》,第435页。
③ 《华严五十要问答》卷上,《大正藏》第45卷,第525页下。
④ 《华严经内章门等杂孔目章》卷一:"《摄论》教兴在其熟处,所以知之,如下论智差别文。举十二甚深,显甚深义,不共声闻,当知教高,非是初教。"《大正藏》第45卷,第546页中。

智俨的唯识思想，采用玄奘新译唯识的用语，但是在思想上是真谛三藏的摄论学派的思想。① 他以三乘初教（始教）、三乘熟教（终教）分判唯识今学与唯识古学，可见其扬古学而抑今学的态度。但是，智俨的三乘终教包括摄论学派与地论学派，他最终将唯识引向如来藏，这亦是他从《摄论》转向《华严经》的具体表现。

智俨在《孔目章·明难品初立唯识章》与《华严五十要问答·心意识义》中，专门阐述了他的唯识思想。《孔目章·明难品初立唯识章》分为十门，在第一门"举数"中，智俨列出：（1）一心，（2）三法，（3）八识，（4）九识，（5）十心，（6）十一识，（7）四识，（8）无量心等八种。"一心"、"十心"、"无量心"是依《地论》，"九识"、"十一识"、"四识"是依《摄论》，"三法"、"八识"是依《成唯识论》。但是，始自"一心"，"一心即是第一义清净心"；终至无量心，"《地论》云：乃至无量百千种种心差别相"。② 所以，虽然列举了《摄论》的种种心识说，但是其始终皆以《地论》的如来藏思想为根本，而且在第三门"出体"，即说："究竟以如来藏为体"③，可见其唯识思想的本质与核心。智俨对"阿黎耶识"的论证，由三种而成立：（1）《杂集论》、《瑜伽论》的八义，（2）《摄论》所说的三相八义，（3）《显扬论》的十九门。对于末那识的论证，则依《摄论》的六义而成。从对阿黎耶识、末那识的立论，我们可以看出，智俨是依《摄论》为中心，最后摄入《地论》的一心，以之为旨趣。④

有关阿黎耶识与如来藏的关系，智俨说：

> 阿赖耶识即在事中，云何得知是如来藏？答：由如来藏不染而染，是其事相，无别有事故，是如来藏。故论云：离识以外，更无有法。⑤

---

① ［日］镰田茂雄：《中国华严思想史の研究》，第507页，东京，财团法人东京大学出版会，1965。
② 《华严经内章门等杂孔目章》卷一，《大正藏》第45卷，第543页上—中。
③ 同上书，第543页中。
④ ［日］高峰了州：《华严思想史》，第180页，京都，百花苑，1976年；中译本《华严思想史》，释慧岳译，第128页，台北，中华佛教文献编撰社，1979。
⑤ 《华严经内章门等杂孔目章》卷一，《大正藏》第45卷，第544页上。

阿黎耶识是现象界的根源,这是因为如来藏不染而染的关系,所以阿黎耶识是作为事相的如来藏。从存在论的观点看,如来藏真心是唯一真实的存在,这样就把一切染净诸法都归属如来藏之下;如来藏是众生的本质,自有其常恒性及清净性,但却随缘而造诸法,不染而染,这即是所谓"随缘不变"、"不变随缘"。

智俨依真谛译《摄论》,论证阿黎耶识的八种性质。阿黎耶识有所熏四义,《孔目章》论及"无记"时说:"无记即是无分别义,如来藏中,方有此法。"①阿黎耶识的无记性,表示阿黎耶识的客体性;而智俨将"无记"解释为"无分别","无分别"自然是对分别的全面否定,这是从如来藏的主体性而阐明其特点。② 这种创造性诠释,由"无记"解释成"无分别",已经将客体性的阿黎耶识转化为主体性的如来藏。所以,阿黎耶识的所熏四义,都可以解释成如来藏的特点,如对"可熏义",智俨说:

> 唯如来藏不守自性,随诸法缘起成似义,故是可熏。余法不尔,以被缘缚,何得更转受诸法熏,为此余法不成可熏。③

如来藏受熏的可能性,在于其"随缘不变"、"不变随缘"的特点,因为如来藏不但本身守着自己的自性,即"不变"义;同时,能随顺诸法的缘起,即"随缘"义;这二者是同时进行的。

智俨依《大乘阿毗达磨杂集论》、《瑜伽论》、《摄论》而成立阿黎耶识,同时又进行创造性诠释,于是同时成立阿黎耶识与如来藏,从而开创出其独特的思想体系。智俨虽然将摄论学派判为"三乘终教",但是他又隐约地指出摄论学派与地论学派存在一定的差别,因此智俨是将《摄论》安置于始教、终教之间,《瑜伽论》、《显扬圣教论》、《成唯识论》等唯识今学为始教,经过《摄论》的中介作用,最后进入《地论》、《起信论》的终教;《地

---

① 《华严经内章门等杂孔目章》卷一,《大正藏》第45卷,第544页下。
② [日]玉城康四郎:《唯心的追究》,川田熊太郎等著,李世杰译:《华严思想》,第405页,台北,法尔出版社,1989。
③ 《华严经内章门等杂孔目章》卷一,《大正藏》第45卷,第544页下—545页上。

论》的如来藏思想,即容纳《摄论》,配置《华严经·性起品》而成心识说的体系。① 所以,智俨在《华严五十要问答》中说:

> 此文在三乘,义通一乘用,由同法界故。又一教唯一心,显性起具德故,如《性起品》说。又说十心,欲显无量故,如第九地说,此据一乘别教言。②

可见,智俨是将心意识的诸识差别归入三乘,通过《摄论》而纳入地论的一心,最后又由一心显无量心,最终趣入华严一乘别教。

后来,日本普寂说:"今此论本末所说正明始门,兼含容从始入终之密意,与隋唐译,颇有径庭。"③由此可知,普寂继承了智俨的观点,将《摄论》判为"从始入终之密意",这种观点亦为我们所引用,从而展开对摄论学派的研究。依法藏的"四宗判",唯识思想与如来藏缘起说的不同在于,前者"依理起事差别说",为"始教";后者"理事融通无碍说",为"终教"。④ 真谛的思想在虚妄与经验层面,则是纯正的瑜伽行派的"阿黎耶识缘起",属于"始教";真谛的"二分依他",在未转依之前只是"分别性",唯有虚妄(生灭),不能与真实性(真如)和合;转依之后,显现真实性,而且具有"相性融即"的特点,这种融通是"从事向理"、"从相向性"的向度,即终教的"事彻于理"。但是,终教的"理彻于事"即"从理向事"的融通,在真谛的思想中是根本没有的。所以,真谛三藏的思想只能归入"从始入终",而不是纯粹的终教。

四、摄论学派与唯识宗

摄论学派的创立与传播,为唐代唯识宗创造了很好的思想基础。而且,玄奘早年的修学是以摄论学派为中心。玄奘在洛阳时,听严法师《摄论》。因为世乱高僧多避居成都,于是便欲到成都学习。在途中,遇空、

---

① [日]高峰了州:《华严思想史》,第180页;中译本《华严思想史》,释慧岳译,第128页。
② 《华严五十要问答》卷上,《大正藏》第45卷,第523页上。
③ 《摄大乘论释略疏》卷一,《大正藏》第68卷,第120页下。
④ 《大乘起信论义记》卷上,《大正藏》第44卷,第243页中—下。

景二法师,向他们学习《毗昙》、《摄论》。"空法师"不知何许人,"景"则是慧景。① 玄奘入成都后,跟从道基(577—637)、宝暹学习《摄论》、《毗昙》。道基十四岁依靖嵩学习《摄论》,慧景、宝暹则见于《续高僧传·道基传》的"附传",或是道基的同门或弟子辈。②

玄奘离开成都后,在荆州自讲《摄论》、《毗昙》各三遍。后来北上游学,学《杂心》、《摄论》于相州慧休(548—645),学成实于赵州道深。慧休曾向灵裕学《华严》、《涅槃》,学明彦之《成实》,学志念之《婆沙论》,从昙迁、道尼学《摄论》,并撰章疏。③ 玄奘大约在25岁,又再回到长安,向道岳(568—633)学习《俱舍论》。道岳从志念、智通学习《成实》、《杂心》,后来从道尼受法,于广州显明寺获得真谛《俱舍论疏》、《十八部论》,于是专门弘扬《俱舍论》。④ 玄奘又在长安听法常(567—645)、僧辩(568—624)之《摄论》,玄奘亦曾向玄会(582—640)学习《涅槃》,僧辩、玄会是道岳的弟子,法常是昙迁的弟子,均属于摄论师。

所以,玄奘在国内受学的十三师中,有八位属于摄论学派,他初从严法师学习《摄论》,后来发愿西游求法,意在取《十七地论》,可见其偏重瑜伽行派的学问,这是来自摄论师的影响。⑤ 在成都求学时,玄奘接触到具有地论学派背景的《摄论》思想;后来,便逐渐脱离了地论南道系的摄论学派,而求访具有毗昙学派背景的摄论学派,而直接向学于真谛门下所传的《摄论》。⑥

---

① 《大慈恩寺三藏法师传》卷一,《大正藏》第50卷,第222页上。
② 《续高僧传》卷一四,《大正藏》第50卷,第532页中—下。
③ 《续高僧传》卷一五《慧休传》,《大正藏》第50卷,第544页—545页中。
④ 《续高僧传》卷一三《道岳传》,《大正藏》第50卷,第527页上—528页下。
⑤ 汤用彤指出,玄奘未出国前,其学风有两特点:(1)偏重法相之学,(2)未重般若之宗。见《隋唐佛教史稿》,第142页,北京,中华书局,1982。
⑥ 吉村诚指出,玄奘受教于道尼门下的慧休和道岳,比起成都时代,显然更近于真谛,所以玄奘所探究的不是北道派的唯识学;而且玄奘在依《摄论》探究真谛所传的唯识思想的过程中,是逐渐脱离地论南道系的摄论师。《玄奘の摄论学派における思想形成》,《早稻田大学大学院文学研究科纪要》第42辑第一分册,第71页,1996。

而且,玄奘对当时以如来藏来理解《摄论》,非常不满。他早年从道基学《摄论》,后来又从精通《毗昙》的慧休学习,二者是不同背景下的摄论师,对《摄论》的理解自然存在分歧。于是,玄奘对唐初佛教思想界的纷争深有疑问,便有意前往印度求法。

玄奘回国后,摄论师便参与玄奘的译场,而且继续传播旧译的学说。如道因(587—657)校定梵本,担任"证义"①;灵润亦曾"证义"②,并且与神泰展开新旧唯识的论争。而且,玄奘译出《摄论》后,可能尚未出现真谛译与玄奘译的区别。③ 但是,逐渐出现对二者的比较,如《续高僧传·法护传》说:"自此校角《摄论》,去取两端。或者多以新本确削,未足依任。而护独得于心,及唐论新出,奄然符会。"④可见,法护(576—634)认为旧译与新译《摄论》是相应的。在玄奘门下,圆测(612—696)十五岁(627)入唐,师事昙迁门人法常、靖嵩门下僧辩等人,后来又师事玄奘,是经历新译、旧译《摄论》的重要人物。

所以,摄论学派为玄奘创立唯识宗,提供了思想上的根源与基础。但是,随着玄奘师徒对摄论学派的批判,学者的兴趣逐渐转向《成唯识论》,摄论学派的衰败则是很自然的事情。玄奘之后的《摄论》思想,成为一种潜流,继续在中国流传。

五、摄论学派与净土宗

摄论学派流行于陈隋至唐初,正是净土宗的转型与弘扬之期,而且二者存在着彼此消长的趋势。摄论学派对隋唐净土宗的影响,表现为两点:(1)别时意趣,(2)净土观,尤其是别时意趣,为隋唐净土宗会通与批

---

① 《宋高僧传》卷二《道因传》,《大正藏》第50卷,第717页中。
② 《大慈恩寺三藏法师传》卷六,《大正藏》第50卷,第253页下。
③ 橘川智昭分析了智俨、慧沼、圆测等引用真谛译的情形,推测与圆测几乎同时代使用《摄论》的情形,可能尚未区分真谛译与玄奘译。《真谛译·玄奘译〈摄大乘论〉和圆测》,《印度学佛教学研究》第43卷第1号,第236页,1995。
④ 《续高僧传》卷一三《法护传》,《大正藏》第50卷,第530页下。

判的焦点所在。

对于"别时意趣",真谛译《摄论释》说:

> 论曰:二、别时意,譬如有说,若人诵持多宝佛名,决定于无上菩提不更退堕;复有说言,由唯发愿,于安乐佛土,得往彼受生。

> 释曰:若有众生,由懒惰障,不乐勤修行,如来以方便说。由此道理,于如来正法中,能勤修行方便说者。是懒惰善根,以诵持多宝佛名,为进上品功德,佛意为显上品功德。于浅行中,欲令舍懒惰勤修道,不由唯诵佛名,即不退堕决定得无上菩提。譬如由一金钱营,觅得千金钱,非一日得千,由别时得千。如来意亦尔,此一金钱为千金钱因,诵持佛名亦尔,为不退堕菩提因。如前应知,是名别时意。①

诸译本对此段的翻译,差别不大。② 佛陀以"别时意趣"说法,对治众生懒惰和懈怠的障碍。《摄论》的"别时意趣",主要的意思有:(1)"别时性",即强调在时间上的差异性,如持诵多宝如来的名号,就可种下成佛的善根;虽然暂时还不能直登不退,但将来一定会证得菩提。智俨说:"别时意,义在别时故。"③既在别时,即非同时。(2)"方便说",虽然说发愿为往生之因,念佛为不退之因,但是需要经历很长时间,并且要具足各种行持,于是便有一部分众生会因畏难情绪而心生退怯,不去修行;于是,佛就方便说法,强调念佛或发愿的功能,而淡去时间因素。依瑜伽行派的本意,"别时意趣"是第三地以前的菩萨与异生,生含极乐净土的多佛国土的清净世界。④

由于摄论师的著作已经大部分散佚,现存部分并没有发现对"别时意趣"的解释,因此我们无从讨论摄论学派的"别时意"说。然而"别时意趣"的方便说与别时性,确是与净土教相违。净土教强调,"往生净土"法

---

① 真谛译:《摄大乘论释》卷六,《大正藏》第31卷,第194页上—中。
② 诸本的对照,参考王孺童的《别时意趣本义探源》,《法音》2005年第5期,2005。
③《华严五十要问答》卷下,《大正藏》第45卷,第535页中。
④ [日]袴谷宪昭:《别时意说考》,《驹泽短期大学佛教论集》第5号,第49页,1999。

门是"决定说","往生净土"在时间上是"即生性"。所以,"别时意"说的流行,对净土的弘扬自然会带来很大的障碍。怀感说:"自《摄论》至此,百有余年,诸德咸见此论文,不修西方净业。"①可见,《摄论》的流行反而是净土教的一大厄难。同时,对于重视学问辨析与阐释的摄论学派,道宣(596—667)在《续高僧传·道绰传》中评价说:

> 今有惰夫,口传《摄论》,惟心不念,缘境又乖,用之招生,恐难继想。②

道宣以自己的眼光,赞叹道绰(562—645)及门人虔诚的信念与修道,并反过来批判摄论师浮薄的风气与颓废的倾向。

但是,"别时意"毕竟是无著、世亲提出的思想,面对神圣的传统资源,道绰、迦才、善导、怀感等则只能加以会通与创造性的诠释。我们在净土宗及其他宗派的著作中,发现摄论师的一些说法。③ 智俨《孔目章·往生义》在探讨往生净土的因缘时说:

> 若论正生,彼因即简三界苦集因,无分别智为正行因;发愿求生为胜方便;临终乐欲生为次第缘,即是正胜欲;临终时善知识行及解者,为亲增上宿世善根。大准依经,成多善根,准现生中,一生所作相续大善根多少等者,即为正因,非别时意;降斯已下,是别时意。令生西方,至彼得不退,虽有前后,仍取不退,以为大宗。④

智俨继承摄论学派的观点,以弥陀净土为实报土。意欲往生净土,必须以无分别智为正行因,以发愿往生为胜方便;在临终时,能够正念相续为次第缘,而且有大善知识为其增上缘。四缘具足,一切善业回向,才能往

---

① 《释净土群疑论》卷二,《大正藏》第47卷,第39页上。
② 《续高僧传》卷二〇《道绰传》,《大正藏》第50卷,第594页上。
③ 历代净土宗祖师都主张,"别时意"是约空发愿而无行持的人而立名;若行愿具足,即得往生。见望月信亨《中国净土教理史》,释印海译,第109—110页,台北,慧日讲堂,1974。
④ 《华严经内章门等孔目章》卷四,《大正藏》第45卷,第577页中—下。

生净土,所以必须成就众多善根之因。否则的话,便是"别时意"。

依道绰,摄论师将临终十念往生,判为"别时意趣"。道绰《安乐集》说:

> 古来通论之家,多判此文云:临终十念,但得作往生因,未即得生。何以得知?《论》云:如以一金钱贸得千金钱,非一日即得。故知十念成就者,但得作因,未即得生,故名别时意语。①

道绰、善导将摄论学派称为"通论之家"②,摄论师以临终的十念,只能成为往生之因,未能得即时生,这就是"别时性"与"即生性"的差别。善导亦认为摄论师错解《摄论》,错引下品下生之十声称佛为"别时意",以为只可成为远生之因,却不能得即生。③

依智俨与道绰的论述,我们可以看到摄论师对"别时意趣"有两种说法。怀感《释净土群疑论》说:

> 有释者言:念佛修十六观等,即是发愿。又有释言:论师虽举愿言,意亦取其念佛,亦是别时之意。④

摄论师解释《观经》之说为"别时意",怀感总结有二家之不同。一家虽是念佛及修十六观等,可是这些只能被称为发愿,更无行者。这就是"别时意",因为从凡夫起行,不能生于报土,将十六观等全部摄为发愿,而总括为别时意说。智俨对"别时意"的论述,与此相同。另一家主张《观经》下品所说的十念,只是发愿,而称为"别时意",这与道绰、善导的论述相同。

《摄论》建立三身:自性身、受用身、变化身,自性身即是法身,是如来

---

① 《安乐集》卷上,《大正藏》第47卷,第10页上。
② [日]名畑应顺:《迦才净土论の研究·论考篇》,第124页,京都,法藏馆,1955。
③ 《观无量寿佛经疏》卷一:"《论》中说云:如人唯由发愿生安乐土者。久来通论之家不会论意,错引下品下生十声称佛,与此相似,未即得生。如一金钱得成千者,多日乃得,非一日即得成千。十声称佛亦复如是,但与远生作因,是故未即得生。道គ直为当来凡夫,欲令舍恶称佛,诳言道生,实未得生,名作别时意者。"《大正藏》第37卷,第249页下—250页上。
④ 《释净土群疑论》卷二,《大正藏》第47卷,第39页上。

自己内证而得的真如理体;"受用身"即是依福德、智慧二行所得的果报,享受清净的净土与微妙大法而生大喜乐,这是在说法大会中为诸菩萨见到的佛的身体;"变化身"即是佛依其本愿自在力,为了救济众生而示现出来的种种变化的身体。真谛依无著、世亲的原意,强调"自性身"摄真如与无分别智,即是智如合一。真谛译《摄论释》说:"云何知此法依止法身,不离清净及圆智,即如如如智故。"①真正的"如"是不能离开主体的智慧,称为"如如如智",即是智如合一的法身,融然一味,万德周圆,总持一切功德。

《摄论》对身、土的关系并没有明确阐释,但无著、世亲对净土的体、依止等进行了考察。真谛强调,依八地以上乃至佛地的无分别智、无分别后得智生起净土②,"唯识智"成为净土的体性③;而且,净土以"法界真如"为依止。④ 真谛对《摄论》的"十八圆净"进行创造性诠释⑤,可能是依《佛地经论》而进行增补。"受用身"、"变化身"各有自土,这是没有问题的。至于"法身"是否有土,依法身是"智如不二",则应该有土;但是,净土是依真如为依止,则不可立法身净土。后代的摄论师依不同的理解,建立了不同的净土义。

---

① 真谛译:《摄大乘论释》卷一三,《大正藏》第31卷,第249页下。
② 真谛译《摄大乘论释》卷一五:"二乘善名出世,从八地已上乃至佛地,名出出世。出世法为世法对治,出出世法为出世法对治。功能以四缘为相,从出出世善法功能,生起此净土故,不以集谛为因,此句明因圆净。何者为出出世善法? 无分别智、无分别后智所生善根,名出出世善法。"《大正藏》第31卷,第263页中。
③ 真谛译《摄大乘论释》卷一五:"菩萨及如来唯识智,无相无功用,故言清净;离一切障无退失,故言自在。此唯识智为净土体故,不以苦谛为体。"《大正藏》第31卷,第263页中。
④ 真谛译《摄大乘论释》卷一五:"以大莲华王,譬大乘所显法界真如。莲华虽在泥水之中,不为泥水所污,譬法界真如虽在世间,不为世间法所污。又莲花性自开发,譬法界真如性自开发,众生若证皆得觉悟。又莲花为群蜂所采,譬法界真如为众圣所用。又莲花有四德:一、香,二、净,三、柔软,四、可爱,譬法界真如总有四德,谓常、乐、我、净。于众花中最大、最胜故名为王,譬法界真如于一切法中最胜。此花为无量色相功德聚所庄严,能为一切法作依止,譬法界真如为无量出世功德聚所庄严,此法界真如能为净土作依止。复次如来愿力所感宝莲花,于诸花中最大、最胜故名王,无量色相等功德聚所庄严,能为净土作依止。"《大正藏》第31卷,第264页上。
⑤ 这些解释是玄奘译本所无,见玄奘译《摄大乘论释》卷十,《大正藏》第31卷,第377页上—中。

吉藏《大乘玄论》引用摄论师的观点,"摄论师云:识所变异是净土,以心为体","摄论师明,皆唯识为净土体"①,真谛是以"唯识智"为净土体,摄论师则以"唯识"或"心"为净土体。凝然《维摩经疏庵罗记》卷七记载,道基《摄大乘义章》卷十四中,净土义门总分二种:(1)报之净土,(2)化之净土。报之净土是实修实证的净土,即自受用土,此中亦兼摄他受用之净土。化净土为二乘、凡夫所见之净土。道基不立法身净土,法性寂然,无相平等,真理湛然,所证之如如,不可言说。② 将报土分为自受用土与他受用土,虽然是凝然推测道基之意的解释③,但是真谛译《摄论释》本身便有此倾向。《摄论》虽然说明三身的差别,但是净土唯有报、化二身,法身不别立所居之土。

同时,凝然《维摩经疏庵罗记》卷七中记载,摄论师法常建立四种净土,华严四祖至相大师亦立四种净土,师资芳郁,所立全同。智俨《孔目章》卷一说:

> 依小乘义,无别净土。依三乘义,有别净土。略准有四:一、化净土,谓化现诸方所有净土;二、事净土,谓诸方净土众宝所成;三、实报净土,谓诸理行等所成,谓三空为门,诸度等为出入路;四、法性净土,所谓真如,谓以依无住本,立一切法。④

智俨是禀承法常的观点,"上件所录三乘净土异相",充分说明这种分类并不是他的观点。"化净土"是指化现十方的所有净土;"事净土"是佛众宝所成的十方净土,是以上妙七宝、以五尘为其土相,这就是《摄论》所说"佛世尊在周遍光明七宝庄严处"⑤,即"十八圆净"中的"色相圆净";"事净土"是由诸种理行等所成,而以所谓三空为门,以诸度等为出入之路的

---
① 《大乘玄论》卷五,《大正藏》第31卷,第67页上、下。
② 《维摩经疏庵罗记》卷七,《日本佛教全书》第5卷,第194页。
③ [日]望月信亨:《中国净土教理史》,释印海译,第104页。
④ 《华严经内章门等杂孔目章》卷一,《大正藏》第45卷,第541页上。
⑤ 真谛译:《摄大乘论》卷下,《大正藏》第31卷,第131页下。

净土,即"路圆净"、"乘圆净"、"门圆净"等;"法性净土",是真如为净土所依之体,所谓依无住之本而建立一切法,这是"依止圆净"。望月信亨认为,法常的四土之中,法性等三土,是将《摄论》的受用土"十八圆净"之说细加判研,其实,不外是一受用土之开衍。①

道基的报、化二土说与法常的四种净土说,道宣、道世以开合二门加以统摄,开则分为四种净土,合则为报、化二土。可见,摄论师的净土分类为报、化二土与四种净土。这样,弥陀净土当然属于报土,再加上"别时意趣",便可判定《观经》"十念往生"为"别时意",凡夫不能顺之往生西方。因此,净土宗必须加以会通与批判,才能扫清发展的障碍。

---

① [日]望月信亨:《中国净土教理史》,释印海译,第107页。

人名索引

安世高 232,263,265

宝唱 157,172,178,281,291,293,294,394,430

宝亮 68,93,95—97,100,101,105—108,159,165,166,168,171,227

宝云 2,34,42,43,112,238,291,394,429

道安 24,122,130—134,137,149,155,173,233,234,236,239,240,255,262—266,344,390,418

道宠 150,151,247,267,270,271,281,291,293,294,300,325,329,330,332—336,343,345,346,441

道猛 7,107,159—163,165,181

道融 25,108,171,189

道生、竺道生 10,11,18—20,23—41,44,46,48,52,53,82,88,89,93—100,102—106,108,171,172,264,399,400,467,468,473,475,482,483,509,571

道盛 110,111,190

道猷 30,34,35,40,50,64,68,90,245—247,249

道渊 45

法和 233,235,355,524,562

法护 118,135,433,442,568

法朗 111—114,125—130,155,184,185,341,544

法上 42,55,115,116,149,150,245,282—285,292,301—304,306,307,312,316,321,325,326,334,338,344—346,385,388,403,404,408,417,427,442,458,520

法泰 168,253,254,303,432,433,435,442,520,536,537,544

法显 2,3,6,9—12,16,17,19,27,41,238,367

法勇 181

法云 52,68,96,97,99,100,107,108,129,159,165—173,175,183,184,199,212—214,216,219,220,224,225,227,241,243,260,347,351,422,423

佛陀跋陀罗 2,3,19,20,23,33,41,43,50,90,91,244,282,351,428

佛陀扇多 267,272,273,280,290,293,431,501

佛陀耶舍 394

诃梨跋摩、师子铠 156,158

慧持 114,174,240

慧达 249

慧光 51,115,116,149,151,193,267—272,281,291,293—304,307,311,312,315,322—327,334,335,337,338,343—346,356,358,366—370,372—375,379,391,393,397,403,408,410,422,499,500,520,552,554

慧皎 4,6,9,14,17,30,66—68,157

慧可 85,341

慧琳 29,30,37,38,44—46,259

慧叡 19,20

慧影 119,131—134,137,138,149,155,200,334,344

慧永 241

慧远 19,20,25,30,33,35,41,52,53,56,64,68,69,91,100,116—118,123,137,149,150,161,174,196,203,207,216,226,233,234,239—242,244,247,258—260,262,280,282—285,288,292,301—311,317,337—339,341,342,344,356,358,360—363,367,371,384—398,402—411,437,446,455—458,501,504—506,523—525,530,531,546,551

畺良耶舍 65

鸠摩罗什、罗什 19,20,23—26,30,35,41,43,46—48,52,65,88,90,93,106,110,111,119—123,125,130,142,149,153,154,156—160,162,163,189,200,201,226,259,282,326,361—363,390,392,429,448,501

康僧会 262

勒那摩提 151,193,267,269—273,279—281,285—294,296—301,324,332,343—346,356,366,370,371,403,415

梁武帝 48,51,52,54,66,68,96,101,102,107,108,112,113,125,161,166,168—179,181,182,184,192,200,215,259,260,291,324,429,430

刘遗民 25,32

菩提流支 115,125,149,193,267,270,272—281,285—294,299—301,326—329,332,334—338,343—346,351,352,354,356—359,361—367,377,385,386,389—392,394,397,402,416,436,493,501,509,522

求那跋摩 41,42,238,242

求那跋陀罗 34,42,91,365,394,428,429,508

僧辩 171,254,255,275,280,286,293,299,302,433,446,453,454,552,553,567,568

僧稠 269,271,305

僧伽跋摩 41,235,238,239,241,242

僧伽婆罗 48,170,429

僧伽提婆 24—26,30,35,45,52,232—236,238—241,262

僧果 67

僧朗 111,112,134,135,270,275,281,286

僧旻 33,68,96,97,101,107—109,161,165,167—169,171—173,175,176,181,187,197—199,212—216,221,222,224,225,227,229,230,241,243,429

僧诠 111—114,125,126,130,134,181,184,326,341

僧柔 96,97,107,108,163—167,169,171,172,176,180,181,212,214,224,243

僧叡 19,20,123,236

僧祐 4,6,7,9,30,31,36,42,157,163,164,167,176,232,235,238,256,261,385,394

僧肇 20,25,30,32,35,43,93,137,157,360,361,400

沈约 170,259

孙绰 259

昙鸾 124,125,145,146,148,155,274,276,326,327,334

昙摩耶舍 236

昙迁 59—61,107,118,149,152,242,250,301,302,305,307,308,311,322—324,327,335,342,407,433—444,446,452,457,520,523,536,537,544,550—554,556—560,567,568

昙无谶 1,3—10,13,14,19—23,68,88,91,97,326,357,394,428,429,501

昙无最 115,274

昙延 54—62,64,68,69,131,132,327,437,440,550

昙曜 277

昙影 127,138,157,159,200

萧子良 38,54,163,166

谢灵运 10—12,29,37,38,44—47

颜延之 26,43,45—47,53,259

真谛 95,97,100,112,118,124,129,152,182,207,208,216—223,229—231,238,252—254,257,285,307,335,342,344,390,403,407,431—439,441—443,446—448,450,451,454—456,459—489,492—498,500—507,509,511,513—523,525—531,533,536—541,543—546,548,549,553,561,563—569,572,573

支遁 390

支娄迦谶 326

支谦 394

智藏 12,48,68,96,97,107,109,131,132,155,157,159,161,165,167,168,173—181,199,212—214,217,218,220—227,229,243,252,430

智猛 6—10

周颙 54,163,164,169,172,216,223,241

竺法护 120,273,282,394

竺法汰 23,24,30

竺佛念 233,394

宗炳 46,52,100,259—261